PSICOLOGIA E JUSTIÇA

PSICOLOGIA E JUSTIÇA

Editado por

António Castro Fonseca

PSICOLOGIA E JUSTIÇA

EDITADO POR
ANTÓNIO CASTRO FONSECA

EDITOR
EDIÇÕES ALMEDINA, SA
Av. Fernão Magalhães, n.º 584, 5.º Andar
3000-174 Coimbra
Tel.: 239 851 904
Fax: 239 851 901
www.almedina.net
editora@almedina.net

PRÉ-IMPRESSÃO I IMPRESSÃO I ACABAMENTO
G.C. – GRÁFICA DE COIMBRA, LDA.
Palheira – Assafarge
3001-453 Coimbra
producao@graficadecoimbra.pt

Dezembro, 2008

DEPÓSITO LEGAL
287073/08

Os dados e as opiniões inseridos na presente publicação
são da exclusiva responsabilidade do(s) seu(s) autor(es).

Toda a reprodução desta obra, por fotocópia ou outro qualquer
processo, sem prévia autorização escrita do Editor, é ilícita
e passível de procedimento judicial contra o infractor.

Biblioteca Nacional de Portugal – Catalogação na Publicação

FONSECA, António Castro

Psicologia e justiça. – (Psicologia)
ISBN 978-972-40-3728-8

CDU   159.9
      343

Índice

Lista de participantes vii

Nota de apresentação ix

Secção I: Conceitos, questões e debates

1. Psicologia e justiça: oportunidades e desafios 3
   A. Castro Fonseca, A. Matos e A. Simões

2. De um estado de facto a um estado de direito: elementos
   de psicologia social normativa 37
   Joaquim P. Valentim e Willem Doise

3. Vontade livre, causalidade e o conceito de *eu* 79
   Gilberto Gomes

4. Para uma definição de doença mental:
   valores e factos 99
   Jerome C. Wakefield

5. O mau uso da psicologia em tribunal 123
   Peter van Koppen

6. Para uma reforma da perícia psiquiátrica e da perícia
   psicológica em França (e na União Europeia) 155
   Jean-Pierre Bouchard

Secção II: Temas especiais de Psicologia e Justiça

7. Os transtornos de personalidade em psiquiatria forense 177
   Elias Abdalla-Filho

8. A neuropsicologia da violência 199
   **Jean R. Séguin, Patrick Sylvers
   e Scott O. Lilienfeld**

9. Por que falham os profissionais na detecção da mentira
   e como podem vir a melhorar 255
   Aldert Vrij

10. Factores que influenciam a memória
    das testemunhas oculares 299
    Maria Salomé Pinho

11. Crimes da memória: memórias falsas e justiça social 331
    Elizabeth Loftus

12. Avaliação neuropsicológica em contexto forense 341
    Mário R. Simões e Liliana B. Sousa

   Secção III: Princípios e estratégias de intervenção

13. Reflexões sobre os fins das penas 381
    Pedro Vaz Patto

14. Jurisprudência terapêutica: como podem os tribunais
    contribuir para a reabilitação dos transgressores 421
    David B. Wexler

15. Reabilitação dos delinquentes sexuais:
    o programa das *Vidas Boas* 435
    **Rachael M. Collie, Tony Ward
    e Theresa A. Gannon**

16. Questões éticas em psicologia forense 475
    **Sarah Mordell, Kaitlyn McLachlan,
    Nathalie Gagnon e Ronald Roesch**

Lista de Participantes

ELIAS ABDALLA-FILHO
    Universidade de Brasília – Brasil

JEAN-PIERRE BOUCHARD
    Unidade de Doentes Difíceis do Centro Hospitalar Especializado de Caddilac-sur-Garonne e Universidade de Paris V – França

RACHAEL M. COLLIE
    Universidade Vitória de Wellington – Nova Zelândia

WILLEM DOISE
    Universidade de Genebra – Suíça

ANTÓNIO CASTRO FONSECA
    Universidade de Coimbra – Portugal

NATHALIE GAGNON
    Universidade Simon Fraser – Canadá

THERESA A. GANNON
    Universidade de Kent – Reino Unido

GILBERTO GOMES
    Universidade Estadual do Norte Fluminense – Brasil

PETER VAN KOPPEN
    Universidade de Amesterdão – Holanda

SCOTT O. LILIENFELD
    Universidade Emory – EUA

ELIZABETH LOFTUS
    Universidade da Califórnia, Irvine – EUA

ARMANDA MATOS
    Universidade de Coimbra – Portugal

KAITLYN MCLACHLAN
    Universidade Simon Fraser – Canadá

SARAH MORDELL
Universidade Simon Fraser – Canadá

PEDRO VAZ PATTO
Centro de Estudos Judiciários – Portugal

MARIA SALOMÉ PINHO
Universidade de Coimbra – Portugal

RONALD ROESCH
Universidade Simon Fraser – Canadá

JEAN R. SÉGUIN
Universidade de Montreal – Canadá

ANTÓNIO SIMÕES
Universidade de Coimbra – Portugal

MÁRIO RODRIGUES SIMÕES
Universidade de Coimbra – Portugal

LILIANA B. SOUSA
Universidade de Coimbra – Portugal

PATRICK SYLVERS
Universidade Emory – EUA

ALDERT VRIJ
Universidade de Portsmouth – Reino Unido

JOAQUIM PIRES VALENTIM
Universidade de Coimbra – Portugal

JEROME C. WAKEFIELD
Universidade de Nova York – EUA

TONY WARD
Universidade Vitória de Wellington – Nova Zelândia

DAVID B. WEXLER
Universidade de Porto Rico – Porto Rico

APRESENTAÇÃO

O sistema de justiça vê-se confrontado com novos desafios para cuja solução os meios e técnicas tradicionais, provenientes do Direito, se revelam muitas vezes inadequados. É o que acontece, por exemplo, com o aparecimento da criminalidade violenta em idades cada vez mais precoces, o insucesso de várias formas de tratamento dos delinquentes, o sentimento generalizado de insegurança, a grande pressão social para criminalizar os comportamentos desviantes dos jovens (e seu tratamento como adultos), o número crescente de reclusos com graves problemas de saúde mental, a situação precária de muitas crianças resultante do divórcio dos pais ou os erros cometidos durante os interrogatórios policiais.

A resposta a esses novos desafios exige frequentemente o recurso ao saber de especialistas de outras disciplinas: Biologia, Medicina, Antropologia, Psicologia, Sociologia, Criminologia ou Pedagogia. Neste contexto, a Psicologia, enquanto disciplina que, por definição, estuda o comportamento humano, tem dado nas últimas décadas um contributo decisivo, bem documentado numa extensa e diversificada produção científica.

Tradicionalmente, o trabalho do psicólogo no domínio da justiça faz apelo a saberes de várias sub-disciplinas (v. g., psicologia social, psicologia do desenvolvimento, psicologia clínica, psicologia diferencial, psicologia organizacional ou psicologia cognitiva) e tem-se organizado segundo três vectores principais: investigação, intervenção e formação.

Assim, no que se refere à vertente da investigação, é de assinalar a grande quantidade de conhecimentos (teóricos e empíricos) produzidos em laboratórios de psicologia, nas universidades ou noutros centros especializados, sobre numerosas questões relevantes para o mundo da justiça (v. g., a validade do testemunho ocular da criança, a sugestibilidade e as falsas confissões ou ainda a recuperação de memórias recalcadas). No que diz respeito ao trabalho de natureza mais prática, os psicólogos têm--se empenhado na execução de tarefas tão diversas como avaliações psicológicas para o tribunal, pareceres de perito em processos penais ou civis, organização e execução de programas de intervenção, ou diversas actividades de consultoria relativas às mais diversas questões. Finalmente, no que concerne às actividades de ensino, é de salientar o interesse crescente dos estudantes universitários pelos temas de psicologia e justiça, o que tem levado à criação de novas disciplinas e à organização de cursos especializados, tanto a nível de licenciatura, como de mestrado, de doutoramento ou de pós-doutoramento. Além disso, tem-se registado uma procura crescente de cursos de formação contínua por parte de profissionais de várias disciplinas que trabalham no sistema judicial.

Porém, muito do trabalho até agora realizado nesta nova área de intersecção entre psicologia e justiça continua ainda disperso por revistas ou livros, de acesso nem sempre de fácil. De facto, as obras de síntese são relativamente raras, têm geralmente um escopo limitado, são na sua grande maioria de origem estrangeira e raramente se encontram traduzidas para português. Isso poderá ajudar a compreender o considerável desfasamento da produção científica nacional em relação à produção estrangeira, no domínio da psicologia forense.

O objectivo deste livro é apresentar uma síntese, ainda que parcelar, dos progressos já aí efectuados (e das questões importantes ainda em aberto), de modo a proporcionar aos profissionais que trabalham no sistema de justiça informações relevantes para uma melhor compreensão dos problemas com que se vêem confrontados. Os temas nele discutidos ilustram bem a grande expansão da nova área do saber que, ao longo das últimas décadas, se tem vindo a constituir na intersecção de Psicologia e Direito.

Numa tentativa de se aumentar a coerência interna do livro e facilitar a sua leitura, os diferentes capítulos foram distribuídos por três secções principais. A primeira inclui tópicos de índole mais genérica e conceptual (v. g., livre arbítrio, relevância do conceito de doença mental para o direito, contributos da psicologia social). A segunda é constituída por vários capítulos onde se abordam, lado a lado, temas clássicos ou emergentes de psicologia forense (v. g., o testemunho ocular, a implantação de memórias falsas, a detecção da mentira, os contributos recentes da neuropsicologia). A terceira incide sobre a análise dos fundamentos teóricos e empíricos de várias estratégias de intervenção utilizadas no combate ao crime, tanto a nível da prevenção como a nível do tratamento (v. g., programas para delinquentes sexuais, jurisprudência terapêutica).

Em suma, as informações analisadas e discutidas ao longo dos dezasseis capítulos deste livro mostram bem como a Psicologia, sem constituir uma panaceia, pode dar um contributo significativo para o estudo e resolução de numerosos problemas importantes na área do crime, da justiça e do bem-estar social.

António Castro Fonseca

Agradecimentos

A publicação desta obra só foi possível graças ao esforço generoso e persistente de numerosos colaboradores nacionais e estrangeiros. Alguns deles estão no livro identificados como autores ou tradutores dos diversos capítulos; mas, à semelhança do que acontece na realização das grandes obras da humanidade, a maioria dos trabalhadores permanece anónima. Para todos eles aqui ficam os nossos agradecimentos.

Particularmente determinante para o bom sucesso desta missão foi o apoio recebido dos investigadores do projecto *Desenvolvimento Humano e Comportamentos de Risco* do Centro de Psicopedagogia da Universidade de Coimbra (FEDER/POCTI-SFA-160-490).

Secção I

CONCEITOS, QUESTÕES E DEBATES

1
Psicologia e justiça: oportunidades e desafios [*]

António C. Fonseca, A. Matos e A. Simões

Introdução

A partir das últimas décadas do século XX tem-se assistido a uma expansão permanente da psicologia para os domínios da justiça, bem documentada em numerosos trabalhos de reflexão teórica, investigação empírica e intervenção clínica ou reeducativa. Os psicólogos funcionam aí como alguém que possui um conhecimento especializado que escapa aos outros actores do sistema legal (v. g., juízes, advogados, administradores) ou do simples cidadão. Espera-se deles que forneçam aos outros profissionais uma base de segurança científica ou clínica com vista a tomadas de decisão mais rápidas, eficazes e justas.

As tarefas que, nesse contexto, são confiadas ao psicólogo apresentam contornos, por vezes, paradoxais. Por um lado, exige-se que o seu contributo vá para além daquilo que o cidadão comum pode intuitivamente compreender ou explicar. Por outro lado, requer-se que as suas

---

[*] Trabalho realizado no âmbito do Projecto "O desenvolvimento dos comportamentos anti-sociais: factores de protecção" (POCTI/36532/PSI/2000) e no âmbito do subprojecto n.º 3 "Desenvolvimento Humano e Comportamento de Risco" do Centro de Psicopedagogia da Universidade de Coimbra (FEDER/POCI2010-SFA-160-490).

intervenções especializadas não vão contra o senso comum nem contra a ideologia ou os valores dominantes. Além disso, insiste-se em que os psicólogos se confinem às fronteiras da sua disciplina e não se pronunciem sobre questões de direito (v. g., responsabilidade criminal, adequação e eficácia das penas) nem sobre a natureza das reformas judiciais ou legislativas que, ciclicamente, vão sendo introduzidas nesse sistema. E, no caso dessas expectativas se não concretizarem, as reacções do poder político, da imprensa ou da opinião pública não se fazem esperar. Foi o que aconteceu, por exemplo, nos EUA, a respeito dos psiquiatras que avaliaram Hinkeley (que tentou assassinar o presidente Reagan), em França a respeito dos psicólogos que avaliaram a credibilidade das crianças nos casos de alegado abuso sexual de menores em Outreau, e também em Portugal, no processo da Casa Pia ou no âmbito de outros casos mais ou menos mediáticos de adopção ou de insanidade mental.

Para se trabalhar, com sucesso, dentro de barreiras tão apertadas e, não raramente, sob o escrutínio persistente dos órgãos de comunicação social, os psicólogos precisam de uma sólida formação, de um esforço permanente de adaptação às características e exigências específicas do sistema judiciário, de uma grande capacidade de comunicação com os profissionais de outras disciplinas, e de uma grande tolerância às críticas vindas dos mais diferentes quadrantes e desencadeadas, frequentemente, por razões de natureza não-científica. Estarão eles, actualmente, preparados para responder, de modo adequado, a esses desafios?

O rol das dificuldades encontradas por estes profissionais está bem documentado em vários trabalhos recentes e vai desde a falta de validade de vários diagnósticos de doença mental por eles correntemente utilizados até à quase impossibilidade de se aplicarem directamente os princípios gerais da ciência psicológica à predição ou explicação de comportamentos individuais em situações muito concretas (Faigman, 2008), ou até às dificuldades em conciliar os requisitos da metodologia científica com as regras de prova de verdade utilizadas pelo sistema judicial. E, para tornar o quadro ainda mais complexo e sombrio, estas limitações de natureza técnica e científica andam, muitas vezes, acompanhadas de graves falhas deontológicas, comprometedoras da isenção e seriedade dos psicólogos ou de outros especialistas de saúde mental (Mordell et al., neste volume). É o que acontece, por exemplo, quando eles, perante casos semelhantes, dão pareceres diferentes conforme o pedido é feito (*e pago*) por uma ou outra das partes em litígio (Rogers, 2006). Estas situações em nada contribuem para aumentar a aceitação do trabalho dos psicólogos e psiquiatras no sistema judicial, merecendo, pelo contrário, críticas severas dos profissionais de outras disciplinas. Por exemplo, em França, Michel Foucault (1999; 2003) escalpelizou e denunciou, com grande ironia, nas suas aulas do Collège de France, muitas das falhas, por vezes grosseiras, dos trabalhos dos psiquiatras do séc. XIX ou princípios do século XX, que nos seus relatórios para o tribunal faziam lembrar passagens do *Médico à Força* de Molière. Em particular, era denunciado o facto de, sob o pretexto de um saber científico bem estabelecido e exclusivo, eles se envolverem numa actividade de simples controlo social, apresentada numa linguagem por vezes ininteligível.

É certo que nos últimos trinta anos tem havido grandes progressos nestes domínios, que vão no sentido de uma melhor articulação entre os saberes psicológicos ou psiquiátricos e as práticas jurídicas. Apesar disso, muitas das dificuldades e dos dilemas já anteriormente denunciados por Foucault e outros especialistas encontram-se ainda longe de ser esclarecidos e têm merecido igualmente a atenção de diversos investigadores contemporâneos (Blackburn, 2006). Uma preocupação comum a muitos deles é a de que o trabalho dos profissionais de psicologia assente em bases científicas sólidas e seja relevante para resolver os problemas que os agentes do sistema judicial ou os decisores políticos têm em mãos (Faigman, 2008).

Não admira por isso que, em vários países, o sistema judicial tenha vindo a formular regras cada vez mais restritivas sobre à admissibilidade dos pareceres de peritos em tribunal, estabelecendo tanto quanto possível, limites claros entre o que é parecer científico e o que é de simples bom senso. Uma boa ilustração desse esforço é a regra Daubert (1993) utilizada, com frequência, nos tribunais americanos para decidir da aceitabilidade da opinião dos peritos. Basicamente, o que aí se estipula é que os pareceres de especialistas devem ser sujeitos a rigoroso escrutínio científico, os peritos precisam de fazer prova de qualificação especializada (v. g., através de conhecimentos, competências, experiência, treino e educação), a sua opinião deve ajudar o juiz a compreender as provas ou estabelecer os factos em questão e, de modo geral, as conclusões por eles apresentadas devem apoiar-se em dados suficientes, obtidos através de princípios e métodos fidedignos (Fonseca, 2006).

A necessidade de maior rigor científico no trabalho desses profissionais que exercem a sua actividade como peritos no domínio da justiça e das políticas sociais foi, de resto, claramente reconhecida pelos autores da última versão do Manual e Estatísticas da Doença Mental ou DSM-IV (APA, 1994). Essa preocupação está bem expressa nas suas páginas iniciais: "na maior parte das situações, o diagnóstico clínico de uma perturbação mental do DSM-IV não é suficiente para estabelecer a existência, para fins legais, de uma 'perturbação mental', de uma 'incapacidade mental', de uma 'doença mental', ou de um 'defeito mental'. Para determinar se um indivíduo preenche um critério legal determinado (v. g., capacidade jurídica, responsabilidade criminal ou deficiência), geralmente é exigida informação adicional além daquela que está contida no diagnóstico com base no DSM-IV. Tal pode incluir informação acerca dos danos funcionais do indivíduo e de como estes afectam as capacidades em questão" (DSM-IV, p. XXIII).

Significa isto que não basta uma simples transferência directa dos conhecimentos (ou resultados científicos) da psicologia ou da psiquiatria para o domínio da justiça. Por exemplo, não chegaria um diagnóstico de esquizofrenia ou de doença bipolar grave para se declarar um indivíduo inimputável. É necessário também que, ao fazer-se essa transferência, se tenham em conta os requisitos da prova de verdade em tribunal, o sentido das questões aí colocadas e, de modo geral, a lógica subjacente à tomada de decisão no contexto judicial. Exige-se, além disso, que a informação fornecida pelos peritos esteja ancorada numa sólida metodologia científica. Ora, uma das críticas frequentemente feitas aos psicólogos que trabalham sobre questões relevantes para o mundo da justiça é a de que eles nada acrescentam àquilo que os juízes e advogados já sabem ou àquilo que o simples cidadão facilmente pode intuir. Até que ponto estarão estas críticas e resistências em consonância com os dados da investigação científica?

Nas páginas que se seguem, mostra-se que a psicologia tem dado, nas últimas décadas, importantes contributos para o esclarecimento de várias questões relevantes para o sistema judicial e, mais genericamente, para o domínio das políticas de intervenção social. O seu valor tem sido, aliás, objecto de análise e discussão em várias publicações e debates recentes (Borgida & Fiske, 2008; Vários, 2002). Na impossibilidade de aqui se proceder a uma análise exaustiva de todos esses trabalhos, escolheram-se, a título de ilustração, alguns dos temas mais emblemáticos e recentes, a saber: as consequências dos abusos sofridos na infância, o efeito da violência nos *media* sobre os comportamentos agressivos das crianças e dos jovens, e a questão das crenças, estereótipos, expectativas e comportamentos de discriminação para com os idosos na nossa sociedade (*ancianismo*). Qualquer um destes tópicos tem originado uma extensa investigação e, nalguns casos, desencadeado acesos debates, cujo alcance se estende muito para além das fronteiras do mundo académico e clínico. Mais concretamente, os dois primeiros têm vindo a ser estudados, desde há vários anos, e originaram até agora numerosas publicações. O terceiro só mais recentemente começou a ser explorado, mas os dados científicos produzidos são já consideráveis e potencialmente relevantes, tanto para a tomada de decisões em tribunal (Yury et al., 2004) como para a definição de políticas sociais relativas aos idosos (Anderson, 2008). Da rápida análise da literatura disponível conclui-se que a investigação psicológica nestes domínios tem permitido chegar a conclusões que estão muito para além do simples bom senso ou das intuições do cidadão comum.

1. As consequências dos abusos na infância

A literatura sobre as consequências, a médio e longo prazo, dos abusos sofridos na infância é já bastante extensa, o que reflecte bem a sensibilidade crescente da sociedade contemporânea para esse problema. Widom (1989), num dos estudos mais frequentemente citados sobre esta questão, comparou um grupo de indivíduos que tinham sido vítimas de abuso e negligência na infância com um grupo de controlo que não tinha passado por tais experiências. Os resultados mostraram que as vítimas de abuso tinham maiores probabilidades de ser detidas, designadamente por crimes violentos. Ainda de acordo com a mesma investigação, os indivíduos do sexo masculino e de raça negra tinham maiores probabilidades de se envolver nesses tipo de conduta do que os brancos e do que as mulheres, o mesmo acontecendo aos indivíduos mais velhos por comparação com os mais novos. Conclusões semelhantes foram obtidas por Smith e Thornberry (1995), no seu estudo longitudinal de Rochester, no Estado de Nova Iorque. Os dados deste estudo revelam que o abuso e a negligência sofridos na infância eram factores de risco de delinquência (avaliada tanto através de registos criminais como através de questionários de auto-avaliação) e que a força dessa associação aumentava conforme a gravidade do abuso sofrido. Além disso, verificou-se que essa influência se mantinha, mesmo quando se controlava o efeito de outras variáveis, tais como estatuto socioeconómico, divórcio dos pais ou conflito no casal.

Mais recentemente, outros investigadores têm apresentado dados que apontam no mesmo sentido. Assim, Lansford e colaboradores (2002) mostraram que as crianças que tinham sido identificadas como vítimas de maus-tratos se envolviam, durante a adolescência, em comportamentos violentos mais frequentemente do que os seus pares de um grupo de controlo. Tais resultados estão em sintonia com os de Kessler e colaboradores (1997), que na sua análise dos dados do Inquérito Nacional sobre a Cormobilidade, nos EUA, verificaram que as crianças vítimas de agressão por parte dos pais tinham 2.5 vezes mais distúrbios do comportamento na infância e 4.4 vezes mais transtornos de personalidade na vida adulta do que os seus colegas que não tinham sido sujeitos a essa experiência. A relação entre abusos sofridos na infância e diversas manifestações de delinquência e comportamento anti-social na juventude ou na idade adulta parece, pois, bem estabelecida, tanto em estudos transversais como em estudos longitudinais prospectivos ou retrospectivos.

Ainda de acordo com alguns desses estudos, essa relação era encontrada mesmo quando as crianças não eram vítimas directas desse abuso, mas simples testemunhas. Assim Fergusson e colaboradores (2000), no estudo longitudinal de Christchurch (Nova Zelândia), verificaram que as crianças que tinham presenciado violência física do pai contra a mãe apresentavam mais tarde, na juventude, diversos problemas graves, incluindo delinquência juvenil e problemas de saúde mental. De resto, os abusos e a negligência sofridos na infância aparecem regularmente associados a um leque de outras consequências negativas, a curto e a médio prazo, que vão muito para além do comportamento anti-social e do crime. Dessa lista fazem parte fugas de casa, consumo de droga, envolvimento precoce em relações sexuais, bem como risco de novas formas de vitimação, perturbações do foro emocional, baixa auto-estima, distúrbios da personalidade, fraco desempenho académico, risco de suicídio e menos bem-estar em geral (Tyler, Johnson & Brownridge, 2008). Tais dados reforçam a ideia de que os abusos sofridos na infância devem ser considerados como experiências cujas consequências são graves e permanentes, bem como a convicção de que os seus autores devem ser severamente castigados. E, de facto, as sanções contra esses crimes têm vindo a ser agravadas em vários países, muitas vezes sob pressão da opinião pública, de determinadas ideologias políticas dominantes e dos órgãos de comunicação social.

Todavia, o consenso de que existe uma relação causal entre abusos sofridos na infância e criminalidade adulta está longe de ser universal. Por exemplo, Zingraff e colaboradores (1993), numa investigação com crianças americanas que tinham sido sinalizadas às autoridades como vítimas de abuso e negligência, verificaram que, quando se controlavam os efeitos de variáveis tais como sexo, raça, idade ou estrutura da família, os abusos da infância apareciam relacionados apenas com as transgressões de menores (*status offenses*), mas não com a violência adulta nem com crimes contra a propriedade. O mesmo acontecia quando se comparavam essas vítimas de abuso com crianças entregues a instituições de assistência social (grupo de controlo). Ainda de acordo com outros investigadores, as queixas contra as crianças que tinham sido vítimas de abuso aumentavam em função do índice global de abuso ou da sua gravidade (Fergusson & Lynskey, 1998), mas não apareciam associadas com nenhum tipo específico de maus-tratos ou negligência. De modo geral, estas conclusões têm sido confirmadas pelos resultados de revisões (à base de meta-análise) de estudos mais antigos. Por exemplo, Paolucci e colaboradores (2001) mostraram que as várias consequências negativas do abuso desapareciam quando se controlavam os efeitos do sexo, do nível socioeconómico, da idade na data do abuso, do tipo de relacionamento com o abusador ou do número de incidentes de abuso. Além disso, não se encontraram, nesta meta-análise, efeitos directos de qualquer tipo específico de abuso da infância sobre uma determinada forma de inadaptação (v. g., medos, stresse pós-traumático, problemas do comportamento, comportamentos sexualizados ou baixa auto-estima) mais tarde na adolescência ou na vida adulta. Tais resultados são difíceis de conciliar com a ideia de que existe uma síndrome específica das crianças vítimas de abuso.

Ainda uma outra conclusão das investigações sobre as consequências, a médio e longo prazo, dos abusos da infância é a de que elas não parecem ser as mesmas para todos os indivíduos. Este ponto foi bem ilustrado por Caspi e colaboradores (2002) numa publicação recente em que, utilizando dados do estudo longitudinal de Dunedin (Nova Zelândia), se analisou a interacção entre abusos da infância e vulnerabilidade biológica. Concretamente, os resultados desse trabalho mostraram que os riscos de crime violento e outros problemas de adaptação social eram maiores nas crianças vítimas de maus-tratos que, ao mesmo tempo, tinham uma variante do gene de MAOA (*monoamine oxidase A*) de baixa actividade. É certo que a simples presença dessa variante não explicava tais consequências, mas o risco de conduta anti-social era menor nas crianças vítimas de abuso que tivessem uma variante desse gene de elevada actividade. Isso poderá ajudar a compreender um outro facto igualmente bem demonstrado na literatura científica sobre os efeitos do abuso e/ou negligência sofridos na infância: uma grande parte senão a maioria das vítimas não parece ter o seu futuro desenvolvimento gravemente comprometido. O efeito das experiências de abuso na infância faria sentir-se sobretudo nos indivíduos que, já na infância, apresentavam maior vulnerabilidade genética.

Finalmente, uma outra dificuldade importante, com que frequentemente se têm defrontado os investigadores neste domínio, reside no facto de sob a expressão abusos contra a criança se incluírem experiências muito diversas, cujos efeitos serão provavelmente de gravidade muito variável. Uma das que mais atenção têm recebido da parte dos investigadores de diferentes disciplinas, dos legisladores e da opinião pública em geral é a dos abusos sexuais na infância.

As consequências do abuso sexual da criança

É geralmente reconhecido que o abuso sexual da criança constitui um fenómeno bastante comum em todos os países, religiões, culturas ou meios sociais. Mas as suas reais dimensões são difíceis de determinar. Dados das investigações mais recentes apontam para taxas de prevalência que se situam entre os 3% e os 37% no sexo masculino e entre 7% e 53%

no sexo feminino. Tais variações ao nível das prevalências parecem resultar, em grande parte, de diferenças nas metodologias utilizadas. Numa publicação recente, Glasser e colaboradores (2001), tendo em conta esta diversidade de estudo, concluem que a taxa de prevalência mais provável seria 10%.

Igualmente muito generalizada está a crença de que as sequelas dessa experiência da infância seriam intensas e persistentes, comprometeriam seriamente todo o processo de desenvolvimento e aumentariam os riscos de delinquência juvenil ou de criminalidade adulta. Uma tal crença tem sido, aliás, explorada por advogados habilidosos como uma maneira fácil de explicar ou justificar os crimes dos seus clientes e, assim, pedir uma atenuação das suas penas. E o que nos dizem os resultados da investigação a esse respeito?

Recentemente, vários estudos têm examinado a relação entre o abuso sexual na infância e diversas formas de delinquência juvenil ou outras formas de comportamento anti-social. Num desses estudos, Swanston e colaboradores (2003) acompanharam, durante 9 anos, 38 crianças enviadas para um hospital australiano na sequência de abuso sexual e 68 crianças não abusadas (grupo de controlo). Os resultados mostraram que o grupo das vítimas de abuso apresentava mais comportamentos delinquentes referidos pelos próprios indivíduos, bem como mais agressividade avaliada pelos pais, tanto nos rapazes como nas raparigas. E essa relação mantinha-se quando se controlava o efeito de outras variáveis, tais como idade, sexo, nível socioeconómico ou o facto de elas viverem com pais biológicos na altura do abuso. Do mesmo modo, Siegel e Williams (2003), numa investigação que envolvia uma amostra de mulheres americanas, verificaram que o abuso sexual tinha um efeito específico e independente em futuros comportamentos delinquentes, embora uma parte importante da variância nas medidas de delinquência fosse também explicada por outras experiências da infância, designadamente pela negligência. Por sua vez, Currie e Tekin (2006), utilizando dados de um inquérito efectuado nos Estados Unidos da América (National Longitudinal Study of Adolescent Health), que incluía também um grupo de controlo de crianças que não tinham sido vítimas de abuso nem tinham cometido crimes, verificaram que havia um efeito importante do abuso sexual. Mais concretamente, os resultados de várias análises estatísticas revelaram que os maus-tratos na infância quase duplicavam a probabilidade de uma subsequente participação em comportamentos delinquentes. Esse risco aumentava no caso de as vítimas serem rapazes, pertencerem a uma classe socialmente desfavorecida, terem estado expostas a várias formas de abuso, ou terem sido investigadas pelos serviços de protecção da criança. Ainda de acordo com o mesmo estudo, o abuso sexual na infância surgia como o factor mais determinante de envolvimento em vários tipos de comportamentos anti-sociais posteriores.

Em contrapartida, outros estudos têm revelado que esse efeito não é específico do abuso sexual. Assim, Widom e Ames (1994), numa investigação sobre as consequências da experiência de várias formas de abuso na infância, concluíram que as crianças vítimas de abuso sexual não tinham maiores riscos de delinquência juvenil ou criminalidade adulta do que as crianças vítimas de outras formas de abuso ou negligência. E, mais recentemente, Grogan-Kaylor e Cotis (2003) verificaram que o abuso sexual na infância não aumentava, de maneira significativa, os riscos de crime violento nem os riscos de crime contra a propriedade no início da idade adulta. Do mesmo modo, Romans e colaboradores (1997) num estudo realizado na Nova Zelândia, em que participaram mais de duzentas mulheres que referiam ter sido vítimas de abuso sexual, verificaram que, quando comparadas com outras que não tinham sido abusadas, elas apresentavam na idade adulta mais problemas do que as mulheres do grupo de controlo. Mas o efeito do abuso sexual desaparecia quando se controlavam outras variáveis tais como as práticas parentais inadequadas, pobre saúde mental dos pais, e diversas outras experiências de adversidade na infância.

Por sua vez, numa revisão, através da técnica de meta-análise, de 26 estudos sobre os efeitos do abuso sexual na infância, Jumper (1995) concluiu que essa forma de abuso tinha um efeito negativo em diferentes facetas do funcionamento do adulto (v. g., depressão, auto--estima, ou diferentes tipos de psicopatologia), mas não encontrou qualquer efeito específico sobre futuras manifestações de delinquência ou criminalidade. A conclusão deste estudo foi, pois, a de que não há dados suficientes a apoiar uma síndrome de abuso sexual que inclua manifestações de Distúrbio de Stresse Pós-Traumático (PTSD) com comportamentos e afectos sexualizados. O abuso sexual da criança produziria efeitos muito variados que teriam de ser apreciados no contexto das condições da família e da comunidade na altura em que tal experiência ocorrera.

No seu conjunto, os dados da investigação sugerem, pois, que há uma relação entre abuso sexual na infância e a delinquência juvenil ou a criminalidade adulta, mas que ela pode ser afectada (e em grande parte explicada) pela acção conjunta de numerosas outras variáveis. Entre as mais importantes, encontram-se diversos aspectos do funcionamento da família (v. g., problemas de comunicação, vinculação, controlo e supervisão, rejeição parental, o fraco envolvimento com os filhos), a exposição a outras formas de abuso e a observação de violência na família ou na comunidade.

Serão as crianças abusadas os futuros abusadores?

Uma outra crença, bastante generalizada, é a de que as vítimas de abuso sexual na infância correm riscos elevados de se envolverem em práticas da mesma natureza, uma vez chegados à idade adulta: as vítimas transformar-se-iam em abusadores. Porém, os resultados da investigação são difíceis de interpretar: os estudos retrospectivos sugerem que os abusadores sexuais adultos foram frequentemente vítimas de abuso na infância, enquanto que os estudos longitudinais sugerem que apenas uma pequena parte se envolve, mais tarde, em transgressões desse género. Por exemplo, uma das conclusões da meta-análise de Paolucci e colaboradores (2001), atrás referida, foi a de que as crianças vítimas de abuso apresentavam posteriormente maiores riscos de perpetração de crimes sexuais. Vários outros estudos têm referido dados que apontam no mesmo sentido (Watkins & Bentovin, 1992). Mas, há também dados que contradizem essa conclusão. Por exemplo, num estudo inglês, Salter e colaboradores (2003) identificaram 224 rapazes vítimas de abuso sexual (através dos registos dos hospitais e dos serviços de segurança social), aos quais foi proporcionada ajuda numa clínica especializada. Esse grupo foi, depois, seguido até aos 18-25 anos de idade, o que permitiu a recolha de várias informações relativas ao seu envolvimento em futuros abusos sexuais ou noutras formas de inadaptação social. Os resultados mostraram que apenas 11.6% dessas crianças acabou por se envolver, mais tarde, em diversos tipos de abusos sexuais (de acordo com os registos da polícia ou dos serviços sociais). Tais resultados parecem, aliás, em sintonia com as conclusões de uma revisão de estudos sobre a resiliência das crianças vítimas de abuso sexual de acordo com o qual 20-40% dessas crianças não apresentam graves sintomas de saúde mental ou criminalidade na juventude ou na idade adulta (Dufour, Nadeau & Bertrand, 2000). Entre os factores responsáveis por essa resiliência contar-se-iam o apoio recebido na família ou na comunidade e as estratégias cognitivas utilizadas pelas vítimas.

Ainda de acordo com a mesma investigação, as probabilidades de futuro envolvimento em abusos sexuais eram duas ou três vezes maiores quando as vítimas viviam em famílias disfuncionais ou com uma história de violência, abuso, negligência e falta de supervisão. Mesmo assim, a grande maioria das crianças vítimas de abuso sexual não corria riscos maiores de reproduzir esse tipo de crime na juventude do que os indivíduos de um grupo de controlo. Mais recentemente, Loh e Gidycz (2006) referem riscos mais elevados de violência na família e de criminalidade em geral em indivíduos que foram vítimas de abusos sexual na infância. Mas essa influência parecia ser mediada por uma grande variedade de factores da família, designadamente exposição a conflitos entre os pais.

Concluindo, muitas das vítimas de abuso sexual não se envolverão mais tarde m crimes desse mesmo género. Isso significa que há, nesses indivíduos ou no seu meio, factores de protecção que podem ser utilizados em futuros programas destinados a prevenir ou tratar as perturbações que, noutros casos, resultanam do abuso sexual na infância.

Implicações sociais e políticas

Apesar de relativamente optimistas, estas conclusões não são pacificamente aceites por todos os investigadores e muito menos pelo cidadão comum ou pelos representantes da autoridade. Este ponto ficou bem ilustrado na polémica desencadeada nos EUA pela publicação de um artigo sobre este tema na revista *Psychological Bulletin*. Esse trabalho, da autoria de Rind, Tromovich e Bauserman (1998), consistia numa meta-análise de estudos sobre os efeitos do abuso sexual sofrido na infância. Mais exactamente, estes investigadores analisaram, através desse método estatístico, 59 estudos baseados em amostras de estudantes universitários. No total, havia dados relativos a 13.704 rapazes e 21.999 raparigas. Essa informação, recolhida através de questionários de auto-avaliação sobre diversos aspectos do abuso sexual sofrido na infância ou na adolescência, mostrava que os estudantes que referiam ter sido vítimas dessa forma de abuso funcionavam, aos 18 anos de idade, de maneira ligeiramente menos ajustada do que os seus pares não abusados, sendo as diferenças mais acentuadas nos rapazes do que nas raparigas. Mas os efeitos negativos de tais experiências não eram, de modo geral, persistentes nem intensos. Além disso, as diferenças estatísticas desapareciam quando se controlava o efeito de outras variáveis da infância (v. g., o efeito do meio familiar). Ainda de acordo com o mesmo estudo, 11% das raparigas e 37% dos rapazes vítimas de abuso achavam, retrospectivamente, que as suas reacções a esse tipo de experiência tinham sido, de algum modo, positivas.

Os resultados desta meta-análise que, em grande parte, pareciam em sintonia com as conclusões de outros estudos sobre o mesmo problema, estavam, no entanto, em desacordo com as crenças e intuições populares relativas aos efeitos devastadoras e permanentes do abuso sexual no desenvolvimento e no nível de adaptação social das vítimas. E, para complicar ainda mais a situação, as conclusões deste estudo foram utilizadas por alguns grupos minoritários para justificar o relacionamento sexual entre adultos e crianças ou adolescentes. Não admira por isso que, apesar da prudência com que os seus autores apresentaram os resultados, a vaga de críticas que sobre eles se abateu fosse devastadora e violenta, acusando-os mesmo de falta de rigor científico e utilização dos dinheiros públicos para promover a pedofilia. E as críticas estendiam-se igualmente à revista que publicou o artigo e à própria Associação Americana de Psicologia que, depois de várias tentativas para demonstrar a falta de objectividade de tais críticas, acabou por se distanciar das conclusões desse estudo, admitindo que havia nele diversas falhas metodológicas graves e que, por isso, não subscrevia as conclusões dos seus autores.

No entanto, o artigo tinha passado pelo processo normal de uma avaliação independente feita por especialistas anónimos, que habitualmente perscrutam o rigor científico dos textos enviados para publicação nessa revista. Além disso, no essencial, as conclusões desta meta-análise, apesar de algumas limitações metodológicas, confirmavam os resultados de estudos anteriormente publicados sobre a mesma questão. Mesmo assim, no seu pico, essa tempestade chegou ao Congresso e ao Senado dos EUA que votaram, praticamente por unanimidade, a condenação das conclusões desse estudo. Interessantemente, na condenação deste trabalho e dos seus autores misturavam-se argumentos baseados em valores morais, impressões subjectivas e factos científicos, levando alguns autores a interrogar-se mesmo sobre a possibilidade de se realizar um trabalho científico verdadeiramente objectivo e independente sobre questões de grande sensibilidade social, moral ou política (Lilienfeld, 2002).

Em síntese, a literatura aqui revista mostra bem que a relação entre abusos sofridos na infância e diversas formas de inadaptação social, doença mental e crime na juventude ou na idade adulta é muito mais complexa do que o simples bom senso do cidadão comum deixa entender, acontecendo por vezes que as crenças populares em relação às consequências de tais abusos não são apoiadas por dados científicos. Isso não significa, no entanto, que os dados da investigação neguem a natureza social e moralmente inaceitável desses abusos, nem o sofrimento, a violência e a humilhação a que as vítimas são sujeitas.

2. Violência nos *media* e na sociedade

O impacto da violência transmitida pelos *media* nas crianças e nos jovens tem originado numerosos estudos no domínio da psicologia, baseados em diferentes abordagens metodológicas, mas levados a cabo com um objectivo comum: conhecer os efeitos da exposição à violência transmitida pelos *media* no comportamento do público mais jovem. Para além do seu interesse teórico, estes estudos podem ter algumas implicações práticas no domínio da justiça, nomeadamente a nível da atribuição de responsabilidades e do desenvolvimento de medidas de intervenção.

De facto, os estudos até agora desenvolvidos conduziram a um corpo de conhecimentos científicos capaz de orientar a acção em diferentes contextos, sejam eles o da Justiça, o da Educação ou o das Políticas Sociais. Uma rápida análise dessa literatura revela que há provas empíricas de que a violência apresentada na televisão, no cinema, ou nos videojogos aumenta a probabilidade da manifestação de comportamentos agressivos e violentos (quer a curto, quer a longo prazo), na medida em que promove a aprendizagem e a desinibição de comportamentos agressivos, contribui para a dessensibilização perante a violência e suas vítimas e conduz a um aumento do medo entre as pessoas, relativamente à possibilidade de virem a tornar-se vítimas daquele tipo de conduta. E o que nos dizem os estudos realizados até agora em diferentes áreas da Psicologia a esse propósito? De um modo geral, as opiniões dos cientistas que se debruçam sobre os potenciais efeitos da exposição à violência transmitida pelos meios de comunicação convergem no sentido de reconhecer que estão reunidas quatro condições essenciais à aceitação de um efeito causal da exposição à violência nos *media* (Anderson & Bushman, 2002; Anderson et al., 2003; Anderson & Gentile, 2008). Esses requisitos são os seguintes: (1) existe uma base teórica capaz de explicar os efeitos nefastos da violência transmitida pelos *media*, bem como os processos subjacentes a esses efeitos; (2) a investigação empírica proporciona apoio às explicações teóricas desenvolvidas; (3) os resultados são consistentes, independentemente da metodologia seguida; e (4) os estudos realizados têm permitido afastar possíveis explicações alternativas.

No que diz respeito à primeira condição, existe, na verdade, uma base teórica capaz de explicar a influência da violência transmitida pelos *media*. As teorias entretanto desenvolvidas conseguem explicar, quer os efeitos a curto prazo, associados à exposição à violência (teoria cognitiva neo-associacionista, teoria da activação emocional), quer os efeitos a longo prazo (teoria sociocognitiva, teoria dos guiões, teoria da dessensibilização emocional, teoria da inculcação de crenças), sendo complementares nas explicações que oferecem. Assim, de acordo com a teoria cognitiva neo-associacionista (Berkowitz, 1993), a exposição à violência conduz à activação (*priming*) de pensamentos, emoções e tendências para a acção, semanticamente associados à agressão. A teoria da activação emocional (Zillmann, 1991) explica os efeitos da exposição à violência nos *media* através da activação fisiológica que aquela provoca e que pode transferir-se para situações posteriores à exposição, aumentando a probabilidade do comportamento agressivo ocorrer; a teoria sociocognitiva (Bandura, 1994) realça a importância da imitação, sobretudo nas crianças e, tal como a teoria dos guiões cognitivos (Huesmann et al., 2003), o facto de os espectadores aprenderem, através da observação de modelos violentos, não apenas novos comportamentos, mas também atitudes e crenças acerca da aceitabilidade da violência. A hipótese da dessensibilização emocional realça o efeito redutor da reacção fisiológica e emocional negativa à violência, por parte dos *media*, bem como as suas consequências, já que a activação fisiológica desagradável está associada a um efeito inibidor dos pensamentos e comportamentos de tipo violento. Finalmente, de acordo com a teoria da inculcação de crenças, os espectadores podem, como consequência da exposição repetida à violência, desenvolver crenças sobre o mundo, consonantes com as representações proporcionadas pelos meios de comunicação.

Relativamente às condições (2) e (4), as investigações até agora realizadas apoiam as explicações teóricas propostas e afastam explicações alternativas. Embora a maior parte dos estudos tenha sido realizada em torno dos filmes ou da televisão, nos últimos anos é de assinalar o crescimento da pesquisa sobre a influência de *media* mais interactivos (e. g., videojogos). São de destacar, a este respeito, diversos estudos experimentais, correlacionais e longitudinais, cujos resultados oferecem apoio à hipótese dos efeitos negativos da exposição à violência transmitida pelos meios de comunicação. Assim, os estudos experimentais (laboratoriais ou de campo) proporcionam um bom teste da causalidade, embora limitado aos efeitos de curto termo. Geralmente, neste tipo de pesquisa, os participantes são distribuídos aleatoriamente por duas condições experimentais: um grupo assiste a um filme violento e o outro a um filme não violento, sendo observados na forma como interagem, após a exposição. Os resultados deste estudos sugerem que os participantes que assistem às cenas violentas manifestam, posteriormente, mais pensamentos, emoções e comportamentos agressivos do que os outros participantes (Bushman, 1998; Josephson, 1987; Monteiro, 1984).

Por sua vez, os estudos correlacionais, levados a cabo em diferentes países e com participantes de diferentes idades, permitem avaliar a relação, a longo prazo, entre a exposição à violência e a agressão, mas apresentam limitações na avaliação de relações causais. Mesmo assim, mediante o recurso a questionários ou entrevistas, estes estudos têm mostrado que há uma correlação entre a quantidade de exposição à violência apresentada pelos *media* e a agressão física e verbal das crianças e dos jovens, sendo as correlações mais elevadas no caso das crianças (Boyatziz, 1997; Matos, 2006; Singer et al., 1999). Em parte, as limitações encontradas nestes estudos podem ser superadas em investigações que utilizem uma metodologia longitudinal. Este tipo de estudos, ao permitir acompanhar os mesmos participantes por períodos, às vezes bastante longos, proporciona ainda bons indicadores de causalidade. De modo geral, os resultados sugerem que a exposição à violência está relacionada com um aumento posterior do comportamento agressivo, e que as experiências precoces da criança são de particular importância para o desenvolvimento de padrões agressivos de conduta. A hipótese alternativa, de que o comportamento agressivo seria responsável pela maior exposição posterior à violência, não tem recebido apoio empírico, embora alguns estudos apontem para um processo circular, em que a exposição à violência e a agressão se reforçam mutuamente ao longo do tempo (Huesmann & Miller, 1994; Huesmann et al., 2003; Viemerö, 1996; Johnson et al., 2002).

Finalmente, no que diz respeito à terceira condição necessária ao reconhecimento científico de um efeito causal da exposição à violência transmitida pelos *media*, o recurso a meta-análises tem permitido avaliar a dimensão dessa influência e concluir que os diferentes estudos levados a cabo, com participantes de diferentes idades e contextos culturais, apoiam, de forma consistente, a hipótese segundo a qual a exposição à violência produz efeitos nefastos nas crianças e nos jovens (Hearold, 1986; Paik & Comstoch, 1994; Wood, Wong & Chachere, 1991; Bushman & Anderson, 2001; Sherry, 2001; Anderson & Bushman, 2002).

Mas o contributo da psicologia não se limita à identificação de uma relação de causalidade entre a exposição à violência transmitida pelos *media* e o comportamento agressivo dos espectadores. Os estudos até agora realizados dão, igualmente, um contributo importante para a compreensão dos processos subjacentes à influência dos meios de comunicação. Com efeito, foram identificados diversos factores que podem intervir na relação entre a violência transmitida pelos *media* e o comportamento agressivo, tais como as características dos espectadores (e. g., género, predisposição para a agressão, percepção do realismo das cenas violentas, identificação com personagens agressivos), variáveis associadas aos conteúdos dos *media* (e. g., justificação moral da violência, consequências da violência) e variáveis associadas ao ambiente social e ao contexto da exposição (e. g., influência dos pais).

A identificação destes factores é fundamental, na medida em que permite derivar medidas preventivas e de intervenção. São disto exemplo os estudos que demonstraram que a presença, durante a exposição, de pais ou outros adultos que desaprovam a violência, ou que exercem uma mediação activa na relação entre as crianças e os *media*, se repercute positivamente nos comportamentos das crianças (Nathanson, 1999; Nathanson & Cantor, 2000). A identificação destas variáveis, em particular as associadas aos conteúdos dos *media* (e. g., justificação moral da violência, consequências da violência, atractividade dos heróis violentos) e potenciais moderadoras dos seus efeitos, deveria igualmente facilitar a atribuição de responsabilidades, quanto mais não fosse pelas características da violência transmitida, que a pesquisa identifica como facilitadoras da agressão [1].

No entanto, o consenso entre os investigadores, no que se refere à aceitação dos efeitos da exposição à violência transmitida pelos *media* como reais, causais e significativos, não se tem reflectido no reconhecimento social e político do papel dos *media* neste domínio, e muito menos em medidas legislativas, judiciais, sociais ou educativas. Para esta situação têm contribuído as críticas de alguns autores à pesquisa até agora realizada (e. g., Freedman, 2002), os quais sublinham as limitações associadas às metodologias adoptadas, bem como a pequena dimensão dos efeitos da violência transmitida pelos meios de comunicação. O facto de uma comissão governamental norte-americana ter silenciado os dados de um estudo de larga escala, por ela financiado, no qual se demonstrava claramente o efeito nefasto de certos programas televisivos (Anderson & Gentile, 2008) é sintomático desta dificuldade de encontro entre a psicologia, a política e a justiça.

Por outro lado, a ênfase de alguns investigadores na pequena dimensão dos efeitos da violência dos *media* parte de um modo errado de enquadrar o problema. Com efeito, o que deve ser discutido, no contexto dos resultados da investigação, não é a identificação dos meios de comu-

---

[1] Veja-se, a este propósito, o estudo sobre a violência na televisão portuguesa (Vala, Lima & Jerónimo, 2000).

nicação como causa necessária e suficiente da violência [2]. O comportamento agressivo requer a interacção de múltiplas variáveis e a violência dos *media* constitui, apenas, um dos factores de risco associados à agressão e à violência. No entanto, uma grande parte da população está exposta a esse factor de risco. E além disso, como sublinham Anderson e colaboradores (2003), os efeitos dos *media* podem assumir um carácter cumulativo, em resultado da exposição repetida à violência. Desta forma, apelar à pequena dimensão dos efeitos dos *media* para excluir essa variável de futuros programas de intervenção é negligenciar as importantes consequências sociais que lhe podem estar associadas. É de referir, a esse propósito, que os efeitos da televisão e dos videojogos são semelhantes aos de outros factores, nomeadamente ligados à família ou à personalidade do indivíduo (Kirsh, 2006), os quais são mais facilmente reconhecidos e inseridos em programas de intervenção no domínio do comportamento anti-social e do crime.

Mesmo assim, apesar de o trabalho científico permitir identificar a violência dos *media* como causa provável da agressão e da violência na sociedade em geral, é ainda difícil, ou mesmo impossível, precisar *em que medida* a exposição a um programa violento particular contribuiu para um comportamento violento ou um crime específico. Neste contexto, os dados da investigação não parecem facilitar a decisão de "quem sentar no banco dos réus" nem a de atribuir responsabilidades por actos de violência concretos que possam chegar ao domínio da justiça. Isso não significa que os conhecimentos científicos produzidos acerca da dimensão dos efeitos da violência apresentada nos *media* não possam auxiliar os decisores políticos ou os tribunais na formulação de uma conclusão, relativamente aos diversos factores que intervêm como causas numa

---

[2] A baixa repercussão social dos conhecimentos científicos produzidos neste domínio de estudos não é independente da controvérsia em torno do próprio conceito de *causa*. É, pois, importante, tal como quando se trata de outros problemas da saúde pública, enquadrar o problema da agressão no âmbito da causalidade probabilística, onde a exposição à violência transmitida pelos *media* é entendida como um factor de risco, na medida em que, apesar de não constituir uma condição necessária e suficiente para a ocorrência do comportamento agressivo, aumenta a probabilidade da manifestação da agressão. Para discussão mais aprofundada em torno desta questão ver Papineau (2001).

situação específica. Na verdade, quando se trata da exposição à violência transmitida pelos meios de comunicação, é possível assinalar diferentes níveis de responsabilidade, desde os produtores, passando pelas instituições mediáticas, até aos contextos específicos de exposição, sejam eles familiares ou escolares.

Além disso, o reconhecimento social do papel importante desempenhado pelos *media*, no conjunto dos factores de risco associados à agressão e à violência, é fundamental para a organização de futuros programas de intervenção que visem, não apenas a redução da exposição do público mais jovem aos conteúdos violentos, mas também a sua formação para novas formas de olhar a violência, mais críticas e distanciadas. Os resultados dos numerosos estudos realizados em psicologia sobre este problema, ao explicarem os processos subjacentes à influência dos *media*, bem como a dimensão dessa influência, poderiam fornecer um ponto de partida fundamentado, para a organização de tais programas de intervenção.

3. Ancianismo

Um outro aspecto que tem merecido a atenção de numerosos investigadores e que ilustra bem o contributo científico que a psicologia pode dar para uma melhor compreensão e uma intervenção mais eficaz, tanto a nível de políticas sociais como a nível de decisões judiciais, é o das atitudes e estereótipos em relação aos idosos. Muitos desses trabalhos aparecem, actualmente, sob a denominação de ancianismo. Em rigor, pode dizer-se que estes estudos tiveram o seu início há 40 anos com um trabalho de Butler (1969), que cunhou e divulgou o termo ancianismo (*ageism*). Como é sabido, este designa a atitude negativa e discriminatória, com base na idade: assim como o racismo traduz os preconceitos e atitudes para com a raça, o ancianismo denota o mesmo fenómeno referente à idade (Simões, 2006).

De início, acreditou-se que o ancianismo estava extremamente divulgado. Porém, com o avolumar da investigação, os resultados revelaram-se menos claros e, às vezes, até contraditórios. Pretende-se, nesta secção, fazer o ponto da situação sobre os dados existentes sobre este problema, de maneira a determinar, com o maior rigor possível, quais são as respostas bem estabelecidas e as que são menos claras. Ou seja, até que ponto o contributo da psicologia para a sua explicação vai para além do simples senso comum?

Que o ancianismo parece ser um fenómeno complexo mostra-o uma revisão de estudos, com recurso à técnica da meta-análise, levada a efeito por Kite e Johnson (1988). Examinando a literatura existente, até Dezembro de 1985, os autores verificaram que, globalmente, as pessoas tinham atitudes mais negativas para com os mais velhos do que para com os mais novos, cifrando-se tais diferenças em cerca de um terço do desvio-padrão (a magnitude do efeito para o conjunto dos estudos analisados era de d=.39) [3]. Porém, em certas variáveis particulares, os resultados invertiam-se, no sentido de que se registavam atitudes mais negativas para com os mais jovens do que para com os mais velhos, enquanto, noutras, não se encontravam diferenças entre os dois grupos. Assim, a impressão que se colhe desta meta-análise é a de que o ancianismo existe, mas que é moderado, i. e., o seu efeito depende de um conjunto de variáveis. Como Kite e Johnson (1988) verificaram, a atitude para com os mais velhos não parece determinada apenas pela idade, mas por outras informações específicas sobre o idoso-alvo: é diferente a avaliação quando, a respeito daquele, se informa, simplesmente, que é "um idoso", quando se acrescenta a sua profissão, o sexo, etc. Por outro lado, as diferenças entre mais novos e mais velhos dependem do tipo de questões formuladas, porquanto se acentuam quando está em jogo a competência e, pelo contrário, se atenuam quando é dos traços da personalidade que se trata.

A influência de variáveis moderadoras foi estudada numa meta-análise mais recente, conduzida por Kite e colaboradores (2005). Abrangendo os estudos disponíveis, até Abril de 2000, foram nela incluídas 131 investigações. Os resultados eram avaliados em termos da estatística *d* que, quando positiva, indica atitudes mais negativas para com os idosos e,

---

[3] Lembramos que a meta-análise é a técnica mais credível para a revisão dos estudos quantitativos e que os seus resultados se exprimem, geralmente, em termos da estatística *d* (= diferença entre as médias de dois grupos, em termos de unidades de desvio-padrão).

quando negativa, significa o contrário, ou seja, atitudes mais negativas para com os jovens.

Ora, mais uma vez se verificou que as atitudes para com os idosos eram mais negativas: eles eram percebidos de forma significativamente mais estereotipada como sendo menos atraentes e competentes, e avaliados de maneira mais desfavorável do ponto de vista dos traços afectivos, bem como do seu comportamento (e. g., das suas interacções com os outros).

Confirma-se, portanto, a existência do ancianismo. Mas as atitudes para com os idosos eram mais negativas tratando-se dos estereótipos relacionados com a idade do que de quaisquer das outras categorias consideradas (os valores da magnitude do efeito estendiam-se, desde um d=.47, para os estereótipos, a um d=.21, para o domínio do comportamento, embora todas fossem significativas). Por outro lado, em caso nenhum, as magnitudes do efeito eram homogéneas, o que significa que, em cada categoria, existia uma percentagem significativa de variância não explicada, atribuível a variáveis moderadoras. Por esta razão, foram examinadas algumas dessas variáveis moderadoras, a fim de se avaliar a sua influência sobre as variáveis dependentes. Exemplos das mesmas foram as seguintes: a quantidade de informação fornecida sobre a pessoa-alvo, a valência dessa mesma informação, a idade do respondente, o género da pessoa-alvo. No que concerne à informação recebida, independentemente da quantidade da mesma, os indivíduos mais velhos eram sempre percebidos como menos competentes, avaliados nos traços afectivos menos favoravelmente do que os mais novos e mais negativamente no comportamento. Porém, a percepção dos mais idosos, nas referidas categorias, era sempre mais negativa quando nenhuma informação era fornecida, medianamente negativa quando a informação era mínima, e menos negativa quando a informação era extensa.

Para além da informação fornecida sobre o idoso-alvo diferir na quantidade, ela diferia também na valência: podia ser positiva, neutra ou negativa. Ora, como seria de esperar, estas situações tinham um efeito diferencial na percepção do idoso. De um modo geral [4], a maneira de ver

---

[4] Havia uma excepção, ao nível da variável tratamento, em que a informação neutra favorecia os idosos.

o idoso era paralela à gradação da valência — mais positiva para a informação de valência positiva e menos positiva para a de valência negativa, situando-se no meio-termo a de valência neutra. Isto, para as três variáveis consideradas.

Quanto à idade do respondente, os indivíduos de meia-idade eram os que mais negativamente percebiam os idosos, sendo as avaliações destes últimos, relativamente aos do seu nível etário, mais positivas que as dos mais jovens no que toca à competência e ao comportamento, e mais negativas no que se refere à avaliação dos traços afectivos. O género da pessoa-alvo mostrou também ter efeito sobre as avaliações. Assim, e no que respeita à competência, as percepções dos idosos eram mais negativas quando se tratava de indivíduos do sexo masculino do que do sexo feminino, verificando-se o inverso na variável avaliação dos traços afectivos e do comportamento. Do mesmo modo, o facto de os respondentes serem uma amostra de universitários, de licenciados, ou da população geral, não tinha influência sobre a maneira como eram percebidos os idosos em termos de competência ou de avaliações. Os licenciados, porém, comparativamente com os estudantes universitários, davam preferência aos mais velhos na variável comportamento.

Retomando algumas ideias precedentemente expostas, salientaremos, em primeiro lugar, que o ancianismo existe, pois, em todas as categorias das variáveis analisadas, se encontraram avaliações negativas dos idosos. E isto é importante para o nosso objectivo, pois, pelo menos a nível consciente, poucas pessoas admitiram ter preconceitos de alguma espécie contra idosos. É verdade que tais avaliações diferiam consoante o objecto específico das mesmas: eram mais desvantajosas para os mais velhos no caso de se tratar de estereótipos [5], ou da atractividade, e mais

---

[5] Embora os estereótipos sejam sempre percepções simplistas, generalizantes, nem sempre são negativas e, em casos particulares, podem ajustar-se à realidade. Nesta linha de ideias, Fiske et al. (2002) elaboraram o modelo conhecido por SCM (modelo relativo ao conteúdo dos estereótipos), compreendendo duas dimensões: afabilidade e competência. Ora, os dados empíricos indicam (Cuddy et al., 2005) que os idosos são percebidos como incompetentes, mas, simultaneamente, como afáveis.

favoráveis quando estavam em causa os comportamentos ou as avaliações de traços afectivos. Porém, o que fica dito em pouco melhora a visão negativa de que são objecto os mais velhos.

Estando bem estabelecida a existência do ancianismo, não o está menos a sua complexa natureza, pois que ele é influenciado por um número apreciável de variáveis moderadoras, como acabou de se mostrar. É o caso da quantidade e da qualidade da informação fornecida aos respondentes. Efectivamente, "quando a informação contextual se tornava explícita, as diferenças nas avaliações dos adultos mais jovens e mais velhos reduziam-se significativamente" (Kite et al., 2005, p. 255; Nelson, 2008).

Outra das variáveis moderadoras dignas de registo é a idade do respondente: os mais velhos encontravam menos diferenças entre os jovens e idosos, enquanto aqueles percebiam maiores diferenças. A única excepção dizia respeito às avaliações afectivas, nas quais os mais jovens encontravam menores diferenças que os mais velhos.

São os idosos avaliados diferentemente consoante o género a que pertencem? A resposta não é tão simples como à primeira vista parece. Na verdade, os idosos de sexo masculino eram avaliados mais negativamente na competência. Porém, quando se tratava de comportamentos, eram os idosos de sexo feminino que eram percebidos mais negativamente. E outro tanto se pode dizer no que concerne às avaliações afectivas. Assim, para tornar mais complicadas as coisas, o ancianismo não só resulta da acção de uma grande quantidade de variáveis moderadoras, como ainda a influência de cada uma delas depende da categoria de comportamento considerada.

Viu-se que é no domínio dos estereótipos relacionados com a idade que os idosos são percebidos mais negativamente. Os estudos (Nelson, 2008; Simões, 1985) mostram que é longa a lista dos comportamentos dos mais velhos que são objecto de estereotipia, por parte dos membros da sociedade: cognitivamente diminuídos, sexualmente desinteressados, refractários ou resistentes à mudança, frágeis, fisicamente mais lentos, teimosos, conservadores, dependentes... A maioria destes estereótipos são negativos, embora, como vimos, num ou noutro caso, possam ser também positivos.

Tais estereótipos negativos traduzem-se em tratamentos correspondentes, por parte das pessoas com que os idosos convivem. Porque estas os consideram mnésica e intelectualmente menos capazes, tendem a usar com eles uma linguagem diferente da que utilizam com o comum das pessoas. Hulicka (1992, p. 107) designa-a por *elderspeak* (linguagem para idosos) — um género de linguagem, com uma entoação de voz, que a aproxima do *baby talk*: mais pausada, mais simples, em tom mais elevado e exagerado. Sob o pretexto de facilitar a compreensão aos idosos, o que tal tratamento, no fundo, exprime é a convicção de que eles se encontram numa situação parecida à das crianças e que, portanto, devem ser tratados de modo semelhante. Não admiraria, assim, que a *elderspeak* fosse considerada como desrespeitosa e humilhante para os mais velhos. A investigação empírica disponível parece, no entanto, mostrar que isto só em parte corresponde à realidade. Com efeito, os indivíduos com mais elevadas capacidades cognitivas e de funcionamento social tendem a apreciá-la negativamente, ao passo que os mais deficientes consideram-na uma ajuda e um lenitivo (Giles et al., 1994) [6].

Por último, há que sublinhar que ao ancianismo não estão imunes as próprias profissões destinadas a ajudar os idosos. É o caso dos médicos e outros profissionais de saúde, que tendem a encarar os idosos, de maneira estereotipada, como sendo deprimidos, incuráveis, senis. E o mesmo se passa com os profissionais de saúde mental. Kastenbaum (1964), por exemplo, afirma que o terapeuta se mostra relutante no tratamento dos idosos, por considerar que estes não apresentam problemas que mereçam a sua atenção, mas outra coisa não pretendem que encontrar alguém que os escute, para aliviarem a solidão. Siegel (2004), por sua vez, chama a atenção para os enviesamentos do psiquiatra, ao diagnosticar problemas para os quais os idosos lhe pedem ajuda. Nem sempre ele tem em conta

---

[6] Embora Nelson (2008, p. 55) considere que se pode generalizar, a ponto de afirmar que "o comportamento ancianista é percebido como ofensivo apenas pelas pessoas mais velhas com elevado funcionamento físico e mental", enquanto "os que têm deficiências físicas ou mentais tendem a acreditar que esse comportamento ancianista comunica, de facto, uma relação de ajuda entre a pessoa mais jovem e mais velha", não pensamos, pela nossa parte, que se trate de uma posição suficientemente documentada, empiricamente. Aliás, o autor citado só refere três estudos em favor da mesma.

as perdas que sofreram, nem as múltiplas formas de opressão de que são vítimas, numa sociedade orientada para valorizar a juventude.

Naturalmente que estes dados da investigação podem ter também implicações para o mundo da justiça e para a definição de políticas sociais de ajuda ao idoso. Mais concretamente, esses estudos aconselham prudência no que respeita à aceitação dos testemunhos, por parte dos profissionais que trabalham no sistema de justiça, nomeadamente no que concerne à avaliação do funcionamento mental dos idosos. É que estes especialistas, como vimos, também não são imunes às visões estereotipadas que a sociedade, em geral, instituiu a seu respeito, interiorizando percepções deles próprios, que acabam por se traduzir em comportamentos, na maior parte das vezes, depreciativos e prejudiciais à sua auto-estima.

De uma maneira mais geral, o facto bem estabelecido da existência do ancianismo deveria alertar os poderes judiciários para que não basta a discriminação com base na idade ser objecto de interdito legal, para deixar de ser uma realidade palpável, na vida do dia-a-dia. A sua existência e os mecanismos através dos quais exercem a sua influência estão bem documentados em numerosos estudos recentes de Psicologia e disciplinas afins (Nelson, 2008).

Conclusão geral

As decisões tomadas no sistema de justiça e as reformas propostas ou realizadas no domínio das políticas sociais assentam, muitas vezes, em crenças que os seus autores têm sobre a maneira como as pessoas pensam, sentem ou se comportam. Como notam Borgida e Fiske (2008), a esse propósito, "o senso comum, a psicologia intuitiva, as teorias implícitas do comportamento humano abundam no sistema de justiça, dentro e fora dos tribunais" (p. XXVII). Porém, essas crenças nem sempre estão de acordo com os dados da investigação científica, havendo mesmo casos em que podem ser contra-factuais.

O objectivo deste capítulo era examinar essa problemática, recorrendo a três exemplos relevantes para o mundo da justiça e que, ao mesmo tempo, são de grande actualidade política e social: as consequências dos abusos sofridos na infância, os efeitos da violência nos *media* e o ancianismo. Outros aspectos da relação, nem sempre fácil ou linear, entre Psicologia e Justiça, serão tratados em profundidade em vários outros capítulos deste volume. Espera-se, assim, apresentar uma boa amostra das novas oportunidades e dos grandes desafios (e resistências) encontrados pelos psicólogos que, nos seus trabalhos, se aventuram pelo mundo da justiça e da intervenção social.

Bibliografia

American Psychiatric Association – APA (1994). *Diagnostic and statistical manual of mental disorders* (4th ed.). Washington, DC: APA.

Anderson, C. A. & Bushman, B. J. (2002). Media violence and the American public revisited. *American Psychologist, 57*, 448-450.

Anderson, C. A. & Gentile, D. A. (2008). Media violence, aggression, and public policy. In E. Borgida & S. T. Fiske (Eds.), *Beyond common sense. Psychological science in the courtroom* (pp. 281-300). Oxford: Blackwell.

Anderson, C. A., Berkowitz, L., Donnerstein, E., Huesmann, L. R., Johnson, J., Linz, D., Malamuth, N. & Wartella, E. (2003). The influence of media violence on youth. *Psychological Science in the Public Interest, 4*, 81-110.

Bandura, A. (1994). Social cognitive theory of mass communication. In J. Bryant & D. Zillmann (Eds.), *Media Effects: Advances in theory and research* (pp. 61-90). New Jersey: Lawrence Erlbaum.

Berger, M. A. (2008). Research on Eyewitness Testimony and False Confessions. In E. Borgida & S. T. Fiske (Eds.), *Beyond Common Sense: Psychological Science in the Courtroom* (pp. 315-326). Oxford: Blackwell.

Berkowitz, L. (1993). *Aggression: Its causes, consequences and control.* Madison: McGraw-Hill.

Blackburn, R. (2006). Relações entre Psicologia e Direito. In A. C. Fonseca, M. R. Simões, M. C. Taborda-Simões & M. S. Pinho (Eds.), *Psicologia Forense* (pp. 25-49). Coimbra: Almedina.

Borgida, E. & Fiske, S. T. (2008). Introduction. In E. Borgida & S. T. Fiske (Eds.), *Beyond Common Sense: Psychological Science in the Courtroom* (pp. xxix-xl). Oxford: Blackwell.

Boyatzis, C. J. (1997). Of Power Rangers and v-chips. *Young Children, 52*(7), 74-79.

Brezina, T. (1998). Adolescent Maltreatment and Delinquency: the question of interventing processes. *Journal of Research in Crime and Delinquency, 35,* 71-99.

Browne, A. & Finkelhor, D. (1986). Impact of child sexual abuse: A review of the research. *Psychological Bulletin, 99*(1), 66-77.

Bushman, B. J. (1998). Priming effects of media violence on the accessibility of aggressive constructs in memory. *Personality and Social Psychology Bulletin, 24, 5,* 537-545.

Bushman, B. J. & Anderson, C. A. (2001). Media violence and the American public: Scientific facts *versus* media misinformation. *American Psychologist, 56,* 477-489.

Butler, R. (1969). Age-ism: Another form of bigotry. *The Gerontologist, 9,* 243-246.

Caspi, A., McClay, J. J., Moffitt, T. E., Mill, J., Martin, J., Craig, I. W., Taylor, A. & Poulton, R. (2002). Role of genotype in the cycle of violence in maltreated children. *Science, 297,* 851-854.

Cuddy, A. J. C., Norton, M- I. & Fiske, S. T. (2005). This old stereotype: The pervasiveness and persistence of the elderly stereotype. *Journal of Social Issues,* 61(2), 267-286.

Currie, J. (2006). Does child abuse cause crime? *Working Paper 06-31.* Department of Economics: Giorgia State University.

Daubert v. Merrell Dow Pharmaceutical s, Inc. 113 S. Ct.2786 (1993).

Dembo, R., Dertke, M., La Voie, L., Borders, S., Washburn, M. & Schmeidler, J. (1987). Physical Abuse, Sexual Victimization and Illicit Drug Use: A Structural Analysis among High Risk Adolescents. *Journal of Adolescence, 10,* 13-43.

Dufour, M., Nadeu, L. & Bertrand, K. (2000). Les facteurs de resilience chez les victims d'abus sexuel: état de la question. *Child Abuse and Neglect, 24(6),* 781-797.

Faigman, D. L. (2008). The limits of science en the courtroom. In E. Borgida & S. T. Fiske (Eds.), *Beyond Common Sense: Psychological Science in the Courtroom* (pp. 303-314). London: Blackwell.

Fergussom, D. M. & Linskey, M. T. (1998). Physical Punishment/Maltreatment during Childhood and Adjustment in Young Adulthood. *Child Abuse and Neglect, 21,* 617-630.

Fergussom, D. M., Horwood, L. J. & Woodward, L. J. (2000). The stability of child abuse reports: a longitudinal study of the reporting behaviour of young adults. *Psychological Medicine, 30,* 529-544.

Finkelhor, D. & Browne, A. (1986). Sexual Abuse: Initial and Long-Term Effects: A Conceptual Framework. In D. Finkelhor (Ed.), *A Sourcebook on Child Sexual Abuse*. Beverly Hills: CA: Sage.

Fiske, S. T., Cuddy, A. J. C., Click, P. S. & Xu, J. (2002). A model of (often mixed) stereotype content: Competence and warmth respectively follow from perceived status and competition. *Journal of Personality and Social Psychology, 82*, 878-902.

Fonseca, A. C. (2006). Psicologia Forense: Uma breve introdução. In A. C. Fonseca, M. R. Simões, M. C. Taborda-Simões & M. S. Pinho (Eds.), *Psicologia Forense* (pp. 3-23). Coimbra: Almedina.

Fonseca, A. C. (2007). A importância dos primeiros anos de vida – O exemplo dos comportamentos agressivos. In A. C. Fonseca, M. J. Seabra-Santos & M. F. Fonseca Gaspar (Eds.), *Psicologia e Educação, Novos e Velhos Temas* (pp. 129-171). Coimbra: Almedina.

Foucault, M. (1999). *Les anormaux*. France: Hautes Études, Gallimard Seuil.

Foucault, M. (2003). *Le pouvoir psychiatrique, Cours au Collège de France. 1973-1974*. France: Hautes Études, Gallimard Seuil.

Freedman, J. L. (2002). *Media Violence and Its Effects on Aggression: Assessing the Scientific Evidence*. Toronto: University of Toronto Press.

Freeman-Longo, R. E. (1986). The impact of sexual victimisation on males. *Child Abuse Neglect, 10*, 411-414.

Frothingham, T. E., Hobbs, C. J., Wynne, J. M., Yee, L., Goyal, A. & Wadsworth, D. J. (2000). Follow up study eight years after diagnosis of sexual abuse. *Archives of Disease in Children, 83*, 132-134.

Glasser, M., Kolvin, I. et al. (2001). Cycle of child sexual abuse: links between being a victim and becoming a perpetrator. *British Journal of Psychiatry, 179*, 482-494.

Grogan-Kaylor, A. & Otis, M. (2003). The effect of childhood maltreatment on adult criminality: A tobit regression analysis. *Child Maltreatment, 8(2)*, 129-137.

Hearold, J. M. (1986). A synthesis of 1043 effects of television on social behaviour. In G. Comstock (Ed.), *Public communication and behaviour* (Vol. 1, pp. 65-130). Orlando, FL: Academic Press.

Huesmann, L. R. & Miller, L. S. (1994). Long term effects of repeated exposure to media violence in childhood. In L. R. Huesmann (Ed.), *Aggressive behavior: Current perspectives* (pp. 153-186). NY: Plenum Press.

Huesmann, L. R., Moise-Titus, J., Podolski, C. & Eron, L. D. (2003). Longitudinal relations between children's exposure to TV violence and their aggressive and violent behavior in young adulthood: 1977-1992. *Developmental Psychology, 39, 2*, 201-221.

Hulicka, I. M. (1992). Teaching aging in Psychology courses: Comments on why, what, and how. In T. B. Sonderegger (Ed.), *Psychology and aging*. Lincoln: University of Nebraska Press.

Iacono, W. G. (2008). Polygraph Testing. In E. Borgida & S. T. Fiske (Eds.), *Beyond Common Sense: Psychological Science in the Courtroom* (pp. 219-235). London: Blackwell.

Johnson, J. G., Cohen, P., Smailes, E. M., Kasen, S. & Brook, J. S. (2002). Television viewing and aggressive behavior during adolescence and adulthood. *Science, 295*, 2468-2471.

Josephson, W. L. (1987). Television violence and children's aggression: Testing the priming, social script, and disinhibition predictions. *Journal of Personality and Social Psychology, 53*, 882-890.

Jumper, S. A. (1995). A meta-analysis of the relationship of child sexual abuse to adult psychological adjustment. *Child Abuse and Neglect, 12*, 219-229.

Kassin, S. L. (2008). Expert Testimony on the Psychology of Confessions: A Pyramidal Framework of the relevant Science. In E. Borgida & S. T. Fiske (Eds.), *Beyond Common Sense: Psychological Science in the Courtroom*. London: Blackwell.

Kastenbaum, R. (1964). The reluctant therapist. In R. Kastenbaum (Ed.), *New thoughts on old age* (pp. 237-249). New York: Springer.

Kendall-Tackett, K. A., Williams, L. M. & Finkelhor, D. (1993). Impact of sexual abuse on children: A review and synthesis of recent empirical studies. *Psychological Bulletin, 113(1)*, 164-180.

Kessler, R. C., Davies, C. G. & Kendler, K. S. (1997). Childhood adversity and adult psychiatric disorder in the U.S. National Comorbidity Survey. *Psychological Medicine, 27*, 1101-1119.

Kirsh, S. J. (2006). *Children, adolescents, and media violence: A critical look at the research*. California: Sage Publications.

Kite, M. E. & Johnson, B. T. (1988). Attitudes toward older and younger adults: A meta-analysis. *Psychology and Aging, 3*, 233-244.

Kite, M. E., Stockdale, G. D., Whitley, B. E. & Johnson, B. T. (2005). Attitudes toward younger and older adults: An updated meta-analitic review. *Journal of Social Issues, 61(2)*, 241-266.

Kovera, M. B. & Greathouse, S. M. (2008). Pretrial Publicity: Effects, Remedies, and Judicial Knowledge. In E. Borgida & S. T. Fiske (Eds.), *Beyond Common Sense: Psychological Science in the Courtroom*. London: Blackwell.

Lansford. J. E., Dodge, K. A., Pettit, G., Bates, J. E., Crozier, J. & Kaplow, J. (2002). A 12-year prospective study of the long-term effects of early child physical maltreatment on psychological, behavioural and academic problems in adolescence. *Archives of Pediatrics and Adolescents Medicine,* 156, 824-830.

Lilienfeld, S. O. (2002). When worlds collide: Social science, politics, and the Rind et al. (1998) child sexual abuse meta-analysis. *American Psychologist,* 57(3), 176-188.

Loh, C. & Gidycz, C. (2006). A prospective analysis of the relationship between childhood sexual victimization and perpetration of dating violence and sexual assault in adulthood. *Journal of Interpersonal Violence,* 21(6), 732-749.

MacMillan, H., Fleming, J. E., Trocmé, N., Boyle, M. H., Wong, M., Racine, Y. A., Beardslee, W. R. & Offord, D. R. (1997). Prevalence of Child Physical and Sexual Abuse in the Community. *JAMA,* 278(2), 131-135.

Matos, A. P. M. (2006). *Televisão e violência. (Para) Novas formas de olhar.* Coimbra: Almedina.

McMillan, D., Hastings, R. P., Salter, D. C. & Skuse, D. H. (2008). Developmental Risk Factor Research and Sexual Offending against Children: A Review of some Methodological Issues. *Archives of Sexual Behaviour,* (Online).

Monteiro, M. B. (1984). *La construction sociale de la violence: Approche cognitive et développementale.* Thèse de Doctorat, Louvain-la-Neuve: Université Catholique de Louvain.

Mordell, S., McLachlan, K., Gagnon, N. & Roesch, R. 2008). Questões éticas em Psicologia Forense (neste volume).

Nathanson, A. I. (1999). Identifying and explaining the relationship between parental mediation and children's aggression. *Communication Research,* 36, 2, 124-143.

Nathanson, A. I. & Cantor, J. (2000). Reducing the aggression-promoting effect of violent cartoons by increasing children's fictional involvement with the victim: A study of active mediation. *Journal of Broadcasting & Electronic Media,* 44, 1, 125-142.

Nelson, T. D. (2008). The young science of prejudice against older adults: Established answers and open questions about ageism. In E. Borgida & S. T. Fiske (Eds.), *Beyond common sense: Psychological science in the courtroom* (pp. 45-61). London: Blackwell.

Paik, H. & Comstock, G. (1994). The effects of television violence on antisocial behaviour: A meta-analysis. *Communication Research, 21,* 516-546.

Paolucci, E. O., Genuis, M. L. & Violato, C. (2001). A Meta-Analysis of the Published Research on the Effects of Child Sexual Abuse. *The Journal of Psychology, 135(1),* 17-36.

Papineau, D. (2001). Metaphysics over methodology – or, why infidelity provides no grounds to divorce causes from probabilities. In M. C. Galavotti, P. Suppes, & D. Costantini (Eds.), *Stochastic Causality* (pp. 15-38). California: CSLI Publications.

Rind, B., Tromovitch, P. & Bauserman, R. (1998). A meta-analitic examination of assumed properties of child sexual abuse using college samples. *Psychological Bulletin, 124(1)*, 22-51.

Rivera, B. & Widom, C. S. (1990). Childhood Victimization and Violent Offending. *Violence and Victims, 5*, 19-35.

Rogers, T. D. (2006). Testemunho de peritos psiquiatras. In A. C. Fonseca, M. R. Simões, M. C. Taborda-Simões & M. S. Pinho (Eds.), *Psicologia Forense* (pp. 117-133). Coimbra: Almedina.

Romans, S., Martin, J. & Mullen, P. (1997). Childhood sexual abuse and later psychological problems: neither necessary, sufficient nor acting alone. *Criminal Behaviour and Mental Health, 7*, 327-338.

Roosa, M. W., Reyes, L., Reinholtz, C. & Angelini, P. (1998). Measurement of women's child sexual abuse experience: An empirical demonstration of the impact of choice of measure on estimates of incidence rates and of relationships with pathology. *The Journal of Sex Research, 35(3)*, 225-233.

Salter, D., McMillan, D., Richards, M., Talbot, T., Hodges, J., Bentovin, A., Hastings, R., Stevenson, J. & Skuse, D. (2003). Development of sexually abusive behaviour in sexually victimised males: a longitudinal study. *The Lancet, 361(8)*, 471-476.

Sherry, J. L. (2001). The effects of violent video games on aggression: A meta-analysis. *Human Communication Research*. 27(3), 409-431.

Siegel, R. J. (2004). Ageism in psychiatric diagnosis. In P. J. Caplan & L. Cosgrove (Eds.), *Bias in psychiatric diagnosis* (pp. 89-97). Lanham: Jason Aronson, Inc.

Siegel, J. A. & Williams, L. M. (2003). The relationship between child sexual abuse and female delinquency and crime: A prospective study. *Journal of Research in Crime and Delinquency, 40(1)*, 71-94.

Simões, A. (1985). Estereótipos relacionados com os idosos. *Revista Portuguesa de Pedagogia,* Ano XIX, 207-234.

Simões, A. (2006). *A nova velhice: Um novo público a educar*. Porto: Ambar.

Singer, M. I., Miller, D. B., Guo, S. Y., Flannery, D. J., Frierson, T. & Slovak, K. (1999). Contributors to violent behaviour among elementary and middle school children. *Pediatrics*, 104, *4*, 878-884.

Skuse, D., Bentovim, A. Hodges, J. *et al.* (1998). Risk factors for development of sexually abusive behaviour in sexually victimised adolescent boys: cross sectional study. *British Medical Journal*, 317, 175-179.

Smith, C. & Thornberry, T. P. (1995). The relationship between childhood maltreatment and adolescent involvement in delinquency. *Criminology, 33*, 451-477.

Swanston, H., Parkinson, P., O'Toole, B., Plunkett, A., Shrimpton, S. & Oates, K. (2003). Juvenile Crime, Aggression and Delinquency after Sexual Abuse. A Longitudinal Study. *The British Journal of Criminology*, 43(4), 729-749.

Tyler, K. A., Johnson, K. A. & Brownridge, D. A. (2008). A longitudinal study of the effects of child maltreatment on later outcomes among high-risk adolescents. *Journal of Youth and Adolescence, 37,* 506-521.

Vala, J., Lima, L. & Jerónimo, R. (2000). *Avaliação da violência na televisão portuguesa: Programação de 1997*. Lisboa: Alta Autoridade para a Comunicação Social.

Vários (2002). *American Psychologist, 57* (3).

Viemerö, V. (1996). Factors in childhood that predict later criminal behavior. *Aggressive Behavior, 22*, 87-97.

Watkins, B. & Bentoim, A. (1992). A sexual abuse of male-children and adolescents: a review of current research. *Journal of Child Psychology and Psychiatry, 33*, 197-248.

Widom, C. S. (1989). Child abuse, neglect and adult behaviour: Research design and findings on criminality, Violence and child abuse. *American Journal of Orthopsychiatry, 59*, 355-366.

Widom, C. S. & Ames, M. A. (1994). Criminal consequences of childhood sexual victimization. *Child Abuse and Neglect, 18*, 303-318.

Wood, W., Wong, F. Y. & Chachere, J. G. (1991). Effects of media violence on viewers' aggression in unconstrained social interaction. *Psychological Bulletin, 109, 3*, 371-383.

Yury, C, Gentry, R. A., LeRoux, H., Buchanan, J. A. & Fisher, J. E. (2004) Assessing mental competency in the elderly. In W. O'Donohue & E. Levensky (Eds.), *Handbook of Forensic Psychology* (pp. 211-233). London: Academic Press/Elsevier.

Zillmann, D. (1991). Television viewing and physiological arousal. In J. Bryant & D. Zillmann (Eds.), *Responding to the screen. Reception and reaction processes* (pp. 103-133). NJ: Lawrence Erlbaum Associates.

Zingraff, M. T., Leiter, J., Meyers, K. A. & Johnsen, M. C. (1993). Child Maltreatment and Youthful Problem Behavior. *Criminology, 31*, 173-202.

2

De um estado de facto a um estado de direito: elementos de psicologia social normativa

Joaquim Pires Valentim e Willem Doise

Introdução

Entre as investigações que continuam a servir como referência na psicologia social desde há várias décadas incluem-se, sem dúvida, as experiências de Stanley Milgram (1963, 1974) sobre a obediência à autoridade. Mas pouco menos conhecida é a célebre experiência de Philip Zimbardo sobre a prisão realizada em Stanford (Haney, Banks & Zimbardo, 1973; Zimbardo, 1989). Após os acontecimentos de 11 Setembro nos Estados Unidos, os debates sobre a legitimidade de certas formas de tortura no quadro da guerra contra o terrorismo vieram intensificar o interesse dado a estas experiências, tanto mais que, no livro que publicou recentemente, o próprio Zimbardo (2007), não só apresenta um extenso relatório sobre a experiência que efectuou em Stanford, como estende a sua análise aos dramáticos acontecimentos de Abu Ghraib, no Iraque.

No entanto, não foram considerações de actualidade política internacional que nos levaram a voltar a estas experiências de há mais de trinta anos. Trata-se, claramente, de trabalhos que marcaram de uma maneira durável a nossa disciplina porque eles mostram de forma excepcional como as investigações em psicologia social se podem revestir de um interesse societal importante. Sobretudo as investigações de Milgram estiveram na origem de numerosos debates de natureza ética e política, foram reproduzidas em diferentes países e, também por esta razão, são, sem dúvida, as experiências mais bem conhecidas do grande público. Se a experiência de Zimbardo é menos conhecida é também porque ela foi menos replicada; ela necessita de um dispositivo experimental mais difícil de concretizar, como veremos ao descrever uma investigação importante de Reicher e Haslam (2006a) efectuada na Grã-Bretanha.

Um dos domínios em que os ensinamentos a retirar destas experiências têm sido utilizados para explicar o comportamento dos indivíduos é o das situações de guerra, geralmente através de análises assentes numa concepção fatalista sobre o papel deletério dos grupos e desresponsabilizadora dos indivíduos face ao "poder da situação". Mas, do nosso ponto de vista, há algo a que a psicologia social deve procurar responder e que não se limita à análise do comportamento dos indivíduos, tal como é determinado pelas imposições da situação social em que se encontram. De facto, julgamos que a psicologia social deve também procurar esclarecer como introduzir a mudança e até mostrar como é possível criar outra realidade, capaz de alterar situações que são "estados de facto" marcados pela injustiça, a tirania e a violência.

1. Obediência

1. 1. "O efeito Milgram": alguns paralelismos e uma lição

Muitas experiências em psicologia social, tais como as de Sherif (1937) sobre a elaboração de normas em situação de grupo, ilustram os factores que levam um indivíduo a submeter-se, ou pelo menos a negociar com um grupo, fora de toda a pressão explícita deste para a uniformidade. A simples consciência de um desacordo entre o indivíduo e o outro gera um conflito criador de incerteza, de ansiedade, que parece ser muitas vezes resolvido por uma relação de dependência a outrem.

Nas experiências realizadas por Milgram (1963, 1974), ao contrário, a pressão social é explícita. Aí não há o simples apelo implícito a um acordo ou a uma negociação tendo em vista reduzir as diferenças interindividuais: há ordens, há o imperativo de obedecer. Um dos maiores interesses deste programa de pesquisas é que ele considera o experimentador não simplesmente no seu papel de instrutor, assegurando um procedimento, mas no seu papel explícito de fonte de influência.

Tendo em conta que a descrição detalhada destas experiências se encontra facilmente acessível em língua portuguesa (Doise, Deschamps & Mugny, 1980, pp. 116-121; Garcia-Marques, 2002, pp. 257-262), dispensamo-nos de a apresentar novamente aqui. Recorde-se apenas que, sob as ordens de um experimentador, os participantes deviam dar choques eléctricos (o que, de facto, não acontecia) a um suposto aluno por cada resposta errada numa suposta tarefa de aprendizagem. Para o fazerem, os participantes dispunham de um gerador eléctrico com 30 interruptores dispostos numa linha horizontal que, quando accionados, libertavam uma carga eléctrica que ia de 15 a 450 *volts* (graduados de 15 em 15 *volts*). Além da indicação da voltagem, os interruptores estavam agrupados por categoria de intensidade, com indicações que iam desde "choque ligeiro" até "perigo: choque severo". Após esta indicação, os dois últimos interruptores, para além da inscrição com a voltagem (435 e 450 *volts*), indicavam apenas "XXX". Quando um interruptor era accionado, um voltímetro indicava a intensidade do choque correspondente, acendia-se uma pequena luz-piloto vermelha correspondente ao interruptor e ouvia-se um zumbido eléctrico. Na realidade, recorde-se que, como é evidente, os choques não eram administrados. No entanto, os detalhes do aparelho e da situação foram cuidadosamente elaborados para assegurar a sua aparente autenticidade.

Nos resultados da experiência que qualificamos de *princeps* (a experiência 2 de Milgram), a média de intensidade do choque máximo administrado pelos participantes (i. e., até se recusarem a continuar) atinge 360 *volts* e 62,5% dos participantes obedecem até ao último choque de 450 *volts*.

No final da sessão, os sujeitos respondem a diversas questões e o experimentador revela-lhes os fins da experiência (estudar a obediência à autoridade) e o facto de, na realidade, os choques não serem administrados. Este *debriefing* é feito com muita atenção, desculpabilizando o sujeito já que se trata de assegurar que ele sai do laboratório de "consciência tranquila".

A ideia que Milgram avança para explicar os resultados obtidos é que o indivíduo deve sofrer uma modificação para se inserir numa nova estrutura social. Enquanto em muitas situações o sujeito se considera como autónomo — e portanto como o próprio iniciador dos seus actos —, ele deixaria de se considerar como tal a partir do momento em que entra numa estrutura social hierárquica. O "estado agêntico" [*agentic state*], termo do próprio Milgram, caracteriza-se assim pelo facto de o sujeito se considerar como um agente executivo de um vontade soberana que ele admite. Dito de outro modo, o sujeito rejeita a responsabilidade dos seus próprios actos sobre a instância decisora da estrutura social, se não mesmo sobre o próprio funcionamento dessa instância.

Para explicar os seus resultados, Milgram faz também apelo à ideologia que inculca o respeito por uma autoridade científica. Todavia, as suas manipulações experimentais nunca incidem explicitamente sobre ela.

Como nota também o seu biógrafo (Blass, 2004, p. 216), a importância do livro de Milgram sobre a submissão à autoridade não é, fundamentalmente, de natureza teórica. Trata-se, antes de mais, de uma demonstração de que um facto histórico excepcional, o Holocausto, implica a participação de indivíduos considerados, por outros motivos, como normais. Se, por um lado, no livro de 1974, Milgram procura apoio para os seus estudos nas concepções de Hannah Arendt, por outro lado, o trabalho de Milgram fornece suporte científico à perspectiva de Arendt (1963/2003) sobre a "banalidade do mal". "Milgram insiste em que esse tipo de comportamento pode, na realidade, ser estudado e, ao aplicar os instrumentos e a linguagem da ciência social, ele ajuda a forjar uma nova perspectiva" (Blass, 2004, p. 268). De facto, tal como Arendt, também Milgram põe em causa as "explicações do Holocausto que se limitavam a demonizar os líderes e os perpetradores nazis, colocando o seu comportamento para além dos limites do discurso e do debate racional" (Blass, 2004, p. 268).

O próprio Milgram desenvolve este ponto na introdução ao seu livro, quando questiona a ideia segundo a qual, nas suas experiências sobre a obediência, as pessoas que infligiram os choques mais elevados às suas vítimas o fizeram por serem monstros ou sádicos. Uma explicação que não resiste à constatação de que cerca de dois terços dos participantes obedecem até ao choque de máxima intensidade.

> Depois de ter observado centenas de pessoas vulgares submeterem-se à autoridade nas nossas experiências, eu devo concluir que a concepção de Arendt sobre a banalidade do mal se aproxima mais da verdade do que nós nos atreveríamos a imaginar. A pessoa vulgar, que deu choques a outra pessoa, fê-lo com um sentido de obrigação — com uma concepção dos seus deveres como sujeito — e não a partir de nenhuma tendência agressiva particular.
> Esta é, talvez, a lição mais fundamental do nosso estudo: pessoas vulgares, fazendo simplesmente o seu trabalho e sem nenhuma hostilidade particular podem tornar-se agentes num terrível processo destrutivo. (Milgram, 1974, p. 6).

O biógrafo chama a atenção para a coincidência histórica, que consiste no facto dos estudos de Milgram terem sido feitos durante o período em que Eichmann foi julgado em Israel. Na realidade, foi na época em que Eichmann foi capturado pelos agentes israelitas, em Buenos Aires, que Milgram se encontrava a elaborar o seu projecto de investigação (Blass, 2004, p. 63) e acabou definitivamente as suas pesquisas quatro dias antes do responsável nazi ter sido executado em 1962. Milgram nunca mais voltará a usar o seu célebre paradigma experimental, como escreve numa nota não datada, relatada por Blass (2004, pp. 117-118). Depois se referir às questões éticas da experiência, Milgram diz:

> Se o que foi feito não pode ser desfeito, pode-se, pelo menos, não repetir a performance. Naquele lugar e naquela altura eu decidi, como uma questão puramente pessoal, não fazer outra experiência que exigisse iludir ou armar uma cilada aos sujeitos e, certamente, não fazer uma experiência que force o sujeito a uma escolha moral e que mobilize forças consideráveis contra a sua firmeza em fazer a escolha correcta. (Blass, 2004, pp. 117-118)

O que não impediu que esta série de experiências se tenha tornado uma das principais referências em psicologia social, muitas vezes reproduzida em países muito variados.

1. 2. As replicações de Meeus e Raaijmakers

Desde Milgram, os psicólogos sociais, nomeadamente os autores do *Petit traité de manipulation à l'usage des honnêtes gens* (Joule & Beauvois, 2002), continuam a analisar os processos específicos pelos quais os indivíduos se submetem a múltiplas exigências organizacionais, que podem comprometer os indivíduos em comportamentos que violam os princípios aos quais pretendem aderir.

Mas, por importante que seja este tipo de investigações na literatura científica, elas põem sobretudo um problema ao nível societal. Nas sociedades modernas, fundadas sobre os princípios da democracia, da liberdade individual e do respeito dos direitos dos outros, as experiências em psicologia social, mostrando que uma grande maioria de indivíduos podem ser conduzidos a violar os direitos fundamentais dos outros, põem necessariamente um problema. Como é possível que, em tais sociedades, se criem espaços em que os princípios fundamentais são facilmente transgredidos e, sobretudo, como se pode evitar a criação de tais espaços?

Entre os numerosos investigadores que trabalharam sobre este problema, na esteira das pesquisas de Milgram, retemos aqui dois: Wim H. J. Meeus e Quinten A. W. Raaijmakers. Fazemo-lo por muitas razões, entre as quais a de que um dos autores deste capítulo foi co-orientador da sua tese de doutoramento (Meeus & Raaijmakers, 1984) e teve assim um acesso directo a um conjunto de trabalhos publicados em língua holandesa do qual partes importantes não foram publicados numa outra língua.

Na versão original da sua tese, os dois autores situam explicitamente as suas investigações numa análise de tipo societal, inscrevendo-se num movimento de ideias importante na psicologia, nomeadamente na psicologia social, o movimento da psicologia crítica [*Kritische Psychologie*], pouco conhecido fora da Alemanha e dos países nórdicos. Baseando-se nas ideias desenvolvidas no livro fundador desta escola de pensamento (Holzkamp, 1972), eles examinam de maneira detalhada o conjunto das condições experimentais construídas por Milgram (Meeus & Raaijmakers, 1987, pp. 183-195), esclarecendo quais as normas sociais pertinentes na situação *standard* da experiência. Descrevem os factores que podem levar os sujeitos a desobedecer ao experimentador, que são, principalmente, os protestos de intensidade crescente da vítima e a percepção de um risco de dano persistente quando ela não reage mais.

Eles analisam também, de maneira detalhada, os numerosos factores de diferente natureza que favorecem a submissão ao experimentador. Estes factores, que facilitam a submissão, são o prestígio proveniente da colaboração num empreendimento científico; o estatuto do experimentador ser superior ao do sujeito e ao da vítima; a consistência nas ordens dadas pelo experimentador em relação à inconsistência da atitude da vítima que começou por aceitar os choques antes de os recusar; o contacto directo com o experimentador e indirecto com a vítima; a garantia dada de que não haveria dano persistente; a surpresa do sujeito em ter que dar os choques mais elevados; o pouco tempo que lhe é dado para considerar as alternativas, visto que o sujeito devia ao mesmo tempo pôr questões à vítima, avaliar as suas respostas e administrar os choques; o comprometimento inicial do sujeito facilitando um comprometimento sucessivo nos choques cada vez mais fortes; a ambiguidade nas indicações da voltagem; o isolamento do sujeito que não pode contar com ninguém para se reorientar; a perturbação moral do sujeito não dispondo de critérios para avaliar o peso respectivo dos aspectos morais da situação e dos interesses científicos da investigação; a distanciação em relação aos choques administrados indirectamente por um aparelho a uma vítima num outro local.

Uma primeira tarefa a que Meeus e Raaijmakers se dedicaram foi a de verificar se as críticas que os defensores da psicologia crítica, particularmente Holzkamp (1972), dirigiam a muitas experiências em laboratórios de psicologia, se aplicavam às experiências de Milgram. Eles resumem essas críticas retomando de Holzkamp os termos de parcelamento (*parzellierung*), de fragilização (*labilisierung*) e de redução (*reduktion*).

Vejamos as descrições destas três características que seriam inerentes a muitas situações experimentais.

– Parcelamento: resulta do esforço para conseguir uma definição da variável independente tão concisa quanto possível. Isso leva a isolá-la "do *cluster* de variáveis nas quais ela está inserida nas situações da vida real. Assim, uma experiência, geralmente, estuda o efeito de uma variável independente artificial que, em circunstâncias normais, nunca poderia, por si só, influenciar o comportamento humano".

– Redução: "o dispositivo experimental deve descartar a possibilidade de os efeitos experimentais serem influenciados por factores (atitudes, padrões comportamentais) que normalmente determinam a experiência do indivíduo e o seu próprio comportamento". Os autores apontam como exemplo a utilização de estímulos desprovidos de sentido (linhas de diferente comprimento) nos estudos sobre o conformismo, em vez da activação ou a representação de situações reais para estudar a conformidade a ideias políticas, uma vez que, neste caso, "o efeito da variável independente poderia ser influenciado por todos os tipos de factores que são difíceis de controlar, tais como a preferência política do sujeito".

– Fragilização: "a situação experimental é organizada de modo a assegurar que o sujeito não tenha a mais pequena ideia do objectivo real da experiência, da matéria que está sendo estudada e do comportamento que é esperado dele". É bastante razoável pensar que "isso irá influenciar fortemente o comportamento do sujeito" (Meeus & Raaijmakers, 1987, pp. 195-196).

Será que estes defeitos experimentais se encontram na situação de base da experiência de Milgram? Continuando a seguir Meeus e Raaijmakers, não haveria parcelamento porque a autoridade estaria aí reproduzida de uma maneira assaz completa, tal como se exerce frequentemente fora do laboratório. O obstáculo da fragilização seria evitado porque tanto as ordens da autoridade como os protestos da vítima seriam expressos com intensidade. Com efeito, os resultados das experiências mostram que os sujeitos que se envolvem numa oposição à autoridade o fariam, na maior parte das vezes, depois dos protestos da vítima.

Mas haveria redução na situação experimental: "analisando as dimensões posicionais do conflito de obediência, nós estamos em condições de mostrar que o sujeito não teve oportunidade para se orientar a si próprio num sentido cognitivo, moral ou social" (Meeus & Raaijmakers, 1987, p. 198).

Esta crítica está na origem da elaboração de um novo paradigma experimental, mais adaptado a uma sociedade moderna, onde, segundo o sociólogo Elias (1969), citado por Meeus e Raaijmakers (1986, p. 312), a expressão da violência não é tanto de natureza física, mas de natureza administrativa. Ela consistiria, sobretudo, nos abusos de poder que os detentores da autoridade exercem em relação aos indivíduos que se encontram "sob as suas ordens". O novo paradigma devia também evitar certas ambiguidades que caracterizariam o paradigma de Milgram, nomeadamente quanto à incerteza que podia ser sustentada nos sujeitos acerca da natureza definitiva dos danos infligidos à vítima.

Todavia, a estrutura do paradigma experimental utilizada pelos dois investigadores mantém-se muito próxima da que é usada na experiência de Milgram. Ela requer um experimentador que recruta sujeitos, supostamente para participar em pesquisas sobre a administração de testes psicológicos. Uma vez chegado ao laboratório, o sujeito é informado que terá de colaborar na administração de um teste a um desempregado que deve ter êxito neste teste para poder ser contratado num novo trabalho. Nessa altura, o sujeito é também informado que o experimentador tem a intenção de se servir desta ocasião para fazer um estudo sobre os efeitos do *stress* aquando da administração de testes. A estrutura da autoridade de Milgram, composta por um experimentador, um sujeito que o auxilia para realizar uma tarefa de aprendizagem junto de um terceiro a quem ele deverá administrar choques eléctricos cada vez mais fortes é agora substituída por uma estrutura de autoridade implicando um experimentador, um sujeito que o auxilia para fazer passar um teste a um desempregado (na realidade, mas sem o conhecimento dos sujeitos, trata-se, como é evidente, de um "comparsa" do experimentador) a quem ele deverá infligir um falso *feedback* sobre as suas performances, de maneira a aumentar o *stress* no desempregado.

Desde que aceita ajudar o experimentador na administração do teste, o sujeito é informado das várias intenções do experimentador nos seguintes termos:

> Apesar disto não ser a regra, o departamento de psicologia está a usar o processo de selecção para estudar a relação entre o *stress* psicológico e os

resultados no teste. A questão essencial neste estudo é esta: quando as pessoas experimentam um aumento de *stress* psicológico, os seus resultados no teste melhoram ou deterioram-se e — se assim for — até que ponto é que isso se verifica? (Meeus & Raaijmakers, 1986, p. 314)

Rapidamente se torna claro que o *feedback* que o sujeito deve dar — falsas informações sobre a qualidade das respostas, denegrir o candidato — aumentam consideravelmente a tensão no candidato, de tal modo que este começa efectivamente a dar respostas inadequadas e acaba por perder qualquer oportunidade de ser admitido no trabalho solicitado. O sujeito é explicitamente informado que o candidato não será contratado, se, na sequência do *stress* induzido, falhar no teste. Ora, o sujeito também tinha sido clara e correctamente informado que a manipulação do *stress* nada tinha a ver com as qualidades exigidas para o emprego.

Para a descrição das diferentes condições experimentais remetemos o leitor para as publicações dos autores (Meeus & Raaijmakers, 1986, 1987, 1995), assinalando que o candidato reage e protesta em relação às intervenções perturbadoras do sujeito. Os resultados obtidos são inteiramente semelhantes aos que foram obtidos nas diferentes condições de Milgram. Verifica-se, de novo, que a maior parte dos indivíduos não hesita em violar um direito fundamental de outro indivíduo — neste caso, o direito ao trabalho —, a pedido de uma autoridade que interfere indevidamente com este direito.

No entanto, o interesse principal destas investigações é outro. Nas suas experiências, os dois investigadores holandeses introduzem novas condições supostamente capazes de contrariar o efeito «reducionista» do procedimento, permitindo aos sujeitos, de certo modo, escaparem ao seu encerramento experimental num universo cognitivo, social e moral que lhes era desconhecido até então.

Uma primeira maneira de proceder a um alargamento das perspectivas é criar uma situação experimental em que os sujeitos não são apenas expressamente advertidos que a indução do *stress* pode custar a perda de emprego ao desempregado, mas também que eles podem, nesse momento, escolher entre continuar a sua participação e pôr-lhe fim. A proporção de sujeitos que se submetem até ao fim — i. e., até à eliminação do candidato — não é significativamente diferente da que é observada na condição de base. Mesmo sujeitos que trabalham em departamentos de gestão de pessoal de diferentes empresas e, portanto, é suposto conhecerem melhor os princípios deontológicos pertinentes para a situação, submetem-se igualmente até o fim numa grande proporção.

Uma outra maneira de permitir aos sujeitos escaparem ao reducionismo experimental é adverti-los bem, antes do início da experiência, da natureza da colaboração que lhe será pedida. Nesta condição experimental, dita de "carta prévia" (ver Meeus & Raaijmakers, 1987, pp. 222-225), os sujeitos são contactados por telefone, como na condição de base. Depois recebem uma carta informando-os do que os espera quando comparecerem à convocatória, designadamente, que serão encarregados de proceder à administração de um teste a alguém que se candidata para um lugar na administração pública; que serão também encarregados de aproveitar esta ocasião para participar num estudo sobre o efeito do *stress* nas performances numa situação de teste; que serão levados a perturbar as respostas do candidato e que isso pode conduzir a consequências nefastas para o candidato, nomeadamente, que ele se arrisca a ser afastado do emprego a que se candidata. A carta termina assim:

> Finalmente, você pode estranhar que seja moralmente correcto exercer uma pressão psicológica destas sobre os candidatos. Claro que não é um procedimento normal fazer comentários negativos a uma pessoa enquanto ela está a responder a um teste. Um candidato pode ficar tão tenso que faz mais erros do que aqueles que teria feito de outra maneira. Ele pode até fazer tantos erros que é rejeitado para o emprego.
> Em síntese, é bem possível que um candidato, que de outra maneira poderia ter passado este teste, devido aos reparos que lhe são feitos, se torne tão tenso que faz demasiados erros, falha o teste e não consegue o emprego que tinha em mente. (Meeus & Raaijmakers, 1987, p. 224)

Nenhum dos 15 sujeitos contactados recusa participar depois da carta e a submissão completa é obtida com todos.

Na conclusão formulada pelos autores, eles consideram que os resultados desta nova série de experiências nos dão "uma indicação sobre a qualidade das relações sociais com pessoas neutras na nossa sociedade". Estes dados traduzem até "um exemplo típico do modo como as pessoas tendem a manter a sua distância em relação a outras pessoas neutras na nossa sociedade". Ora, este tipo de relação distante cria um *vacuum* moral "que é facilmente preenchido pelas autoridades que regulam vários domínios da nossa vida" e que "elaboram regras de acordo com as quais as pessoas se relacionam umas com as outras. Num laboratório psicológico é a autoridade científica que determina como é que o sujeito se comporta para com a vítima numa experiência" (Meeus & Raaijmakers, 1987, p. 228).

Os autores referem a semelhança destas conclusões com as que Milgram (1974, pp. 135-139) tira das suas próprias experiências, mas assinalam uma diferença:

> Milgram não explica a possibilidade de que o nível extremo de obediência encontrado nas suas experiências possa ser o efeito de uma redução experimental. Uma vez que esta possibilidade foi excluída na nossa experiência, podemos concluir que a obediência administrativa encontrada aqui não é consequência da redução experimental, mas que resulta do modo como as relações sociais são estruturadas na sociedade moderna. (Meeus & Raaijmakers, 1987, p. 228)

Na sua tese, Meeus e Raaijmakers (1984, pp. 193-4) não se contentam com a explicação de Milgram em termos de estado agêntico e de práticas educativas nas sociedades modernas que favorecem um recurso à autoridade em caso de confrontação com problemas. Fazem uma dupla crítica desta explicação: "falta um quadro histórico para situar a evolução de funções de tipo agêntico e, para além disso, Milgram não dispõe de material empírico para apoiar a sua explicação". Defendem também que os pontos de partida para superar esta dupla lacuna deveriam ser procurados na psicologia crítica e na teoria sobre a civilização de Elias.

> Na psicologia crítica, porque ela trabalha sobre dados empíricos no domínio do desenvolvimento das funções psicológicas na passagem do mundo animal para a humanidade. Na teoria de Elias, porque ela tem por objecto a evolução ulterior destas funções em correlação com o desenvolvimento material e histórico. (Meeus & Raaijmakers, 1984, pp. 193-4)

De acordo com as bases teóricas da psicologia crítica os autores procuram uma explicação no quadro do materialismo histórico. Encontram-se assim de acordo com as orientações gerais fixadas por um dos co-editores do livro fundador da psicologia social europeia (Israel &

Tajfel, 1972) que defendem que os psicólogos sociais devem explicitar as suas hipóteses de base ou "concepções a respeito (1) *da natureza do Homem, incluindo a natureza do conhecimento que o Homem tem*, 2) *da natureza da sociedade* e (3) *da natureza da relação entre o Homem e a sociedade*" (Israel, 1972, p. 124).

Não se trata de fazer aqui uma história da psicologia crítica. Trata-se apenas de dizer que, na nossa opinião, o exemplo das investigações de Meeus e Raaijmakers mostra que esta orientação teórica a favor de uma psicologia social de natureza societal pôde traduzir reflexões de natureza societal nos paradigmas experimentais e produzir assim uma melhor compreensão de dinâmicas importantes que regem o funcionamento da nossa sociedade. As experiências mais específicas da sua tese sobre a importância da manipulação da responsabilidade jurídica dos sujeitos, demonstram-no bem (Meeus & Raaijmakers, 1995).

Trata-se de variantes das investigações introduzindo uma advertência a respeito da responsabilidade jurídica dos sujeitos. Numa das suas experiências, é usado o procedimento de base, mas os sujeitos são advertidos desde o início que já aconteceu o candidato a um trabalho ter desencadeado um processo judicial contra a universidade denunciando as condições de administração do teste. De modo a evitar qualquer problema no futuro, as instâncias responsáveis da universidade recusam aceitar qualquer responsabilidade jurídica e pedem explicitamente ao sujeito para assinar um documento, no qual é especificado que só o sujeito é juridicamente responsável pelo que se pode vir a passar durante a administração do teste. Neste caso, 8 sujeitos em 20 recusam participar na experiência e somente 6 obedecem até ao fim. Esta proporção é muito mais baixa que a da condição de base sem advertência onde, em geral, mais de 80% dos sujeitos colaboram completamente.

Em duas outras experiências a responsabilidade jurídica é manipulada nas condições de "carta prévia". Numa das condições, a carta especifica que só a universidade é juridicamente responsável e, neste caso, 2/3 dos participantes submetem-se até ao fim, mas 1/5 recusa-se a participar na experiência. Os resultados são de outra natureza quando, noutra condição, a carta especifica que o sujeito é o único responsável juridicamente: apenas 3 sujeitos em 15 aceitam participar na experiência, mas obedecem até ao fim.

Os autores relacionam os seus resultados com os que foram obtidos por West, Gunn e Chernicky (1975) que procedem a uma espécie de réplica experimental do famoso escândalo Watergate no qual o presidente republicano Nixon mandou organizar um assalto para espiar os seus opositores democratas. Na experiência de West e colegas, os sujeitos são recrutados para participar com agentes do fisco para roubar documentos numa empresa a fim de trazer à luz do dia uma importante fraude fiscal. Numa condição os sujeitos são advertidos que terão cobertura jurídica dada pelo governo, na outra condição é-lhes dito que eles não terão essa cobertura. Na primeira condição 45% dos sujeitos contactados aceita colaborar, na segunda somente 5%.

A explicação que os autores propõem é que os indivíduos estão particularmente dispostos a desafiar uma autoridade quando a obediência os conduziria manifestamente a assumir um grande risco para si próprios. No entanto, nós pensamos que não é apenas a antecipação de dano pessoal que intervém nestas condições. Julgamos que deve ser considerada uma outra explicação, de natureza mais societal, para estes resultados sobre a responsabilidade jurídica. De facto, a manipulação da responsabilidade jurídica conduz, de algum modo, a evocar a importância de uma outra instituição na nossa sociedade. Os sujeitos sob a alçada de uma autoridade académica são, por via desta manipulação, postos também directamente sob a alçada de uma autoridade jurídica. Assim, o que fazemos com esta leitura é, como já Durkheim preconizava, explicar os factos sociais por outros factos sociais. Nas situações de responsabilidade jurídica, seria a perspectiva de intervenção de uma outra instituição adequada que tornaria os sujeitos autónomos face ao experimentador.

No terceiro ponto deste capítulo ilustraremos como, num outro contexto, a juridicialização de uma problemática é preconizada para combater as violações de direitos fundamentais dos indivíduos.

Mas, antes disso, detenhamo-nos um pouco na revisão de um conjunto de estudos cuja origem se situa no mesmo caudal de investigações que os estudos de Milgram. Referimo-nos à experiência sobre a prisão realizada em Stanford por Zimbardo e colaboradores (Haney, Banks & Zimbardo, 1973; Zimbardo, 1989) para vermos como, também aí, é importante a introdução de elementos que permitam aos sujeitos ultrapassar o encerramento social, cognitivo e moral numa dada situação.

2. Prisões

2. 1. O "efeito Zimbardo"

Apesar do estudo de Zimbardo não ter tido a mesma repercussão no domínio científico que o de Milgram, ele poderá incluir-se na esteira do notável conjunto de trabalhos realizados a seguir à Segunda Guerra Mundial (onde se incluem os trabalhos de Milgram, 1963 e também os de Sherif, 1956) e que marcaram a psicologia social abordando questões cruciais de natureza societal, designadamente no domínio da justiça. A sua pertinência justifica que nos detenhamos um pouco nessas questões e nessa experiência. Tanto mais que o debate se enriqueceu nos últimos anos, quer com a replicação da difícil experiência feita por dois psicólogos sociais britânicos, quer com a publicação do livro de Zimbardo (2007), no qual o autor faz uma extensa descrição da experiência, alargando a sua análise ao caso recente de Abu Ghraib e relatando a sua intervenção directa no processo jurídico daí decorrente. Comecemos então por rever brevemente a célebre experiência de Stanford sobre o comportamento dos indivíduos na prisão.

Nessa experiência, um conjunto de 24 estudantes universitários voluntários, sem problemas psicológicos, foi dividido aleatoriamente em "guardas" (tendo como superintendente o próprio Zimbardo) e "prisioneiros". Com a colaboração da polícia, todos os "prisioneiros" foram inesperadamente detidos nas suas casas, levados num carro da polícia até à esquadra, onde foram submetidos ao processo de rotina típico nas situações de detenção policial. Após a conclusão desses trâmites processuais foram conduzidos à "prisão" que se situava na Universidade de Stanford em instalações provisoriamente transformadas em celas. Aí tiveram que trocar as suas roupas pelo uniforme de prisioneiros que consistia numa bata comprida e folgada com um número de identificação inscrito à frente e atrás, um gorro de *nylon* que cobria o cabelo, sandálias de borracha e uma corrente presa a um tornozelo. Os "guardas" envergavam um uniforme caqui de conotação militar, tinham óculos escuros espelhados, bastão e apito.

Quando todos os prisioneiros se encontravam na "prisão" foram-lhes lidas as regras da instituição que incluíam aspectos como, entre outros, os prisioneiros serem tratados apenas pelos números dos seus uniformes (num esforço para produzir o anonimato e a desindividuação), o número de refeições por dia e o facto de 3 vezes por dia se proceder a um alinhamento de todos os prisioneiros para uma contagem. No entanto, convém referir que, como dizem os autores, muitas das rotinas pré--estabelecidas foram modificadas ou abandonadas pelos guardas e algumas esquecidas pelo *staff* no decurso do estudo (Haney, Banks & Zimbardo, 1973, p. 424).

Embora os guardas estivessem expressamente proibidos de usar a violência física, o que se constatou foi que, rapidamente, a maioria dos guardas manifestam comportamentos verbais agressivos para com os prisioneiros, ameaçando-os, humilhando-os e procurando quebrar a solidariedade entre eles. Apesar de, no início, os prisioneiros se revoltarem, a pouco e pouco vão-se tornando passivos, desintegram-se enquanto grupo e individualmente começam a manifestar comportamentos de apatia e depressão. Inclusivamente, a gravidade das reacções de alguns prisioneiros, obrigou a que alguns tivessem que ser "libertados". Logo no segundo dia, quatro prisioneiros mostravam um padrão de sintomas de crise emocional extrema bastante semelhante (depressão, choro, raiva e crises de ansiedade aguda) e um quinto participante foi "libertado" depois ter sido tratado a uma erupção cutânea de origem psicossomática (Haney, Banks & Zimbardo, 1973, p. 428).

Estaríamos aqui, nas palavras dos autores, perante uma "patologia do poder" (Haney, Banks & Zimbardo, 1973, p. 440) da parte dos guardas e um "sindroma patológico do prisioneiro" (p. 441) onde se inclui a "perda de identidade pessoal" (p. 442). A tal ponto as coisas começaram a ficar fora de controlo que a experiência, planeada para durar duas semanas, teve que ser interrompida ao fim de seis dias dados os acontecimentos e problemas que se estavam a criar, entre os quais, a humilhação sexual dos prisioneiros pelos guardas. A experiência tornara-se uma "coisa terrível" na qual

> alguns guardas se tinham transformado em perpetradores da maldade e outros guardas contribuíam passivamente para a maldade através da sua inacção. Enquanto isso, outros jovens adultos, igualmente normais e saudáveis, não tinham resistido psicologicamente às pressões situacio-

nais e os prisioneiros que restavam tinham-se tornado uma espécie de zombies. (Zimbardo, 2007, p. 172)

Este desfecho e a rapidez com que se produziram estes resultados num grupo de estudantes equilibrados em termos psicológicos, afectivos e sociais, aparentemente, pelo simples facto de terem sido divididos aleatoriamente em "guardas" e "prisioneiros" e de terem sido postos a desempenhar esses papéis numa prisão fictícia não deixa de ser surpreendente. Apesar de nunca ter chegado a ser publicado numa revista de psicologia com arbitragem científica, este estudo e as suas conclusões tornaram-se amplamente conhecidos, não só pela comunidade científica dos psicólogos sociais, mas pela comunidade mais vasta dos psicólogos e até do público em geral. Tendo em conta a analogia com os recentes acontecimentos no domínio da justiça e das prisões, no quadro da política internacional, a experiência volta a ganhar nova actualidade [1].

De acordo com a interpretação dos autores, "os sujeitos deixaram de distinguir entre o papel na prisão e as suas próprias identidades anteriores" (Haney, Banks & Zimbardo, 1973, p. 436): o poder da situação e o assumir dos papéis de guardas permitiriam dar conta do que aconteceu. Esta análise é retomada e desenvolvida por Zimbardo no seu recente livro (2007, pp. 210-221) onde, como já dissemos, publica uma longa descrição da experiência e estende essa interpretação (o poder da situação, do anonimato, das normas e dos papéis sociais) aos dramáticos acontecimentos ocorridos na prisão de Abu Ghraib.

Esta explicação sobre a "banalidade do mal" encontra eco em H. Arendt e na sua interpretação do comportamento de Eichmann como o de um mero burocrata, mas enraíza-se igualmente numa longa tradição existente na psicologia social no estudo dos grupos. De facto,

---

[1] "Num dia típico, as páginas do *site* [da Experiência da Prisão de Stanford] *www.prisonexp.org* são vistas mais de 25.000 vezes (...). No auge da cobertura noticiosa dos abusos na prisão de Abu Ghraib, em Maio e Junho de 2004, o tráfego para o *website* da Experiência da Prisão de Stanford (e para o seu *parent site www.socialpsychology.org*) excedeu 250.000 visitas por dia" (Zimbardo, 2007, p. 255).

existe nesta abordagem de Zimbardo (tal como num vasto conjunto de trabalhos neste domínio) a concepção implícita — ou até explícita — segundo a qual inserido num grupo, moldando e submetendo o seu comportamento às normas do grupo, indivíduos decentes, racionais e autónomos são capazes de actos de tirania e de barbaridade com a maior das facilidades.

O papel dos grupos seria assim, inevitalmente, o de exercer uma pressão para a uniformização social, cujas causas e consequências haviam já ocupado as investigações em torno da noção de desindividuação. Na psicologia social, a noção foi proposta em 1952 por Festinger, Pepitone e Newcomb que a definem como "uma maneira de ser no grupo que faz com que os indivíduos não concedam importância aos outros membros do grupo enquanto indivíduos e, inversamente, estes membros não tenham o sentimento de serem singularizados pelos outros" (p. 383). No entanto, como salienta Lorenzi-Cioldi (1988), a noção inicialmente proposta por Festinger e colaboradores tinha uma conotação positiva de libertação que vai perdendo progressivamente, para dar lugar em Zimbardo a uma associação a significações que se afastam dessa conotação positiva, ao mesmo tempo que vão ganhando contornos equívocos: "mitologicamente, a desindividuação é a eterna força da vida, o ciclo da natureza, os laços de sangue, a tribo, o princípio feminino, o irracional, o impulsivo, as vozes que se levantam na multidão anónima, as fúrias vingativas" (Zimbardo, 1969, p. 249, cit. por Lorenzi-Cioldi, 1988, pp. 22-23). Nesta acepção, o conceito de desindividuação não deixa de evocar velhas ideias a este respeito, como as de Le Bon (1895/1980) sobre as multidões e a conotação negativa que lhes está associada, bem expressa, por exemplo, nesta passagem: "só pelo facto de pertencer a uma multidão, o homem desce vários graus na escala de civilização. Isolado seria talvez um indivíduo culto; em multidão é um ser instintivo, por, um bárbaro" (Le Bon, 1895/1980, p. 32).

Ora, existe uma outra concepção na psicologia social segundo a qual os grupos não só não desempenham necessária e inevitavelmente esse papel, como podem até desempenhar o papel oposto, ou seja, seria graças aos grupos que isso se poderia evitar. Recorde-se, por exemplo, como nas experiências de Milgram a importância de um parceiro que recusa obedecer às ordens do experimentador parece apontar para que o laço social, as relações sociais podem ser uma fonte de resistência e não apenas de diluição da responsabilidade.

Esta é uma perspectiva que está na base da recente experiência de Reicher e Haslam (2006a) sobre a psicologia da tirania, conhecida como "o estudo da prisão da BBC". Mas Reicher e Haslam não limitam as suas críticas à Experiência da Prisão de Stanford (EPS) a essa concepção sobre o papel dos grupos. Vejamos dois tipos de críticas que os autores do estudo da prisão da BBC apontam ao trabalho de Zimbardo.

O primeiro conjunto de críticas, de ordem mais teórica, decorre dos problemas com a explicação exclusivamente assente no papel que os indivíduos devem desempenhar. Estas críticas convergem no sentido em que "as pessoas não adormecem simplesmente no papel, mas resistem activamente à situação" (Haslam & Reicher, 2003, p. 22) sublinhando que, aparentemente, na EPS vários guardas terão resistido à pressão exercida para que desempenhassem o seu papel de forma dura e vários prisioneiros resistiram a esse tipo de autoridade dos guardas. Não é fácil compatibilizar esta diversidade com uma explicação baseada exclusivamente no assumir do papel pelos indivíduos e no "poder da situação".

Por outro lado, a explicação avançada ignora o papel activo das lideranças. Neste caso, a liderança do próprio Zimbardo cujas instruções e papel enquanto "chefe dos guardas" são, no mínimo, compatíveis com esses comportamentos da parte dos guardas (cf. um certo reconhecimento disto mesmo em Zimbardo, 2007, p. 226).

Um outro tipo de críticas, prende-se com "razões morais" (Reicher & Halsam, 2006b, p. 146), na medida em que esse tipo de interpretação veiculando uma concepção passiva dos indivíduos, ou daquilo que Asch (1952) chamou "sonambulismo social" (cf. Garcia-Marques, 2002, pp. 238-240), se traduz num argumento que serve a desresponsabilização e que conduz a análise psicológica a "desculpar o indesculpável" (Reicher & Haslam, 2006b, p. 147). O que está aqui em causa é a desresponsabilização dos indivíduos pelos actos cometidos quando inseridos em grupos, uma vez que, em rigor, o responsável não teria sido o indivíduo mas a situação, o contexto ou o papel que a isso o obrigou. A questão não é apenas teórica, mas contém fortes prolongamentos éticos e jurídicos como o caso dramático dos abusos ocorridos em Abu Ghraib ilustra particularmente bem.

Ou seja, de acordo com essa interpretação, indivíduos com capacidade de decidir sobre o bem-estar material e psicológico de outros indivíduos — senão mesmo sobre a sua vida — são, em última instância, "não responsáveis" pelos seus actos, desprovidos de autonomia, de capacidade de decisão, de responsabilidade moral e criminal, na medida em que, dado o contexto social em que se encontram, se limitam a cumprir o seu papel e a obedecer a ordens.

Sintetizando, a explicação para este tipo de comportamentos com base apenas no papel e na situação "é perigosa não só porque falha ao explicar a tirania, mas também porque serve para a desculpar" (Haslam & Reicher, 2003, p. 24).

Finalmente, o mesmo tipo de problemas éticos com que Milgram se confrontou, coloca-se também aqui. As sérias dificuldades éticas que este estudo levanta podem ter impedido a sua replicação (a este respeito cf. Zimbardo, 2007, cap. 11) — e até o debate das questões que coloca — durante bastante tempo. Nas palavras de Reicher e Haslam (2006b, p. 147): "durante uma geração inteira temos estado presos a esta explicação questionável porque o comportamento que levou ao impacte da EPS torna a sua repetição inaceitável eticamente. Como podemos avançar na compreensão da psicologia da tirania sem sermos nós próprios tiranos?"

Assim, de acordo com Reicher e Haslam (2006a, 2006b), a EPS coloca então um problema adicional, na medida em que representa o culminar dos estudos sobre o comportamento extremo (na esteira dos trabalhos de Sherif e de Milgram) mas representa também o seu declínio. De facto, a partir dos anos 70, as pesquisas que traduzem estas preocupações cedem lugar a uma progressiva expansão das conceptualizações e explicações em termos intra-individuais (por ex., numa perspectiva cognitiva ou, mais recentemente, das neurociências) marginalizando a psicologia nos estudos e debates sobre os fenómenos sociais de larga escala. Como dizem Reicher e Haslam (2006a, p. 3), citando o próprio Zimbardo, "em parte como resultado destas tendências, a psicologia tem-se tornado crescentemente marginal e marginalizada no debate acerca de importantes questões sociais".

É neste contexto — e procurando contrariar esta tendência — que Reicher e Haslam realizam o "estudo da prisão da BBC".

2. 2. O estudo de Reicher e Haslam: introdução da mudança num universo fechado

Deixando de lado um inventário das diferenças na operacionalização das duas experiências (para esse fim, cf. Zimbardo, 2006 e também Haslam & Reicher, 2006), há, no entanto, algo no estudo da prisão da BBC que nos parece essencial referir e que não existia na EPS: o facto de, para os prisioneiros, ter sido introduzida a permeabilidade ou a possibilidade de atravessar a fronteira entre grupos. Por isso mesmo, como assinalam Reicher e Haslam, trata-se mais de uma experiência sobre relações entre grupos em situação de desigualdade do que sobre o comportamento de guardas e prisioneiros.

Do nosso ponto de vista, a introdução dessa variável deve ser sublinhada (e talvez não tenha sido suficientemente enfatizada pelos autores nas suas respostas às duras críticas de Zimbardo, 2006) [2], na medida em que isso nos pode elucidar sobre os processos de mudança associados à criação de uma nova situação que procura escapar a um universo social fechado e a divisões demasiado rígidas das categorias grupais em que os sujeitos se podem encontrar.

O esquema da experiência é basicamente idêntico ao da EPS [3]. Todavia, como dissemos atrás, os autores insistem em que não se trata de replicar o modelo de uma prisão, mas sim o de uma estrutura desigual em termos de poder e que se poderia aplicar igualmente a outras instituições hierárquicas como, por exemplo, uma escola, uma empresa ou um quartel. Assim, a questão essencial não é a da análise do comportamento dos indivíduos na prisão, mas saber "como respondem as pessoas à desigualdade social. (...) E qual é o papel do grupo nestes processos?" (Reicher & Haslam, 2006b, p. 148).

---

[2] Zimbardo (2006) não parece aceitar a ideia de que os autores, em vez de se terem limitado a reproduzir uma situação real, tenham tentado criar uma que acentua ou modifica certos aspectos da realidade social das prisões pelas suas intervenções, como a de manipular as fronteiras entre guardas e prisioneiros.

[3] Já no decurso da revisão das provas tipográficas deste capítulo foi lançado o *site* do estudo da prisão da BBC: *http://www.bbcprisonstudy.org/*

No entanto, os autores não abandonam o paralelismo com o estudo de Stanford e procuram também averiguar, muito especialmente, se os participantes aceitam os seus papéis sem crítica.

> Aqueles a quem foi atribuído poder exercem-no sem quaisquer restrições e aqueles que não têm poder aceitam a sua subordinação sem reclamar? No fim de contas, se o processo de desempenho do papel é, de facto, "natural" então ele deve aplicar-se em todos os casos e qualquer excepção põe em causa o argumento geral. (Reicher & Haslam, 2006a, p. 7)

Por outro lado, trata-se de um estudo baseado explicitamente na abordagem da identidade social, decorrendo daí a manipulação de variáveis teoricamente relevantes, em especial, como já referimos, a permeabilidade da fronteira entre grupos. Neste quadro, assume particular relevância a análise teórica de Tajfel (cf., por ex., Tajfel, 1978/1983; Tajfel & Turner, 1979) sobre as possíveis estratégias que podem ser adoptadas para modificar uma situação de desvantagem ou de inferioridade em termos de uma oposição entre sistemas de crenças baseadas na mobilidade social (associada a estratégias individuais) e sistemas de crenças baseadas na mudança social (associada a estratégias colectivas).

Ao referirem-se às diferenças com a EPS os autores sublinham ainda o facto de não terem actuado na experiência como membros de um dos grupos (muito particularmente, nenhum dos investigadores foi líder do grupo dos guardas) e — dados os problemas éticos que este tipo de pesquisa envolve —, de modo a garantir a correcção do estudo, este foi monitorizado por dois psicólogos clínicos e por uma comissão ética independente que tinha o direito de solicitar as alterações que considerasse necessárias e até mesmo de interromper o estudo em qualquer momento [4].

Dito isto, vejamos então, abreviadamente, em que consistiu essa investigação (cf., em especial, Reicher & Haslam, 2006a, pp. 9-12).

O estudo realizou-se durante 8 dias de Dezembro de 2001, em cooperação com a secção de documentários da BBC que se encarregou da tarefa logística de criar o ambiente de estudo, filmar e preparar o material

---

[4] "Depois do estudo a comissão ética publicou um relatório independente (...) e caracterizou a condução do estudo como 'exemplar'" (Reicher & Haslam, 2006a, p. 9).

para uma emissão de um documentário. A selecção dos 15 participantes (todos homens) procurou assegurar a sua diversidade em temos de idade, classe social e origem étnica. O processo de selecção pelo qual os candidatos passaram visava garantir também que todos eram pessoas bem ajustadas psicologicamente e sem problemas sociais e clínicos. Os participantes seleccionados foram divididos aleatoriamente (mas de modo a assegurar que os grupos eram equivalentes em dimensões chave) em dois grupos: um de 5 guardas e outro de 10 prisioneiros. Todavia, para respeitar as intervenções experimentais planificadas (cf. *infra*) o grupo inicial de prisioneiros era composto apenas por 9 indivíduos.

O comportamento dos participantes foi registado em vídeo e audio, durante todo o período em que o estudo decorreu, e isto foi complementado com medidas diárias fisiológicas e psicométricas. Estas últimas incidiam sobre variáveis sociais (por ex., autoritarismo e identificação social), organizacionais (tais como cidadania organizacional e conformidade a regras) e clínicas (auto-eficácia e depressão).

A autoridade dos guardas era reforçada por diferentes vias — como os recursos disponíveis, a organização do espaço e os seus aspectos funcionais — e os guardas tinham também melhores condições de vida (incluindo refeições melhores e uniformes de melhor qualidade) que os prisioneiros. A estes foi rapado o cabelo à chegada e foram-lhes distribuídos uniformes de que fazia parte uma *t-shirt* com um número de 3 algarismos.

A *permeabilidade* da fronteira entre os grupos foi manipulada introduzindo-se inicialmente a possibilidade de promoção de um prisioneiro a guarda no terceiro dia da experiência, em função do seu comportamento. Com este procedimento, os investigadores esperavam que os "prisioneiros tentassem rejeitar a sua identidade de prisioneiro e trabalhassem independentemente para melhorar a sua posição" (Haslam & Reicher, 2005, p. 49). Depois da promoção ter tido lugar, esta possibilidade foi retirada, procurando-se assim que (em função da impermeabilidade das fronteiras entre os grupos) os prisioneiros adoptassem um sistema de crenças característico da mudança social e estratégias colectivas que lhe estão associadas.

Para reforçar este objectivo, também se previa manipular a *legitimidade* das fronteiras entre os grupos, colocando os investigadores em questão os critérios que tinham usado na constituição dos dois grupos. Para além disso, foi introduzido um novo participante no grupo dos prisioneiros (recorde-se que, inicialmente, o grupo de prisioneiros tinha apenas 9 dos 10 elementos seleccionados). Este participante foi escolhido por se tratar de um indivíduo com um passado de sindicalista experiente. Os autores esperavam que ele proporcionasse aos prisioneiros um leque de *alternativas cognitivas* que questionasse a situação das relações entre os dois grupos e que poderia fornecer aptidões necessárias para organizar a mudança a fim de permitir aos prisioneiros alcançar uma situação de maior igualdade nas relações sociais (Reicher & Haslam, 2006a, pp. 11-12).

Os principais resultados obtidos não são indiferentes a essas intervenções, em especial, nas primeiras fases da experiência. No início,

> ambos os grupos se sentem (...) desconfortáveis com o exercício do poder e com as desigualdades que encontram. (...) Assim, em vez de (...) guardas brutais, observámos (...) guardas ambivalentes — alguns dos quais estavam mais dispostos a solidarizar-se com os prisioneiros do que a puni-los. (Reicher & Haslam, 2006b, p. 148)

Este desconforto e ambivalência que alguns guardas manifestam é, claramente, um resultado inesperado, não só por contraste com o comportamento dos guardas no estudo de Stanford, mas, sobretudo, tendo em conta a interpretação de Zimbardo sobre os resultados aí obtidos. Os autores criticam o "extremo situacionismo" das explicações pelo papel, chamando a atenção para o facto de que, com seres humanos, o "contexto" e "a situação" não se limitam aos aspectos físicos da situação *aqui e agora* em que os indivíduos se encontram. "Assim, apesar do papel de guarda ser avaliado positivamente no contexto imediato da prisão, aqueles a quem foi atribuída essa posição estavam preocupados com a possibilidade de avaliações negativas por audiências futuras" (Reicher & Haslam, 2006a, p. 30). Tendo em conta que estavam a ser filmados, os guardas "imaginam como os outros — amigos, família, colegas de trabalho — poderiam olhá-los se actuassem de forma tirânica" (Haslam & Reicher, 2003, pp. 23-24).

Este aspecto não deixa de ser interessante ao remeter para a importância que podem ter os sistemas de *accountability* pública pelos quais as instituições podem evitar que os indivíduos embarquem em processos de tirania ou em formas de pensamento grupal, impedindo situações em que os grupos se possam encontrar fechados ao exterior, sem necessidade de prestar contas públicas e, além disso, eventualmente pouco abertos à expressão da divergências internas.

Quanto ao comportamento dos prisioneiros, na primeira fase da experiência, ele pode ser caracterizado por um contraste entre o período em que as fronteiras entre os grupos eram permeáveis e aquele em que deixaram de o ser e em que foi posta em causa a sua legitimidade.

Antes da promoção (fronteira permeável), o comportamento dos prisioneiros caracteriza-se pelo trabalho individual com vista a melhorarem a situação em que se encontram. Depois da promoção se ter verificado (i. e., quando as fronteiras ficam impermeáveis) o "sentimento de identidade colectiva cresce" e "isso permite-lhes trabalhar em conjunto para resistir e desafiar a autoridade dos guardas" (Haslam & Reicher, 2003, p. 23). O grupo dos guardas, ao contrário, vai-se desagregando e perdendo poder, os guardas discordam entre si sobre como desempenhar o seu papel, não mostram coordenação nem liderança e nunca chegam a desenvolver um sentido de identidade social partilhada.

Os autores sublinham a importância do facto de os prisioneiros partilharem uma identidade, de se verem como um grupo — o que não acontece com os guardas —, na medida em que daqui decorrem alguns dos resultados mais interessantes do estudo em termos de funcionamento social, organizacional e clínico (Reicher & Haslam, 2006a, 2006b). À medida que os dias passam, os prisioneiros tornam-se mais coesos, confiantes e poderosos enquanto o grupo dos guardas se torna mais fragmentado, com falta de confiança e ineficaz. Esta evolução fez com que não chegasse a ser necessário efectuar a intervenção planeada sobre a legitimidade das fronteiras para induzir relações inseguras entre os grupos. Como dizem os autores, isso "não esteve dependente das nossas intervenções mas foi uma propriedade emergente das dinâmicas intergrupais (…) estas intervenções não foram necessárias para os prisioneiros começarem a desafiar os guardas. O desafio começou imediatamente após a promoção" (Reicher & Haslam, 2006a, p. 15).

Com a chegada do novo prisioneiro inicia-se também uma espécie de renegociação das relações entre prisioneiros e guardas — colocando igualmente em causa certos aspectos do próprio estudo — e, ao fim do

6.º dia da experiência, os participantes acabam com a estrutura desigual entre prisioneiros e guardas. Em conjunto "estabelecem um sistema mais igualitário que, nas suas palavras, é 'uma comuna autogovernada e autodisciplinada'" (Haslam & Reicher, 2005, p. 49). Todavia, apesar da sua eficácia inicial, esta nova organização social entra rapidamente em crise e acaba por fracassar quando alguns dos participantes que se opunham à comuna propõem a criação de uma nova divisão entre guardas e prisioneiros, em que eles próprios se tornam os novos guardas. Dispõem-se a criar um sistema mais autoritário que o inicial, no qual os prisioneiros "não passarão das marcas" e em que, se for preciso, os novos guardas usarão a força para manter a ordem. Os que apoiaram a comuna também não defendem o modo mais democrático que tinham posto a funcionar nessa altura. Inclusivamente, os dados dos questionários indicam que mesmo estes indivíduos (que tinham apoiado a comuna) manifestam agora uma orientação mais autoritária e maior disposição para aceitar líderes severos (Haslam & Reicher, 2005; Reicher & Haslam, 2006a, 2006b). Chegando a este ponto, os investigadores dão o estudo por concluído, entendendo que ele atingiu "o seu termo natural; o sistema existente não estava a funcionar e o novo sistema não podia ser imposto" (Reicher & Haslam, 2006a, p. 24).

Reicher e Haslam incluem o desfecho deste processo entre os resultados inesperados e na análise que fazem retiram algumas "lições para a sociedade", designadamente, a de que "quando se dá o colapso de um sistema social, as pessoas estarão mais abertas a alternativas, até mesmo àquelas que anteriormente pareciam não ser atractivas" (Haslam & Reicher, 2005, p. 51). Aí se incluiria, enquanto antecâmara de nascimento da tirania, o fracasso de sistemas democráticos baseados em valores humanos, o que os autores ilustram com o "caótico fracasso da democracia de Weimar ter conduzido à ascensão do nazismo" (2005, p. 51; cf. também Reicher & Haslam, 2006a, pp. 32-33).

Como sublinham os autores, o conjunto destes resultados levanta dificuldades a uma explicação assente na inevitabilidade do poder da situação e do desempenho de papéis sociais, ao mesmo tempo que

> põe em causa a premissa de que o comportamento de grupo é necessariamente descontrolado, irracional e anti-social (…). Ao contrário, os resul-

tados do estudo da BBC sugerem que o modo como os membros de grupos fortes se comportam está dependente de normas e valores associados com a sua identidade social específica e tanto podem ser anti-sociais, como pró-sociais. (Reicher & Haslam, 2006a, p. 33)

Tendo em conta a relevância destes dados, julgamos que vale a pena procurar estabelecer um paralelo com os resultados de outras investigações, em especial, no que respeita ao comportamento dos guardas. O estudo de Desombre (2004; Desombre & Delelis, 2004; Desombre, Durand-Delvigne, Schadron & Delelis, 2008) parece-nos particularmente indicado para esse fim, entre outras razões, porque se trata de uma pesquisa realizada em meio carceral com grupos reais.

Trata-se de uma pesquisa feita com base nas teorias sobre as relações entre grupos, que procura analisar e pôr à prova a sua pertinência no contexto organizacional específico do meio prisional e que procura também contribuir com indicações para a redução dos conflitos nos estabelecimentos prisionais. Nesse estudo, realizado com guardas e presos (condenados e preventivos) em dez estabelecimentos penitenciários da França, constatam-se resultados que se diferenciam dos que foram obtidos por Reicher e Haslam, nomeadamente em relação aos guardas. Entre esses resultados de Desombre (2004) encontram-se os seguintes:

– existe uma melhor avaliação (quer da parte dos detidos quer dos guardas) dos membros do grupo dos guardas e das suas relações;

– os participantes percepcionam menos cooperação e mais competição entre os detidos que entre os guardas;

– a grande maioria dos guardas refere-se à importância de "formar um grupo coeso para que os detidos não explorem eventuais discursos contraditórios", o que traduz uma atitude que "permite assegurar o respeito das regras" (Desombre, 2004, p. 220);

– existem diferentes estratégias identitárias nos dois grupos: colectivas nos guardas e individuais nos presos. Em parte, isso deve-se ao estatuto dos grupos, uma vez que, sendo a identidade social do grupo dos detidos mais negativa, "para preservar uma imagem positiva, os detidos vão sobretudo tentar distinguir-se do seu grupo" (Desombre, 2004, p. 221);

– ao contrário do que seria de esperar de acordo com a literatura (cf. Sherif, Harvey, White, Hood & Sherif, 1961), a cooperação entre grupos não é percepcionada como um meio para atingir relações harmoniosas, mas como um risco que pode aumentar a perigosidade.

A interpretação da autora para estes resultados baseia-se em elementos teóricos da psicologia social — em especial, no domínio das relações entre grupos — e nas "particularidades do meio carceral" (p. 219), designadamente a percepção da sua perigosidade. Mas a que se deverão as diferenças com os resultados obtidos no estudo da prisão da BBC? Não sabemos, mas é possível que, em boa medida, seja precisamente nessa especificidade do meio prisional que ela se encontra. Aí se incluem representações, normas e regras que regulam explicitamente o funcionamento institucional da prisão e das relações entre guardas e presos. Especificidade que, obviamente, esteve presente nos estudos de Desombre e que — como os próprios autores insistem — não era a característica distintiva do estudo de Reicher e Haslam. E é possível que, pelo menos em parte, essas diferenças se tenham ficado a dever à introdução da permeabilidade entre os grupos. Esta não só é uma questão decisiva na investigação da prisão da BBC, como tem um estatuto muito especial em meio carceral estando, manifestamente, no cerne das várias especificidades que o caracterizam.

Por um lado, boa parte do bom funcionamento prisional repousa na segurança de que essa impermeabilidade é inquestionável (a este respeito, cf. Zimbardo, 2006) e tem até, frequentemente, expressão legal, sempre que a lei e os regulamentos impedem aos indivíduos com cadastro de ex-prisioneiro o acesso à profissão de guarda prisional. E, de acordo com os dados de Desombre (2004), em situação real, no meio carceral pode ser vantajoso para o bom funcionamento da prisão e para a harmonia das relações que as clivagens e as fronteiras se mantenham.

. Por outro lado, trata-se de uma impermeabilidade, de certo modo, circunscrita ao estabelecimento prisional, dado que boa parte da legitimidade do sistema prisional decorre de ser possível a permeabilidade dessas fronteiras, no sentido em que os presos poderão passar a fazer parte — é até desejável que venham a fazer parte — do grupo mais vasto (a que os guardas pertencem) das "pessoas inseridas na sociedade que respeitam a lei" (Desombre, 2004, p. 133). Assim, sendo a permeabilidade impossível no interior de cada prisão é também, em todas a prisões, parte do "sistema justificativo", ou da "ideologia" da reinserção.

Voltemos aos resultados obtidos por Reicher e Haslam e, em especial, à sua leitura dos acontecimentos que se verificaram na sequência do "colapso da comuna", segundo a qual "é o fracasso e a incapacidade dos grupos que cria as condições em que a tirania pode triunfar" (Reicher & Haslam, 2006a, p. 33). De certo modo, no ponto seguinte retomamos, sob um outro olhar, algumas das questões levantadas por estes dados, tendo em conta aquilo que aqui nos ocupa: a passagem de um estado de facto a um estado de direito. Procurando continuar a "explicar o social com o social", convém que nos interroguemos também sobre a importância de instituições de ordem superior capazes de criar um quadro normativo pautado por princípios humanitários em vez das formas de tirania a que Reicher e Haslam se referem. Será pertinente aplicar este tipo de leitura a contextos em que os princípios humanitários foram sistemática e prolongadamente violados? É a essa questão que dedicamos a terceira e última parte deste capítulo.

3. O Comité Internacional da Cruz Vermelha e a protecção dos direitos humanitários

Numa brochura sobre "as raízes do comportamento na guerra", um psicólogo social (Daniel Muñoz-Rojas) e um delegado do Comité Internacional da Cruz Vermelha (Jean-Jaques Frésard) analisam as causas da falta de respeito pelo Direito Humanitário Internacional (DHI) e insistem, por exemplo, no papel que têm o conformismo, a obediência à autoridade e a ausência de autonomia moral nos campos de batalha. Citamos algumas passagens, todas elas destacadas e assinaladas em itálico no texto de origem.

A respeito do conformismo grupal é dito que:

> os combatentes estão sujeitos a fenómenos de comportamento de grupo como a despersonalização, a perda de independência e um elevado grau de conformidade. Esta é uma situação que favorece a diluição da responsabilidade individual do combatente na responsabilidade colectiva da sua unidade de combate. (Muñoz-Rojas & Frésard, 2004, pp. 193-194)

A obediência à autoridade é caracterizada nestes termos:

Os combatentes estão também sujeitos a um processo de deslocação da responsabilidade individual deles próprios para o(s) seu(s) superior(es) na cadeia de comando. Por vezes, as violações do DHI podem emanar de ordens dadas por uma autoridade dessas, mas elas parecem estar ligadas mais frequentemente à falta de quaisquer ordens específicas para não violar esse direito ou à autorização implícita para se comportar de uma maneira repreensível. (Muñoz-Rojas & Frésard, 2004, p. 194)

E, por fim, para insistir sobre a necessidade de promover o respeito da lei e a moralidade afirma-se:

Nós precisamos tratar o DHI como uma matéria legal e política em vez de ser tratado como uma questão moral e devemos focar a comunicação mais nas normas que nos valores que lhes estão subjacentes, porque a ideia de que o indivíduo armado é moralmente autónomo é uma ideia inapropriada. (Muñoz-Rojas & Frésard, 2004, p. 202)

Estas considerações levam a interrogarmo-nos sobre a visão do indivíduo e da sociedade que é veiculada pelas investigações em psicologia social. Ela pode ser desmistificadora e mostrar que os princípios que estão na base de uma concepção de sociedade não são respeitados, mas ela pode também ser mais directamente construtiva e contribuir para pôr em marcha uma outra visão que se exprime através de medidas para reforçar o respeito por esses mesmos princípios.

Para dar um exemplo de um tal trabalho de reflexão teórica, apresentamos brevemente os dados de um inquérito do Comité Internacional da Cruz Vermelha (CICV) para fornecer duas interpretações igualmente verdadeiras: uma mais fatalista, a outra mais construtiva no sentido em que mostra que certas condições de vulnerabilidade podem suscitar, ao nível colectivo, uma reacção que se analisa diferentemente das reacções individuais das pessoas vitimizadas.

Ao reanalisar os resultados de um grande inquérito internacional, lançado pelo CICV, Guy Elcheroth (2005, 2006) elaborou a noção de vulnerabilidade colectiva, um conceito que ele tornou operacional para a análise de dados de inquéritos recolhidos numa dúzia de países que estiveram recentemente, ou que ainda estão, em situação de guerra. O objectivo das análises apresentadas no seu artigo de 2006, era estudar os efeitos das experiências individuais e colectivas de vulnerabilidade nas relações que os indivíduos mantêm com as normas humanitárias. Os resultados mostram, em primeiro lugar, que a experiência individual de acontecimentos traumáticos tem como efeito uma diminuição nítida das adesões a uma concepção legal destas normas, em relação às que são manifestadas por pessoas que não sofreram esses traumatismos. Pode-se concluir daí que as atrocidades da guerra destruiriam as referências normativas que visam condená-las? Fazê-lo, seria não ter em conta a natureza colectiva dessas experiências, porque é precisamente no seio de países ou regiões que contam com um maior número de vítimas de guerra que as populações adoptam mais frequentemente uma concepção legal das normas humanitárias e mais recusam as suas violações.

O conceito de vulnerabilidade colectiva é proposto para dar conta destes resultados aparentemente contraditórios. Quando um sistema social é exposto, no seu conjunto e de maneira sistemática, a experiências negativas ou traumatizantes, quando os seus diferentes componentes partilham mais tempo uma mesma sorte ou destino comum, no sentido de Rabbie e Horwitz (1969), desencadeia-se uma dinâmica normativa específica. Ela conduz a que, em geral, o conjunto dos membros da população em causa desenvolva uma visão mais normativa e legal das relações sociais, mesmo se aquelas e aqueles que foram mais directamente expostos a essas experiências cultivam menos que os outros esta visão legal. É então necessário distinguir dois tipos de vulnerabilidade, uma individual e outra colectiva.

A vulnerabilidade colectiva seria uma noção inclusiva. Procura explicar as reacções dos membros de uma comunidade face às violações sistemáticas e graves dos seus direitos mais fundamentais, em função de uma pertença comum. A ideia de vulnerabilidade colectiva, baseada sobre a partilha de um destino comum, opor-se-ia nisso à noção de vitimização individual. Esta seria uma noção exclusiva, no sentido em que procura explicar as reacções dos indivíduos, que sofreram atentados graves aos seus direitos fundamentais, a partir de uma experiência singular que os distingue de outros membros da sua comunidade.

Uma primeira aplicação desta distinção foi feita por Elcheroth, após uma análise crítica das ligações entre reacções individuais e reacções colectivas face a uma situação de anomia que acompanha frequentemente um conflito armado. A ideia que ele propõe é que uma característica essencial do clima ideativo das sociedades de pós-guerra consistiria numa percepção, largamente difundida, de uma ameaça de anomia na sua comunidade. Em certas comunidades o destino comum seria a anomia. A experiência comum da violação dos princípios morais mais fundamentais, em tempos de guerra, pode gerar um medo ao nível da pertinência e da legitimidade de um sistema de normas sociais mais vastas que se apoie sobre estes princípios. Mesmo se a maior parte dos membros da comunidade se mantêm firmes na sua convicção pessoal de que os princípios morais fundamentais, como o respeito da vida e da dignidade humanas, devem persistir.

Pelo contrário, as vítimas directas da guerra arriscam-se a envolverem-se numa espécie de normalização das atrocidades da guerra, procurando lidar com o seu traumatismo pessoal. Para além disso, a presença de um número importante de vítimas da guerra, no seio da comunidade, é susceptível de tornar ainda mais saliente a confusão moral e a ameaça de anomia.

Nesta perspectiva, Elcheroth chega à conclusão de que a passividade moral ou a ambivalência de certos membros da comunidade, assim como a presença de testemunhos directos de vivências passadas de implosão moral, seria susceptível de provocar um sentimento generalizado de tensão e de desconforto. Este sentimento pode conduzir ao desejo de ver a validade contínua e a pertinência dos padrões morais de base confirmados de maneira pública, nomeadamente sob a forma de rituais institucionalizados, tais como os processos públicos ou celebrações visando uma reafirmação oficial dos princípios fundamentais do contrato social.

A simples indignação privada face às violações de normas pode não ser um meio apropriado para conter a ameaça de anomia social. Só o reconhecimento público, pelas autoridades formais e legítimas, de que as normas fundamentais são sempre válidas pode diminuir a ambiguidade e restabelecer a confiança na capacidade de uma comunidade para regular as relações societais com base em princípios de justiça partilhados.

Estas considerações são desenvolvidas por Elcheroth para propor que as atitudes individuais das vítimas não têm necessariamente um impacte equivalente sobre as representações sociais do conjunto de uma comunidade. Mais precisamente, ele formula a hipótese de que a presença de um número importante de vítimas de guerra, no seio de uma comunidade, desencadeia dinâmicas simbólicas de condenação das violações de normas fundamentais acerca da protecção da vida e da dignidade humanas.

A procura de uma certa segurança moral e identitária constituiria um motivo importante numa sociedade pós-conflitual. Esta aspiração pode articular-se com a da procura de uma segurança material, mas não se apaga diante dela. Os esforços para reafirmar a validade das normas enfraquecidas podem-se exprimir, antes de mais, através da condenação das transgressões destas normas feitas por parte de membros do grupo de pertença.

Consideremos agora as principais hipóteses que Elcheroth procura verificar com a ajuda de dados de inquéritos em doze países em guerra. Uma primeira hipótese enuncia que um contexto de vulnerabilidade colectiva suscitará atitudes favoráveis para com as normas fundamentais da comunidade, em particular, sob a forma de condenações de comportamentos que constituem as violações destas normas fragilizadas na comunidade. Estas reacções colectivas ultrapassam as reacções individuais de vingança que podem ser suscitadas por uma experiência de vitimização nos membros da comunidade.

Segundo esta perspectiva teórica, quanto mais elevada é a taxa de vítimas no seio da comunidade, mais os membros da comunidade, no seu conjunto, estão motivados para contrariar activamente a ameaça de anomia social e, por este facto, mais condenam frequentemente as violações das normas humanitárias. Esta abordagem opõe-se ao postulado da mera existência de um ciclo de violência que caracterizaria as reacções dos indivíduos vítimas, mas não necessariamente as do conjunto de uma comunidade.

Uma variante específica da hipótese de reafirmação normativa em contexto de vulnerabilidade colectiva pode ser formulada, tendo em conta a presença real de uma institucionalização da justiça. Em função do estado e da saliência da institucionalização dos princípios normativos fragilizados, o envolvimento na revalidação desses princípios pode ser centrado, seja sobre a natureza legal, seja sobre a natureza moral desses princípios.

Dada a juridicialização relativamente importante dos crimes de guerra no final do século vinte, num contexto marcado pela criação de tribunais internacionais específicos, uma variante da hipótese enunciada apoia-se sobre o postulado de que a ameaça de anomia social produz um desejo específico de um reconhecimento público de normas fundamentais pelas autoridades formais e prevê, por esta razão, um aumento da frequência da condenação de violações de normas humanitárias na medida em que um estatuto legal é atribuído a estas normas.

Para além disso, é de esperar que a condenação da violação destas normas seja mais intensa no quadro de conflitos marcados por uma forte generalização das experiências traumatizantes atravessando os campos opostos, ou seja, através das fronteiras de grupos susceptíveis de terem partilhado uma forte experiência das consequências negativas de um conflito. Neste caso, espera-se que a generalização das experiências traumatizantes e a descentração que ela implica tenha um efeito particularmente pronunciado sobre a condenação das violações das normas cometidas, sobretudo, pelos combatentes do próprio campo.

Uma primeira ilustração da pertinência destas hipóteses foi feita por ocasião da reanálise dos resultados de um vasto inquérito lançado pelo CICV em 12 países que estavam em guerra ainda recentemente. Estas novas análises foram objecto de dois artigos (Elcheroth 2006; Spini, Fasel & Elcheroth, 2007) e mostram, efectivamente, que os indivíduos que foram vítimas de acontecimentos traumáticos numa situação de guerra tendem a abandonar uma concepção legal das normas humanitárias (mas não uma concepção moral dessas normas), em favor de uma concepção que aceita que estas normas poderiam ser violadas em certas condições. Estes resultados apoiam a hipótese específica do ciclo da violência ao nível individual e indicam que as experiências traumatizantes da guerra afectam, especificamente, a confiança na força ou na pertinência das instituições judiciárias ou das convenções legais, mas não a sua adesão a princípios morais.

No entanto, a reacção das comunidades às experiências traumatizantes sistemáticas não pode ser explicada por uma hipótese similar. Os resultados mostram que, ao contrário, as concepções legais tendem a substituir os posicionamentos que justificam a violação das normas no interior das comunidades que foram mais sistematicamente confrontadas com experiências traumatizantes.

Os resultados observados constituem assim um caso exemplar das relações entre duas variáveis — experiências traumatizantes da guerra e concepção de normas humanitárias —, que são diametralmente opostas de um nível de análise para o outro, no sentido em que as correlações entre variáveis individuais são opostas às correlações entre agregações destas variáveis ao nível das comunidades. Esta configuração de resultados sugere que os traumatismos massivos, enquanto experiência colectiva, afectam especificamente o clima normativo no seio de uma sociedade pós-conflitual de uma maneira que favorece as concepções legais das normas humanitárias no seio da comunidade. Assim, os resultados apoiam a hipótese de uma reafirmação normativa em contexto de vulnerabilidade colectiva e infirmam uma hipótese concorrente que seria baseada na existência de uma homologia entre reacções individuais das vítimas e reacções que prevalecem no conjunto de uma comunidade.

Logo, as dinâmicas dos grupos ou das comunidades não podem ser reduzidas à soma dos processos que caracterizam os indivíduos que compõem o grupo ou a a comunidade. Em particular, as comunidades não se sentem humilhadas e não procuram a vingança, como os indivíduos poderiam fazer em certas condições. Elas são compostas de indivíduos e de grupos que criam, mobilizam e transformam representações sociais normativas através das interacções geradoras de novas significações, que se referem a experiências colectivas. Sob condições de exposição comum a acontecimentos traumatizantes massivos e à ameaça de anomia social, estes sistemas de representações são susceptíveis de ser reestruturados pela consciência partilhada da necessidade de contratos entre indivíduos, entre grupos ou até mesmo entre Estados. Contratos que tenham a capacidade de oferecer um certo tipo de protecção mínima aos membros da comunidade e de criar as condições normativas e institucionais para tornar, de novo, possível a vida em sociedade.

Esta interpretação teórica é corroborada ainda pela constatação empírica de que a condenação das violações de normas humanitárias se tem mostrado, geralmente, mais forte quando o autor das violações foi identificado como um membro do próprio grupo de pertença. Este resultado indica claramente que uma função primordial da condenação das transgressões num contexto pós-conflitual é a de reafirmar a validade das normas desafiadas, mesmo no seio de uma comunidade de pertença próxima e, assim, contribuir para a clarificação da identidade da comunidade.

A ameaça para a segurança dos membros da comunidade é susceptível de transcender as fronteiras de pertenças grupais exclusivas. Os resultados de análises mais detalhadas (Spini, Fasel & Elcheroth, 2007) mostram que quanto mais se generaliza — através das fronteiras de grupos étnicos que tenham defendido posições diferentes durante o conflito — o risco de se tornar vítima da guerra, mais as pessoas em questão se envolvem com a aplicação dos princípios humanitários de alcance universal, condenando a sua violação. A constatação de que este efeito é particularmente acentuado no que respeita às violações cometidas pelos membros do próprio campo, testemunha uma vontade de inscrever a comunidade de pertença exclusiva na comunidade moral inclusiva de todos os humanos. Vontade que é tanto mais forte quanto as fronteiras da comunidade exclusiva foram relativizadas, devido a uma situação de interdependência forte com um ou vários grupos rivais.

Como confirmação da pertinência destas análises, pode-se invocar o facto de que a história das convenções internacionais e das instituições internacionais encarregadas explicitamente de velar pela promoção e aplicação dos direitos humanitários está inextricavelmente ligada à história das guerras internacionais:

> Da mesma maneira que a Convenção de Genebra de 1864 tem por origem directa a guerra franco-austríaca de 1859, muitas convenções adoptadas depois aparecem como reacções aos horrores de um conflito: a Declaração de Bruxelas de 1874 tem as suas origens na guerra franco--prussiana de 1870; o Protocolo de Genebra de 1925 e as Convenções de Genebra de 1929 no 1.º conflito mundial; as Convenções de Genebra no segundo e os Protocolos adicionais de 1977 nas guerras de libertação nacional e na guerra do Vietname dos anos 60-70. (Sassoli & Bouvier, 1999, p. 51)

Ao contrário, a falta de envolvimento dos Estados Unidos da América em instituições internacionais, tais como a Sociedade das Nações ou o recente Tribunal Penal Internacional, poderia, em parte, explicar-se pelo facto de que nos conflitos internacionais eles foram menos frequentemente, e em menor escala, vítimas que os outros. Citemos a este respeito um especialista, Tony Judt (2007, p. 47):

> não é por acaso que os nossos aliados europeus — para quem o século vinte foi uma catástrofe traumática — estão dispostos a aceitar que a cooperação, não o combate, é a condição necessária de sobrevivência, mesmo sacrificando alguma autonomia de soberania formal. Só as baixas militares britânicas na Batalha de Paschendaele em 1917 ultrapassam todas as perdas americanas na 1.ª e na 2.ª guerras mundiais em conjunto. No decurso de apenas seis semanas de combates em 1940, o exército francês perdeu o dobro do número total de baixas americanas. Itália, Polónia, Alemanha e Rússia perderam mais soldados e civis na Primeira Guerra Mundial — e de novo na Segunda Guerra Mundial — do que os EUA perderam em todas as guerras em que participaram no estrangeiro postas em conjunto (no caso da Rússia esse número eleva-se para 10 vezes mais em ambas as ocasiões). Um contraste destes faz uma grande diferença na maneira como se vê o mundo.

Se nós utilizamos hoje a noção de comunidade internacional é, precisamente, porque existem convenções e organizações internacionais que contribuem para organizar as relações entre indivíduos ou entre Estados em torno de uma série de princípios normativos.

Conclusão

Neste capítulo revisitámos as experiências clássicas em psicologia social de Milgram e de Zimbardo, que se tornaram amplamente conhecidas em domínios exteriores à própria psicologia. A singular dimensão dessa difusão não se deve, seguramente, a meros factores circunstanciais. Independentemente das polémicas que podem envolver essas pesquisas, elas colocam um problema social da maior importância, com prolongamentos óbvios no domínio da justiça, na medida em que mostram como se produzem tão facilmente situações em que os indivíduos violam um dos princípios básicos das sociedades democráticas que é o respeito pelos direitos dos outros.

Analisámos também desenvolvimentos mais recentes dessas investigações: as replicações dos estudos de Milgram feitas por Meeus e

Raijmakers no domínio da obediência administrativa e, em relação à experiência da prisão de Stanford, procedemos a uma revisão do estudo da prisão da BBC feito recentemente por Reicher e Haslam. Num caso e noutro, trata-se de pesquisas que trazem importantes contributos para compreendermos os processos pelos quais se podem superar situações injustas em que os indivíduos se encontram encerrados em termos sociais e cognitivos. Por último, estendemos essa discussão a situações de violação sistemática do Direito Humanitário Internacional, procurando dar conta de processos pelos quais esses direitos podem ser protegidos.

A discussão que fizemos daqueles dois estudos marcantes da psicologia social e das suas replicações em diferentes contextos, assim como das análises psicossociais de um grande inquérito internacional efectuado pelo Comité Internacional da Cruz Vermelha em doze países, mostra a importância que pode ter em situações de injustiça, de anomia e de desumanidade extremas, a existência de uma terceira parte ou de uma outra instituição, designadamente, de uma instância de ordem superior em termos jurídicos para permitir quebrar o fatalismo de uma situação de tirania ou de ciclos de violência em que as comunidades e os indivíduos se podem encontrar.

Ao longo deste capítulo, procurámos mostrar como a psicologia social pode fazer mais do que descrever e analisar situações reais, objectivas que, sendo *estados de facto*, violam claramente princípios fundamentais e normas de justiça das sociedades democráticas contemporâneas, por muito que essas normas se prestem a diferentes leituras. Sem dúvida, essa é uma tarefa importante da psicologia social. Mas não é a única.

A psicologia social não se limita necessariamente à difusão de uma visão fatalista ou à elaboração de teorias que se contentem em analisar um estado de facto. Ela pode interessar-se também pelas condições que permitem a existência de instituições que devem garantir o exercício dos direitos, assim como pelas condições que permitem engendrar uma realidade diferente, uma realidade que não se deixe encerrar na ordem de uma dada situação ou contexto, mas que torne possível encarar a construção de uma ordem mais justa.

Referências

Arendt, H. (1963/2003). *Eichmann em Jerusalém: uma Reportagem sobre a Banalidade do Mal* (A. C. Silva, trad.). Coimbra: Tenacitas.

Asch, S. (1952). *Social psychology*. New York: Prentice-Hall.

Blass, T. (2004). *The man who shocked the world: The life and legacy of Stanley Milgram*. New York: Basic books.

Desombre, C. (2004). *Entitativité et stratégies identitaires dans les relations intergroupes asymétriques: Une application en milieu carceral*. Tese de doutoramento. Lille: Univ. Charles de Gaulle, Lille 3.

Desombre, C. & Delelis, G. (2004). Regard psychosocial sur les conduites compétitives et coopératives en milieu carcéral. *Forensic, 19*, 35-40.

Desombre, C., Durand-Delvigne, A., Schadron, G. & Delelis, G. (2008). Recategorização e cooperação intergrupos: elementos de diferenciação em meio prisional. *Psychologica, 47*, 97-108.

Doise, W., Deschamps, J.-C. & Mugny, G. (1980). *Psicologia Social Experimental* (A. Gomes, trad.). Lisboa: Moraes.

Elcheroth, G. (2005). Réagir au harcèlement: de la victimisation à la vulnérabilité collective. In M. Sanchez-Mazas & G. Koubi (Eds.), *Le harcèlement. De la société solidaire à la société solitaire* (pp. 157-179). Bruxelles: Editions de l'Université de Bruxelles.

Elcheroth, G. (2006). Individual-level and community-level effects of war trauma on social representations related to humanitarian law. *European Journal of Social Psychology, 39*, 907-930.

Elias, N. (1969). *Über den prozess der zivilisation. Soziogenetische und psychogenetische untersuchungen [O processo civilizacional: investigações sociogenéticas e psicogenéticas]*. München: Verlag A. Francke.

Festinger, L., Pepitone, A. & Newcomb, T. (1952). Some consequences of deindividuation in a group. *Journal of Abnormal and Social Psychology, 47*, 382-389.

Garcia-Marques, L. (2002). O inferno são os outros: o estudo da influência social. In J. Vala & M. B. Monteiro (Eds.), *Psicologia Social* (5.ª ed., pp. 227-292). Lisboa: Fundação Calouste Gulbenkian.

Haney, C., Banks, C. & Zimbardo, P. (1973). Interpersonal dynamics in a simulated prison. *International Journal of Criminology and Penology, 1*, 69-97. Re-editado in E. Aronson & A. R. Pratkanis (Eds.) (1993), *Social psychology: Vol. 2* (pp. 416-444). New York: New York University Press.

Haslam, A. & Reicher, S. (2003). Beyond Stanford: Questioning a role-based explanation of tyranny. *Dialogue, 18*, 22-25.

Haslam, A. & Reicher, S. (2005). The psychology of tyranny. *Scientific American Mind, 16 (3)*, 44-51.

Haslam, A. & Reicher, S. (2006). Debating the psychology of tyranny: Fundamental issues of theory, perspective and science. *British Journal of Social Psychology, 45*, 55-63.

Holzkamp, K. (1972). *Kritische psychologie*. Frankfurt am Main: Fischer Verlag.

Israel, J. (1972). Stipulations and construction in the social sciences. In J. Israel & H. Tajfel (Eds.), *The context of social psychology: A critical assessment* (pp. 123-211). London: Academic Press.

Israel, J. & Tajfel, H. (1972). *The context of social psychology: A critical assessment*. London: Academic Press.

Joule, R. & Beauvois, J. L. (2002). *Petit traité de manipulation à l'usage des honnêtes gens*. Grenoble: Presses Universitaires de Grenoble.

Judt, T. (2007). Is the UN doomed? *The New York review of books, 54(2)*, 45-48.

Le Bon, G. (1895/1980). *Psicologia das Multidões* (trad. I. Moura). Ed. Roger Delraux.

Lorenzi-Cioldi, F. (1988). *Individus dominants et groupes dominés. Images masculines et féminines*. Grenoble: Presses Universitaires de Grenoble.

Meeus, W. & Raaijmakers, Q. (1984). *Gewoon gehoorzaam*. Tese de doutoramento. Utrecht: Rijksuniversiteit te Utrecht.

Meeus, W. & Raaijmakers, Q. (1986). Administrative obedience: Carrying out orders to use psychological-administrative violence. *European Journal of Social Psychology, 16*, 311-324.

Meeus, W. & Raaijmakers (1987). Administrative obedience as a social phenomenon. In W. Doise & S. Moscovici (Eds.), *Current issues in european social psychology* (pp. 183-230). Cambridge: Cambridge University Press.

Meeus, W. & Raaijmakers, Q. (1995). Obedience in modern society: the Utrecht studies. *Journal of Social Issues, 51(3)*, 155-175.

Milgram, S. (1963). Behavioral study of obedience. *Journal of Abnormal and Social Psychology, 67 (49)*, 371-378. Re-editado em E. Aronson & A. R. Pratkanis (Eds.) (1993), *Social Psychology: Vol. 2* (pp. 371-378). New York: New York University Press.

Milgram, S. (1974). *Obedience to authority: An experimental view*. New York: Harper & Row.

Muñoz-Rojas, D. & Frésard, J.-J. (2004). The roots of behaviour in war: Understanding and preventing IHL violations. *Revue Internationale de la Croix Rouge/ International Review of Red Cross, Vol. 86 (853)*, 189-205.

Rabbie, J. M. & Horwitz, M. (1969). Arousal of *ingroup – outgroup* bias by a chance of win or loss. *Journal of Personality and Social Psychology, 3*, 269-277.

Reicher, S. & Haslam, A. (2006a). Rethinking the psychology of tyranny: The BBC prison study. *British Journal of Social Psychology, 45*, 1-41.

Reicher, S. & Haslam, A. (2006b). Tyranny revisited. Groups, psychological well-being and the health of societies. *The Psychologist, 19 (3)*, 146-150.

Sassoli, M. & Bouvier, A. (1999). *How does law protect in war?* Genève: ICRC Publications.

Sherif, M. (1937). An experimental study of attitudes. *Sociometry, 1*, 90-98.

Sherif, M. (1956). Experiments in group conflict. *Scientific American, 195*, 54-58.

Sherif, M., Harvey, O. J., White, B. J., Hood. W. R. & Sherif, C. W. (1961). *Intergroup conflict and cooperation: The Robber's Cave experiment*. Norman: University of Oklahoma Institut of Intergroup Relations.

Spini, D., Fasel, R. & Elcheroth, G. (2007). Collective vulnerability, morality, and intergroup conflict: The beast, the angel and the madman. In: *15th Psychology Days in Zadar: Book of selected proceedings* (pp. 53-67). Zadar: University of Zadar.

Tajfel, H. (1978/1983). *Grupos Humanos e Categorias Sociais. Vol. 2* (trad. L. Amâncio). Lisboa: Livros Horizonte.

Tajfel, H. & Turner, J. (1979). An integrative theory of intergroup conflict. In W. G. Austin & S. Worchel (Eds.), *The social psychology of intergroup relations* (pp. 33-47). Monterey, CA: Brooks/Cole. Re-editado in M. A. Hogg & D. Abrams (Eds.) (2001), *Intergroup relations: Essential readings* (pp. 94-109). Philadelphia: Psychology Press.

West, S. G., Gunn, S. P. & Chernicky, P. (1975). Ubiquitous Watergate: An attributional analysis. *Journal of Personality and Social Psychology, 32*, 55-66.

Zimbardo, P. (1989). *Quiet rage: The Stanford prison study video*. Stanford, CA: Stanford University.

Zimbardo, P. (2006). On rethinking the psychology of tyranny: The BBC prison study. *British Journal of Social Psychology, 45*, 47-53.

Zimbardo, P. (2007). *The Lucifer effect. How good people turn evil*. London: Rider.

3
Vontade livre, causalidade e o conceito de *eu*

Gilberto Gomes

O tema do livre arbítrio tem uma longa história na filosofia e na teologia. Mais recentemente, tem sido também discutido na psicologia e na neurociência. Na literatura de língua inglesa, livre arbítrio corresponde a *free will*, e na de língua alemã, a *Willensfreiheit*, parecendo ambos esses termos remeterem a questão ao âmbito da vontade, enquanto a expressão livre arbítrio parece nos encaminhar mais para o domínio do julgamento e da razão. Entretanto, vontade e razão parecem ter sempre estado imbricadas nas reflexões sobre o tema. Agostinho, por exemplo, afirma que o livre arbítrio é uma faculdade da razão e da vontade e, segundo Tomás de Aquino, a vontade e o livre arbítrio não são duas, mas uma única capacidade (Eisler, 1904). De acordo com Pedro Lombardo, teólogo do século XII, "*liberum arbitrium* é uma faculdade da razão e da vontade (...) e é chamado *liberum* com respeito à vontade (...) e *arbitrium* com respeito à razão (...)" (McCluskey, 2007).

Duas perguntas se podem colocar a respeito da questão da liberdade humana: 1) São os seres humanos livres? 2) Devem os seres humanos ser livres? Podemos constatar que a palavra *livre* é utilizada em dois sentidos diferentes nessas duas perguntas. A segunda delas implica que os seres humanos podem não ser livres sob certas circunstâncias. Uma ditadura, por exemplo, restringe severamente a liberdade de seus cidadãos, que por isso não são livres para fazerem diversas coisas que deveriam ser capazes de fazer. Já a primeira pergunta questiona se os seres humanos têm uma certa propriedade intrínseca, a saber, a capacidade de escolher entre as alternativas que estão disponíveis para eles de uma maneira que é influenciada, mas não completamente determinada, por todos os tipos de fatores que os afetem. Podemos chamar esses dois sentidos de liberdade externa e interna, respectivamente. O problema do livre arbítrio, ou da vontade livre, pode ser concebido como o problema de saber se temos ou não liberdade interna, em que consiste essa liberdade interna, e como ele se relaciona com a noção de que todos os eventos têm causas. Como se acredita habitualmente que apenas agentes que tenham liberdade interna podem ser considerados responsáveis pelo que fazem, essas questões podem ter importantes implicações para a vida social, os juízos morais e o sistema legal.

Numa perspectiva contemporânea, três pontos de vista típicos referentes ao problema da vontade livre podem ser formulados como se segue (Gomes, 2007).

1. Não existe vontade livre. A vontade livre é uma ilusão. O que uma pessoa faz é determinado pelo que ocorre em seu cérebro, o que por sua vez é determinado por eventos internos e externos anteriores. A cadeia causal retrocede a uma época em que a pessoa ainda não existia, desse modo a pessoa não pode ser basicamente responsável pelo que faz. Portanto, a punição legal só pode ter uma justificativa prática, não moral. Se alguém for bom ou mau, isto é apenas o resultado das circunstâncias de seu meio ambiente e de sua natureza. Ainda que a pessoa tenha feito algo de bom como resultado de um esforço para fazê-lo, isso é porque ela teve sorte bastante para entender que valia a pena fazer aquele esforço e teve sorte bastante em possuir uma natureza que lhe permitisse fazê-lo. Quando alguém imagina ou pensa naquilo que fará ou que deveria fazer, o resultado desse processo de tomada de decisão já está determinado por sua natureza e pelas circunstâncias atuais. A pessoa simplesmente não sabe qual será o resultado, mas ela não é livre para determiná-lo. É uma ilusão pensar que aquilo que uma pessoa fará depende de uma decisão sua, porque mesmo se depender de uma decisão particular, esta própria

decisão é determinada por eventos anteriores e não por uma decisão prévia. Não há nada que uma pessoa possa fazer para mudar o curso dos eventos, incluindo suas próprias ações. Quanto a ações passadas, não é verdade que a pessoa poderia ter agido de modo diferente se ela assim tivesse decidido. Tudo o que uma pessoa fez é o que ela tinha que fazer, já que estava determinado por sua natureza ou pelas circunstâncias em que se encontrava no momento da ação, as quais não foram, em última instância, determinadas por ela.

2. É fato evidente que as pessoas são livres para escolher o que desejam fazer. Existem limites práticos para a ação humana, mas sempre que mais de um curso de ação for possível, as pessoas podem escolher aquele que irão tomar. Assim, o determinismo físico não pode ser estendido às ações humanas. A vontade causa eventos físicos, mas não é causada por eles. Quando escolhem o que fazer, as pessoas são influenciadas por todo tipo de fatores internos e externos, mas esses fatores não causam completamente a decisão. Mesmo que a decisão de uma pessoa seja influenciada (isto é, parcialmente determinada) por fatores dos quais ela não está consciente, existem outros fatores dos quais ela está consciente e, com relação a estes, é a pessoa que escolhe, pelo menos até certo ponto, como e em que medida eles influenciarão sua decisão. Portanto, a vontade livre não pode ser reduzida a processos neurais do cérebro. Estes são processos físicos sujeitos a leis causais. Se a vontade fosse uma parte deles, ela seria determinada, não livre. A vontade livre é algo que pode mudar o curso natural dos eventos.

3. Sabemos que algumas ações são livremente escolhidas, e que outras são reações automáticas. Nós deveríamos ser capazes de caracterizar a diferença entre elas. A ciência nos mostra que todos os fenômenos naturais são causados por outros fenômenos naturais. Foi demonstrado de modo consistente que a atividade da mente humana depende do funcionamento do cérebro humano, e este último consiste de fenômenos naturais que envolvem neurônios, potenciais de ação, neurotransmissores etc. Não há razão para se supor que as cadeias causais que determinam os eventos neurais sejam rompidas em algum ponto. Entretanto, não devemos negar que vontade livre exista, já que precisamos desse conceito para distinguir entre dois tipos de ação humana. Portanto, devemos conceber a vontade livre como uma parte da atividade do cérebro humano. É preciso modifi-

car nosso conceito de liberdade de modo a preservar o que ele tem de essencial, eliminando a idéia de que a liberdade deve fugir à causalidade natural. Uma ação é livre quando resulta de uma intenção consciente de iniciá-la ou de lhe dar prosseguimento, ou pelo menos de não se impedir de a iniciar e lhe dar prosseguimento. Não há necessidade de supor que essa intenção não deva ser o resultado de processos causais no cérebro. Uma pessoa é responsável por uma ação quando esta resulta de uma intenção consciente. Ser responsável por uma ação não é ser responsável por ela *em última instância*, no sentido de também ser responsável por todos os eventos das cadeias causais que levaram à existência da intenção consciente que determinou a ação.

As três formulações acima ilustram as três principais posições sobre o problema da vontade livre, como é discutido hoje. As duas primeiras admitem que existe uma incompatibilidade entre liberdade e causalidade natural. Desse modo, ambas são *incompatibilistas*, mas tiram conclusões opostas a partir dessa incompatibilidade. A primeira sustenta que todos os eventos são causalmente determinados, e consequentemente não existe vontade livre. Seguindo Galen Strawson (2004), chamarei essa posição de *teoria da ausência de liberdade ("no-freedom theory")*. A segunda aceita a existência da vontade livre, e consequentemente rejeita que todos os eventos sejam causalmente determinados. Essa posição é usualmente chamada de *libertarismo*. Algumas versões dela sustentam que os eventos são causados, ou por outros eventos (causalidade natural), ou por agentes (causalidade por agente). Entretanto, o fato de um evento ser causado por um agente não é ele próprio considerado como um evento causado por outros eventos. Já a terceira posição admite que a liberdade e a causalidade natural são compatíveis. Portanto, é chamada de *compatibilismo*.

Há muitas versões dessas três posições básicas. O libertarismo pode ser associado a uma concepção dualista, de acordo com a qual a realidade física e a mente (ou alma) são essencialmente realidades (ou substâncias) diferentes, que interagem. Entretanto, também existem versões não dualistas dele, ainda que elas tenham dificuldade em demonstrar que realmente não implicam alguma forma de dualismo. Diferentes adeptos da teoria da ausência de liberdade podem extrair dela diferentes implicações morais, sociais e legais. Quanto ao compatibilismo, diferentes definições compatibilistas das ações livres e da vontade livre foram propostas, desde Hobbes até nossos dias.

Defenderemos aqui uma versão particular do compatibilismo, a qual tenta reconciliar a concepção de que a ação humana é causada naturalmente (também defendida pelo teórico da ausência de liberdade) com a afirmativa, defendida pelo libertarista, de que existem ações que são escolhidas pela pessoa, não sendo totalmente determinadas pelos fatores causais que atuam sobre ela.

No passado, a questão da vontade livre, ou livre arbítrio, situava-se frequentemente num contexto teológico, como resultante do conflito entre a idéia da liberdade da escolha humana e a idéia da onipotência e da onisciência divinas. Hoje, a tensão mais comumente focalizada é aquela entre a liberdade e a causalidade natural universal. Segundo esta, tudo o que acontece (incluindo as ações humanas) é causado por eventos naturais anteriores.

Essa causalidade natural universal é frequentemente entendida como um determinismo estrito. O determinismo estrito é a idéia de que condições anteriores determinam precisamente cada parâmetro daquilo que acontece, até os mínimos detalhes. Nada é indeterminado; não existe qualquer aleatoriedade essencial na natureza. A aleatoriedade, de acordo com esse ponto de vista, é apenas ignorância das causas. Quando lançamos uma moeda ou jogamos dados, um conhecimento preciso dos parâmetros relevantes, juntamente com as leis da mecânica, permitiria uma predição exata do resultado. Essa concepção do mundo foi especialmente estimulada pela mecânica clássica. Aqui temos o chamado universo de Laplace, que afirmou que um intelecto que conhecesse todas as forças agindo sobre o universo e a posição de todos os seus objetos em um dado instante seria capaz de conhecer todos os seus estados passados e futuros (Laplace, 1825/1921).

O advento da mecânica quântica, entretanto, modificou significativamente essa visão do mundo. Na física quântica, alguns eventos têm apenas uma probabilidade definida de ocorrência — eles não são estritamente determinados. As leis deterministas estritas aplicam-se apenas no nível macroscópico, não no microscópico. Entretanto, eventos microscópicos podem ter efeitos macroscópicos, como a teoria do caos e o estudo de sistemas auto-organizadores demonstraram (Prigogine, 2003).

Portanto, eventos que envolvem a evolução de sistemas dinâmicos distantes do equilíbrio não são totalmente previsíveis a partir de condições anteriores.

Mesmo em nível intuitivo, podemos questionar o determinismo estrito. Consideremos um grão de poeira que cai em algum lugar de um planeta deserto em um certo momento. Não seria estranho pensar que desde sempre estava determinado que precisamente este grão de poeira cairia especificamente nesse lugar nesse exato momento? Em outras palavras, não é apenas com relação às ações livres que o determinismo estrito parece improvável, mas também com relação a muitos eventos naturais que não compreendem qualquer agente. Além disso, como a ciência moderna não afirma que o determinismo estrito vigora, de maneira geral, na natureza, por que nos deveríamos incomodar com a incompatibilidade intuitiva entre vontade livre e determinismo estrito?

Muitas discussões sobre a vontade livre supõem que o determinismo estrito seja uma propriedade estabelecida dos eventos físicos. Parecem estar defasadas em sua visão da ciência, prendendo-se a uma visão laplaciana do universo. Certo é que a concepção do universo de Einstein, segundo a teoria da relatividade, não é menos determinista, e é conhecida a resistência deste a aceitar as implicações indeterministas da teoria quântica. Entretanto, embora uma integração entre as duas grandes teorias físicas produzidas no século XX não tenha sido até hoje lograda, não se pode ignorar o sucesso da física quântica e as limitações que impôs à concepção estritamente determinista dos fenômenos naturais.

Isso é frequentemente ignorado pelos filósofos que discutem a questão da vontade livre. Muitas vezes presume-se que qualquer teoria não libertarista tem que admitir o determinismo estrito das ações humanas, o que não é verdade. Galen Strawson, por exemplo, afirma:

> De acordo com os compatibilistas, nós realmente temos vontade livre. Eles propõem um sentido da palavra "livre" de acordo com o qual a vontade livre é compatível com determinismo, ainda que o determinismo seja a visão de que a história do universo está condicionada de tal modo que nada pode acontecer diferentemente do que acontece, porque tudo o que acontece é exigido pelo que já ocorreu antes. (Strawson, 2004, nossa tradução)

Isto faz parecer que a única opção para os compatibilistas seja adotar o determinismo estrito. Não é assim: os compatibilistas podem endossar uma visão da causalidade que permita um certo grau de aleatoriedade na determinação dos eventos. Entretanto, o ponto de vista de que a natureza não é estritamente determinista não é suficiente para oferecer uma solução para o problema da vontade livre.

Admitir um certo grau de aleatoriedade na determinação de uma ação não basta para caracterizá-la como livre. Da mesma forma, admitir que a natureza presente de uma pessoa é o resultado de um processo de desenvolvimento, no qual muitos eventos contiveram um certo grau de aleatoriedade, também não ajuda a tornar uma pessoa responsável por suas ações. Uma ação livre é percebida como tendo sido determinada pela pessoa que a praticou, não pelo acaso. Um evento aleatório não é algo pelo qual uma pessoa seria responsabilizada. Assim, alguém poderia argumentar que, se uma pessoa não pode ser responsabilizada nem pelo acaso nem por circunstâncias anteriores, ela não pode ser responsabilizada por suas ações, já que as circunstâncias anteriores e o acaso são tudo o que existe para a determinação das ações.

Apresentarei a seguir minha visão sobre a compatibilidade entre a liberdade da vontade e a causalidade natural (Gomes, 2007). Os libertaristas acham que a própria pessoa é o elemento essencial na determinação das ações livres — e acho que estão certos quanto a isso. Isto nos leva a perguntar: o que é a própria pessoa? O que é o eu que decide uma ação, quando uma pessoa pode dizer "Fiz isso porque decidi fazê-lo"?

O conceito do eu é difícil de se circunscrever. Em primeiro lugar, deve-se registrar que *eu* é um termo indexical. Como nota João Branquinho (2006, p. 407), "a referência de uma palavra como "eu" varia de contexto de uso em função da identidade do agente do contexto, ou seja, da pessoa que diz ou escreve". Essa não é, no entanto, a única variação a que o uso do termo está sujeito. Suponha que eu corte meu dedo. Posso dizer "eu me feri", mas também posso dizer "Meu dedo se feriu". Seria fácil observar que meu dedo é apenas uma parte de mim mesmo e que está, portanto, incluído em meu "eu". Mas também posso dizer "eu sinto uma dor no meu dedo", e nesse caso o eu parece já não incluir o dedo. Este é, em certo sentido, externo ao eu, já que o eu é aquilo que sente, e o dedo, o que é sentido. O dedo é uma parte (corporal) da pessoa que é sentida por outra parte (mental) da pessoa. Pode-se notar também que dizemos "meu dedo" assim como dizemos "minha caneta", e se ambos são coisas que pertencem ao eu, não só a caneta como também o dedo, em certo sentido, são externos ao eu que os possui.

Poder-se-ia dizer então que o eu mais profundo é a parte mental da pessoa, à distinção do corpo que ela possui, sente e movimenta, e no qual suas emoções se expressam. Entretanto, alguém pode dizer "eu tive minhas razões para fazer isso", e incluir sentimentos, idéias e planos entre essas razões. Sem dúvida, essas razões são fatores psicológicos que, em certo sentido, estão no eu; mas, em outro sentido, elas são possuídas pelo eu e atuam sobre o ele, e nesse sentido são externas a ele. O eu considerou essas razões, pensou sobre como deveriam ser avaliadas e então decidiu o que fazer. Que eu é esse? Agora ele já parece ser, não a totalidade da parte mental de uma pessoa, mas uma parte dela. O libertarista dirá — e a meu ver, com razão — que essas razões influenciaram o sujeito em sua escolha do que fazer, mas que não se pode considerar que elas determinaram totalmente sua ação. Foi o eu, que as considerou, que escolheu a ação. Temos assim um eu que é distinto das razões que ele considera — mas o que é esse eu?

Esse é, a meu ver, o cerne do problema da vontade livre: o problema do que é o eu que faz escolhas. Na perspectiva de Hume, um eu que seja distinto de razões, sentimentos e planos simplesmente não existe, já que Hume concebe a mente como um simples agregado de sensações, juntamente com os pensamentos e intenções derivados delas. Tal posição radicalmente empirista não reconhece qualquer centro ativo da mente — a mente é essencialmente passiva, já que depende completamente da sensação daquilo que é externo a ela. Esse ponto de vista se harmoniza bem com a teoria da ausência de liberdade. Entretanto, deve-se notar que, na verdade, Hume defendia um tipo de compatibilismo. Por um lado, ele sustenta que as ações e as volições, não menos do que os eventos físicos, obedecem a um estrito determinismo. Por outro, ele reconhece que os humanos têm "o poder de agir ou não agir de acordo com as determinações da vontade" — o que é sua definição de liberdade. Assim, ele acha e afirma que a liberdade é compatível com o determinismo (Hume, 1748/2000, p. 72).

Entretanto, o compatibilismo de Hume é alcançado através de uma visão muito restrita da liberdade, de acordo com a qual a liberdade nada mais é do que aquilo que "admite-se pertencer a todos que não estejam prisioneiros e acorrentados" (Hume, 1748/2000, p. 72). Além do mais, a "vontade" mencionada na citação mais acima é logo a seguir analisada pelo autor como nada mais sendo do que motivos, inclinações e circunstâncias — e não um poder ativo que avalia esses motivos, inclinações e circunstâncias e determina o que fazer. Hobbes (1654/2005, p. 273) também concebia a liberdade como a mera "ausência de todos os impedimentos à ação que não estejam contidos na natureza e na qualidade intrínseca do agente". Isto corresponde ao que chamei de liberdade externa no início desse capítulo. O compatibilismo que se apóia em tais visões restritivas da liberdade se torna assim bastante limitado.

As críticas da posição compatibilista quase sempre supõem que ela deva adotar tal visão restrita da liberdade como ausência de limitações externas. Searle (2000), por exemplo, afirma:

> A visão compatibilista é que, se nós entendermos apropriadamente esses termos, a liberdade da vontade é completamente compatível com o determinismo. (...) Assim, se alguém encosta uma arma em minha cabeça e me diz para levantar o braço, minha ação não é livre, mas se eu levanto o braço para votar, como se diz, "livremente", ou "por minha livre vontade", então minha ação é livre. Ainda que, em ambos os casos, minha ação seja causalmente determinada por completo (p. 11, nossa tradução).

Searle argumenta a seguir que esse sentido de liberdade como ausência de limitações externas é irrelevante para o problema da vontade livre. Além disso, mesmo se acrescentarmos, na definição de liberdade, a ausência de restrições internas, tais como compulsão, pânico ou vício, o crítico do compatibilismo poderá permanecer não convencido. De acordo com Searle, nós experimentamos uma lacuna entre as razões para agir e a decisão de agir. Sentimos que as condições causais antecedentes de nossas ações livres não são causalmente suficientes para produzir a ação. Por conseguinte, a liberdade parece implicar não só a ausência de restrições externas e de compulsões internas, mas também a ausência de suficiência causal das condições antecedentes de uma ação.

Consideremos outra citação do mesmo artigo:

> Uma especificação completa de todas as causas psicológicas que operam sobre mim em t_1, com todos os seus poderes causais, incluindo quaisquer leis psicológicas relevantes para o caso, não seria suficiente para implicar que eu executaria o ato A, em qualquer descrição (Searle, 2000, p. 12, nossa tradução).

Gostaria de destacar o uso que o autor faz da preposição 'sobre' quando se refere à relação entre as causas psicológicas e o eu. As causas psicológicas que ele menciona atuam *sobre* o eu, sendo então, em certo sentido, externas ao eu. Vemos que o autor está considerando o eu como distinto de todas as causas psicológicas atuantes. Suponhamos agora que também levemos em conta as causas e as leis psicológicas que operam *dentro de* mim (e não apenas aquelas que operam *sobre* mim, como faz Searle). Então, uma completa especificação de todas as causas e leis psicológicas que operam tanto *dentro de* mim como *sobre* mim poderia ser suficiente para implicar pelo menos uma certa probabilidade de que eu realize o ato *A*.

Minha sugestão, portanto, é de que deveríamos adotar uma visão mais complexa do eu. Existem múltiplos eus, de acordo com diferentes aspectos ou momentos da atividade mental. Quando digo que tenho um certo desejo, certamente sou eu quem deseja, mas quando escolho resistir a esse desejo, é outro eu que está ativo. O libertário está certo quando diz que as razões e influências que operam sobre o eu decisório são insuficientes para determinar a ação, mas isso deixa em aberto a questão de saber se aquilo que o eu decisório faz, ativamente, com essas influências, para chegar a uma decisão, é determinado por fatores causais ou não.

Quando o libertário diz "Fui eu, e não causas antecedentes, que determinei o que fiz", ele não está considerando a possibilidade de que seu eu esteja incluído nessas causas antecedentes e seja ele próprio causado por condições prévias. A possibilidade de que possa ser assim deveria ser considerada como uma hipótese científica, não devendo ser simplesmente rejeitada por razões filosóficas ou fenomenológicas. Frequentemente os fatos científicos caminham na direção oposta ao que as coisas parecem ser.

Nesse ponto o teórico da ausência de liberdade poderia entrar e dizer "Mas se o eu é causalmente determinado, então ele não é livre". No interesse do compatibilismo, gostaria de contrariar essa objeção, com o argumento de que tudo depende de como definirmos a liberdade. Se incluirmos na definição de liberdade a exigência de que uma decisão de agir, para ser livre, não deve ser causalmente determinada, então o compatibilismo seria simplesmente impossível. Talvez essa seja a visão mais natural da vontade livre. Talvez nós tendamos a ver as decisões livres como emanando do eu, e o eu como estando fora das sequências de causas e efeitos, mas esse último ponto de vista pode estar errado, ainda que o primeiro esteja certo. A proposta compatibilista busca manter o essencial da visão do homem comum sobre a vontade livre, mas não precisa mantê-la integralmente (Gomes, 2005).

Ao contrário, se quisermos avaliar a plausibilidade de uma proposta compatibilista, teremos de abandonar uma concepção de vontade livre que inclua a exigência de ela não ser causalmente determinada por eventos anteriores. Entretanto, tal reconceituação da vontade livre não precisará ser tão restritiva a ponto de limitar a liberdade à ausência de restrições externas (liberdade externa), como sugerem usualmente os críticos do compatibilismo. Um conceito compatibilista mais elaborado de vontade livre pode mesmo incluir a opinião libertária de que os fatores causais que atuam sobre o sujeito que decide não determinam completamente suas ações (Hodgson, 2005). Acredito que uma concepção compatibilista pode preservar tudo o que é essencial na noção comum da vontade livre, a saber: (1) a idéia de que na ação livre a própria pessoa, enquanto sujeito psicológico, escolhe o que fazer, (2) a idéia de que a liberdade depende da consciência e, mais especificamente, uma ação livre depende de uma intenção consciente, e (3) a idéia de que a liberdade implica a possibilidade de agir de outra maneira. Vamos examinar esses três pontos.

A idéia de que é a pessoa que escolhe o que fazer é totalmente consistente com a causalidade natural, se adotamos a "hipótese extraordinária", como a denomina Crick (1994), de que toda a nossa personalidade e nossa vida psíquica são dadas pela atividade de nossos cérebros. O cérebro em funcionamento, com literalmente bilhões de contatos sinápticos entre seus neurônios, é um sistema tão complexo e maravilhosamente diferenciado que cada vez mais se tem considerado razoável admitir que nossa vida mental corresponda à sua atividade. Da mesma maneira, os processos cerebrais de avaliar diferentes cursos de ação e de escolher o que fazer também devem ser considerados como sujeitos à causalidade natural.

A consciência também pode ser considerada como uma propriedade da atividade neural complexa (como foi argumentado, por exemplo, em Gomes, 1995). Uma intenção consciente pode ser conceituada como uma representação da ação que precede sua execução (Gomes, 1999) e essa representação, como uma configuração que se forma na atividade neural do cérebro.

A possibilidade de agir de outra maneira tem sido frequentemente considerada uma das marcas distintivas da ação livre. Fez-se alguma coisa por sua livre vontade quando se poderia ter agido de maneira diferente. Searle (2000), por exemplo, afirma:

> Admitindo-se que a ação de fato ocorreu, e que de fato ocorreu por uma razão, mesmo assim, o agente poderia ter feito alguma outra coisa, dados os mesmos antecedentes causais da ação (p. 11).

Já vimos que, em tal linha de raciocínio, o próprio agente não está incluído entre os antecedentes causais que estão sendo considerados. O compatibilismo pode admitir que, dados os mesmos antecedentes causais, *sem incluir neles a própria atividade do agente de decidir o que fazer*, ele poderia ter feito outra coisa. Ora, essa atividade de decidir o que fazer não precisa ser vista como algo externo ao reino dos eventos naturais. Ela também pode ser um evento natural que seja resultado de condições causais. Essa concepção naturalista não elimina a possibilidade de se agir de maneira diferente.

O que querem dizer as pessoas (inclusive os filósofos) quando falam que alguém poderia ter agido de outra maneira? Certamente não estão apenas dizendo que a pessoa em questão poderia ter feito algo diferente do que fez, se as circunstâncias tivessem sido diferentes do que foram. Qualquer evento — não apenas as ações livres — poderia ter sido diferente do que foi se as causas que o determinaram tivessem sido diferentes. O que elas querem dizer é que a pessoa em questão tinha o *poder* de agir de outra maneira ainda que as circunstâncias tivessem sido as mesmas. Se a pessoa tinha esse poder, teria sido possível que tivesse feito outra coisa, com os mesmos fatores causais agindo sobre ela. Isso significa que o que a pessoa fez não foi completamente determinado por esses fatores causais. Entretanto, as circunstâncias que se imaginam serem as mesmas, nesse raciocínio, não incluem o próprio processo de a pessoa decidir o que fazer.

Segundo a versão mais elaborada do compatibilismo que proponho, em suma, uma ação livre é ao mesmo tempo (1) livre de completa determinação por condições externas ao sistema da mente que toma a decisão consciente de agir e (2) causalmente determinada por condições internas a esse sistema decisório.

Analisemos mais detidamente a condição da possibilidade de agir de outro modo. Uma ação é livre (ou é determinada pela vontade livre) se a pessoa que a executou tinha a possibilidade de ter agido de outra maneira, ainda que todos os fatores causais que atuavam sobre ela tivessem sido os mesmos. Devo esclarecer que, ao enfatizar o papel do eu, na discussão acima, meu propósito não foi o de propor uma maneira diferente de caracterizar a vontade livre, dispensando a condição de poder agir de outra forma. A presença de um eu não é suficiente para que uma ação seja livre. Uma ação pode ser devida a uma compulsão patológica, por exemplo. Tal ação não-livre pode ser considerada como a manifestação do eu de uma pessoa, já que a palavra eu, como discutimos acima, pode ser usada para se referir à totalidade de uma pessoa ou a diferentes subconjuntos físicos ou mentais dela. A razão para se enfatizar o papel do eu é que o conceito de um *eu* está implicitamente presente na concepção tradicional da vontade livre como aquela para a qual existe a possibilidade de agir de outro modo.

Para que isso se torne claro, tentemos explicitar o que está implícito na formulação usual dessa concepção. Quase sempre as pessoas dizem simplesmente que uma ação é livre se a pessoa poderia ter agido diferentemente. Entretanto, isto claramente não é o suficiente. Como mencionado anteriormente, fica implícito que teria que ser assim ainda que as circunstâncias tivessem sido as mesmas, mas isso ainda é insuficiente, pois essas circunstâncias podem ser entendidas apenas como circunstâncias externas. Alguém poderia argumentar que uma pessoa poderia ter agido de outra maneira, nas mesmas circunstâncias, se ela tivesse tido desejos diferentes ou crenças diferentes. Isso seria certamente insatisfatório para o defensor da vontade livre, pois a idéia da vontade livre parece implicar que uma pessoa poderia ter agido de outra forma, nas mesmas circunstâncias, mesmo se ela tivesse tido os mesmos desejos e as mesmas crenças. A pessoa que agiu livremente poderia dizer: "Meus desejos e crenças influenciaram minha decisão, mas não a determinaram. *Eu* ponderei sobre esses desejos e crenças e *eu* decidi o que fazer. Poderia ter agido de outra maneira, mesmo se tivesse tido os mesmos desejos e crenças."

Desse modo, vemos que o eu é um elemento essencial na idéia da possibilidade de agir de outro modo. No raciocínio acima, os desejos e crenças parecem estar dentro da pessoa, mas ainda assim fora do sistema decisório de sua mente — sistema que corresponde ao uso que fazemos, nesses casos, da palavra *eu*. Quando uma pessoa diz "*eu* ponderei sobre meus desejos e convicções...", ela está falando de uma instância ativa em sua própria mente, que existe juntamente com seus desejos e crenças e é capaz de fazer algo com eles. A questão fundamental, então, é como conceber esse eu. Temos a tendência de ver esse eu como estando localizado fora do reino das causas e efeitos físicos, mas será realmente assim? Minha proposta compatibilista é de que devemos vê-lo como um sistema do cérebro. Então podemos manter a idéia de que esse sistema poderia ter escolhido agir de outra maneira mesmo se todas as circunstâncias, crenças e desejos que ele estava levando em consideração tivessem sido os mesmos. Entretanto, não é logicamente possível que ele pudesse escolher agir de modo diferente se todo o ocorrido *dentro dele* tivesse sido o mesmo, já que a escolha de uma ação é, por suposto, um resultado direto do que ocorre dentro dele.

Segundo Sartre (1943, pp. 168, 494), o homem está condenado a ser livre. Uma pessoa é livre para escolher não viver mais (praticando o suicídio), mas não tem liberdade para escolher não ser mais (internamente) livre. Está na natureza dos seres humanos normais terem a capacidade de determinar por si mesmos que curso de ação tomar, e não têm poder para abrir mão dessa capacidade. Do ponto de vista da neurociência, isso pode ser tomado como significando que o cérebro humano é naturalmente dotado da capacidade de considerar diferentes possibilidades de ação e escolher uma delas. Além disso, essa capacidade parece ser essencial para a identidade pessoal, pois sentimos que o mesmo eu é o agente em diferentes ocasiões em que alguém decide o que fazer, ao longo de sua vida. Assim, a identidade de uma pessoa, tanto para si mesma como para os outros, está intimamente ligada a essa capacidade incontornável de agir livremente e às incontáveis ocasiões nas quais ela é usada.

Para concluir, podemos indagar quais são as consequências dos diferentes pontos de vista sobre a vontade livre para a atribuição de responsabilidade ou de culpa e para a justificativa de punição. Os incompatibilistas libertários tendem a exagerar a autonomia do sujeito na determinação de suas ações. Como eles acham que as escolhas são feitas pelo eu sem serem causalmente determinadas, vêem o eu como o originador primordial e absoluto das ações livres. As ações livres de uma pessoa emanam do seu eu, e o eu também pode agir livremente no sentido de se modificar. Ainda que tenha havido influência externa na determinação de uma ação ou de uma modificação no caráter do eu, foi o eu que decidiu aceitar essa influência, se houve liberdade, e, do ponto de vista libertarista, essa decisão não foi causada. Deve-se notar, entretanto, que a idéia de auto-originação presente em tal concepção é pouco inteligível, como Nietzsche (1886/1973) discutiu eloquentemente. *A* pode ser a origem de *B*, mas qual o significado de dizer que *A* é a origem de *A*?

Os libertários admitem, é claro, que o eu pode não ser livre em certos casos. A doença mental é um deles. A tenra idade é outro. Quase sempre eles acham que aquilo que a pessoa faz nesses casos não pode ser considerado como livremente escolhido pelo eu, e a pessoa, consequentemente, não é responsável por suas ações. O problema é que a concepção libertária de uma vontade livre absoluta favorece um contraste extremo entre as ações livres e não-livres. Sob esse ponto de vista, fica difícil conceber gradações ou transições referentes à capacidade de escolher livremente. Parece que o fato de uma ação fugir à causalidade ou está presente ou está ausente. Obtemos uma descrição em preto e branco, sem tons intermediários. Entretanto, há uma transição gradativa da infância para a adolescência e para a vida adulta. As compulsões patológicas também variam em grau, e isto sugere uma variação correlativa no grau de vontade livre. Não obstante, na visão libertarista, a responsabilidade e a culpa tendem a ser vistas de forma dicotômica: ou a responsabilidade ou culpa é total, ou é nula. Isso parece corresponder mal à realidade humana.

Os teóricos da não-liberdade, em geral, pendem para o extremo oposto, ao questionar a existência de responsabilidade moral e a justificação da punição por razões morais, e não apenas práticas. Eles raciocinam que se as ações são determinadas pelas causas, então o sujeito não é responsável por elas. Isto nos deixa com um retrato incompreensível do mundo humano, já que não existe qualquer responsabilidade ou obrigação moral nele. Se uma pessoa não poderia ter agido de outra maneira, não pode ser que ela devesse ter agido de outra maneira (Howard-Snyder, 2006). Na vida cotidiana, obviamente, existem casos em que consideramos alguém responsável pelo que fez, e outros em que não o consideramos responsável. Não pode ser que a diferença entre eles seja unicamente a de que somos vítimas de uma ilusão com referência aos primeiros e não somos vítimas de tal ilusão com referência aos últimos.

Os teóricos da não-liberdade quase sempre justificam a punição em base meramente utilitária. Ainda que a pessoa nunca seja responsável pelo que fez, argumentam eles, existem casos em que a punição é útil para evitar futura infelicidade, e outros em que ela é inútil. A punição é justificada com relação aos primeiros. Entretanto, por que a presença ou ausência de uma ilusão no observador deveria fazer diferença na utilidade da punição da pessoa que cometeu a ação? O teórico da não-liberdade poderia responder que aquilo que realmente faz a diferença deve ser a presença ou ausência de um certo atributo no agente, pouco antes da ação, e que a presença ou ausência desse atributo se correlaciona com a presença ou ausência da ilusória atribuição de responsabilidade pelo observador (que pode ser alguma outra pessoa ou o próprio agente). Quando esse atributo hipotético estivesse presente no agente, a punição demonstraria ser útil e, coincidentemente, os observadores tenderiam a ter a ilusão de que o agente foi responsável pela ação. Isto quer dizer que, mesmo que o agente não fosse responsável, existiria algo nele, em certos casos, que tornaria útil a punição.

A definição do que seria esse atributo pode ser problemática, mas o teórico da não-liberdade não permitiria que ele fosse chamado de responsabilidade, pois ele já concluiu que a responsabilidade não existe. Parece-me bem mais razoável definir a responsabilidade como sendo exatamente esse atributo que torna úteis a punição e o arrependimento. Quanto à atribuição de responsabilidade ao agente, por si mesmo e pelos outros, ela será então vista, não como uma ilusão sistemática, mas como decorrência natural da própria existência no agente desse atributo a que chamaremos de responsabilidade. Isso não exclui, é claro, que possa haver falsas atribuições de responsabilidade, quando ela está ausente, ou de irresponsabilidade, quando ela está presente. Entretanto, se a palavra *responsabilidade* for definida de modo a não poder ser uma propriedade do agente, embora se admita, ao mesmo tempo, que há uma propriedade do agente que é relevante tanto para o que as pessoas pensam, como para a utilidade da punição, então essa definição tem que ser reconhecida como inadequada, e a palavra deveria ser redefinida de modo a se referir precisamente a essa propriedade.

Uma modificação na definição de responsabilidade usada por certos autores é exatamente o que o compatibilismo requer e apoia. Para ser responsável por uma ação, alguém não precisa ser o seu originador último, no sentido de ser uma causa incausada ou, no dizer de Chisholm (1982), um *"prime mover unmoved"* (que poderíamos traduzir como "motor inicial não movido"). Uma ação é livre, e o agente é responsável por ela, quando ela resulta de um processo consciente de tomada de decisão e o agente poderia ter agido de outra maneira se tivesse desejado fazê-lo. O fato de que o processo de tomada de decisão deve ter tido causas e que uma decisão diferente só poderia ter sido tomada se um conjunto diferente de tais causas estivesse presente não deveria ser considerado como remoção da responsabilidade da pessoa (Gomes, 1999). Uma pessoa é responsável por uma ação quando seu *eu* estava no controle do processo de decidir fazer essa ação.

De acordo com a visão compatibilista que estou defendendo, as ações são livres e a pessoa é responsável por elas quando elas derivam do eu da pessoa, e esse eu poderia ter escolhido agir de maneira diferente, mas este eu não é uma entidade abstrata ou sobrenatural externa ao reino da causalidade natural. O eu é um sistema auto-organizativo e auto-dirigível (van Duijn & Bem, 2005) que existe em um cérebro. Ele não é simplesmente uma reflexão passiva de influências externas. Ele tem individualidade (personalidade) e consistência no decorrer do tempo, ainda que esteja sujeito a modificações. A mudança no caráter do eu quase sempre é lenta, mas em casos excepcionais (incluindo aqueles de conversão religiosa), uma grande mudança pode ocorrer em um momento particular ou em curto período de tempo. Além disso, as decisões não são tomadas por um sistema de tomada de decisão imparcial e puramente racional, mas por um sistema motivado e emocional.

Assim, a teoria compatibilista proposta parece estar mais bem equipada para dar conta dos fatores causais que podem atuar *dentro do eu* sem que a pessoa esteja consciente deles. Tal explicação psicológica ou neurocientífica, contudo, não destitui uma pessoa de sua responsabilidade por ações que foram escolhidas por ela entre duas ou mais alternativas.

Referências bibliográficas

Branquinho, J. (2006). Indexicais. Em J. Branquinho, D. Murcho e N. G. Gomes (org.), *Enciclopédia de termos lógico-filosóficos*. São Paulo: Martins Fontes.

Chisholm, R. M. (1982). Human freedom and the self. Em G. Watson (org.), *Free Will* (pp. 24-35). Oxford: Oxford University Press.

Crick, F. (1994). *The astonishing hypothesis: The scientific search for the soul*. Londres: Simon & Schuster.

Duijn, M. van & Bem, S. (2005). On the alleged illusion of conscious will. *Philosophical Psychology, 180(6)*, 699-714.

Eisler, R. (1904). *Wörterbuch der philosophischen Begriffe*. Disponível em: <http://www.textlog.de>.

Gomes, G. (1995). Self-awareness and the mind-brain problem. *Philosophical Psychology*, 8 (2): 155-165.

Gomes, G. (1999). Volition and the readiness potential. *Journal of Consciousness Studies,* 6 (8-9): 59-76.

Gomes, G. (2005). What should we retain from a plain person's concept of free will? *Journal of Consciousness Studies*, 12 (1): 40-43.

Gomes, G. (2007). Free will, the self and the brain. *Behavioral Sciences & the Law*, 25 (2): 221-234.

Hobbes, T. (1654/2005). Of Liberty and Necessity. Em *The English Works of Thomas Hobbes of Malmesbury: Volume 4*. Boston: Adamant Media Corporation.

Hodgson, D. (2005). A plain person's free will. *Journal of Consciousness Studies*, 12(1): 3-19.

Howard-Snyder, F. (2006). "Cannot" Implies "Not Ought". *Philosophical Studies*, 130 (2): 233-246.

Hume, D. (1748/2000). *An Enquiry Concerning Human Understanding*. Oxford: Oxford University Press.

Laplace, P.-S. (1825/1921) *Essai philosophique sur les probabilities*. Paris: Gauthier-Villars.

McCluskey, C. (2007). Philip the Chancellor. Em Edward N. Zalta (org.), *The Stanford Encyclopedia of Philosophy (Spring 2007 Edition)*, disponível em: <http://plato.stanford.edu/archives/spr2007/entries/philip-chancellor/>.

Nietzsche, F (1886/1973). *Beyond Good and Evil*. Harmondsworth (UK): Penguin Books.

Prigogine, I. (2003). *Is Future Given?* Singapore: World Scientific.

Sartre, J.-P. (1943). *L'Être et le Néant*. Paris: Gallimard.

Searle, J. R. (2000). Consciousness, free action and the brain, *Journal of Consciousness Studies*, 7 (10): 3-22.

Strawson, G. (2004). Free will. Em E. Craig (org.), *Routledge Encyclopedia of Philosophy*. London: Routledge. Obtido em 8 de outubro de 2005, em: <http://www.rep.routledge.com/article/V014>.

4

Para uma definição de doença mental: valores e factos *

Jerome C. Wakefield

O conceito de doença [1] mental está na base da Psiquiatria, enquanto disciplina médica. Encontra-se no âmago de disputas académicas e públicas em torno da questão de se saber que condições mentais devem ser classificadas como patológicas ou, pelo contrário, vulgares problemas ou sofrimentos de vida; e as suas ramificações estendem-se aos campos do diagnóstico psiquiátrico, da investigação e das políticas governamentais. Além disso, a distinção entre doença mental e sofrimento normal tem implicações quer para o direito civil, quer para o direito penal, que vão desde questões como a de se determinar se um determinado cônjuge, num processo de divórcio, é mentalmente competente para lhe ser confiada a custódia dos filhos, até questões como a de se saber se um determinado constituinte, acusado de um crime, controla as suas próprias acções. No entanto, não existe consenso em torno do significado de "doença mental".

---

* Tradução de Pedro Urbano.
[1] Sobre esta expressão, veja-se no final as Notas de Tradução (*N. do T.*)

Proponho abordar este problema através de uma análise conceptual articulada em torno da seguinte questão: qual é o significado de se afirmar que uma dada condição mental problemática (*v. g.*, o comportamento anti-social de um adolescente, o comportamento desafiador de uma criança face aos seus pais, uma tristeza ou preocupação intensas, uma timidez muito marcada, o fracasso na aprendizagem da leitura ou o consumo intensivo de drogas ilícitas) não é, meramente, uma forma de funcionamento humano normal (ainda que indesejável e dolorosa) mas, antes, um indicador de uma perturbação psiquiátrica? A credibilidade, e até a coerência, da Psiquiatria enquanto disciplina médica dependem de haver uma resposta convincente a esta questão. Resposta que, por seu lado, exige uma explicação do conceito de doença que, de um modo geral, subjaz a tais juízos e os orienta.

As análises correntes de "doença mental" dividem-se, basicamente, em duas formas de abordar a questão: valorativa (i. e., com base em juízos de valor) e científica. Tal como a coloca Kendell, "a questão mais fundamental, que é igualmente a mais controversa, consiste em determinar se doença ou enfermidade são conceitos normativos baseados em juízos de valor, ou se são termos científicos despidos desses mesmos valores; dito por outras palavras, se são termos biomédicos ou sócio-políticos" [1]. Propus anteriormente [2-8] uma forma híbrida, a análise do conceito de doença mental em termos de "disfunção prejudicial" (Análise da Disfunção Prejudicial, ou ADP) [2], na qual "prejudicial" é um termo valorativo, dizendo respeito a condições julgadas negativas pelos padrões sócio-culturais, e "disfunção" é um termo científico factual, dizendo respeito ao insucesso ou falha do funcionamento do organismo (ou de partes dele) tal como foi biologicamente programado para o fazer. (Na Ciência moderna, o termo "disfunção" está, na sua essência, ancorado na biologia evolucionista e remete para a incapacidade de qualquer mecanismo interno em desempenhar uma das suas funções, tal como foram determinadas pelo processo de evolução através de selecção natural.)

Neste capítulo, exploro o considerável poder explicativo da ADP para compreender a distinção entre doença mental e outras condições

---

[2] *Harmful Dysfunction Analysis,* no original. (*N. do T.*)

mentais normais mas problemáticas; ilustrando, de igual modo, as suas implicações para a determinação da validade dos critérios de diagnóstico do *Diagnostic and Statistical Manual of Mental Disorders* (DSM) [3] e da *International Statistical Classification of Diseases and Related Health Problems* (ICD) [4], assim como para a compreensão de alguns dos desafios conceptuais relativos à aplicação transcultural de critérios de diagnóstico.

Por que razão a Psiquiatria não pode escapar ao conceito de doença mental

Os critérios de diagnóstico do DSM e da ICD são actualmente os árbitros primazes da distinção entre o que é e não é doença, na maioria das práticas clínicas e das investigações. Contudo, não são claramente, em termos conceptuais, os derradeiros árbitros. Com efeito, em ambos os casos, os critérios são regularmente revistos, de modo a tornarem-se mais válidos (enquanto indicadores de doença) e a eliminarem falsos positivos, o que, implicitamente, significa um reconhecimento da possibilidade de existirem "erros" em tais critérios. Para além disso, quer os *media* populares, quer as vozes críticas no seio das profissões relacionadas com a saúde mental, desafiam a validade desses critérios na discriminação da doença mental e tais disputas não parecem ser inteiramente arbitrárias mas antes, com frequência, apelar para uma noção subjacente, partilhada, do que seja doença. De facto, muitos profissionais usam amiúde a categoria "sem outra especificação" para classificar certas condições, o que pressupõe um sentido do que é e do que não é uma doença, independentemente de critérios de diagnóstico específicos.

---

[3] *Manual de Diagnóstico e Estatística das Perturbações Mentais*, na tradução portuguesa, editada pela Climepsi. Este manual, actualmente na quarta edição (revista), é publicado pela *American Psychiatric Association*. (*N. do T.*)

[4] Ou apenas *International Classification of Diseases* (*Classificação Internacional das Doenças*). A ICD, actualmente na décima edição, é publicada pela Organização Mundial de Saúde. De notar que as duas classificações, DSM e ICD, utilizam os mesmos códigos de diagnóstico. (*N. do T.*)

Aceitando a observação comum de que não existe nenhum teste laboratorial, ou indicador fisiológico, que se possa estabelecer como "regra de ouro" para a determinação da doença mental, e aceitando que os critérios actuais são falíveis, cabe-nos ainda perguntar por que razão deveremos lutar com o próprio conceito, esquivo, de doença, quando existem tantas técnicas empíricas capazes de identificar condições doentias? A realidade é que todos os testes de uso comum para distinguir doença de outras condições não mórbidas repousam em suposições implícitas acerca do conceito de doença; de resto, não é claro se um determinado teste distingue doença de não-doença, ou entre duas doenças ou entre duas condições não doentias. Os testes comuns de validação (*v. g.*, o desvio estatístico, o padrão "história familiar/peso genético", a validade preditiva, a descontinuidade da distribuição de Kendell, a validação por análise factorial, a co-ocorrência sindromática de sintomas, a resposta a medicamentação, os critérios de Robins e Guze, a análise taxométrica de Meehl e outros guias do mesmo género) podem permitir identificar um constructo válido e separá-lo, enquanto tal, de outro constructo. Mas se os constructos assim distinguidos correspondem, de facto, a uma doença (ou a uma condição não doentia) ultrapassa as capacidades do teste. Qualquer desses testes é igualmente satisfeito por uma miríade de condições, quer normais, quer doentias. Mesmo a popular (nos Estados Unidos) utilização do critério de diminuição de desempenho [5] não distingue inerentemente doença de não-doença (e, por essa razão, é geralmente evitado pela ICD), uma vez que existem muitas condições normais, desde o sono e a fadiga até ao pesar intenso e ao terror, que não só diminuem o desempenho de funções rotineiras como são, em termos biológicos, concebidas para o fazer. Poder-se-á afirmar apenas que, *aparentemente,* é como se esses diferentes tipos de critérios empíricos fornecessem um modelo ou padrão autónomo de doença, porque são utilizados em contextos nos quais se deduziu já — nalgum sentido, conceptual, de fundo — a existência (implícita e independentemente de quaisquer critérios) de uma doença, sendo a questão simplesmente distinguir entre doenças diferentes; ou entre doença e normalidade (estando esta suposição subjacente e fundamental, ela própria, depen-

---

[5] *Role impairment,* no original. (*N. do T.*)

dente do conceito de doença que está a ser implementado, independentemente do teste empírico específico em causa). O que significa que não existe nenhum substituto, enquanto modelo ou padrão definitivo, para o conceito de doença mental. Nenhuma das actuais abordagens empíricas funciona sem a caução de uma análise conceptual de doença.

Uma outra razão pela qual é necessário apoiarmo-nos no conceito de doença, é a falta de um entendimento etiológico definitivo de doença mental e a fragmentação teórica da Psiquiatria daí decorrente — daí a decisão do DSM e da ICD de determinar critérios neutros em termos de teoria para o estabelecimento de critérios de diagnóstico. A teoria etiológica (*v. g.*, a recorrência do recalcado, ideias irracionais, défice de serotonina) deveria, em termos genéricos, apresentar formas de distinguir doença de não-doença numa ciência que estivesse mais desenvolvida. A necessidade de depender, para já, de critérios neutros em termos de teoria significa que o conceito de doença em si mesmo (o qual é, até certo ponto, partilhado por várias teorias) apresenta a melhor forma de julgar se os critérios de diagnóstico neutros (em termos de teoria) são capazes de discriminar perturbações de condições normais (i. e., se são *conceptualmente válidos* [2]). Os critérios neutros em termos de teoria funcionam na medida em que aderem a um dado entendimento, implícito, de doença *versus* não-doença, que é partilhado pela maior parte das perspectivas teóricas e que permite uma base provisória para a identificação compartilhada de doenças, para efeitos de pesquisa.

Pressupostos subjacentes à análise de doença mental

A Análise da Disfunção Prejudicial (ADP) parte de duas observações. A primeira é que o conceito de "doença" é omnipresente na Medicina física, aparecendo, desde há milénios, aplicado a certas condições mentais e sendo largamente compreendido pelo público leigo e pelos profissionais. A segunda é que um dos objectivos principais de qualquer análise de "doença mental" é clarificar e revelar o grau de legitimidade das pretensões da Psiquiatria de ser uma disciplina verdadeiramente médica, e não, tal como o reivindicaram (entre outros) os partidários da anti-psiquiatria, uma instituição de controlo social mascarada de disciplina médica. A abordagem (em termos de definir o que é "doença mental") que parece ser mais relevante para este último objectivo, é uma análise conceptual do significado corrente de "doença", tal como é entendido em termos genéricos pela Medicina e pela sociedade em geral, prestando particular atenção àquilo que neste conceito (e sob que forma) se aplica ao domínio mental. A reivindicação da Psiquiatria de ser uma disciplina médica depende de existirem, ou não, doenças mentais genuínas, no mesmo sentido em que "doença" é utilizada em Medicina física. Qualquer proposta de definir "doença mental" de uma forma que seja exclusiva da Psiquiatria e que não se enquadre no conceito médico alargado de doença, falhará a resolução deste problema. Em parte, o desafio de resolver esta questão está em que o conceito médico de doença é, ele próprio, ainda objecto de disputa. A ADP destina-se a responder a esse desafio.

Uma vez que a análise aqui apresentada diz respeito, em última instância, ao conceito geral de doença, aplicável quer a condições físicas, quer a condições mentais, utilizo exemplos de ambos os domínios, físico e mental, como forma de a testar. De igual modo, utilizo o termo "mecanismo interno" como um termo genérico para referir quer estruturas e órgãos físicos, quer estruturas e características mentais (tais como mecanismos motivacionais, cognitivos, afectivos e perceptuais). Enfim, alguns autores distinguem "doença" e "distúrbio", ou "perturbação"; eu prefiro "doença" enquanto termo lato que engloba quer ferimentos resultantes de traumatismos, quer doenças ou enfermidades, aproximando-me desse modo do conceito global de patologia médica.

Mais concretamente, centro-me na questão de saber o que é que faz com que uma dada condição mental seja considerada uma doença. Não procuro delinear uma distinção entre doenças mentais e doenças físicas. De igual modo, para efeitos deste capítulo, a expressão "processos mentais" designa simplesmente processos como emoção, pensamento, percepção, motivação, linguagem ou acção intencional; não existe nenhuma implicação cartesiana deliberada acerca de algum estado ontológico especial daquilo que é mental; trata-se apenas de um conjunto identificável de funções e processos.

A componente valorativa de "doença"

Tal como o sugerem as explicações valorativas tradicionais, uma dada condição mental é considerada doença apenas se for prejudicial, de acordo com valores sociais e, dessa forma, justificar (ou necessitar potencialmente de) atenção médica. A Medicina, de um modo geral, e a Psiquiatria, em particular, são irrevogavelmente profissões baseadas em juízos de valor. (O termo "prejudicial" é aqui entendido de uma forma ampla, de modo a incluir todas as condições negativas.)

A forma como tanto os leigos como os profissionais classificam a doença mental demonstra que este conceito contém uma componente valorativa. Por exemplo, a incapacidade de aprender a ler devido a uma disfunção do corpo caloso (admitindo que esta teoria, que se aplica a algumas formas de dislexia, está correcta) é considerada prejudicial em sociedades literatas mas inofensiva em sociedades pré-literatas, onde ler não é uma capacidade ensinada ou valorizada e, logo, a respectiva incapacidade não é considerada uma perturbação. Outro exemplo: a maior parte das pessoas têm aquilo que os médicos consideram "anomalias benignas", isto é, pequenas malformações resultantes de erros genéticos ou do desenvolvimento que, todavia, não originam problemas significativos e que, por tal razão, não são consideradas doenças. (A título de ilustração: os angiomas benignos são pequenos vasos sanguíneos cujo crescimento saiu do curso normal, levando-os a ligarem-se à pele; no entanto, dado não serem nocivos, não são considerados doenças.) A exigência de nocividade explica também por que razão o albinismo simples, a posição invertida do coração ou a sindactilia dos dedos dos pés não são, de um modo geral, considerados doenças, mesmo que cada uma dessas condições resulte de uma anomalia na maneira como é suposto funcionarem determinados mecanismos. As explicações puramente científicas de "doença", mesmo as que se baseiam na função evolucionista [9-11], não têm em conta esta componente valorativa.

Nos critérios de diagnóstico do DSM e da ICD, os sintomas e o requisito de significância clínica confirmam, de um modo genérico, a questão da nocividade e o facto de a condição ser valorizada (ou conotada) negativamente. A disputa permanece acerca de se considerar, ou não, a "doença mental" como um conceito puramente valorativo ou, pelo contrário, contendo uma componente factual significativa, capaz de discriminar um domínio potencial de condições negativas, que sejam efectivamente mórbidas, das que o não são. Efectivamente, existem muitas condições negativas que não são doenças e muitas delas contêm sintomas que são clinicamente significativos no sentido em que provocam dor, ansiedade extrema ou diminuição do desempenho (*v. g.*, o pesar ou luto intenso). A distinção entre o que é e não é doença parece, assim, depender de outros critérios.

A componente factual de "doença"

Contrariamente àqueles que sustentam que uma doença mental é simplesmente uma condição mental desaprovada pela sociedade [12, 13], "doença mental" tal como é utilizada presentemente é apenas uma categoria entre as muitas condições mentais negativas que podem afectar uma pessoa ou causar-lhe sofrimento. Para que se possa distingui-la de muitas outras condições mentais negativas que não são consideradas doenças — tais como a ignorância, a falta de habilidade, a falta de talento, a baixa inteligência, a iliteracia, a criminalidade, os maus modos, a tolice ou a fraqueza moral — é necessário adicionar-lhe uma componente factual.

Efectivamente, quer os profissionais, quer o público leigo distinguem condições negativas bastantes semelhantes entre si como sendo, ou não, mórbidas. Por exemplo, a iliteracia não é, em si mesma, considerada uma doença, apesar de ser conotada negativamente e considerada prejudicial nas nossas sociedades. No entanto, uma condição semelhante que se acredite ser devida à falta de capacidade para aprender a ler, devido a alguma imperfeição neurológica, ou inibição psicológica, é considerada mórbida. Do mesmo modo, a tendência masculina para a agressividade ou para a infidelidade sexual são consideradas negativas mas não são, de uma maneira geral, consideradas doenças uma vez que são vistas como o resultado de um funcionamento normal — ainda que existam condições motivacionais compulsivas semelhantes que sejam vistas como doentias. Também, o pesar intenso que acompanha o luto é visto como normal, enquanto que uma tristeza de intensidade semelhante que não tenha sido provocada por uma perda real é vista como mórbida. Ou seja, uma explicação puramente valorativa de "doença" não explica a existência de tais distinções entre essas (e outras) condições negativas.

Para além disso, ajustamos com frequência as nossas concepções de doença baseados em dados de observação transculturais que podem colidir com os nossos valores. Por exemplo, a cultura norte-americana não aprecia a poligamia, mas não a julgamos como uma falha do funcionamento normal, e nesse sentido como uma doença, em parte porque nos baseamos em dados de outras culturas.

O grande desafio, então, é elucidar a componente factual. Baseado na sua utilização comum, tal como se constata na literatura sobre a matéria, chamo a esta componente factual uma "disfunção". Mas o que é uma disfunção? Podemos começar pelo óbvio, a suposição de que uma disfunção implica uma função não realizada, isto é, uma falha nalgum mecanismo do organismo para desempenhar a sua função. Contudo, nem todas as acepções de "função" e "disfunção" são relevantes. Por exemplo, a acepção relevante em termos médicos do termo disfunção *não* é claramente a acepção trivial do termo, na qual se alude à falha de um indivíduo para funcionar (trabalhar, desempenhar-se, etc.) ajustadamente num determinado papel social ou num determinado contexto, tal como sucede, por exemplo, em afirmações como "Estou envolvido numa relação disfuncional" ou "A dificuldade em lidar com estruturas de poder hierárquicas é disfuncional no contexto actual das grandes empresas". Problemas deste género não significam necessariamente que o indivíduo seja doente. A doença difere de uma falha de funcionar de uma determinada maneira, pessoal ou socialmente definida, precisamente porque uma disfunção só existe quando algo correu mal no funcionamento, impedindo um dado mecanismo de funcionar da forma como é suposto fazê-lo naturalmente (i. e., independentemente de quaisquer intenções humanas).

Logo, é possível presumir que as funções que são relevantes são "funções naturais", acerca das quais existe ampla literatura [12-27]. Tais funções são, com frequência, atribuídas a mecanismos mentais inferidos, que podem permanecer não identificados, e a falhas etiquetadas como disfunções. Por exemplo, uma função natural do aparelho perceptivo é transmitir informação relativamente precisa acerca do contexto envolvente do indivíduo; nesse sentido, alucinações flagrantes indicam disfunção. De igual modo, alguns mecanismos cognitivos têm a função de dotar o sujeito da capacidade de um certo grau de racionalidade, tal como é patente em raciocínios dedutivos, indutivos e de tipo "meios-fins"; por isso é considerado uma disfunção quando a capacidade para tais juízos sucumbe, tal como sucede em estados psicóticos graves.

A função de um mecanismo é importante devido à sua forma singular de poder explicativo; isto é, a existência e a estrutura do mecanismo é explicada por referência aos seus efeitos. Por exemplo, o efeito de bombeamento de sangue do coração faz igualmente parte da explicação (ou compreensão) do próprio coração, na medida em que é possível e legítimo responder a questões como "Para que é que temos coração?" ou "Para que é que existem corações?" afirmando "Porque os corações bombeiam sangue". Ou seja, o efeito de bombear o sangue faz parte da explicação da estrutura detalhada e da actividade do coração. Falar de "concepção" e "objectivo" no caso de mecanismos de origem natural é apenas uma forma metafórica de referir essa propriedade explicativa única, na qual os efeitos de um mecanismo explicam o próprio mecanismo. Nesse sentido, "função natural" pode ser analisada da seguinte forma: *a função natural de um órgão ou de um mecanismo é o efeito (desse órgão ou mecanismo) através do qual se pode explicar a sua existência, estrutura ou actividade;* em consequência, pode-se falar em "disfunção" sempre que um dado mecanismo interno se mostre incapaz de desempenhar uma das suas funções naturais. (Note-se que esta é apenas uma primeira aproximação a uma análise completa da questão; existem outras questões [8, 21, 24] na análise de "função" que não podem ser abordadas aqui.)

A análise anterior aplica-se, com igual propriedade, às funções dos mecanismos mentais. Tal como os artefactos e os órgãos, os mecanismos mentais (nomeadamente os mecanismos cognitivos, linguísticos, perceptuais, afectivos e motivacionais) têm efeitos benéficos de tal modo proeminentes, e dependem de interacções de tal forma complexas, que não podem ser inteiramente acidentais no que diz respeito aos seus efeitos. Deste modo, as explicações funcionais dos mecanismos mentais são, por vezes, justificadas através daquilo que sabemos acerca da capacidade de sobrevivência e reprodução da espécie. Por exemplo, uma das funções dos mecanismos linguísticos é possibilitar a capacidade de comunicação;

uma das funções da resposta de medo é evitar o perigo; e uma das funções do cansaço é induzir o repouso e o sono. Nesse sentido, permitem-nos categorizar como disfunção as situações nas quais os respectivos mecanismos falham no desempenho das suas funções — tal como sucede na afasia, na fobia e na insónia.

"Disfunção" é, por conseguinte, um conceito científico puramente factual. Todavia, descobrir o que é que, de facto, é natural ou disfuncional (e, nesse sentido, o que é mórbido) pode ser difícil e sujeito a controvérsia científica, especialmente no que diz respeito a mecanismos mentais, acerca dos quais permanecemos ainda largamente ignorantes; ignorância que constitui, em parte, a razão pela qual existe um elevado grau de confusão e de controvérsia quando se trata de saber que condições são realmente doenças mentais. Apesar disso, as explicações funcionais podem ser plausíveis e vantajosas, mesmo que se saiba pouco acerca da verdadeira natureza de um mecanismo; ou até acerca da natureza de uma dada função. Por exemplo, sabemos pouco acerca dos mecanismos subjacentes ao sono, ou acerca das próprias funções do sono; contudo, os indícios circunstanciais são suficientes para nos persuadir de que o sono é um fenómeno normal, biologicamente programado (ainda que nos prive de cerca de um terço das nossas vidas), e não uma doença; dito por outras palavras, tais indícios circunstanciais permitem-nos distinguir algumas condições normais de algumas condições mórbidas no que diz respeito ao sono, apesar da nossa ignorância nessa matéria.

Obviamente, tais tentativas de explicação podem conduzir a erros; aquilo que parece ser não-acidental pode vir a revelar-se acidental. Além de que os nossos preconceitos culturais podem facilmente influenciar-nos a percepção ou o julgamento acerca do que é ou não natural, em termos biológicos. Mas acertamos muitas vezes e produzimos alegações factuais que podem ser contestadas pelos dados de observação. As hipóteses de explicação funcionais exprimem um conhecimento complexo que não pode, tão facilmente nem tão eficientemente, ser expresso de outra forma.

Hoje em dia, a teoria da evolução faculta-nos uma melhor explicação de como os efeitos de um determinado mecanismo podem explicar a sua própria presença e estrutura. Em breves palavras: qualquer mecanismo, cujos efeitos num dado organismo tenham ido no sentido de contribuir para o sucesso reprodutivo desse mesmo organismo, ao longo de um número suficiente de gerações (aumentando desse modo o seu número relativo), acabará sendo "naturalmente seleccionado" e, nesse sentido, incorporado no próprio organismo. Desse modo, a explicação de um mecanismo em termos da sua função natural pode ser considerada uma forma oblíqua de remeter para uma explicação causal em termos de selecção natural. Uma vez que a selecção natural é a única forma conhecida através da qual um efeito pode explicar um mecanismo que tenha surgido (no sentido de providenciar tal efeito) naturalmente, é presumível que toda e qualquer atribuição correcta de uma função natural tenha que ter subjacente uma explicação evolucionista. Nesse sentido, uma abordagem evolucionista do funcionamento mental [7, 24] terá que ocupar um lugar central na compreensão da psicopatologia.

Pode-se objectar que, por vezes, aquilo que falha numa perturbação é uma função social, que nada tem a ver com categorias naturais e universais. Por exemplo, dificuldades na leitura podem ser encaradas como falhas numa função social, uma vez que a leitura não é, de modo nenhum, uma capacidade natural. No entanto, apesar da iliteracia poder acarretar o mesmíssimo tipo de prejuízo que afecta o sujeito com dificuldades de leitura, não é considerada uma doença. Ou seja, a incapacidade de ler só é considerada indicativa de doença quando as circunstâncias sugerem que a razão de tal incapacidade reside numa falha de algum mecanismo cerebral ou psicológico para desempenhar a sua função natural. De igual modo, existem muitas falhas individuais no desempenho de funções sociais que não são consideradas perturbações ou doenças, a menos que possam ser atribuídas à falha de uma qualquer função natural.

É claramente visível que a lista de perturbações ou doenças do DSM é, largamente, uma lista das variadas formas através das quais algo, entre as características naturais (ou, ao que tudo indica, naturalmente programadas) da mente, pode falhar. Em termos muito grosseiros, as perturbações psicóticas implicam falhas nos processos de pensamento; as perturbações da ansiedade implicam falhas dos mecanismos de regulação da ansiedade e do medo; as doenças depressivas implicam falhas nos mecanismos de regulação da tristeza e das respostas face a perdas; nas crianças, as perturbações disruptivas do comportamento implicam falhas nos processos de socialização e nos processos subjacentes à consciência e à cooperação social; as perturbações do sono implicam que os processos de sono não funcionem como é devido; as disfunções sexuais pressupõem a falha de vários mecanismos envolvidos na motivação e na resposta sexual; ou as perturbações alimentares pressupõem falhas nos mecanismos reguladores do apetite. Existe algum absurdo no DSM, cujos critérios são com frequência excessivamente abrangentes. No entanto, a vasta maioria das categorias são inspiradas por condições que até o sujeito leigo seria capaz de reconhecer, correctamente, como uma falha no funcionamento natural.

Quando distinguimos o sofrimento normal da depressão patológica, ou o comportamento delinquente vulgar da Perturbação do Comportamento, ou a criminalidade comum da Perturbação Anti-Social da Personalidade, ou um estado normal de tristeza de uma Perturbação do Ajustamento, ou a iliteracia da dificuldade em aprender a ler, estamos implicitamente a utilizar um critério do tipo "falha na função tal como foi naturalmente concebida". Todas estas condições — normais e não-normais — são condições prejudiciais e conotadas negativamente pela sociedade e os efeitos de ambas (normais ou patológicas) podem apresentar semelhanças a nível do comportamento; no entanto, umas são consideradas patológicas e outras não. O critério da função-natural explica a existência dessas distinções.

Enfatize-se que, mesmo condições biológicas prejudiciais no contexto da época actual, não são consideradas doenças caso sejam tidas como características naturais (ou naturalmente programadas). Por exemplo, a preferência gustativa por gorduras não é considerada uma doença, ainda que no actual ambiente rico em alimentos seja potencialmente letal, porque é considerada uma característica programada, que ajudou a espécie a obter as calorias necessárias numa época anterior, remota, em que existia carência alimentar. De igual modo, a elevada agressividade dos homens não é considerada uma perturbação generalizada do sexo masculino, apesar de na actual sociedade ser razoavelmente prejudicial, porque se considera que corresponde à forma como os homens foram programados (evidentemente, existem perturbações da agressividade; quer dizer, neste como noutros casos, existem respostas perturbadas mesmo quando dizem respeito a características programadas).

Em suma, uma doença mental é uma disfunção mental prejudicial. O modo como a sociedade categoriza esta forma de doença, caso a ADP esteja correcta, revela dois factos. Primeiro, tais categorias evidenciam os juízos de valor através dos quais a sociedade considera uma dada condição como negativa ou prejudicial. Segundo, pressupõem como facto estabelecido que tal condição se deve a uma falha no funcionamento normal, natural, da mente; este pressuposto pode estar ou não correcto, mas revela em ambos os casos a forma como a sociedade concebe o funcionamento natural (naturalmente programado) da mente humana.

Implicações da ADP para a validação de critérios de diagnóstico

As perspectivas sócio-construtivistas estritas de doença mental (v. g., as perspectivas da anti-psiquiatria) têm pelo menos uma desvantagem: a de não oferecerem uma posição segura, a partir da qual se possa realizar uma avaliação crítica dos actuais critérios de diagnóstico, de modo a melhorar a sua validade. Só uma análise conceptual de doença, capaz de oferecer uma tal posição, de modo a avaliar até que ponto os critérios de diagnóstico são capazes de identificar perturbações, é que permitirá considerar se os critérios actuais estabelecem, ou não, correctamente tal distinção. Uma distinção central para uma avaliação adequada é saber se o problema de um dado sujeito é de facto uma doença mental, ou um problema existencial que envolva uma reacção normal, ainda que problemática, a condições de um ambiente causador de grande stresse. A forma como pensamos acerca de um caso pode influenciar o tratamento que julgamos ser mais apropriado. Por exemplo, interpretar a condição de um sujeito como se tratando de uma doença mental, tende a sugerir que algo está errado internamente e que o *locus* da intervenção deverá ser, por conseguinte, o funcionamento mental do sujeito, mais do que a relação com o seu meio envolvente. Existem muitos outros efeitos potencialmente prejudiciais de uma tal classificação inadequada, estendendo-se desde o estigma social até resultados desconcertantes na pesquisa acerca da etiologia e do tratamento, sempre que se misturem sujeitos perturbados e não-perturbados.

A utilização internacional de critérios baseados em sintomas, como é o caso do DSM, para diagnosticar doenças mentais, levanta alguns desafios básicos. O primeiro deles é o facto de os próprios critérios baseados em sintomas, mesmo quando a sua utilização é restrita aos Estados Unidos da América, não conseguem ter em consideração o contexto e, nesse sentido, falham a correcta identificação de condições causadas por disfunções; daí resultam critérios, com frequência, demasiado latos que incluem, incorrectamente, reacções normais sob a categoria "doença". (Exemplos disso são discutidos, mais detalhadamente, em trabalhos que publiquei anteriormente [6, 28]).

Perturbação Depressiva Major

O critério do DSM-IV para a Perturbação Depressiva *Major* contém uma cláusula de exclusão para o Luto (até dois meses de sintomas após a perda de um ente querido é considerado normal) mas não cláusulas de exclusão para reacções igualmente normais relativas a outras perdas igualmente muito importantes, como por exemplo o diagnóstico de uma doença terminal no próprio sujeito ou numa pessoa amada, a separação de um cônjuge, o termo de uma relação amorosa intensa, a perda do emprego ou da pensão de reforma. Reacções a tais perdas podem satisfazer os critérios de diagnóstico do DSM-IV mas não são necessariamente perturbações. Se a reacção de um sujeito a tais perdas inclui, por exemplo, não mais do que duas semanas de humor depressivo, diminuição do interesse ou prazer nas actividades usuais, insónia, fadiga ou perda de energia e diminuição da capacidade de se concentrar em tarefas de trabalho, então satisfaz os critérios do DSM para a Perturbação Depressiva *Major*, ainda que uma tal reacção não implique necessariamente patologia ou ser mais patológica do que o Luto. Por outras palavras, é óbvio que o requisito essencial para que se considere a existência de uma disfunção numa perturbação depressiva — possivelmente um tipo de disfunção na qual os mecanismos de resposta à perda não estão a responder de forma natural, reagindo de forma desproporcional à magnitude da perda — não é adequadamente captado pelos critérios do DSM-IV [29, 30].

Devido a essas imperfeições, os dados epidemiológicos acerca da prevalência da depressão podem ser enganadores, produzindo estimativas potencialmente inflacionadas acerca dos custos sociais e económicos desta doença. Com efeito, apoiando-se em estudos epidemiológicos internacionais que utilizaram critérios baseados em sintomas, a *Organização Mundial da Saúde* (OMS) tornou públicos os custos aparentemente imensos da depressão. Todavia, a pretensa enormidade desse encargo em relação a outras perturbações sérias, e a consequente influência no estabelecimento de prioridades, pode resultar da falha em distinguir perturbações depressivas de condições normais de tristeza. Os cálculos dos encargos da doença estabelecidos pela OMS são extremamente complexos, mas resultam de dois componentes básicos: o número de pessoas que sofrem de uma determinada condição e a magnitude da incapacidade e de morte prematura que tal condição provoca. A primeira componente de tais encargos, ou seja a frequência da condição, deriva de definições baseadas em sintomas que estimam que 9,5% das mulheres e 5,8% dos homens sofrem de depressão num período de um ano. A segunda componente, a incapacidade, está ordenada em sete categorias de severidade crescente, derivadas da quantidade de tempo que o sujeito viveu com a doença multiplicada pela sua severidade; sendo o cálculo dos níveis de severidade estabelecido a partir de avaliações consensualizadas oriundas de técnicos de saúde de todo o mundo, que são aplicados a todos os casos da doença. A depressão é colocada na segunda das categorias mais severas de doença, atrás somente de condições de extrema incapacidade e persistência, tais como a psicose activa, a demência e a tetraplegia; e é considerada comparável às condições de paraplegia e cegueira. Este grau extremo de severidade pressupõe que todos os casos de depressão compartilham a profundidade, a cronicidade e a recorrência características das condições severas que os técnicos de saúde encontram na sua prática. Contudo, os estudos epidemiológicos abrangem todo e qualquer indivíduo que satisfaça os critérios baseados em sintomas, um grupo que, devido à possível confusão entre tristeza normal e doença, pode ser mais heterogéneo do que aquele que os doentes em acompanhamento clínico sugeririam de facto, levando a uma inadequada estimativa global dos encargos da doença. Solucionar estas confusões poderia levar a uma distribuição optimizada dos recursos de saúde da OMS.

Perturbação do Comportamento

Os critérios de diagnóstico do DSM-IV para a Perturbação do Comportamento podem conduzir ao diagnóstico de adolescentes como sendo perturbados, quando na realidade estão a responder com comportamentos anti-sociais a pressões dos pares, a um ambiente ameaçador ou a maus tratos em casa [31]. Por exemplo, é possível diagnosticar como apresentando Perturbação do Comportamento uma rapariga que, procurando evitar tentativas crescentes de abuso sexual por parte do padrasto, mente aos pais acerca das suas andanças, permanece com frequência até altas horas da noite fora de casa (apesar de ter sido proibida de o fazer) e, cansada durante o dia, falte amiúde às aulas, diminuindo por conseguinte o seu rendimento escolar. O mesmo diagnóstico pode ser aplicado a crianças rebeldes ou que andam com más companhias, faltando à escola e envolvendo-se repetidas vezes em pequenos furtos e vandalismo. Contudo, no que constitui um reconhecimento de tais problemas, existe um parágrafo incluído na secção "Características específicas da cultura, idade e género" do DSM-IV para as Perturbação do Comportamento que afirma que, "de acordo com a definição de perturbação mental do *DSM-IV,* o diagnóstico de Perturbação do Comportamento só deve aplicar-se quando o comportamento em questão for sintomático de uma disfunção subjacente do sujeito e não apenas uma reacção a um contexto social imediato". Se tais ideias tivessem sido incorporadas nos critérios de diagnóstico, muitos falsos positivos teriam sido eliminados. Infelizmente, em contextos epidemiológicos e de pesquisa, tais subtilezas textuais são provavelmente ignoradas.

O problema evidente com os critérios de diagnóstico para a Perturbação do Comportamento é que, baseando-se em comportamentos específicos socialmente reprovados, e eliminando os indicadores tradicionais de psicopatia (tais como a ausência de empatia ou a incapacidade para desenvolver uma consciência moral), se tornam incapazes de distinguir criminalidade e delinquência comuns da genuína doença mental. O mesmo problema afecta os critérios para a Perturbação Anti-Social da Personalidade, criando a possibilidade de criminosos mentalmente saudáveis, do ponto de vista clínico, poderem basear a sua defesa perante o tribunal em perturbações psiquiátricas inexistentes. No pólo oposto, legislação como a que foi recentemente decretada na Grã-Bretanha, possibilita a detenção para além do termo da pena de prisão (decidida durante o processo-crime) a delinquentes com Perturbação Anti-Social da Personalidade severa, tornando a excessiva abrangência dos critérios uma potencial ferramenta de controlo social, sob uma etiqueta médica.

Parafilias e legislação acerca dos "predadores sexuais"

Nos Estados Unidos da América, um agressor sexual reincidente que seja considerado como tendo uma Parafilia (uma doença mental de cariz sexual que o torna incapaz de controlar as suas acções), podendo por conseguinte constituir uma ameaça para crianças ou adultos da comunidade pelo risco de repetir os seus actos criminosos, pode ser classificado como "predador sexual" e internado compulsivamente através do *compromisso de saúde mental involuntária* [6], após uma audiência, mesmo após o termo do cumprimento de uma pena de prisão por crimes sexuais. Em tais audiências, o diagnóstico de doença mental é crucial para determinar a prorrogação da detenção do indivíduo. Com frequência, deliberações quanto à existência de uma Parafilia são feitas ainda que a categoria proposta não exista especificamente no DSM, utilizando a categoria residual "Perturbação sexual sem outra especificação." Contudo, condições socialmente reprovadas e que conduzem a acções ilegais não significam univocamente doença mental, de acordo com a ADP, ainda que possam ser citadas em tais audiências. Por exemplo, um homem que mantenha relações sexuais com raparigas menores de idade está a cometer um acto ilegal e imoral; todavia, em si mesmos, tais actos sexuais não permitem estabelecer, para além de qualquer dúvida, que ele sofra de uma doença mental. A atracção masculina por raparigas adolescentes, ou mesmo pré-adolescentes, parece ser comum em várias culturas, tem com toda a verosimilhança raízes evolucionistas e torna-se deveras evidente no facto de, em determinados períodos, nalguns países, uma grande proporção de prostitutas ser pré-adolescente.

---

[6] O A. refere-se a parte da legislação norte-americana de saúde mental que rege o chamado *compromisso civil de saúde mental involuntária,* segundo o qual se podem utilizar meios ou formas legais para internar uma pessoa num hospital ou asilo psiquiátricos contra a sua vontade ou sob os seus protestos. *(N. do T.)*

Fobia Social

Apesar de a Fobia Social ser uma doença real, na qual o indivíduo pode, por vezes, revelar-se incapaz de se envolver em interacções sociais puramente rotineiras, os actuais critérios de diagnóstico permitem incluir indivíduos que, por exemplo, sentem intensa ansiedade numa situação em que tenham que proferir um discurso público em frente de estranhos. No entanto, permanece pouco claro se tal medo é realmente uma falha no funcionamento normal, ou antes a expressão de sinais de perigo dentro de uma latitude normal, sinais esses que tiveram uma função adaptativa no passado, onde precisamente, se falhassem (em tais situações), poderiam conduzir à exclusão do grupo, e constituir, por conseguinte, uma ameaça à sobrevivência do sujeito. Este diagnóstico parece traduzir, sobretudo, a grande necessidade que a sociedade norte-americana tem de pessoas capazes de se encarregar de ocupações que requerem comunicar com grupos de grandes dimensões [32, 33].

Conclusões

Um estudo cuidadoso do conceito de doença mental, subjacente a toda Psiquiatria, sugere que, contrariamente ao que proclamam diversos críticos, existe de facto um conceito médico coerente de doença mental, no qual "doença" é empregue nos mesmos termos que são utilizados na Medicina física. Uma vez tornado explícito, este conceito permite uma "posição segura" para avaliar até que ponto os actuais critérios de diagnóstico (baseados em sintomas) do DSM e da ICD estão, ou não, a atingir o seu objectivo de identificar doenças do foro psiquiátrico, distinguindo--as de condições mentais problemáticas mas normais. Conceito que tem a virtude de ser compreendido intuitivamente quer pelo público leigo quer pelos profissionais de saúde mental [31, 34]. É possível, em consequência disso, que existam oportunidades para todos aqueles que têm que debater casos baseados em peritagens de doença mental, de desenvolver vias para o interrogatório e contra-interrogatório, quer no sentido de apoiar, quer no sentido de refutar tais peritagens, independentemente daquilo que os critérios de diagnóstico oficiais indiquem. Note-se, no entanto que, embora a Análise da Disfunção Prejudicial tenha sido citada em diversos artigos jurídicos de revisão bibliográfica, estão ainda por explorar as suas implicações conceptuais amplas para as profissões jurídica e psiquiátrica.

Referências bibliográficas

[1] Kendell, R. E. (1986). What are mental disorders? In Freedman A M, Brotman R, Silverman I et al. (Eds.), *Issues in psychiatric classification: Science, practice and social policy* (pp. 23-45). New York: Human Sciences Press.
[2] Wakefield, J. C. (1992). The concept of mental disorder: on the boundary between biological facts and social values. *Am Psychol, 47*, 373-388.
[3] Wakefield, J. C. (1992). Disorder as harmful dysfunction: a conceptual critique of DSM-III-R's definition of mental disorder. *Psychol Rev, 99*, 232-247.
[4] Wakefield, J. C. (1993). Limits of operationalization: a critique of Spitzer and Endicott's (1978) proposed operational criteria for mental disorder. *J Abnorm Psychol*, 102, 160-172.
[5] Wakefield, J. C. (1996). DSM-IV: are we making diagnostic progress? *Contemporary Psychology, 41*, 646-652.
[6] Wakefield, J. C. (1997). Diagnosing DSM, Part 1: DSM and the concept of mental disorder. *Behav Res Ther, 35*, 633-650.
[7] Wakefield, J. C. (1999). Evolutionary versus prototype analyses of the concept of disorder. *J Abnorm Psychol, 108*, 374-399.
[8] Wakefield, J. C. (1999). Disorder as a black box essentialist concept. *J Abnorm Psychol, 108*, 465-472.
[9] Boorse, C. (1975). On the distinction between disease and illness. *Philosophy and Public Affairs, 5*, 49-68.
[10] Boorse, C. (1976). What a theory of mental health should be. *J Theory Soc Behav, 6*, 61-84.
[11] Boorse, C. (1977). Health as a theoretical concept. *Philosophy of Science*, 44.
[12] Houts, A. C. (2001). Harmful dysfunction and the search for value neutrality in the definition of mental disorder: response to Wakefield, part 2. *Behav Res Ther, 39*, 1099-1132.
[13] Sedgwick, P. (1982). *Psycho politics*. New York: Harper & Row.
[14] Boorse, C. (1976). Wright on functions. *Philos Rev, 85*, 70-86.

[15] Cummins, R. (1975). Functional analysis. *J Philos*, 72, 741-765.
[16] Elster, J. (1983). *Explaining technical change*. Cambridge: Cambridge University Press.
[17] Hempel, C. G. (1965). The logic of functional analysis. In Hempel C. G. (Ed.), *Aspects of scientific explanation and other essays in the philosophy of science* (pp. 297-330). New York: Free Press.
[18] Klein, D. F. (1978). A proposed definition of mental illness. In Spitzer, R. L, Klein, D. F. (Eds.), *Critical Issues in Psychiatric Diagnosis* (pp. 41-71). New York: Raven.
[19] Moore, M. S. (1978). Discussion of the Spitzer-Endicott and Klein proposed definitions of mental disorder (illness). In Spitzer, R. L., Klein, D. F. (Eds.), *Critical Issues in Psychiatric Diagnosis* (pp. 85-104). New York: Raven.
[20] Nagel, E. (1979). *Teleology revisited and other essays in the philosophy and history of science*. New York: Columbia University Press.
[21] Wakefield, J. C. (2000). Aristotle as sociobiologist: the 'function of a human being' argument, black box essentialism, and the concept of mental disorder. *Philosophy, Psychiatry, and Psychology*, 7, 17-44.
[22] Wakefield, J. C. (2000). Spandrels, vestigial organs, and such: reply to Murphy and Woolfolk's "The harmful dysfunction analysis of mental disorder". *Philosophy, Psychiatry, and Psychology*, 7, 253-270.
[23] Wakefield, J. C. (2003). Dysfunction as a factual component of disorder: reply to Houts, part 2. *Behav Res Ther*, 41, 969-990.
[24] Wakefield, J. C. (2005). Biological function and dysfunction. In Buss, D. (Ed.), *Handbook of evolutionary psychology* (pp. 878-902). New York: Oxford Press.
[25] Woodfield, A. (1976). *Teleology*. Cambridge: Cambridge University Press.
[26] Wright, L. (1973). Functions. *Philos Rev*, 82, 139-168.
[27] Wright, L. (1976). *Teleological explanations*. Berkeley: University of California Press.
[28] Wakefield, J. C., First M. (2003). Clarifying the distinction between disorder and non-disorder: confronting the overdiagnosis ("false positives") problem in DSM-V. In Phillips, K. A., First M. B., Pincus, H. A. (Eds.), *Advancing DSM: dilemmas in psychiatric diagnosis* (pp. 23-56). Washington: American Psychiatric Press.
[29] Wakefield, J. C., Schmitz, M. F., First, M. B. et al. (2007). Should the bereavement exclusion for major depression be extended to other losses? Evidence from the National Comorbidity Survey. *Arch Gen Psychiatry*, 64, 433-440.

[30] Wakefield, J. C., Horwitz, A. V. (2007). *The loss of sadness: How psychiatry transformed normal sorrow into depressive disorder.* New York: Oxford University Press.

[31] Wakefield, J. C, Pottick, K. J., Kirk, S. A. (2002). Should the DSM-IV diagnostic criteria for conduct disorder consider social context? *Am J Psychiatry, 159,* 380-386.

[32] Wakefield, J. C., Horwitz, A. V., Schmitz, M. (2005). Social disadvantage is not mental disorder: response to Campbell-Sills and Stein. *Can J Psychiatry, 50,* 324-326.

[33] Wakefield, J. C, Horwitz, A. V., Schmitz, M. (2005). Are we over-pathologizing social anxiety?: social phobia from a harmful dysfunction perspective. *Can J Psychiatry, 50,* 317-319.

[34] Wakefield, J. C., Kirk, S. A., Pottick, K. J., Tian, X. & Hsieh, D. K. (2006). The lay concept of conduct disorder: Do non-professionals use syndromal symptoms or internal dysfunction to distinguish disorder from delinquency? *Canadian Journal of Psychiatry, 51,* 210-217.

Notas de tradução

(1) A expressão escrita do Professor Jerome Wakefield, sendo clara, é de difícil tradução. Adoptando um estilo literário *grosso modo* despido e algo telegráfico (relativamente comum na literatura especializada norte-americana), mas desigual ao longo do texto, alterna pequenos apontamentos de reflexão, por vezes quase aforísticos, com observações mais extensas e detalhadas, nas quais se exprime, ao invés, através de um estilo expositivo mais próximo da tradição europeia continental; além disso, utiliza (nalgumas instâncias) a voz passiva e uma terminologia um tanto ambígua para exprimir a ideia de que *algo* está na origem das (concebeu, por assim dizer programou, etc.) funções dos mecanismos (órgãos, etc.), cabendo a cada leitor interpretar tal entidade como entender — em especial, como o resultado do processo de selecção natural ou como uma entidade teológica. Tendo-se julgado que uma tradução demasiado literal do texto iria de algum modo ferir a sensibilidade cultural do leitor português, e procurando-se homogeneizar os diferentes (e desiguais) momentos da exposição, tomaram-se algumas liberdades na sua tradução, adoptando-se em especial uma expressão mais verbosa do que aquela que é, efectivamente, empregue pelo A.; ou, nos casos aplicáveis, utilizando-se expressões adaptadas (como "programado" e/ou "naturalmente programado"), para referir o processo de criação de tais funções (características, etc.) por parte de uma entidade não definida; ou definida em termos ambíguos ou omissos.

(2) Diversas referências e alusões presentes ao longo do presente texto remetem, directa e indirectamente, para o manual DSM (*Diagnostic and Statistical Manual of Mental Disorders*), do qual aliás o A. transcreve alguns excertos; existindo uma tradução portuguesa do sobredito manual, editada pela Climepsi, optou-se por utilizar, tanto quanto possível, a sua terminologia e, nos casos de transcrições literais, a própria tradução.

(3) O termo *disorder,* omnipresente ao longo do texto, poderia ter sido traduzido por "perturbação", e não "doença", o que aliás iria ao encontro da terminologia consagrada pela tradução portuguesa do manual DSM para o conceito de *mental illness;* contudo, o A. assume como objectivo explícito do presente texto harmonizar o conceito de *mental illness* com o de *illness,* tal como este último é entendido há séculos pela Medicina física; propondo, nesse sentido, uma sobreposição parcial de ambos os conceitos. De modo a manter a coerência entre as diferentes instâncias, optou-se então, sempre que possível, por traduzir *illness* e *mental illness* por doença e doença mental, respectivamente.

5

O mau uso da psicologia em tribunal *

Peter J. van Koppen

As testemunhas periciais existem para ajudar os investigadores — sejam eles o juiz ou os jurados — nas suas decisões. Esta parece ser uma afirmação bastante óbvia e simples, mas neste artigo tentarei mostrar que pode ter várias implicações, algumas delas de natureza paradoxal. Começo com a linha básica deste capítulo: em muitos casos o perito apenas pode ser de alguma utilidade se assumir o papel de investigador no caso em questão. Embora muitos dos temas aqui discutidos apelem também para especialistas doutros campos para além da psicologia, neste texto limito-me aos temas psicológicos.

O tribunal e o cientista

Na maioria dos julgamentos criminais têm que ser tomadas duas decisões importantes. Primeiro, tem que se decidir se o arguido cometeu ou não o crime de que é acusado e, depois, tem que se decidir o que fazer com ele. Estas não são quaisquer decisões de tipo científico, mas sim juízos práticos para resolver um assunto prático na sociedade. Têm, con-

---

* Tradução de Isabel Fernandes.

tudo, que estar baseadas, tanto quanto possível, naquilo que aconteceu antes, relativamente ao crime e também, tanto quanto possível, naquilo que se sabe sobre o acusado. Para conseguir isso, os julgamentos em casos de crime destinam-se a diminuir a incerteza, até ao ponto de uma decisão poder ser baseada em mais ou menos provas sólidas.

Neste aspecto, muitos dos casos criminais são casos relativamente de rotina. Uma estimativa razoável é a de que tais casos (de rotina) representam cerca de 88% dos casos graves que passam pelos tribunais (Crombag, van Koppen & Wagenaar, 1994). Contudo, um número não negligenciável de casos levanta problemas na tomada de decisão. Problemas que, a maior parte das vezes, ficam fora do domínio da lei. Assim, a defesa, a acusação ou o tribunal podem recorrer a um especialista para esclarecer o assunto.

Um perito forense é, geralmente, um indivíduo treinado cientificamente de quem se espera que dê uma opinião "objectiva" sobre o assunto que lhe é apresentado, opinião que conduza a um facto verdadeiro incontestado. Isto é um paradoxo, porque os cientistas não são o tipo de pessoas que têm o hábito de produzir certezas. Dantes, a ideia de que os cientistas produziam certezas era facilmente aceite, mas o filósofo Karl Popper mostrou-nos que o esforço científico é, na realidade, bastante diferente (Popper, 1934; Popper, 1968). Popper ensinou que apenas temos hipóteses e teorias que são confirmadas ou infirmadas pela investigação empírica válida. Uma hipótese ou teoria que é apoiada em investigação empírica apenas é verdadeira temporariamente e apenas constitui uma questão para mais discussões entre os pares. Por razões lógicas uma hipótese só pode ser corroborada ou não, mas nunca dada como certa. Assim, os 'factos' científicos não são mais do que interpretações das observações sobre as quais há um certo acordo entre os intervenientes no campo científico respectivo. Avançando um pouco mais, a indústria científica pode ser olhada como um campo social (Hofstee, 1980), em que os 'factos' científicos não são mais do que temas sobre os quais os pares estão de acordo até certa altura, ou seja, até que alguém surja com uma teoria melhor.

Pelo contrário, nos processos criminais, tem que ser feito um julgamento com base em provas válidas. E esse julgamento deverá ser final e incontestado.

Pôr fim a conflitos sociais através da decisão do tribunal é, não só do interesse da vítima e da sociedade em geral, mas também do interesse do acusado. O veredicto final dos tribunais deve pôr fim às discussões de uma vez por todas. Por isso, o esforço científico não tem como finalidade fornecer o tipo de certeza que o juiz ou o júri exigem.

Avaliação das alegações de abuso sexual

Nos processos criminais, exige-se não só que o nível de certeza seja mais alto do que aquele que o cientista, muitas vezes, pode dar, mas também que essa certeza tenha a ver com o caso específico. Os cientistas, no entanto, costumam fazer afirmações sobre o estado das coisas em geral.

Vou dar o exemplo da experiência em Psicologia. Queríamos saber se as crianças abusadas sexualmente têm comportamentos claramente diferentes dos das crianças que não foram abusadas, quando brincam com bonecas anatomicamente correctas (cf., por exemplo, Cohn, 1991; Faller, 2005; White, Strom, Santilli & Halpin, 1986). De facto, verificámos que há uma diferença entre o grupo experimental, as crianças vítimas de abuso, e o grupo de controlo, constituído por crianças não abusadas: em média as crianças abusadas apresentavam mais comportamentos, com as bonecas, que podiam ser interpretados como de tipo sexual. A diferença foi tal que concluímos que não podia ser atribuída ao acaso, por isso falamos de diferença estatisticamente significativa. Esta é uma conclusão correcta no domínio da psicologia; e o estudo está pronto para ser publicado numa revista académica.

Mas, será que tudo isto é útil para aqueles que têm de estabelecer a veracidade dos factos num processo criminal? Não, e por várias razões. Primeiro, a diferença na forma de brincar entre os dois grupos pode ser relevante, mas isso não quer dizer que é uma grande diferença ou mesmo significativa. Segundo, o investigador não está interessado em diferenças entre as médias dos grupos, mas em algo completamente diferente. O juiz ou os jurados querem saber, com a maior certeza possível, se a alegada vítima Cláudia foi abusada pelo tio Alberto. A questão não é: será que o abuso sexual provocou um comportamento diferente ao brincar com bonecas? Mas antes: podemos deduzir do comportamento da Cláudia, ao brincar, que ela foi abusada sexualmente? (cf., também Rassin & Merckelbach, 1999, sobre este problema). Neste contexto, o uso forense das bonecas anatomicamente correctas falha dramaticamente, porque, por exemplo, devido à sua curiosidade, muitas crianças não abusadas também introduzem os dedos na vagina das bonecas [1]. Um especialista deverá discutir essa questão no seu relatório ou ao testemunhar em tribunal, mas apenas poderá fazê-lo se for suficientemente sensível às diferenças entre a investigação psicológica e os problemas enfrentados por quem tem de estabelecer a verdade dos factos.

Pede-se, muitas vezes, aos especialistas para aplicarem conhecimentos científicos a um caso específico (cf. taxonomia de Gross & Mnookin, 2003), o que poderá ser mais útil para o investigador em muito mais casos. Popper afirmou que o seu princípio da falsificação — que uma hipótese nunca é provada, mas só pode ser demonstrada como falsa — apenas sustenta afirmações gerais e não afirmações específicas. Ele tem razão na medida em que muitos fenómenos simples — como o peso de alguém ou a cor do cabelo — podem confirmar-se com pouca ou nenhuma dúvida. No entanto, quanto mais complicadas se tornam as coisas mais nos confrontamos com os mesmos problemas. Avaliar se uma criança foi vítima de abuso sexual cai, com certeza, na categoria mais complicada.

Um método melhor do que o das bonecas anatomicamente perfeitas, para estabelecer se uma criança foi ou não abusada sexualmente, parece ser a Análise da Validade das Afirmações (SVA [*], cf. Horowitz, 1991; Lamb & Sternberg, 1997; Undeutsch, 1983; Yuille & Cutshall, 1989). E escrevo "parece" porque os psicólogos que usam este método exageram, tipicamente, os seus casos. O SVA (Statement Validity Assessment) consiste em duas partes: sendo a primeira os Critérios Baseados na Análise de Conteúdo [**] (cfr. Rassin, 1999; Vrij, 2005) para avaliar a entrevista da alegada vítima e a segunda, a Lista de Verificação da Validade (VCL) para avaliar as características da criança e dos outros intervenientes no

---

[1] O Supremo Tribunal Holandês (Hoge Raad) viu este problema e proibiu o uso destas bonecas no campo forense. Ver Hoge Raad 28 February 1989, *Nederlandse Jurisprudentie 1989, 748 (Bonecas anatomicamente correctas)*.

[*] Também conhecido pela sigla SVA (Statement Validity Analysis)

[**] Em Inglês aparece sob a abreviatura CBCA (Criteria Based Content Analysis).

caso. Com o CBCA a entrevista é analisada segundo 19 critérios para chegar a conclusões sobre a validade e credibilidade da declaração (cf. Sporer, 1997; Vrij, 2005 para uma descrição mais completa). Contudo, o método foi muito criticado (cf., por exemplo: Horowitz *et al.*, 1997; van Koppen & Saks, 2003; Lamb & Sternberg, 1998; Rassin & van Koppen, 2002; Ruby & Brigham, 1997). No essencial essa crítica é que o CBCA tem um certo potencial científico, mas o seu valor diagnóstico é demasiado baixo para ser utilizado no âmbito forense. Ruby e Brigham (1997) resumem assim a situação:

> "O CBCA pode ter a capacidade de realçar a objectividade da investigação e do processo de alegações do abuso sexual da criança. Pode ajudar ainda a proteger aqueles que têm a pouca sorte de ser alvo de uma acusação não fundamentada de abuso sexual de criança. Mas é necessário muito mais trabalho de validação empírica, antes que possa desempenhar adequadamente este papel" (Ruby & Brigham, p. 729).

Mais uma vez, o CBCA é um método válido no âmbito psicológico, porque pode ser utilizado para distinguir as declarações de crianças vítimas de abuso sexual e as de crianças não abusadas. Há também quem afirme que o CBCA é válido apenas se for complementado com o VCL. Por exemplo, Raskin e Esplin (1991a) defendem que uma avaliação adequada do depoimento deveria consistir em algo mais do que uma pontuação segundo os 19 critérios do CBCA (cfr. também McGough, 1991; Raskin & Esplin, 1991b; Wells & Loftus, 1991). Para além disso, deve-se recolher informação fora da entrevista. Uma vez que as crianças diferem nas suas capacidades cognitivas e estas diferenças influenciam a pontuação dos critérios, é preciso recolher informação sobre estas capacidades e outras características da personalidade do entrevistado. Também devem ser investigadas hipóteses alternativas sobre a génese da história tal como é contada pela criança. A história pode estar incorrecta devido a questões sugestivas colocadas anteriormente pelos pais ou por outros, devido à deficiente memória da criança, ou devido a outras pressões que sobre ela poderão ter sido exercidas.

O VCL foi criado para a avaliação destes últimos aspectos e é constituído por 4 grupos:

1. características psicológicas da criança;

2. características da entrevista da criança e do examinador;
3. factores motivacionais relevantes para a criança e outros envolvidos nas alegações; e
4. questões relativas à consistência e realismo de todo o conjunto de dados.

Contudo, a utilidade do VCL não foi até agora confirmada; os estudos são muito escassos e não vão além de exemplos casuísticos (cf. Endres, 1997). Por isso, não é claro que papel deve ser atribuído às características psicológicas ou aos factores motivacionais da criança, quando se avalia a veracidade do seu depoimento. O VCL não se baseia em investigações empíricas relevantes (cf. Horowitz *et al.*, 1997), nem se limita a simples intuições psicológicas. Esta é uma questão particularmente difícil, uma vez que não existe nenhuma pontuação clara para o CBCA ou para o VCL, o que deixa um largo espaço para interpretações idiossincráticas dos peritos psicólogos e para outras influências injustificadas sobre a opinião desses mesmos peritos (cf. Merckelbach, Crombag & van Koppen, 2003; Risinger, Saks, Thompson & Rosenthal, 2002).

Os investigadores como cientistas

Avaliar o significado do testemunho do perito, não é tarefa fácil para o juiz ou para os jurados, que assim se vêem confrontados com uma situação paradoxal. Em primeiro lugar, o perito é contratado, porque o investigador *(fact finder)* não sabe o suficiente sobre o assunto em questão. No entanto, depois de o perito ter dado o testemunho, o mesmo investigador tem de avaliar se o testemunho é suficientemente forte para servir como prova. Este problema torna-se ainda mais saliente quando dois ou mais peritos dão testemunhos divergentes. Um exemplo extremo foi apresentado por Fisher e Writing (1998). Uma mãe declarou que o seu ex-marido tinha abusado sexualmente do filho de 3 anos. A avó e a tia estavam presentes quando o rapaz contou o facto e confirmaram a história da mãe. Vários peritos deram a sua douta opinião sobre o caso. Um dos peritos disse que não era possível tirar conclusões seguras sobre a veracidade do depoimento do rapaz. Um segundo concluiu que o rapaz tinha sido vítima de contacto genital e oral e de masturbação. O terceiro perito disse que a descrição do rapaz tinha sido influenciada e aconselhou a que fosse impedido o contacto entre ele e a mãe. O quarto foi da opinião de que o rapaz podia não ter sido abusado pelo pai porque o pai não se enquadrava no perfil de um pedófilo. Não há forma de um tribunal poder escolher entre as várias opiniões dos peritos se não possuir um certo conhecimento neste domínio.

Na sua decisão sobre o CBCA, o Supremo Tribunal Holandês deliberou que neste tipo de situações o tribunal tem de explicar a razão pela qual segue o testemunho de um perito e rejeita o de outro *(Hoge Raad 30th March 1999, Nederlandse Jurisprudentie 1999,* 451, CBCA) [2]. Por vezes, os peritos diferem nas suas opiniões, porque um é um bom cientista enquanto outro é um charlatão. Mais frequentemente, contudo, as diferenças de opinião são inerentes ao funcionamento da comunidade científica. Esta comunidade vive de diferenças de opinião: são o debate actual e futuro bem como a discussão que trazem o progresso neste campo. Assim, pede-se aos peritos que produzam certezas, mas eles acabam por confrontar o tribunal com diferentes opiniões e com uma discussão científica. A minha experiência com casos em que também são consultados outros peritos é que depressa se chega a discussões científicas interessantes que, no entanto, se tornam também rapidamente, pouco relevantes para o caso, em questão. O investigador tem, pois, que escolher entre as opiniões em conflito; mas, enquanto não-perito, é incapaz de fazer este juízo.

O juiz ou o júri, não obstante, têm de lidar com a árdua tarefa de fazer uma escolha; na falta de conhecimento do assunto, essas avaliações têm que ser feitas de uma forma indirecta. Nos Estados Unidos, durante muitas décadas, o precedente que servia de ponto de referência para essa avaliação era o chamado critério-*Frye* (*Frye* v. *United States,* 293 F. 1013, D.C. Cir., 1023):

---

[2] Pode consultar-se, para um caso americano idêntico: *New Jersey* v. *Cavallo,* 88 N.J. 508, 443 A.2d. 1020 (1982), em que foi atribuída aos tribunais — em casos de dúvida sobre um depoimento dado por um perito — a tarefa de pedir a opinião de um segundo perito ou, em casos em que os peritos divergem, a obrigação de consultar literatura científica sobre precedentes legais. É claro que isto não resolve nada.

"O momento exacto em que um princípio científico ou uma descoberta cruzam a linha entre o estádio experimental e a demonstração é difícil de definir. [...] Enquanto os tribunais estiverem longe de admitir o testemunho pericial deduzido de um princípio científico ou de uma descoberta bem reconhecidos, aquilo a partir do qual se faz a dedução deve estar suficientemente estabelecido para ter a aceitação geral no campo particular do qual faz parte."

Isto parece conduzir à solução seguinte: não decida por si só, mas vá pela opinião dos seus pares. No entanto, a aceitação geral de consenso não resolve absolutamente nada, uma vez que, por exemplo, num campo como o da astrologia, é geralmente aceite um conjunto de disparates. Deste modo, o juiz precisa de outros critérios (cf. também van Kampen, 1998).

O Supremo Tribunal dos E.U.A. deu alguma ajuda aos juízes com a sua decisão no caso *Daubert (Daubert* v. *Merrell Dow Pharmaceuticals Inc.,* 509 U.S. 579, 113 S.Ct. 2795, 1993). Nela são fornecidos aos juízes 5 critérios para avaliarem a admissibilidade de um testemunho pericial: (1) a teoria ou a técnica é testável; (2) foi sujeita à revisão pelos pares ou foi publicada; (3) existem padrões sustentáveis de controlo do uso da técnica; (4) os cientistas, no geral, aceitam que ela funciona; e (5) há uma margem de erro conhecida.

Esta decisão originou até agora uma ampla corrente de discussão na comunidade científica (cf., Brodin, 2005; Dahir *et al.,* 2005; Groscup, Penrod, Studebaker, Huss & O'Neil, 2002; Kovera, Russano & McAuliff 2002; Owen, 2002), prevalecendo nessa literatura sobre Daubert, a opinião de que o Supremo Tribunal deu um lista exaustiva de critérios. Mas não deu, porque mesmo antes de fornecer a lista que referi, o Supremo Tribunal escreveu:

"Quando confrontado com a apresentação de um testemunho científico pericial, o juiz do processo deve determinar, no início [...] se o perito está a propor-se provar (1) o conhecimento científico que (2) ajudará o magistrado a compreender ou determinar um facto em questão. Para tal elabora uma avaliação preliminar sobre se o raciocínio ou a metodologia subjacentes ao testemunho são cientificamente válidos e em que medida este raciocínio ou esta metodologia podem ser aplicados adequadamente aos factos em questão. Estamos confiantes em que os juízes federais têm a capacidade para levar a cabo esta análise. Muitos factores irão surgir da investigação e não nos atrevemos a apresentar uma lista ou um teste definitivo. No entanto, algumas observações gerais são adequadas".

De facto, nas decisões do caso *Daubert* e noutras subsequentes (*General Electric Co.* v. *Joiner, 522* U.S. 136,118 S.Ct.512, 39 L.Ed 508 (1997) bem como nas decisões *Kumho Tire Co.* v. *Carmichael,* 119 S.Ct. 1167 (1999)) o Supremo Tribunal ordenou ao juiz americano que avaliasse ele mesmo o testemunho pericial. Aparentemente, o Supremo Tribunal considera o juiz capaz de o fazer. Neste sentido, a decisão de *Daubert* é semelhante a uma decisão recente que pode considerar-se um ponto de referência do Supremo Tribunal Holandês (*Hoge Raad 27 January 1998, Nederlandse Jurisprudentie* 1998, 404, *Shoemaker*). Este caso diz respeito ao trabalho de um sapateiro num assassínio cometido durante o Carnaval de Helmond. A polícia contratou um sapateiro para comparar as solas dos sapatos do suspeito com as pegadas encontradas no cenário do crime. O Tribunal de Relação usou o relatório do sapateiro como prova. O Supremo Tribunal entendeu que o facto de ser um sapateiro é algo diferente de ser um perito em marcas de solas e defendeu que o Tribunal de Relação devia ter explicado na sua decisão: (1) por que razão este perito particular podia ser considerado um perito em marcas de solas. Se sim, (2) que método usou o perito, (3) por que razão este método podia ser considerado fiável, e (4) por que razão o perito podia ter aplicado o método de forma competente.

Serão necessárias estas exigências? Sim, e ainda muitas outras (cf., Knörnschild & van Koppen, 2003; van Koppen, 2000; van Koppen & Penrod, 2003; van Koppen & Saks, 2003; Saks, 2003). Estas exigências não são necessárias apenas porque os peritos não fazem o seu melhor ou porque podiam pôr em questão o tribunal. São precisas porque muitos peritos não entendem o seu papel no processo criminal e não são sensíveis às diferenças entre a sua própria ciência e a aplicação desta no contexto forense.

Ao mesmo tempo, esta e outras possíveis exigências não resolvem o paradoxo com que o tribunal se vê confrontado. Em parte, esse paradoxo pode ser considerado um problema de comunicação. O típico homem de leis que faz de juiz não recebe qualquer formação em métodos ou pensamento científicos durante os seus estudos universitários (Crombag, 2000). Mais formação facultada aos juristas certamente ajudaria a resolver esse problema; mas deve salientar-se que, mesmo em psicologia, se lida com informações vindas de subdisciplinas bastante diversas: a percepção por parte da testemunha, a qualidade dos interrogatórios (Gudjonsson, 2003), os processos de identificação (Cutter & Pernod, 1995; Wells & Seelau, 1995; Wells *et al.*, 1998), a pista seguida (Schoon & van Koppen, 2002), bem como os relatórios relacionados com a defesa da insanidade e a perigosidade futura do réu (De Ruiter, 2000, 2004). Para resolver a diferença entre juízes e peritos, a formação em Direito poderia ser completada com cursos numa vasta área de assuntos/temas que deveriam incluir também formação básica em medicina, DNA, impressões digitais, contabilidade, etc. Ficaria, assim, pouco espaço para ensinar Direito aos estudantes desta disciplina. Do mesmo modo, as grandes questões relativas aos peritos também não resolvem o paradoxo, mas podem dar uma ajuda nesse sentido. É claro que o tribunal não está preocupado com a formação ou desempenhos passados dos peritos; mas, contratar alguém com um currículo impecável, aumenta pelo menos a probabilidade de a opinião do perito, em cada caso específico, ser de boa qualidade. Mesmo assim, o tribunal tem que avaliar se o parecer do perito, em cada caso particular, tem algum valor. Este juízo só pode ser baseado numa avaliação de conteúdo da opinião pericial. Não vejo como é que os homens de leis executam esta tarefa, e menos ainda os jurados sem qualquer especialização nesta matéria.

Transferências de um domínio para outro

Aquilo que pode ser uma linha de raciocínio válida em psicologia pode estar longe de o ser no campo forense. Apresentam-se a esse propósito três exemplos: um sobre o Distúrbio de Stress Pós-traumático (PTSD), outro sobre o abuso sexual de crianças e outro sobre amnésia.

Começando pelo caso que se segue, infelizmente demasiado comum. Uma mulher adulta apresentou queixa contra o seu padrasto. Declarou que ele tinha abusado dela durante vários anos. O padrasto negou as acusações. Sem qualquer prova adicional, os investigadores hesitam em prosseguir com a queixa. De facto, segundo a lei holandesa, os juízes não podem acreditar numa só testemunha ou apenas no depoimento da vítima. No entanto, os psicólogos podem ajudar. Sabemos que o abuso sexual prolongado está relacionado com o PTSD na vida adulta (Beitchman *et al.*, 1992; Cahill, Llewellyn & Pearson, 1991; Feerick & Snow, 2005; Neumann, Houskamp, Pollock & Briere, 1996). Assim, os delegados do ministério público esperam que as acusações da vítima possam ser validadas de uma forma ou de outra, por exemplo, por um psicólogo que diagnostique que a queixosa sofre de PTSD. Isto é, pede-se a um psicólogo que avalie o estado psicológico da queixosa e faça um relatório. Em muitos casos, de que tive conhecimento, estes relatórios concluem, tipicamente (cf., por exemplo, o caso descrito em van Koppen & Merckelbach, 1998): "esta mulher sofre de PTSD, que é a manifestação de um trauma na infância, provavelmente de natureza sexual".

Importa assim salientar que o tribunal — ou uma das partes envolvidas — pediu ao psicólogo para validar o trauma com um possível diagnóstico de PTSD. O Psicólogo, ao fazer o diagnóstico, segue, geralmente a DSM-IV-TR (Associação Americana de Psiquiatria, 2000). Aí estão enumerados os critérios para um diagnóstico. Para o PTSD, o primeiro critério é descrito assim:

> "A. A pessoa foi exposta a um acontecimento traumático em que estavam presentes dois dos factos seguintes: (1) a pessoa experimentou, testemunhou, ou foi confrontada com um acontecimento ou acontecimentos que envolviam a ameaça de morte ou a morte, ou lesão grave, ou uma ameaça à integridade física do próprio ou de outros (2) a resposta da pessoa envolveu medo intenso, abandono ou horror. Nota: em crianças, em vez disto pode manifestar-se o comportamento desorganizado e agitado" (Associação Americana de Psiquiatria, 2000, no 309.81).

Para fazer um diagnóstico, a primeira tarefa do psicólogo é estabelecer se o trauma ocorreu, o que só poderá ser feito perguntando ao queixoso o seguinte: " Você sofreu um trauma?". Esta é uma prática comum na entrevista que precede a psicoterapia, onde a palavra do futuro paciente é levada a sério. Para fins forenses esta forma de trabalho tem como consequência que, de facto, o psicólogo transmite ao tribunal o seguinte: ela sofreu um trauma porque foi ela que o afirmou. Na prática este raciocínio circular permanece completamente escondido para os juízes e jurados, porque os critérios para o diagnóstico não são revelados em tribunal.

Para além deste problema, o diagnóstico que pressupunha o abuso sexual no passado, a partir da síndroma presente, também, por outras razões, é menos directo do que parece. Primeiro, nem todos os que têm um passado traumático desenvolvem sintomas psiquiátricos. Estima-se que estes ocorrem apenas em 20 a 50% das vítimas de trauma (Kendall-Tackett, Williams & Finkelhorn, 1993). Segundo, a relação oposta também não é evidente, porque menos de 10% dos indivíduos com sintomas psiquiátricos têm um historial de traumas na juventude (Rind, Tromovitch & Bauserman, 1998). Terceiro, os indivíduos que apresentam, quer sintomas psiquiátricos, quer uma infância ou juventude traumáticas, não podem ser identificados rapidamente, porque sofrem de uma vasta gama de síndromas e de sintomas (Figueroa, Silk, Huth & Lohr, 19979. Na verdade, a relação causal entre o PTSD ou quaisquer outros sintomas psiquiátricos é tão fraca que os peritos nunca poderão testemunhar, com validade, sobre este assunto. Alguns deles parece que tentam dar a volta ao problema utilizando um truque retórico: eles afirmam que os sintomas psiquiátricos são "consistentes" com um passado traumático (Rassin & Merckelbach, 1999). Do ponto de vista formal esta afirmação, no geral, não está errada, mas falta-lhe conteúdo relevante. Por exemplo, ter leucemia é consistente com a exposição a fugas radioactivas. No entanto, a leucemia pode ter inúmeras outras causas e, por isso, ter leucemia não implica, de maneira nenhuma, que o paciente esteve exposto a essas fugas. Todavia, o truque da "consistência" deixa a impressão nos juízes e nos jurados de que há uma relação relevante (cf. a discussão de Miller & Allen, 1998).

Ocorre um problema idêntico em algumas provas periciais sobre abuso sexual em crianças. Em muitos destes casos não existem nem prova física nem testemunhas oculares. Com alegadas vítimas muito jovens a entrevista policial dificilmente terá alguma utilidade; muitas das crianças um pouco mais velhas não conseguem fazer uma declaração clara. Os peritos, por vezes, são chamados para fazer uma avaliação do comportamento da criança, pois, muitas crianças vítimas de abuso sexual manifestam problemas de comportamento. Tais problemas são vistos como um sinal de abuso sexual, a que foi mesmo dado um nome: Síndrome de Acomodação de Abuso Sexual Infantil (Summit, 1983).

Conclui-se então que, pelo facto de uma criança sofrer de problemas de comportamento, deveria ter havido abuso sexual. Este é, de novo, um mau uso da psicologia em tribunal. As crianças podem sofrer de problemas de comportamento por muitas outras razões para além do simples abuso sexual. Mesmo se a criança foi vítima de abuso, as consequências a nível do comportamento estão longe de ser evidentes. Uma razão é que o abuso sexual pode envolver uma vasta gama de comportamentos por parte do perpetrador, variando desde um único acto de masturbação na presença da criança até violações repetidas. Pode esperar-se que esta série de formas de abuso não tenha os mesmos efeitos. De facto, as reacções das crianças são bastante heterogéneas (Fisher & Whiting, 1998; London, Bruck, Ceci & Shuman, 2005). Assim, não há um padrão de sintomas do comportamento mais ou menos fixo que permita concluir que uma determinada criança foi vítima de abuso sexual (Sbraga & O'Donohue, 2003). Isto apoia o argumento de que este tipo de prova pericial não deve ser aceite (Freckelton, 1997) ou, pelo menos, deve ser considerada com muito cuidado (Miller & Allen, 1998).

O assassino amnésico

O terceiro exemplo de mau uso do raciocínio psicológico ocorre em casos em que o acusado afirma não se lembrar do crime. Este não é um fenómeno fora do comum. Uma minoria significativa de réus afirma que sofre de amnésia relativamente ao que supostamente tinham cometido (Gudjonsson, Kopelman & Mackeith, 1999; Leitch, 1948; Taylor & Kopelman, 1984). Uma estimativa razoável parece ser a de que cerca de 25% das pessoas acusadas de crimes violentos graves declaram não se lembrar do crime que cometeram (Cima, Nijman, Merckelbach, Kremer & Hollnack, 2004; Pyszora, Barker & Kopelman, 2003).

Esta amnésia pode ter uma origem orgânica, como, por exemplo, a demência (Savla & Palmer, 2005), problemas de sono que causam sonambulismo (Fenwick, 1993; Jacobs, 1993; Oswald & Evans, 1985) ou traumatismo craniano (Ahmed, Bierley, Sheikh & Date, 2000; Ellenberg, Levin & Saydjari, 1996). Alguns sustentam que o crime ligado à amnésia também pode surgir do chamado trauma psicológico: emoções fortes podem levar à perda de memória (Kopelman, 1995; Porter, Birt, Yuille & Herve, 2001; Swihart, Yuille & Porter, 1999). Considera-se que um 'golpe' psicológico pode causar uma disfunção neurológica, mas continua difícil estabelecer como é que isso se passará (McNally, 2003; Parkin, 1997, p. 147; Schacter, 1996). E, é claro, o acusado pode também simular amnésia. Os suspeitos podem fazê-lo, porque isso parece trazer-lhes algumas vantagens. Por exemplo, durante os interrogatórios eles não precisam de apelar para o seu direito ao silêncio, mas ficar calados alegando: "lamento mas não me lembro do que aconteceu". Este facto dispensa-os de explicar, várias vezes, detalhes muito sinistros do crime e da sua própria vida. Podem também esperar que o caso seja tratado, mais favoravelmente, se todos acreditarem que eles simplesmente se esqueceram. Deste ponto de vista pode considerar-se que o assassino amnésico de Drenthe foi bem sucedido.

Na província holandesa de Drenthe um homem foi acusado de estrangular a esposa (cf. a respeito deste caso Merckelbach, van Oorsouw, van Koppen & Jelice, 2005; Wagenaar & Crombag, 2005). Ele disse à polícia que estava em curso o seu divórcio litigioso. Uma noite tiveram uma briga na sala e a mulher anunciou que faria tudo para o meter em sarilhos. Ela prometeu ir à polícia, no dia seguinte, para acusá-lo de molestar sexualmente a filha. A história do homem continua como se segue. Ele ficou muito zangado, furioso mesmo, começou a transpirar e a sentir zumbidos nos ouvidos. A luz apagou-se-lhe nos olhos. Passou pelo jardim com as mãos frouxamente à volta do pescoço da mulher. Ela já não se mexia e ele percebeu que estava morta.

Então dirigiu-se para o posto da polícia e entregou-se. Não consegue lembrar-se de nada entre o momento em que ficou sem ver na sala e o momento que passou pelo jardim.

Esta é a história que ele contou à polícia, ao psicólogo e a dois psiquiatras que o examinaram e que repetiu durante o julgamento. A acusação pediu ao psicólogo e aos psiquiatras que examinassem o suspeito. Os três descreveram-no como um homem saudável física e psicologicamente. No entanto, também os três chegaram à conclusão que ele sofria de um problema de dissociação aguda. Um deles escreveu, por exemplo:

> "Ele teve uma desordem dissociativa aguda com um acesso de agressão. [...] Este facto foi de uma tal extensão que se fosse provado que ele cometeu os factos não podia ter sido considerado responsável. A acção ocorreu enquanto o réu não podia influenciá-la. Ele só voltou a si depois de estrangular a mulher. Durante um distúrbio dissociativo agudo qualquer pensamento lógico está fora de questão e a pessoa age automaticamente."

O tribunal seguiu os psiquiatras e o psicólogo, e o homem não foi considerado responsável. Dado que ele parecia estar de saúde tanto física como mental na altura do julgamento e que a hipótese de reincidência foi considerada baixa, ele não foi mandado para o hospital para tratamento de perturbação mental, mas simplesmente absolvido (Rechtbank (District Court) Assen, 12th June 2002, *LJN*-AE 3911).

O psicólogo e os psiquiatras que actuaram como peritos neste caso não só aceitaram o trauma psicológico como uma explicação para a amnésia do acusado mas também formularam um diagnóstico de "amnésia dissociativa". "A característica essencial da perturbação dissociativa é uma ruptura das funções, habitualmente integradas, da consciência, memória, identidade ou percepção do meio" (cf. Associação Americana de Psiquiatria, 2000, p. 392). Mas ainda há bastantes dúvidas sobre "se a dissociação quer dizer qualquer coisa mais do que uma pontuação num questionário de significado incerto, um fenómeno que existe mais no mundo de *alguns* psiquiatras e psicólogos do que no mundo da psiquiatria" (Wagenaar & Crombag, 2005, p. 199, com ênfase no original).

Se existe ou não esta amnésia psicogenética, é duvidoso. Por exemplo, os sobreviventes de um campo de concentração cometem todo o tipo de erros nas suas recordações, mas não apresentam amnésia relativamente ao tempo em que estiveram fechados no campo de concentração (Yehuda *et al.*, 1996). Uma amnésia com origem psicológica é pelo menos muito rara e de curta duração, se é que ela existe (McNally, 2003, p. 210; Schacter, 1996, p. 225). Há razões para crer que o número de réus de crime violento que fingem amnésia excede consideravelmente o número daqueles que têm amnésia genuína, seja ela do tipo orgânico ou psicogenético (Christianson & Merckelbach, 2004).

Assim, os peritos no caso de Drenthe cometeram três erros. Primeiro, aceitaram a existência da amnésia dissociativa quando a sua existência é, pelo menos, duvidosa ou quando a probabilidade da amnésia ser fingida é muito maior do que qualquer forma de amnésia psicogenética. Segundo, aceitaram a amnésia dissociativa como um sinal de que o réu estava descontrolado durante o crime. Importa notar, a este respeito, que a perda de controlo não faz parte da definição de amnésia dissociativa na DSM-IV-TR (Associação Americana de Psiquiatria, 2000). Quando se trata de saber se ele estava controlado durante o crime, a sua amnésia é secundária (nesse sentido cf. United States Court Military Appeals, 4 U.S.C.M.A. 134, 1954 CMA Lexis 572, 15 C.M.R. 134, April 9, 1954 (United States v. Olvera). Cfr. também Wagenaar & Crombag, 2005).

O terceiro problema é igual ao que se discutiu no caso de Distúrbios de Stresse Pós-Traumático (PTSD). Os peritos sabiam que o homem perdeu a memória por uma única fonte: ele próprio lhes disse isso. O psicólogo testou-o com uma bateria de testes, mas a única validação da sua amnésia foi fornecida por ele próprio durante as entrevistas. Os peritos não testaram a veracidade da sua amnésia, o que facilmente poderiam ter feito. Há várias possibilidades de distinguir a amnésia genuína da fingida. A amnésia orgânica, resultante de um trauma físico, parece seguir um padrão fixo (Hodges, 1991; Meeter & Murre, 2004). A amnésia devido a problemas de sono, pode ser diagnosticada utilizando testes neuropsicológicos e medidas como o electroencefalograma (EEG). Dado que muitos amnésicos falsos não estão cientes dos padrões típicos pelos quais a amnésia se desenvolve nem dos sintomas que surgem com ela, terão tendência a exagerar os seus sintomas (Christianson & Merckelbach, 2004; Iverson, 1995). O Inventário Estruturado de Sintomatologia Fingida (SIMS, cf. Smith, 1997; Smith & Burger, 1997) é baseado na ideia de que muitos simuladores tendem a exagerar os seus sintomas. Um segundo teste pode ser o teste de validade de sintomas ou SVT (cf. Denney, 1996; Frederick, Carter & Powel, 1995; Merckelbach, Hauer & Rassin, 2002). Este é um questionário essencialmente desenvolvido para cada crime em que, utilizando um formato sim/não, se pergunta ao réu detalhes do crime (v. g., a arma do crime ou o xaile que a vítima usava). O acusado tem que responder a todas as questões. Se a amnésia é genuína o número de respostas correctas andará à volta do que se obteria se ele respondesse à sorte. Se a amnésia é fingida o acusado tentará fugir às alternativas correctas e assim irá pontuar bastante abaixo do que se obteria num padrão de resposta aleatório. Mesmo se o réu conhecer como funciona o teste — e tentar dar cerca de 50% de respostas correctas, se lhe for apresentado um teste de formato sim/não — ele ainda assim tem de ter cuidado porque o padrão sequencial de respostas correctas e incorrectas é aleatório. Esta é uma tarefa difícil. Se um padrão sequencial for aleatório pode ser controlado utilizando o chamado teste da aleatoriedade da sequência das observações ou *runs test* (ver Cliff, 1992).

Se os peritos no caso de Drenthe não tivessem cometido tantos erros, o acusado não teria, provavelmente, sido deixado em liberdade.

Respondendo à questão errada

O tribunal quer que os peritos respondam às questões da seguinte forma: dados os sintomas A que podemos observar agora, o que é que eles nos podem dizer acerca da probabilidade do fenómeno B poder ter ocorrido no passado? Um exemplo concreto desta questão é: agora observamos o comportamento de uma alegada vítima (A); o que é que isto nos diz acerca da ocorrência de abuso sexual contra esta criança (B)? Os psicólogos não costumam responder a este tipo de questão. Primeiro, o seu diagnóstico é sempre com a finalidade de prever o futuro, mais do que explicar o passado. Segundo, eles partem habitualmente de uma situação conhecida — a história contada pelo futuro cliente durante a primeira entrevista — e vão depois investigar se certos sintomas estão de acordo com esse estado de coisas. Tomar esta atitude típica do psicólogo pode dar origem a que o psicólogo responda à questão errada, como se pode demonstrar com o caso do proxeneta e das suas duas prostitutas, que a seguir se apresenta.

No sul da Holanda, um proxeneta foi acusado de molestar duas das suas prostitutas e de violar uma delas. Embora a polícia soubesse do carácter violento do homem, o caso confrontou-a com um problema: as prostitutas também o acusavam de as forçar a vender o seu corpo mas, depois de o proxeneta ter sido preso e detido, ambas continuaram o seu trabalho neste mesmo ramo. Estariam elas a inventar toda a sua história, ou seria típico das mulheres que tinham sido forçadas à prostituição continuar no negócio mesmo depois do agente da coacção ter desaparecido? Para responder a estas questões, a acusação chamou uma psicóloga no próprio dia que precedeu o julgamento desse caso no tribunal da comarca.

A acusação escolheu esta psicóloga porque ela tinha feito uma investigação sobre prostitutas molestadas. Ela leu os relatórios da polícia sobre as declarações das prostitutas, falou com cada uma delas durante uma hora e no dia seguinte testemunhou no tribunal sobre os resultados da sua curta investigação. Disse ao tribunal que reconheceu o padrão de comportamento das duas raparigas — eram prostitutas muito jovens — a partir dos seus estudos sobre o comportamento de prostituição: "a história que elas contaram correspondia ao comportamento dos proxenetas que eu encontrei antes [...]; não fiquei surpreendida pelas coisas que ouvi e li."

A psicóloga não deu a resposta que o tribunal precisava. Essa teria sido a resposta à questão: 'O que é que podemos inferir do facto de elas continuarem a ser prostitutas para se compreender aquilo que o proxeneta fez às duas mulheres?' A psicóloga respondeu à questão inversa: 'Será que as prostitutas maltratadas geralmente mostram este tipo de comportamento?' A resposta a esta questão é de pouca relevância, mas o maior problema é que isto, muitas vezes, não é detectado pelo tribunal.

Uma versão mais oculta do *problema de responder à questão errada* foi descrita por Rassin e Merckelbach (1999). O facto de um acusado ser sensível à sugestão por parte dos inquiridores pode ter alguma influência na produção de falsas confissões (Gudjonsson, 2003). Para medir essa sugestibilidade Gudjonsson construiu um instrumento, a Escala de Sugestionabilidade de Gudjonsson (GSS, Gudjonsson, 1984, 1987, 1992; Merckelbach, Muris, Wessel, & Van Koppen, 1998). No caso de se administrar a GSS a um acusado que alegadamente fez uma falsa confissão, será que isso dá informação relevante ao investigador, designadamente sobre a veracidade da confissão? Considera-se que as confissões de indivíduos que têm uma pontuação alta no GSS devem ser aceites com reservas porque estes indivíduos têm tendência a fazer falsas confissões (Kassin, 1997; Kassin & Norwick, 2004; McCann, 1998). A pontuação nas Escalas de Sugestionabilidade de Gudjonsson será, pois, relevante para a avaliação da confissão. No entanto, continua por esclarecer em que medida é relevante e de que forma. As confissões falsas são originadas por vários factores, tais como: a pressão dentro e fora da sala de interrogatório, as circunstâncias da detenção do acusado e o seu comportamento. Os motivos que podem levar o acusado a fazer uma falsa confissão — mesmo na ausência de qualquer pressão para o fazer — podem ser relevantes. Mas, apenas parte da conduta do suspeito pode ser medida com as escalas GSS. Contudo, os outros factores relevantes podem ser tão fortes que mesmo alguém com uma pontuação baixa no GSS pode vir a fazer uma falsa confissão. E a confissão de alguém com uma pontuação particularmente alta no GSS pode ser verdadeira. A pontuação no GSS parece, então, ser relevante apenas no contexto de todos os outros factores relevantes. De facto, pode contribuir para uma explicação daquilo que acontece durante o interrogatório, mas em si, isso não é relevante.

Limitar-se ao seu domínio

O que acabamos de expor mostra que seria ingénuo esperar que a opinião de um perito, sobre um assunto, possa apurar a verdade dos factos passados. Mostrámos também, que seria ingénuo esperar que o facto de se pedir a opinião a um perito sobre alguma coisa faça com que alegados acontecimentos do passado se tornem num facto ou então que se deve estabelecer, de uma vez por todas, um atributo de um acontecimento ocorrido num certo momento. Os factos não existem; só existem os factos interpretados. Os factos só podem ser avaliados no contexto de uma interpretação feita por um indivíduo particular com um objectivo determinado. Tudo isto toma sempre a forma de uma narrativa ou história (Bennett, 1992; Bennett & Feldman, 1981; Crombag, van Koppen & Wagenaar, 1992; Pennington & Hastie, 1986, 1993; Wagenaar, van Koppen & Crombag, 1993):

"As narrativas são os únicos meios concebíveis que as pessoas vulgares usam com vista a organizar, recordar, comparar e testar a vasta quantidade de informações que são apresentadas nos julgamentos legais de estilo americano" (Bennett, 1992, p. 153).

O contexto referido na história é vital para a interpretação. 'Ciência sem contexto (...) na melhor das hipóteses não faz sentido e na pior é perigosa' (Gallop e Stockdale, 1998, p. 70). Este contexto parece estar em desacordo com o requisito de que os peritos não devem sair fora dos seus domínios e limitarem-se àquilo que é submetido à sua opinião (Dwyer, 2003). Para serem de alguma utilidade ao tribunal, contudo, os peritos devem ser sensíveis, pelo menos, às decisões com que os juízes e os jurados se vêem confrontados em casos criminais. Mas isto não é suficiente. Eles também têm que ter em conta o contexto das suas perícias. Em muitos, senão na maioria dos casos, a opinião pericial apenas é utilizada se estiver em discussão um contexto e uma narrativa mais amplos do que apenas o aspecto muito restrito que é sujeito à opinião do perito. Por exemplo, um perito a quem se pede que avalie o depoimento de uma criança num caso de abuso sexual apenas o pode fazer, efectiva e significativamente, quando avaliar também, entre outras coisas, a interacção familiar, possíveis preparações da criança para a entrevista (por parte dos pais), a forma pela qual as alegações são apresentadas, outros eventuais perpetradores e possíveis razões pelas quais a criança poderá fazer falsas acusações ou poder ter sido induzida a fazê-las.

Descreve-se a seguir um outro exemplo do tipo da opinião pericial psicológica que é muito comum: o reconhecimento em paradas (cfr. Cutler & Penrod, 1995; Wells et al., 1998). Muito se sabe acerca da forma como deve ser conduzido um processo de reconhecimento adequado e, na Holanda, há regras claras sobre a forma como a polícia deve conduzir tais processos (van Amelsvoort, 2005; Werkgroep Identificatie, 1992). Ainda assim, esses reconhecimentos são, frequentemente, executados de forma inadequada pela polícia. O erro mais comum consiste em mostrar-se apenas uma pessoa em vez de uma parada adequada com várias pessoas, quando se lida com uma testemunha que conhece o perpetrador apenas da cena do crime.

O reconhecimento em paradas é usado para avaliar se a aparência do suspeito corresponde à memória que a testemunha tem do aspecto do perpetrador. Uma boa parada de identificação, ao vivo, com fotografias ou em vídeo, procura atingir simultâneamente dois objectivos: tentar perceber através da testemunha ocular quem cometeu o crime e, ao mesmo tempo, testar o rigor da memória que a testemunha ocular tem do transgressor. Este duplo objectivo é conseguido confrontando-se a testemunha com uma parada de pessoas que correspondem todas elas à discrição geral do perpetrador. Uma destas pessoas é o suspeito; as outras são distractores ou engodos inocentes, desconhecidas da testemunha. A tarefa da testemunha é indicar qual é a pessoa da parada que ela reconhece, se chegar a reconhecer alguém.

O resultado de um reconhecimento em parada correctamente organizada tem um valor de diagnóstico muito elevado (Wagenaar *et al.*, 1993). Contudo, é essencial que os procedimentos diminuam a probabilidade de que uma identificação seja o resultado de juízos sobre a relativa semelhança entre um membro da parada e o elemento da memória da testemunha (isto é, que a testemunha escolha o suspeito que se parece mais com o perpetrador que tem na memória, do que com aquele que é efectivamente o perpetrador), ou aquele cujos sinais mais ou menos subtis, sugerem à testemunha quem é o suspeito "certo" a escolher. No entanto, há muito mais requisitos a satisfazer (van Amelsvoort, 2005; Cutler & Penrod, 1995; Wells *et al.*, 1998), os quais se resumem todos à mesma coisa: se a testemunha aponta o suspeito, podemos concluir que o suspeito é reconhecido como transgressor apenas na presença de todos os outros sinais através dos quais a testemunha pode reconhecer quem é o suspeito na parada, não contando com a sua memórias do transgressor.

A opção de mostrar uma única pessoa apenas deverá ser usado exclusivamente quando a testemunha já conhecia o perpetrador antes do crime ser cometido. O reconhecimento, então, tem lugar na cena do crime e o facto de se mostrar o suspeito à testemunha apenas pode servir para evitar erros administrativos ('É este o vizinho que queria dizer?'). Se a testemunha conhece o perpetrador pelo nome, este procedimento é desnecessário. Se for utilizado com uma testemunha que só viu o perpetrador na cena do crime, a apresentação de uma só pessoa tem muito mais probabilidade de permitir falsos reconhecimentos do que as paradas constituídas adequadamente (cf. Dekle, Beale, Elliot & Huneycutt, 1996; Lindsay, Pozzulo, Craig, Lee & Corber, 1997; Yarmey, Yarmey & Yarmey, 1996).

Na Holanda, a polícia leva a cabo muitos reconhecimentos utilizando a apresentação de uma só pessoa. De facto, a polícia comete regularmente todos os erros concebíveis na condução dos procedimentos de reconhecimento. Uma boa excepção a esta prática foi o caso do Violador do Parque de Drachten, no Norte da Holanda. Um homem violou várias mulheres no parque local. Todas as vítimas descreveram que um homem jovem se aproximou delas quando andava de bicicleta de forma peculiar: guiava com os cotovelos. A polícia fez a detenção. Foi feito um vídeo que era quase uma parada de reconhecimento perfeita. Embora as duas vítimas que participaram soubessem escrever, o vídeo começava com uma repetição das instruções mais importantes apresentadas tanto no ecrã, como lidas em voz alta. O polícia mostrava, então, um distractor ou engodo apresentando como ele ia de bicicleta a guiar com os cotovelos e depois mostrava-o mais de perto. A seguir interrompia-se o vídeo para ver se a testemunha tinha compreendido perfeitamente o procedimento. Só então era mostrado o suspeito e os distractores ou engodos da mesma maneira que o distractor alvo.

Ambas as vítimas identificaram o suspeito. Mas ainda ficou por resolver outro problema: as vítimas e o suspeito viviam todos nas vizinhanças do parque e iam lá regularmente. Assim, a possibilidade de as vítimas reconhecerem o suspeito, de vista, de outras ocasiões além da violação, não podia ser excluída; de facto, elas podiam tê-lo reconhecido mas não do local do crime. Este facto diminuiu, é claro, o valor diagnóstico do reconhecimento, através da parada que, sob outros aspectos, era impecável. O tamanho dessa diminuição é desconhecido; apenas se pode dizer algo acerca da sua direcção. Uma tal opinião apenas poderia ser dada depois de se estudar o dossier completo do caso e de se ter em conta a informação que não foi fornecida formalmente ao perito.

Dei estes exemplos para demonstrar que o contexto é importante. É certo que isto varia, dependendo do caso em mãos. No entanto, isso também demonstra que um perito deve acompanhar todo o caso, procurando os elementos que possam ser relevantes para a sua opinião. Às vezes, resultará numa opinião que envolve todos ou quase todos os elementos do caso que são relevantes, também para o tribunal. Crombag e Wagenaar (2000) defendem que os peritos deviam considerar sempre, nas suas opiniões, o cenário proposto e cenários diferentes daquele que pode ter acontecido. Nestes casos, o perito só pode ser de alguma utilidade para o tribunal se entrar no domínio daqueles que têm a seu cargo o estabelecimento da verdade dos factos. Isto constitui outro paradoxo. Nestes casos, o perito apenas pode ajudar o tribunal se avaliar cenários alternativos, o que afectará a distinção entre o trabalho do perito e o trabalho do juiz e dos jurados.

Conclusões

Os psicólogos podem ser de grande ajuda para o tribunal nas decisões sobre casos criminais. Contudo, servir como perito de psicologia, em tribunal, pode colocar muitos problemas. Alguns destes problemas foram já discutidos. Parte deles estava relacionada com a diferença entre a tomada de decisão em ciência e a tomada de decisão em casos criminais. Em ciência, o objectivo é diferente do da tomada de decisão jurídica. Outra parte do problema é o facto de os psicólogos, como cientistas ou como terapeutas, não perceberem o papel especial da perícia forense no tribunal. Para a perícia forense há regras diferentes das que existem para a psicologia em geral. A transferência de afirmações de uma parte deste campo para outra pode ser um disparate ou mesmo induzir em erro no domínio jurídico.

E isto tudo não se resume apenas a um problema de comunicação entre psicólogos, juristas e jurados. De facto, se todos os psicólogos forenses fossem também juristas e todos os juristas tivessem formação em psicologia, alguns dos problemas podiam ser evitados, mas mesmo esta é uma situação hipotética. O tribunal não pode verificar se a opinião de um perito num caso específico é válida ou não. Isto não é só uma questão de princípio, mas um problema bastante prático. Em certos casos anteriores, tentou-se dar a volta a este problema avaliando indirectamente as opiniões do perito. Isto resultou em requisitos tais como haver uma taxa de erro conhecida do método utilizado pelo perito — como se a tomada de decisão jurídica tivesse uma taxa de erro conhecida — ou a teoria do perito ser verificável — como se isto acrescentasse alguma coisa à validade da teoria e à sua aplicação a cada caso particular. Outro requisito ainda é o de o método ter sido submetido à opinião dos pares — como se os pares soubessem alguma coisa acerca da aplicação forense e não aplicassem apenas as noções que são válidas só no domínio psicológico.

Em resumo, a ajuda que o psicólogo pode dar ao tribunal levanta muitas dificuldades paradoxais que nos deixam a pensar: será essa ajuda mesmo útil, e se sim, como o vamos saber?

Referências bibliográficas

Ahmed, S., Bierley, R., Sheikh, J. I. & Date, E. S. (2000). Post-traumatic amnesia after closed head injury: A review of the literature and some suggestions for further research. *Brain Injury, 14*, 765-780.

van Amelsvoort, A. G. (2005). *Handleiding confrontatie* [Guidebook idenfication] (5th ed.). Den Haag: Elsevier.

American Psychiatric Association. (2000). *Diagnostic and statistical manual of mental disorders. Fourth edition, text revision (DSM-IV-TR)*. Washington, DC: American Psychiatric Association.

Beitchman, J. H., Zucker, K. J., Hood, J. E., Da Costa, G. A., Akman, D. & Cassavia, E. (1992). A review of the long-term effects of child sexual abuse. *Child Abuse and Neglect, 16*, 101-118.

Bennett, W. L. (1992). Legal fictions: Telling stories and doing justice. In M. L. McLaughlin, M. J. Cody & S. J. Read (Eds.), *Explaining one's self to others: Reason-giving in a social context* (pp. 149-164). Hillsdale, NJ: Erlbaum.

Bennett, W. L. & Feldman, M. S. (1981). *Reconstructing reality in the courtroom: Justice and judgement in American culture*. New Brunswick, NJ: Rutgers University Press.

Brodin, M. S. (2005). Behavioral science evidence in the age of Daubert: Reflections of a skeptic. *University of Cincinnati Law Review, 73*, 867-943.

Cahill, C., Llewellyn, S. P. & Pearson, C. (1991). Long-term effects of sexual abuse which occurred in childhood: A review. *British Journal of Clinical Psychology, 30*, 117-130.

Christianson, S.-Å. & Merckelbach, H. (2004). Crime-related amnesia as a form of deception. In P. A. Granhag & L. A. Strömwall (Eds.), *The detection of deception in forensic contexts* (pp. 195-227). Cambridge: Cambridge University Press.

Cima, M., Nijman, H. L. I., Merckelbach, H., Kremer, K. & Hollnack, S. (2004). Claims of crime-related amnesia in forensic patients. *International Journal of Law and Psychiatry, 27*, 215-221.

Cliffe, M. J. (1992). Symptom-validity testing of feigned sensory or memory deficits: A further elaboration for subjects who understand the rationale. *British Journal of Clinical Psychology, 31*, 207-209.

Cohn, D. S. (1991). Anatomical doll play of preschoolers referred for sexual abuse and those not referred. *Child Abuse and Neglect, 15*, 455-466.

Crombag, H.F.M. (2000). Rechters en deskundigen [Judges and experts]. *Nederlands Juristenblad, 75*, 1659-1665 (last formal lecture Maastricht University).

Crombag, H. F. M., van Koppen, P. J. & Wagenaar, W. A. (1992). *Dubieuze zaken: De psychologie van strafrechtelijk bewijs* [Dubious cases: The psychology of criminal evidence]. Amsterdam: Contact.

Crombag, H. F. M., van Koppen, P. J. & Wagenaar, W. A. (1994). *Dubieuze zaken: De psychologie van strafrechtelijk bewijs* [Dubious cases: The psychology of criminal evidence]. Amsterdam: Contact (2nd ed.).

Crombag, H. F. M. & Wagenaar, W. A. (2000). Audite et alteram partem. *Trema, 23*, 93-96.

Cutler, B. L., & Penrod, S.D. (1995). *Mistaken identification: The eyewitness, psychology, and the law*. Cambridge: Cambridge University Press.

Dahir, V. B., Richardson, J. T. E., Ginsburg, G. P., Gatowski, S. I., Dobbin, S. A. & Merlino, M. L. (2005). Judicial application of Daubert to psychological syndrome and profile evidence: A research note. *Psychology Public Policy and Law, 11*, 62-82.

Dekle, D. J., Beale, C. R., Elliot, R. & Huneycutt, D. (1996). Children as witnesses: A comparison of lineup versus showup methods. *Applied Cognitive Psychology, 10*, 1-12.

Denney, R. L. (1996). Symptom validity testing of remote memory in a criminal forensic setting. *Archives of Clinical Neuropsychology, 11*, 589-603.

Dwyer, D. (2003). The duties of expert witnesses of fact and opinion: R. v. Clark (Sally). *International Journal of Evidence and Proof, 7*, 264-269.

Ellenberg, J. H., Levin, H. S. & Saydjari, C. (1996). Posttraumatic amnesia as a predictor of outcome after severe closed head injury: Prospective assessment. *Archives of Neurology, 53*, 782-791.

Endres, J. (1997). The suggestibility of the child witness: The role of individual differences and their assessment. *Journal of Credibility Assessment and Witness Psychology, 1*, 44-67.

Faller, K. C. (2005). Anatomical dolls: Their use in assessment of children who may have been sexually abused. *Journal of Child Sexual Abuse, 14*, 1-22.

Feerick, M. M. & Snow, K. L. (2005). The relationships between childhood sexual abuse, social anxiety, and symptoms of posttraumatic stress disorder in women. *Journal of Family Violence, 20*, 409-419.

Fenwick, P. B. C. (1993). Brain, mind, and behaviour: Some medico-legal aspects. *British Journal of Psychiatry, 163*, 565-573.

Figueroa, E. F., Silk, K. R., Huth, A. & Lohr, N. E. (1997). History of childhood sexual abuse and general psychopathology. *Comprehensive Psychiatry, 38*, 23-30.

Fisher, C. B. & Whiting, K. A. (1998). How valid are child sexual abuse validations? In S. J. Ceci & H. Hembrooke (Eds.), *Expert witnesses in child abuse cases: What can (and should) be said in court?* (pp. 159-184). Washington, DC: American Psychological Association.

Freckelton, I. (1997). Child sexual abuse accommodation evidence: The travails of counterintuitive evidence in Australia and New Zealand. *Behavioral Sciences and the Law, 15*, 247-283.

Frederick, R. I., Carter, M. & Powel, J. (1995). Adapting symptom validity testing to evaluate suspicious complaints of amnesia in medicolegal evaluations. *Bulletin of the American Academy of Psychiatry and the Law, 23*, 227-233.

Gallop, A. & Stockdale, R. (1998). Trace and contact evidence. In P. White (Ed.), *Crime scene to court: The essentials of forensic science.* Cambridge: Royal Society of Chemistry.

Groscup, J. L., Penrod, S. D., Studebaker, C. A., Huss, M. T. & O'Neil, K. M. (2002). The effects of Daubert on the admissibility of expert testimony in state and federal criminal cases. *Psychology, Public Policy, and Law 8*, 339-372.

Gross, S. R. & Mnookin, J. L. (2003). Expert information and expert evidence: A preliminary taxonomy. *Seton Hall Law Review, 34*, 141-189.

Gudjonsson, G. H. (1984). A new scale of interrogative suggestibility. *Personality and Individual Differences, 5*, 303-314.

Gudjonsson, G. H. (1987). A parallel form of the Gudjonsson Suggestibility Scale. *British Journal of Clinical Psychology, 26*, 215-221.

Gudjonsson, G. H. (1992). Interrogative suggestibility: Factor analysis of the Gudjonsson Suggestibility Scale (GSS 2). *Personality and Individual Differences, 13*, 479 481.

Gudjonsson, G. H. (2003). *The psychology of interrogations and confessions: A handbook.* Chichester: Wiley.

Gudjonsson, G. H., Kopelman, M. D. & MacKeith, J. A. C. (1999). Unreliable admissions to homicide: A case of misdiagnosis of amnesia and misuse of abreaction technique. *British Journal of Psychiatry, 174*, 455-459.

Hodges, J. R. (1991). *Transient amnesia: Clinical and neuropsychological aspects.* London: Saunders.

Hofstee, W. K. B. (1980). *De empirische discussie: Theorie van het sociaal--wetenschappelijk onderzoek* [The empirical discussion: Theory of social science research]. Meppel: Boom.

Horowitz, S. W. (1991). Empirical support for Statement Validity Analysis. *Behavioral Assessment, 13*, 293-313.

Horowitz, S. W., Lamb, M. E., Esplin, P. W., Boychuk, T. D., Krispin, O. & Reiter-Lavery, L. (1997). Reliability of criteria-based content analysis of child witness statements. *Legal and Criminological Psychology, 2*, 11-22.

Iverson, G. L. (1995). Qualitative aspects of malingered memory deficits. *Brain Injury, 9*, 35-40.

Jacobs, T. (1993). The big sleep. *Fortean Times, 167*, 42-45.

van Kampen, P. T. C. (1998). *Expert evidence compared: Rules and practices in the Dutch and American criminal justice system.* Antwerpen: Intersentia (diss. Leiden).

Kassin, S. M. (1997). The psychology of confession evidence. *American Psychologist, 52*, 221-233.

Kassin, S. M. & Norwick, R. J. (2004). Why people waive their Miranda rights: The power of innocence. *Law and Human Behavior, 28*, 211-221.

Kendall-Tackett, K. A., Williams, L. M. & Finkelhorn, D. (1993). Impact of abuse on children: A review and synthesis of recent empirical studies. *Psychological Bulletin, 113*, 164-180.

Knörnschild, C. & van Koppen, P. J. (2003). Psychological expert witnesses in Germany and the Netherlands. In P. J. van Koppen & S. D. Penrod (Eds.), *Adversarial versus inquisitorial justice: Psychological perspectives on criminal justice systems* (pp. 255-282). New York: Plenum.

Kopelman, M. D. (1995). The assessment of psychogenic amnesia. In A. D. Baddeley, B. A. Wilson & F. N. Watts (Eds.), *Handbook of memory disorders* (pp. 427-448). New York: Wiley.

van Koppen, P. J. (2000). How psychologists should help courts. In J. F. Nijboer & W. J. J. M. Sprangers (Eds.), *Harmonisation in forensic expertise: An inquiry into the desirability of and opportunities for international standards* (pp. 257-275). Amsterdam: Thela Thesis.

van Koppen, P. J. & Merckelbach, H. (1998). De waarheid in therapie en in rechte: Pseudoherinneringen aan seksueel misbruik [The truth in therapy and under the law: Pseudo memories of sexual abuse]. *Nederlands Juristenblad, 73*, 899-904.

van Koppen, P. J. & Penrod, S.D. (2003). The John Wayne and Judge Dee versions of justice. In P. J. van Koppen & S. D. Penrod (Eds.), *Adversarial versus inquisitorial justice: Psychological perspectives on criminal justice systems* (pp. 347-368). New York: Plenum.

van Koppen, P. J. & Saks, M. J. (2003). Preventing bad psychological scientific evidence in The Netherlands and The United States. In P. J. van Koppen & S. D. Penrod (Eds.), *Adversarial versus inquisitorial justice: Psychological perspectives on criminal justice systems* (pp. 283-308). New York: Plenum.

Kovera, M. B., Russano, M. B. & McAuliff, B. D. (2002). Assessment of the commonsense psychology underlying Daubert - Legal decision makers' abilities to evaluate expert evidence in hostile work environment cases. *Psychology, Public Policy, and Law, 8*, 180-200.

Lamb, M. E. & Sternberg, K.J. (1997). Criteria-based content analysis: A field validation study. *Child Abuse and Neglect, 21*, 255-264.

Lamb, M. E. & Sternberg, K. J. (1998). Conducting investigative interviews of alleged sexual abuse victims. *Child Abuse and Neglect, 22*, 813-823.

Leitch, A. (1948). Notes on amnesia in crime for the general practitioner. *The Medical Press, 26*, 459-463.

Lindsay, R. C. L., Pozzulo, J. D., Craig, W., Lee, K. & Corber, S. (1997). Simultaneous lineups, sequential lineups, and showups: Eyewitness identification decisions of adults and children. *Law and Human Behavior, 21*, 391-404.

London, K., Bruck, M., Ceci, S.J. & Shuman, D.W. (2005). Disclosure of child sexual abuse: What does the research tell us about the ways that children tell? *Psychology, Public Policy and Law, 11*, 194-226.

McCann, J. T. (1998). A conceptual framework for identifying various types of confessions. *Behavioral Sciences and the Law, 16*, 441-453.

McGough, L. S. (1991). Commentary: Assessing the credibility of witnesses' statements. In J. L. Doris (Ed.), *The suggestibility of children's recollections* (pp. 165-167). Washington, DC: American Psychological Association.

McNally, R. J. (2003). *Remembering trauma.* Cambridge: The Belknap Press of Harvard University Press.

Meeter, M. & Murre, J.M.J. (2004). Consolidation of long-term memory: Evidence and alternatives. *Psychological Bulletin, 130*, 843-857.

Merckelbach, H., Crombag, H. F. M. & van Koppen, P.J. (2003). Hoge verwachtingen: Over het corrumperend effect van verwachtingen op forensische expertise [High expectations: The corrupting effect of expectations on forensic expertise]. *Nederlands Juristenblad, 78*, 710-716.

Merckelbach, H., Hauer, B. & Rassin, E. (2002). Symptom validity testing of feigned dissociative amnesia: A simulation study. *Psychology, Crime, and Law, 8*, 311-318.

Merckelbach, H., Muris, P., Wessel, I. & van Koppen, P.J. (1998). The Gudjonssons Suggestibility Scale (GSS): Further data on its reliability, validity, and metacognition correlates. *Social Behavior and Personality, 26*, 203-210.

Merckelbach, H., van Oorsouw, K. I. M., van Koppen, P. J. & Jelicic, M. (2005). Weet er niets meer van, edelachtbare: Over daderamnesie [I really cannot remember, my lord: On perpetrator amnesia]. *Delikt en Delinkwent, 35*, 11-30.

Miller, J. S. & Allen, R. J. (1998). The expert as educator. In S. J. Ceci & H. Hembrooke (Eds.), *Expert witnesses in child abuse cases: What can (and should) be said in court?* (pp. 137-155). Washington, DC: American Psychological Association.

Neumann, D. A., Houskamp, B. M., Pollock, V. E. & Briere, J. (1996). The long-term sequelae of childhood sexual abuse in women: A meta-analytic review. *Child Maltreatment, 1*, 6-16.

Oswald, I. & Evans, J. (1985). On serious violence during sleep-walking. *British Journal of Psychiatry, 147*, 688-691.

Owen, D. G. (2002). A decade of Daubert. *Denver University Law Review, 80*, 345-373.

Parkin, A. J. (1997). *Memory and amnesia: An introduction* (2nd ed.). Oxford: Blackwell.

Pennington, N., & Hastie, R. (1986). Evidence evaluation in complex decision making. *Journal of Personality and Social Psychology, 51*, 242-258.

Pennington, N. & Hastie, R. (1993). The story model for juror decision making. In R. Hastie (Ed.), *Inside the jury: The psychology of juror decision making* (pp. 192-221). Cambridge: Cambridge University Press.

Popper, K. R. (1934). *Logik der Forschung: Zur Erkenntnistheorie der modernen Naturwissenschaft.* Wien: Springer.

Popper, K. R. (1968). *The logic of scientific discovery*. London: Hutchinson.

Porter, S., Birt, A. R., Yuille, J. C. & Herve, H. F. (2001). Memory for murder: A psychological perspective on dissociative amnesia in legal contexts. *International Journal of Law and Psychiatry, 24*, 23-42.

Pyszora, N. M., Barker, A. F. & Kopelman, M. D. (2003). Amnesia for criminal offences: A study of life sentence prisoners. *Journal of Forensic Psychiatry and Psychology, 14*, 475-490.

Raskin, D. C. & Esplin, P. W. (1991a). Assessments of childrens' statements of sexual abuse. In J. L. Doris (Ed.), *The suggestibility of childen's recollections* (pp. 153-164). Washington, DC: American Psychological Association.

Raskin, D. C. & Esplin, P. W. (1991b). Commentary: response to Wells, Loftus and MeGough. In J. L. Doris (Ed.), *The suggestibility of childen's recollections* (pp. 172-176). Washington, DC: American Psychological Association.

Rassin, E. (1999). Criteria Based Content Analysis: The less scientific road to truth. *Expert Evidence, 7*, 265-278.

Rassin, E. & van Koppen, P.J. (2002). Het verhoren van kinderen in zedenzaken [Interrogating children in vice cases]. In P. J. van Koppen, D. J. Hessing, H. Merckelbach & H. F. M. Crombag (Eds.), *Het recht van binnen: Psychologie van het recht* (pp. 507-530). Deventer: Kluwer.

Rassin, E. & Merckelbach, H. (1999). The potential conflict between clinical and judicial decision making heuristics. *Behavioral Sciences and the Law, 17*, 237-248.

Rind, B., Tromovitch, P. & Bauserman, R. (1998). A meta-analytic examination of assumed properties of child sexual abuse using college samples. *Psychological Bulletin, 124*, 22-53.

Risinger, D. M., Saks, M. J., Thompson, C. T. & Rosenthal, R. (2002). The Daubert/Kumho implications of observer effects in forensic science: Hidden problems of expectation and suggestion. *California Law Review, 90*, 1-56.

Ruby, C. L. & Brigham, J.C. (1997). The usefulness of the Criteria-Based--Content Analysis technique in distinguishing between truthful and fabricated allegations: A critical review. *Psychology, Public Policy, and Law, 3*, 705-737.

de Ruiter, C. (2000). Voor verbetering vatbaar [To improve behaviour]. *De Psycholoog, 35*, 423-428 (inaugural lecture Amsterdam University).

de Ruiter, C. (2004). Forensisch gedragsonderzoek in strafzaken [Forensic expertise on behaviour in criminal cases]. *Justitiële Verkenningen, 30*(1), 50-60.

Saks, M. J. (2003). Expert evidence in Europe and the United States. In P. J. van Koppen & S. D. Penrod (Eds.), *Adversarial versus inquisitorial justice: Psychological perspectives on criminal justice systems* (pp. 235-244). New York: Plenum.

Savla, G. N. & Palmer, B. W. (2005). Neuropsychology in Alzheimer's disease and other dementia research. *Current Opinion in Psychiatry, 18*, 621-627.

Sbraga, T. P. & O'Donohue, W. (2003). Post hoc reasoning in possible cases of child sexual abuse: Symptoms of inconclusive origins. *Clinical Psychology: Science and Practice, 10*, 320-334.

Schacter, D. L. (1996). *Searching for memory: The brain, the mind, and the past*. New York: Basic Books.

Schoon, G. A. A. & van Koppen, P. J. (2002). Identificatie door honden [Identification by dogs]. In P.J. van Koppen, D.J. Hessing, H. Merckelbach & H. F. M. Crombag (Eds.), *Het recht van binnen: Psychologie van het recht* (pp. 597-622). Deventer: Kluwer.

Smith, G. P. (1997). Assessment of malingering with self-report instruments. In R. Rogers (Ed.), *Clinical assessment of malingering and deception* (pp. 351-370). New York: Guildford.

Smith, G. P., & Burger, G. K. (1997). Detection of malingering: Validation of the Structured Inventory of Malingered Symptomatology (SIMS). *Journal of the Academy of Psychiatry and the Law, 25*, 183-180.

Sporer, S. L. (1997). The less travelled road to truth: Verbal cues in deception detection in accounts of fabricated and self-experienced events. *Applied Cognitive Psychology, 11*, 373-397.

Summit, R. C. (1983). The child sexual abuse accommodation syndrome. *Child Abuse and Neglect, 7*, 177-193.

Swihart, G., Yuille, J. C. & Porter, S. (1999). The role of state-dependent memory in 'red-outs'. *International Journal of Law and Psychiatry, 22*, 199-212.

Taylor, P. J. & Kopelman, M. D. (1984). Amnesia for criminal offences. *Psychological Medicine, 14*, 581-588.

Undeutsch, U. (1983). Statement reality analysis. In A. Trankell (Ed.), *Reconstructing the past: The role of psychologists in criminal trials* (pp. 27-56). Deventer: Kluwer.

Vrij, A. (2002). Het verhoren van verdachten [Interrogating suspects]. In P. J. van Koppen, D. J. Hessing, H. Merckelbach & H. F. M. Crombag (Eds.), *Het recht van binnen: Psychologie van het recht* (pp. 699-725). Deventer: Kluwer.

Vrij, A. (2005). Criteria-Based Content Analysis: A qualitative review of the first 37 studies. *Psychology, Public Policy, and Law, 11*, 3-41.

Wagenaar, W. A. & Crombag, H. F. M. (2005). *The popular policeman and other cases: Psychological perspectives on legal evidence*. Amsterdam: Amsterdam University Press.

Wagenaar, W. A., van Koppen, P. J. & Crombag, H. F. M. (1993). *Anchored narratives: The psychology of criminal evidence*. London: Harvester Wheatsheaf.

Wells, G. L. & Loftus, E. F. (1991). Commentary: is this child fabricating? Reactions to a new assessment technique. In J. L. Doris (Ed.), *The suggestibility of childen's recollections* (pp. 168-171). Washington, DC: American Psychological Association.

Wells, G. L. & Seelau, E.P. (1995). Eyewitness identification: Psychological research and legal policy on lineups. *Psychology, Public Policy, and Law, 1*, 765-791.

Wells, G. L., Small, M., Penrod, S. D., Malpass, R. S., Fulero, S. M. & Brimacombe, C. A. E. (1998). Eyewitness identification procedures: Recommendations for lineups and photospreads. *Law and Human Behavior, 23*, 603-647.

Werkgroep Identificatie. (1992). *Rapport identificatie van personen door ooggetuigen* [Report on identification of persons by eyewitnesses]. Den Haag: Ministerie van Justitie, Recherche Advies Commissie, werkgroep Identificatie (voorzitter P. Bender; 2nd ed.).

White, S. O., Strom, G. A., Santilli, G. & Halpin, B. M. (1986). Interviewing young sexual abuse victims with anatomically correct dolls. *Child Abuse and Neglect, 10*, 519-529.

Yarmey, A. D., Yarmey, M. J. & Yarmey, A. L. (1996). Accuracy of eyewitness identifications in show-ups and lineups. *Law and Human Behavior, 20*, 459-477.

Yehuda, R., Elkin, A., Binder-Brynes, K., Kahana, B., Southwick, S. M., Schmeidler, J. & Giller, E. L. (1996). Dissociation in aging Holocaust survivors. *American Journal of Psychiatry, 153*, 935-940.

Yuille, J. C. & Cutshall, J. L. (1989). Analysis of the statements of victims, witnesses and suspects. In J.C. Yuille (Ed.), *Credibility assessment* (pp. 175-191). Dordrecht.

Originalmente publicado em:

D. Carson, R. Milne, F. Pakes, K. Shalev & A. Shawyer (Eds.) (2007). *Applying Psychology to Criminal Justice*. New York: Wiley.

6

Para uma reforma da perícia psiquiátrica e da perícia psicológica em França (e na União Europeia) *

Jean-Pierre Bouchard

Introdução

Peritos e perícias — aí estão duas palavras que, para o público em geral, aparecem como sinónimos de experiência profissional de grande qualidade, arte de análise e de avaliação do mais alto nível, objectividade ou ainda conselho esclarecido e incontestável, pois é geralmente suposto que assentam na exactidão e na verdade.

Infelizmente, em muitos países nem sempre essa reputação acompanha as perícias psiquiátricas ou as perícias psicológicas. Basta ter assistido às querelas dos peritos "psi", que depois de terem levado a cabo as suas avaliações de uma mesma pessoa, fazem sobre ela análises parcialmente ou inteiramente diferentes, para duvidar da validade e da fiabilidade sistemática dessas perícias. Em vários países, designadamente na França, a perícia psiquiátrica e psicológica está em crise profunda. Isso não é propriamente uma novidade nem constitui uma crise insuperável. O

---

* Tradução de A. Castro Fonseca.

que é necessário é reformar mais as perícias, fazê-las evoluir, actualizá-las, torná-las fidedignas e modernizá-las.

1. Os erros em matéria de perícias psicológicas e psiquiátricas

1. 1. Avaliações nem sempre científicas e objectivas feitas pelos peritos

A passagem pelas salas de audiência dos tribunais, a leitura e a análise de grande número de perícias psiquiátricas, médico-psicológicas ou psicológicas realizadas durante os últimos cinquenta anos, o conhecimento e o exame clínico de muitas das pessoas que foram objecto de tais perícias, mostram-nos bem que o problema dos erros nas peritagens dos psicólogos e dos psiquiatras é antigo e recorrente. Em França, o caso recente e dramático de Outreau, no qual os erros das perícias psicológicas contribuíram para o encarceramento injusto de várias pessoas, não representa senão a parte mais visível de um grave problema para-judiciário e humano muito frequente [23]. De resto, esse problema não é desconhecido; as perícias psiquiátricas e psicológicas têm sido por vezes designadas como "uma das fontes de poluição importante da justiça", o que é, no mínimo, contrário à finalidade da missão confiada aos peritos.

Estes erros consistem em avaliações clínicas parcial ou totalmente erróneas, em desajustamentos entre as verificações clínicas e o que determina o direito (designadamente o Código Penal), em posicionamentos pessoais ou ideológicos que podem comprometer a objectividade dos peritos e da justiça, ou em várias outras falhas. As consequências negativas desses erros são judiciárias, sanitárias e, de modo mais geral, humanas. Ora, os prejuízos causados nos assuntos mais anónimos (ou menos falados), que são também os mais numerosos, não são, na maior parte dos casos, nem detectados nem reparados.

Qualquer destes erros é grave para os arguidos, que sofrem as suas consequências directas. Mas são sobretudo os erros relativos a questões de responsabilidade ou irresponsabilidade criminal dos autores de infracções que, sem dúvida nenhuma, têm consequências negativas mais graves. O facto de se considerar, erroneamente, que uma pessoa é irresponsável pode evitar as sanções penais previstas na lei para os transgressores, os delinquentes e os criminosos cujas perícias os consideram inimputáveis. Na verdade, esta ausência de julgamento e de sanção pode beneficiar principalmente os autores das transgressões mais graves, pois é sabido que as perícias psiquiátricas e psicológicas são ordenadas, sistematicamente, no quadro de instruções criminais ou no caso de delitos de natureza sexual. A irresponsabilidade criminal pode igualmente privar as vítimas directas ou indirectas dum processo penal ao qual têm direito, na sequência de infracções ou prejuízos, muitas vezes pesados, que sofreram. Esse tipo de erros era mais frequente há 15 anos (ou mais) do que actualmente, e dizia respeito sobretudo aos autores de infracções de natureza psicopata ou perversos sexuais (que, hoje em dia, são diagnosticados respectivamente como personalidades anti-sociais ou parafilias). Nos últimos anos, a tendência tem ido no sentido inverso. Assiste-se com demasiada frequência à busca, por parte dos peritos, de uma hiperresponsabilização dos autores de infracções que apresentam perturbações mentais, tendência essa que leva à sua sobre-condenação penal e, portanto, a uma penalização da loucura [21], contrariando-se assim um princípio muito antigo que remonta à Antiguidade, e que estava claramente estabelecido em França no famoso antigo Código Penal napoleónico de 1810 [1]. Esta deriva explica, em grande parte, a presença

---

[1] O artigo 64 do código penal francês napoleónico em vigor desde 1810 foi substituído no 1.º de Março de 1994 pelo artigo 122.1 do novo Código Penal. Como outrora o artigo 64, a partir de Março de 1994, o artigo 122.1 permite decidir sobre a irresponsabilidade e sobre a responsabilidade penais dos infractores, designadamente no quadro das infracções criminais ou no caso de delitos de natureza sexual, duas situações em que as perícias mentais, nas suas formas actuais, são ordenadas sistematicamente.

O artigo 64 do antigo Código Penal francês dizia: "Não há crime nem delito quando o arguido se encontrava num estado de demência no momento do acto ou quando foi constrangido por uma força à qual não pôde resistir".

O artigo 122.1 do novo Código Penal francês diz: 1.ª alínea: "Não é penalmente responsável a pessoa que, no momento dos factos, sofresse de uma perturbação psíquica ou neuropsíquica que tenha abolido o seu discernimento ou o controlo dos seus actos". 2.ª alínea: "A pessoa que, no momento dos factos, sofresse de uma perturbação psíquica ou neuropsíquica que tenha alterado o seu discernimento ou dificultado o controlo dos seus actos tem competência para ser

de tão grande número de doentes mentais nas prisões de muitos países (designadamente na França), presença repetidamente denunciada pelas mais diversas instâncias oficiais e por vários especialistas. Nesse caso, os doentes mentais, se encarcerados indevidamente, não podem ser legalmente obrigados, pelo menos na maior parte dos casos, a aceitar tratamento. A sua patologia e a sua perigosidade, podem, por isso, manter-se ou agravar-se, sob o duplo efeito do encarceramento e da falta de cuidados. Além disso, nalguns casos, podem pôr em perigo a sua segurança (v. g., estigmatização e agressão por parte de outros reclusos devido à sua perturbação, bem como auto-mutilação ou suicídio), a segurança dos outros detidos ou do pessoal que trabalha na prisão (v. g., agressões, tentativas de homicídio ou, muito mais raramente, homicídios consumados). Estas perturbações mentais podem igualmente constituir riscos importantes de passagem ao acto patológico e de conduta perigosa após a libertação do indivíduo. Importa referir a este propósito que na França, em menos de 20 anos, o número de tomadas de decisão de irresponsabilidade penal por razões de perturbações psíquicas (isto é, doença mental) apresentadas no momento dos factos pelos autores de infracções que foram objecto de perícias teria sido dividido por cem, "(...) o número de acusados julgados *irresponsáveis no momento da prática dos actos* passou de 17% no início dos anos 1980 para 0,17% no ano de 1997" (...) o encarceramento dos psicóticos é assim consagrado para grande infelicidade da administração penitenciária (...). Devido a uma deriva psiquiátrica e judiciária, milhares de detidos com perturbações psiquiátricas andam espalhados pelo território nacional, atirados de uma prisão para a outra, ou erram entre diferentes secções disciplinares das cadeias, Serviços Médico-Psicológicos Regionais, Unidades de Doentes Difíceis ou Unidades fechadas de hospitais penitenciários (...). E tudo isto sem nenhuma coerência. Paradoxo terrível, a reforma do código penal e as novas práticas dos psiquiatras conduziram a um resultado inesperado: há cada vez mais doentes mentais encarcerados. Assim, o círculo fechou-se: a prisão francesa está a retomar o seu rosto anterior ao Código Penal Napoleónico [1].

---

punida: todavia, o tribunal tem em conta esta circunstância quando determinar a pena e fixar o seu regime".

1. 2. Exemplos de criminosos doentes mentais não responsáveis pelos seus actos do ponto de vista penal

Caso 1

Um dia, cansado da sua namorada, R. quer terminar essa relação para arranjar uma outra. Mas a namorada e a mãe dela não estão de acordo, porque "estão à espera do casamento". A Sra. C. convida então R. "para casa dela para discutir a situação". R. vai ao encontro e a Sra. C. oferece-lhe um café, que ele aceita e que, segundo R., "estava frio, tinha uma cor laranja e o gosto de sangue". Três dias mais tarde ele apercebeu-se que a Sra. C o tramara. Ela ter-lhe-ia deitado sangue contaminado pelo vírus da S.I.D.A (H.I.V.) no café. Ela teria tirado esse sangue do seu filho com uma seringa, na altura de uma visita ao hospital, onde ele tinha sido internado devido ao agravamento da sua S.I.D.A. A ideia de ter sido contaminado invade o universo mental de R., atingindo proporções tais que vão absorver toda a sua vida psíquica, pois ele pensa que vai morrer de S.I.D.A. A partir daí ele isola-se, fecha-se sobre si mesmo, prisioneiro das suas angústias. É internado duas vezes em psiquiatria por períodos de dez e doze dias respectivamente. Nem os tratamentos psicotrópicos orientados, sobretudo, para as suas características depressivas, nem o recurso à terapia institucional, extremamente breve, nem as consultas privadas, nem os exames biológicos que demonstravam a sua seronegatividade conseguiram eliminar a sua convicção delirante. Esta convicção total e inquebrantável de que morrerá dessa doença, faz nascer progressivamente nele um desejo de vingança. Ele vive com esta crença durante três anos e 10 meses. Durante o último ano desenvolve-se a ideia de homicídio contra a Sra. C. Os seus pensamentos ecoam cada vez mais no seu psiquismo e R. ouve como se fossem vozes: "Tenho a S.I.D.A! Vou morrer! É necessário que ela pague! Tenho de a matar! Não há nada a fazer, é absolutamente necessário que eu a mate". A seguir a um acesso delirante particularmente grave, ele acaba por ceder a esta imperiosa necessidade patológica. No dia seguinte, R. decide-se, vai buscar uma espingarda de caça que se encontrava na garagem e sai de casa para ir matar a Sra. C. Vê então em frente da sua casa, perto do seu carro, um casal cuja mulher está de costas e se parece com a Sra. C. O homem está em frente dele. R.

dispara sobre Sra. C. e sobre o homem. Os dois caem feridos mortalmente. R. põe-se em fuga para se matar noutro sítio, convencido que estava da sua morte iminente por causa da contaminação da sua S.I.D.A." Telefona à mãe para lhe dizer adeus mas ela dissuade-o e ele então entrega-se às forças da ordem. É, depois, informado de que a mulher que acaba de matar não é a Sra. C. Tratava-se de um casal de idosos que saía de uma consulta de cardiologia e que se encontrava ali por acaso. Foi neste contexto de insegurança e de fragilidade emocional que desenvolveu a sua convicção delirante, porque distorções cognitivas importantes não lhe permitiriam lidar, de maneira adequada, com situações afectivamente e emocionalmente stressantes (originadas por uma contrariedade emocional importante: a descompensação esquizofrénica em curso, a fragilidade afectiva, o desejo de ruptura com a namorada...) nas quais ele se encontrava. R. utilizou assim a ameaça ambiental da S.I.D.A para cristalizar o seu mal-estar crescente. A perenidade destes mecanismos favorece a retirada autista e um estreitamento do campo crítico, através de uma focalização exclusiva sobre si próprio e sobre a sua convicção. R. pôde obedecer às suas ideias delirantes no decorrer de um momento fecundo da sua psicose, desinibindo a reacção patológica de vingança (duplo homicídio com erro cognitivo na escolha das vítimas).

Caso 2

A. mata um casal de vizinhos, na casa deles, com uma carabina de canos longos e mira telescópica. Ele explica assim: *"tomei o meu vizinho por um cabecilha da Máfia (...). Ele e a mulher humilhavam-me nos meus pensamentos e queriam ambos empurrar-me para o suicídio utilizando bruxarias (...) sentia a minha energia desaparecer pouco a pouco (...) no fim mal me conseguia aguentar de pé (...) um dia carreguei a carabina e esperei; quando ele abriu a janela, disparei-lhe uma bala na cabeça (...) então a esposa aproximou-se e enquanto ela via o seu marido morto, matei-a também (...) quando ela morreu uma aura saiu dela, como um nevoeiro amarelo, que me envolveu — tive muito medo, peguei no carro para fugir, mas estava demasiado fraco; por isso, regressei a casa e a polícia veio buscar-me quando a filha do casal descobriu os corpos, cinco dias mais tarde (...) eu estava doente, delirava, inventava cenas e acreditava nelas"*. Na altura da detenção a polícia descobriu no apartamento em que ele vivia há alguns anos como um recluso seis armas de fogo (carabinas, espingardas e revólveres). De facto A. era uma pessoa delirante desde há alguns anos. Filho de um casal de médicos especialistas, ele encontrava-se no último ano do curso de Medicina quando cometeu o duplo homicídio. Dois anos antes tinha agredido uma interna de medicina durante um estágio hospitalar. E justificava esta passagem ao acto como uma reacção de defesa contra as ameaças que pesavam sobre ele desde há muito. Esta agressão ter-lhe-ia assim *"permitido escapar a uma tentativa de homicídio contra ele, por parte da interna,* aliada, segundo ele, aos pedreiros-livres *da Grande Loja de França, que o perseguiam". "Ela tinha-me testado e eu não estava preparado para sacrificar a minha vida pela Loja Maçónica (...) aquilo acabou mal porque eu sabia demasiado sobre eles, queriam-me suprimir (...) ela agarrou-me pelo pescoço dizendo-me, tu vais morrer, vais acabar nos frascos (...) ela deu-me um golpe que provoca uma congestão cerebral (...) fiquei inerte, esperando pela morte, resignado (...) vi a morte de perto, então tomei o controlo da situação e agarrei-a da mesma forma (...) ficamos no chão, no corredor, atordoados; em seguida reconciliámo-nos (...) a partir daí já não era possível fazer mais nada, estava obrigado a fugir, pensava que eles me iam perseguir e prender"*. Este delírio persecutório, muito rico, interpretativo, intuitivo, alucinatório vai-se estender *"ao meio e à máfia em geral"*, cuja encarnação ele vê, em primeiro lugar, no casal de vizinhos que abateu. Apesar dos seus distúrbios esquizofrénicos importantes e recorrentes A. nunca fora hospitalizado em psiquiatria antes deste duplo homicídio.

Este tipo de sujeitos psicóticos perigosos, cujos delírios originaram a passagem a actos criminais, deve ser considerado, pelos peritos e pela justiça, como penalmente irresponsáveis pelos seus actos. E tais indivíduos devem, de seguida, ser colocados à força em hospitais psiquiátricos para aí serem tratados a fim de, assim, se protegerem eventuais vítimas. Em França, desde há vários anos que muitos deles são mal avaliados pelos peritos e, contrariamente ao que está previsto na lei, são objecto de decisões de responsabilização penal e condenados a pesadas penas de prisão [1, 21].

1. 3. A "perícia psiquiátrica" e a "perícia psicológica" entre poluição da justiça e dever de objectividade

M. Bénézech, um influente psiquiatra francês contemporâneo, também denunciou, há muito tempo, o que designa de "falência da perícia" [3]. Para ele, "decidir da sorte de uma pessoa, mesmo que seja criminosa, após uma única entrevista de umas dezenas de minutos num gabinete, é inaceitável no nosso tempo, quando se trata de assuntos complexos e importantes. O desfasamento entre os diagnósticos feitos por peritos e os diagnósticos realizados por psiquiatras que trabalham em meio prisional com criminosos condenados revela bem a fraca fiabilidade da prática pericial" [2].

A justiça moderna deve poder considerar, com rigor, todos os elementos da vida e da personalidade dos que são trazidos perante o tribunal e não pode ficar satisfeita com avaliações desses elementos, apenas aproximativas ou completamente erradas. Uma reforma realista da perícia psiquiátrica e da perícia psicológica em geral (tanto em matéria penal como em matéria civil) precisa de ser levada a cabo rapidamente em vários países, designadamente na França [2]. Esta reforma é tanto mais imperativa quanto os pedidos de perícia não param de crescer e de se diversificar.

Certas reformas (ou anúncios de reforma) recentes não abordam (ou são a esse respeito muito vagas) as soluções para os pontos mais problemáticos, a saber: a diminuição regular do número de peritos psiquiatras, o conteúdo da sua formação e a experiência profissional dos peritos psiquiatras e psicólogos. Embora no caso bem conhecido de Outreau as falhas nas perícias feitas às crianças tenham sido particularmente mediatizadas, convém não esquecer que os problemas colocados pelas perícias "psi" não se limitam aos menores de idade. Esses problemas são de ordem muito mais geral, pois, frequentemente, os psicólogos e os psiquiatras, que são chamados a realizar perícias sobre crianças, pré-adolescentes ou adolescentes, fazem também perícias sobre todo outro tipo de pessoas. Estes pontos muito críticos, relacionados com a evolução dos efectivos de

---

[2] Esta constatação, certamente alarmante mas necessária, não deve esconder a boa qualidade de muitas perícias psiquiátricas ou psicológicas que diariamente são realizadas.

peritos e com a qualidade geral das suas prestações em matéria de perícia, devem, pois, ser atacados e resolvidos rapidamente.

2. A "perícia psiquiátrica" e a "perícia psicológica": uma distinção a suprimir

Se historicamente a distinção entre perícia psiquiátrica e a perícia psicológica se aceitava, essa distinção parece difícil de justificar no futuro. Dois tipos de razões estão na origem desta constatação: razões ligadas ao efectivo actual e futuro dos potenciais peritos, e razões ligadas à natureza das questões que lhes são colocadas.

2. 1. O efectivo actual e futuro dos potenciais peritos

Os Psiquiatras:
Há já vários anos que um bom número de juízes fala das suas dificuldades em encontrar o número suficiente de peritos psiquiatras em certas regiões. Em França, esta penúria vai agravar-se consideravelmente, porque à diminuição do número de psiquiatras em formação desde 1983 vai acrescentar-se outra diminuição resultante do facto de vários deles deixarem de trabalhar devido à idade, nos próximos anos. É de recear que a perícia psiquiátrica não possa realizar-se com garantias de qualidade, nalgumas regiões, por não haver especialistas em número suficiente. E a simples revalorização monetária dos trabalhos de peritos não garantirá a resolução deste problema crucial.

Os Psicólogos:
Em contrapartida, o número de psicólogos é muito maior do que o número dos psiquiatras e este número não cessa de aumentar (actualmente em França há cerca de 5000 psicólogos que, cada ano, recebem o seu diploma e o seu título). Importa, no entanto, referir que psicólogos e psiquiatras apresentam uma zona comum de carências; na grande maioria dos casos eles não receberam no seu programa inicial de estudos universitários nenhuma formação

válida que lhes proporcione conhecimentos necessários sobre os autores de infracções, as vítimas ou as perícias. Será, pois, importante proceder a uma reforma da formação inicial dos psicólogos (e dos critérios de recrutamento dos professores de psicologia, na Universidade) com vista a remediar estas carências. Uma tal reforma deveria, entre outras coisas melhorar o acompanhamento e o tratamento das vítimas e dos agressores, a luta contra a delinquência e a criminalidade ou a reincidência, bem como a prática de perícias [18].

2. 2. Natureza das questões colocadas aos peritos

Existe uma sobreposição importante entre as questões escritas (e orais no decorrer das audiências) colocadas aos peritos psiquiatras e aos peritos psicólogos que, frequentemente, levam ao duplo emprego no que se refere às análises que elas suscitam (cf., a título de exemplo, as questões escritas habitualmente colocadas, bem como as missões-tipo em matéria de perícias psiquiátricas e psicológicas das pessoas acusadas, que vêm referidas no fim deste capítulo). Não será, pois, a manutenção destas duas listas de questões muitas vezes semelhantes que, por si só, contribuirá para melhorar a avaliação da personalidade e dos comportamentos das pessoas que foram objecto da perícia. Conservar estas duas listas de questões, mesmo que diferenciando-as mais [25], apenas contribuirá para agravar as possibilidades de resolução dos problemas colocados ao efectivo reduzido dos peritos, sem trazer quaisquer ganhos importantes para a avaliação clínica das pessoas a que a perícia diz respeito.

Estes aspectos relativos à evolução previsível do número de psiquiatras e de psicólogos e à distinção, cada vez mais artificial, entre a "perícia psiquiátrica" e a "perícia psicológica", testemunham em favor da supressão dessa mesma distinção, que aliás é difícil de manter e concretizar actualmente (e sobretudo num futuro próximo) por falta de peritos psiquiatras em número suficiente. Os conceitos de perícia psiquiátrica e de perícia psicológica nas suas acepções correntes deveriam, por isso, ser suprimidos e substituídos pelo conceito único de "perícia mental" ou "perícia psíquica" ou por outra designação equivalente. A perícia mental seria levada a cabo, indiferentemente, tanto por psiquiatras como por psicólogos, sob a condição de uns e outros serem bem formados e treinados nos domínios a que a sua peritagem diz respeito. Pois dificilmente se compreenderá que alguém possa ser perito num domínio para o qual não teve formação específica e no qual tem pouca ou nenhuma experiência profissional de terreno.

O aumento qualitativo do nível geral das prestações em matéria de perícia exigirá inevitavelmente que se coloque à disposição da justiça um número suficiente de peritos bem formados e profissionalmente experimentados, em qualquer ponto do território nacional. O desenvolvimento de uma "perícia mental" realizada tanto por psiquiatras como por psicólogos escolhidos com base na sua formação efectiva e nas suas competências para levar a cabo essas missões permitiria colocar de forma ajustada e flexível, à disposição da justiça e daqueles que a ela recorrem, o número necessário de peritos de qualidade, geograficamente bem distribuídos. As suas missões comuns e as questões que lhes são colocadas poderiam cobrir toda a extensão do campo clínico das missões actualmente confiadas, de forma separada e independente, aos psiquiatras e aos psicólogos. A fim de afinar os seus diagnósticos diferenciais e as suas avaliações, os psiquiatras e os psicólogos poderiam recorrer, se necessário, ao parecer complementar de especialistas em questões somáticas bem como a um vasto conjunto das informações relativas à pessoa-alvo da perícia (v. g., através da análise de dossiers, opinião de outros profissionais, informações e opiniões dos familiares, etc.)

3. A organização de uma prática de "perícia mental" de qualidade

A implementação de uma prática de perícia mental de boa qualidade em França e noutros países da União Europeia é uma exigência que não se pode limitar a umas tantas modificações parciais que se revelariam insuficientes e novamente problemáticas a curto ou médio prazo. Para além de se acabar com a separação das actuais perícias psiquiátricas e perícias psicológicas, o desenvolvimento dessa nova prática passaria também, inevitavelmente, por outras mudanças de fundo, importantes e complementares, que devem obedecer a alguns grandes princípios. Só assim se tornará possível ultrapassar rapidamente as carências que na maioria dos casos originam erros neste domínio.

3. 1. A criação de um consenso clínico e jurídico de perícia mental

A fim de evitar o desenvolvimento de avaliações, de análises, de conclusões, de pontos de vista errados e subjectivos bem como impedir ideologias que sejam prejudiciais ao dever de objectividade dos peritos, é necessário criar um consenso clínico e jurídico oficial (ou seja que tenha o aval da comunidade científica e jurídica competente). Este consenso incidiria sobre os aspectos clínicos relativos aos diferentes tipos de pessoas-alvo das perícias, sobre os diferentes tipos de peritagens, sobre a adequação entre esses conteúdos clínicos e o que prescreve a lei (designadamente a questão central da responsabilidade e da irresponsabilidade penais) e sobre as melhores maneiras de realizar e apresentar as perícias mentais (v. g., através de um código de boas práticas). Por exemplo, no que se refere às decisões de irresponsabilidade penal, este consenso poderia levar a uma tomada de posição oficial com base clínica e jurídica, segundo a qual se certas perturbações psíquicas graves (v. g., debilidade mental, a deterioração intelectual importante, os delírios psicóticos [10-13, 17], as perturbações mais graves de humor e outros distúrbios em relação aos quais houvesse consenso) levam, de maneira exclusiva, à infracção reprovada à pessoa alvo de perícia e "destroem o seu discernimento ou o controlo dos seus actos", nesses casos elas deveriam ser consideradas causa de irresponsabilidade penal.

Este consenso clínico e jurídico não teria por objectivo prender o perito numa golilha rígida: ele constituiria simplesmente um ponto de referência que o ajudaria a preparar as suas avaliações e apresentar as suas conclusões sem perder as suas capacidades de adaptação às particularidades de cada pessoa alvo da perícia. Este consenso constituiria igualmente um sinal de referência interessante e útil para os juízes e para os advogados (em particular no debate contraditório) que devem muitas vezes gerir os desenvolvimentos e as querelas de peritos que utilizam uma linguagem dificilmente compreensível e que se apoiam em dados científicos frequentemente muito discutíveis. O consenso clínico e jurídico deveria ser revisto e actualizado, regularmente, em função das evoluções em cada um desses dois domínios.

3. 2. A formação obrigatória dos peritos

A perícia mental é um acto profissional difícil e delicado que faz apelo a conhecimentos importantes, vastos e complexos que não se podem improvisar. O conjunto dos psiquiatras e psicólogos candidatos à realização de tais peritagens deveriam obrigatoriamente ter recebido (e validado cientificamente) uma formação prévia e específica sobre os diferentes tipos de aplicação da perícia metal e os diferentes tipos de pessoas-alvo dessas perícias ("crianças, pré-adolescentes, adolescentes, adultos, idosos, autores de infracção, vítimas, doentes mentais, etc.). Nessa formação prévia obrigatória [18], o consenso clínico e jurídico actualizado sobre a perícia mental deveria, evidentemente, ocupar um lugar central. Além disso, dever-se-ia também ensinar outras matérias periféricas, mas necessárias, para o exercício da perícia (v. g., a deontologia bem como o conhecimento do sistema judiciário e da sua engrenagem).

A fim de actualizar os seus conhecimentos e práticas, e obterem a renovação da sua licença, os peritos deveriam igualmente seguir (e validar) sessões de formação contínua frequentadas ao longo da sua carreira.

A organização de programas nacionais de formação prévia e contínua, harmonizando níveis de competência e de desempenho, deveria ser preferível às simples iniciativas pessoais na escolha das acções de formação contínua (4-9, 18).

3. 3. A experiência profissional dos peritos

Os psiquiatras e os psicólogos candidatos à realização de perícias mentais deveriam ter adquirido, previamente, um mínimo de experiência profissional clínica (cinco anos a tempo completo parece ser uma duração mínima). Por outras palavras, ao terminar a sua formação inicial na Universidade, o jovem profissional sem experiência — psiquiatra ou psicólogo — não deveria realizar perícias mentais, sem ter adquirido maturidade profissional suficiente no terreno.

A prioridade na realização de perícias nessas áreas deveria ser dada aos peritos psicólogos e psiquiatras que tiveram prática e experiência profissional no terreno num ou em vários domínios específicos.

Essa especialização e essa experiência profissional deveriam constar de um registo oficial e serem tidas em consideração, oficialmente, na altura da inscrição destes especialistas nas listas de peritos e aquando da renovação da sua licença. Assim, os juízes (bem como as pessoas que recorrem aos tribunais e os seus advogados) teriam um conhecimento claro das orientações e das competências profissionais dos peritos já designados ou que poderiam ser designados.

3. 4. O tempo decorrido e os períodos oportunos para se realizarem as perícias

Assumindo que o perito tem a possibilidade de examinar a pessoa alvo da perícia durante o tempo que for necessário, será difícil pensar, com um mínimo de razoabilidade, que um exame pericial possa ser realizado de maneira válida em menos de uma hora e meia (nos casos mais simples). Seria igualmente interessante, mesmo indispensável, que o perito examinasse a pessoa para quem é requerida a perícia em, pelo menos dois períodos diferentes: a primeira vez, logo a seguir à sua designação, isto é, o mais próximo possível dos factos que desencadearam esse procedimento; e a segunda vez, o mais perto possível da data de audiência de julgamento que, frequentemente, ocorre muito mais tarde. Esta estratégia, se utilizada de modo sistemático, permitirá examinar com maior validade o estado inicial e a evolução das pessoas submetidas à perícia (designadamente as vítimas [14-16] e os autores de infracções). Além disso, uma tal estratégia permitiria também aos peritos, se necessário, corrigir a sua primeira avaliação.

3. 5. Alargar as perícias mentais a todos os autores de delitos

Se certos elementos da personalidade e, em particular, as perturbações ou as patologias psicológicas ou neuropsicológicas dos infractores podem desempenhar um papel mais ou menos importante na ocorrência de certos crimes, esses mesmos elementos podem também desempenhar o mesmo papel nas "passagens ao acto" relativas aos níveis menos graves de infracção: contravenções e delitos. Ora as perícias psiquiátricas e psicológicas são exigidas, sistematicamente, apenas no quadro das instruções criminais ou no âmbito dos delitos de natureza sexual. Para se respeitar melhor o princípio da equidade e da igualdade dos indivíduos que podem ter de responder perante a justiça, não deveria a perícia mental ser sistematicamente alargada a todos os autores de delitos? Esta perícia poderia ser adaptada ou simplificada, por comparação com o que se passa em matéria criminal, mas deveria incidir, pelo menos, sobre a questão crucial da responsabilidade/irresponsabilidade penal dos delinquentes.

3. 6. A revalorização dos actos de peritagem

A perícia mental é um acto clínico complexo, importante, útil e nobre na sua finalidade. A sua remuneração deverá evidentemente ser proporcional às novas exigências de qualificação e às prestações exigidas aos peritos.

Em França, os preços de base actuais são de 205,80 Euros para a perícia psiquiátrica e de 221,95 Euros para as perícias psiquiátricas relativas a infracções sexuais (ainda que não seja necessariamente a natureza da infracção que faz a dificuldade da perícia!) e 172, 80 Euros para a perícia psicológica. Esta última é, muitas vezes, muito mais longa e muito mais difícil de realizar do que a perícia psiquiátrica, designadamente quando o psicólogo perito tiver de utilizar testes psicométricos e/ou provas projectivas de personalidade (técnicas complementares de avaliação, para as quais os psiquiatras não têm formação, e que requerem para além do exame clássico de perícia através da entrevista, um tempo considerável de administração de provas, de cotação, de análise, de interpretação e de redacção de relatórios com os resultados) [24, 27]. Não admira, por isso, que as tabelas actuais de preços das perícias psiquiátricas e das perícias psicológicas sejam unanimemente reconhecidas como insuficientes.

4. Conclusão

O interesse maior da reforma proposta neste capítulo estaria em permitir, graças sobretudo ao "desenclausuramento" dos conceitos actuais de "perícia psiquiátrica" e de "perícia psicológica", a rápida entrada ao serviço de um efectivo suficiente de peritos com boa experiência profissional e com uma excelente formação na prática da perícia mental, em qualquer ponto do território nacional. Ao proporcionar assim mais objectividade e mais fidedignidade ao exame das pessoas submetidas às avaliações de peritos, esta reforma poderia diminuir igualmente o número de pedidos de contra-peritagem ou de "hiper-peritagem" que só vêm complicar ou tornar mais pesados e mais demorados os processos no sistema judicial.

Ao permitir ter mais facilmente em conta a dimensão humana que se encontra no cerne de cada caso, esta modernização, esta simplificação e este esforço de maior fidedignidade no que se refere à forma da perícia mental contribuiriam para a preparação de novos avanços indispensáveis à difícil arte de fazer justiça. Numa época em que se insiste, cada vez mais, em fortalecer ou tornar mais seguras as decisões judiciárias, tomando-as depois de se ter em mãos os pareceres dos peritos, não será necessário, finalmente, tornar as próprias perícias mais seguras?

Esta proposta de reforma, indispensável no quadro francês actual poderá revelar-se igualmente de grande utilidade noutros países. Isso seria, aliás, uma forma de harmonizar e melhorar as práticas e os níveis de desempenho em matéria de perícia mental judiciária, no conjunto dos países da União Europeia.

Bibliografia

[1] Sénat (2000). Prisons: une humiliation pour la république. Rapport de la commission d'enquête du Sénat sur les conditions de détention dans les établissements pénitentiaires en France. 4-7. Session ordinaire de 1999-2000.

[2] Bénézech M. (1996). De la nécessaire création de centres d'évaluation et d'expertise criminologiques à l'échelon national. In : *Médecine pour la prison de l'an 2000, Actes du premier congrès mondial de médecine pénitentiaire francophone*. Paris: Palais du Luxembourg, pp. 82-85.

[3] Bénézech M. et al. (2004). *Les dangerosités*. Paris : John Libbey Eurotext, pp. 7-23.

[4] Bouchard J.-P. (2006). Réformer l'expertise psychiatrique et l'expertise psychologique : un impératif pour la justice. *Le concours médical*, 128(02), 97-99.

[5] Bouchard J.-P. (2206) L'expertise mentale en France entre «pollution de la justice» et devoir d'objectivité. *Droit penal*. LexisNexis JurisClasseur, 2 (3), 15-16.

[6] Bouchard J.-P. (2006). Réformer l'expertise psychologique et l'expertise psychiatrique : une impérieuse nécessité pour la justice. *Le journal des psychologues*, 238, 30-33.

[7] Bouchard J.-P. (2006). L'expertise mentale: entre fragilités et certitudes. Communication faîte dans le cadre du colloque sur «La preuve pénale» organisé par l'institut de criminologie de Paris, université Panthéon-Assas (Paris II), l'institut d'études judiciaires « Pierre Raynaud », le GIP mission de recherche droit et justice du Ministère de la justice, le centre de prospective de la gendarmerie nationale et le centre d'études et de prospective du ministère de l'intérieur. Université de La Sorbonne, Paris.

[8] Bouchard J.-P. (2007) L'indispensable réforme de l'expertise psychologique et de l'expertise psychiatrique. Communication faîte dans le cadre du XXIème Forum professionnel des psychologues, Palais des Papes, Avignon, 23, 24, 25 novembre 2006 et dans le cadre des conférences « Regards sur l'actualité », Institut d'études judiciaires, Université Panthéon -Assas, Paris II.

[9] Bouchard J.-P. (2008) Les psychologues : une valeur ajoutée pour réformer, moderniser et actualiser l'expertise mentale judiciaire. « Entretiens francophones de la psychologie », colloque international organisé par la Fédération belge des Psychologues FBP-BFP, la Fédération française des Psychologues et de la Psychologie FFPP et la Fédération suisse des Psychologues FSP, 3-5, Université Paris Descartes, France.

[10] Bouchard J.-P. (1990). Sous l'emprise du délire : évolution d'un cas de schizophrénie ayant donné lieu à des passages à l'acte meurtriers, vampiriques et cannibaliques. *Journal de Psychiatrie*, III/3, 37-40.

[11] Bouchard J.-P. (1995). Tuer père et mère, ou le tragique périple d'un double parricide. *Revue de Psychiatrie et de Psychologie Légales "Forensic"*, 11, 11-14; (1994). *Revue Internationale de Philosophie Pénale et de Criminologie de l'Acte*, 5-6, 269-276.

[12] Bouchard J.-P. & Bachelier A.-S. (2004). Schizophrénie et double parricide: à propos d'une observation clinique/Schizophrenia and double parricide: about a clinical observation. *Annales Médico Psychologiques*, 162(8), 626-633.

[13] Bouchard J.-P. (2005). Violences, homicides et délires de persécution/Violence, homicide and delirium of persecution. *Annales Médico Psychologiques*, 163(10), 820-826.

[14] Bouchard J.-P. & Moulin V. (2000). Les conséquences psychologiques des agressions. *Revue de la gendarmerie nationale*, 194, 51-65.

[15] Bouchard J.-P. (2003) La prise en charge psychologique des victimes. *Revue de la gendarmerie nationale,* 205, 88-92.

[16] Bouchard, J.-P., Franchi, C., Bourrée, C. & Lepers, C. (2003). Explosion de l'usine AZF de Toulouse: conséquences psychologiques sur le personnel d'une entreprise voisine. *Revue francophone du stress et du trauma*, 3(4), 241-247.

[17] Bouchard J-P. (2007). Paranoïa, schizophrénie et dangerosité : de la clinique à la prévention des passages à l'acte. Communication faîte dans le cadre des 18èmes journées de l'Association Francophone d'Etudes et de Recherche sur les Urgences Psychiatriques (A.F.E.R.U.P.) ayant pour thème «Urgences psychiatriques et dangerosité : de la psychiatrie à la criminologie» sous le haut patronage du Ministre de la Santé et des Solidarités. Centre Universitaire, France.

[18] Bouchard, J.-P. (2008). Proposition de réforme de la formation des psychologues en France et dans l'Union européenne/A proposal for reforming psychologists' training in France and in the European Union. *L'Encéphale*.

[19] Bouley, D. et al. (2002). Les fondements historiques de la responsabilité pénale. *Annales Médico Psychologiques,* 160, 396-405.

[20] Gallet E. et al. (2000). Les psychotiques incarcérés. *Revue de Psychiatrie et de Psychologie Légales «Forensic»*, 2(3), 48-52.

[21] Guibert N. (2006). Délinquants «dangereux»: les propositions du Sénat. *Le Monde*, 28.

[22] Le Calvez J. (1995). De l'article 64 du Code Pénal à l'article 122-1 du nouveau Code Pénal. *Actualités Psychiatriques*, 3 (XXV), 3-12.

[23] Lemaire, M. & Lewden, S. (2007). *Ces experts psy qui fabriquent des coupables sur mesure*. Editions L'Harmattan.

[24] Leturmy, L., Senon, J.-L., Manzanera, C., Aboucaya, E., Savart, M., Soulez-Larivière, D. & Lasbats, M. (2006). L'expertise pénale: *Actualité juridique pénale*. Éditions Dalloz, 2, 58-79.

[25] Senon, J.-L., Beloncle, M., Ciavaldini, A., Penin, A. & et al. (2007). *Audition publique. Expertise psychiatrique pénale.* Rapport de la commission d'audition. Consultable sur Internet.

[26] Martorrell. A. (1991). Malades psychotiques en milieu carcéral, esquisse historique et éléments d'actualité. *L'Information Psychiatrique*, 67(4), 293-307.

[27] Rizet, C., Viaux, J.-L., Bouchard, J.-P., Condamin, C., Romano, H. & Hélie, M.-A. (2006). Psychologie et justice : paroles d'experts. *Le Journal des psychologues*, 238, 24-50.

[28] Saint P. (1999). Inadéquations entre l'expertise psychiatrique et la dangerosité criminologique. *Synapse*, 160, 37-42.

[29] Tron P. & Loas, G. (1992). De la fiabilité des expertises: étude comparative sur des patients hospitalisés ou emprisonnés après un acte criminel. *Annales Médico Psychologiques*, 150(10), 741-746.

[30] Zagury, D. & Martineau, C. (2005). L'expertise pénale aujourd'hui. *Le quotidien du médecin,* 7849, 3.

ANEXO

Questões escritas habitualmente colocadas (missões-tipo) aos peritos psiquiatras e aos peritos psicólogos no âmbito das perícias de pessoas enviadas para exame pela justiça (são possíveis algumas variantes na formulação de certas questões destas missões-tipo).

Missão confiada aos peritos psiquiatras (perícias psiquiátricas):

Dizer se o exame do sujeito revela perturbações psíquicas. Em última instância, descrevê-las e indicar exactamente a que condições elas estão associadas.

Dizer se a infracção de que a pessoa é acusada tem alguma relação com as eventuais perturbações, particularmente se ela sofria, no momentos da ocorrência dos factos, de uma perturbação psíquica ou neuropsíquica que tenha abolido o seu discernimento ou o controlo dos seus actos ou se sofria duma perturbação psíquica ou neuropsíquica que tenha alterado o seu discernimento ou entravado o controlo dos seus actos, na aplicação do artigo 122-1 do novo Código Penal (francês).

O sujeito apresenta um estado perigoso?
O sujeito é capaz de uma sanção penal?
O sujeito é curável ou susceptível de reabilitação?

Missão confiada aos peritos psicólogos (perícias psicológicas):

Analisar as disposições da personalidade do indivíduo enviado para exame nas áreas da inteligência, da afectividade e da sociabilidade bem como avaliar, se necessário, o seu grau de patologia;

Descobrir e mostrar os factores biológicos, familiares e sociais que poderão ter influenciado o desenvolvimento da sua personalidade;

Estabelecer, com rigor, se as características da personalidade ou anomalias mentais poderão ter influenciado o acto que resultou em infracções;

Indicar até que ponto o detido é susceptível de se readaptar e indicar detalhadamente quais os meios a que se deverá recorrer para favorecer essa readaptação.

Fazer todas as observações úteis (no quadro desta questão geral que abrange numerosos pontos, o perito psicológico pode, entre outras coisas, dar o seu parecer sobre a responsabilidade ou irresponsabilidade penal da pessoa submetida à perícia; sobre a sua capacidade jurídica para ser sujeito de uma sanção penal, ou sobre a sua perigosidade).

Secção II

TEMAS ESPECIAIS DE PSICOLOGIA E JUSTIÇA

7

Os transtornos de personalidade em psiquiatria forense

Elias Abdalla-Filho

Introdução

Os transtornos de personalidade (TP) constituem um tema extremamente importante em psiquiatria forense por três motivos básicos. O primeiro pelo fato de seus portadores se encontrarem frequentemente envolvidos em situações criminais, sobretudo os portadores de transtorno anti-social de personalidade. O segundo motivo se refere a freqüentes comorbidades existentes entre esses transtornos com outros transtornos psiquiátricos que também têm interesse legal, como por exemplo, transtorno anti-social de personalidade e síndrome de dependência de drogas. Por fim, o terceiro motivo se refere à freqüente polêmica que existe entre os psiquiatras sobre a responsabilidade penal dos portadores de TP, sobretudo no que diz respeito à sua capacidade volitiva. No plano cível a dificuldade não é menor diante de questionamentos, tais como a necessidade ou não de interdição de um portador de TP ou de sua condição de ter a guarda de seus filhos.

A dificuldade de manejo de pacientes portadores de transtornos de personalidade é bem conhecida pelos psiquiatras clínicos e isso não é diferente no âmbito da psiquiatria forense. De fato, segundo Ruiter e Trestman (2007), criminosos com sérios transtornos de personalidade representam um verdadeiro desafio para os sistemas forenses de todo o mundo. Lewis e Appleby (1988) desenvolveram um estudo no qual eles mostram a postura pejorativa adotada por psiquiatras com pacientes com esse diagnóstico decorrente da dificuldade de abordá-los de forma adequada, o que está ainda presente nos dias atuais. É claro que não podemos desconsiderar o papel da contratransferência no sentido de dificultar uma condução neutra e cientificamente adequada, uma vez que pacientes com TP mobilizam diversas emoções nos psiquiatras examinadores. Por outro lado, Tyrer et al. (1991), ao mostrarem os avanços na classificação, epidemiologia, tratamento e prognóstico dos TP, deixam claro que tais transtornos não podem ser vistos de uma forma menos importante do que a posição central que eles ocupam na prática de uma boa psiquiatria.

A Classificação Internacional de Doenças, em sua décima revisão (CID-10 – 1993), define o termo "transtorno específico de personalidade" como uma perturbação grave da constituição caracterológica e das tendências comportamentais do indivíduo, não diretamente imputável a uma doença, lesão ou outra afecção cerebral ou a um outro transtorno psiquiátrico e que usualmente envolve várias áreas da personalidade, sendo quase sempre associado à considerável ruptura pessoal e social. Apesar de uma definição tão bem ordenada, esse tipo de transtorno está, como dito antes, longe de receber uma consideração homogênea por parte dos psiquiatras. O presente capítulo tem por objetivo a abordagem dos TP dentro do contexto psiquiátrico-forense, sobretudo na esfera pericial.

Esclarecendo conceitos: transtorno psiquiátrico, doença mental, transtorno de personalidade e psicopatia

A clareza do conteúdo de qualquer tema depende muito da precisão de seus conceitos e no tema presente existem várias confusões, dentre elas a confusão entre o conceito de transtorno de personalidade anti-social e psicopatia. Não existe consenso sobre o conceito de "transtorno", já que este termo é objeto de considerações de diversas naturezas, não somente do ponto de vista científico ou médico, como também do ponto de vista social, político e jurídico. Ele é usado ao longo de toda a CID-10 como "a existência de um conjunto de sintomas ou comportamentos clinicamente reconhecível associado, na maioria dos casos, a sofrimento e interferência com funções pessoais". Dentro desse contexto, os transtornos de personalidade podem ser claramente considerados como um tipo de transtorno mental (Davidson, 2002), embora nem sempre sejam vistos dessa forma por um bom número de psiquiatras, que revelam abordagens pejorativas para se referir a indivíduos que adotam comportamentos socialmente censurados. A CID-10 evita o termo "doença", o que é explicado pelos autores com o argumento de que pretendem evitar problemas ainda maiores inerentes ao uso dos termos doença e enfermidade.

Como descrito anteriormente, a CID-10 define um transtorno específico de personalidade como uma perturbação grave da constituição caracterológica e das tendências comportamentais do indivíduo, não diretamente imputável a uma doença, lesão, outra afecção cerebral ou a um outro transtorno psiquiátrico e que usualmente envolve várias áreas da personalidade, sendo quase sempre associado à considerável ruptura pessoal e social. São traços de personalidade que se situam além de uma faixa considerada mediana. No entanto, para que esses traços constituam um transtorno da personalidade, é necessário que haja uma inflexibilidade de seu padrão e um comprometimento do funcionamento do indivíduo na sociedade ou então um sofrimento subjetivo. Ou seja, para que tais traços sejam considerados um transtorno é preciso que o funcionamento psíquico mostre-se mal-ajustado.

A diferenciação entre os transtornos de personalidade e as doenças mentais pode ser feita pela natureza duradoura dos TP, que também apresentam uma constância das manifestações clínicas e comportamentais, representando extremos de uma variação da personalidade que provoca um desajuste do indivíduo no meio em que ele está inserido. Por outro lado, a doença mental pode ser vista como a incidência de um processo patológico em um determinado momento da vida de seu portador. Dentro dos aspectos conceituais, é importante um esclarecimento a respeito do termo psicopata ou personalidade psicopática, correntemente presente em discussões psiquiátrico-forenses.

O termo personalidade psicopática não pertence à atual nomenclatura diagnóstica do ponto de vista médico-psiquiátrico. No entanto, ele se refere a uma personalidade transtornada que apresenta uma tendência a práticas criminais, com padrão recidivante. O diagnóstico clínico mais aproximado desta condição é o transtorno anti-social da personalidade, embora esses dois termos não possam ser considerados sinônimos. Afinal, nem todo indivíduo com transtorno anti-social de personalidade adota, necessariamente, um comportamento criminoso. Em certos países, como a Inglaterra, existe a definição *legal* de transtorno psicopático da personalidade, apesar de não haver a definição médica, o que causa uma certa confusão, uma vez que esse "diagnóstico" é não apenas discutido, mas concluído em reuniões psiquiátricas, sem, no entanto, jamais ser escrito em um laudo como tal, pela sua inexistência na atual classificação diagnóstica (Abdalla-Filho & Engelhardt, 2003; Faulk, 2000).

Diagnóstico e classificação dos transtornos de personalidade

A avaliação diagnóstica dos transtornos de personalidade enfrenta uma polêmica internacional centrada essencialmente na divergência da valorização de entrevistas livres, de duração inespecífica, ou de entrevistas estruturadas (Westen, 1997; Abdalla-Filho, 2004). Enquanto alguns psiquiatras baseiam o seu diagnóstico na escuta do relato de seus pacientes e na observação de seus comportamentos durante o exame, outros defendem a utilização de entrevistas padronizadas, com questões diretivas, aplicadas por um outro entrevistador. O argumento alegado contra esse último tipo de recurso é a possível influência que o psiquiatra sofreria na formulação do diagnóstico, ao tomar conhecimento dos resultados da entrevista. Por outro lado, os defensores desse recurso contra--argumentam que isso pode ser evitado se as entrevistas conduzidas pelo psiquiatra forem anteriores ao seu acesso aos resultados das entrevistas estruturadas.

Para que determinadas características pessoais possam configurar um quadro de TP, é preciso que elas tenham um caráter de inflexibilidade e de desajuste à realidade, provocando um comprometimento do funcionamento do indivíduo nos mais diversos planos, como social e interpessoal. Alterações episódicas ou passageiras de tal funcionamento não são suficientes para compor um quadro de TP. As características que configuram um quadro de TP surgem no final da infância e início da adolescência e persistem durante toda a idade adulta. Pela própria definição já exposta de TP e devido à importância de se observar a história do funcionamento do indivíduo na sociedade ao longo de sua vida para que se possa elaborar uma avaliação diagnóstica, torna-se muito difícil ou até mesmo impróprio reconhecer o transtorno em um jovem adolescente. Por isso, o diagnóstico é inadequado antes de uma idade aproximada de 17 a 18 anos.

Os transtornos *borderline* e anti-social são os diagnósticos para os quais as entrevistas estruturadas têm a melhor validade e confiabilidade, segundo Westen (2001), pelo fato de estes serem os transtornos com índices bastante objetivos no que tange ao comportamento de seus portadores, tais como tentativas de suicídio ou antecedentes prisionais.

Uma ocorrência freqüente que constitui uma verdadeira característica de vários TP é o fato de seus portadores terem uma tendência a reagir aos fatores estressores de forma a querer mudar o ambiente ao invés de tentarem alcançar alguma mudança interna através de uma introspecção (Ribé, Tusquets & Bartrán, 1990). Muitos são egossintônicos ao comportamento apresentado, não sofrendo, mas aceitando esse comportamento, característica que dificulta o tratamento, uma vez que o indivíduo não reconhece a necessidade de ajuda terapêutica.

Em relação à classificação dos TP, ela é feita em termos de categorias, uma estratégia conveniente do ponto de vista didático. Entretanto, esse tipo de classificação tem gerado insatisfação por parte de muitos profissionais e um dos motivos alegados para isso é o fato de que a categorização implica em uma descontinuidade entre os diversos tipos de

TP, bem como entre o transtorno e a normalidade, quando, na verdade, não existe um limite nítido e bem definido entre uma personalidade considerada normal e outra considerada transtornada (Tyrer, 2001). Ademais, um indivíduo pode apresentar um quadro clínico caracterizado por um predomínio de manifestações de um determinado tipo de TP, mas com a presença simultânea de características de um outro tipo (Blackburn, Gunn, Hill et al., 1993).

Cabe aqui lembrar as comorbidades que são, segundo Tyrer (2001), o pesadelo dos nosologistas, uma vez que elas demonstram a imprecisão ou o desconhecimento dos limites entre os transtornos comórbidos, o que compromete o valor clínico do transtorno. Por isso, a classificação dos TP não pode ser rigidamente absorvida, embora tenha o mérito de nortear o tipo predominante de disfunção da personalidade.

Os aspectos diagnósticos e a classificação dos transtornos específicos de personalidade adotados neste capítulo seguem as diretrizes da CID-10. Apesar do termo "específico", é importante considerar o que foi dito acima, ou seja, que um mesmo indivíduo pode apresentar simultaneamente características de mais de um tipo de TP, ainda que prevaleça um comportamento compatível especificamente com algum deles. Existem diferenças classificatórias entre esse sistema e o Manual Diagnóstico e Estatístico de Transtornos Mentais (DSM-IV-TR), como se verá adiante (American Psychiatric Association. Diagnostic and Statistical Manual of Mental Disorders. 4th Text Revision, 2000).

Transtorno paranóide da personalidade

A CID-10 define esse transtorno como sendo caracterizado pelas seguintes características: sensibilidade excessiva diante de contrariedades e rejeições; tendência a guardar rancores persistentemente e a recusar perdão por insultos; caráter desconfiado e tendência a distorcer os fatos por interpretar erroneamente como hostilidade ou desprezo as ações neutras ou amistosas de outros; sentimento combativo e obstinado de seus próprios direitos, em desacordo com a situação real; suspeitas recorrentes e injustificadas quanto à fidelidade sexual do cônjuge ou parceiro sexual;

tendência à supervalorização da auto-importância, manifestada mediante atitudes de auto-referência excessivas e preocupação com explicações "conspiratórias", não substanciadas, sobre eventos que ocorrem em sua proximidade ou mesmo diante de fatos que não lhe digam respeito.

O paciente que apresenta esse tipo de transtorno desenvolve uma supervalorização de si mesmo, apresentando grande dificuldade de consideração e respeito ao outro. Não consegue expor abertamente seus pensamentos, dúvidas e sentimentos, mas tenta, de forma tenaz, convencer as outras pessoas de suas verdades. Raramente admite não ter opinião própria sobre determinado tema e apresenta tendência a desenvolver reações delirantes.

Transtorno esquizóide da personalidade

As características principais desse transtorno são as seguintes: dificuldade ou incapacidade de experimentar prazer; frieza emocional, afetividade distanciada ou embotada; retraimento dos contatos sociais, afetivos ou outros, com capacidade limitada para expressar os sentimentos; indiferença aparente a elogios ou críticas; pouco interesse em ter experiências sexuais com outra pessoa; preferência por atividades solitárias; tendência à fantasia e introspecção; falta de amigos íntimos ou de relacionamentos confidentes, bem como falta de desejo por tais relacionamentos e insensibilidade marcante diante de normas e convenções sociais.

Excêntricos e esquisitos são os adjetivos frequentemente atribuídos aos portadores desse tipo específico de TP. Optam por atividades solitárias, tanto do ponto de vista profissional quanto nas demais esferas da vida e, freqüentemente, direcionam suas vidas nesse sentido. Essa forma de funcionamento psíquico peculiar pode ser percebida e sentida pelo perito durante o próprio exame psiquiátrico. O desconforto demonstrado pelo municiando no contato interpessoal é nítido e evidente, sendo que até mesmo o contato pelo olhar direto é evitado pelos indivíduos esquizóides, o que torna difícil alcançar um fluxo espontâneo no diálogo com eles. Seu afeto parece inadequado. Embora possam tentar mostrar-se bem humorados, apresentam manifestações pueris ou fora de propósito, revelando a tentativa de demonstrar uma aparente espontaneidade ao invés de serem naturalmente espontâneos.

Transtorno anti-social da personalidade

A CID-10 descreve esse transtorno como caracterizado pelos seguintes aspectos: indiferença e insensibilidade diante dos sentimentos alheios; atitude persistente de irresponsabilidade e desprezo por normas, regras e obrigações sociais estabelecidas; incapacidade de manter relacionamentos estabelecidos; baixa tolerância à frustração e baixo limiar para a deflagração de agressividade e violência; incapacidade de experimentar culpa e grande dificuldade de aprender com a experiência ou com a punição que lhe é aplicada; tendência a culpar os outros e a apresentar argumentações e racionalizações plausíveis para explicar um comportamento que leva o portador desse tipo de transtorno a entrar em conflito com a sociedade.

A importância desse tipo específico de TP para a psiquiatria forense deve-se não somente por sua freqüência na prática pericial, sobretudo em exames solicitados por varas criminais, mas principalmente pela gravidade dos crimes cometidos por indivíduos portadores de transtornos dessa natureza. Pelas próprias características acima descritas, tais indivíduos são capazes de práticas cruéis, embora jamais vistas por eles desta forma. Esse tipo de TP não pode ser considerado sinônimo de psicopatia, apesar de ser o diagnóstico clínico que mais se aproxima de tal quadro.

Transtorno emocionalmente instável da personalidade

As características essenciais desse transtorno, segundo a CID-10 são: tendência a agir de modo imprevisível e impulsivo, sem consideração pelas conseqüências; humor imprevisível e instável; tendência a acessos de cólera e incapacidade de controlar o comportamento impulsivo; tendência a adotar comportamento explosivo e a entrar em conflito com os outros, particularmente quando os atos impulsivos são contrariados ou censurados.

Dois subtipos desse transtorno são reconhecidos: impulsivo e *borderline*. O subtipo impulsivo é caracterizado basicamente pelas características acima descritas, ou seja, pela instabilidade emocional e falta de controle dos impulsos. O subtipo *borderline*, por sua vez, além das características de instabilidade emocional, pode revelar perturbações da auto--imagem, com dificuldade de definição das próprias preferências pessoais, bem como dos objetivos e projetos de vida. Há um conseqüente sentimento de vazio, o que pode colaborar para que o paciente recorra a relacionamentos pessoais intensos e instáveis. Apresenta ainda a tendência a adotar comportamentos autodestrutivos, incluindo tentativas de suicídio.

O transtorno de personalidade *borderline* é conhecido por exibir uma verdadeira instabilidade sintomatológica, com uma variedade de manifestações clínicas, em oposição à maioria dos outros TP, que apresentam uma constância na manifestação de suas características. Outra característica marcante desse subtipo de transtorno da personalidade emocionalmente instável é a imprevisibilidade da mudança de uma aparente normalidade para uma crise aguda, que pode ser desencadeada por uma situação de estresse, representada por uma vivência de frustração, perda ou separação. Este tipo de crise pode se manifestar com comportamento de auto ou heteroagressão, idéias de perseguição, podendo ainda exibir sintomas psicóticos transitórios. Embora detectado usualmente na adolescência, suas características podem manifestar-se em qualquer faixa etária e a evolução do quadro é impossível de ser prevista. A freqüente comorbidade observada nesse tipo específico de TP explica, em parte, a sua heterogeneidade. Quando comparados a paciente com outros tipos de TP, os portadores de transtorno *borderline* têm uma probabilidade muito maior de sofrer algum outro tipo de transtorno mental, de forma que a prevalência da forma pura desse tipo de transtorno é muito baixa.

Transtorno histriônico da personalidade

É caracterizado por dramatização, teatralidade e expressão exagerada de emoções; sugestionabilidade; afetividade superficial e lábil, egocentrismo; busca contínua de excitação, apreciação por outros e por atividades em que o seu portador seja o centro das atenções; sedução inapropriada em aparência ou comportamento e preocupação excessiva com atratividade física. A afetividade superficial e lábil, bem como o egocentrismo, dificultam a manutenção de um relacionamento estável e de longa duração.

Os periciandos com esse tipo de TP podem ser cooperativos ao exame psiquiátrico e geralmente prestam informações detalhadas, marcadas, entretanto, por um tom dramático. Apesar de ser mais freqüente no sexo feminino, periciandos de ambos os sexos podem adotar um comportamento sedutor diante do perito. A repressão e a dissociação parecem ser os mecanismos de defesa mais presentes nos indivíduos com transtorno histriônico, o que lhes gera dificuldade para manter um contato consciente e de grau satisfatório com os próprios sentimentos.

Transtorno anancástico da personalidade

Corresponde ao Transtorno de Personalidade Obsessivo-Compulsiva descrito no DSM-IV-TR e é caracterizado pelos seguintes aspectos: sentimentos de dúvida e de cautela excessivas; preocupação com detalhes, regras, ordem ou esquemas; perfeccionismo que compromete a conclusão de tarefas; escrupulosidade e preocupação indevida com produtividade, com exclusão do prazer e das relações interpessoais; pedantismo e aderência excessivos às convenções sociais; rigidez e teimosia; insistência para que os outros se submetam à sua maneira de fazer as coisas ou relutância em permitir que os outros façam determinadas coisas; pensamentos ou impulsos repetitivos e intrusivos, sem alcançar, no entanto, a gravidade de um transtorno obsessivo-compulsivo (TOC).

Esse tipo de TP confere a seus portadores a imagem de sistemáticos ou metódicos, que são descritos como pessoas tendo um afeto constrito, ou seja, mantêm-se contidos, não alcançando espontaneidade em suas manifestações. Esse tipo de rigidez no padrão pessoal pode ser percebido no exame psiquiátrico, através do formalismo e seriedade do examinando. Este se esforça para fornecer mínimos detalhes, muitas vezes desnecessários, em uma busca inútil da resposta perfeita ao que se pergunta. Também inútil seria lhe solicitar mais objetividade em suas respostas, pois ele sente uma significativa ansiedade se não lhe é dada a oportunidade de falar o que deseja da forma como sabe fazê-lo.

Transtorno ansioso (esquivo) da personalidade

Caracteriza-se por sentimentos persistentes e invasivos de tensão e apreensão; crença na idéia de ser socialmente inepto, pessoalmente desinteressante ou inferior aos outros; hipersensibilidade à crítica e à rejeição; relutância em se envolver com pessoas, a não ser quando tem a certeza de ser apreciado; restrições no estilo de vida devido à necessidade de segurança física e evitação de atividades que saem da rotina e exagero dos perigos ou riscos potenciais em situações banais.

Apesar do desejo dos indivíduos com esse tipo de TP de uma vida socialmente participativa, bem como uma projeção em seu desempenho profissional, o perfil descrito acima os impede de concretizar tal desejo. Assim, apesar de haver um afastamento do convívio social, os motivos que os levam a adotar tal postura são fundamentalmente diferentes das razões que levam os portadores de TP esquizóide ou anti-social a não terem um bom relacionamento interpessoal na sociedade. A insegurança e ansiedade dos indivíduos com TP ansioso ou esquivo podem ser facilmente percebidas ao longo da perícia psiquiátrica, pois se manifestam em grau diretamente proporcional ao sentimento de não estar agradando o entrevistador.

Transtorno de personalidade dependente

Esse transtorno é caracterizado pela atitude de o seu portador encorajar ou permitir que os outros tomem a maioria das decisões importantes em sua vida; submissão passiva à vontade do outro; relutância em fazer exigências, ainda que razoáveis, às pessoas das quais depende; sentimento de desconforto ou desamparo quando sozinho, em decorrência dos medos exagerados da incapacidade de se autocuidar; medo de ser abandonado e capacidade limitada de tomar decisões cotidianas sem recorrer a um excesso de conselhos de terceiros e reasseguramento pelos outros.

Esse padrão de funcionamento submisso é possível de ser percebido no decorrer do exame do periciando, uma vez que ele tende a repetir com o perito a forma de relacionamento que estabelece com as outras pessoas. Percebe-se na entrevista a influência que esse perfil de personalidade exerce nas diferentes esferas da vida do indivíduo. No plano profissional, não consegue exercer uma atividade autônoma ou cargo de chefia. No casamento, tende a aceitar os mais diversos desvios de comportamento do cônjuge, pois o sofrimento causado pelo comportamento do outro não é maior do que o sofrimento que experimenta ao estar sozinho.

Os transtornos de personalidade descritos no DSM-IV-TR como especificamente esquizotípico e narcisista não constam desta forma na CID-10 e sim reunidos sob o código F60.8, como outros transtornos de personalidade que incluem, por sua vez, a personalidade excêntrica e narcisista. Segundo o DSM-IV-TR, o transtorno esquizotípico da personalidade é marcado por idéias (mas não delírios) de referência, pensamento mágico, distorção da percepção, bizarrice no discurso, idéias paranóides, inadequação ou constrição do afeto, excentricidade no comportamento, falta de relacionamentos íntimos e ansiedade social. Já a personalidade narcisista é caracterizada por uma auto-imagem grandiosa, fantasias carregadas de idealizações a respeito das próprias capacidades, crença na idéia de ser uma pessoa especial, necessidade de ser intensamente admirado, expectativa de receber igualmente um tratamento especial, tendência a se aproveitar e tirar vantagens dos relacionamentos interpessoais, ausência de empatia e manifestações de inveja e arrogância.

Por último, um breve comentário sobre o suposto transtorno de personalidade múltipla (TPM). Apesar de bastante explorado no meio cinematográfico e em outras formas de comunicação, existem poucos estudos a respeito dessa entidade. Merkey (1992) critica a publicidade exagerada do conceito, que faz confundir se algum possível caso espontâneo não tenha sido criado artificialmente. Piper Jr (1994), na mesma direção, afirma que: os critérios diagnósticos atuais para esse transtorno são vagos; o aumento na sua prevalência é quase certo artificial; existe pouco suporte literário para a teoria de que TPM resulte de trauma ocorrido na infância; e que muitas das técnicas usadas para diagnosticar e tratar essa condição reforça seus sintomas. Fahy et al. (1989) já haviam sugerido que essa condição fosse vista apenas como um sintoma psiquiátrico inespecífico.

Peculiaridades periciais

A perícia psiquiátrica difere da assistência psiquiátrica em diversos aspectos e um deles é a própria condução do exame. Enquanto o psiquiatra que exerce um papel terapêutico ou assistencial tende a tomar como verdade tudo o que o paciente relata, isso não pode ocorrer na perícia, já que na grande maioria dos casos o examinando tem uma expectativa sobre o laudo a ser realizado, no sentido de este documento vir a lhe ajudar em sua situação jurídica, o que pode levá-lo a omitir informações importantes ou ainda a fornecer dados falseados ou distorcidos.

Dessa forma, é extremamente importante a observação atenta do comportamento do periciando, desde o momento em que ele entra na sala de exame, uma vez que tende a repetir com o profissional, até mesmo no plano inconsciente, o seu padrão de relacionamento interpessoal, o que pode ser utilizado como um critério diagnóstico. Apesar de esta observação poder ser aplicada a todo e qualquer procedimento pericial, ela é especialmente importante nos TP, uma vez que nessa classe de transtornos, como já se viu, existe um comprometimento do indivíduo no plano interpessoal e isso pode ser percebido na própria relação entre perito e periciando.

Assim, um indivíduo com transtorno histriônico de personalidade pode exibir um comportamento sedutor em relação ao perito, um outro examinando com transtorno de características predominantemente esquizóides pode mostrar-se afetivamente embotado enquanto um portador de transtorno de personalidade paranóide vai se mostrar desconfiado da postura do perito e das perguntas que ele lhe fará.

A leitura atenta do processo judicial é fundamental em toda perícia psiquiátrica. A denúncia oferecida pelo Ministério Público, bem como as informações das autoridades policiais podem proporcionar uma boa noção do *modus operandi* de um municipiando que tenha cometido um crime. Esse *modus* pode estar associado a um padrão de funcionamento mental compatível com algum tipo específico de TP. Ademais, as informações prestadas pelo municipiando às autoridades policiais à época de determinada prática criminosa devem ser comparadas ao seu depoimento em juízo. Ambos os depoimentos, por sua vez, devem ser comparados às informações que o municipiando fornece no momento do exame. Indivíduos com transtorno anti-social da personalidade podem ser bastante inteligentes e bem articulados em sua comunicação e conseguem mentir sem se denunciarem através de qualquer tipo de constrangimento, pois a mentira é um recurso utilizado por eles com bastante naturalidade. Por outro lado, é importante jamais perder de vista o vértice pericial, ou seja, apesar deste tipo de conduta apresentar um certo caráter policialesco, a meta do perito deve ser sempre o esclarecimento da realidade psíquica do examinando.

O exame psiquiátrico inicial dará ao perito uma noção do quadro do examinando e, na dependência do que foi observado nesse primeiro contato, poderá utilizar diferentes recursos complementares, como a solicitação de exames de neuroimagem, caso tenha percebido sinais de transtorno orgânico. Lesões de lobo frontal podem produzir um quadro que simula algumas características de transtorno de personalidade anti-social, como irritabilidade, comprometimento de aspectos mais refinados do convívio social e insensibilidade diante dos sentimentos alheios.

A avaliação psicológica pode representar um outro recurso complementar importante, uma vez que ela pode fornecer dados preciosos para uma conclusão diagnóstica. Diversos municipiandos podem tentar exercer controle sobre a própria fala, no sentido de revelar ou não certas informações ao perito ou falseá-las. Isso é particularmente importante em certos tipos de TP, como o anti-social. No exame psicológico, o municipiando encontrará maiores dificuldades, sobretudo dificuldades para omitir dados, já que poderá revelá-los de forma indireta, seja através de desenhos, descrições de imagens ou outras formas.

A escolha dos instrumentos diagnósticos específicos a serem utilizados deve ficar a cargo dos próprios psicólogos, que terão condições de avaliar quais os testes que poderiam ser mais pertinentes a cada caso. É importante ainda que o psiquiatra tenha uma comunicação direta com o psicólogo, no sentido não só de lhe comunicar previamente o que deseja que seja explorado na avaliação psicológica, bem como com o propósito de estabelecer, através de um trabalho pericial integrado, uma troca posterior entre as percepções psiquiátricas e psicológicas, possibilitando, assim o alcance de um diagnóstico mais fiel à realidade psíquica do examinando. O fato de os TP apresentarem um padrão duradouro de suas manifestações permite uma avaliação atual de um determinado comportamento que provavelmente se aplicaria a um passado recente, quando da época do cometimento do ato delituoso.

É importante destacar que não existe consenso entre os peritos sobre o melhor momento para a comunicação com o psicólogo assim como também não existe consenso sobre quando o processo deve ser lido. Vários psiquiatras defendem a idéia de que não deve haver uma comunicação com os psicólogos sobre suas impressões diagnósticas antes da realização do exame destes últimos, para que não haja qualquer tipo de influência nessas avaliações. Nessa mesma linha de raciocínio, há quem defenda a leitura do processo somente após a entrevista psiquiátrica, para que a condução desta não fique excessivamente direcionada para uma simples confirmação de uma prévia impressão diagnóstica baseada tão somente na leitura dos documentos legais. No que se refere a esse aspecto, discordamos dessas restrições, por entendermos que tanto os psiquiatras quanto os psicólogos têm condições de perceber diversas situações que podem exercer influência na condução de seus trabalhos periciais e ficar atentos para que isso não aconteça.

Uma medida que pode ser muito útil é a realização de entrevistas com familiares do municipiando. Isso é particularmente importante em alguns tipos específicos de TP, como o paranóide. É importante checar até onde o pensamento e sentimento persecutórios do periciando podem ter uma base de realidade e, a partir desse dado, avaliar em que medida ele está reagindo a certos estímulos de forma proporcional ou desproporcionalmente intensa.

Relatórios de psiquiatras assistentes do municípiando ou exames de prontuários hospitalares podem fornecer dados adicionais importantes, uma vez que se trata de informações de natureza técnica. Enquanto os familiares têm uma visão leiga do comportamento do municípiando, o psiquiatra pode fornecer um quadro tecnicamente mais elucidativo do ponto de vista diagnóstico, além do relatório poder ser considerado um documento médico-legal. No entanto, nem sempre é possível recorrer a tais documentos. Muitas vezes eles não existem e a perícia pode representar o primeiro contato entre o indivíduo com TP e um psiquiatra, pois a já referida sintonia que pode haver entre o paciente e seu transtorno faz com que ele não busque assistência psiquiátrica.

Implicações forenses

Na psiquiatria forense brasileira, os transtornos de personalidade são considerados uma forma de perturbação da saúde mental (Vargas, 1990) que, por sua vez, diferem das doenças mentais, no aspecto forense, pelo tipo e pelo grau de interferência que exercem na capacidade de um indivíduo de estar e se relacionar com a sociedade. No âmbito criminal, examina-se a capacidade de entendimento e determinação de um indivíduo com personalidade transtornada em relação a um ato criminoso específico praticado por ele. No plano cível, por sua vez, apesar de existirem inúmeras outras solicitações periciais, avalia-se, mais comumente, para fins de interdição, a capacidade do indivíduo de reger a sua própria pessoa e administrar os seus bens.

A capacidade de entendimento de um indivíduo em relação a um determinado ato é dependente basicamente da sua condição cognitiva. Ao contrário das doenças mentais, do desenvolvimento mental incompleto ou retardado ou ainda de condições psicorgânicas mórbidas que afetam freqüentemente, e por diferentes meios, a cognição de forma significativa, a grande maioria dos indivíduos com transtornos de personalidade mantém a capacidade de entendimento preservada em relação a um ato específico. Embora exceções possam ocorrer, não se observa, na maioria dos casos, um comprometimento nessa esfera intelectual, ou seja, os indivíduos com TP são geralmente considerados como detentores de plena capacidade de entendimento em relação à prática de um determinado ato.

Entretanto, a dificuldade e polêmica maiores encontradas na perícia dos indivíduos com TP na esfera criminal encontram-se na avaliação de sua capacidade de determinação de acordo com o entendimento do ato praticado. Isso porque tal capacidade não está somente na dependência da condição de entendimento do municiando, mas também de sua capacidade volitiva, o que não é considerado no sistema anglo-saxão, como lembram Abdalla-Filho e Engelhardt (2003). No entanto, a sensibilidade exagerada a contrariedades e rejeições dos indivíduos com transtorno paranóide, assim como a baixa tolerância à frustração e baixo limiar para descarga de agressão dos indivíduos anti-sociais são exemplos paradigmáticos de interferência da esfera emocional na sua capacidade de determinação, apesar da preservação da capacidade de entendimento. Essa interferência emocional tem um peso tão grande no comportamento adotado pelo portador de certos tipos de TP que não podem ser desconsiderados.

Dessa forma, a capacidade de determinação pode estar preservada nos casos de TP de leve intensidade e que não guardam nexo causal com o delito praticado. No entanto, esta capacidade mostra-se freqüentemente comprometida quando o transtorno adquire uma gravidade maior e apresenta um nexo causal com o ato criminoso analisado. Em termos jurídicos, portanto, os indivíduos com TP podem ser enquadrados na imputabilidade ou semi-imputabilidade, na dependência de terem ou não comprometida a capacidade de determinação para o delito analisado. A inimputabilidade não se aplica a portadores de tais transtornos, sendo que situações especiais, como comorbidade psiquiátrica ou desenvolvimento de dependência de drogas em níveis alarmantes devem ser especialmente estudadas.

Quanto ao transtorno especificamente *paranóide* de personalidade, o seu portador pode cometer algum delito acreditando estar se defendendo de equivocadas provocações ou agressões. No entanto, outra possibilidade é a de que essa mesma pessoa recorra aos tribunais, buscando reparação de danos morais ou materiais supostamente sofridos por ele.

Embora possa haver algum fundo de realidade em sua queixa, observa-se, com freqüência, uma desproporção entre o prejuízo sofrido e a forma tenaz com que ele se empenha para obter a reparação.

Já os pacientes com transtorno *esquizóide* da personalidade são considerados por alguns autores (Ribé, Tusquets & Bartrán,1990) como indivíduos propensos à delinqüência, com tendência a delitos com requintes de crueldade, provavelmente decorrentes de um primitivismo psíquico. No entanto, outros profissionais (Morana & Mendes Filho, 2001) discordam dessa visão e alertam para a necessidade de distinção entre essa população e a que apresenta transtorno de personalidade anti-social, uma vez que ambos podem cursar com uma frieza emocional, mas com muitas diferenças no quadro geral.

No transtorno *anti-social* existe uma agressividade e impulsividade latentes que não estão presentes no transtorno esquizóide e essa tendência à violência demarca uma diferença básica entre os dois tipos de personalidades transtornadas. Convém lembrar o que foi dito a respeito da importância do transtorno anti-social na psiquiatria forense, em virtude do alto grau de envolvimento que seus portadores apresentam em atividades transgressoras, o que faz com que alguns profissionais o considerem equivocadamente como um sinônimo de psicopatia.

Os pacientes portadores de transtorno *borderline* de personalidade são conhecidos por seu comportamento de auto-agressão em função do frágil controle que eles apresentam sobre seus próprios impulsos. Como conseqüência dessa dificuldade de autocontrole, eles também podem praticar agressões físicas contra outras pessoas durante comportamentos explosivos. Outras manifestações associadas a esse tipo específico de TP podem incluir furtos em lojas e abuso de drogas (Jackson & Tarnopolsky, 1990).

Do ponto de vista cível, o debate existente entre Ashman e Haigh (2006) e Fonagy e Bateman (2006) em relação à evolução do quadro clínico do transtorno *borderline* de personalidade ganha especial interesse. Fonagy e Bateman (2006) acreditam que a vasta maioria dos casos desse tipo de TP se resolve em um prazo de seis anos. Ashman não concorda absolutamente com esses autores e, de fato, não é o que se observa na clínica. A importância forense desse debate reside no fato da natureza de uma decisão do Judiciário com base no prognóstico de um determinado transtorno. Como exemplo, tem-se a interdição de uma pessoa, que pode ser temporária ou definitiva com base no prognóstico de seu transtorno.

Já os portadores de transtorno *histriônico* da personalidade podem se envolver em práticas de menor gravidade, tais como calúnias e ameaças, em decorrência das características já descritas no item sobre diagnóstico. No entanto, podem ainda estar expostos a tentativas de suicídio, embora estas sejam geralmente frustras.

Existe uma relação causal inconsistente entre o transtorno *anancástico* (obsessivo-compulsivo) da personalidade com a atividade criminosa. Quando presente, a conduta transgressora ou delituosa é decorrente muito mais de um comportamento de omissão do que propriamente de uma ação. Isso ocorre em decorrência de dúvidas sofridas pelo paciente, bem como do aprisionamento desse indivíduo a detalhes, o que o leva a uma incapacidade de escolha e a uma verdadeira paralisia da capacidade de tomada de decisão. Os portadores desse tipo de transtorno sofrem muito com os sintomas apresentados e acabam envolvendo as pessoas próximas a eles, movidos pelo desejo de que elas se adaptem à sua forma de viver.

O transtorno *ansioso* da personalidade também não apresenta uma relação causal significativa com atividade criminosa e, assim como no transtorno anancástico, os seus portadores podem praticar crimes por omissão. No entanto, a diferença reside na motivação dessa omissão, uma vez que os indivíduos com transtorno ansioso sofrem muito mais em decorrência de temores motivados por hipersensibilidade a críticas, bem como por medo de correrem riscos, freqüentemente superdimensionados por eles.

Dependendo da legislação de cada país, o paciente portador de TP recebe tratamentos jurídicos diferentes. Caso ele seja considerado semi-

-imputável, com responsabilidade penal diminuída, pode ter sua pena diminuída, o que desperta calorosas discussões pela possibilidade de se colocar em liberdade em um menor período de tempo alguém que possa ter um potencial para cometer delitos em grau maior do que a população em geral, como certos indivíduos portadores de transtorno de personalidade anti-social. Ademais, a condição de semi-imputabilidade dos indivíduos com esse tipo específico de TP pode até mesmo estimular suas práticas criminosas, pela possibilidade de eles interpretarem a redução da pena como uma espécie de direito adquirido para tal.

A medida de segurança para realização de tratamento pode ser uma outra alternativa possível. Esta medida, por sua vez, é um recurso bastante polêmico, considerando-se a grande dificuldade de se alcançar um tratamento eficaz para os TP. Apesar de todas essas implicações, entendemos que o psiquiatra forense deve se ater à sua função pericial, não sendo admissível a elaboração de um laudo que não seja fiel ao quadro psiquiátrico apresentado pelo periciando, qualquer que seja o argumento alegado, nem tampouco o desempenho de um papel que fuja à sua função precípua de perito. Isto não exclui a possibilidade de tecer comentários que julgar pertinentes à sua função.

No plano cível, a maioria dos pacientes com TP não sofre qualquer tipo de intervenção judicial. No entanto, casos de transtornos graves que provocam grandes prejuízos para o próprio indivíduo, bem como para a família e, por extensão, para a sociedade, podem indicar uma interdição parcial do paciente. São passíveis de interdição aqueles indivíduos que não têm plena capacidade de reger sua própria pessoa e administrar seus bens. Tal situação pode ser exemplificada por um paciente que tenha um TP com predomínio de manifestações anti-sociais, que desenvolve um quadro de dependência de álcool e/ou drogas e consome todo o seu tempo, bem como seus recursos financeiros em uma busca incessante de prazer imediato, sem medir as conseqüências de seus atos transgressores, com histórico de tentativas frustradas de tratamento, incluindo internações em clínicas psiquiátricas e/ou de dependência química, não conseguindo uma organização mínima de sua vida nos mais diversos planos: profissional, financeiro, social e afetivo. Situações com tal nível de gravidade podem gerar ainda outros tipos de intervenção judicial, como a perda da guarda de filhos ou a anulação de algum negócio jurídico.

Referências bibliográficas

Abdalla-Filho, E. (2004). Violence risk assessment in forensic psychiatry. *Rev. Psiq. Clín.,* 31(6), 279-284.

Abdalla-Filho, E. & Engelhardt, W. (2003). The practice of forensic psychiatry in England and Brazil: a brief comparison. *Rev. Bras. Psiquiatr.,* 25(4), 245-248.

American Psychiatric Association (2000). *Diagnostic and Statistical Manual of Mental Disorders. 4th ed. Text Revision. (DSM-IV-TR).* Washington: American Psychiatric Publishing.

Ashman, D. & Haigh, R. (2006). Borderline personality disorder. *British Journal of Psychiatry* (correspondence), *188,* 585.

Blackburn, R., Gunn, J., Hill, J. et al. (1993). Personality disorders. In: J. Gunn, P. J. Taylor (Eds.), *Forensic Psychiatry. Clinical, Legal & Ethical Issues* (pp. 373-406). Oxford: Butterworth-Heinemann,.

Davidson, S. (2002). Principles of managing patients with personalidty disorder. *Advances in Psychiatric Treatment,* 8,1-9.

Fahy, T. A., Abas, M. & Brown, J. C. (1989). Multiple personality. A symptom of psychiatric disorder. *British Journal of Psychiatry,* 154, 99-101.

Faulk, M. (2000) Psychopathic disorder and forensic psychiatry. In: M. Faulk Ed.), *Basic Forensic Psychiatry,* 3. ed. (pp. 185-199). Oxford: Blackwell Science.

Fonagy, P. & Bateman, A. (2006). Progress in the treatment of borderline personality disorder. *British Journal of Psychiatry,* 188, 1-3.

Jackson, M. & Tarnopolsky, A. (1990). Borderline personality. In: R. Bluglass, P. Bowden (Eds.), *Principles and Practice of Forensic Psychiatry* (pp. 427-435). Edinburgh: Chuchill Livingstone.

Lewis, G. & Appleby, L. (1988). Personality disorder: the patients psychiatrists dislike. *British Journal of Psychiatry,* 153, 44-49.

Merskey, H. (1992). The manufacture of personalities. The production of multiple personality disorder. *British Journal of Psychiatry,* 160, 327-340.

Morana, H. & Mendes Filho, B. (2001). Revisão sobre os transtornos da personalidade. In: T. Moraes (Ed.), *Ética e Psiquiatria Forense* (pp. 103-133). Rio de Janeiro: Edições IPUB-CUCA.

Organização Mundial da Saúde (1993). Classificação de Transtornos Mentais e de Comportamento da CID-10: Descrições Clínicas e Diretrizes Diagnósticas. Porto Alegre: Artes Médicas.

Piper, Jr. A. (1994). Multiple personality disorder. *British Journal of Psychiatry*, 164, 600-612.

Ribé, J. M., Tusquets, J. L. M. & Bartrán, R. P. (1990). Trastornos de personalidad (I). In: J. M. Ribé, J. L. M. Tusquets & R. P. Bartrán (Eds.), *Psiquiatría Forense* (pp. 359-371). Barcelona: Salvat.

Ruiter, C., Trestman, R. L. (2007). Prevalence and Treatment of Personality Disorders in Dutch Forensic Mental Health Services. *J Am Acad Psychiatry Law*, 35(1), 92-97.

Tyrer, P. (2001). Personality disorder. *British Journal of Psychiatry*, 179, 81-84.

Tyrer, P., Casey, P. & Ferguson, B. (1991). Personality disorder in perspective. *British Journal of Psychiatry*, 159, 463-471.

Vargas, H. S. (1990). Modificadores psicopatológicos da responsabilidade penal e da capacidade civil. In: H. S. Vargas (Ed.), *Manual de Psiquiatria Forense* (pp. 195-393). Rio de Janeiro: Biblioteca Jurídica Freitas Bastos.

Westen, D. (1997). Divergences between clinical and research methods for assessing personality disorders: implications for research and the evolution of axis II. *American Journal of Psychiatry*, 154, 895-903.

Westen, D. (2001). Diagnosing personality disorders. *American Journal of Psychiatry*, 158, 324-325.

8
A neuropsicologia da violência *

Jean R. Séguin, Patrick Sylvers e Scott O. Lilienfeld

Introdução

A Neuropsicologia tem sido frequentemente orientada para a avaliação dos efeitos das lesões cerebrais no comportamento e processamento da informação. Embora subtis, estes efeitos podem ter consequências dramáticas. Após ter sofrido uma lesão cerebral, alguém anteriormente bem adaptado pode tornar-se irritável, impulsivo, incapaz de se manter concentrado e negligenciar as regras sociais. Nestes casos, a sua capacidade para processar informação de forma socialmente adaptativa pode deteriorar-se de forma grave. A evidência destas alterações profundas constituiu um estímulo importante ao desenvolvimento de explicações de natureza neuropsicológica para estes défices.

Os *modelos orientados para a avaliação dos défices* ("deficit models") enfatizam a existência de dificuldades básicas no processamento da informação que estão intimamente relacionadas com a anatomia e fisiologia cerebrais. Por outro lado, os modelos sociais de processa-

---
* Tradução de Liliana B. Sousa e Mário R. Simões.

mento da informação proporcionam linhas de análise complementares ao modelo neuropsicológico do comportamento violento (Pettit & Mize, 2007). Estes modelos podem ser descritos como *modelos de distorção* ("distortion models"), uma vez que enfatizam o papel dos enviesamentos, crenças, atribuições, apreciações e esquemas, que são objecto das terapias cognitivo-comportamentais. Os défices, que podem por vezes manifestar-se sob a forma de distorções, influenciam o comportamento quer através de enviesamentos de natureza interpretativa, quer em consequência de dificuldades no processamento da informação. Deste modo, as terapias cognitivas podem evidenciar uma menor eficácia quando, na base das dificuldades no processamento da informação, está presente um défice neuropsicológico. Pelo contrário, podem responder melhor a terapias cognitivas os indivíduos sem défices neuropsicológicos mas com enviesamentos atribucionais de hostilidade. Por fim, e de modo adicional ou interactivo, estes modelos podem ser objecto de combinação estatística com predisposições individuais de natureza motivacional e com variáveis situacionais.

Resumo do capítulo

Neste capítulo, procede-se à revisão do modelo neuropsicológico dos défices cognitivos associados ao comportamento violento. Na Parte I, são examinadas questões relativas à avaliação das funções neuropsicológicas e das síndromes clínicas relacionadas com a violência, que incluem a delinquência e a criminalidade. Na Parte II, são revistas questões relativas ao desenvolvimento que afectam a maturação cerebral e a regulação do comportamento. Estas questões são integradas na Parte III, na qual se procede à revisão dos estudos que contribuem para a compreensão da violência numa perspectiva neuropsicológica. Uma vez que a análise da presença de lesões cerebrais tem sido o principal método em neuropsicologia, examina-se, neste contexto, o modo como a violência poderá resultar da presença destas mesmas lesões. Seguidamente, são comentados os poucos estudos disponíveis sobre neuropsicologia da violência, bem como a vasta literatura relativa às síndromes clínicas que lhe surgem associadas. Nesta secção, é também estudado o modo como os problemas neuropsicológicos têm sido identificados em indivíduos com propensão para a violência. Finalmente, são sumariadas e integradas as principais observações resultantes desta revisão, apontadas limitações neste domínio de investigação e sugeridas futuras pesquisas nesta importante área ainda em fase de desenvolvimento.

Parte I: Avaliação

Avaliação neuropsicológica

O exame neuropsicológico clássico envolve a administração de uma bateria de testes que se destinam a avaliar funções cerebrais diversas, desde a percepção mais básica à resolução de problemas mais complexos de natureza neocortical. Estes testes requerem respostas verbais ou motoras a estímulos de natureza visual ou auditiva. Quanto aos estímulos visuais, estes incluem figuras, desenhos abstractos, ou combinações destes estímulos, como é o caso dos que surgem em variadas formas de *puzzles*, labirintos, ordenação de objectos, descrição de sequências de gravuras que permitem reconhecer uma história, cores, palavras ou números impressos. No que diz respeito aos estímulos auditivos, estes podem envolver palavras verbalizadas, números, problemas ou histórias. Por outro lado, já no que toca às baterias computorizadas, estas requerem habitualmente respostas de natureza motora, realizadas através do clique do rato ou da interface com um ecrã táctil. Com menor frequência, podem também ser utilizados registos de voz, movimentos oculares, ou dados da electrofisiologia e imagiologia cerebral funcional. Muitos destes testes são designados de "neuropsicológicos" porque foram desenvolvidos como meio de exame das teorias relativas às funções cerebrais. Habitualmente, os testes são validados com base em estudos de análise dos efeitos de lesões cerebrais, estudos electrofisiológicos ou, mais recentemente, estudos de imagiologia cerebral. Por outras palavras, verificou-se que indivíduos com lesões cerebrais relativamente bem delimitadas obtinham desempenhos reduzidos em determinados testes que desta forma se associam ao envolvimento de áreas cerebrais específicas. Estas baterias de testes possibilitam o estabelecimento de um perfil de resultados, identificando áreas de funcionamento fortes e deficitárias. Presumivelmente, estes perfis variam em função da localização e extensão das lesões. Uma localização cerebral específica pode remeter para um aspecto particular de uma determinada função. Para além de usados no exame de indivíduos com lesões bem documentadas, os resultados em testes neuropsicológicos são também utilizados como indicadores da localização de lesões cerebrais. Por exemplo, a hipótese que tem apontado o envolvimento do lobo frontal na violência baseia-se no facto de os indivíduos violentos obterem, frequentemente, desempenhos reduzidos em testes que são considerados como avaliando o funcionamento do lobo frontal.

O cérebro é um órgão altamente complexo, com áreas interrelacionadas que funcionam em rede. Logo, o funcionamento de uma área pode depender da actividade de outras áreas cerebrais. Este fenómeno remete para a existência de uma hierarquia das funções e é designado por "dissociação singular" (ou simples). Por outro lado, o funcionamento em duas áreas (sistemas ou processos) pode também ocorrer de forma independente, denominando-se de "dissociação dupla" (Shallice, 2003). Estas noções são essenciais no exame da especificidade dos défices. Neste contexto, os testes são habitualmente sensíveis a determinadas funções, mas não a outras, apesar de serem raros os testes que avaliam funções específicas, de modo independente. Na interpretação do desempenho nestes testes deve considerar-se também a informação proveniente do uso de outros testes discriminativos, uma vez que as "lesões" podem ser difusas ou circunscritas, subtis ou mais graves. O recurso a testes neuropsicológicos complementa o exame neurológico, considerado mais básico mas igualmente importante. Este último envolve a avaliação do olfacto, sucção, reflexos de preensão, rastreio de movimentos oculares lentos e anómalos, coordenação dos movimentos recíprocos manuais e outras capacidades.

As lesões neuropsicológicas podem ser consequência de problemas ocorridos durante a gravidez ou complicações no parto, envelhecimento, lesões cerebrais, tumores intracranianos, doenças cerebrovasculares, exposição a substâncias tóxicas ou procedimentos cirúrgicos de natureza correctiva, entre outras doenças. Estas lesões podem ser temporárias e reversíveis (efeitos agudos de drogas ou álcool, ou em certas doenças) ou, pelo contrário, provocar danos irreversíveis. Os resultados nos testes neuropsicológicos são considerados como representativos da competência real do indivíduo. Contudo, pode existir um desfasamento entre esta competência real e o desempenho observado. Assim, a interpretação dos resultados nos testes deve considerar outros aspectos como a motivação, atenção, capacidade para recordar regras complexas necessárias a um desempenho óptimo, linguagem usada na administração das provas e o contexto cultural do indivíduo. Quem pretender aprofundar este tópico deve consultar referências mais específicas (p. ex., Kolb & Wishaw, 2003; Lezak, Howieson & Loring, 2004).

Síndromes clínicas associadas à violência

Embora a violência física seja relativamente fácil de identificar devido à sua natureza exteriorizada, os estudos que examinam a neuropsicologia da violência são escassos. Mais que da pesquisa relativa à violência propriamente dita, muito do conhecimento no âmbito da neuropsicologia da violência provém de investigação em condições associadas à violência. Por isso, e para estimar as vantagens e limites da investigação neste domínio, serão discutidos, num primeiro momento, as síndromes clínicas mais comummente associadas à violência.

A investigação no domínio da violência tem sido realizada em dois contextos amplos e sobreponíveis: legal/judicial e clínico. No contexto legal/judicial, os investigadores têm estudado a delinquência e o comportamento criminal. No contexto clínico, e enquanto sintoma, a violência física é estudada no âmbito de determinadas condições (clínicas) que constam do Manual de Diagnóstico e Estatística das Perturbações Mentais – Texto Revisto (DSM-IV-TR; American Psychiatric Association, 2000), tais como a Perturbação do Comportamento (PC; 312.xx), Perturbação Anti-Social da Personalidade (PASP; 301.7), Alteração da Personalidade Secundária a uma Condição Médica Geral, Tipo Agressivo (310.1), e na Perturbação Explosiva Intermitente (PEI; 312.34). A violência pode ainda ser observada na psicopatia (Hare, 1999). Apesar do DSM-IV-TR considerar especificamente a PASP como sinónimo de psicopatia, ver-se-á mais adiante que a investigação tem produzido resultados contraditórios (Hare, 2003).

Uma das maiores limitações no estudo da violência reside no facto do comportamento violento não ser necessário para o diagnóstico das perturbações anteriormente referidas. Nos adultos, apenas 6 dos 15 sintomas da PC e 1 dos 7 sintomas da PASP são qualificados explicitamente como violentos, no caso de se considerar a violência como agressão física para com outras pessoas ou como ameaça envolvendo o uso de força física. Nenhum dos critérios para PEI cumpre esta definição estrita de violência, uma vez que o diagnóstico pode ser formulado nos casos de destruição de bens. São necessários três sintomas para o diagnóstico de PC (pelo menos um deles presente antes dos 10 anos de idade) e de PASP, apesar desta requerer igualmente história de PC antes dos 15 anos de idade (considerando que os sintomas não são devidos, essencialmente, à esquizofrenia ou a um episódio bipolar). A PEI apenas pode ser diagnosticada quando os sintomas não são atribuíveis à PC, PASP, outras Perturbações do Controlo dos Impulsos ou a uma condição médica. Por outro lado, o índice remissivo do DSM-IV-TR não inclui as palavras "violência" ou "agressão". Contudo, o Abuso Físico da Criança (995.54 ou V61.1) ou do Adulto (995.81 ou V62.83), o Comportamento Anti-Social do Adulto (V71.01) e o Comportamento Anti-Social da Criança ou do Adolescente (V71.02) constituem categorias adicionais de problemas que não são perturbações propriamente ditas mas que, no entanto, podem constituir objecto de atenção clínica e nas quais a violência pode estar presente. Apesar de não serem considerados sintomas obrigatórios de determinada condição clínica, a agressão e o comportamento violento podem ser secundários a essas mesmas condições. Ou seja, a agressão pode ser secundária a "alucinações persecutórias ou de grandeza com cólera" na Esquizofrenia de Tipo Paranóide (295.30) e ao abuso da criança ou do cônjuge e, além disso, o comportamento violento pode ocorrer durante o curso de uma fase maníaca aguda da Perturbação Bipolar com características psicóticas (296.xx), embora nenhum destes comportamentos constitua sintoma da definição oficial destas condições.

A psicopatia, comummente investigada em criminosos, pode ser considerada uma síndrome clínica, apesar de não constar da classificação oficial do DSM-IV-TR. Na maior parte das vezes, a psicopatia é avaliada pela Escala de Psicopatia-Revista (*Psychopathy Checklist-Revised*, PCL-R; pontuação >30), que inclui uma entrevista estandardizada e uma revisão exaustiva dos processos ou registos oficiais (Hare, Hart & Harpur, 1991). Contudo, têm sido desenvolvidos outros métodos de avaliação da psicopatia, nomeadamente, instrumentos de auto-resposta (Levenson, Kiehl & Fitzpatrick, 1995; Lilienfeld & Andrews, 1996; Lynam, Whiteside & Jones, 1999). A mesma diversidade de sistemas de classificação tem sido encontrada no estudo de crianças com tendências psicopáticas (Frick, O'Brien, Wootton & McBurnett, 1994; Lynam, 1998). Nas prisões, a sobreposição entre psicopatia e PASP é substancial mas assimétrica, ou seja, a maior parte dos psicopatas encarcerados cumpre os critérios para PASP, mas o contrário não se verifica: aproximadamente 70 a 80% dos reclusos cumpre os critérios para PASP, enquanto que apenas 15 a 25% preenche o critério da PCL-R para a psicopatia (Hare, 2003). Embora nem todos os psicopatas sejam violentos, são observados elevados níveis de violência em psicopatas criminosos comparativamente a outros criminosos (Hare, 2003). A psicopatia é também considerada um poderoso factor de risco de reincidência criminal e sexual (Salekin, Rogers & Sewell, 1996).

A violência física tem sido igualmente estudada numa perspectiva desenvolvimental. Os estudos mais relevantes centram-se na agressão física. Contudo, na maior parte destes estudos de cariz desenvolvimental, as escalas de agressão utilizadas não diferenciam a agressão física de outras formas de agressão. Por exemplo, o Inventário de Comportamento da Criança (*Child Behavior Checklist*, CBCL; Achenbach, Edelbrock & Howell, 1987) compreende uma escala de avaliação da agressão com 23 itens, 3 dos quais referem explicitamente a agressão física. No entanto, muitos dos estudos orientados para o desenvolvimento da agressão acabam por eliminar os itens específicos da agressão física (Bongers, Koot, van der Ende & Verhulst, 2004; National Institute of Child Health and Human Development Early Child Care Research Network, 2004). Encontra-se também um problema similar na investigação da agressão proactiva e retroactiva: a maior parte dos itens de qualquer uma das escalas habitualmente usadas também não inclui especificamente a agressão física.

Desta forma, e considerando estas limitações, é possível que os estudos neuropsicológicos relativos a este domínio incluam formas de violência não física de PC, PASP, psicopatia ou agressão. Mas nem sempre os investigadores procedem a esta distinção. Além disso, todos estes problemas de comportamento estão frequentemente subordinados aos comportamentos anti-sociais. Nos estudos desenvolvimentais das perturbações de expressão exteriorizada da infância, as síndromes clínicas em que a violência física está presente, para além de serem comórbidas entre si, apresentam também grande comorbilidade com outras condições caracterizadas pela Impulsividade, Abuso de Álcool e Substâncias (códigos do DSM 303.xx, 304.xx ou 305.xx), Jogo Patológico (312.31), Perturbação de Hiperactividade com Défice de Atenção (PHDA; 314.xx) e Perturbação de Oposição e Desafio (POD; 313.81). Nestas condições clínicas, e mesmo sem considerar a violência, os estudos podem ou não identificar a presença de défices neuropsicológicos. De modo inverso, vários estudos relativos à violência não examinam a comorbilidade com estas condições. Assim, e apesar de existirem progressos assinaláveis na literatura mais recente acerca destes tópicos, permanecem por resolver questões relativas à sua especificidade.

Parte II: Questões desenvolvimentais

Padrões de desenvolvimento do comportamento

Moffitt (1993a) sublinhou a importância da relação cérebro-comportamento no desenvolvimento do comportamento anti-social. Do ponto de vista histórico, foi em meados do século XIX que a relevância desta abordagem se tornou mais convincente (Damásio, Grabowski, Frank, Galaburda & Damásio, 1994; Mataro et al., 2001; Weiger & Bear, 1988). Com base na literatura existente e nos seus próprios estudos longitudinais, Moffitt trouxe este modelo para a primeira linha da investigação do comportamento anti-social.

Neste sentido, um número significativo de estudos numa classificação do comportamento anti-social baseada na história do seu desenvolvimento. Assim, a investigação relativa à etiologia e trajectória da PC sugere a existência de 2 tipos distintos: a PC de "início precoce e persistente" (também conhecida como "persistente ao longo da vida"; Moffitt, 1993a); e a PC "limitada à adolescência" (Kivlahan, Marlatt, Fromme, Coppel & Williams, 1990). Estes dados têm subjacente uma questão metodológica essencial: a falta de conhecimento da história de PC na comparação ou contraste de grupos de adolescentes ou adultos. A PC de "início precoce e persistente" é presumivelmente uma condição mais hereditária e susceptível de persistir até à idade adulta. Pelo contrário, a PC de "início tardio" é provavelmente menos severa e muitas vezes limitada à adolescência (Moffitt, 2003). Comparativamente aos indivíduos com PC de "início tardio", os indivíduos com PC de "início precoce e persistente" parecem mais propensos a expressar comportamento agressivo de natureza física (Lahey et al., 1998). Esta constatação remete para uma questão importante: o que pode sobrevir da PC de "início tardio" não é o comportamento agressivo de natureza física mas a manifestação de outros comportamentos anti-sociais.

A existência de um outro grupo com problemas de comportamento é sustentada pela identificação de sujeitos que manifestam comportamentos anti-sociais "apenas na infância" (*childhood-only/recovery/childhood-limited*) (Lahey, Waldman & McBurnett, 1999; Moffitt, Caspi, Harrrington & Milne, 2002; Raine et al., 2005; Raine, Yaralian, Reynolds, Venables & Mednick, 2002). No estudo de Moffitt et al. (2002) verifica-se que, para além de continuar a manifestar comportamentos anti-sociais menos graves, este grupo mantém dificuldades significativas na vida adulta e apresenta sintomas de perturbações de expressão interiorizada (Moffitt et al., 2002).

Apesar de suscitar grande controvérsia (Tremblay, 2000), o conceito "idade de início" deu origem a investigações de grande utilidade para a compreensão do desenvolvimento do comportamento anti-social. Os estudos relativos a trajectórias desenvolvimentais sugerem que a distinção PC de "início precoce e persistente" *versus* PC de "início tardio" é menos evidente do que a proposta pelo DSM-IV-TR (Bongers et al., 2004; Broidy et al., 2003; National Institute of Child Health and Human Development Early Child Care Research Network, 2004). As tendências observadas sugerem a existência de um declínio com a idade (Tremblay, 2000; Tremblay et al., 1996). Não obstante, são poucas as crianças — aproximadamente 5% nas amostras da comunidade — que mantêm níveis relativamente elevados de comportamento anti-social durante o seu desenvolvimento (Bongers et al., 2004; National Institute of Child Health and Human Development Early Child Care Research Network, 2004). Apesar de se considerar o "início" da PC por volta dos 2 anos de idade, as crianças podem começar a bater, puxar e pontapear, logo que os seus membros tenham força suficiente. Além disso, em algumas amostras pode ser observado, até à adolescência, um aumento progressivo do nível de agressão física inicialmente baixo na infância (Broidy et al., 2003). Contudo, nestes estudos, a ausência de informação relativa aos adolescentes limita a sua utilidade para a compreensão das trajectórias desenvolvimentais da agressão física. É ainda de assinalar que os padrões de desenvolvimento podem diferenciar-se em função do comportamento delinquente de interesse, isto é, agressão física *versus* furto ou vandalismo (Barker et al., 2007; Lacourse et al., 2002).

Em suma, os níveis moderados de agressão física são normativos nas crianças em idade pré-escolar. Na maior parte delas observa-se um declínio deste tipo de agressão com a idade, isto é, de um modo geral, estas crianças manifestam um padrão "apenas na infância" (grupo de "início precoce" que não é persistente). Contudo, para um número reduzido de crianças, os níveis iniciais de comportamento anti-social podem permanecer elevados ao longo do desenvolvimento, referindo-se então a um padrão de "início precoce e persistente". As amostras em que se observa um aumento da agressão física são em número reduzido. Nestas, também não existe evidência de um súbito "início tardio". Além disso, a falta de informação relativa aos adolescentes destas amostras inviabiliza uma compreensão integral das suas trajectórias. Concomitantemente, as denominações "início tardio/limitado à adolescência" podem reflectir menor violência, por comparação à violência observada nos casos de "início precoce e persistente". Este facto é particularmente evidente quando se utilizam indicadores globais de comportamento como PC, comportamento anti-social ou delinquência.

Factores de risco que podem afectar o desenvolvimento cerebral

É reconhecido um crescente interesse nas circunstâncias que podem contribuir quer para determinados padrões de desenvolvimento (estudados com recurso a planos longitudinais), quer para um funcionamento neuropsicológico deficitário. Nestas circunstâncias encontram-se a história de exposição a agentes psico-farmacológicos durante ou após a gravidez (e. g., consumo de tabaco, álcool, drogas), outras complicações perinatais ou ocorridas durante o nascimento, nutrição pobre, experiências traumáticas (e. g., abuso), *stress* crónico ou problemas de comportamento que aumentam o risco de traumatismos cranianos resultantes de acidentes ou lutas (i. e., PHDA, POD).

No caso específico do tabaco, este pode comportar efeitos nocivos precoces no meio intra-uterino e, posteriormente, no ambiente familiar. Por exemplo, a exposição a um ambiente com fumo de tabaco aparece relacionada com um desempenho cognitivo baixo em crianças de idades compreendidas entre os 6 e os 16 anos (Yolton, Dietrich, Auinger, Lanphear & Hornung, 2005). Contudo, estes efeitos podem não ser necessariamente atribuíveis ao comportamento tabágico materno durante a gravidez.

Uma vez que parece ser um fenómeno muito disseminado, que afecta cerca de 20 a 25% das mães, este comportamento da mãe durante a gravidez tem sido largamente estudado nos anos mais recentes (Huijbregts et al., 2006) e pode constituir um importante alvo de medidas preventivas. Apesar dos esforços continuados para encorajar as mulheres grávidas a parar de fumar, continuam por compreender os mecanismos pelos quais o tabagismo durante a gravidez pode afectar o comportamento ou o desenvolvimento neuropsicológico da criança. Estes efeitos podem variar em função da idade. Por exemplo, problemas cognitivos precoces estão relacionados com uma adaptação comportamental reduzida em idades pré-escolares (Séguin, 2004; Séguin & Zelazo, 2005). Este comportamento tabágico durante a gravidez aparece ainda associado à agressão física precoce (Tremblay et al., 2004) e a múltiplos problemas do comportamento (Huijbregts, Séguin, Zoccolillo, Boivin & Tremblay, 2007). Contudo, o tabagismo não se encontra relacionado com problemas cognitivos precoces quando se controla o efeito da escolaridade dos pais (Huijbergts et al., 2006). Estes resultados sugerem que os efeitos neurotóxicos do tabagismo durante a gravidez podem afectar especificamente o comportamento em idade pré-escolar, mas não necessariamente através de um processo de regulação cognitiva.

O baixo peso à nascença constitui mais uma das consequências do consumo de tabaco por parte das mulheres grávidas (Huijbergts et al., 2006). Contudo, outras condições podem afectar igualmente o desenvolvimento neuropsicológico e comportamental, como as complicações perinatais ou os problemas durante o parto (Raine, 2002a). Por exemplo, no estudo de Arseneault, Tremblay, Boulerice e Saucier (2002) observou--se que as complicações obstetrícias interagem estatisticamente com situações precoces de adversidade familiar na predição de delinquência violenta posterior. Também a hipoxia durante o nascimento apareceu associada, como factor de prognóstico negativo, a um desenvolvimento cognitivo deficitário (Hopkins-Golightly, Raz & Sandler, 2003). Num outro estudo, malformações físicas mínimas na boca, que se pensou poderem corresponder a problemas no desenvolvimento neural intra--uterino, constituíram marcadores de delinquência violenta posterior, mesmo após controlo estatístico das situações de adversidade familiar (Arseneault, Tremblay, Boulerice, Séguin & Saucier, 2000).

Várias condições de *stress* crónico ao longo do desenvolvimento têm sido associadas, pelo menos em animais, a hipocampos com volume mais reduzido (Meaney, Aitken, van Berkell, Bhatnagar & Sapolsky, 1988), o que, por sua vez, pode aumentar a vulnerabilidade ao *stress* (Gilbertson et al., 2002). Numa outra linha, as hipóteses que postulam um efeito neurotóxico do cortisol não têm sido integralmente testadas. Por outro lado, tem também sido apontado o envolvimento de experiências traumáticas precoces no desenvolvimento deficitário das funções executivas (Mezzacappa, Kindlon & Earls, 2001), apesar de ser difícil excluir o potencial papel causal de terceiras variáveis (e. g., impulsividade ou agressão parental). Noutros estudos, a duração e a qualidade dos cuidados precoces estão associadas ao desenvolvimento cognitivo da criança (Castle et al., 2000). Um outro aspecto que se revela importante é a questão do ambiente precoce, especialmente da má nutrição até aos 3 anos de idade, que mostrou estar relacionada com problemas posteriores de expressão exteriorizada através de uma associação mediada pelo QI (Liu, Raine, Venables & Mednick, 2004). De forma inversa, a duração da amamentação provou estar associada a valores de QI mais elevados, mesmo após o controlo de variáveis de confundimento (Mortensen, Fleischer Michaelsen, Sanders & Machover Reinish, 2002). Neste contexto, a história familiar de comportamento anti-social tem sido referida como um outro factor de risco que pode ter um efeito (genético e/ou modelado pelo ambiente) ainda mais directo. Neste sentido, sabe-se actualmente que o tabagismo materno durante a gravidez está correlacionado com o comportamento anti-social parental (Huijbregts et al., 2007).

Finalmente, também os traumatismos crânio-encefálicos em idade precoce podem ser considerados um importante factor de risco. Ou seja, as lesões precoces podem aumentar o risco de agressão física. Contudo, existe um suporte empírico reduzido para esta hipótese, como demonstram os estudos de *follow-up* de crianças com lesões precoces comprovadas que raramente manifestam agressão física (Eslinger, Flaherty-Craig & Benton, 2004).

Parte III

Considerando os elementos contextuais anteriormente revistos, é necessário considerar, de seguida, duas questões complementares: (1) Poderá afirmar-se, de modo fiável, que certas lesões cerebrais aumentam o risco de comportamento violento? e (2) Os indivíduos com propensão para a violência manifestam défices neuropsicológicos específicos?

Os efeitos das lesões cerebrais no risco de violência

O comportamento social pode ser afectado por lesões em diferentes áreas cerebrais. Contudo, no que se refere aos aspectos cognitivos da relação cérebro-violência, o foco de interesse tem sido o lobo frontal, pela sua importância na regulação do comportamento anti-social. Anatomicamente, o lobo frontal representa 20% do neocórtex e são várias as nomenclaturas usadas para o descrever, bem como às suas funções. As áreas cerebrais são usualmente distinguíveis por análises cito-arquitectónicas, ou seja, pela arquitectura das células e suas conexões. De forma sucinta, são habitualmente designadas 3 áreas frontais principais: motora (área 4), pré-motora (áreas 6 e 8, apesar desta ser também referida como dorsolateral posterior; Petrides, Alivisatos, Evans & Meyer, 1993a), e pré-frontal. O córtex pré-frontal é ainda dividido nas regiões: dorsolateral (áreas 9 e 46; podem ambas ser designadas de dorsolaterais médias; Petrides et al., 1993a), inferior (ou ventral, ou orbitofrontal; áreas 10 a 14) e média (áreas 25 e 32).

Uma das principais funções cognitivas atribuídas ao córtex pré-frontal diz respeito à organização temporal do comportamento na memória (Milner, Petrides & Smith, 1985), também considerado um dos aspectos mais importantes do funcionamento executivo. Pelo contrário, o córtex pré-motor está envolvido na selecção de movimentos e o córtex motor na execução destes movimentos. Os pacientes com lesões frontais manifestam dificuldades na regulação e organização do comportamento em resposta a estímulos externos. São várias as funções que têm sido associadas ao conceito de memória de trabalho, não apenas a manutenção da informação e controlo da interferência mas, também, o processamento activo da informação à medida que o indivíduo se envolve na acção. Uma memória de trabalho comprometida afecta todos os estádios da função executiva (Séguin & Zelazo, 2005). Mais especificamente, aquando da apreciação de um problema, os enviesamentos de hostilidade podem ser difíceis de reconsiderar, os planos difíceis de concretizar, as regras (mesmo sendo bem conhecidas de outro modo) difíceis de aplicar em tempo real e a monitorização de um plano (detecção e correcção de erros) difícil de efectuar.

No que diz respeito à regulação emocional, os indivíduos com lesões envolvendo o lobo orbitofrontal são desinibidos, socialmente inadequados, susceptíveis de interpretar erroneamente o estado de espírito dos outros, impulsivos, despreocupados com as consequências dos seus actos, irresponsáveis na sua vida quotidiana, sem consciência da gravidade da sua condição e com falta de iniciativa (Damásio et al., 1994; Rolls, Hornak, Wade & McGrath, 1994). Estudos realizados com primatas também demonstram que indivíduos com lesões orbitofrontais podem ser insensíveis às hierarquias sociais dominantes. A principal consequência destas lesões tem sido descrita e associada à diminuição ou decréscimo da consciência auto-reflectida (Stuss, Gow & Hetherington, 1992), da consideração da perspectiva do outro (Stuss, Gallup & Alexander, 2001), do conhecimento dos esquemas sociais (Grafman et al., 1996), da capacidade para responder apropriadamente ao reforço social (Rolls et al., 1994), da competência para fazer inferências acerca dos estados mentais dos outros (ou uma Teoria da Mente; Stone, Baron-Cohen & Knight, 1998) e do processamento de sinais de natureza social (Brothers, 2001). Alguns destes problemas podem também traduzir uma disfunção da amígdala (Bechara, Damásio & Damásio, 2003), que está envolvida no processamento de sinais de medo (Whalen et al., 2004) e tristeza (Blair, Morris, Frith, Perrett & Dolan, 2000). Todas estas funções, de natureza menos cognitiva, requerem mais do que o recurso exclusivo a testes de avaliação neuropsicológica. Nestas condições, os indivíduos podem ter uma vida relativamente estável, desde que lhes sejam proporcionados cuidados adequados após o traumatismo, incluindo estrutura e apoios externos adequados. Apesar de tudo, o seu comportamento pode ser de difícil regulação ou controlo e estes indivíduos podem mesmo não recuperar qualquer sentido de autonomia (Mataro et al., 2001).

A síndrome subsequente tem sido frequentemente denominada quer como sociopatia adquirida (Damásio, 2000; Damásio, Tranel & Damásio, 1991), quer como PASP adquirida (Meyers, Berman, Scheibel & Hayman, 1992) ou pseudopsicopatia. Uma vez que estas lesões parecem dar origem a um comportamento de tipo psicopático, elas são muitas vezes consideradas como estando subjacentes à violência física. No entanto, existe um apoio limitado para esta hipótese. Por exemplo, estudos com veteranos de guerra suportam a hipótese de que o dano orbitofrontal e mediofrontal aumenta o risco de atitudes agressivas e violentas (Grafman et al., 1996), mas não necessariamente de violência física. Deste modo, a violência física é rara nas formas adquiridas de comportamento anti-social. Em parte, isto pode ficar a dever-se ao facto de os indivíduos com lesões cerebrais adquiridas não possuírem, necessariamente, muitos dos factores de risco pré-mórbidos associados à violência física. De facto, a agressão (incluindo a agressão física) surge associada a lesões frontais adquiridas, mas apenas quando existe uma história pré-mórbida de depressão major, funcionamento social problemático e abuso de álcool e drogas (Tateno, Jorge & Robinson, 2004).

Outras anomalias corticais associadas a manifestações de agressividade explosiva incluem episódios agudos de actividade epileptiforme temporal-límbica, também conhecidos como violência interictal (violência entre as crises). Estes episódios são semelhantes, na sua expressão, à PEI (para uma revisão, cf. Filley et al., 2001). Devido a esta constatação, a epilepsia constitui, frequentemente, um critério de exclusão nos estudos neuropsicológicos acerca da violência (Critchley et al., 2000). Contudo, a violência na epilepsia é muito rara e, neste contexto, a hipótese do envolvimento do lobo temporal na violência deve ser considerada com precaução (Teichner & Golden, 2000). De modo similar, o desencadear da reacção psicótica límbica constitui um segundo tipo de crises que se pensa estar subjacente a certas formas de violência súbita e não planeada. Nas formas de crises epilépticas que resultam em amnésia, a consciência pode estar gravemente perturbada. Pelo contrário, no desencadear da reacção psicótica, o indivíduo recorda, por norma, os actos violentos e bizarros, e totalmente incaracterísticos que são cometidos sem alteração do afecto (Pontius & Lemay, 2003). Esta reacção psicótica parece ser distinta da violência associada à esquizofrenia (Pontius, 2003).

Estudos neuropsicológicos do comportamento de violência física

Uma outra importante aproximação à neuropsicologia da violência diz respeito ao estudo dos indivíduos com comportamentos de violência física. Inicialmente, será considerada a forma mais grave, ou seja, os assassínios ou homicídios, passando de seguida para formas menos severas de agressão física. Posteriormente, serão ainda consideradas as perturbações e problemas do comportamento anti-social nos quais a violência física pode, por vezes, estar presente. Uma das principais questões na investigação destes indivíduos envolve a identificação de um eventual traumatismo craniano em algum momento das suas vidas. Contudo, e devido às limitações inerentes a uma evocação retrospectiva, a maioria dos estudos revistos não controla esta variável, uma vez que é difícil definir o tipo e extensão das lesões que qualificam os traumatismos cerebrais. Os estudos prospectivos estão em melhores condições para responder a esta questão. Apesar disto, os estudos retrospectivos dos indivíduos com comportamentos de violência física acabam por ter algum valor informativo.

Homicidas

Vários estudos de homicidas parecem suportar a hipótese do lobo frontal disfuncional. Por exemplo, as "disfunções frontais" foram identificadas em 65% dos assassinos (Blake, Pincus & Buckner, 1995). Este estudo utilizou uma abordagem multi-método, incluindo EEG e imagiologia cerebral, como forma de complementar os resultados nos testes neuropsicológicos (apesar dos resultados da totalidade dos testes administrados não estarem disponíveis para todos os sujeitos). A constituição das amostras destes estudos não foi realizada de forma aleatória, uma vez que estes indivíduos foram avaliados com base no pedido do seu advogado de defesa. Adicionalmente, estas amostras incluem indivíduos com aptidão intelectual geral baixa e não são comparadas com grupos de transgressores não violentos. Além disso, o recurso a múltiplas metodologias pode aumentar o risco de inferir erroneamente a presença de disfunção frontal. A principal consequência destas limitações metodológicas reside na dificuldade em interpretar os dados obtidos.

Num outro estudo, adolescentes violentos e pacientes psiquiátricos adultos, quando comparados com grupos de controlo não violentos, mostraram exibir uma actividade pré-frontal global reduzida e uma actividade pré-frontal média anterior aumentada (Amen, Stubblefield, Carmichael & Thisted, 1996). Contudo, os testes neuropsicológicos não são usados de forma complementar em muitos estudos de imagiologia cerebral. É, assim, difícil estabelecer uma correspondência entre os dados provenientes da imagiologia funcional e o desempenho em testes neuropsicológicos. Além disso, esta correspondência entre imagiologia cerebral e neuropsicologia pode ser ambígua. Por exemplo, uma série de estudos de imagiologia cerebral conduzidos por Raine e colegas apoiam a hipótese de um défice frontal (Scarpa & Raine, 2007). No entanto, alguns destes estudos utilizam a *Continuous Performance Task*, uma medida de atenção sustentada. Os indivíduos que cometeram homicídios de um modo impulsivo diferiram dos indivíduos que planearam o homicídio. Contudo, não se verificaram discrepâncias em termos de resultados no teste e, consequentemente, os autores levantam a hipótese do córtex visual poder ter compensado o dano da função frontal (Raine et al., 1994). Este estudo ilustra uma questão metodológica essencial para a interpretação dos resultados nos testes neuropsicológicos: mesmo sob as melhores condições de realização, os indivíduos que alcançam um mesmo nível de desempenho podem mobilizar diferentes estratégias ou envolver redes cerebrais distintas.

Apesar do lobo frontal ter sido implicado neste e noutros estudos, ele contribui apenas para uma parte da explicação desta forma mais grave do comportamento de violência física. Os modelos que consideram a disfunção frontal nos homicidas são muito genéricos e incluem, entre outros, factores psicossociais de natureza desenvolvimental (Blake et al., 1995; Raine, 2002b), bem como outros factores analisados neste livro.

Agressão física

O homicídio constitui a forma de violência mais grave. Contudo, os investigadores têm também examinado em que medida os problemas neuropsicológicos estão presentes nas formas moderadas de violência, como é o caso da agressão física. Esta pode ser definida através de comportamentos como bater, pontapear, ferir, usar uma arma ou entrar em lutas. Contudo, em alguns casos, esta definição é alargada de forma a incluir o *bullying* e ameaças de violência. Surpreendentemente, existem poucos estudos neuropsicológicos centrados apenas na agressão física.

Neste plano, com base no trabalho de Petrides e Milner (1985) sobre lobo frontal e memória, e numa revisão de trabalhos relativos à neuropsicologia da delinquência e à PC, Séguin, Pihl, Harden, Tremblay e Boulerice (1995) desenvolveram uma bateria de testes neuropsicológicos. Na revisão desta literatura, Moffitt (1990b) identificou défices em três áreas: aptidões linguísticas, funções executivas e dominância cerebral. No entanto, a maior parte dos estudos não avaliam, simultaneamente, estas três áreas. Numa série de estudos que contrastam funções executivas, aptidões verbais e espaciais e testes de dominância cerebral, foi observado que a memória de trabalho, uma aptidão básica envolvida nas funções executivas, é mais deficitária nos rapazes provenientes de uma amostra da comunidade com história de agressão física, mesmo após controlo das aptidões não executivas relevantes para a função executiva (Séguin et al., 1995).

Para avaliar a memória de trabalho foi utilizado o *Self-Ordered Pointing* (SOP), um teste de números aleatórios (sensível ao funcionamento do lobo frontal dorsolateral médio), e ainda testes de associação condicional (dependentes do funcionamento do lobo frontal dorsolateral posterior; Petrides, Alivisatos, Meyer & Evans, 1993b; Petrides et al., 1993a). Foram empregues as versões abstractas e concretas do SOP. De modo sucinto, no SOP, cada ensaio consiste na selecção de uma de 12 imagens diferentes em listas de 3x4. Estas 12 imagens são repetidas em listas com as imagens em várias posições. Para se obter um resultado perfeito é necessário que as 12 imagens distintas sejam escolhidas. Assim, para ter sucesso, o indivíduo deve monitorizar a ordem das suas escolhas. Para aumentar a interferência, seguem-se, após o primeiro ensaio, dois ensaios adicionais com o mesmo conjunto de imagens. Os erros podem ser calculados em cada ensaio e somados ao longo de todos os ensaios. Para as tarefas de associação condicional, o indivíduo deve identificar a regra subjacente que associa cada um dos seis pares de estímulos. É proporcionado *feedback* durante a tarefa tornando-a, assim, numa tarefa de aprendizagem induzida. Em termos comportamentais, pensa-se que uma história concomitante de hiperactividade precoce pode aumentar o risco de comportamento anti-social de "início precoce e persistente" (Lynam, 1998; Moffitt, 1990a). Contudo, vários estudos fracassam no apoio a esta hipótese (ver Farrington & Loeber, 2000; Lahey, Loeber, Burke & Rathouz, 2002; Lilienfeld & Waldman, 1990; Loeber, Burke & Lahey, 2002; Nagin & Tremblay, 1999; Stouthamer-Loeber, Loeber, Wei, Farrington & Wikström, 2002).

A hiperactividade está frequentemente associada a problemas de comportamento anti-social, existindo considerável evidência para uma associação entre problemas nas funções executivas e hiperactividade em crianças (Nigg, 2005; Nigg et al., 2004). Por isso, a hiperactividade deve ser avaliada, de forma concomitante, nos estudos relativos à violência. Os estudos acerca da neuropsicologia da hiperactividade, inatenção, impulsividade ou problemas de conduta examinam habitualmente uma dimensão comportamental enquanto controlam estatisticamente as restantes dimensões. No *follow-up* do primeiro estudo foi controlada estatisticamente a PHDA ou a hiperactividade reportada pelos professores, tendo-se observado um declínio da memória de trabalho, mesmo após o controlo do QI (Séguin, Boulerice, Harden, Tremblay & Phil, 1999). Contudo, sabe-se ainda pouco acerca da neuropsicologia da hiperactividade, sendo possível que a agressão física e a hiperactividade se associem de modo aditivo ou sinérgico (Waschbusch, 2002). Além disso, ao examinar a psicopatologia "comórbida" pode estar a proceder-se, inadvertidamente, ao controlo estatístico de variância relevante para a perturbação em questão (Meehl, 1971).

Num terceiro estudo, foram seleccionados adultos jovens do sexo masculino não apenas com base na história de agressão física (relatada pelos professores desde o infantário até aos 15 anos de idade) mas, também, considerando a história de hiperactividade sem foco na inatenção ou impulsividade (Séguin, Nagin, Assaad & Tremblay, 2004). Apesar de não ter sido encontrada uma interacção estatística, reportaram-se efeitos aditivos claros, mesmo após o controlo da motivação na resposta aos testes. Embora os défices observados incluam o QI e a memória a curto--prazo, a memória de trabalho permaneceu também significativamente comprometida, mesmo após o controlo estatístico destas outras aptidões cognitivas. Por outras palavras, tanto a agressão física como a hiperactividade apresentam associações significativas e independentes com a função neuropsicológica e a memória de trabalho. Contudo, outros testes desta bateria mostraram estar significativa e independentemente associados com a agressão física, mais do que com a hiperactividade. Os resultados destes estudos são convergentes com os encontrados noutras pesquisas com raparigas, nos quais se observa uma associação negativa entre controlo executivo e agressão física, após controlo da PHDA (Giancola, Mezzich & Tarter, 1998). Resultados similares têm sido reportados em estudos acerca do *bullying* (que inclui ameaças de agressão física), apesar dos problemas comórbidos de natureza exteriorizada nem sempre serem estatisticamente controlados (Coolidge, DenBoer & Segal, 2004).

Em suma, observa-se com frequência um funcionamento neuropsicológico comprometido em adolescentes e jovens adultos da comunidade com história de agressão física. Estes défices parecem ser independentes de outros problemas de comportamento de expressão exteriorizada. De um ponto de vista desenvolvimental, estas associações podem ser detectadas precocemente, logo em idade pré-escolar (Séguin, 2003). A pesquisa na área da agressão física é consistente com a seguinte posição: as crianças que apresentam um maior compromisso neuropsicológico são aquelas que, na altura do infantário, são já identificadas como fisicamente agressivas e hiperactivas (Séguin et al., 2004). Estas trajectórias pré-escolares de agressão física e hiperactividade associam-se sinergicamente com o desempenho cognitivo aos 3 anos e meio de idade (Séguin, Zelazo & Tremblay, 2005). Séguin e Zelazo (2005) procederam recentemente a uma revisão da literatura relativa à relação entre função cognitiva pré-escolar e agressão física precoce. Estes autores denunciaram problemas semelhantes aos revistos anteriormente (i. e., uso de medidas globais para os problemas de comportamento, sem um foco específico na violência física e sem considerar necessariamente a história de problemas de comportamento, e ainda a utilização de medidas globais de funcionamento cognitivo, em vez de medidas específicas sensíveis à função frontal). Não obstante, e com base em vários estudos com crianças em idade pré-escolar, aqueles autores observaram também que, muitas vezes, a presença de uma função cognitiva deficitária está associada à manifestação de problemas de comportamento.

Estudos neuropsicológicos de perturbações anti-sociais nas quais a violência física pode estar presente

Grande parte da investigação em neuropsicologia da violência decorre da realização de estudos clinicamente orientados em grupos com perturbações e problemas de comportamento anti-social, que podem incluir a violência física.

Comportamentos anti-sociais

Muitos dos problemas do comportamento aqui referidos têm sido agrupados sob a denominação global de "comportamentos anti-sociais". Uma meta-análise dos estudos relativos às funções executivas neste tipo de comportamento foi realizada por Morgan e Lilienfeld (2000) e incluiu um conjunto de 39 investigações, compreendendo um total de 4 589 sujeitos. Apesar da função executiva constituir apenas um tipo específico de défice neuropsicológico, este estudo proporciona uma visão global da investigação neste domínio. No entanto, esta meta-análise é complementada com um enfoque mais específico em cada um dos problemas de comportamento anti-social. Para serem incluídos nesta meta-análise, os testes de funcionamento executivo deveriam proporcionar medidas da volição, planificação, acção intencional ou desempenho real e, ainda, ter poder discriminativo suficiente para distinguir pacientes com lesões frontais de outros pacientes, ou ainda indivíduos que em estudos prévios activaram preferencialmente o córtex frontal. Para investigar em que medida o comportamento anti-social está relacionado especificamente com défices no funcionamento executivo e não com défices neuropsicológicos em geral foram analisados, como medidas de "controlo", três testes neuropsicológicos que não medem as funções executivas de modo consistente. Os grupos com comportamento anti-social abrangidos na meta-análise incluíram indivíduos que cumpriam critérios para um ou mais dos seguintes problemas de comportamento anti-social: PASP, PC, perturbação de personalidade psicopática, criminalidade ou delinquência.

Os resultados desta meta-análise indicam que, relativamente aos grupos de comparação, os grupos de comportamento anti-social manifestam um desempenho significativamente inferior, com um tamanho do efeito combinado e ponderado (d de Cohen; Cohen, 1992) de 0.62 desvios-padrão. Dois dos três testes neuropsicológicos utilizados, que não constituem uma medida das funções executivas, também permitiram identificar diferenças significativas, apesar de fracas, entre os grupos em análise. Ou seja, os grupos de comportamento anti-social obtiveram um desempenho significativamente inferior (tamanho do efeito d=0.34 e d=0.39 desvios-padronizados). No entanto, os testes de homogeneidade da variância das amostras produziram resultados significativos, indicando tamanhos de efeito heterogéneos. Ao considerar-se o tipo de comportamento anti-social como objecto de estudo, observou-se uma redução desta heterogeneidade em cada grupo. Além disso, os tamanhos do efeito de todos os grupos permaneceram significativamente diferentes de zero. A criminalidade (d =1.09, d ponderado =0.94) e a delinquência (d=0.86, d ponderado=0.78) evidenciaram a associação mais elevada aos défices de funcionamento executivo. Potenciais variáveis moderadoras (como idade, género, etnia e QI) não provaram estar associadas à magnitude dos tamanhos do efeito observados. Contudo, os resultados relativos a algumas destas variáveis moderadoras (e. g., género, etnia) não são reportados em todos os estudos.

Morgan e Lilienfeld (2000) identificaram várias limitações nesta investigação. Primeiro, não foi examinada a possível influência do abuso de substâncias ou da PHDA nos resultados, uma vez que estas variáveis, cujos efeitos são potencialmente confundíveis, não foram avaliadas de forma sistemática nos estudos referenciados. Segundo, as medidas de funcionamento executivo não foram subdivididas pelas regiões cerebrais frontais com as quais se acredita estarem essencialmente associadas

(e. g., regiões dorsolateral, orbitofrontal). Terceiro, a descoberta de que, relativamente a outras condições, a criminalidade e a delinquência estão associadas a défices do funcionamento executivo mais pronunciados é difícil de interpretar, dadas as diferenças nos grupos de comparação utilizados nesses estudos. Por exemplo, os estudos relativos ao funcionamento executivo cotejam frequentemente criminosos ou delinquentes com amostras de sujeitos normais ou amostras não seleccionadas, enquanto que os psicopatas são frequentemente comparados com criminosos não psicopatas. Estudos posteriores podem ter produzido tamanhos do efeito inferiores devido ao facto de utilizarem amostras de comparação mais criteriosas.

Esta meta-análise proporciona um ponto de partida interessante através do qual é possível comparar estudos centrados na história da agressão física. No que se refere às trajectórias de agressão física entre os 6 e os 15 anos de idade (tal como elas foram originalmente definidas por Nagin e Tremblay, 1999), verificou-se que a diferença média estandardizada para o contraste entre grupos extremos (agressão física crónica *versus* agressão física ausente) foi 0.66 para a tarefa de números aleatórios, 1.52 para o SOP, e 1.12 para as tarefas de associação condicional (Séguin et al., 2004). Na presente revisão, foram examinados os dois grupos de maior gravidade (agressão física crónica *versus* agressão física de desistência elevada) e encontradas diferenças médias estandardizadas para estes três testes (respectivamente, de 0.33, 0.65 e 0.53). Estes resultados confirmam a existência de um défice ou compromisso neuropsicológico objectivo, o qual pode ser corroborado ao considerar-se a história e tipo de comportamento (agressão física).

Ainda numa perspectiva desenvolvimental, Raine et al. (2002) realizaram um estudo longitudinal prospectivo usando avaliações comportamentais nas idades de 8 e 17 anos. Os autores encontraram evidência de aptidões espaciais comprometidas aos 3 anos de idade poderem ser características do comportamento anti-social de "início precoce e persistente", mesmo após controlo estatístico da hiperactividade. Este efeito desaparece por completo aos 11 anos de idade quando a adversidade social é estatisticamente controlada (Raine et al., 2002). Este resultado introduz um componente longitudinal prospectivo adicional a esta investigação e é consistente com outros estudos, apesar de não terem sido administradas tarefas frontais e da agressão física não ter sido especificamente usada como critério na classificação das crianças (cf. Séguin & Zelazo, 2005). Contudo, num outro estudo realizado pelos mesmos autores (Raine et al., 2005), baseado na avaliação do comportamento em idades compreendidas entre os 7 e os 17 anos, verificou-se que, quando testadas na fase final da adolescência, as crianças com comportamento anti-social "limitado à infância" evidenciavam défices neuropsicológicos idênticos aos do grupo de "início precoce e persistente".

Psicopatia

Os psicopatas são mais violentos que outros criminosos (Hare, 1999) e, por isso, têm recebido uma atenção considerável na investigação realizada ao longo dos últimos 25 anos. Os relatos originais de compromisso neuropsicológico, especialmente do lobo frontal, em psicopatas (Gorenstein, 1982) não têm sido reproduzidos de forma consistente noutros estudos (Hare, 1984; Hart, Forth & Hare, 1990; Hoffman, Hall & Bartsch, 1987; Sutker & Allain, 1987). As possíveis excepções dizem respeito aos estudos em que são considerados os níveis de ansiedade dos psicopatas (Smith, Arnett & Newman, 1992) ou a sua adaptação à vida. Neste último caso, verifica-se que os psicopatas mais bem sucedidos (não definidos através dos resultados na PCL-R) evidenciaram uma melhor função do lobo frontal dorsolateral por comparação com os psicopatas menos bem adaptados (Ishikawa, Raine, Lencz, Bihrle & LaCasse, 2001). Smith et al. (1992) encontraram dois efeitos significativos para os resultados no teste dos Cubos da Escala de Inteligência de Wechsler para Adultos-Revista (*Wechsler Adult Intelligence Scale-Revised*; Wechsler, 1981) e no *Trail Making Test B* (TMT-B), após controlo do QI e abuso de substâncias. Contudo, apenas foram comparados psicopatas com baixa ansiedade e não psicopatas com baixa ansiedade. Efeitos marginalmente significativos da psicopatia foram encontrados em dois estudos realizados com indivíduos hospitalizados. Num dos estudos foi usado o TMT-B ($p<.06$; Hart et al., 1990) e, no outro, o *Wisconsin Card Sorting Test* (WCST; Lapierre, Braun & Hodgins, 1995). Neste último teste, considerado uma medida não específica e relativamente genérica das funções executivas (Heaton, 1981), observou-se um efeito significativo (moderado) do número de erros perseverativos ($p<.08$) e das categorias realizadas (*p*<.07). Relativamente ao estudo de Hart et al. (1990), procedemos ao cálculo dos tamanhos do efeito ponderados com o objectivo de comparar psicopatas com nível elevado *versus* nível moderado de psicopatia (*d*=0.40) e psicopatas de nível elevado *versus* nível baixo de psicopatia (*d*=0.64). No estudo de Lapierre et al. (1995) os tamanhos do efeito ponderados de *d*=0.48 e *d*=-0.49 foram por nós determinados, respectivamente, para os erros e categorias realizadas. Neste último estudo, os psicopatas apresentaram um desempenho significativamente inferior nas tarefas que constituem uma medida da função do lobo orbitofrontal. Uma vez que os dados são pouco consistentes, concordamos com a posição de Lynam (1998), para quem é razoável considerar os factores neuropsicológicos nos estudos da psicopatia.

Para apoiar a esta possibilidade, Morgan e Lilienfeld (2000) examinaram quer a psicopatia definida através da pontuação na PCL-R, quer a não determinada pela PCL-R. Estes autores verificaram que a média do tamanho do efeito dos défices neuropsicológicos (funcionamento executivo) foi, em ambos os casos, *d*=0.29 (*d* ponderado=0.25) (ver Tabela 2 em Morgan & Lilienfeld, 2000). Estas análises incluíram uma ampla variedade de testes, demonstrando tamanhos de efeito heterogéneos, até *d*=1.41. Estes estudos, que comparam frequentemente criminosos psicopatas com não psicopatas (cf. Hart et al., 1990; Lapierre et al., 1995), apresentam resultados próximos da significância, para os quais calculámos igualmente os tamanhos do efeito. Por isso, nenhuma associação entre função neuropsicológica e criminalidade pode ser atenuada pela classificação dos criminosos em função da psicopatia. Finalmente, uma outra explicação complementar para estes resultados inconsistentes remete para a possibilidade dos psicopatas poderem experimentar mais dificuldades em tarefas que implicam o hemisfério esquerdo, por comparação às tarefas que mobilizam o hemisfério direito. Isto pode ocorrer sobretudo quando a exigência do processamento de informação está localizada no hemisfério esquerdo (Suchy & Kosson, 2005).

Adicionalmente, em dois estudos que utilizaram testes neuropsicológicos mais clássicos verificou-se que os psicopatas experimentaram mais dificuldades em alternar um comportamento dominante quando contingências são modificadas e revertidas. Newman e colegas propuseram duas possíveis explicações para esta constatação: (1) a presença de uma dificuldade na regulação do afecto e (2) a existência de um défice, mais fundamental, no processamento da informação relacionado com a atenção, ou seja, uma dificuldade em deslocar a atenção para informação de natureza periférica, ainda que potencialmente significativa (Newman & Lorenz, 2002). Verificou-se ainda que os rapazes fisicamente agressivos apresentam comportamentos perseverativos em tarefas de "regulação emocional", mesmo após controlo da função neuropsicológica. Além disso, a estabilidade/instabilidade da agressão física pode variar em função das explicações apontadas por Newman e colegas (Séguin, Arseneault, Boulerice, Harden & Tremblay, 2002). Habitualmente, e em termos comparativos, os psicopatas apresentam um melhor desempenho do que os não psicopatas em algumas tarefas de interferência (como o *Stroop*), quando os estímulos não são totalmente congruentes uns com os outros (como no *Stroop* cores-palavras). Neste caso, são observados os esperados efeitos de interferência (Hiatt, Schmidt & Newman, 2004). De acordo com os autores deste estudo, ao não perseverarem, os psicopatas acabam por se concentrar melhor numa única regra dominante e ignorar informação potencialmente interferente. A interferência proveniente da informação periférica é frequentemente adaptativa para a maior parte dos indivíduos, no sentido em que constitui uma ajuda no processo de ajustamento do seu curso de acção e contribui ainda para modelar as suas respostas.

A psicopatia tem recebido igualmente a atenção dos neurocientistas. Estes observaram a ocorrência de um comportamento de tipo psicopático, anteriormente descrito, após lesões orbitofrontais ou ventromediais envolvendo os lobos frontais. Estudos acerca dos efeitos destas lesões no comportamento oferecem resultados particularmente interessantes, uma vez que as lesões cerebrais são, muitas vezes, relativamente circunscritas e sem a presença dos défices neuropsicológicos característicos. Pensa-se que tais lesões estejam associadas a dificuldades na *Iowa Gambling Task* (Bechara, Damásio, Damásio & Anderson, 1994) e na *Intradimensional/Extradimensional Shift Task* da *Cambridge Neuropsychological Test Automated Battery* (CANTAB; Downes et al., 1989). À semelhança do WCST, a *Intradimensional/Extradimensional Shift Task* é, também, essencialmente uma tarefa de natureza indutiva. Nesta tarefa, o sujeito deve ultrapassar progressivamente 10 fases que envolvem discriminação visual dentro e entre dimensões (usando as dimensões cor, linhas e formas, e números), assim como alterações na contingência de recompensas (ou à regra correcta subjacente). Estas tarefas são descritas por Mitchell, Colledge, Leonard e Blair (2002).

A *Iowa Gambling Task* requer que os participantes escolham uma carta de cada um de quatro baralhos. Depois de escolher uma carta, o participante recebe uma "recompensa financeira" ou uma "punição". Existem dois baralhos "bons", que oferecem "recompensas", pequenas a moderadas, e estão associados a uma probabilidade reduzida de "punição"; e dois baralhos "maus", que oferecem grandes recompensas, mas têm associada uma maior probabilidade de "punição". Na maior parte das vezes, os controlos saudáveis escolhem os "bons" baralhos, enquanto que pacientes com lesões escolhem os "maus" baralhos. Aos pacientes com lesões envolvendo os lobos frontais foi dito para serem insensíveis às consequências futuras das suas decisões. Apesar disto, a "hipótese do marcador somático", consistente com estas observações, sugere que lesões no lobo frontal ventromedial diminuem a capacidade para considerar emoções no processo de tomada de decisão (Damásio, 1996; Damásio et al., 1991). Apesar da dificuldade inicial para alargar o uso da *Iowa Gambling Task* a adultos psicopatas (Schmitt, Brinkley & Newman, 1999), a psicopatas identificados através da PCL-R (Mitchell et al., 2002) e a rapazes com tendências psicopáticas (Blair, Colledge & Mitchell, 2001), estes grupos manifestaram um desempenho pobre nesta tarefa (usando a metodologia original). Não obstante, persistem profundas diferenças entre psicopatas e indivíduos com este tipo de condição adquirida (lesões cerebrais). Por exemplo, os pacientes com lesões cerebrais apresentam, habitualmente, uma agressão reactiva/hostil; já os psicopatas tendem a manifestar uma agressão proactiva/instrumental (Blair & Cipolotti, 2000; Cornell et al., 1996). Além disso, o baixo desempenho na *Iowa Gambling Task* pode ser atribuído a outros mecanismos que não os marcadores somáticos. Por exemplo, os indivíduos podem manifestar um desempenho pobre nesta tarefa em consequência de um inadequado controlo dos impulsos ou das recompensas ou, ainda, de uma memória de trabalho comprometida.

A contribuição do envolvimento orbitofrontal na psicopatia tem sido questionada por recentes revisões da literatura (Blair, 2004; Séguin, 2004). Apesar dos desempenhos reduzidos na *Iowa Gambling Task* (Bechara et al., 1994) e na *Intradimensional/Extradimensional Shift Task* (Mitchell et al., 2002) poderem ser similares na psicopatia e na psicopatia adquirida, parece ser possível afirmar que nenhuma tarefa é sensível a lesões orbitofrontais focais (Manes et al., 2002). As conclusões anteriormente formuladas acerca da relevância do córtex orbitofrontal (COF) para a realização destas tarefas apoiam-se em casos de lesões que se estendem ao córtex orbitofrontal. Contudo, considera-se actualmente que as lesões orbitofrontais específicas parecem potenciar os comportamentos de deliberação e reduzir comportamentos de impulsividade, contrariando aquilo que era inicialmente esperado. Deste modo, deve ser reexaminado o papel específico do córtex orbitofrontal no comportamento anti-social.

Presentemente, muita da investigação neste domínio está focalizada na amígdala, estrutura que é considerada responsável pela atribuição de um valor motivacional aos estímulos. Tanto os psicopatas como os indivíduos com lesões na amígdala parecem manifestar um reconhecimento pobre das emoções de medo e tristeza (Blair et al., 2002), apesar da sua própria experiência de medo e tristeza poder não estar comprometida (Anderson & Phelps, 2002). Este dado constitui um exemplo interessante de dissociação entre percepção e experiência subjectiva. A amígdala pode estar envolvida na agressão reactiva dos psicopatas, uma vez que é considerada o componente chave na regulação deste tipo de agressão, num circuito complexo que envolve o lobo frontal orbital e o córtex cingular anterior (Davidson, Putnam & Larson, 2000). Contudo, é importante insistir que a agressão instrumental parece ser mais importante na psicopatia (Cornell et al., 1996). Esta linha de investigação deu origem ao modelo do Mecanismo de Inibição da Violência da Psicopatia (*Violence Inhibition Mechanism Model of Psychopathy*). Este modelo postula que os psicopatas manifestam défices, principalmente na resposta à tristeza e, mais especificamente, nas reacções emocionais e nas manifestações de medo (Blair et al., 2004). Numa perspectiva desenvolvimental, Blair e colegas sugeriram que a disfunção da amígdala pode preceder o compromisso do COF, uma vez que essa disfunção parece estar presente apenas nas crianças com tendências psicopáticas, enquanto que, tanto a amígdala como a função do COF aparecem afectadas nos adultos psicopatas (Mitchell et al., 2002).

Criminalidade e delinquência

De um ponto de vista legal / judicial, a violência física é considerada um crime violento. No entanto, esta raramente é sancionada em crianças, embora faça parte da caracterização formal da delinquência na adolescência e do comportamento anti-social na idade adulta. Assim, a violência presente em qualquer uma das perturbações aqui revistas pode também ser legalmente sancionada. Contudo, existem casos em que a violência não ocorre necessariamente no contexto de uma perturbação mental: casos da agressão física e crimes violentos na infância e adolescência (atrás revistos). Morgan e Lilienfeld (2000) encontraram um tamanho do efeito maior nas funções executivas em criminosos e delinquentes. Um estudo recente com presos jovens constatou que estes apresentam desempenhos mais reduzidos numa tarefa de memória a curto-prazo de natureza espacial que faz parte da bateria de testes CANTAB (medida visual análoga da tarefa verbal de memória de dígitos), comparativamente aos desempenhos de indivíduos não-transgressores provenientes de escolas públicas. Contudo, os reclusos jovens não apresentam um desempenho reduzido em tarefas frontais, como é o caso da *Intradimensional/Extradimensional Shift Task,* da Torre de Londres, ou da tarefa de memória de trabalho espacial (Cauffman, Steinberg & Piquero, 2005).

Algum do importante trabalho teórico realizado por Moffitt centrou-se inicialmente na delinquência (Moffitt, 1990b; Moffitt & Henry, 1989, 1991; Moffitt, Lynam & Silva, 1994; Moffitt & Silva, 1988a, b). Num dos seus estudos, os delinquentes de "início precoce e persistente" apresentaram desempenhos mais pobres do que delinquentes de "início tardio" em medidas de QI e noutros testes neuropsicológicos (Taylor, Iacono & McGue, 2000). Estes resultados estão de acordo com o prognosticado pela teoria desenvolvimental do comportamento anti-social proposta por Moffitt (Moffitt, 1993a). Contudo, neste estudo, o QI não foi usado como co-variável, tornando difícil a formulação de conclusões relativas à especificidade dos défices cognitivos.

O uso de escalas globais na avaliação da delinquência ou da criminalidade pode ocultar a presença de relações importantes entre comportamentos específicos e função neuropsicológica. Por exemplo, um estudo reportou uma associação positiva entre QI e comportamento de furto. No entanto, o QI provou estar negativamente relacionado com a violência em delinquentes juvenis (Walsh, 1987). Presumivelmente, esta descoberta traduz a presença de planificação no comportamento de furto e, pelo contrário, sugere, no caso da violência, a presença de um estilo impulsivo de resolução de problemas. Surpreendidos com os resultados deste estudo, os autores do presente capítulo analisaram recentemente os dados da investigação longitudinal de Rutgers (White, Bates & Buyske, 2001). Neste estudo, o roubo e a violência foram inicialmente combinados num índice global de delinquência. A função neuropsicológica não conseguiu distinguir os delinquentes "persistentes" dos delinquentes de início "limitado à adolescência". Neste contexto, foram por nós identificadas trajectórias para o roubo e para a violência física com base na pesquisa de Lacourse et al. (2002) e no trabalho de Séguin et al. (2004) na área da agressão física e da hiperactividade. Usando os mesmos testes do estudo original, a reprodução dos dados de Walsh (1987) permitiu comprovar a presença de uma função neuropsicológica deteriorada nos indivíduos altamente violentos mas com um número reduzido de roubos (Barker et al., 2007). Esta linha de investigação impõe novos estudos, sugerindo a necessidade de uma análise mais precisa da relação entre função neuropsicológica e índices globais do comportamento anti-social.

Muita da investigação relativa à neuropsicologia da violência pode também conter implicações para o sistema judicial. As decisões tomadas em tribunais para adultos no âmbito do julgamento de adolescentes que cometeram crimes violentos devem ponderar os dados da pesquisa acerca da maturação e desenvolvimento cerebrais. Beckman (2004; ver também Sommers & Satel, 2005) reviu recentemente esta questão. Contudo, a literatura revista por Beckman não considerou a informação respeitante à relação cérebro/violência, incluindo a informação analisada neste trabalho. Do ponto de vista da maturação cerebral, o cérebro dos adolescentes não está suficientemente desenvolvido de modo a legitimar o julgamento destes adolescentes em tribunais para adultos. No entanto, a investigação evidencia que a esmagadora maioria dos adolescentes não é violenta. Adicionalmente, existe evidência sugestiva de alguma função cerebral comprometida em muitos adultos violentos (e não violentos). Estes dados levantam o problema de saber porque é que a idade deve ser usada como único critério na tomada de decisão legal. Além disso, a função neuropsicológica e, possivelmente, a maturação cerebral, podem explicar apenas uma parte reduzida da variância na violência física embora, nalguns casos, ela(s) possa(m) constituir uma influência importante. Assim, o julgamento de adolescentes em tribunais de adultos introduz uma questão delicada, especificamente, no caso das penas mais pesadas. Por isso, a evidência aqui revista deve ser utilizada com precaução no sentido de informar o sistema e o processo de tomada de decisão legal.

Perturbação Explosiva Intermitente

O DSM-IV (American Psychiatric Association, 2000) coloca a Perturbação Explosiva Intermitente (PEI) na categoria das perturbações de controlo dos impulsos, não classificadas noutro lugar. A primeira característica da PEI diz respeito à experiência de episódios discretos de comportamento agressivo resultante de danos contra pessoas ou contra a propriedade. O curso, início e prevalência da PEI não foram ainda inteiramente explicados, apesar de já se saber que esta é uma condição mais comum nos homens do que nas mulheres. Sem surpresa, o número de estudos acerca dos correlatos neuropsicológicos da PEI é escasso. No único estudo publicado, Best, Williams, e Coccaro (2002) mostram que os participantes com PEI apresentam um desempenho mais baixo na *Iowa Gambling Task,* por comparação com o grupo de controlo. Contudo, não foram observadas diferenças entre os grupos no *Self-Ordered Pointing,* um teste de memória de trabalho cujos resultados são muito sensíveis à agressão física (Séguin et al., 2004).

Perturbação do Comportamento

Como foi mencionado anteriormente, Moffitt (1993b) procedeu a uma revisão da literatura no domínio da neuropsicologia da PC, tendo identificado défices em três áreas principais: linguagem, funções executivas e dominância cerebral. Vários estudos suportam a existência de défices nestas três áreas distintas (Lueger & Gill, 1990). Contudo, à excepção do encontrado num trabalho anterior acerca da agressão física (cf. Séguin et al., 1995), é escassa a evidência para o envolvimento específico das funções executivas na PC, em parte devido ao facto da PHDA raramente ser controlada (Pennington & Ozonoff, 1996). Parece que pouco mudou desde a revisão de Pennington e Ozonoff (1996) (Nigg, Wilcutt, Doyle & Sonuga-Barke, 2005). São várias as investigações que reportam défices neuropsicológicos na PHDA, mesmo após controlo da PC. Contudo, os autores destas pesquisas também reconhecem que a PC não constitui um objecto de estudo autónomo (cf. p. ex. Nigg, Hinshaw, Carte & Treuting, 1998). Por outras palavras, mesmo após o controlo da PHDA, é possível que exista uma variância única relacionada com a PC. De facto, alguns estudos examinaram a PC, contrastando-a com a PHDA, também no intuito de responder às questões da especificidade e comorbilidade. Quando Morgan e Lilienfeld (2000) procederam a uma revisão da literatura relativa à PC, encontraram um tamanho de efeito de d=0.4 (d ponderado=0.36) para um baixo desempenho em tarefas de avaliação de funções executivas. Um estudo não incluído nesta revisão foi o realizado num grupo de mulheres com PC e explicitamente violentas. Estas mulheres manifestaram a presença de défices nas funções executivas, mesmo após controlo estatístico da PHDA (Giancola et al., 1998). Por outro lado, é possível observar resultados divergentes, dentro da mesma equipa de investigadores, quando a violência física e a PHDA não são examinadas. Por exemplo, após controlo estatístico para PHDA, um grupo de investigadores identificou a presença de dificuldades verbais em adolescentes com PC (média de idades=15.4 anos), o que não se verificou em relação à função executiva (Déry, Toupin, Pauzé, Mercier & Fortin, 1999). Contudo, num estudo posterior com crianças de idades compreendidas entre 7 e 12 anos, este mesmo grupo de investigadores reportou igualmente um défice nas funções executivas, após controlo estatístico para a PHDA (Toupin, Déry, Pauzé, Mercier & Fortin, 2000). Deve notar-se que o nível de violência física dos participantes não é evidente nestes dois estudos. Os autores também apontaram algumas explicações para as diferenças entre os estudos: (a) falta de sensibilidade das medidas verbais no estudo com crianças, (b) possibilidade do grupo de adolescentes com PC incluir, simultaneamente, delinquentes quer "persistentes ao longo da vida", quer de início "limitado à adolescência" (do ponto de vista teórico fisicamente menos agressivos), e (c) possibilidade de discrepância entre grupos poder aumentar ao longo do desenvolvimento (J. Troupin, comunicação pessoal, 14 Fevereiro, 2006). Relativamente a esta última proposição, Blair e colegas formularam uma hipótese similar no seu modelo desenvolvimental da psicopatia, no sentido de explicar as discrepâncias entre os seus dados relativos a amostras de crianças e adultos (Mitchell et al., 2002). Na PC, a violência e o roubo estão relacionados numa direcção contrária com a disfunção neurocognitiva: a violência positivamente e o roubo negativamente (Barker et al., 2007). Estes resultados constituem a evidência mais relevante para a necessidade de reconhecer a importância da agressão física.

De seguida, apresenta-se um exemplo para ilustrar a importância de considerar a agressão física nos estudos relativos à neuropsicologia do comportamento anti-social. A investigação de Séguin et al. (2004), centrada na agressão física e hiperactividade, em idades compreendidas entre os 6 e os 15 anos, teve por base a informação reportada pelos professores e concluiu que 67% dos rapazes classificados com PC e 72% dos rapazes classificados com PHDA, de idades compreendidas entre os 14 e os 16 anos, manifestavam, respectivamente, trajectórias de agressão física e hiperactividade elevadas. Estas trajectórias são uma combinação das duas trajectórias elevadas ["crónico" e "desistente elevado"] *versus* as duas mais baixas ["desistente baixo" e "nunca (desistente)"] identificadas por Nagin e Tremblay (1999) para a agressão física e hiperactividade. Contudo, na totalidade da amostra, apenas 5% e 6.7% dos rapazes preencheram os critérios, respectivamente, para PC ou PHDA. Este resultado sugere que alguém com agressão física (ou hiperactividade) mais elevadas tem maior probabilidade de preencher os critérios para PC (ou PHDA). Mas esta investigação é distinta dos estudos habitualmente seleccionados para o exame da PC e PHDA. Nestes últimos, as crianças são seleccionadas com base na agressão física e hiperactividade. Pelo contrário, a escolha baseada na PC e PHDA pode não ter incluído necessariamente estes dois componentes (agressão física ou hiperactividade) ou, por outro lado, estes comportamentos específicos podem ter contribuído de forma reduzida para o diagnóstico. Assim, considerar a agressão física e hiperactividade implica um grande número de participantes no estudo. Contudo, a maior parte destes sujeitos pode não preencher os critérios para PC ou PHDA, sendo estes comportamentos mais específicos sensíveis à função neuropsicológica e às funções executivas em particular (Séguin et al., 2004).

Nota/Comentário na PC/POD

Existe uma extensa investigação que contrasta a POD/PC e a PHDA. Esta investigação revela fragilidades ao ser usada para assumir a inexistência de défices neuropsicológicos na PC quando a PHDA é tida em consideração. A POD/PC combina, de forma pouco rigorosa, sintomas da POD e da PC (e não apenas da PC). Como foi mencionado anteriormente, o diagnóstico de POD não inclui sintomas de agressão física e as crianças com PC podem ou não apresentar tais sintomas. De acordo com alguns estudos, podem ser identificados défices neuropsicológicos na PC quando a agressão física está presente. Apesar de na maioria destes estudos se colocarem questões acerca do seu poder estatístico (Clark et al., 2002), não é surpreendente encontrar a indicação de que uma função neuropsicológica comprometida está presente, principalmente na PHDA, ou quando a PHDA é combinada com POD/PC (cf. Clark, Prior & Kinsella, 2000; Geurts, Verté, Oosterlaan, Roeyers & Sergeant, 2004; Kalff et al., 2002; Nigg et al., 1998; Oosterlaan, Scheres & Seargeant, 2005). As conclusões destes estudos são também consistentes com os trabalhos que comparam PHDA e POD (Speltz, DeKlyen, Calderon, Greenberg & Fisher, 1999), quando a PHDA não é necessariamente combinada com PC. Além disso, estes estudos — tal como aqueles que contrastam os problemas de conduta (PC) e hiperactividade/impulsividade/atenção (HIA) — comparam grupos, habitualmente, através do recurso a planos de um factor (e. g., baixaPC-baixaHIA, baixaPC-elevadaHIA, elevadaPC-baixaHIA, elevada PC-elevadaHIA) em vez de considerar, como factores independentes, as duas dimensões comportamentais (e. g., PC elevada e baixa e HIA elevada e baixa). Estes últimos planos são indispensáveis para determinar se os efeitos são aditivos ou sinérgicos (Waschbusch, 2002).

Sumário da PC

Em suma, as investigações no âmbito da PC têm produzido resultados divergentes, sendo várias as razões que contribuem para esta constatação: (i) a um nível comportamental, não há frequentemente nenhuma inclusão específica da agressão física e não existe controlo da PHDA ou hiperactividade; (ii) muitos destes estudos combinam PC e POD, equiparando a delinquência ou comportamento anti-social à PC, ou formulam igualmente estimativas da PC a partir de escalas de comportamento que não são necessariamente construídas para esse objectivo e, além disso, falham ao não considerar a história de problemas de comportamento; (iii) frequentemente, no que se refere ao nível neuropsicológico e nos estudos que examinam constructos associados às funções executivas, também não existe controlo estatístico do QI ou da aptidão verbal; (iv) além disso, muitos estudos são excessivamente abrangentes na descrição de algumas das tarefas consideradas como avaliando funções executivas, como é o caso dos estudos em que se pressupõe, de forma questionável, que uma única tarefa de avaliação das funções executivas representa ou esgota o exame desse constructo.

Perturbação Anti-Social da Personalidade

A PASP é diagnosticada apenas em indivíduos com mais de 18 anos de idade e com história de PC. De acordo com o mencionado anteriormente, a psicopatia é também frequentemente observada em indivíduos com PASP. Destacamos também que um resultado na PCL-R >20 mas <30 (ponto de corte da PCL-R para a psicopatia) pode reflectir PASP, e que muitos indivíduos com PASP têm registo criminal. No entanto, são poucos os estudos neuropsicológicos relativos à PASP. Neste contexto, Morgan e Lilienfeld (2000) referem dois trabalhos que examinam as funções executivas (Deckel, Hesselbrock & Bauer, 1996; Malloy, Noel, Rogers, Longabaugh & Beattie, 1989). De um modo geral, os estudos encontraram associações fracas entre PASP e funções executivas (tamanho do efeito d=0.10, d ponderado=0.08; Morgan & Lilienfeld, 2000), tal como o reportado em estudos subsequentes relativos à função neuropsicológica (Crowell, Kieffer, Kugeares & Vanderploeg, 2003; Dinn & Harris, 2000; Stevens, Kaplan & Hesselbrock, 2003). Por exemplo, num estudo em que foram controlados o abuso de álcool e substâncias, os sintomas de PASP correlacionaram-se, de forma significativa e negativa, com os resultados no teste Semelhanças da WAIS, mas não com outras variáveis relativas à inteligência ou ao funcionamento executivo (Stevens et al., 2003). Ainda neste estudo, os défices nas funções executivas associaram-se mais fortemente a uma história familiar de alcoolismo. Finalmente, um estudo de imagiologia cerebral na PASP, mas de significado neuropsicológico pouco compreensível, indica uma redução de 11% na substância cinzenta frontal, mesmo após controlo de factores psicossociais (Raine, Lencz, Bihrle, LaCasse & Coletti, 2000).

Outras perturbações em que a violência pode estar presente

Como já foi assinalado, apesar de ser observada de modo mais provável e explícito nas perturbações anti-sociais, a violência pode igualmente estar associada a problemas de abuso de álcool e substâncias, esquizofrenia e perturbação bipolar. Por este motivo, será revista, sucintamente, a sua relação com o funcionamento neuropsicológico.

Abuso de álcool e de substâncias

Uma limitação importante na literatura relativa à investigação do funcionamento neuropsicológico nos casos de comportamentos violentos e perturbações associadas remete para a potencial confusão com o abuso de álcool e substâncias. De facto, é possível que a maioria dos actos violentos ocorra sob o efeito do abuso de substâncias. Este aspecto está relativamente bem documentado no caso do álcool (Murdoch, Pihl & Rose, 1990), onde existe uma clara relação entre consumo de álcool *per capita* e homicídios (tamanho do efeito: *d*=0.22; Rossow, 2001). Contudo, esta relação pode não ser necessariamente de natureza causal (Room, Babor & Rehm, 2005). A cultura do consumo de drogas ilegais tem também sido associada à violência, apesar de não existir evidência a favor do potencial violento do abuso de drogas. Como parte deste mecanismo, é de assinalar que o álcool aumenta o ritmo cardíaco em rapazes jovens não alcoólicos, mas com história familiar de alcoolismo e de comportamento agressivo (Assaad et al., 2003). Estes indivíduos tendem a consumir mais álcool e a cometer mais erros de comissão (i. e., pressionar um botão quando é apresentado um sinal 'No-go') na tarefa Go/No-go, quando estão alcoolizados, contrariamente a quando estão sóbrios e em oposição aos respondentes com baixo ritmo cardíaco, estando alcoolizados ou sóbrios (Assaad et al., 2006). Apesar do desempenho na tarefa Go/No-go poder não estar inteiramente sob controlo do lobo frontal, a história familiar de alcoolismo pode associar-se mais fortemente do que a PASP a uma função neuropsicológica comprometida (Stevens et al., 2003).

Contudo, a questão central diz respeito ao papel das variáveis neuropsicológicas nesta equação. Esta problemática encontra-se resumida nos trabalhos de Giancola (Giancola, 2000) e Pihl (Hoaken, Giancola & Pihl, 1998). Usando um paradigma de choque eléctrico (*shock paradigm*), Giancola (2004) demonstrou que a agressão em resposta à provocação está possivelmente mais relacionada com as funções executivas do que com o consumo de álcool. Contudo, os mecanismos sinérgicos podem também aqui interferir, tal como nos casos em que o álcool aumenta preferencialmente a agressão nos homens com défices nas funções executivas. Desta forma, a função executiva pode actuar simultaneamente como mediador ou moderador da relação álcool-agressão, sendo que o álcool pode desempenhar igualmente, numa base temporária, um papel moderador da qualidade do funcionamento executivo. Com efeito, o abuso de álcool acarreta uma deterioração do funcionamento executivo (Pihl, Paylan, Gentes-Hawn & Hoaken, 2004). Finalmente, existe investigação com resultados idênticos relativamente às consequências do abuso de substâncias (Fishbein, 2000).

Esquizofrenia

Numa revisão recente, Pontius (2003) notou que menos de 10% da violência podia ser atribuída à psicose. Contudo, a discrepância na relação entre violência na esquizofrenia e violência na ausência de perturbação mental é, aproximadamente, de 4:1. A autora aponta ainda que a violência na esquizofrenia é intencional e planeada, apesar de resultar, igualmente, de uma perturbação de pensamento grave, ilusões ou alucinações. A violência ocorre habitualmente na esquizofrenia paranóide e nesta, o funcionamento neuropsicológico pode estar intacto. Um estudo na esquizofrenia paranóide apontou para uma associação entre violência e teoria da mente comprometida (Abu-Akel & Abushua'leh, 2004). A teoria da mente corresponde a uma aptidão social chave para atribuir estados mentais ao *self* e aos outros, e abrange, do ponto de vista anatómico, uma extensa área, incluindo o córtex frontal e córtex cingulado (Calarge, Andreasen & O'Leary, 2003). Um sistema neuronal independente, subjacente à crença atribucional, pode complementar os sistemas básicos ao controlo inibitório (Saxe, Carey & Kanwisher, 2004). A violência pode também associar-se a uma história de abuso de álcool e de substâncias (Abu-Akel & Abushua'leh, 2004). Contudo, um outro estudo envolvendo homicidas evidenciou a presença de um risco acrescido de esquizofrenia e perturbações alucinatórias, mesmo após o controlo da história de alcoolismo (Schanda et al., 2004). Não obstante, os défices neuropsicológicos na esquizofrenia podem ser variados e gerais, implicando funções como a atenção, memória, controlo executivo, linguagem e raciocínio (Barch, 2005; Heinrichs, 2005). No entanto, nenhum destes défices foi ainda especificamente relacionado com a violência.

Perturbação Bipolar

A perturbação bipolar é associada a comportamentos irreflectidos caracterizados por impulsividade, juízo e planeamento pobres (Moeller, Barratt, Dougherty, Schmitz & Swann, 2001), podendo ainda relacionar-se com a violência quando é comórbida ao alcoolismo (Schanda et al., 2004) ou a problemas de abuso de substâncias (Quanbeck et al., 2005). Por vezes, a perturbação bipolar é ainda comórbida à PC. Contudo, estudos preliminares centrados nesta condição de comorbilidade sugerem que a perturbação bipolar parece não aumentar a deterioração da função neuropsicológica encontrada na PC (Olvera, Semrud--Clikeman, Pliszka & O'Donnell, 2005). Este dado é consistente com outros estudos, de casos em fase aguda de mania, nos quais são observados défices neuropsicológicos mais acentuados na atenção sustentada e aprendizagem verbal, comparativamente aos resultados em testes neuropsicológicos especificamente associados à PC, como é o caso dos testes de funções executivas e, de modo particular, da *Iowa Gambling Task* (Clark, Iversen & Goodwin, 2001). Contudo, outros estudos reportam deterioração do funcionamento executivo, mesmo na fase não aguda da mania, apesar dos pacientes bipolares quer na fase maníaca, quer na fase eutímica, não diferirem muito dos pacientes deprimidos (Martinez-Arãn et al., 2004).

Sumário e comentários finais

A neuropsicologia do comportamento anti-social tem uma história rica, cujo início data, pelo menos, desde meados do século XIX. Infelizmente, e como esta revisão comprova, o mesmo não se pode dizer relativamente à neuropsicologia da violência física. O principal problema reside na dificuldade em demonstrar a especificidade dos défices neuropsicológicos relativos ao comportamento de violência física. O volume de conhecimentos disponíveis relativos à neuropsicologia da violência deriva de estudos em síndromes clínicas, nas quais a presença de violência é plausível embora raramente seja confirmada. Por outro lado, têm também sido usadas medidas globais de comportamento anti-social, disruptivo, de expressão exteriorizada, delinquente ou criminal. Estes dados reflectem a heterogeneidade dos processos subjacentes a essas condições, embora alguns factores possam ser comuns a todas elas. Por exemplo, foi recentemente observada uma relação entre QI e problemas de comportamento de expressão exteriorizada, relação esta moderada por uma variação no receptor D4 da dopamina (DeYoung et al., 2006). Contudo, não é reportada nenhuma relação entre QI e problemas de comportamento de expressão exteriorizada nos casos que tinham o alelo 7 repetido. Este resultado foi por nós reproduzido numa amostra da comunidade e em duas amostras clínicas. Este efeito moderador mantém-se ao longo do processo de manifestação dos problemas de comportamento de expressão exteriorizada. Deste modo, as medidas globais continuam a ter a sua utilidade.

Não obstante, a violência acaba por ser comum a uma variedade de condições clínicas heterogéneas. Ela está presente em muitas perturbações psicológicas, psiquiátricas ou neurológicas para as quais pode existir uma base neuropsicológica. Todavia, esta base neuropsicológica não pode, isoladamente, constituir uma justificação necessária para a violência. Para o avanço da investigação em neuropsicologia da violência é necessária uma avaliação da especificidade dos problemas do comportamento, tais como a identificação da agressão física, isolando-a de outros problemas de comportamento comórbidos. É ainda importante uma avaliação mais explícita da violência ou agressão físicas, contrastando-as com o exame de perturbações como a PHDA, alcoolismo e formas não violentas de comportamento anti-social. Apesar desta abordagem poder atenuar a heterogeneidade do comportamento de interesse, ela não reduz, como se espera, a heterogeneidade dos processos subjacentes. Ou seja, os subtipos de violência física também necessitam de ser considerados. Os poucos estudos focalizados na agressão física ou violência não encontraram efeitos amplos e evidentes da função neuropsicológica na violência física. Contudo, são necessários mais estudos deste tipo para examinar o valor desta metodologia de investigação. Uma história bem documentada dos problemas de comportamento pode também ajudar a reduzir esta heterogeneidade. Neste contexto, pode ser informativo o estudo dos processos relacionados com a desistência da violência.

Esta revisão demonstra que os défices neuropsicológicos, incluindo os relativos às funções executivas, não são necessariamente específicos da agressão física. Em primeiro lugar, e apesar da presença de défices nas funções executivas, observou-se que os pacientes com lesões do lobo frontal raramente manifestam violência física, mesmo quando estas lesões são adquiridas em idades muito jovens. Além disso, existe uma literatura abundante relativa a outros problemas, tais como PHDA e a sua relação com o funcionamento executivo. Contudo, é de assinalar que os estudos existentes sobre PHDA raramente controlam, do ponto de vista estatístico, a co-ocorrência de agressão física. Os factores neuropsicológicos tendem a explicar pelo menos 10% da variância dos resultados em instrumentos de medida da violência. Deste modo, são necessários novos estudos que examinem possíveis variáveis moderadoras e que melhorem o poder de predição do risco de violência resultante da disfunção neuropsicológica. Tais factores podem incluir uma história de abuso ou negligência, má nutrição, problemas na aptidão para processar e regular emoções, incluindo a activação do sistema autónomo, capacidade para lidar com o *stress* e provocações percebidas, factores perinatais e genéticos como os referidos anteriormente (cf. p. ex., DeYoung et al., 2006). Apesar de muitas destas variáveis terem já sido amplamente investigadas, são poucos os estudos em que elas foram examinadas conjuntamente com a função neuropsicológica. Neste contexto, uma função neuropsicológica comprometida ou deficitária irá provavelmente constituir apenas um elemento num modelo complexo do comportamento violento. Contudo, e como este capítulo ilustra, a função neuropsicológica constitui uma peça essencial deste *puzzle* ainda por resolver.

Referências

Abu-Akel, A. & Abushua'leh, K. (2004). 'Theory of mind' in violent and nonviolent patients with paranoid schizophrenia. *Schizophrenia Research*, 69, 45-53.

Achenbach, T. M., Edelbrock, C. S. & Howell, C. T. (1987). Empirically based assessment of the behavioral/emotional problems of 2-and 3-year-old children. *Journal of Abnormal Child Psychology*, 15, 629-650.

Amen, D. G., Stubblefield, M., Carmichael, B. & Thisted, R. (1996). Brain SPECT findings and aggressiveness. *Annals of Clinical Psychiatry*, 8, 129-137.

American Psychiatric Association (2000). *Diagnostic and Statistical Manual of Mental Disorders - Text revision (DSM-IV-TR)* (4th ed.) Washington, DC: Author.

Anderson, A. K. & Phelps, E. A. (2002). Is the human amygdala critical for the subjective experience of emotion? Evidence of intact dispositional affect in patients with amygdale lesions. *Journal of Cognitive Neuroscience*, 14, 709-720.

Arseneault, L., Tremblay, R. E., Boulerice, B. & Saucier, J. F. (2002). Obstetrical complications and violent delinquency: Testing two developmental pathways. *Child Development*, 73, 496-508.

Arseneault, L., Tremblay, R. E., Boulerice, B., Séguin, J. R. & Saucier, J. F. (2000). Minor physical anomalies and family adversity as risk factors for adolescent violent delinquency. *American Journal of Psychiatry*, 157, 917-923.

Assaad, J.-M., Pihl, R. O., Séguin, J. R., Nagin, D. S., Vitaro, F., Carbonneau, R., et al. (2003). Aggressiveness, family history of alcoholism, and the heart rate response to alcohol intoxication. *Experimental and Clinical Psychopharmacology*, 11, 158-166.

Assaad, J.-M., Pihl, R. O., Séguin, J. R., Nagin, D. S., Vitaro, F. & Tremblay, R. E. (2006). Intoxicated behavioral disinhibition and the heart rate response to alcohol. *Experimental & Clinical Psychopharmacology*, 14(3), 377-388.

Barch, D. M. (2005). The cognitive neuroscience of schizophrenia. *Annual Review of Clinical Psychology*, 1, 321-353.

Barker, E. D., Séguin, J. R., White, H. R., Bates, M. E., Lacourse, E., Carbonneau, R. & Tremblay, R. E. (2007). Developmental trajectories of male physical violence and theft: Relation to neurocognitive performance. *Archives of General Psychiatry, 64*(5), 592-599.

Bechara, A., Damásio, H. & Damásio, A. R. (2003). Role of the amygdala in decision-making. *Annals of the New York Academy of Sciences, 985*, 356.

Bechara, A., Damásio, A. R., Damásio, H. & Anderson, S.W. (1994). Insensitivity to future consequences following damage to human prefrontal cortex. *Cognition, 50*, 7-15.

Beckman, M. (2004). Crime, culpability, and the adolescent brain. *Science, 305*, 596-599.

Best, M., Williams, J. M. & Coccaro, E. F. (2002). Evidence for a dysfunctional prefrontal circuit in patients with an impulsive aggressive disorder. *Proceedings of the National Academy of Sciences, 99*, 8448-8453.

Blair, R. J. R. (2004). The roles of orbital frontal cortex in the modulation of antisocial behavior. *Brain and Cognition, 55*, 198-208.

Blair, R. J. R. & Cipolotti, L. (2000). Impaired social response reversal: A case of 'acquired sociopathy'. *Brain, 123*, 1122-1141.

Blair, R. J. R., Colledge, E. & Mitchell, D. G. V. (2001). Somatic markers and response reversal: Is there orbitofrontal cortex dysfunction in boys with psychopathic tendencies? *Journal of Abnormal Child Psychology, 29*, 499-511.

Blair, R. J. R., Mitchell, D. G. V., Peschardt, K. S., Colledge, E., Leonard, R. A., Shine, J. H., et al. (2004). Reduced sensitivity to others' fearful expressions in psychopathic individuals. *Personality and Individual Differences, 37*, 1111-1122.

Blair, R. J. R., Mitchell, D. G. V., Richell, R. A., Kelly, S., Leonard, A., Newman, C., et al. (2002). Turning a deaf ear to fear: Impaired recognition of vocal affect in psychopathic individuals. *Journal of Abnormal Psychology, 111*, 682-686.

Blair, R. J. R., Morris, J. S., Frith, C. D., Perrett, D. I. & Dolan, R. J. (2000). Dissociable neural responses to facial expressions of sadness and anger. *Brain, 122*, 883-893.

Blake, P. Y., Pincus, J. H. & Buckner, C. (1995). Neurologic abnormalities in murderers. *Neurology, 45*, 1641-1647.

Bongers, I. L., Koot, H. M., van der Ende, J. & Verhulst, F. C. (2004). Developmental trajectories of externalizing behaviors in childhood and adolescence. *Child Development, 75*, 1523-1537.

Broidy, L., Nagin, D. S., Tremblay, R. E., Bates, J. E., Brame, R., Dodge, K. A., et al. (2003). Developmental trajectories of childhood disruptive behaviors and adolescent delinquency: A six site, cross-national study. *Developmental Psychology, 39*, 222-245.

Brothers, L. (2001). *Friday's footprint: How society shapes the human mind*. London: Oxford University Press.

Calarge, C., Andreasen, N. C. & O'Leary, D. S. (2003). Visualizing how one brain understands another: A PET study of theory of mind. *American Journal of Psychiatry, 160*, 1954-1964.

Castle, J., Groothues, C., Bredenkamp, D., Beckett, C., O'Connor, T. G., Rutter, M., et al. (2000). Effects of qualities of early institutional care on cognitive attainment. *American Journal of Orthopsychiatry, 69*, 424-437.

Cauffman, E., Steinberg, L. & Piquero, A. R. (2005). Psychological, neuropsychological and physiological correlates of serious antisocial behavior in adolescence: The role of self-control. *Criminology, 43*, 133-175.

Clark, C., Prior, M. & Kinsella, G. J. (2000). Do executive function deficits differentiate between adolescents with ADHD and Oppositional Defiant/ /Conduct Disorder? A neuropsychological study using the Six Elements Test and Halying Sentence Completion Test. *Journal of Abnormal Child Psychology, 28*, 404-414.

Clark, C., Prior, M. & Kinsella, G. J. (2002). The relationship between executive function abilities, adaptive behaviour, and academic achievement in children with externalising behaviour problems. *Journal of Child Psychology and Psychiatry, 43*, 785-796.

Clark, L., Iversen, S. D. & Goodwin, G. M. (2001). A neuropsychological investigation of prefrontal cortex involvement in acute mania. *American Journal of Psychiatry, 158*, 1605-1611.

Cohen, J. (1992). A power primer. *Psychological Bulletin, 112*, 155-159.

Coolidge, F. L., DenBoer, J. W. & Segal, D. L. (2004). Personality and neuropsychological correlates of bullying behavior. *Personality and Individual Differences, 36*, 1559-1569.

Cornell, D. G., Warren, J., Hawk, G., Stafford, E., Oram, G. & Pine, D. (1996). Psychopathy in instrumental and reactive violent offenders. *Journal of Consulting and Clinical Psychology, 64*, 783-790.

Critchley, H. D., Simmons, A., Daly, E. M., Russell, A., van Amelsvoort, T., Robertson, D. M., et al. (2000). Prefrontal and medial temporal correlates of repetitive violence to self and others. *Biological Psychiatry, 47*, 928-934.

Crowell, T. A., Kieffer, K. M., Kugeares, S. & Vanderploeg, R. D. (2003). Executive and nonexecutive neuropsychological functioning in antisocial personality disorder. *Cognitive and Behavioral Neurology, 16*, 100-109.

Damásio, A. R. (1996). The somatic marker hypothesis and the possible functions of the prefrontal cortex. *Philosophical Transactions of the Royal Society of London, 351*, 1413-1420.

Damásio, A. R. (2000). Aneural basis for sociopathy. *Archives of General Psychiatry, 57*, 128-129.

Damásio, A. R., Tranel, D. T. & Damásio, H. C. (1991). Somatic markers and the guidance of behavior: Theory and preliminary testing. In H. S. Levin, H. M. Eisenberg & A. L. Benton (Eds.), *Frontal lobe function and dysfunction* (pp. 217-229). New York: Oxford University Press.

Damásio, H., Grabowski, T., Frank, R., Galaburda, A. M. & Damásio, A. R. (1994). The return of Phineas Gage: Clues about the brain from the skull of a famous patient. *Science, 264*, 1102-1105.

Davidson, R. J., Putnam, K. M. & Larson, C. L. (2000). Dysfunction in the neural circuitry of emotion regulation: A possible prelude to violence. *Science, 289*, 591-594.

Deckel, W. A., Hesselbrock, V. & Bauer, L. O. (1996). Antisocial personality disorder, childhood delinquency, and frontal brain functioning: EEG and neuropsychological findings. *Journal of Clinical Psychology, 52*, 639-650.

Déry, M., Toupin, J., Pauzé, R., Mercier, H. & Fortin, L. (1999). Neuropsychological characteristics of adolescents with conduct disorder: Association with Attention-Deficit- Hyperactivity and aggression. *Journal of Abnormal Child Psychology, 27*, 225- 236.

DeYoung, C. G., Peterson, J. B., Séguin, J. R., Mejia, J. M., Pihl, R.O., Beitchman, J. H. et al. (2006).Variation in the dopamine d4 receptor gene moderates the association between externalizing behavior and IQ. *Archives of General Psychiatry, 63*, 1410-1416.

Dinn, W. M. & Harris, C. L. (2000). Neurocognitive function in antisocial personality disorder. *Psychiatry Research, 97*, 173-190.

Downes, J. J., Roberts, A. C., Sahakian, B. J., Evenden, J. L., Robbins, R. G. & Robbins, T. W. (1989). Impaired extradimensional shift performance in medicated and unmedicated Parkinson's disease: Evidence for a specific attentional dysfunction. *Neuropsychologia, 27*, 1329-1343.

Eslinger, P. J., Flaherty-Craig, C. V. & Benton, A. L. (2004). Developmental outcomes after early prefrontal cortex damage. *Brain and Cognition, 55*, 84-103.

Farrington, D. P. & Loeber, R. (2000). Epidemiology of juvenile violence. *Child and Adolescent Psychiatric Clinics of North America, 9*, 733.

Filley, C. M., Price, B. H., Nell, V. D., Antoinette, T., Morgan, A. S., Bresnahan, J. F., et al. (2001). Toward an understanding of violence: Neurobehavioral aspects of unwarranted physical aggression: Aspen Neurobehavioral Conference Consensus Statement. *Neuropsychiatry, Neuropsychology, and Behavioral Neurology, 14*, 1-14.

Fishbein, D. H. (2000). Neuropsychological function, drug abuse, and violence – A conceptual framework. *Criminal Justice and Behavior, 27*, 139-159.

Frick, P. J., O'Brien, B. S., Wootton, J. M. & McBurnett, K. (1994). Psychopathy and conduct disorder problems in children. *Journal of Abnormal Psychology, 103*, 700-707.

Geurts, H. M., Verté, S., Oosterlaan, J., Roeyers, H. & Sergeant, J. A. (2004). How specific are executive functioning deficits in attention deficit hyperactivity disorder and autism? *Journal of Child Psychology and Psychiatry, 45*, 836-854.

Giancola, P. R. (2000). Executive functioning: A conceptual framework for alcohol-related aggression. *Volkow Experimental and Clinical Psychopharmacology, 8*, 576-597.

Giancola, P. R. (2004). Executive functioning and alcohol-related aggression. *Journal of Abnormal Psychology, 113*, 541-555.

Giancola, P. R., Mezzich, A. C. & Tarter, R. E. (1998). Executive cognitive functioning, temperament, and antisocial behaviour in conduct-disordered adolescent females. *Journal of Abnormal Psychology, 107*, 629-641.

Gilbertson, M. W., Shenton, M. E., Ciszewski, A., Kasai, K., Lasko, N. B., Orr, S. P., et al. (2002). Smaller hippocampal volume predicts pathologic vulnerability to psychological trauma. *Nature Neuroscience, 5*, 1242-1247.

Gorenstein, E. E. (1982). Frontal lobe functions in psychopaths. *Journal of Abnormal Psychology, 91*, 368-379.

Grafman, J., Schwab, K., Warden, D., Pridgen, A., Brown, H. R. & Salazar, A. M. (1996). Frontal lobe injuries, violence, and aggression: A report of the Vietnam Head Injury Study. *Neurology, 46*, 1231-1238.

Hare, R. D. (1984). Performance of psychopaths on cognitive tasks related to frontal lobe function. *Journal of Abnormal Psychology, 93*, 133-140.

Hare, R. D. (1999). Psychopathy as a risk factor for violence. *Psychiatric Quarterly, 70*, 181-197.

Hare, R. D. (2003). *Manual for the Revised Psychopathy Checklist* (2nd ed.) Toronto: Multi-Health Systems.

Hare, R. D., Hart, S. D. & Harpur, T. J. (1991). Psychopathy and the DSM-IV criteria for antisocial personality disorder. *Journal of Abnormal Psychology, 100*, 391-398.

Hart, S. D., Forth, A. E. & Hare, R. D. (1990). Performance of criminal psychopaths on selected neuropsychological tests. *Journal of Abnormal Psychology, 99*, 374-379.

Heaton, R. K. (1981). *A manual for the Wisconsin Card Sorting Test*. Odessa, FL: Psychological Assessment Resources.

Heinrichs, R. W. (2005). The primacy of cognition in schizophrenia. *American Psychologist, 60*, 229-242.

Hiatt, K. D., Schmitt, W. A. & Newman, J. P. (2004). Stroop tasks reveal abnormal selective attention among psychopathic offenders. *Neuropsychology, 18*, 50-59.

Hoaken, P. N. S., Giancola, P. R. & Pihl, R. O. (1998). Executive cognitive functions as mediators of alcohol-related aggression. *Alcohol and Alcoholism, 33*, 47-54.

Hoffman, J. J., Hall, R. W. & Bartsch, T. W. (1987). On the relative importance of "psychopathic" personality and alcoholism on neuropsychological measures of frontal lobe dysfunction. *Journal of Abnormal Psychology, 96*, 158-160.

Hopkins-Golightly, T., Raz, S. & Sandler, C. J. (2003). Influence of slight to moderate risk for birth hypoxia on acquisition of cognitive and language function in the preterm infant: A cross-sectional comparison with preterm-birth controls. *Neuropsychology, 17*, 3-13.

Huijbregts, S. C. J., Séguin, J. R., Zelazo, P. D., Parent, S., Japel, C. & Tremblay, R. E. (2006). Interrelations between pregnancy smoking, birth weight and sociodemographic factors in the prediction of early cognitive outcome. *Infant and Child Development, 15*, 593-606.

Huijbregts, S. C. J., Séguin, J. R., Zoccolillo, M., Boivin, M. & Tremblay, R. E. (2007). Maternal smoking during pregnancy and externalizing behavior problems during early childhood. *Journal of Abnormal Child Psychology. 35*, 203-215.

Ishikawa, S. S., Raine, A., Lencz, T., Bihrle, S. & LaCasse, L. (2001). Autonomic stress reactivity and executive function in successful and unsuccessful criminal psychopaths from the community. *Journal of Abnormal Psychology, 110*, 423-432.

Kalff, A. C., Hendriksen, J. G. M., Kroes, M., Vles, J. S. H., Steyaert, J., Feron, F. J. M., et al. (2002). Neurocognitive performance of 5- and 6-year-old children who met criteria for attention deficit/hyperactivity disorder at 18 months follow-up: Results from a prospective population study. *Journal of Abnormal Child Psychology, 30*, 589-598.

Kivlahan, D. R., Marlatt, G. A., Fromme, K., Coppel, D. B. & Williams, E. (1990). Secondary prevention with college drinkers: Evaluation of an alcohol skills training program. *Journal of Consulting and Clinical Psychology, 58*, 805-810.

Kolb, B. & Wishaw, I. Q. (2003). Fundamentals of human neuropsychology (5th ed.). New York: Freeman.

Lacourse, É., Côté, S., Nagin, D. S., Vitaro, F., Brendgen, M. & Tremblay, R. E. (2002). A longitudinal-experimental approach to testing theories of antisocial behavior development. *Development and Psychopathology, 14*, 911-926.

Lahey, B. B., Loeber, R., Burke, J. D. & Rathouz, P. J. (2002). Adolescent outcomes of childhood conduct disorder among clinic-referred boys: Predictors of improvement. *Journal of Abnormal Child Psychology, 30*, 333-348.

Lahey, B. B., Loeber, R., Quay, H., Applegate, B., Shaffer, D., Waldman, I. D., et al. (1998). Validity of DSM-IV subtypes of conduct disorder based on age of onset. *Journal of the American Academy of Child and Adolescent Psychiatry, 37*, 435-442.

Lahey, B. B., Waldman, I. D. & McBurnett, K. (1999). Annotation: The development of antisocial behavior: An integrative causal model. *Journal of Child Psychology and Psychiatry, 40*, 669-682.

Lapierre, D., Braun, M. J. & Hodgins, S. (1995). Ventral frontal deficits in psychopathy: Neuropsychological test findings. *Neuropsychologia, 33*, 139-151.

Levenson, M. R., Kiehl, K. A. & Fitzpatrick, C. M. (1995). Assessing psychopathic attributes in a noninstitutionalized population. *Journal of Personality and Social Psychology, 68*, 151-158.

Lezak, M. D., Howieson, D. B. & Loring, D. W. (2004). *Neuropsychological assessment* (4th ed.) New York: Oxford University Press.

Lilienfeld, S. O. & Andrews, B. P. (1996). Development and preliminary validation of psychopathic personality traits in noncriminal populations. *Journal of Personality Assessment, 66*, 488-524.

Lilienfeld, S. O. & Waldman, I. D. (1990). The relation between childhood attention-deficit hyperactivity disorder and adult antisocial behavior reexamined: The problem of heterogeneity. *Clinical Psychology Review, 10*, 699-725.

Liu, J., Raine, A., Venables, P. H. & Mednick, S. A. (2004). Malnutrition at age 3 years and externalizing behavior problems at ages 8, 11 and 17 years. *American Journal of Psychiatry, 161*, 2005-2013.

Loeber, R., Burke, J. D. & Lahey, B. B. (2002). What are adolescent antecedents to antisocial personality disorder? *Criminal Behaviour & Mental Health, 12*, 24-36.

Lueger, R. J. & Gill, K. J. (1990). Frontal-lobe cognitive dysfunction in conduct disorder adolescents. *Journal of Clinical Psychology, 46*, 696-705.

Lynam, D. R. (1998). Early identification of the fledgling psychopath: Locating the psychopathic child in the current nomenclature. *Journal of Abnormal Psychology, 107*, 566-575.

Lynam, D. R., Whiteside, S. & Jones, S. (1999). Self-reported psychopathy: A validation study. *Journal of Personality Assessment, 73*, 110-132.

Malloy, P., Noel, N., Rogers, S., Longabaugh, R. & Beattie, M. C. (1989). Risk factors for neuropsychological impairment in alcoholics: Antisocial personality, age, years of drinking and gender. *Journal of Studies on Alcohol, 50*, 422-426.

Manes, F., Sahakian, B., Clark, L., Rogers, R. D., Antoun, N., Aitken, M., et al. (2002). Decision-making processes following damage to the prefrontal cortex. *Brain, 125*, 624-639.

Martinez-Arãn, A., Vieta, E., Reinares, M., Colom, F., Torrent, C., Sanchez--Moreno, J., et al. (2004). Cognitive function across manic or hypomanic, depressed, and euthymic states in bipolar disorder. *American Journal of Psychiatry, 161*, 262-270.

Mataro, M., Jurado, M. A., Garcia-Sanchez, C., Barraquer, L., Costa-Jussa, F. R. & Junque, C. (2001). Long-term effects of bilateral frontal brain lesion: 60 years after injury with an iron bar. *Archives of Neurology, 58*, 1139-1142.

Meaney, M. J., Aitken, D. H., van Berkell, C., Bhatnagar, S. & Sapolsky, R.M. (1988). Effect of neonatal handling on age-related impairments associated with the hippocampus. *Science, 239*, 766-768.

Meehl, P. E. (1971). High school yearbooks: A reply to Schwarz. *Journal of Abnormal Psychology, 77*, 143-148.

Meyers, C. A., Berman, S. A., Scheibel, R. S. & Hayman, A. (1992). Case report: Acquired antisocial personality disorder associated with unilateral left orbital frontal lobe damage. *Journal of Psychiatry and Neuroscience, 17*, 121-125.

Mezzacappa, E., Kindlon,D. & Earls, F. J. (2001). Child abuse and performance task assessments of executive functions in boys. *Journal of Child Psychology and Psychiatry, 42*, 1041-1048.

Milner, B., Petrides, M. & Smith, M. L. (1985). Frontal lobes and the temporal organization of memory. *Human Neurobiology, 4*, 137-142.

Mitchell, D. G. V., Colledge, E., Leonard, A. & Blair, R. J. R. (2002). Risky decision and response reversal: Is there evidence of orbitofrontal cortex dysfunction in psychopathic individuals? *Neuropsychologia, 1423*, 1-10.

Moeller, F. G., Barratt, E. S., Dougherty, D. M., Schmitz, J. M. & Swann, A. C. (2001). Psychiatric aspects of impulsivity. *American Journal of Psychiatry, 158*, 1783-1793.

Moffitt, T. E. (1990a). Juvenile delinquency and attention deficit disorder: Boy's developmental trajectories from age 3 to age 15. *Child Development, 61,* 893-910.

Moffitt, T. E. (1990b). The neuropsychology of juvenile delinquency: A critical review. In M. Tonry & N. Morris (Eds.), *Crime and justice: A review of research* (12th ed., pp. 99-169). Chicago: University of Chicago Press.

Moffitt, T. E. (1993a). Adolescence-limited and life-course-persistent antisocial behavior: A developmental taxonomy. *Psychological Review, 100,* 674-701.

Moffitt, T. E. (1993b). The neuropsychology of conduct disorder. *Development and Psychopathology, 5,* 135-151.

Moffitt, T. E. (2003). Life-course-persistent and adolescence-limited antisocial behavior: A 10- year research review. In B. B. Lahey, T. E. Moffitt & A. Caspi (Eds.), *Causes of conduct disorder and juvenile delinquency* (pp. 49-75). New York: Guilford.

Moffitt, T. E., Caspi, A., Harrington, H. L. & Milne, B. J. (2002). Males on the life-course persistent and adolescence-limited antisocial pathways: Follow-up at age 26 years. *Development and Psychopathology, 14,* 179-207.

Moffitt, T. E. & Henry, B. (1989). Neuropsychological assessment of executive functions in self-reported delinquents. *Development and Psychopathology, 1,* 105-118.

Moffitt, T. E. & Henry, B. (1991). Neuropsychological studies of juvenile delinquency and juvenile violence. In J. S. Milner (Ed.), *Neuropsychology of aggression* (pp. 67-91). Boston: Kluwer.

Moffitt, T. E., Lynam, D. R. & Silva, P. A. (1994). Neuropsychological tests predicting persistent male delinquency. *Criminology, 32,* 277-300.

Moffitt, T. E. & Silva, P. A. (1988a). Neuropsychological deficit and self--reported delinquency in an unselected birth cohort. *Journal of the American Academy of Child and Adolescent Psychiatry, 2 7,* 233-240.

Moffitt, T. E. & Silva, P. A. (1988b). Self-reported delinquency, neuropsychological deficit, and history of attention deficit disorder. *Journal of Abnormal Child Psychology, 16,* 553-569.

Morgan, A. B. & Lilienfeld, S. O. (2000). A meta-analytic review of the relation between antisocial behavior and neuropsychological measures of executive function. *Clinical Psychology Review, 20,* 113-136.

Mortensen, E. L., Fleischer Michaelsen, K., Sanders, S. A. & Machover Reinish, J. (2002). The association between duration of breastfeeding and adult intelligence. *Journal of the American Medical Association, 287,* 2365-2371.

Murdoch, D. D., Pihl, R. O. & Ross, D. F. (1990). Alcohol and crimes of violence: Present issues. *International Journal of the Addictions*, 25, 1065-1081.

Nagin, D. S. & Tremblay, R. E. (1999). Trajectories of boys' physical aggression, opposition, and hyperactivity on the path to physically violent and nonviolent juvenile delinquency. *Child Development*, 70, 1181-1196.

National Institute of Child Health and Human Development Early Child Care Research Network (2004). Trajectories of physical aggression from toddlerhood to middle childhood: Predictors, correlates, and outcomes. *Monographs of the Society for Research in Child Development*, 69(4), vii-128.

Newman, J. P. & Lorenz, A. R. (2002). Response modulation and emotion processing: Implications for psychopathy and other dysregulatory psychopathology. In R. J. Davidson, K. Scherer & H. H. Goldsmith (Eds.), *Handbook of affective sciences* (pp. 1043-1067). Oxford: Oxford University Press.

Nigg, J. T. (2005). Neuropsychologic theory and findings in attention-deficit/hyperactivity disorder: The state of the field and salient challenges for the coming decade. *Biological Psychiatry*, 57, 1424-1435.

Nigg, J. T., Glass, J. M., Wong, M. M., Poon, E., Jester, J. M., Fitzgerald, H. E., et al. (2004). Neuropsychological executive functioning in children at elevated risk for alcoholism: Findings in early adolescence. *Journal of Abnormal Psychology*, 113, 302-314.

Nigg, J. T., Hinshaw, S. P., Carte, E. T. & Treuting, J. J. (1998). Neuropsychological correlates of childhood Attention-Deficit/Hyperactivity Disorder explainable by comorbid disruptive behavior or reading problems? *Journal of Abnormal Psychology*, 107, 468-480.

Nigg, J. T., Willcutt, E. G., Doyle, A. E. & Sonuga-Barke, E. J. S. (2005). Causal heterogeneity in attention-deficit/hyperactivity disorder: Do we need neuropsychologically impaired subtypes? *Biological Psychiatry*, 57, 1224-1230.

Olvera, R. L., Semrud-Clikeman, M., Pliszka, S. R. & O'Donnell, L. (2005). Neuropsychological deficits in adolescents with conduct disorder and comorbid bipolar disorder: A pilot study. *Bipolar Disorders*, 7, 57-67.

Oosterlaan, J., Scheres, A. & Sergeant, J. A. (2005). Which executive functioning deficits are associated with AD/HD, ODD/CD and comorbid AD/HD plus ODD/CD? *Journal of Abnormal Child Psychology*, 33, 69-85.

Pennington, B. F. & Ozonoff, S. (1996). Executive functions and developmental psychopathology. *Journal of Child Psychology and Psychiatry*, 37, 51-87.

Petrides, M., Alivisatos, B., Evans, A. C. & Meyer, E. (1993a). Dissociation of human mid-dorsolateral from posterior dorsolateral frontal cortex in memory processing. *Proceedings of the National Academy of Sciences USA, 90,* 873-877.

Petrides, M., Alivisatos, B., Meyer, E. & Evans, A. C. (1993b). Functional activation of the human frontal cortex during the performance of verbal working memory tasks. *Proceedings of the National Academy of Sciences USA, 90,* 878-882.

Pettit, G. S. & Mize, J. (2007). Social-cognitive process in the development of antisocial and violent behaviour. In A. D. Waldman, D. J. Flannery & A. T. Vazsonyi (Eds.), *The Cambridge handbook of violent behaviour and aggression* (pp. 322-343). New York: Cambridge University Press.

Pihl, R. O., Paylan, S. S., Gentes-Hawn, A. & Hoaken, P. N. S. (2004). Alcohol affects executive cognitive functioning differentially on the ascending versus descending limb of the blood alcohol concentration curve. *Alcoholism: Clinical and Experimental Research, 27,* 773-779.

Pontius, A. A. (2003). Violence in schizophrenia versus limbic psychotic trigger reaction: Prefrontal aspects of volitional action. *Aggression & Violent Behavior, 9,* 503-521.

Pontius, A. A. & Lemay, M. (2003). Aggression in temporal lobe epilepsy and limbic psychotic trigger reaction implicating vagus kindling of hippocampus/amygdala (in sinus abnormalites on MRIs). *Aggression & Violent Behavior, 8,* 245-257.

Quanbeck, C. D., Stone, D. C., Scott, C. L., McDermott, B. E., Altshuler, L. L. & Frye, M. A. (2005). Clinical and legal correlates of inmates with bipolar disorder at time of criminal arrest. *Journal of Clinical Psychiatry, 65,* 198-203.

Raine, A. (2002a). Annotation: The role of prefrontal deficits, low autonomic arousal, and early health factors in the development of antisocial and aggressive behavior in children. *Journal of Child Psychology and Psychiatry, 43,* 417-434.

Raine, A. (2002b). Biosocial studies of antisocial and violent behavior in children and adults: A review. *Journal of Abnormal Child Psychology, 30,* 311-326.

Raine, A., Buchsbaum, M. S., Stanley, J., Lottenberg, S., Abel, L. & Stoddard, J. (1994). Selective reductions in prefrontal glucose metabolism in murderers. *Biological Psychiatry, 36,* 365-373.

Raine, A., Lencz, T., Bihrle, S., LaCasse, L. & Coletti, P. (2000). Reduced prefrontal gray matter volume and reduced autonomic activity in antisocial personality disorder. *Archives of General Psychiatry, 57,* 119-127.

Raine, A., Moffitt, T. E., Caspi, A., Loeber, R., Stouthamer-Loeber, M. & Lynam, D. R. (2005). Neurocognitive impairments in boys on the life-course persistent antisocial path. *Journal of Abnormal Psychology, 114*, 38-49.

Raine, A., Yaralian, P. S., Reynolds, C., Venables, P. H. & Mednick, S. A. (2002). Spatial but not verbal cognitive deficits at age 3 years in persistently antisocial individuals. *Development and Psychopathology, 14*, 25-44.

Rolls, E. T., Hornak, J., Wade, D. & McGrath, J. (1994). Emotion-related learning in patients with social and emotional changes associated with frontal lobe damage. *Journal of Neurology, Neurosurgery, and Psychiatry, 57*, 1518-1524.

Room, R., Babor, T. & Rehm, J. (2005). Alcohol and public health. *The Lancet, 365*, 519-530.

Rossow, I. (2001). Alcohol and homicide: A cross-cultural comparison of the relationship in 14 European countries. *Addiction, 96*, S77-S92.

Salekin, R. T., Rogers, R. & Sewell, K. (1996). A review and meta-analysis of the Psychopathy Checklist and Psychopathy Checklist-Revised: Predictive validity of dangerousness. *Clinical Psychology: Science and Practice, 3*, 203-215.

Saxe, R., Carey, S. & Kanwisher, N. (2004). Understanding other minds: Linking developmental psychology and functional neuroimaging. *Annual Review of Psychology, 55*, 87-124.

Scarpa, A. & Raine, A. (2007). Biosocial bases of violence. In A. D. Waldman, D. J. Flannery & A. T. Vazsonyi (Eds.), *The Cambridge handbook of violent behaviour and aggression* (pp. 151-169). New York: Cambridge University Press.

Schanda, H., Knecht, G., Schreinzer, D., Stompe, T., Ortwein-Swoboda, G. & Waldhoer, T. (2004). Homicide and major mental disorders: A 25-year study. *Acta Psychiatrica Scandinavica, 110*, 98-107.

Schmitt, W. A., Brinkley, C. A. & Newman, J. P. (1999). Testing Damásio's somatic marker hypothesis with psychopathic individuals: Risk takers or risk averse? *Journal of Abnormal Psychology, 108*, 538-543.

Séguin, J. R. (2003, April). *Executive function in early physical aggression: Longitudinal data from ages 17 to 60 months*. Paper presented at the Society for Research in Child Development Biennial Meeting.

Séguin, J. R. (2004). Neurocognitive elements of antisocial behaviour: Relevance of an orbitofrontal cortex account. *Brain and Cognition, 55*, 185-197.

Séguin, J. R., Arseneault, L., Boulerice, B., Harden, P. W. & Tremblay, R. E. (2002). Response perseveration in adolescent boys with stable and unstable histories of physical aggression: The role of underlying processes. *Journal of Child Psychology and Psychiatry, 43*, 481-494.

Séguin, J. R., Boulerice, B., Harden, P., Tremblay, R. E. & Pihl, R. O. (1999). Executive functions and physical aggression after controlling for attention deficit hyperactivity disorder, general memory, and IQ. *Journal of Child Psychology and Psychiatry, 40*, 1197-1208.

Séguin, J. R., Nagin, D. S., Assaad, J.-M. & Tremblay, R. E. (2004). Cognitive neuropsychological function in chronic physical aggression and hyperactivity. *Journal of Abnormal Psychology, 113*, 603-613.

Séguin, J. R., Pihl, R. O., Harden, P. W., Tremblay, R. E. & Boulerice, B. (1995). Cognitive and neuropsychological characteristics of physically aggressive boys. *Journal of Abnormal Psychology, 104*, 614-624.

Séguin, J. R., Sylves, P. & Lilienfeld, S. O. (2007). The neuropsychology of violence. In A. D. Waldman, D. J. Flannery & A. T. Vazsonyi (Eds.), *The Cambridge handbook of violent behaviour and aggression* (pp. 187-214). New York: Cambridge University Press.

Séguin, J. R. & Zelazo, P. D. (2005). Executive function in early physical aggression. In R. E. Tremblay, W. W. Hartup & J. Archer (Eds.), *Developmental origins of aggression* (pp. 307-329). New York: Guilford.

Séguin, J. R., Zelazo, P. D. & Tremblay, R. E. (2005, April). *Early cognitive function in physical aggression and hyperactivity trajectories from ages 17-42 months*. Paper presented at the biennial meeting of the Society for Research in Child Development, Atlanta.

Shallice, T. (2003). Functional imaging and neuropsychology findings: How can they be linked? *Neuroimage, 20*, S146-S154.

Smith, S. S., Arnett, P. A. & Newman, J. P. (1992). Neuropsychological differentiation of psychopathic and nonpsychopathic criminal offenders. *Personality and Individual Differences, 13*, 1233-1243.

Sommers, C. H. & Satel, S. (2005). *One nation under therapy: How the helping culture is eroding self-reliance*. New York: St. Martin's Press.

Speltz, M. L., DeKlyen, M., Calderon, R., Greenberg, M. T. & Fisher, P. A. (1999). Neuropsychological characteristics and test behaviors of boys with early onset conduct problems. *Journal of Abnormal Psychology, 108*, 315-325.

Stevens, M., Kaplan, R. & Hesselbrock, V. (2003). Executive-cognitive functioning in the development of antisocial personality disorder. *Addictive Behaviors, 28*, 285-300.

Stone, V. E., Baron-Cohen, S. & Knight, R. T. (1998). Frontal lobe contributions to theory of mind. *Journal of Cognitive Neuroscience*, *10*, 640-656.

Stouthamer-Loeber, M., Loeber, R.,Wei, E., Farrington, D. P. & Wikström, P.-O. H. (2002). Risk and promotive effects in the explanation of persistent serious delinquency in boys. *Journal of Consulting and Clinical Psychology*, *70*, 111-123.

Stuss, D. T., Gallup, G. G. & Alexander, M. P. (2001). The frontal lobes are necessary for 'theory of mind'. *Brain*, *124*, 279-286.

Stuss, D. T., Gow, C. A. & Hetherington, C. R. (1992). "No longer Gage": Frontal lobe dysfunction and emotional changes. *Journal of Consulting and Clinical Psychology*, *60*, 349-359.

Suchy, Y. & Kosson, D. S. (2005). State dependent executive deficits among psychopathic offenders. *Journal of the International Neuropsychological Society*, *11*, 311-321.

Sutker, P. B. & Allain, A. N. (1987). Cognitive abstraction, shifting, and control: Clinical sample comparisons of psychopaths and nonpsychopaths. *Journal of Abnormal Psychology*, *96*, 73-75.

Tateno, A., Jorge, R. E. & Robinson, R. G. (2004). Clinical correlates of aggressive behaviour after traumatic brain injury. *Journal of Neuropsychiatry & Clinical Neurosciences*, *15*, 155-160.

Taylor, J., Iacono, W. G. & McGue, M. (2000). Evidence for a genetic etiology of early-onset delinquency. Journal of Abnormal Psychology, 109, 634-643.

Teichner, G. & Golden, C. J. (2000). The relationship of neuropsychological impairment to conduct disorder in adolescence: A conceptual review. *Aggression & Violent Behavior*, *5*, 509-528.

Toupin, J., Déry, M., Pauzé, R., Mercier, H. & Fortin, L. (2000). Cognitive and familial contributions to conduct disorder in children. *Journal of Child Psychology and Psychiatry*, *41*, 333-344.

Tremblay, R. E. (2000). The development of aggressive behaviour during childhood: What have we learned in the past century? *International Journal of Behavioral Development*, *24*, 129-141.

Tremblay, R. E., Boulerice, B., Harden, P. W., McDuff, P., Pérusse, D., Pihl, R. O., et al. (1996). Do children in Canada become more aggressive as they approach adolescence? In Human Resources Development Canada, Statistics Canada (Eds.), *Growing up in Canada* (pp. 127-137). Ottawa: Statistics Canada.

Tremblay, R. E., Nagin, D. S., Séguin, J. R., Zoccolillo, M., Zelazo, P. D., Boivin, M., et al. (2004). Physical aggression during early childhood: Trajectories and predictors. *Pediatrics*, *114*, e43-e50.

Walsh, A. (1987). Cognitive functioning and delinquency: Property versus violent offenses. *International Journal of Offender Therapy and Comparative Criminology, 31*, 285-289.

Waschbusch, D. A. (2002). A meta-analytic examination of comorbid hyperactive-impulsive-attention problems and conduct problems. *Psychological Bulletin, 128*, 118-150.

Wechsler, D. (1981). *Manual for the Wechsler Adult Intelligence Scale-Revised*. San Antonio, TX: The Psychological Corporation.

Weiger, W. A. & Bear, D. M. (1988). An approach to the neurology of aggression. *Journal of Psychiatry Research, 22*, 85-98.

Whalen, P. J., Kagan, J., Cook, R. G., Davis, F. C., Kim, H., Polis, S., et al. (2004). Human amygdale responsivity to masked fearful eye whites. *Science, 306*, 2061.

White, H. R., Bates, M. E. & Buyske, S. (2001). Adolescence-limited versus persistent delinquency: Extending Moffitt's hypothesis into adulthood. *Journal of Abnormal Psychology, 110*, 600-609.

Yolton, K., Dietrich, K., Auinger, P., Lanphear, B. P. & Hornung, R. (2005). Exposure to environmental tobacco smoke and cognitive abilities among U.S. children and adolescents. *Environmental Health Perspectives, 113*, 98-103.

Originalmente publicado em:

Séguin, J. R., Sylvers, P. & Lilienfeld, S. O. (2007). The neuropsychology of violence. In I. D. Waldman, D. J. Flannery & A. T. Vazsonyi (Eds.), *The Cambridge handbook of violent behaviour and aggression* (pp. 187-214). New York: Cambridge University Press.

9

Por que falham os profissionais na detecção da mentira e como podem vir a melhorar *

Aldert Vrij

Quando os investigadores de crimes do sistema judicial (v. g., polícias, advogados, procuradores, juízes, jurados) avaliam as declarações prestadas por suspeitos, vítimas ou testemunhas, são quase sempre confrontados com o velho dilema de distinguir entre aqueles que dizem a verdade daqueles que não o fazem (Horvath, Jayne & Buckley, 1994). Os agentes da polícia gostam de se apresentar como bons detectores de mentira (Inbau, Reid, Buckley & Jayne, 2001), embora os dados da investigação não corroborem a justeza desta pretensão. Num estudo típico de detecção de mentira, apresentam-se aos peritos encarregados dessa tarefa (v. g., polícias, agentes da CIA) vídeos de numerosos indivíduos que mentem ou que dizem a verdade, pedindo-lhes, depois de cada vídeo, que indiquem se a pessoa estava a mentir ou a dizer a verdade. Numa situação dessas, a resposta à sorte resultaria em 50% de classificações correctas. Vrij e Mann (*no prelo*) fizeram a revisão de dez estudos desse género, sobre caçadores profissionais de mentirosos. A primeira conclusão foi a de que a média da taxa de acerto total (i. e., as pontuações de

---

* Tradução de M. Jorge Ferro e A. Castro Fonseca.

acerto para o conjunto das detecções de mentira e de verdade combinadas) era bastante baixa (cerca de 55%) e muito próxima da taxa de acerto total (57%) conseguida por observadores que são leigos na matéria, tais como estudantes universitários (Vrij, 2000a). A segunda conclusão foi que, embora os profissionais não pareçam mais capazes do que os leigos nessa matéria, eles sentiam-se, frequentemente, mais confiantes nessa sua capacidade. Por fim, a terceira conclusão foi que alguns grupos de profissionais de detecção de mentira são melhores que outros. Por exemplo, Ekman e O'Sullivan (1991) descobriram que agentes da polícia (56% de exactidão total) e avaliadores de polígrafo (exactidão total de 53%) obtinham níveis de exactidão semelhantes aos de estudantes universitários (com valores de 53%), enquanto que os membros dos serviços secretos eram melhores a detectar mentiras que os estudantes (exactidão total de 64%).

Contudo, a maior parte dos estudos sobre a detecção da falsidade com caçadores profissionais de mentirosos apresenta uma limitação, que é o facto de serem realizados em condições artificiais. Geralmente, nesses estudos, os polícias têm de detectar verdades e mentiras contadas por estudantes universitários que aceitaram participar numa experiência realizada em meio laboratorial (cf. Ekman & O'Sullivan, 1991; Ekman, O'Sullivan & Frank, 1999). Esta situação difere, pelo menos, em três aspectos da que se verifica nos interrogatórios policiais. Primeiro, o que está em jogo (as consequências positivas de escapar com a mentira e as consequências negativas de ser apanhado) é menos importante em laboratório do que nos interrogatórios policiais, o que pode dificultar a detecção de mentira. Segundo, o estudante universitário típico é diferente do suspeito típico em situação de interrogatório policial. Por exemplo, os estudantes são, em média, mais inteligentes que os suspeitos apresentados para interrogatório (Gudjonsson, 2003) e esta diferença de inteligência pode influenciar o modo como os indivíduos mentem (Ekman & Frank, 1993). Terceiro, normalmente, em laboratório os assuntos sobre os quais os estudantes mentem são diferentes (v. g., a sua atitude em relação à pena de morte) daqueles sobre os quais mentem os sujeitos em interrogatórios policiais. Por causa destas diferenças, a medida, em laboratório, da competência dos polícias para distinguir entre verdades e mentiras, pode não corresponder às suas reais capacidades. Um estudo recentemente realizado por nós (Mann, Vrij & Bull, 2004) tinha maior validade ecológica e, portanto, forneceu um melhor teste de avaliação dessa capacidade dos polícias. Mostrámos a 99 polícias (que não tinham sido identificados em investigações anteriores como pertencentes a grupos especialmente bons na detecção de mentira) vídeos com 54 verdades e mentiras contadas por suspeitos durante as suas entrevistas policiais. O resultado obtido foi uma taxa de acerto total de 65%, um valor bem melhor do que aquele que normalmente se consegue em estudos de laboratório. Contudo, esta taxa de exactidão ficou ainda longe do ideal, tendo sido frequentes os erros cometidos. Isso não constituiu surpresa, dadas as numerosas dificuldades e constrangimentos na detecção de mentiras. Identificam-se a seguir alguns desses problemas.

Dificuldades e armadilhas na detecção de mentira [1]

1. Ausência do "nariz de Pinóquio"

Em diversas revisões de estudos sobre a detecção da mentira (Ben-Shakhar & Elaad, 2003; DePaulo, Lindsay, Malone, Muhlenbruck, Charlton & Cooper, 2003; Kleiner, 2002; MacLaren, 2001; Masip, Sporer, Garrido & Herrero, *no prelo*; Vrij, 2000a, *no prelo,* a) num total de mais de 150 trabalhos, nos quais se examinara como respondem os sujeitos que mentem, chegou-se a uma conclusão espantosa: não há uma única pista verbal, não-verbal ou fisiológica que se possa relacionar

---

[1] Uma razão muito importante pela qual a mentira permanece não detectada é o facto de os observadores não desejarem saber a verdade, quando esta não lhes interessa. Denominamos este efeito como *Efeito Avestruz* (Vrij & Mann, 2003). As pessoas, geralmente, apreciam os elogios que lhes são dirigidos pelos outros sobre a sua forma física, o penteado, o modo como se vestem, o seu sucesso, etc. Então, para quê preocuparem-se com estes juízos sem saber se são proferidos como realmente verdadeiros? Certas mentiras mais graves podem também permanecer sem ser detectadas por esta mesma razão (Ekman, 1996; Vrij, 2000a). Não vamos abordar este efeito neste trabalho uma vez que os profissionais de detecção de mentiras estarão motivados para detectar declarações falsas. Portanto, este efeito não se aplica a tais indivíduos.

inequivocamente com a mentira. Por outras palavras, não há nada que se assemelhe ao nariz crescente de Pinóquio quando se diz uma mentira. Evidentemente, isto torna a detecção da mentira mais difícil, pois não há nada em que o seu detector possa confiar plenamente. A ausência de pistas deixadas pelo mentiroso não significa que quem mente e quem diz a verdade tenha um comportamento idêntico. De facto, não é assim. Contudo, quando se verifica um comportamento diferenciado entre quem mente e quem diz a verdade, tal diferença não é efeito puro da mentira *per se*, mas resulta antes de o mentiroso experienciar pelo menos um dos seguintes processos: emoção, complexidade da narrativa e tentativa de manter o controlo (Vrij, 2000a) [2]. Estes processos libertam sinais que podem ser descobertos pelo detector de mentiras e cada um deles aponta para diferentes aspectos do acto de mentir e das respostas enganosas. Além disso, os mentirosos podem também experimentar estes três aspectos simultaneamente. Significa isso que esses três processos não devem ser considerados como campos ou forças opostas.

No que diz respeito às emoções, Ekman (1985/2001) mostrou que os mentirosos podem sentir *culpa* ao mentir, podem sentir *medo* de serem apanhados, ou podem sentir-se *excitados* com o facto de terem a oportunidade de enganar alguém.

No que se reporta à complexidade do conteúdo, por vezes, os mentirosos consideram que é difícil mentir se, em simultâneo, tiverem de pensar também em 1) dar respostas plausíveis, 2) dizer uma mentira consistente com tudo o que o observador sabe ou pode vir a descobrir; e 3) evitar lapsos verbais ou deslizes no discurso. A tarefa será ainda mais difícil, pelo facto de terem de se lembrar do que disseram antes, de modo a manter a história de acordo com os relatos anteriores, sempre que soli-

---

[2] Estes três factores derivam do modelo dos quatro factores de Zuckerman, DePaulo & Rosenthal (1981). Assim, aos três factores mencionados no corpo do texto, os autores acrescentam um quarto elemento que designam por Nível de Activação Emocional (*arousal*). Deixa-se aqui este factor de lado pois, tal como Zuckerman et al. (1981) reconheceram, este coincide em parte com o factor emoção. Há explicações teóricas alternativas sobre as razões por que, por vezes, respondem de modos distintos tanto aqueles que mentem como aqueles que dizem a verdade. Sobre este ponto, cfr. DePaulo et al. (2003), para uma visão global destas considerações teóricas.

citados a repetir a sua narrativa (Burgoon, Buller & Guerrero, 1995; Vrij, 2000a). Por esta razão, o acto de mentir pode ser uma tarefa mais difícil do que dizer a verdade, especialmente quando o mentiroso não teve oportunidade de preparar a história e tem de criar uma instantaneamente. Acresce ainda que os mentirosos têm de estar continuamente a controlar o próprio discurso bem como o comportamento não-verbal, de modo a parecerem convincentes ao longo de toda a construção da mentira. Isto será tanto mais complicado quanto maiores, mais complexas e prolongadas forem as mentiras.

No que concerne à tentativa de controlo, o mentiroso deve preocupar-se com o facto de, ao envolver-se num processo de mentira, estar a aumentar a probabilidade de passar indícios que possam deitar a perder toda a mentira e, portanto, tenta controlar o seu próprio comportamento, suprimindo tais sinais e esforçando-se por *gerir a impressão* que causa no observador, ou seja, tenta passar uma imagem convincente de modo a evitar ser apanhado (Buller & Burgoon, 1996; Hocking & Leathers, 1980). Contudo, isto não é fácil. O mentiroso tem de evitar eficazmente o nervosismo, disfarçar o facto de ter de pensar com cautela, saber como responder normalmente de modo a fazer passar uma impressão de honestidade e persuasão convincente e deve ainda ter preparadas as respostas que pretende passar. Assim, pode dar-se o caso de os mentirosos, ao tentarem controlar o comportamento, apresentarem um controlo excessivo, demonstrando padrões de comportamento que podem reflectir planeamento, ensaio e falta de espontaneidade (DePaulo & Kirkendol, 1989).

Uma outra pista que pode resultar do controlo inadequado do próprio comportamento é o facto de o desempenho do sujeito poder parecer fraco, sem qualquer tonalidade emocional devido à falta de empenhamento na tarefa (Burgoon & Buller, 1994; DePaulo et al., 2003). O concorrente Charles Ingram, que foi considerado culpado no Reino Unido por ter feito batota para alcançar o prémio máximo no popular concurso de televisão "Quem Quer Ser Milionário", pode ser um exemplo elucidativo do que acabámos de referir. A equipa responsável pelo programa desconfiou do modo como Ingram e a mulher reagiram à vitória "não aparentando tanto júbilo — tanta excitação ou alegria efusiva — como seria de esperar de recém-milionários que acabavam de ganhar o prémio máximo de um milhão de libras" (conforme *The Independent*, 8 Abril 2003, p. 9). Esta reacção inesperada terá sido devida à combinação do medo de serem apanhados com a consciência de que a sua vitória não tinha sido legítima.

A investigação sobre a mentira já produziu provas relativas a cada um dos três processos que estamos a analisar. Por exemplo, quando comparados com as pessoas que dizem a verdade, os mentirosos têm tendência a falar com um *tom de voz mais agudo*, que pode dever-se ao nível da emoção; incluem *menos detalhes* nos relatos (o que pode ser devido à tentativa de gerir a complexidade do conteúdo); a sua *mímica é mais pobre*, o que se traduz num menor número de ilustrações gestuais (movimentos de mãos e braços de forma a modificar ou reforçar o que está a ser verbalmente reportado); e têm *menos movimentos de mãos e dedos* (movimentos não funcionais executados sem o contributo do movimento dos braços), o que pode dever-se quer à complexidade do que afirmam, quer à tentativa de controlo de si próprios e da situação.

Talvez uma das descobertas mais surpreendentes da investigação sobre a mentira seja o facto de que os sinais claros de comportamento nervoso (v. g., o olhar fixo, torcer o corpo ou os membros, fugir a determinado assunto ou a vergonha) não estão necessariamente relacionados com a mentira. Isto é surpreendente porque, tal como pormenorizaremos mais adiante, as pessoas, incluindo os profissionais da detecção de mentira, acreditam firmemente que os mentirosos exibem esses sinais de nervosismo. No entanto, a ausência desses comportamentos pode ser a consequência da natureza artificial dos estudos sobre a mentira. Estes são quase todos levados a cabo em laboratórios de universidades com participantes (na sua maioria, estudantes universitários) que dizem a verdade ou mentem apenas para efeitos de investigação científica. Em tais situações, normalmente, não há muito a ganhar nem a perder. Os participantes podem receber uma recompensa financeira simbólica quando mentem de modo convincente, mas esta recompensa não é comparável aos imensos ganhos que alguém pode obter por mentir numa situação de vida real. O castigo (consequências negativas) em caso de o mentiroso ser apanhado está quase sempre ausente nos estudos de laboratório, tanto por razões práticas [3], como por razões éticas. A maior parte das mentiras que as

---

[3] Pode dizer-se aos participantes que terão de levar a cabo uma tarefa pouco agradável no caso de virem a ser apanhados a mentir. Porém, os participantes

pessoas dizem no seu quotidiano envolvem poucos riscos (DePaulo, Kashy, Kirkendol, Wyer & Epstein, 1996) e os estudos sobre a mentira reflectem essas características, sendo fiéis ao modo como os sujeitos respondem nessas condições. Mas mesmo nessas situações, por vezes, o que está em jogo pode ser tão importante para quem mente (ou quem diz a verdade) como se de um inquérito policial se tratasse. Pode ainda acontecer que quem mente (e quem diz a verdade) se comporte de modo diferente nestas ocasiões. Os profissionais da polícia normalmente crêem que os suspeitos culpados têm medo de ser apanhados (Inbau et al. 2001) e, se isso for verdade, podem manifestar sinais de nervosismo durante o interrogatório policial.

Os estudos que examinam o comportamento dos suspeitos são raros porque os investigadores vêem-se confrontados com três dificuldades. Não é fácil aceder a interrogatórios policiais gravados em vídeo. Além disso, é difícil estabelecer uma verdade sólida *(ground truth)* em tais interrogatórios, ou seja, estabelecer com rigor absoluto quando é que um suspeito está a mentir ou a dizer a verdade. Finalmente, é necessário seleccionarem-se gravações de mentiras e verdades, que sejam verdadeiramente comparáveis para se fazerem comparações válidas entre as verdades e as mentiras dos suspeitos. A selecção daquilo a que poderia chamar-se *verdade comparável* (Vrij, 2002b) é difícil, tal como explicaremos de seguida. Num estudo recente (Mann, Vrij & Bull, 2002), ultrapassámos estas dificuldades e analisámos o comportamento de 16 suspeitos durante o seu interrogatório pela polícia. Todos os suspeitos estavam a ser interrogados por crimes graves tais como homicídio, violação e fogo posto, e os interrogatórios tinham sido todos videogravados. Para se fazerem comparações válidas entre as mentiras e as verdades dos sujeitos seleccionaram-se excertos de gravações que são absolutamente comparáveis. No que se refere à verdade sólida *(ground truth)* seleccionaram-se extractos de vídeo nos quais outras fontes de depoimentos de testemunhas fidedignas e provas forenses mostravam que os suspeitos diziam a verdade ou mentiam. Além disso, para cada suspeito, verdades e mentiras

---

inteligentes apercebem-se de que os investigadores não podem concretizar tais ameaças uma vez que, à partida, logo no início do processo, é-lhes dito que podem abandonar a investigação quando quiserem.

foram escolhidas de modo a serem tão comparáveis quanto possível no que se refere à sua natureza. Por exemplo, um suspeito que forneceu descrição detalhada de como teria auxiliado um homicídio (verdade), mais tarde veio a negar qualquer envolvimento no crime (mentira). Os resultados mostraram que, tal como os participantes em inúmeros estudos de laboratório, os suspeitos nestas situações, onde há muito a perder, não mostravam comportamentos claramente estereotipados de nervosismo tais como o evitar o contacto ocular ou a agitação motora a nível dos membros ou de outras partes do corpo. O que se verificou, de facto, foi que eles mostraram aumento de pausas e (no caso dos suspeitos masculinos) diminuição de movimentos de mãos e braços. Estes comportamentos são mais consistentes com as abordagens baseadas na complexidade do conteúdo da declaração e das tentativas de controlo da situação, do que com uma abordagem baseada na emoção. Uma das provas mais convincentes de como a complexidade do conteúdo afecta o comportamento dos suspeitos, mais que o nervosismo, foi a descoberta relativa ao piscar de olhos. Os suspeitos tinham menor número de movimentos desse género quando mentiam. A pesquisa revelou que o nervosismo leva ao aumento do piscar de olhos (Harrigan & O'Connell, 1996), enquanto que o aumento da complexidade cognitiva resulta na diminuição do piscar de olhos (Wallbott & Scherer, 1991).

A aparente predominância de processos de sobrecarga cognitiva (por comparação com os processos emocionais) nos nossos interrogatórios dos suspeitos, não constitui propriamente uma surpresa. Muitos suspeitos de crimes graves já têm um historial de contacto regular com a polícia. Daí que, provavelmente, estejam familiarizados com os inquéritos policiais, o que pode, de alguma forma, reduzir o seu nervosismo em tais circunstâncias. Contudo, os suspeitos interrogados pela polícia, são frequentemente menos inteligentes que o cidadão comum (Gudjonsson, 2003); e é sabido que as pessoas menos inteligentes têm maiores dificuldades em inventar histórias plausíveis e convincentes (Ekman & Frank, 1993).

2. Diferenças subtis

As diferenças de comportamento entre mentirosos e sujeitos que dizem a verdade são geralmente muito pequenas (Vrij, 1994) e, quanto mais pequenas, mais difíceis de detectar. Contudo, a probabilidade de ocorrência de indícios de mentira é maior quando os três processos que podem desencadear respostas verbais e comportamentais de mentira (emoções, complexidade cognitiva e tentativa de controlo do comportamento) se tornam mais profundos. De facto, numa série de experiências de laboratório onde o que estava em jogo era manipulado (e os ganhos e as perdas nunca eram verdadeiramente elevados), constatou-se que era mais fácil detectar mentiras que implicavam grandes ganhos ou perdas do que aquelas que só envolviam ganhos ou perdas pequenos (DePaulo, Kirkendol, Tang & O'Brien, 1988; DePaulo, Lanier & Davis, 1983; DePaulo, LeMay & Epstein, 1991; DePaulo, Stone & Lassiter, 1985b; Lane & DePaulo, 1999; Vrij, 2000b; Vrij, Harden, Terry, Edward & Bull, 2001). Além disso, verificou-se que os mentirosos motivados (aqueles que tentavam verdadeiramente evitar ser apanhados) eram mais facilmente apanhados do que os mentirosos com menor motivação (DePaulo, Blank, Swain & Hairfield, 1992).

3. Uso de heurísticas

Em vez de analisarem minuciosamente as reacções dos outros em busca de indícios de mentira, os observadores parecem confiar na "demonstração empírica" ou normas de decisão que são habitualmente chamadas heurísticas cognitivas (Levine, Park & McCornack, 1999). De facto, os investigadores no domínio da percepção de pessoas mostraram que este é o meio mais eficaz através do qual os observadores, com pouco tempo e poucos recursos de atenção, lidam com situações complexas (Macrae & Bodenhausen, 2001). Contudo, tais heurísticas conduzem facilmente a erros e enviesamentos sistemáticos. Levine et al. (1999) mencionam várias heurísticas que, provavelmente, têm influências no discernimento da veracidade de julgamentos, designadamente a heurística da demonstração ou prova e a heurística da representatividade. A *heurística da prova* (Levine & McCornack, 2001) refere-se à tendência dos juízes para acreditar mais facilmente numa fonte que tenha sido previamente sujeita a prova. Há uma tendência forte para confiar na eficácia da prova como estratégia de elucidação da mentira. Nos casos em que a investigação não produz sinais claros de mentira, o que frequentemente acontecerá (Levine & McCornack, 2001), a fonte investigada é mais facilmente julgada como credível. A *heurística da representatividade* (Stiff, Miller, Sleight, Mongeau, Garlick & Rogan, 1989) refere-se à tendência para avaliar uma reacção particular como um exemplo de uma categoria mais alargada. Em contexto de mentira isso pode explicar a tendência das pessoas para interpretar comportamentos nervosos como sinais de comportamento de mentira.

O'Sullivan (2003) demonstrou que o erro fundamental de atribuição compromete a detecção da mentira. Este erro consiste na tendência para, ao formar uma impressão sobre os outros, sobrestimar factores de temperamento ou tendências da pessoa e subestimar factores situacionais. Consequentemente, quando um observador acredita que alguém é, globalmente, uma pessoa credível, terá tendência para julgar essa pessoa como de confiança em todas as situações. Do mesmo modo, quando o observador crê que uma pessoa não é de confiança terá maior tendência a julgar essa pessoa como desonesta, em todas as situações.

Ainda mais interessante é o facto de as heurísticas poderem estar presentes nos juízos de veracidade, embora não haja ainda uma designação para isso. Assim, os observadores têm tendência para julgar reacções estranhas ou pouco frequentes (v. g., manter os olhos fechados durante a conversação, olhar fixo e directo, etc.) como enganadoras (Bond, Omar, Pitre, Lashley, Skaggs & Kirk 1992). Uma vez que Bond et al. (1992) utilizaram o conceito de violação da expectativa como modelo teórico para ilustrar estes dados, gostaríamos de atribuir a esta heurística a designação de *heurística da violação de expectativa*. Por fim, pessoas com caras bonitas ou atractivas são normalmente tomadas como mais honestas (Aune, Levine, Ching & Yoshimoto, 1993; Bull, *no prelo*; Bull & Rumsey, 1988), o mesmo acontecendo a indivíduos com rostos do tipo cara-de-bebé (Masip, Garrido & Herrero, *no prelo,* a, b). Este efeito será aqui designado como *heurística da aparência facial*.

4. Violação de regras de conversação

As regras sociais de conversação podem dificultar a detecção de mentira. Por exemplo, nas conversas do dia-a-dia é normalmente considerado pouco apropriado pedir a alguém (a um interlocutor) que elabore um pouco mais aquilo sobre que acaba de falar. Tal como defenderei mais adiante, um "truque" assim pode ajudar a detectar a mentira. Do mesmo modo, as regras de conversação determinam que quem ouve deve olhar nos olhos aquele que fala; contudo, os olhos não revelam informação fiável sobre a mentira. Como observaremos mais à frente, seria útil para quem ouve, se pudesse observar apenas os movimentos corporais do locutor ou se fechasse os olhos, se se concentrasse apenas na escuta do discurso verbal, tentando detectar a mentira, embora isso seja considerado inapropriado em termos de conversação quotidiana.

5. Pistas erradas

Há crenças sobre o modo como os indivíduos respondem quando mentem que, embora comuns e arreigadas, são muitas vezes erradas. Os estudos que examinaram como as pessoas crêem que os mentirosos respondem mostram que os observadores (tanto detectores profissionais como o indivíduo comum) esperam, na sua esmagadora maioria, que os mentirosos reajam com nervosismo. Exemplos de crenças mais populares são as seguintes: "os mentirosos desviam o olhar" ou "os mentirosos têm gestos de alívio de tensão" como passar a mão pelo corpo (*grooming gestures*) (Akehurst, Köhnken, Vrij & Bull, 1996; Lakhani & Taylor, 2003; Mann et al. 2004; Strömwall & Granhag, 2003; Taylor & Vrij, 2000; Vrij & Semin, 1996; Vrij & Taylor, 2003). Por exemplo, 75% dos profissionais de polícia crêem que os mentirosos desviam o olhar [4] (Mann et al., 2004; Vrij & Semin, 1996) e mantêm gestos de *grooming* (como ajeitar o cabelo, afagar a barba, etc.) (Vrij & Semin, 1996). Estas conclusões não nos surpreendem se atentarmos no facto de os manuais de polícia promoverem a ideia que os mentirosos desviam o olhar e agitam nervosamente os membros ou outras partes do corpo (Gordon, Fleisher

---

[4] Por vezes, os profissionais de detecção de mentira afirmam que acreditam que os movimentos oculares estão ligados à mentira. Referem-se, habitualmente, ao modelo de programação neurolinguística. Contudo, nem um só estudo científico mostrou que os movimentos dos olhos estão relacionados com a mentira do modo descrito nesse modelo (Vrij & Lochun, 1997). Quem ensinar este modelo de programação neurolínguistica está a induzir em erro os seus estudantes.

& Weinberg, 2002; Hess, 1997; Inbau et al., 2001; Yeschke, 1997; Zulawski & Wicklander, 1993). Contudo, e tal como já mencionámos, falta ainda uma prova empírica que apoie este ponto de vista. Não é, portanto, de estranhar que, nos estudos que realizámos sobre a detecção de mentira, nos quais se apresentavam suspeitos a mentir ou a dizer a verdade no decurso da prestação de declarações (Mann et al., 2004), tenhamos percebido que quanto mais os polícias seguiam as orientações recomendadas pelos manuais de polícia, menos eficazes se mostravam a distinguir as verdades e as mentiras contadas pelos suspeitos. Por outras palavras, a utilização da informação fornecida por esses manuais parece ser contraproducente.

Para além de se ser induzido em pistas erradas, há ainda uma outra razão para que as pessoas geralmente esperem que quem mente demonstre reacções de nervosismo: cada indivíduo crê que tem esse tipo de reacção quando mente. Em dois estudos recentes investigámos o comportamento dos participantes enquanto mentiam e enquanto diziam a verdade e, em seguida, perguntámos a cada participante que comportamentos julgava ter manifestado em cada uma dessas duas situações, tanto enquanto mentia como quando dizia a verdade (Vrij, Edward & Bull, 2001a; Vrij, Semin & Bull, 1996). Os resultados mostraram que os participantes têm pouca noção do seu próprio comportamento e julgam ter reacções mais estereotipadas quando mentem (com mais desvios do olhar, mais agitação motora e por aí fora) do que, de facto, se verifica. Na realidade, os participantes demonstraram menor número de movimentos. Por outras palavras, parece que no processo de detecção de mentira, os observadores procuram (nos outros) pistas que, erradamente, eles próprios crêem exteriorizar enquanto mentem.

6. Ênfase excessiva nos indícios não-verbais

Uma outra razão porque consideramos que as pessoas, normalmente, têm dificuldades em detectar a mentira reside no facto de prestarem pouca atenção ao conteúdo do discurso. Os observadores prestam atenção ao conteúdo do discurso, mas isso acontece sobretudo em situações nas quais eles têm algum conhecimento do assunto em questão. Nesses casos, eles podem facilmente comparar o próprio conhecimento dos factos com o que é dito pelo locutor. Num caso da vida real (*The Independent*, 20 de Julho de 2001, p. 3) Jeffrey Archer, um ex-político britânico, mais tarde condenado por perjúrio, pediu a três jornalistas que saíssem do seu quarto de hotel durante um congresso do seu partido político enquanto atendia uma chamada da Primeira-ministra. Um outro político que viu os três jornalistas a circular pelo corredor perguntou-lhes o que faziam ali. Percebeu imediatamente que Archer tinha mentido aos jornalistas: ele não poderia estar a falar com a Primeira-ministra ao telefone porque sabia que a Chefe do Governo estava, naquele preciso momento a discursar na tribuna do Congresso. Num outro caso da vida real (Vrij & Mann, 2001), os polícias questionaram um suspeito de homicídio acerca das suas andanças numa dada tarde. O homem explicou detalhadamente que tinha visitado uma feira numa localidade perto de sua casa. Os polícias souberam que isso teria de ser mentira uma vez que, aparentemente sem o conhecimento do suspeito, a tal feira tinha sido cancelada nesse mesmo dia. Nestes dois casos, os detectores de mentira puderam descobrir que as afirmações em causa eram falsas, comparando o que eles próprios sabiam com o que a pessoa-alvo dizia. Além disso, quando os polícias ouvem diversas declarações diferentes da mesma pessoa ou de várias pessoas sobre um mesmo tema, tendem a centrar-se antes de mais no conteúdo do que é afirmado, procurando averiguar a consistência entre as diferentes declarações (Granhag & Strömwall, 1999, 2000, 2001a, b; Strömwall, Granhag & Jonsson, 2003) [5].

---

[5] É por isso que os agentes da polícia julgam haver relação entre consistência e veracidade (Akehurst et al., 1996; Granhag & Strömwall, 1999; Greuel, 1992; Strömwall & Granhag, 2003). Mais especificamente, crêem que declarações consistentes são provavelmente mais fiáveis e que declarações inconsistentes serão hipoteticamente mais enganosas. Contudo, a parca investigação existente sobre esta matéria já mostrou que não há essa tal ligação entre consistência e veracidade e, a haver essa relação, seria mais provável ela ir no sentido inverso. Ou seja, Granhag, Strömwall e Reiman (2002) verificaram que, se considerarmos as declarações de um par que mente (isto é, duas pessoas que são cúmplices na mentira), verificaremos que estas seriam mais consistentes do que as declarações de pares que dissessem a verdade; além disso, os indivíduos que mentem ou indivíduos que dizem a verdade, tomados separadamente, seriam igualmente consistentes ao longo do tempo.

Porém, há provas de que em certas situações, quando não existe informação que permita a verificação das declarações e nas quais só a declaração do suspeito pode ser considerada, as pessoas, incluindo os polícias, prestam atenção principalmente à comunicação não-verbal de modo a formarem uma impressão (Greuel, 1992; Mehrabian, 1972; Mehrabian & Ferris, 1967; Mehrabian & Wiener, 1967; Rozelle & Baxter, 1975; Vrij, Foppes, Volger & Winkel, 1992; Walkley, 1985; Waltman, 1983). A este propósito, Meissner e Kassin (2002) chamaram a atenção para o *caso Tom Sawyer*, na Florida, que, embora alegadamente inocente, foi acusado de abuso sexual e homicídio. O interessante é que ele foi considerado o principal suspeito porque parecera envergonhado e o seu rosto corou durante o interrogatório inicial (ver Ofshe, 1989, para uma descrição detalhada do caso referido). De acordo com Kaufmann, Drevland, Wessel, Overskeid e Magnussen (2003), as decisões judiciais baseiam-se, por vezes, na comunicação não-verbal, mesmo quando as provas apontam no sentido oposto. Para ilustrar este ponto, esses autores fazem a descrição de um julgamento num tribunal norueguês no qual, utilizando palavras suas, reconhecem que "embora as provas circunstanciais de culpa fossem fortes, o acusado (um consultor financeiro) foi absolvido, em parte porque... o seu comportamento não-verbal era confiante e sem quaisquer formas de evitamento do olhar" (p. 22).

Face ao que descrevemos anteriormente, é legítimo percebermos por que razão as pessoas confiam tanto no comportamento não-verbal. Primeiro, por ser mais facilmente evidente que o discurso verbal (DePaulo & Kirkendol, 1989; Vrij, 2000a). Por exemplo, há conexões automáticas entre emoções fortes e alguns comportamentos (Ekman, 1985/2001), enquanto não há ligações tão fortes entre a emoção e o conteúdo do discurso. A raiva, por exemplo, origina diversas pistas, designadamente comprimir os lábios. Isto pode desmascarar uma mentira se a pessoa em cólera negar estar furiosa.

Segundo, por vezes, há pouco conteúdo do discurso em que nos possamos apoiar porque os suspeitos podem proferir apenas breves palavras ou só um par de frases. Em tais circunstâncias, o observador quase não tem outra alternativa a não ser tentar organizar um juízo com base no comportamento não-verbal do outro.

Terceiro, os profissionais de detecção de mentiras podem não saber seleccionar as pistas verbais a que devem prestar atenção, mesmo quando a pessoa em avaliação fala muito. Isto pode dever-se ao facto dos manuais de polícia não prestarem muita atenção aos aspectos verbais do discurso. Acresce ainda que, nos poucos casos em que mencionam as pistas verbais, não se concentram nas pistas que a investigação já validou como elementos fundamentais na detecção da mentira (Vrij, 2000a, *no prelo,* a). Por último, investigadores de renome no campo da detecção de mentira, tais como Ekman (1985/2001), também não enfatizam a importância do conteúdo do discurso [6]. Todavia, o conteúdo das declarações pode revelar mentiras se os avaliadores prestarem maior atenção às pistas de diagnóstico da mentira aí patentes (Vrij, 2000a; *no prelo*, a).

7. As pessoas não prestam atenção às diferenças individuais

Há grandes diferenças individuais no discurso, comportamento e respostas fisiológicas das pessoas. Algumas pessoas fazem, naturalmente, muitos gestos enquanto outras gesticulam pouco; algumas pessoas falam muito enquanto outras falam pouco, etc. Uma outra razão por que se falha na detecção de mentiras reside no facto de não se ter em conta tais diferenças individuais quando se tenta discriminar a verdade da mentira. As pessoas cujo comportamento natural parece suspeito estão, à partida, em desvantagem. O comportamento não-verbal de certas pessoas dá a impressão de que elas estão a ser verdadeiras (enviesamento de aparência honesta), enquanto o comportamento natural de outros sujeitos dá a

---

[6] Quando surgiu a primeira edição do livro de Ekman, *Telling Lies*, em 1985, não se tinha ainda publicado muita pesquisa sistemática sobre pistas verbais para o diagnóstico de falsidade. Todavia, esta situação alterou-se nos finais dos anos oitenta quando foi introduzida a CBCA [(*Criteria-Based Content Analysis),* ou seja, Análise de Conteúdo Baseada em Critérios (Köhnken & Steller, 1988; Steller & Köhnken, 1989; Vrij, *no prelo,* para a revisão das investigações sobre CBCA)], e nos anos noventa, quando o *Reality Monitoring System* – Sistema de Monitorização da Realidade – foi também introduzido (cfr. Vrij, 2000a, e Masip, Sporer, Garrido & Herrero, *no prelo,* para revisões deste sistema). Infelizmente, Ekman não se refere especificamente a pistas a partir de qualquer destes sistemas (CBCA ou monitorização da realidade) na edição de 2001 do seu livro.

impressão de estarem a mentir (enviesamento de estilo desonesto) (Riggio, Tucker & Throckmorton, 1988; Riggio, Tucker & Widaman, 1987; Vrij, 1993; Vrij & van Wijngaarden, 1994; Vrij & Winkel, 1992b; Zuckerman, DeFrank, Hall, Larrance & Rosenthal, 1979). Os enviesamentos da apresentação (*demeanor*) relacionam-se com traços de personalidade. Por exemplo, *pessoas expressivas*, deixam transparecer credibilidade, independentemente da veracidade das suas declarações. Não quer isto dizer que sejam particularmente habilidosas a mentir, mas a sua espontaneidade leva a que nem se desconfie delas, o que faz com que seja muito mais fácil escaparem quando mentem (Riggio, 1986). Por outro lado, pessoas muito preocupadas com o seu comportamento em público (*public self-consciousness*) tendem a causar nos outros uma impressão de menor credibilidade, apesar de poderem estar a dizer a verdade. Quando estes indivíduos mentem, tendem a preocupar-se com a possibilidade de estarem a ser observados e avaliados pelos outros, o que os faz alterar de tal modo o seu comportamento que este pode parecer desonesto. Pessoas *introvertidas* ou *com ansiedade social* também causam essa impressão de menor credibilidade nos outros. A falta de jeito ou competências sociais dos indivíduos introvertidos e a impressão que dão naturalmente de tensão, nervosismo ou medo são muitas vezes interpretados pelos observadores como sinal de desonestidade ou mentira. Curiosamente, o seu porte parece não reflectir o seu comportamento. Por exemplo, as pessoas introvertidas raramente mentem (Kashy & DePaulo, 1996). Pessoas introvertidas também cometem menos crimes que as extrovertidas (Eysenck, 1984). Além disso, os sujeitos com ansiedade social são menos propensos a persistir numa mentira quando a sua conduta for posta em questão (Vrij & Holland, 1998).

    Os erros na interpretação dos comportamentos de qualquer indivíduo também aparecem em interacções interculturais, como resultado das dificuldades de comportamento características dos diferentes grupos étnicos. Pessoas de origem afro-americana recorrem mais ao evitamento do olhar do que os americanos brancos (LaFrance & Mayo, 1976), e pessoas naturais da Turquia ou de Marrocos, que vivem na Holanda, também têm mais hábito de desviar o olhar que as pessoas nascidas na Holanda (Vrij, 2000a; Vrij, Dragt & Koppelaar, 1992). Tais diferenças devem-se, em parte, ao facto de o olhar ser influenciado pela cultura, pelo facto de olhar nos olhos de um interlocutor ser visto como forma polida de interagir nas culturas ocidentais mas considerado sinal de má educação em outras culturas (Vrij & Winkel, 1991; Vrij, Winkel & Koppelaar, 1991).

Além disso, quando comparados com os holandeses brancos, os holandeses originários do Suriname evitam mais frequentemente o contacto ocular, produzem mais interrupções do discurso com ruídos (v. g., elementos do discurso como "ah", "hum", "ou" e outras hesitações), sorriem mais vezes e têm mais movimentos de automanipulação (v. g., coçar a cabeça ou agarrar os pulso) e gestos de ilustração (movimentos de mãos e braços de modo a modificar ou corroborar o que é dito verbalmente) (Vrij & Winkel, 1991). Acontece que estes comportamentos são coincidentes com aqueles que os indivíduos brancos ocidentais associam à mentira (Akehurst et al., 1996; Strömwall & Granhag, 2003; Taylor & Vrij, 2000; Vrij & Semin, 1996; Vrij & Taylor, 2003). De facto, vários estudos experimentais realizados na Holanda demonstraram que comportamentos tipicamente apresentados por membros de alguns grupos étnicos que aí vivem são percebidos como suspeitos por polícias holandeses brancos, fenómeno que designámos por *erros de comunicação intercultural não-verbal* (Vrij & Winkel, 1992a, 1994; Vrij et al., 1991, 1992). Ou seja, padrões de comportamento não-verbal, normais e naturais em certos grupos étnicos, podem ser interpretados por observadores brancos como reveladores de tentativas de esconder a verdade.

8. As pessoas não consideram as diferenças de contexto

É sabido que pessoas diferentes agem de modo diferente numa mesma situação (diferenças *inter*individuais), e que a mesma pessoa age diferentemente em diferentes situações (diferenças *intra*-individuais). O facto de não se reconhecer a importância destas diferenças intrapessoais é outro dos erros frequentemente cometidos pelos profissionais da detecção da mentira. Os agentes da polícia são aconselhados a ter em conta o comportamento natural e autêntico dos suspeitos durante a breve conversa informal no início dos interrogatórios e a compará-lo com o comportamento demonstrado pelo mesmo suspeito durante a prestação de declarações propriamente dita (Inbau et al., 2001). Eventuais diferenças de comportamento assim observadas podem ser interpretadas como sinal de mentira. Moston e Engelberg (1993) repararam que esta é uma técnica regularmente utilizada em Inglaterra e no País de Gales. Infelizmente, esta abordagem comporta o risco de conduzir a juízos incorrectos porque faz uma comparação sem sentido. A conversa, inicial, descomprometida e a verdadeira investigação constituem situações essencialmente distintas. As breves conversas iniciais de tipo informal são situações de baixo risco nas quais as respostas dos suspeitos não terão, provavelmente, quaisquer consequências negativas. Em contrapartida, a parte da prestação de declarações (ou seja, a parte investigativa da entrevista) constitui uma situação de risco elevado, onde as respostas são rigorosamente inspeccionadas e as reacções dos indivíduos podem facilmente ser consideradas como suspeitas. Os suspeitos estarão provavelmente cientes disto e, portanto, tanto os sujeitos culpados como os inocentes tendem a ter comportamentos distintos durante as conversas iniciais e durante a verdadeira entrevista de investigação (Vrij, 1995). Alguns investigadores cometem o mesmo erro que os polícias nestas situações. Num raro exemplo de estudos de casos de vida real, no domínio da mentira, onde havia muita coisa em jogo, Hirsch e Wolf (2001) descobriram 23 sinais verbais e não-verbais exibidos pelo ex-presidente Clinton durante o seu testemunho perante o Grande Júri, no caso Mónica Lewinsky. Mais concretamente, aqueles investigadores examinaram uma sequência de 23 minutos do filme dessas declarações e compararam-nos com 11 minutos do mesmo testemunho quando o presidente respondia a algumas questões básicas (v. g., nome, nome do advogado, etc.). Foram detectadas diferenças significativas em 19 sinais. Além disso, comparou-se o excerto de 23 minutos de gravação com 5 minutos de um outro vídeo relativo a um discurso numa angariação de fundos perante uma multidão de simpatizantes. Desta vez, foram detectadas 20 diferenças significativas. Infelizmente, este estudo não nos diz nada acerca das pistas que poderão ser consideradas relevantes para a detecção de mentira. As comparações entre este fragmento de 23 minutos gravados e os outros pedaços de filme são o mesmo que "comparar alhos com bugalhos". É óbvio que uma pessoa terá diferentes comportamentos, quando responde a questões simples, quando se dirige a uma multidão calorosa num discurso de angariação de fundos ou quando está a ser interrogada sobre um alegado crime. Perante isto, o mais surpreendente é que só se tenham encontrado diferenças para 19 ou 20 indícios e não para todas as 23 pistas presentes no filme de 23 minutos. Em suma, para a detecção eficaz de mentira é necessário seleccionar as ditas *verdades comparáveis* (Vrij, 2002b) e compará-las com partes potencialmente enganosas da entrevista.

9. Diferenças individuais na competência para detectar a mentira

A investigação tem demonstrado que há diferenças individuais nas competências para detectar a mentira, sendo algumas pessoas muito melhores que outras. Por exemplo, no estudo de Mann et al. (2004), o grau de precisão variava entre um valor mínimo de 30% (manifestamente pobre) e um máximo de 90%, que poderá ser considerado um valor robusto (alcançado por três polícias; Mann, 2001).

Não é fácil explicar estas diferenças individuais. A competência para detectar a mentira não está correlacionada com o género nem com a idade (Ekman & O'Sullivan, 1991; Porter, Woodworth & Birt, 2000; Vrij & Mann, 2001), nem com a confiança que os polícias têm no rigor dos seus próprios juízos de verdade (cf. DePaulo, Charlton, Cooper, Lindsay & Muhlenbruck, 1997, num estudo de meta-análise). Todavia, há alguns resultados que são mais promissores. Por exemplo, O'Sullivan (2003) descobriu que os profissionais mais eficazes na detecção de mentira eram um pouco menos vulneráveis ao erro de atribuição fundamental (discutido anteriormente) do que os indivíduos menos eficazes a detectar a mentira. Mann et al. (2004) obtiveram uma relação positiva entre a experiência de interrogatório de suspeitos, descrita pelos próprios polícias, e a sua capacidade para detectar a verdade e a mentira. Este resultado não tinha sido obtido em estudos anteriores em que se utilizaram profissionais como observadores (DePaulo & Pfeifer, 1986; Ekman & O'Sullivan, 1991; Porter et al., 2000). Cremos que esta discrepância se deve ao modo como foi medida a variável "experiência dos agentes". Outros investigadores, designadamente, Ekman e O'Sullivan (1991), para operacionalizarem essa variável, tomaram como referência o "número de anos de experiência no trabalho". Infelizmente, não definiram em detalhe o que é a "experiência de trabalho". Pode bem acontecer que esta medida forneça pouca informação, porque não aparece especificamente relacionada com o grau da experiência que cada polícia terá tido em situações relevantes, nas quais tenham tentado detectar mentiras (v. g., durante interrogatórios de suspeitos). Assim, não parece haver grande razão para crer que um polícia que tenha trabalhado vários anos em cargos de gestão, ou em posições administrativas dentro da força policial, tenha mais experiência e que, consequentemente, seja mais eficaz na detecção de mentira do que alguém que tenha desempenhado funções idênticas, mas fora das forças policiais. Por isso, não nos surpreende que Mann et al. (2004) também não tenham encontrado uma correlação significativa entre a experiência de trabalho em geral (i. e., "anos de serviço") e o grau de precisão ou rigor na detecção da mentira. Por outras palavras, a experiência talvez beneficie a detecção de verdade e falsidade, mas só quando se tem em conta se a experiência é relevante para a tarefa.

Em diversos estudos de detecção de mentira, tem-se examinado a relação entre as pistas a que as pessoas afirmavam prestar atenção quando tentavam determinar a falsidade de uma declaração e a sua capacidade para, efectivamente, distinguir entre verdades e mentiras. Nos nossos próprios estudos (Mann et al., 2004; Vrij & Mann, 2001) verificámos que os participantes (que, em ambos os estudos, eram polícias) que mencionavam o evitamento do olhar e a irrequietude (i. e., mexer pernas, braços, ou outras partes do corpo) como pistas para a mentira, obtinham os piores resultados na detecção da mentira. Porém, quando outros investigadores estudaram essas relações, os resultados obtidos foram diferentes. Por exemplo, Ekman e O'Sullivan (1991) descobriram que os participantes que mencionavam pistas verbais e pistas não-verbais, obtinham melhores resultados no índice de precisão global (na distinção entre verdade e mentira) do que aqueles que atentavam apenas a uma das pistas, verbais ou comportamentais. Anderson, DePaulo, Ansfield, Tickle e Green (1999) bem como Feeley e Young (2000) verificaram que quantas mais fossem as pistas de vocalização (erros no discurso, vocábulos de preenchimento do discurso, pausas) mencionadas pelos participantes, melhor era o seu índice de precisão. Por seu turno, Porter et al. (2000) obtiveram uma relação não significativa entre as pistas referidas pelos participantes e os níveis de exactidão total atingidos. Noutro estudo ainda, Frank e Ekman (1997) referiram que os bons detectores de mentira eram melhores a descobrir breves expressões faciais de emoção do que os detectores de mentira mais fracos. Estas micro-expressões faciais não foram estudadas em nenhuma outra das investigações discutidas neste capítulo.

Resumindo, os diversos estudos têm produzido diferentes resultados e, por isso, não temos ainda uma ideia clara do que poderá distinguir os profissionais mais e menos eficazes na detecção da mentira. Há, pelo menos, quatro explicações para esta falta de acordo entre resultados. Uma explicação é a de que a correlação entre as pistas mencionadas pelos observadores e o seu grau de rigor na detecção é geralmente fraca: as correlações referidas na literatura situam-se habitualmente entre $r=.20$ e $r=.30$. Outra explicação é a de que, em diferentes estudos, os participantes confrontam-se com diferentes situações de detecção de mentira e, portanto, é difícil fazer comparações entre eles. Por exemplo, na maior parte dos estudos, pede-se aos participantes que detectem verdade e mentira em situações de baixo risco (para os indivíduos que prestam as declarações), enquanto noutros estudos os participantes são confrontados com situações onde o que está em jogo é muito importante. Curiosamente, em ambos os nossos estudos (Mann et al., 2004; Vrij & Mann, 2001) pediu-se aos participantes para detectarem verdades e mentiras no decurso de interrogatórios policiais e, nos dois casos, obtiveram-se resultados comparáveis. Terceiro, talvez os profissionais responsáveis pela detecção de mentira não estejam conscientes daquilo a que, na realidade prestam atenção e, nesse caso, a detecção de mentira não passaria de uma simples competência intuitiva. Esta hipótese foi confirmada num dos nossos estudos (Mann et al., 2004) em que os bons detectores de mentiras afirmavam confiar mais regularmente no próprio instinto do que os detectores menos eficazes. Por último, a fraca relação entre as pistas mencionadas e a capacidade de detecção de mentiras bem como os resultados contraditórios obtidos nos diferentes estudos, podem dever-se a falhas nos planos experimentais usados na investigação neste domínio. Em quase todas as pesquisas de detecção de mentira publicadas até à data (à excepção de Frank e Ekman, 1997), as competências das pessoas para detectar mentira foram avaliadas apenas uma vez. O facto de terem sido bons ou maus naquela tarefa, pode bem ter sido uma questão de sorte e, certamente, não há garantia de que esses profissionais voltariam a alcançar níveis semelhantes de exactidão na detecção da mentira, se fossem testados uma segunda vez. Uma melhor forma de examinar a competência das pessoas para detectar mentira e as estratégias utilizadas pelos bons detectores, será testar as mesmas pessoas em diversos momentos e avaliar especialmente aqueles sujeitos que tiveram um desempenho consistente nas mais diversas situações. Isso permite prestar uma especial atenção às pistas referidas pelos detectores que sistematicamente tiveram bom desempenho.

10. Técnicas de interrogatório existentes

Finalmente, diversas técnicas de interrogatório sugeridas nos manuais de polícia dificultam a detecção de mentira. Por exemplo, os detectives são, por vezes, aconselhados a confrontar os suspeitos com segmentos de provas que já antes teriam sido reunidas no interrogatório (Inbau et al., 2001). Esta táctica destina-se a mostrar ao suspeito que não lhe vale de nada ficar em silêncio e que seria melhor para ele se falasse. Este estilo de interrogatório vai diminuir a possibilidade de detectar a mentira. Uma das dificuldades para os mentirosos está em não saberem o que é que o investigador já sabe. Portanto, não sabem o que poderão dizer sem que isso os faça correr o risco de contradizerem factos conhecidos pelo observador. Ao revelar aos suspeitos os factos que já conhecem, os polícias reduzem o nível de incerteza em que se encontram os suspeitos e tornam-lhes a mentira mais fácil.

Uma outra estratégia infeliz, do ponto de vista da detecção de mentira, é acusar o suspeito de estar a mentir (Inbau et al., 2001). Isto dá aos suspeitos a oportunidade ideal para "fugir" da situação de interrogatório. Podem dizer aos polícias que não vão colaborar mais com a investigação, alegando que mais interrogatórios serão inúteis dado que os detectives da polícia não acreditam naquilo que eles dizem. Além disso, acusar alguém pode provocar a mesma reacção tanto nos mentirosos como naqueles que dizem a verdade, sendo impossível fazer a distinção entre os dois casos (Bond & Fahey, 1987; Ekman, 1985/2001). Ou seja, quando os suspeitos culpados são acusados de mentir num interrogatório policial, eles podem ficar com medo de que não se acredite na veracidade das suas declarações. Todavia, os suspeitos inocentes que apesar de dizerem a verdade são acusados de estar a mentir, podem também recear que os entrevistadores não acreditem neles (Ofshe & Leo, 1997). E assim, por causa desse medo, podem demonstrar o mesmo comportamento nervoso dos mentirosos (Bond & Fahey, 1987). Isto deixa o profissional, que tem de avaliar a possível mentira, numa posição difícil: os sinais de medo devem ser interpretados como indicadores de culpa ou de inocência? O comportamento não nos dá a resposta. Ekman (1985/2001) denominou este fenómeno como *O Erro de Otelo*, inspirado na peça de Shakespeare. Otelo acusa erradamente a sua mulher, Desdémona, de infidelidade. Manda-a dizer a verdade uma vez que a irá matar por causa da sua traição. Desdémona pede que chamem Cássio (o seu alegado amante) de modo a poder assegurar a sua inocência. Otelo diz-lhe que já matou Cássio. Ao tomar consciência de que não poderá demonstrar a sua inocência, Desdémona reage com uma explosão emocional que Otelo interpreta erroneamente como sinal da sua infidelidade.

Como melhorar as competências de detecção da mentira

A pesquisa sobre como levar as pessoas a tornarem-se mais eficazes na detecção da mentira é relativamente escassa e a eficácia de várias técnicas que iremos sugerir nesta secção precisam ainda de ser testadas em trabalhos de investigação experimental.

1. Dar a conhecer as estratégias dos bons detectores da mentira

Talvez uma forma óbvia de melhorar as capacidades de detecção de mentira seja descobrir quem são os bons detectores de mentiras e mostrar as estratégias que eles usam. Será que este conhecimento poderá vir a ser útil para ajudar outros profissionais a tornarem-se detectores mais eficazes? Embora isto pareça evidente, é, na verdade, pouco seguro. Em primeiro lugar, Ekman e colegas, que actualmente estão a tentar encontrar "bons detectores" de mentira, descobriram apenas um número muito pequeno de profissionais que são verdadeiramente excepcionais (O'Sullivan & Ekman, *no prelo*) Em segundo lugar, dar a conhecer as estratégias que estes detectores usam também não será uma tarefa fácil. Embora se possa perguntar directamente a estes bons detectores de mentira que estratégias usam, provavelmente eles considerarão a pergunta difícil de responder e (tal como discutido anteriormente) talvez nem sequer tenham plena consciência das estratégias que utilizam. Melhor do que questioná-los directamente sobre as suas estratégias, seria descobri--las de forma indirecta. Por exemplo, podia-se mostrar a esses bons detectores da mentira vídeos de sujeitos a dizer verdades ou mentiras e pedir-lhes, depois, que indicassem quais as sequências do comportamento que, nessas gravações, tinham considerado relevantes para a sua tomada de decisão (sobre a verdade ou a mentira). Os investigadores poderiam, então, examinar cuidadosamente esses fragmentos. Porém, não é garantido que se vá encontrar consistência entre os bons detectores da mentira nas partes do vídeo que eles seleccionam. Nem tão pouco é garantido que tal análise venha a fornecer informações relevantes ou interpretáveis. Finalmente, estas estratégias directas ou indirectas, capazes de ajudar a clarificar as boas práticas de detecção de mentira, poderão revelar-se inconsequentes, se chegarmos à conclusão de que a eficácia na detecção da mentira é essencialmente uma capacidade intuitiva. Obviamente, se a capacidade para ser bom detector de mentiras se basear antes de mais na intuição, ensinar alguém a tornar-se melhor detector de mentiras será uma tarefa difícil.

2. Encorajar os detectores de mentira a não prestar atenção a pistas sem valor de diagnóstico

Os resultados de investigação que mostram que os profissionais de detecção de mentira têm perspectivas erradas acerca do modo como responde quem estiver a mentir sugerem também que poderiam tornar-se melhores detectores se abandonassem tais crenças. Os investigadores já tentaram vários métodos com vista a atingir esse objectivo. Numa primeira abordagem, aos detectores de mentira foi dada informação sobre algumas "pistas diagnósticas", ou seja, informação sobre algumas pistas que os investigadores julgam que estão efectivamente associadas à mentira (v. g., de Turck, Harszlak, Bodhorn & Texter, 1990). O problema deste método é que tais pistas (que seriam equivalentes ao nariz crescente de Pinóquio) não existem. Por isso, não se sabe que pistas devem ser ensinadas durante o treino dos candidatos a detectores de mentira. Uma segunda abordagem é dar aos futuros detectores de mentira *feedback* ("correcto" *vs* "incorrecto") em relação aos resultados dos juízos de verdade/mentira que eles fizeram anteriormente. Com base nesta informação, os detectores de mentiras poderiam tentar desenvolver a sua própria estratégia eficaz de detecção de mentira. A vantagem deste método está no facto de não se passar informação enganosa sobre o "nariz de Pinóquio". Contudo, há dúvidas sobre se esta informação "abstracta" pode ser suficiente para promover a eficácia na detecção de mentira. Revisões dos "estudos de treino" têm indicado algum sucesso (mas apenas limitado) com ambas as abordagens (Frank & Feeley, 2003; Vrij, 2000a).

Para além destas, há ainda várias outras formas de eliminar crenças erradas. Por exemplo, um observador pode ser treinado para prestar atenção "ao modo como o locutor está a dizer aquilo que tem a dizer" (DePaulo, Lassiter & Stone, 1982), desviando, então, subtilmente a orientação do observador de forma a deixar de lado as pistas enganosas, designadamente, o evitamento do olhar. O desvio da atenção pode ainda ser feito de outros modos. Em diversos estudos (cf. DePaulo, Stone & Lassiter, 1985a, para uma síntese) manipularam-se os "canais" para os quais os observadores deviam ser direccionados. Concretamente, alguns observadores ouviam apenas gravações de voz, enquanto que outros observavam a cena completa mas sem som. Outro grupo de observadores via apenas a cabeça e os ombros, outros apenas o corpo (sem a cabeça), etc. Estes estudos revelaram que as pessoas se tornam melhores detectores de mentira quando não vêem o rosto das outras pessoas (DePaulo et al., 1985a; Wiseman, 1995). Uma possível explicação para isto está o facto de os detectores de mentira terem tendência a fixar-se nos movimentos dos olhos das pessoas quando a ele têm acesso, o que pode ser uma fonte de informação enganosa. Uma implicação que daí se pode retirar é que os observadores podem tornar-se mais eficazes se receberem instruções no sentido de não olharem para o rosto das pessoas quando tentam detectar falsidade nas suas declarações [7].

---

[7] Um possível argumento contra esta técnica reside no facto de não se notarem as micro-expressões faciais das emoções, que podem revelar a falsidade (Ekman, 1985/2001), embora tais expressões só sejam prováveis quando as emoções são fortes e sentidas repentinamente (Ekman, 1985/2001). Uma vez que a maior parte dos sujeitos não sente emoções fortes ao mentir (DePaulo, Kashy,

Finalmente, ainda uma outra forma de evitar fixar-se em pistas verbais e não-verbais que não auxiliam no diagnóstico de falsidade, é pôr de lado o papel dos humanos na detecção da mentira para se utilizar ferramentas de detecção de mentira verbal e não-verbal baseadas em programas de computador. O Exame Linguístico e a Contagem de Palavras (LIWC – *Linguistic Inquiry and Word Count*) é uma boa ilustração de um programa de análise de textos que examina exemplos escritos, palavra a palavra (Pennebaker, Francis & Booth, 2001; Pennebaker & Graybeal, 2001). Assim, Newman, Pennebaker, Berry e Richards (2003) mostraram que 67% dos mentirosos e dos sujeitos que diziam a verdade podiam ser correctamente classificados com o LIWC, enquanto os detectores humanos classificavam apenas uma percentagem bem inferior dos mesmos dois grupos de indivíduos (52%). Tanto quanto é do nosso conhecimento, os programas computorizados de análise de pistas não-verbais não estão disponíveis, mas há investigadores, no Reino Unido, a trabalhar nesses programas e esperamos poder dispor deles num futuro não muito distante.

3. Detecção implícita de mentira

Uma outra forma de melhorar as competências de detecção de mentira é encorajar as pessoas a fazerem um melhor uso das suas actuais capacidades para distinguir entre verdade e mentira. Isto pode conseguir-se perguntando às pessoas, de maneira indirecta, quando é que elas pensam que alguém está a mentir (v. g., "detecção implícita de mentira", DePaulo, 1994; Vrij, 2001). Uma meta-análise de estudos sobre a mentira, centrados nas taxas de confiança, conduziram a uma conclusão curiosa (DePaulo et al., 1997). Independentemente dos observadores julgarem uma declaração verdadeira ou falsa, verificou-se que eles tinham maior confiança nas suas avaliações nos casos em que há declarações verdadeiras do que nos casos em que tinham observado declarações falsas. Aparentemente, deve haver alguma coisa numa declaração fraudu-

---

Kirkendol, Wyer & Epstein, 1996), a maioria das mentiras do dia-a-dia ficaria por revelar se os detectores da mentira confiassem unicamente nas micro-expressões das emoções. Não se sabe com que frequência tais expressões ocorrem em situações em que há muita coisa em jogo, como acontece nos interrogatórios policiais.

lenta que os observadores conseguem detectar. Isto não é suficiente para se decidir sobre a falsidade do que está a ser dito, mas bastará para deixar os observadores inseguros quando se trata de decidir se a pessoa está a mentir. Será a sua insegurança (mais do que os seus juízos de verdade) que proporciona informação preciosa sobre se a declaração era ou não realmente fiável.

Num tipo diferente de estudo sobre a detecção implícita de mentira, havia enfermeiros que mentiam ou diziam a verdade sobre um acontecimento encenado (Vrij, Edward & Bull, 2001b). Numa tentativa de simular a experiência de alguém que mente num interrogatório de polícia criou-se uma situação que envolve uma tarefa mais difícil para os que mentiam do que para os que diziam a verdade e, em consequência, os sujeitos que mentiam mostraram sinais de maior tensão cognitiva — tais como a diminuição dos movimentos de mãos e dedos. As entrevistas foram filmadas e mostradas a agentes da polícia. A alguns polícias perguntou-se se os enfermeiros estavam a mentir (detecção explícita de mentira), a outros pediu-se que indicassem relativamente a cada enfermeiro se ela "teve de pensar seriamente" (detecção implícita de mentira, pois não lhes foi dito que alguns dos enfermeiros mentiam realmente). Os polícias puderam distinguir entre verdade e mentira, mas apenas quando usavam o método implícito. Além disso, os resultados mostraram ainda outra coisa: apenas os polícias que usaram o método indirecto prestaram atenção às pistas que, efectivamente, ajudaram a discriminar entre quem diz a verdade e quem mente nas gravações, a saber: a diminuição de movimentos das mãos e dos dedos. Por outras palavras, a instrução para se procurar sinais de carga cognitiva orientou a atenção dos observadores para mais pistas de diagnóstico de falsidade. Importa lembrar a este propósito que DePaulo (1994) e Vrij (2001) fornecem, noutras publicações, boas sínteses dos estudos sobre a detecção implícita da mentira.

4. Procurar combinações de pistas verbais e não-verbais

Até agora, a detecção verbal e a não-verbal têm sido consideradas duas entidades separadas, com investigadores a estudar isoladamente a linguagem verbal e o comportamento não-verbal. Creio que uma combinação do discurso e do comportamento não-verbal conduziria a melhores resultados. A nossa própria pesquisa mostrou, de forma consistente, que as decisões de verdade/falsidade de uma testemunha são mais fidedignas quando se toma em consideração conjuntamente o conteúdo do discurso e o comportamento não-verbal, ou seja, quando não nos limitamos apenas a cada um deles separadamente (Vrij, Edward, Roberts & Bull, 2000; Vrij, Akehurst, Soukara & Bull, 2004; Vrij & Mann, 2004). Resultados semelhantes foram obtidos por Porter e colegas ao mostrarem que a análise combinada de pistas verbais e não-verbais aumenta a possibilidade de detectar a mentira (Porter & Yuille, 1995, 1996; Porter, Yuille & Brit, 2001; Porter, Yuille & Lehman, 1999).

Recentemente, alguns autores (Vrij, Evans, Akehurst & Mann, *no prelo*) procuraram determinar até que ponto melhora a eficácia na detecção da mentira quando se informam os observadores sobre a combinação de pistas de diagnóstico (verbais e não-verbais) da falsidade com o método de detecção implícita da mentira. Num programa de treino de uma hora, ensinámos os observadores (estudantes universitários sem treino prévio de detecção de mentira) a fazer avaliações rápidas (instantâneas) da frequência de ocorrência de 12 pistas verbais e não-verbais que seriam pistas de diagnóstico de mentira, de acordo com revisões da literatura da especialidade. Foi ainda explicado, aos observadores, o modo como essas pistas se relacionavam com a mentira (ou seja, menos movimentos de mão e dedos pode ser sinal de falsidade, etc.). Depois, foram apresentadas sequências de vídeo de pessoas a mentir ou a dizer a verdade, pedindo-se, após cada cena, que dissessem qual a frequência com que teriam ocorrido as pistas de diagnóstico previamente aprendidas e que escrevessem no papel essas estimativas (ou seja, procurou-se assim centrar a atenção dos observadores nessas 12 pistas). Finalmente, pediu--se-lhes que, com base nessas estimativas, julgassem se a pessoa, em cada sequência de vídeo, estaria ou não a mentir (detecção implícita da mentira). Obteve-se, assim, um índice de acerto total de 74%, o que é consideravelmente mais elevado que os 57% típicos da detecção de mentira quando se utilizam leigos como juízes (Vrij, 2000a) [8].

---

[8] Esta investigação diferencia-se em três aspectos dos estudos tradicionais, nos quais é fornecida informação sobre as pistas de diagnóstico. Primeiro, foi

5. Verdades comparáveis

Pode ensinar-se aos detectores de mentira como estabelecer "verdades comparáveis" e como comparar a resposta sob investigação com a resposta durante essa verdade comparável. Considere-se o exemplo seguinte. No decurso de uma gravação de interrogatório de vida real, pediu-se a um homem suspeito (e mais tarde condenado) de homicídio para descrever as suas actividades num determinado dia (Vrij & Mann, 2001). O suspeito descreveu essas actividades durante a manhã, a tarde e o anoitecer. A análise detalhada do vídeo revelou uma mudança súbita no comportamento assim que começou a descrever as suas actividades durante a tarde e o anoitecer. Uma razão provável para isto podia ser a de que estivesse a mentir. Os dados vieram apoiar essa hipótese. De facto, as investigações da polícia confirmaram o seu relato quanto às actividades da manhã, mas mostraram que as suas declarações quanto ao que fizera durante a tarde e o anoitecer eram inventadas. Na verdade, encontrara a vítima durante a tarde e depois matara-a, ainda nesse dia. Neste caso, foi possível fazer uma boa comparação. Não há razão para que surjam diferentes comportamentos ao descrever as diferentes partes do dia, especialmente ao descrever um dia tão aparentemente normal como o suspeito estava a fazer. Quando surgem diferenças destas, devemos considerá-las relevantes e merecedoras de mais investigação. Curiosamente, a pergunta na qual se apoia o método da linha de base (*baseline method*) "O que fez naquele preciso dia?" pode ser feita em muitos interrogatórios.

---

fornecida informação acerca das pistas verbais e não verbais, em vez de se dar informação apenas sobre um ou o outro domínio do comportamento. Segundo, foi fornecida informação sobre 12 pistas em vez de informação sobre um número restrito de pistas (note-se que este último método é enganador, pois passa a ideia de que poderá haver um "nariz de Pinóquio" para a detecção da mentira). Terceiro, foi usado um método implícito de detecção de mentira e não um método explícito. Cremos que a combinação destes três aspectos contribuiu para o elevado grau de precisão observado. Mas esta é uma questão que falta ainda investigar.

6. Interrogar para descobrir mentiras

A introdução de estilos específicos de interrogatório constitui um modo alternativo para se melhorar as competências de detecção de mentira. Subjacente a esta abordagem está a ideia de que certos métodos de interrogatório podem facilitar a detecção de mentira. Infelizmente, sabe--se muito pouco sobre este tema, porque a avaliação sistemática da eficácia dos estilos de interrogatório parece não ter merecido, até agora, a atenção dos investigadores. Numa tentativa de preencher esta lacuna, estamos a realizar uma série de experiências [9] que analisam essa questão.

Num estudo inicial, testaram-se as potencialidades de um tipo confrontacional de entrevista de recolha de informação, por comparação com um estilo de interrogatório destinado à detecção de mentira, mas mais baseado na acusação (Vrij, 2004). Nesta investigação, trinta e seis sujeitos que diziam verdade ou que mentiam (estudantes universitários), a quem tinha sido prometida uma recompensa se conseguissem contar uma história convincente, foram entrevistados de três maneiras distintas: o interrogatório começava com um estilo de entrevista para recolha de informação (v. g., "Por favor, diga-me, o mais pormenorizadamente possível, o que acaba de acontecer naquela sala" (fase 1), que depois evoluía para uma acusação (v. g., "Admita apenas que tentou enganar-me" (fase 2) e, finalmente, se transformava, de novo, num estilo de recolha de informação (v. g., "Por favor, diga-me de novo, da forma mais detalhada possível, o que é que aconteceu, agora mesmo, quando estava naquela sala" (fase 3). Os interrogatórios foram todos gravados em vídeo e depois o comportamento dos participantes foi analisado detalhadamente e cotado. Esperava-se que as diferenças de comportamento mais claras aparecessem na fase 3. A principal diferença entre as fases 1 e 3 seria que, na fase 3, os participantes sabiam que corriam um sério risco de que não se acreditasse neles, o que significava que não receberiam a recompensa. Isto motivá-los-ia mais na fase 3 que na fase 1, para contarem uma história mais convincente e, como já anteriormente se referiu, os mentirosos motivados apresentam mais sinais de falsidade do que mentirosos não

---

[9] Investigação subsidiada pelo Economic and Social Research Council (bolsa RES–000–23–0292).

motivados. Na fase 2, os participantes apesar de igualmente motivados, eram acusados de não estarem a dizer a verdade. Como atrás se referiu, uma acusação, por si só, afecta o comportamento dos sujeitos (compare--se com o exemplo de Otelo) e este "efeito da acusação" (v. g., o efeito que uma acusação provoca nas respostas comportamentais) pode perfeitamente toldar o "efeito da mentira" (v. g., o efeito que o estar a mentir tem sobre as respostas de tipo comportamental). Os resultados confirmaram a hipótese, aparecendo na fase 3 as diferenças mais claras entre os que mentiam e os que diziam a verdade.

Uma outra técnica eficaz de interrogatório pode ser a criação de situações difíceis para os entrevistados. Como antes se discutiu, uma das razões por que os mentirosos deixam transparecer algumas pistas da sua mentira, deve-se ao facto de sentirem dificuldades em mentir. Obviamente, a criação de situações complicadas para os interrogados, afectará tanto os que dizem a verdade como os que mentem; contudo, se os que mentem já sentem dificuldades em fazê-lo, talvez essa situação possa afectá-los mais do que aqueles que dizem a verdade; e isso produzirá diferenças mais evidentes entre os indivíduos que falam a verdade e os que dizem mentiras, o que, por sua vez, fará com que os detectores de mentiras mais facilmente possam distinguir entre aqueles dois grupos.

Uma maneira de aumentar as dificuldades do interrogatório ou entrevista é apresentar as provas que o detector de mentiras tem na sua posse só numa etapa mais tardia do interrogatório. Num estudo recente (Hartwig, Granhag, Strömwall & Vrij, 2004), os participantes contaram a verdade ou a mentira sobre uma encenação de roubo numa loja. Tanto os mentirosos, como aqueles que contavam a verdade, foram incentivados a relatar pormenorizadamente as suas versões. O investigador, que tinha pouco conhecimento do que se teria passado na loja, apresentou o que sabia a alguns participantes num momento muito precoce do interrogatório e a outros participantes num momento mais avançado da entrevista. Os resultados preliminares mostraram que a detecção de mentira foi mais simples quando a apresentação de provas foi feita na fase mais avançada da entrevista. Talvez, nessa situação, o mentiroso já tivesse contado, detalhadamente, a sua história inventada, o que tornaria mais difícil incorporar nela, de maneira plausível e convincente, os factos que o entrevistador entretanto lhe tivesse revelado.

Outra forma de tornar a situação de entrevista mais difícil para os interrogados é pedir-lhes que desenvolvam o que acabaram de contar. Isto pode muito bem constituir uma tarefa difícil, particularmente para aqueles que mentem. Os mentirosos podem ter preparado o que iriam dizer mas, provavelmente, não terão preparado a quantidade de detalhes que são exigidos quando se lhes pede que elaborem uma história detalhada. Nesse caso, são colocados perante um dilema, podem inventar espontaneamente uma série de detalhes mas isto é, por vezes, difícil; em alternativa, podem afirmar que não se lembram de mais nada, mas esta última estratégia pode parecer suspeita especialmente se, na resposta inicial, apresentaram um relato muito detalhado dos acontecimentos. As pessoas raramente conseguem lembrar-se espontaneamente de todos os detalhes que conhecem. Portanto, o facto de fornecer muitos detalhes inicialmente, seguindo-se depois um silêncio total poderá parecer algo de suspeito. Uma boa estratégia, para quem mente, será inventar uma história que seja, realmente, verdadeira, mas que tenha acontecido numa outra altura que não aquela a que a mentira se reporta. Por exemplo, um suspeito culpado que negue o seu envolvimento no crime que está a ser investigado, pode afirmar que estava no ginásio no exacto momento em que o crime foi praticado. Se, de facto, já tiver estado nesse ginásio em ocasiões anteriores, pode, no momento do inquérito, descrever a sua experiência nesse ginásio. A única parte inventada da sua história é quando ele esteve lá. Mas mentir acerca do tempo torna o mentiroso vulnerável no interrogatório subsequente. O investigador pode colocar questões sobre o momento exacto em que o suspeito diz ter estado naquele ginásio. Por exemplo, pode querer saber quem era o instrutor que estava de serviço naquele preciso momento [10].

Os detectores de mentiras podem também tornar a situação de entrevista mais difícil pedindo aos suspeitos que repitam o que disseram antes. Os mentirosos são, por vezes, apanhados porque se esquecem do que tinham dito antes, podendo até esquecer-se de elementos fulcrais da sua história anterior. Avaliar a memória que eles têm destes elementos centrais das histórias pode ser, portanto, uma boa estratégia de detecção da mentira.

---

[10] Agradece-se a sugestão feita por Ron Fisher.

Ainda um outro modo de pôr os interrogados à prova é pedir-lhes que se lembrem do que se passou numa ordem não cronológica dos factos, por exemplo, em ordem inversa (i. e., começar por falar do que se passou no fim do acontecimento e depois ir recuando no tempo). Contrariamente aos que falam a verdade, os mentirosos tendem a contar as suas histórias numa ordem cronológica estrita (Zaparniuk, Yuille & Taylor, 1995). Sair dessa ordem pode, portanto, tornar-se para eles uma tarefa demasiado difícil.

Conclusão

Iniciámos este artigo apresentando os principais resultados da investigação sobre a capacidade dos caçadores de mentiras para detectarem a falsidade. A impressão dominante é que os profissionais de detecção da mentira (v. g., designadamente os investigadores da polícia) têm uma preparação deficiente para discernir entre verdade e mentira. De seguida, apresentaram-se, no segundo ponto do capítulo, numerosas razões pelas quais eles cometem erros nos seus juízos. Por fim, defendeu-se que esses profissionais se podem tornar melhores detectores de mentiras se conseguirem evitar determinados armadilhas e fizerem uso de algumas técnicas alternativas de entrevista. Infelizmente, a eficácia da maior parte destes estilos de interrogatório ainda não foi testada em estudos experimentais. Este tipo de investigação será muito rigorosa, pois cremos que o desenvolvimento de estilos de interrogatório eficazes é a forma mais promissora de ajudar os profissionais a detectar a mentira. Esperamos que este trabalho inspire académicos e profissionais a realizar, de maneira rigorosa, tão importantes investigações.

Bibliografia

Akehurst, L., Köhnken, G., Vrij, A. & Bull, R. (1996). Lay persons' and police officers' beliefs regarding deceptive behaviour. *Applied Cognitive Psychology, 10,* 461-473.

Anderson, D. E., DePaulo, B. M., Ansfield, M. E., Tickle, J. J. & Green, E. (1999). Beliefs about cues to deception: Mindless stereotypes or untapped wisdom? *Journal of Nonverbal Behavior, 23*, 67-89.

Aune, R. K., Levine, T., Ching, P. & Yoshimoto, J. (1993). The influence of perceived source reward value and attributions of deception. *Communication Research Reports, 10*, 15-27.

Ben-Skakhar, G. & Elaad, E. (2003). The validity of psychophysiological detection of information with the Guilty Knowledge test: A meta-analytic review. *Journal of Applied Psychology, 88*, 131-151.

Bond, C. F. and Fahey, W. E. (1987). False suspicion and the misperception of deceit. *British Journal of Social Psychology, 26*, 41-46.

Bond, C. F., Omar, A., Pitre, U., Lashley, B. R., Skaggs, L. M. & Kirk, C. T. (1992). Fishy-looking liars: Deception judgment from expectancy violation. *Journal of Personality and Social Psychology, 63*, 969-977.

Bull, R. *(in press)*. Training to detect deception from behavioural cues: Attempts and problems. In P. A. Granhag & L. A. Strömwall (Eds.), *Deception detection in forensic contexts*. Cambridge, England: Cambridge University Press.

Bull, R. & Rumsey, N. (1988). *The social psychology of facial appearance*. New York, NJ: Springer-Verlag.

Buller, D. B. & Burgoon, J. K. (1996). Interpersonal deception theory. *Communication Theory, 6*, 203-242.

Burgoon, J. K. & Buller, D. B. (1994). Interpersonal deception: III. Effects of deceit on perceived communication and nonverbal dynamics. *Journal of Nonverbal Behavior, 18*, 155-184.

Burgoon, J. K., Buller, D. B. & Guerrero, L. K. (1995). Interpersonal deception IX: Effects of social skill and nonverbal communication on deception success and detection accuracy. *Journal of Language and Social Psychology, 14*, 289-311.

DePaulo, B. M. (1994). Spotting lies: Can humans learn to do better? *Current Directions in Psychological Science, 3*, 83-86.

DePaulo, B. M., Blank, A. L., Swaim, G. W. & Hairfield, J. G. (1992). Expressiveness and expressive control. *Personality and Social Psychology Bulletin, 18*, 276-285.

DePaulo, B. M., Charlton, K., Cooper, H., Lindsay, J. L. & Muhlenbruck, L. (1997). *Personality and Social Psychology Review, 1*, 346-357.

DePaulo, B. M., Kashy, D. A., Kirkendol, S. E., Wyer, M. M. & Epstein, J. A. (1996). Lying in everyday life. *Journal of Personality and Social Psychology, 70*, 979-995.

DePaulo, B. M. & Kirkendol, S. E. (1989). The motivational impairment effect in the communication of deception. In J. C. Yuille (Ed.), *Credibility assessment* (pp. 51-70). Dordrecht, the Netherlands: Kluwer.

DePaulo, B. M., Kirkendol, S. E., Tang, J. & O'Brien, T. P. (1988). The motivational impairment effect in the communication of deception: Replications and extensions. *Journal of Nonverbal Behavior, 12*, 177-201.

DePaulo, B. M., Lanier, K. & Davis, T. (1983). Detecting the deceit of the motivated liar. *Journal of Personality and Social Psychology, 45*, 1096-1103.

DePaulo, B. M., Lassiter, G. D. & Stone, J. I. (1982). Attentional determinants of success at detecting deception and truth. *Personality and Social Psychology Bulletin, 8*, 273-279.

DePaulo, B. M., LeMay, C. S. & Epstein, J. A. (1991). Effects of importance of success and expectations for success on effectiveness at deceiving. *Personality and Social Psychology Bulletin, 17*, 14-24.

DePaulo, B. M., Lindsay, J. J., Malone, B. E., Muhlenbruck, L., Charlton, K. & Cooper, H. (2003). Cues to deception. *Psychological Bulletin, 129*, 74-118.

DePaulo, B. M. & Pfeifer, R. L. (1986). On-the-job experience and skill at detecting deception. *Journal of Applied Social Psychology, 16*, 249-267.

DePaulo, B. M., Stone, J. L. & Lassiter, G. D. (1985a). Deceiving and detecting deceit. In B. R. Schenkler (Ed.), *The self and social life* (pp. 323-370). New York, NJ: McGraw-Hill.

DePaulo, B. M., Stone, J. I. & Lassiter, G. D. (1985b). Telling ingratiating lies: Effects of target sex and target attractiveness on verbal and nonverbal deceptive success. *Journal of Personality and Social Psychology, 48*, 1191-1203.

deTurck, M. A., Harszlak, J. J., Bodhorn, D. J. & Texter, L. A. (1990). The effects of training social perceivers to detect deception from behavioural cues. *Communication Research, 38*, 189-199.

Ekman, P. (1985/2001). *Telling lies: Clues to deceit in the market place, politics and marriage.* New York: W. W. Norton & Company. (Reprinted in 1992 and 2001).

Ekman, P. (1996). Why don't we catch liars? *Social Research, 63*, 801-818.

Ekman, P. & Frank, M. G. (1993). Lies that fail. In M. Lewis & C. Saarni (Eds.), *Lying and deception in everyday life* (pp. 184-201). New York, NJ: Guildford Press.

Ekman, P. & O'Sullivan, M. (1991). Who can catch a liar? *American Psychologist, 46*, 913-920.

Ekman, P., O'Sullivan, M. & Frank, M. G. (1999). A few can catch a liar. *Psychological Science, 10,* 263-266.
Eysenck, H. J. (1984). Crime and personality. In D. J. Muller, D. E. Blackman & A. J. Chapman (Eds.), *Psychology and Law* (pp. 85-100). New York, NJ: John Wiley & Sons.
Feeley, T. H. & Young, M. J. (2000). The effects of cognitive capacity on beliefs about deceptive communication. *Communication Quarterly, 48,* 101-119.
Frank, M. G. & Ekman, P. (1997). The ability to detect deceit generalizes across different types of high-stake lies. *Journal of Personality and Social Psychology, 72,* 1429 - 1439.
Frank, M. G. & Feeley, T. H. (2003). To catch a liar: Challenges for research in lie detection. *Journal of Applied Communication Research, 31,* 58-75.
Gordon, N. J., Fleisher, W. L. & Weinberg, C. D. (2002). *Effective interviewing and interrogation techniques.* San Diego, CA: Academic Press.
Granhag, P. A. & Strömwall, L. A. (1999). Repeated interrogations: Stretching the deception detection paradigm. *Expert Evidence: The International Journal of Behavioural Sciences in Legal Contexts, 7,* 163-174.
Granhag, P. A. & Strömwall, L. A. (2000). Effects of preconceptions on deception detection and new answers to why lie catchers often fail. *Psychology, Crime & Law, 6,* 197-218.
Granhag, P. A. & Strömwall, L. A. (2001a). Deception detection: Examining the consistency heuristic. In C. M. Breur, M. M. Kommer, J. F. Nijboer & J. M. Reijntjes (Eds.), *New trends in criminal investigation and evidence, volume 2* (pp. 309-321). Antwerpen: Intresentia.
Granhag, P. A. & Strömwall, L. A. (2001b). Deception detection: Interrogators' and observers' decoding of consecutive statements. *The Journal of Psychology, 135,* 603-620.
Granhag, P. A., Strömwall, L. A. & Reiman, A. C. (2002). *Partners in crime: How liars in collusion betray themselves.* Manuscript submitted for publication.
Greuel, L. (1992). Police officers' beliefs about cues associated with deception in rape cases. In F. Lösel, D. Bender & T. Bliesener (Eds.), *Psychology and Law: International perspectives* (pp. 234-239). Berlin, Germany: Walter de Gruyter.
Gudjonsson, G. H. (2003). *The psychology of interrogations and confessions: A handbook.* Chichester, England: John Wiley.
Harrigan, J. A. & O'Connell, D. M. (1996). Facial movements during anxiety states. *Personality and Individual Differences, 21,* 205-212.
Hartwig, M., Granhag, P. A., Strömwall, L. A. & Vrij, A. (2004). *Detecting deception via strategic disclosure of evidence.* Manuscript in preparation.

Hess, J. E. (1997). *Interviewing and interrogation for law enforcement*. Reading, United Kingdom: Anderson Publishing Co.

Hirsch, A. R. & Wolf, C. J. (2001). Practical methods for detecting mendacity: A case study. *The Journal of the American Academy of Psychiatry and the Law, 29*, 438-444.

Hocking, J. E. & Leathers, D. G. (1980). Nonverbal indicators of deception: A new theoretical perspective. *Communication Monographs, 47*, 119-131.

Horvath, F., Jayne, B. & Buckley, J. (1994). Differentiation of truthful and deceptive criminal suspects in behavior analysis interviews. *Journal of Forensic Sciences, 39*, 793-807.

Inbau, F. E., Reid, J. E., Buckley, J. P. & Jayne, B. C. (2001). *Criminal interrogation and confessions, fourth edition*. Gaithersburg, Maryland: Aspen Publishers.

Kaufmann, G., Drevland, G. C. B., Wessel, E., Overskeid, G. & Magnussen, S. (2003). The importance of being earnest: Displayed emotions and witness credibility. *Applied Cognitive Psychology, 17*, 21-34.

Kashy, D. A. & DePaulo, B. M. (1996). Who lies? *Journal of Personality and Social Psychology, 70*, 1037-1051.

Kleiner, M. (Ed.). (2002). *Handbook of polygraph testing*. San Diego, CA: Academic Press.

Köhnken, G. & Steller, M. (1988). The evaluation of the credibility of child witness statements in German procedural system. In G. Davies & J. Drinkwater (Eds.), *The child witness: Do the courts abuse children?* (Issues in Criminological and Legal Psychology, no. 13) (pp. 37-45). Leicester, United Kingdom: British Psychological Society.

LaFrance, M. & Mayo, C. (1976). Racial differences in gaze behavior during conversations: Two systematic observational studies. *Journal of Personality and Social Psychology, 33*, 547-552.

Lakhani, M. & Taylor, R. (2003). Beliefs about cues to deception in high- and low-stake situations. *Psychology, Crime & Law, 9*, 357-368.

Lane, J. D. & DePaulo, B. M. (1999). Completing Coyne's cycle: Dysphorics' ability to detect deception. *Journal of Research in Personality, 33*, 311-329.

Levine, T. R. & McCornack, S. A. (2001). Behavioral adaptation, confidence, and heuristic-based explanations of the probing effect. *Human Communication Research, 27*, 471-502.

Levine, T. R., Park, H. S. & McCornack, S. A. (1999). Accuracy in detecting truths and lies: Documenting the "veracity effect". *Communication Monographs, 66*, 125-144.

MacLaren, V. V. (2001). A quantitative review of the Guilty Knowledge Test. *Journal of Applied Psychology, 86*, 674-683.

Macrae, C. N. & Bodenhausen, G. V. (2001). Social cognition: Categorical person perception. *British Journal of Psychology, 92*, 239-256.

Mann, S. (2001). *Suspects, lies and videotape: An investigation into telling and detecting lies in police/suspect interviews.* Unpublished PhD-thesis. University of Portsmouth, Department of Psychology.

Mann, S., Vrij, A. & Bull, R. (2002). Suspects, lies and videotape: An analysis of authentic high-stakes liars. *Law and Human Behaviour, 26*, 365-376

Mann, S., Vrij, A. & Bull, R. (2004). Detecting true lies: Police officers' ability to detect deceit. *Journal of Applied Psychology*, 89, 137-149.

Masip, J., Garrido, E. & Herrero, C. (*no prelo*). Facial appearance and impressions of credibility: The effects of facial babyishness and age on person perception. *International Journal of Psychology.*

Masip, J., Garrido, E. & Herrero, C. (*no prelo*). Facial appearance and judgments of credibility: The effects of facial babyishness and age on statement credibility. *Genetic, Social, and General Psychology Monographs.*

Masip, J., Sporer, S. L., Garrido, E. & Herrero, C. (*no prelo*). The detection of deception with the Reality Monitoring approach: A review of the empirical evidence. *Psychology, Crime & Law.*

Mehrabian, A. (1972). *Nonverbal communication.* Chicago: Aldine-Atherton.

Mehrabian, A. & Ferris, S. R. (1967). Inference of attitudes from nonverbal communication in two channels. *Journal of Consulting and Clinical Psychology, 31*, 248-252.

Mehrabian, A. & Wiener, M. (1967). Decoding of inconsistent communication. *Journal of Personality and Social Psychology, 6*, 109-114.

Meissner, C. A. & Kassin, S. M. (2002). "He's guilty!": Investigator bias in judgments of truth and deception. *Law and Human Behavior, 26*, 469-480.

Moston, S. & Engelberg, T. (1993). Police questioning techniques in tape recorded interviews with criminal suspects. *Policing and Society, 3*, 223-237.

Newman, M. L., Pennebaker, J. W., Berry, D. & Richards, J. M. (2003). Lying words: Predicting deception from linguistic styles. *Personality and Social Psychology Bulletin, 29*, 665-675.

Ofshe, R. J. (1989). Coerced confessions: The logic of seemingly irrational action. *Cultic Studies Journal, 6*, 1-15.

Ofshe, R. J. & Leo, R. A. (1997). The decision to confess falsely: Rational choice and irrational action. *Denver University Law Review, 74*, 979-1112.

O'Sullivan, M. (2003). The fundamental attribution error in detecting deception: The body-who-cried-wolf-effect. *Personality and Social Psychology Bulletin, 29*, 1316-1327.

O'Sullivan, M. & Ekman, P. (*no prelo*). The wizards of deception detection. In P. A. Granhag & C. A. Strömwall (Eds.), *Deception detection in forensic contexts*. Cambridge: Cambridge University Press

Pennebaker, J. W., Francis, M. E. & Booth, R. J. (2001). *Linguistic Inquiry and Word Count: LIWC 2001*. Mahwah, NJ: Lawrence Erlbaum.

Pennebaker, J. W. & Graybeal, A. (2001). Patterns of natural language use: Disclosure, personality, and social integration. *Current Directions in Psychological Science, 10*, 90-93.

Porter, S., Woodworth, M. & Birt, A, R. (2000). Truth, lies, and videotape: An investigation of the ability of federal parole officers to detect deception. *Law and Human Behavior, 24*, 643-658.

Porter, S. & Yuille, J. C. (1995). Credibility assessment of criminal suspects through statement analysis. *Psychology, Crime & Law, 1*, 319-331.

Porter, S. & Yuille, J. C. (1996). The language of deceit: An investigation of the verbal clues to deception in the interrogation context. *Law and Human Behavior, 20*, 443-459.

Porter, S., Yuille, J. C. & Birt, A. R. (2001). The discrimination of deceptive, mistaken, and truthful witness testimony. In R. Roesch, R. R. Corrado & R. Dempster (Eds.), *Psychology in the courts: International advances in knowledge*. London: Routledge.

Porter, S., Yuille, J. C. & Lehman, D. R. (1999). The nature of real, implanted and fabricated memories for emotional childhood events: Implications for the recovered memory debate. *Law and Human Behavior, 23*, 517-537.

Riggio, R. E. (1986). Assessment of basic social skills. *Journal of Personality and Social Psychology, 51*, 649-660.

Riggio, R.E., Tucker, J. & Throckmorton, B. (1988). Social skills and deception ability. *Personality and Social Psychology Bulletin, 13*, 568-577.

Riggio, R. E., Tucker, J. & Widaman, K. F. (1987). Verbal and nonverbal cues as mediators of deception ability. *Journal of Nonverbal Behavior, 11*, 126-145.

Rozelle, R. M. & Baxter, J. C. (1975). Impression formation and danger recognition in experienced police officers. *The Journal of Social Psychology, 96*, 53-63.

Steller, M. & Köhnken, G. (1989). Criteria-Based Content Analysis. In D. C. Raskin (Ed.), *Psychological methods in criminal investigation and evidence* (pp. 217-245). New York, NJ: Springer-Verlag.

Stiff, J. B., Kim, H. J. & Ramesh, C. N. (1992). Truth biases and aroused suspicion in relational deception. *Communication Research, 19*, 326-345.

Stiff, J. B., Miller, G. R., Sleight, C., Mongeau, P., Garlick, R. & Rogan, R. (1989). Explanations for visual cue primacy in judgments of honesty and deceit. *Journal of Personality and Social Psychology, 56*, 555-564.

Strömwall, L. A. & Granhag, P. A. (2003). Hoe to detect deception? Arresting the beliefs of police officers, prosecutors and judges. *Psychology, Crime & Law, 9*, 19-36.

Strömwall, L. A., Granhag, P. A. & Jonsson, A. C. (2003). Deception among pairs: 'Let's say we had lunch together and hope they will swallow it'. *Psychology, Crime & Law, 9*, 109-124.

Taylor, R. & Vrij, A. (2000). The effects of varying stake and cognitive complexity on beliefs about the cues to deception. *International Journal of Police Science and Management, 3*, 111-124.

Vrij, A. (1993). Credibility judgments of detectives: The impact of nonverbal behaviour, social skills and physical characteristics on impression formation. *Journal of Social Psychology, 133*, 601-611.

Vrij, A. (1994). The impact of information and setting on detection of deception by police detectives. *Journal of Nonverbal Behaviour, 18*, 117-137.

Vrij, A. (1995). Behavioral correlates of deception in a simulated police interview. *Journal of Psychology, 129*, 15-28.

Vrij, A. (2000a). *Detecting lies and deceit: The psychology of lying and the implications for professional practice*. Chichester: John Wiley.

Vrij, A. (2000b). Telling and detecting lies as a function of raising the stakes. In C. M. Breur, M. M. Kommer, J. F. Nijboer & J. M. Reintjes (Eds.), *New trends in criminal investigation and evidence II* (pp. 699-709). Antwerpen, Belgium: Intersentia.

Vrij, A. (2001). Implicit lie detection. *The Psychologist, 14*, 58-60.

Vrij, A. (2002a). Deception in children: A literature review and implications for children's testimony. In H. Westcott, G. Davies & R. Bull (Eds.), *Children's testimony* (pp. 175-194). Chichester: John Wiley.

Vrij, A. (2002b). Telling and detecting lies. In N. Brace & H. L. Westcott (Eds.), *Applying Psychology* (pp. 179-241). Milton Keynes, Open University.

Vrij, A. (*no prelo*, a). Criteria-Based Content Analysis: A qualitative review of the first 37 studies. *Psychology, Public Policy, and Law*.

Vrij, A. ((*no prel*, b). Guidelines to catch a liar. In P. A. Granhag & C. A. Strömwall (Eds.), *Deception detection in forensic contexts*. Cambridge: Cambridge University Press.

Vrij, A. (2004). *Challenging interviewees during interviews: The potential effects on lie detection.* Manuscript submitting for publication.

Vrij, A., Akehurst, L., Soukara, R. & Bull, R. (2004). Detecting deceit via analyses of verbal and nonverbal behavior in adults and children. *Human Communication Research, 30,* 8-41.

Vrij, A., Dragt, A. W. & Koppelaar, L. (1992). Interviews with ethnic interviewees: Nonverbal communication errors in impression formation. *Journal of Community and Applied Social Psychology, 2,* 199-209.

Vrij, A., Edward, K. & Bull, R. (2001a). People's insight into their own behaviour and speech content while lying. *British Journal of Psychology, 92,* 373-389.

Vrij, A., Edward, K. & Bull, R. (2001b). Police officers' ability to detect deceit: The benefit of indirect deception detection measures. *Legal and Criminological Psychology, 6,* 2, 185-197.

Vrij, A., Edward, K., Roberts, K. P. & Bull, R. (2000). Detecting deceit via analysis of verbal and nonverbal behavior. *Journal of Nonverbal Behavior, 24,* 239-263.

Vrij, A., Evans, H., Akehurst, L. & Mann, S. (*no prelo*). Rapid judgements in assessing verbal and nonverbal cues: Their potential for deception researchers and lie detection. *Applied Cognitive Psychology.*

Vrij, A., Foppes, J. H., Volger, D. M. & Winkel, F. W. (1992). Moeilijk te bepalen wie de waarheid spreekt: Non-verbaal gedrag belangrijkste indicator. *Algemeen Politie Blad, 141,* 13-15.

Vrij, A., Harden, F., Terry, J., Edward, K. & Bull, R. (2001). The influence of personal characteristics, stakes and lie complexity on the accuracy and confidence to detect deceit. In R. Roesch, R. R. Corrado & R. J. Dempster (Eds.), *Psychology in the courts: International advances in knowledge* (pp. 289-304). London: Routlegde.

Vrij, A. & Holland, M. (1998). Individual differences in persistence in lying and experiences while deceiving. *Communication Research Reports, 15,* 299-308.

Vrij, A. & Lochun, S. (1997). Neuro-linguistic programming and the police: Worthwhile or not? *Journal of Police and Criminal Psychology, 12,* 25-31.

Vrij, A. & Mann, S. (2001). Telling and detecting lies in a high-stake situation: The case of a convicted murderer. *Applied Cognitive Psychology, 15,* 187-203.

Vrij, A. & Mann, S. (2003). Telling and detecting true lies: Investigating and detecting the lies of murderers and thieves during police interviews. In M. Verhallen, G. Verkaeke, P. J. van Koppen & J. Goethals (Eds.), *Much ado about crime: Chapters on psychology and law* (pp. 185-208). Brussels, Belgium: Uitgeverij Politeia.

Vrij, A. & Mann, S. (2004). Detecting deception: The benefit of looking at a combination of behavioral, auditory and speech content related cues in a systematic manner. *Group Discussion and Negotiation, 13,* 61-79.

Vrij, A. & Mann, S. (*no prelo*). Police use of nonverbal behavior as indicators of deception. In R. E. Riggio & R. S. Feldman (Eds.), *Applications of nonverbal communication.* Mahwah, NJ: Lawrence Erlbaum Associates.

Vrij, A. & Semin, G. R. (1996). Lie experts' beliefs about nonverbal indicators of deception. *Journal of Nonverbal Behaviour, 20,* 65-80.

Vrij, A., Semin, G. R. & Bull, R. (1996). Insight in behavior displayed during deception. *Human Communication Research, 22,* 544-562.

Vrij, A. & Taylor, R. (2003). Police officers' and students' beliefs about telling and detecting little and serious lies. *International Journal of Police Science and Management, 5,* 1-9.

Vrij, A. & Van Wijngaarden, J. J. (1994). Will truth come out? Two studies about the detection of false statements expressed by children. *Expert Evidence: The international digest of human behaviour, science and law, 3,* 78-84.

Vrij, A. & Winkel, F. W. (1991). Cultural patterns in Dutch and Surinam nonverbal behaviour: An analysis of simulated police/citizen encounters. *Journal of Nonverbal Behavior, 15,* 169-184.

Vrij, A. & Winkel, F. W. (1992a). Cross-cultural police-citizen interactions: The influence of race, beliefs and nonverbal communication on impression formation. *Journal of Applied Social Psychology, 22,* 1546-1559.

Vrij, A. & Winkel, F.W. (1992b). Social skills, distorted perception and being suspect: Studies in impression formation and the ability to deceive. *Journal of Police and Criminal Psychology, 8,* 2-6.

Vrij, A. & Winkel, F. W. (1994). Perceptual distortions in cross-cultural interrogations: The impact of skin color, accent, speech style and spoken fluency on impression formation. *Journal of Cross-Cultural Psychology, 25,* 284-296.

Vrij, A., Winkel, F. W. & Koppelaar, L. (1991). Interactie tussen politiefunctionarissen en allochtone burgers: twee studies naar de frequentie en het effect van aan- en wegkijken op de impressieformatie. *Nederlands Tijdschrift voor de Psychologie, 46,* 8-20.

Walkley, J. (1985). Reading the suspect. *Police Review,* 15 February.

Wallbott, H. G. & Scherer, K. R. (1991). Stress specifics: Differential effects of coping style, gender, and type of stressor on automatic arousal, facial expression, and subjective feeling. *Journal of Personality and Social Psychology, 61*, 147-156.

Waltman, J. L. (1983). Nonverbal communication in interrogation: Some applications. *Journal of Police and Science Administration, 11*, 166-169.

Wiseman, R. (1995). The megalab truth test. *Nature, 373*, 391.

Yeschke, C. L. (1997). *The art of investigative interviewing: A human approach to testimonial evidence.*

Zaparniuk, J., Yuille, J. C. & Taylor, S. (1995). Assessing the credibility of true and false statements. *International Journal of Law and Psychiatry, 18*, 343-352.

Zuckerman, M., DeFrank, R. S., Hall, J. A., Larrance, D. T. & Rosenthal, R. (1979). Facial and vocal cues of deception and honesty. *Journal of Experimental Social Psychology, 15*, 378-396.

Zuckerman, M., DePaulo, B. M. & Rosenthal, R. (1981). Verbal and nonverbal communication of deception. In L. Berkowitz (Ed.), *Advances in experimental social psychology, volume 14* (1-57). New York, NJ: Academic Press.

Zulawski, D. E. & Wicklander, D. E. (1993). *Practical aspects of interview and interrogation.* Boca Raton: CRC.

Originalmente publicado em:
Vrij, A. (2004). Why Professionals Fail to Catch Liars and How They Can Improve. *Legal and Criminological Psychology*, 9, 159-181.

10
Factores que influenciam a memória das testemunhas oculares

Maria Salomé Pinho

A investigação no domínio da psicologia das testemunhas oculares tem tido um enorme desenvolvimento, particularmente a partir de meados da década de 90 do século passado. Granhag, Strömwall e Hartig (2005) referiram a existência de mais de 2 000 artigos sobre aspectos relacionados com a fidedignidade das identificações e dos depoimentos feitos por testemunhas oculares. Entre as áreas mais estudadas no âmbito da cognição aplicada, Wright e Davies (2007) indicam a dos testemunhos oculares. Em 2007, foi publicada a obra *The handbook of eyewitness psychology* [1], dividida em dois volumes com quarenta e cinco capítulos no total, que justamente assinala este aumento da investigação. O subtítulo desses volumes destaca, de modo significativo, uma função cognitiva: a memória.

Perícias sobre fibras ou tecidos, perícias dactiloscópicas ou de ADN contribuem para a prova da culpa ou inocência de suspeitos, mas estas

---

[1] Toglia, M. P., Read, J. D., Ross, D. F. & Lindsay, R. C. L. (2007) (Eds.), *The handbook of eyewitness psychology* (vol. I: Memory for events) e Lindsay, R. C. L., Ross, D. F., Read, J. D. & Toglia, M. P., (2007) (Eds.), *The handbook of eyewitness psychology* (vol. II: Memory for people), ambos publicados pela editora Erlbaum.

nem sempre existem ou só numa etapa posterior da investigação ganham relevância, por exemplo, após a identificação de um ou mais suspeitos. Numa fase inicial, para procurar responsáveis pela infracção, ou em casos em que outros meios de prova não estão disponíveis, é necessário começar por confiar no relato das testemunhas. Porém, a memória destas levanta algumas dificuldades à investigação forense: por um lado, os depoimentos podem ser incompletos ou conter mais ou menos imprecisões relevantes e, por outro, a identificação dos responsáveis pela infracção pode ser incorrecta (identificação de alguém inocente) ou ser uma rejeição errada (o responsável pela infracção não é identificado). De acordo com o Projecto Inocência *(http://www.innocenceproject.org/)*, até ao presente, nos EUA, 216 casos foram ilibados de culpa depois de feitas análises de ADN. O factor principal para a condenação teria sido a identificação incorrecta por parte de testemunhas oculares. Refira-se ainda, a este propósito, que a identificação feita pelas testemunhas oculares é considerada uma das provas mais consistentes de culpa porque vincula o suspeito e a infracção de forma específica (Ghetti, Schaaf, Qin & Goodman, 2003) ou mesmo uma prova directa, quando o responsável pela infracção foi visto em flagrante. Já outros tipos de prova apenas ligam o(s) suspeito(s) a um local ou a um objecto e, não necessariamente, à infracção.

No presente capítulo, serão consideradas algumas das variáveis que influenciam a memória das testemunhas oculares. A memória de acontecimentos, outrora designada por 'psicologia do relato' (Lindsay, Ross, Read & Toglia, 2007), fulcral no apuramento do sucedido, e a memória de pessoas, com um papel preponderante no conhecimento dos intervenientes no acto de infracção, serão abordadas conjuntamente. Começar-se-á por descrever as fases envolvidas na memória em geral e as categorias de variáveis que afectam o desempenho mnésico de testemunhas oculares. Seguidamente, abordar-se-ão as variáveis, habitualmente referidas na literatura, para cada uma das categorias em causa. Por fim, analisar-se-á a relevância dessas variáveis tomando como referência a posição declarada de psicólogos peritos em testemunhos. De notar ainda que as variáveis enumeradas referem-se a testemunhas oculares honestas, que podem cometer erros e não a testemunhas que, deliberadamente, pretendem enganar.

1. Categorias de variáveis estudadas em psicologia do testemunho ocular

A memória compreende três fases: a primeira refere-se ao momento em que se presencia um acontecimento e a informação apreendida é codificada sob a forma de uma representação mental, a segunda diz respeito à retenção dessa representação e a última prende-se com a recuperação ou possibilidade de acesso à representação retida, para se formar uma resposta mnésica ou ocorrer um acto de recordação (a testemunha relatar o que se passou, por exemplo). Destas três fases, apenas a última pode ser sujeita a algum controlo durante a investigação judicial.

As variáveis respeitantes às circunstâncias em que a testemunha procede à recuperação da informação guardada na sua memória foram denominadas por Wells (1978) variáveis do sistema *(system variables)*, atendendo a que as condições em que são recolhidos os depoimentos e em que é feito o reconhecimento do(s) suspeito(s) podem ser ou não as adequadas mediante a actuação dos agentes do sistema judicial. Já os efeitos das variáveis intervenientes nas fases de codificação e de retenção na memória não podem ser alterados pelo sistema judicial, mas apenas estimados e daí a denominação variáveis a estimar *(estimator variables)*. Além destas duas categorias, Wells, Memon e Penrod (2006) consideraram outro tipo de variáveis — as variáveis de retrodição *(postdiction variables)* — que seriam mensuráveis e estariam relacionadas com a exactidão dos testemunhos de um modo não causal.

Tomando como quadro de referência esta classificação tripartida serão consideradas, em primeiro, as variáveis a estimar (características da testemunha, do agressor, do acontecimento e do intervalo de retenção até ao depoimento e/ou identificação do responsável pela infracção), passando-se em seguida às variáveis do sistema (tipo de entrevista, questões colocadas e linhas de identificação) [2] e, por último, às variáveis de retrodição (confiança da testemunha e latência da resposta de identificação).

---

[2] Disposição, em linha, de pessoas (ao vivo ou em vídeo). Considera-se também sob esta designação a apresentação de um conjunto de fotografias.

1. 1. Variáveis a estimar

Relativamente a esta categoria de variáveis cuja influência não pode ser controlada pelo sistema de justiça criminal, a abordagem será iniciada com a descrição das características da testemunha ocular seguindo-se a referência às características do agressor e da infracção e, posteriormente, a exposição das características do intervalo de retenção.

1. 1. 1. Características da testemunha ocular

Entre as características demográficas da testemunha são habitualmente consideradas a idade, o género, a raça/etnia e a profissão. De um modo geral, as crianças com idade inferior a 10 anos relatam menos informação, são mais sugestionáveis [3] por informação enganosa pós-acontecimento e menos exactas na identificação do autor da infracção, quando comparadas com adultos (e. g., Brewer, Weber & Semmler, 2005; Tredoux, Meissner, Malpass & Zimmerman, 2004; Wells & Olson, 2003). No entanto, a proporção de informação incorrecta incluída nos seus depoimentos é semelhante à encontrada em adultos (Tredoux et al. 2004). O desempenho mais baixo na identificação caracteriza-se pela tendência elevada para escolher alguém, quando o alvo (o verdadeiro responsável pela infracção) não está presente, quer se trate de uma linha de identificação *(lineup)* simultânea (todas as fotografias ou os indivíduos são apresentados ao mesmo tempo) quer de uma linha de identificação sequencial (as fotografias ou os indivíduos são apresentados um de cada

---

[3] A sugestionabilidade constitui um dos 'sete pecados' da memória, na denominação de Schacter (2001). Os outros seis 'pecados' são a transitoriedade (diminuição da acessibilidade da informação ao longo do tempo), a distracção (falta de atenção ou processamento superficial da informação), o bloqueio (inacessibilidade temporária de informação disponível na memória), a atribuição indevida (informação recordada é atribuída a uma pessoa, local ou tempo errado), o enviesamento (distorção retrospectiva devido a influências não conscientes relacionadas com crenças, conhecimento e sentimentos actuais) e a persistência (tendência para recordar acontecimentos que se desejaria fossem esquecidos).

vez) (Brewer, Weber & Semmler, 2005). Aspectos do desenvolvimento relacionados com o aperfeiçoamento, ainda incompleto, das capacidades mnésicas estariam subjacentes ao desempenho inferior, na evocação e no reconhecimento, nas crianças. Por sua vez, os adultos idosos, com idades entre os 60-80 anos, sem patologia (nomeadamente do tipo demência) e sem problemas não adequadamente corrigidos de visão e audição [4], evocam uma quantidade de informação sobre o acontecimento presenciado similar à dos adultos jovens. São, todavia, mais sugestionáveis e menos exactos na identificação de responsáveis pela infracção. As condições que influenciam este desempenho mnésico inferior diferem das que estão presentes no caso das crianças. Nos idosos, a maior sugestionabilidade está sobretudo relacionada com a confusão da fonte de informação (a memória da fonte está mais sujeita a declínio no processo de envelhecimento saudável do que a memória do item ou do conteúdo) enquanto nas crianças a sugestionabilidade seria decorrente de maior aquiescência relativamente à autoridade dos adultos (Tredoux et al., 2004) ou de maior desejabilidade social. Quanto à diminuição do rigor na identificação de faces, comportamentalmente semelhante à que se observa nas crianças, a prontidão para escolher alguém estaria provavelmente associada, no caso de linhas de identificação em que o alvo está ausente, a uma confiança exagerada na memória, isto é, ao aumento da crença metacognitiva de auto-eficácia da memória (Searcy, Bartlett, Memon & Swanson, 2001).

No que diz respeito ao género, não foram encontradas diferenças na exactidão do relato e da identificação de responsáveis pela infracção (Wells & Olson, 2003). Existe, geralmente, variação no que se refere ao conteúdo da informação evocada sobre o episódio presenciado: as mulheres tendem a mencionar mais detalhes relacionados com o

---

[4] A codificação mnésica será afectada se existirem alterações sensoriais como, por exemplo, cataratas. É ainda de notar que nos idosos os músculos das pupilas dilatam menos e a alternância dilatação contracção ocorre mais lentamente, o que tem como consequência, respectivamente, a necessidade de mais luz para verem bem e maior dificuldade de se adaptarem a mudanças bruscas da luminosidade (Mueller-Johnson & Ceci, 2007). A discriminação de cores, nomeadamente o azul do verde, é afectada pelo amarelecimento do cristalino com a idade.

vestuário enquanto os homens se referem, com mais frequência, à arma ou ao tipo de veículo usado pelo responsável pela infracção (Tredoux et al., 2004).

O chamado enviesamento para a própria raça/etnia ou o efeito da outra raça/etnia refere-se à observação de que os adultos (sejam eles brancos, negros, latino-americanos, asiáticos, árabes ou judeus) reconhecem melhor faces de pessoas da sua própria raça/etnia do que de outra raça/etnia que lhe seja menos familiar (Brigham, Bennett, Meissner & Mitchell, 2007). Este efeito parece ter um impacto atenuado na descrição de faces e na identificação de vozes de outras raças/etnias, ainda que na primeira situação mencionada se encontrem diferenças quanto à frequência de características faciais destacadas [5]. Os resultados de estudos com crianças acerca do efeito de outra raça/etnia não são consistentes, o que poderá ser explicado, parcialmente, por características desenvolvimentais do reconhecimento facial remetendo, não tanto, para o modo (configurativo ou baseado em atributos) como a informação facial é codificada, mas, sobretudo, para a maior quantidade de informação codificada pelas crianças mais velhas. Nos adultos as atitudes raciais/étnicas estão relacionadas principalmente com o tipo de contacto inter-racial/étnico e, por esta via, poderão ter influência indirecta no enviesamento para a própria raça/etnia (Meissner & Brigham, 2001).

Ter uma profissão na área da justiça criminal, contrariamente ao que o senso comum poderia levar a supor, não torna as pessoas muito diferentes quando são também testemunhas. Resultados de investigações têm mostrado que a memória de reconhecimento de faces não é superior no caso dos agentes policiais (Tredoux et al., 2004), embora a sua experiência no âmbito da profissão influencie positivamente a qualidade das descrições que conseguem fazer. Assim, estes mencionam mais detalhes sobre o acontecimento presenciado, mais informação correcta (sem aumento de informação incorrecta) sobre o responsável pela infracção

---

[5] Os indivíduos negros referem mais a posição do cabelo, o tamanho e a parte branca do globo ocular, sobrancelhas, orelhas e queixo, enquanto os indivíduos brancos indicam mais a cor da íris e a cor e textura do cabelo (Brigham et al., 2007).

e são menos vulneráveis à informação enganosa após o acontecimento. Tendem, porém, a apresentar um grau de elaboração mais elevado nos detalhes que podem transformar acções inocentes em infracções (Tredoux et al., 2004).

Entre outras características das testemunhas oculares, susceptíveis de afectar a memória de acontecimentos e de pessoas, encontram-se o estado de intoxicação química e aspectos de personalidade. Existe a crença de que a memória das testemunhas que consumiram álcool em excesso ou drogas é menos fiável do que a de testemunhas sóbrias (Wells, Memon & Penrod, 2006), mas os estudos sobre esta questão são ainda escassos (Tredoux et al., 2004) e, além disso, os resultados da investigação sobre memória dependente do estado não são concordantes [6]. Certamente que um estado de intoxicação (com álcool ou outras drogas), que origine um défice na percepção, prejudicará a codificação da informação relativa ao evento presenciado e, deste modo, a recordação do acontecido e dos seus intervenientes será deficitária. De acordo com uma das implicações decorrentes da 'miopia do álcool' [7] (Steele & Josephs, 1990), supõe-se a existência de interacção entre alcoolemia e rigor na identificação, de forma que as testemunhas com nível elevado de álcool no sangue, na altura da codificação, seriam menos exactas quando a linha de identificação não inclui o responsável pela infracção (Wells et al., 2006).

---

[6] Num estudo conhecido de Eich, Weingartner, Stillman e Gillin (1975), foi observado que material aprendido num estado de intoxicação química (e. g., álcool ou marijuana) era geralmente melhor recordado quando a pessoa se encontrava num estado similar àquele em que essa informação foi adquirida. Para explicar resultados em que este efeito de memória dependente do estado não foi obtido, assinalou-se que nem todos os estados de intoxicação com drogas ficam necessariamente associados à informação codificada perdendo assim poder na recuperação. Adicionalmente, destaca-se na literatura uma assimetria associada aos prejuízos causados pela mudança de estado entre codificação e recuperação: o défice na recuperação é maior quando a informação é codificada num estado de intoxicação e recuperada num estado de sobriedade do que na situação inversa (Eich, 1980).

[7] Refere-se a uma espécie de visão curta ou de pouco alcance em que aspectos imediatos e salientes de uma situação, percebidos superficialmente, têm uma influência desproporcionada no comportamento e nas emoções de pessoas que ingeriram álcool em excesso (Steele & Josephs, 1990).

Este resultado dever-se-ia ao facto de estas testemunhas terem codificado as características mais salientes do agressor, mas não outros atributos menos evidentes, que ajudariam a rejeitar correctamente estas linhas de identificação (i. e., responder que o agressor não seria nenhum dos presentes). Note-se que essa forma de codificação pode ser eficaz quando o responsável pelo crime se encontra na linha de identificação (Wells et al., 2006). Nalguns estudos, a recordação do acontecimento presenciado também se revelou deficiente, quando as testemunhas consumiram álcool em excesso antes desse acontecimento e o seu nível de activação (estado de excitação fisiológica e psicológica) durante a situação presenciada era baixo (Tredoux et al., 2004).

São ainda pouco numerosos os estudos sobre a influência de variáveis individuais na memória de testemunhas oculares e a integração dos resultados obtidos no núcleo central da literatura desta área é ainda incipiente (Brewer et al., 2005). Nestas variáveis incluem-se a inteligência, a personalidade ou determinados tipos de perturbação, como a esquizofrenia e o autismo. Quanto às características de personalidade, os resultados de Hosch, Leipe, Marchioni e Cooper (1984) e de Hosch e Platz (1984) indicam que em testemunhas com grau elevado de auto-monitorização (i. e., com tendência para adaptar o seu comportamento tendo em conta características da situação) o desempenho em linhas de identificação enviesadas é mais prejudicado e que a auto-monitorização está positivamente correlacionada com as identificações correctas ($r(84)=.51$). Os resultados de meta-análise de Shapiro e Penrod (1986) mostraram que um nível elevado de ansiedade–traço crónica está associado a menos identificações incorrectas, comparativamente com o que sucede em testemunhas com nível baixo deste tipo de ansiedade. Indicaram também que testemunhas independentes de campo (indivíduos com tendência para perceber como separadas partes no todo do campo visual) fazem menos identificações correctas, embora não se distingam dos indivíduos dependentes de campo, quanto às identificações incorrectas [8]. De acordo com Brewer e colaboradores (2005), a magnitude de todos estes efeitos é modesta.

---

[8] Na revisão da literatura feita por Wells e Olson (2003) apenas foram citados estes estudos, da década de 80.

Relativamente a testemunhas oculares com deficiência mental, sabe-se que estas são mais vulneráveis a perguntas que contêm informação errada e menos constantes nas respostas em interrogatórios repetidos. Por sua vez, as pessoas com características do espectro autista têm maior dificuldade em recordar informação relacionada com pessoas e detalhes de cenas que presenciaram enquanto os défices de memória nos esquizofrénicos estão, sobretudo, relacionados com problemas na codificação e na monitorização da fonte de informação (Soraci, Carlin, Read, Pogoda, Wakeford, Cavanagh & Shin, 2007).

1. 1. 2. Características do agressor e do acto de infracção

Ainda a respeito das variáveis a estimar, há a considerar as características relacionadas com o agressor e com o acontecimento presenciado.

Determinados atributos do agressor (e. g., ter um rosto comum ou com algum sinal distintivo) influencia a memória da testemunha ocular. Faces com uma ou várias características distintivas são mais facilmente reconhecidas em comparação com aquelas que não apresentam esta particularidade de aparência (e. g., Wells & Olson, 2003). Porém, se a atenção da testemunha se centrou unicamente no atributo distintivo da face do agressor, a exactidão do reconhecimento pode ser negativamente afectada numa linha de identificação não enviesada (i. e., uma linha de identificação que inclua outros indivíduos com esse mesmo atributo). A modificação ou o encobrimento de determinadas partes do rosto, nomeadamente a parte superior (olhos e cabelo), impede que a informação mais importante, para o reconhecimento posterior, seja codificada (Tredoux et al., 2004). Também as mudanças na aparência do agressor que ocorrem mais tarde, naturalmente, devido ao aumento da idade ou a estados de doença ou intencionalmente (e. g., deixar crescer ou cortar a barba, mudar o penteado) podem ter um impacto negativo no reconhecimento deste (Wells & Olson, 2003).

Tredoux e colaboradores (2004) referem que a taxa de identificação incorrecta dos responsáveis por crimes aumenta quando o sentimento de que um indivíduo já foi visto anteriormente é elevado, o que pode ocorrer no caso de faces com características atraentes ou que desencadeiam 'familiaridade' perceptiva. Os estereótipos têm aqui uma influência importante: indivíduos cuja face encaixa no estereótipo da aparência do criminoso (ter 'cara de criminoso') têm mais probabilidade de ser escolhidos numa linha de identificação, contrariamente a indivíduos com o rosto do tipo 'cara de bebé'.

No que diz respeito às características do acontecimento presenciado, segundo Brewer e colaboradores (2005), a informação sobre variáveis tais como a duração da exposição e outras condições de visibilidade (e. g., iluminação, distância) do local onde decorreu a infracção, nunca atingirá o rigor necessário para se poder comparar uma situação concreta com os resultados de experiências descritas na literatura e, por este motivo, procurar estabelecer uma relação particular entre o desempenho mnésico de testemunhas oculares e estas condições de visibilidade seria um exercício pouco produtivo. As avaliações de intervalos temporais (e. g., durante quanto tempo viu o responsável pelo crime), de distâncias (e. g., a que distância se encontrava do responsável pela infracção), da luminosidade (geralmente, é apenas referido se estava escuro ou não) que as testemunhas fazem são bastante inexactas. De uma forma geral, considera-se que tempos de exposição mais demorados (superiores a um minuto) e boas condições de visibilidade estão associadas a uma recordação mais exacta do acontecimento presenciado e dos seus intervenientes (Brewer et al., 2005).

Os efeitos do *stress* e do medo sentidos durante o acontecimento de que se foi testemunha é ainda um assunto em debate. A esse propósito, é comum mencionar a chamada lei de Yerkes-Dodson ainda que esta, originalmente, incida sobre a relação entre a força de um estímulo e a formação de um hábito em tarefas com dificuldade diferente de discriminação — *'à medida que o grau de dificuldade de discriminação aumenta, a força do estímulo mais favorável à formação de um hábito atinge o limiar'* — (Yerkes & Dodson, 1908). Numa das reinterpretações a que o enunciado desta lei foi, sucessivamente, sujeito (cf. Teigen, 1994), afirma-se que apenas níveis muito elevados de *stress* ou de medo teriam um impacto negativo na memória (na fase de codificação). Na hipótese de Easterbrook (1959) considera-se que o aumento da intensidade do *stress* provoca um estreitamento da atenção, sendo privilegiados os aspectos centrais e relevantes, em detrimento de detalhes periféricos. Na descrição deste afunilamento perceptivo, a utilização do termo periférico não se refere propriamente a eventos que estão realmente na periferia (e. g., captados pela visão periférica), mas a aspectos relativamente improváveis. De notar ainda que dada a redução do tipo de estímulos a que se presta atenção quando o *stress* aumenta, ocorre maior alternância da atenção a diferentes fontes de informação, ou seja, surge a denominada distractibilidade (cf. Fairbrother, 1999; documento postado na Universidade do Estado da Florida arquivado em *http://pet4224c-01.sp00.fsu.edu/attention/sld029.htm*). Christianson (1992), numa revisão da literatura sobre *stress* e memória de testemunhas oculares, afirma que os especialistas em psicologia do testemunho, quando se referem à relação entre *stress* e memória, em contexto forense, confundem, frequentemente, dois aspectos distintos: o recuperar informação numa situação de *stress* e a existência de *stress* no momento da codificação (a incapacidade, no primeiro caso, não arrasta consigo o facto do *stress* ter um efeito negativo, no segundo caso). Considera igualmente que a análise sobre o efeito do *stress* deve ter como enquadramento a interacção entre tipo de acontecimento (emocional *versus* neutro), tipo de informação (central *versus* periférica), momento da recuperação mnésica (imediato *versus* diferido) e condições de recuperação (presença de pistas de recuperação mais ou menos suficientes, humor ou outras pistas contextuais, repetição da recuperação) — o que torna bastante complexo o estudo rigoroso do efeito do *stress* na memória. Ainda a propósito da relação entre *stress* memória de testemunhas, Metcalfe, em 1995/1998, formulou a hipótese dos sistemas 'quente-frio' (*hot-cool*; Metcalfe & Jacobs, 2000) segundo a qual níveis elevados de *stress* prejudicam o funcionamento do sistema 'frio' baseado no hipocampo, mas aumentam o funcionamento do sistema 'quente' baseado na amígdala que possibilitaria uma hipercodificação de acontecimentos com grande carga emocional (Ghetti et al., 2003). A emoção promove a recordação vívida de acontecimentos, mas a vivacidade, embora ande a par com a confiança que o próprio deposita na sua memória do acontecido, nem sempre acompanha a exactidão da recordação [9]. Reisberg e Heuer

---

[9] Cf. literatura mais recente sobre as memórias *flashbulb* (e. g., Talarico & Rubin, 2007).

(2007) assinalam, relativamente à relação emoção e memória de acontecimentos periféricos, que nem sempre ocorre um estreitamento da memória quando está envolvida a emoção, mas muitos dos acontecimentos emocionais, com interesse forense, contêm como que 'magnetos da atenção' que poderão levar ao referido estreitamento. Quanto ao impacto na memória de emoções extremas, sublinham que, em situações traumáticas, as recordações podem ser muito detalhadas e claras, mas nem sempre exactas. Embora este tipo de amnésia seja raro, pode ser credível uma testemunha que insiste que não se lembra do acontecimento traumático, mais tarde poderá recuperar essa memória. Quanto a efeitos de *stress* na memória (níveis elevados de activação fisiológica, designadamente do eixo hipotalâmico-pituitário-adrenal, em que a pessoa se sente, de algum modo, ameaçada), este pode estar associado a uma diminuição da acuidade do reconhecimento e da recordação de detalhes relacionados com o acontecimento. No entanto, existem variações nas pessoas quanto à sua vulnerabilidade ao *stress*. Como exemplos de questões que se devem colocar em tribunal, Reisberg e Heuer (2007) indicam os seguintes: teria a testemunha motivo para olhar para ou pensar na cara do criminoso? Teria algum objectivo para olhar para um outro aspecto da cena? Convém notar, a este propósito, que a emoção torna mais provável que os aspectos a que a testemunha prestou atenção sejam recordados e menos provável que outros aspectos o sejam.

Na literatura é também dado particular destaque ao efeito de focalização na arma, segundo o qual a atenção da testemunha se centra na arma mostrada pelo agressor, observando-se uma diminuição da exactidão na identificação e na qualidade da descrição deste (Steblay, 1992). O estudo de meta-análise de Steblay (1992) revelou que este efeito tem uma magnitude moderada (.55), no caso da exactidão da descrição de responsáveis por infracções e baixa (.13), no que se refere à exactidão do reconhecimento destes. É ainda controversa a resposta à questão da presença de uma arma capturar automaticamente a atenção da testemunha, tornando a sua fixação visual involuntária e inevitável. Resultados experimentais obtidos por Pickel e colaboradores (2007) sugerem que testemunhas instruídas para olharem mais para o agressor do que para a arma conseguem cumprir esta indicação.

1. 1. 3. Características do intervalo de retenção

Como factores susceptíveis de afectar a memória das testemunhas oculares no intervalo que ocorre entre o acontecimento presenciado e a descrição e identificação do responsável pela infracção são geralmente mencionados a familiaridade, a transferência inconsciente (ou transferência de memória), o sombreamento verbal, a informação enganosa pós--acontecimento e a duração do período de retenção. A familiaridade pode ser criada ou fortalecida se a testemunha observar, em várias ocasiões, fotografias de um suspeito que não cometeu o crime (Tredoux et al., 2004). Deste modo, a aparência do suspeito inocente torna-se mais familiar e a testemunha poderá confundir a fonte dessa familiaridade (fotografias *versus* local do crime), prejudicando o reconhecimento correcto do culpado. Na transferência de memória (Brewer et al., 2005) um indivíduo visto na cena do crime ou num local diferente desencadeia na testemunha, de forma inconsciente, algum tipo de associação que a leva a transferir para aquele memórias inicialmente associadas ao culpado. Existe, pois, a 'transferência da identidade de um indivíduo para outro, encontrado num contexto, local e tempo diferentes' (Read, Tollestrup, Hammersley, McFazden & Christensen, 1990). Nesta situação ocorre igualmente uma familiaridade perceptiva. Um caso frequentemente referido na literatura é o do psicólogo australiano Donald Thompson que foi indevidamente identificado, pela vítima, como autor de um crime de violação. Na altura em que ocorreu esse crime, Thompson estava a dar uma entrevista, em directo, na televisão (na qual falou da falibilidade da memória). A vítima viu Thompson na televisão e o seu rosto foi associado ao crime, cometendo um erro de atribuição.

No sombreamento verbal (Schooler & Engstler-Schooler, 1990), encontrado em vários estudos (Meissner, Sporer & Schooler, 2007), a descrição do rosto do responsável pela infracção, feita pela testemunha ocular, pode prejudicar o seu reconhecimento subsequente, por essa mesma testemunha. Meissner e Brigham (2001) procederam a uma meta--análise tendo verificado que o efeito do sombreamento verbal, ainda que estatisticamente significativo, era pequeno: os participantes que descreveram a cara do responsável pela infracção, comparativamente àqueles que não o fizeram, tinham uma possibilidade 1,27 vezes superior de mais tarde identificar incorrectamente o responsável pela infracção numa linha de identificação (Meissner et al., 2007). Em 2008, o tamanho do efeito encontrado na meta-análise continuou a ser estatisticamente significativo e pequeno, querendo dizer que as descrições prévias, umas vezes prejudicam, outras vezes facilitam o reconhecimento subsequente do responsável pela infracção [10] (Meissner, Sporer & Susa, 2008).

A recordação de um acontecimento pode ser negativamente influenciada por informação enganosa, que surja após a ocorrência desse acontecimento. Os estudos de Loftus (1979) mostraram como a informação pós-acontecimento pode distorcer os relatos de testemunhas oculares. A informação errada sobre o acontecimento pode provir de fontes externas, como sejam os meios de comunicação social (e. g., jornais, rádio e televisão), os relatos de outras testemunhas (efeito de conformidade decorrente da presença de outras testemunhas), os comentários feitos ao seu depoimento (inflação da confiança das testemunhas), os tipos de interrogatório ou de entrevista a que a testemunha foi submetida, mas também pode ter origem em fontes internas como, por exemplo, resultar da reavaliação da experiência vivida, a qual é influenciada por estados afectivos (Davis & Loftus, 2007) ou derivar da ruminação ou, ainda, da formação de imagens mentais vívidas.

Se do ponto de vista do senso comum existe a ideia segundo a qual com a passagem do tempo a memória enfraquece[11], do ponto de vista da psicologia cognitiva experimental os efeitos da extensão do intervalo de retenção, na memória, não são unívocos. Como refere Brewer e colaboradores (2005), o aumento deste intervalo fornece mais oportunidades para a ocorrência de interferência, logo esquecimento, mas também possibilita a evocação repetida. A esta última estão associados diferentes resultados observados em laboratório. O efeito de testagem (*testing effect*) pode ter como resultado o conhecido efeito teste-reteste: a recuperação é facilitada pela recuperação anterior (cf. e. g., Roediger & Karpicke, 2006). Mas pode ainda apresentar outros resultados: a hipermnésia, quando a nova

---

[10] O n.º 20, volume 3, do *European Journal of Cognitive Psychology* é quase todo dedicado a estudos sobre o efeito do sombreamento verbal.

[11] Talvez a célebre curva da retenção de Ebbinghaus possa fornecer uma base para a compreensão desta ideia.

informação recuperada excede a quantidade de informação esquecida (Erdelyi & Kleinbard, 1978); a reminiscência, neste caso há evocação de informação que não foi recuperada numa tentativa precedente (Payne, 1987); ou o esquecimento induzido pela recuperação, no qual a recuperação anterior de parte da informação de uma categoria inibe a recuperação subsequente da restante informação dessa categoria (Anderson, Bjork & Bjork, 1994). A extensão do intervalo de retenção foi examinada numa meta-análise, feita por Shapiro e Penrod (1986), que incidiu sobre estudos de identificação de faces, tendo sido apenas encontrado um efeito significativo, mas de pequena magnitude, para as identificações correctas (intervalos mais longos estariam relacionados com menos identificações correctas) e não para as identificações falsas do responsável pela infracção. Relativamente à influência da extensão do intervalo de retenção na memória de acontecimentos, Read e Connolly (2007) assinalam que os detalhes periféricos tornam-se inacessíveis ou perdem-se com a passagem do tempo. Porém, neste contexto, a consideração de um detalhe como central ou periférico não se refere à sua importância do ponto de vista forense, mas à relevância directa para o sentido do acontecimento, tal como este é percebido pela testemunha na situação. Além disso, a proporção de detalhes em periféricos e centrais varia com o número de evocações do acontecimento e com a informação que, entretanto, vai surgindo (veja-se, acima, a influência de fontes internas e externas de informação sobre o que foi presenciado) [12].

---

[12] No que diz respeito à memória autobiográfica, é de sublinhar o seu carácter construtivo (durante a codificação existe integração da experiência passada e de expectativas existentes) e reconstrutivo (há introdução de nova informação ao longo da retenção e, no momento da evocação, as crenças da testemunha modulam o conteúdo da informação). Os objectivos actuais do *self* determinam os conteúdos da memória que são recordados (Conway, 2003). A memória de acontecimentos repetidos similares ou relacionados tende a tornar-se mais genérica e pode ser mais influenciável pela sugestão (Read & Connolly, 2007).

Neste ponto, é importante chamar a atenção para o seguinte aspecto: durante o contra-interrogatório, a memória da testemunha é examinada repetidamente, à procura de inconsistências nos relatos do acontecimento partindo-se do pressuposto de que estas revelam a falta de exactidão da sua memória. Todavia, existem resultados de estudos empíricos que mostram que a relação

1. 2. Variáveis do sistema

Serão agora abordadas as variáveis sobre as quais pode ser exercido algum controlo pelos agentes do sistema judicial. Estas variáveis referem-se às condições de recolha de informação da testemunha ocular havendo a considerar os procedimentos de recolha do depoimento e do reconhecimento do responsável pela infracção.

O tipo de entrevista que, por convenção, se designa entrevista policial padrão é caracterizado por interrupções frequentes do relato da testemunha, para colocação de perguntas com grande rapidez nem sempre concordante com o fio condutor da narração seguido pela testemunha. O estilo directivo da 'entrevista policial padrão' promove uma dinâmica entre testemunha e entrevistador em que esta, apesar de possuir informação privilegiada sobre o sucedido, fica passivamente à espera de solicitação directa para falar. Deste modo, informação que não tenha sido explicitamente solicitada pode nunca vir a ser transmitida durante a entrevista, o que levou Tredoux e colaboradores (2004) a afirmarem que muito pouco daquilo que a testemunha presenciou é contado às autoridades. A narração livre possibilita a recolha de informação geralmente correcta, mas que pode ser vaga ou não conter detalhes relevantes do ponto de vista da investigação criminal. As perguntas fechadas desencadeiam respostas breves por parte da testemunha e, em determinados momentos, a sua utilização torna-se necessária. Mas nunca devem ser capciosas (Pinto, 1992), i. e., conter deliberadamente informação enganosa e sugestiva porque tal poderá influenciar a resposta da testemunha, por exemplo, em crianças mais novas (Cunha, Albuquerque & Freire, 2007) ou adultos em estado de fadiga. A Entrevista Cognitiva revista (Fisher & Geiselman, 1992) tem como objectivo principal facilitar a recuperação de informação armazenada na memória das testemunhas oculares minimizando o impacto negativo da influência do entrevistador ou de outrem. Procura-se através dela alcançar o equilíbrio, por vezes difícil, entre vários tipos de questionamento (excluindo, evidentemente, a colocação de perguntas capciosas) atendendo às necessidades da investigação e ao estabeleci-

---

estatística entre consistência no testemunho e exactidão global é baixa (Read & Connolly, 2007).

mento de uma relação diligente com a testemunha. A análise deste tipo de entrevista, das suas potencialidades e de alguns problemas que lhe estão associados, foi feita noutro lugar (Pinho, 2006; veja-se, também, Fisher & Schreiber [13], 2007).

Ainda a respeito da recolha do depoimento da testemunha é importante considerar um tema muito pouco referido na literatura sobre psicologia forense: a memória de conversação. No âmbito da disputa legal ou litígio, Davis e Friedman (2007) sublinham que factores como, por exemplo, a ambiguidade, modelo de referência ausente ou inadequado, inferências e distorções na interpretação, têm um impacto negativo na codificação de conversas e que situações como, por exemplo, recordação pobre da sequência de conversas, coerção nos interrogatórios policiais e também exercida pelos advogados nos tribunais afectam negativamente a recuperação da informação armazenada na memória da testemunha.

Os procedimentos a utilizar de modo a minimizar a ocorrência de erros das testemunhas oculares na identificação/reconhecimento de responsáveis por infracções, no âmbito de linhas de identificação [14], constam de guias que se podem consultar no sítio do Instituto Nacional de Justiça do Governo americano *(http://www.ncjrs.gov/App/Publications/ AlphaList.aspx)* ou no sítio do Ministério do Interior do Governo inglês *(http://police.homeoffice.gov.uk/publications/operationalpolicing/ 2008_PACE_Code_D_(final).pdf?view=Binary)* [15]. Tais procedimentos foram descritos noutro lugar (Pinho, 2004), pelo que se procederá aqui apenas a uma exposição resumida.

Numa linha de identificação deve existir apenas um único suspeito e este não deve destacar-se dos outros elementos. A selecção desses elementos deve ter por base a descrição do autor da infracção, anteriormente

---

[13] Este capítulo de Fisher e Schreiber considera a utilização da Entrevista Cognitiva com testemunhas cooperantes em geral, mas também com testemunhas 'especiais': idosos, crianças muito novas e pessoas com défice intelectual.

[14] Relativamente à memória de testemunhas auriculares aplicam-se linhas de identificação com vozes. Sobre este tema veja-se Yarmey (2006; 2007).

[15] Agradeço ao Dr. Juiz Carlos Almeida a indicação sobre o Código de Prática D.

feita pela testemunha, e não a sua semelhança física com aquele que se supõe ser o responsável pela infracção (Wells, Small, Penroad, Malpass, Fulero & Brimacombe, 1998). Quanto ao número, sabe-se que a probabilidade de reconhecimento falso é tanto menor quanto maior o número de pessoas presentes na linha de identificação [16]. No guia do Instituto Nacional de Justiça americano são recomendados quatro a cinco indivíduos inocentes, enquanto no código D do Ministério do Interior inglês são referidos oito (cf. também Valentine, Darling & Memon, 2006) [17]. A apresentação do suspeito sem ser acompanhado de outros indivíduos (escolhidos de acordo com o modo já referido) — procedimento designado por 'show-up' — não deve ser utilizado, pois pode induzir sugestão na testemunha. Como procedimento de controlo deve recorrer-se a um 'teste em branco', i. e., a uma linha de identificação na qual o suspeito não está presente (Wells, 1984). A testemunha deve ser sempre informada, de modo explícito (seja qual for o tipo de linha de identificação), de que o responsável pela infracção poderá não estar presente e o agente que administra o teste de reconhecimento deve desconhecer quem é o suspeito (Wells & Olson, 2003). Desde modo, evitam-se duas situações prejudiciais: a testemunha sentir-se obrigada a ter de escolher alguém como sendo o responsável pela infracção (pondo-se a adivinhar ou fazendo um juízo relativo, do tipo 'qual destes é o mais parecido com o agressor') e ser confrontada, quando indica a sua escolha, com alguma reacção, mesmo que não verbal, do agente policial ou do detective conhecedor da posição ocupada pelo suspeito. Advoga-se, assim, um procedimento duplamente cego [18] à semelhança

---

[16] As linhas de identificação devem ser avaliadas quanto à imparcialidade existindo para tal vários procedimentos e medidas (cf., nomeadamente, Malpass, Tredoux & McQuiston-Surrett, 2007, pp. 161-172).

[17] No Código de Processo Penal, Lei 48/2007 de 29 de Agosto, art. 147.º, n.º 2, é mencionado que se devem incluir, pelo menos, duas pessoas.

[18] Veja-se a recente polémica em torno deste procedimento e da administração sequencial das linhas de identificação, originada pelo *Mecklenburg's Illinois Pilot Program* e noticiada pela prestigiada *Nature* (Spinney, 2008). Informações interessantes sobre esta questão poderão também encontrar-se em Schacter, Dawes, Jacoby, Kahneman, Lempert, Roediger e Rosenthal (2008), Ross e Malpass (2008) e Wells (2008).

do que é praticado, por exemplo, nos ensaios clínicos. Quanto ao modo de apresentação, simultâneo ou sequencial, os resultados obtidos numa meta-análise feita por Steblay, Dysart, Fulero e Lindsay (2001) indicaram que o modo sequencial conduzia a menos identificações incorrectas. Mas levava igualmente a menos identificações correctas, no caso do responsável pela infracção estar presente na linha de identificação. Clark, Howell e Davey (2008) referiram também, numa meta-análise, que a comparação entre linhas de identificação simultâneas e sequenciais envolve estudos que contêm um elevado grau de enviesamento e, por esta razão, concluíram que os resultados são incertos quando estes procedimentos de identificação são menos enviesados. Segundo Dupuis e Lindsay (2007), à apresentação sequencial estão associados problemas de ordem vária. Por exemplo, este modo não é adequado quando as testemunhas são crianças (sobretudo se forem muito novas) ou houve mudança na aparência do responsável pela infracção ou a identificação é inter-racial/étnica [19]. Mas ainda mais determinante no que respeita a apresentação sequencial é o risco do conhecimento da extensão da linha de identificação influenciar a resposta da testemunha ou ocorrerem erros de administração neste procedimento (e. g., o agente permitir à testemunha alterar a sua escolha, após ter visto todos os elementos da linha de identificação ou colocar de lado fotografias, para que a testemunha indique a sua decisão só depois de as ter visto todas).

Na Suécia começaram a ser aplicadas linhas de identificação multimodais, nas quais o suspeito e os outros elementos que integram a linha de identificação estão num compartimento onde podem sentar-se, fumar, falar uns com os outros, andar, estando a ser observados, sem o saberem, pela testemunha que se encontra separada destes por um espelho unidireccional (Tredoux et al. 2004). Mas ainda não se conhecem resultados publicados sobre este tipo de linhas de identificação.

---

[19] Uma vez que o efeito do enviesamento para a própria raça/etnia pode afectar a construção de linhas de identificação, o investigador policial que se encarrega da escolha dos 'figurantes' ou distractivos deverá pertencer à mesma raça/etnia do responsável pela infracção (Brigham et al., 2007).

1. 3. Variáveis de retrodição

Estas variáveis caracterizam processos pós-recuperação[20] implicados no reconhecimento do responsável pela infracção feito pela testemunha ocular. Entre essas variáveis incluem-se o grau de confiança manifestado pela testemunha e a latência da resposta dada.

Talvez a variável mais estudada como indicador do reconhecimento correcto seja a confiança ou a certeza da testemunha (Brewer et al., 2005). Em 1972, o Supremo Tribunal de Justiça dos EUA propôs que o grau de confiança da testemunha fosse tido em consideração pelos jurados. Também a Sociedade Americana Psicologia-Direito (divisão 41 da Associação Americana de Psicologia) recomendou, em 1998, no livro branco sobre linhas de identificação, que fosse registada a confiança da testemunha para ser usada, posteriormente, pelos magistrados (Wells & Olson, 2003). Subjacente a estas posições encontra-se a ideia de que a confiança é um indicador fiável da exactidão, o que tem sido observado em várias áreas de investigação: conhecimento geral, memória de evocação, memória de reconhecimento e discriminação psicofísica (Brewer et al., 2005). No âmbito das teorias do julgamento, existem, pelo menos, três nas quais é considerada básica a existência de uma relação entre confiança e exactidão. Uma delas é a teoria de detecção de sinal aplicada à memória de reconhecimento, segundo a qual se parte da ideia de que quanto maior for a evidência da antiguidade do estímulo, maior é a possibilidade que este seja de facto antigo e mais elevadas a exactidão e a confiança. As abordagens da discriminação psicofísica têm em conta que os juízos de confiança se baseiam na disparidade de evidência acumulada a respeito da resposta escolhida e das respostas alternativas, de modo que as diferenças de exactidão e de confiança

---

[20] Processos que intervêm nos produtos das tentativas de recuperação sendo, de acordo com o modelo de memória episódica de Tulving (1983), contingentes à ecforia (*ecphory*) ou processo pelo qual o traço mnésico é combinado com a pista de recuperação possibilitando, conjuntamente com outros processos, que a informação possa ser recordada. Os processos pós-recuperação estão relacionados com o restabelecimento (*recovery*) e representação da informação e com a avaliação subsequente dessa informação.

são tanto maiores quanto maior essa disparidade (e. g., Van Zandt, 2000). Por último, segundo os modelos do duplo processo do reconhecimento, o nível e confiança e de exactidão são mais elevados quando o reconhecimento é baseado numa recordação consciente. No reconhecimento que resulta da familiaridade, o grau de exactidão e de confiança é variável (Brewer et al., 2005).

No contexto da psicologia forense, mais de 30 anos de investigação revelaram uma relação fraca entre a confiança ou certeza da testemunha e a exactidão (e. g., Pinto, 1992; 2002; Tredoux et al., 2004). A revisão da literatura feita por Deffenbacher (1980) terá sido a primeira a mostrar este resultado decepcionante (Leippe & Eisenstadt, 2007). O procedimento tradicionalmente utilizado para avaliar a relação confiança — exactidão consiste no cálculo da correlação ponto-bisserial que mede a separação das distribuições de confiança de respostas exactas e inexactas. Sporer, Penrod, Read e Cutler (1995), numa meta-análise, estimaram que a correlação confiança–exactidão, relativamente à identificação do suspeito, poderia atingir o valor positivo de .41. Wells, Olson e Charman (2005) chamaram a atenção para o facto deste valor ser inferior ao encontrado entre a altura e o género em seres humanos, embora refiram que a relação confiança–exactidão, apesar de imperfeita, não deve ser completamente ignorada. Para avaliar esta relação, alguns investigadores (e. g., Brewer, Keast & Rishworth, 2002) recomendam que o cálculo da correlação ponto-bisserial seja substituído pela calibração [21]. Estes dois tipos de cálculo baseiam-se em aspectos relativamente independentes da relação e, por isso, poderá existir boa calibração quando a correlação (entre os mesmos dados) for baixa (Leippe & Eisenstadt, 2007). A obtenção de curvas de calibração próximas do ideal está relacionada com a probabilidade de base (*base rate*) de se construírem linhas de identificação em que

---

[21] Com a calibração pretende-se converter as medições feitas numa de duas escalas na outra escala. Para este efeito pode calcular-se um índice de calibração (média, para várias testemunhas, das discrepâncias para cada testemunha entre o seu nível de confiança e a proporção de testemunhas, pertencentes ao mesmo grupo de confiança, que são exactas; Leipe & Eisenstadt, 2007). A calibração seria perfeita quando todas as respostas com 100% de confiança fossem correctas, 90% das respostas com 90% de confiança fossem correctas, etc.

o responsável pela infracção está ausente (Brewer et al., 2005). Se estes valores de probabilidade base forem baixos (entre 15 e 25%), as curvas de calibração aproximam-se melhor do ideal (Wells et al., 2006). Mas, tais valores não são conhecidos pelo sistema judicial (americano ou outros) e podem diferir nas várias jurisdições. Assim, por enquanto, mesmo com a calibração, a confiança da testemunha não deve ser tomada como um indicador fiável da sua exactidão. A explicação para a existência de uma relação fraca entre confiança e exactidão e os factores que a determinam são ainda um assunto em debate (e. g., Brewer et al., 2005; Ghetti et al., 2003; Pinho, 2004; Wells & Olson, 2003). A dissociação entre confiança e exactidão pode estar relacionada com diferentes aspectos: dificuldade das testemunhas expressarem estados subjectivos de confiança em termos de respostas observáveis externamente (Brewer et al., 2005), possibilidade de a confiança das testemunhas se basear em pistas erradas (tal poderia ocorrer, por exemplo, na transferência inconsciente ou transferência da memória) ou a confiança e a exactidão se alicerçarem em processos distintos, sendo que a primeira poderá decorrer unicamente de processos pós-decisionais. Por exemplo, é sabido que o efeito de *feedback* pós-identificação [22] e a presença de informa-

---

[22] O *feedback* pós-identificação (e. g., Wells & Bradfield, 1998; 1999; Wells & Olson, 2003) de tipo confirmatório ou infirmativo tem como efeito, respectivamente, o empolamento ou a deflação da confiança ou da certeza subjectiva da testemunha, relativamente ao momento em que procedeu ao reconhecimento do responsável pela infracção, levando à modificação de aspectos relativos à recordação por si referidos (e. g., as testemunhas modificam o que tinham dito sobre o grau de recordação de traços faciais do agressor, o grau de atenção durante a observação do evento, o tempo que demoraram a reconhecer o responsável pela infracção, a capacidade para identificar estranhos) sem afectar a exactidão (Brewer et al., 2005). Recentemente, este efeito foi encontrado em testemunhas oculares de crimes reais (Wright & Skagerberg, 2007). Alguns investigadores sugeriram que o efeito de *feedback* pós-identificação constitui uma variante do enviesamento retrospectivo (*hindsight bias*) (Wells et al., 2006) — tipo de enviesamento caracterizado pela propensão para sobrestimar a previsibilidade de acontecimentos passados. Neste contexto, conhecida a resposta 'correcta', as testemunhas tenderiam a tornar-se sobreconfiantes, retrospectivamente, acerca da identificação que fizeram do responsável pela infracção.

ção sugestiva influenciam a confiança sem alterar, evidentemente, a exactidão.

No que diz respeito à latência da resposta, a rapidez com que uma testemunha ocular reconhece o responsável pela infracção, numa linha de identificação, é considerada como um indicador promissor da sua exactidão (Leippe & Eisenstadt, 2007; Wells et al., 2006). Dunning e Perretta (2002) procuraram estabelecer um tempo limite que permitisse discriminar entre testemunhas cujo reconhecimento do responsável pela infracção fosse correcto daquelas que cometiam erros. Da análise efectuada surgiu a chamada 'regra dos 10 a 12 segundos' que significa que as testemunhas que fazem a identificação do responsável pela infracção num período de tempo em torno de 10 segundos seriam exactas em cerca de 87% das vezes (Caputo & Dunning, 2007). Note-se que esta 'regra' resultou de um procedimento *post hoc* e que nada permite concluir relativamente à diferenciação de latências de resposta mais demoradas, uma vez que para tempos ligeiramente superiores a 10-12 segundos a taxa de exactidão caía para 50% e mantinha-se neste valor no resto do intervalo temporal. Weber, Brewer, Wells, Semmler e Keast (2004) encontraram um valor máximo de discriminação entre reconhecimentos correctos e incorrectos que variou entre 5 e 29 segundos, tendo ainda observado que testemunhas oculares com latências de reconhecimento inferiores a este intervalo não tinham probabilidade elevada de reconhecer correctamente o responsável pela infracção (Wells et al., 2006). Do ponto de vista teórico, considerar que respostas de reconhecimento mais rápidas teriam maior probabilidade de ser exactas fundamentar-se-ia na concepção segundo a qual a intervenção de processos mais automáticos (sem esforço ou ocorrência de estratégias conscientes) e baseados em juízos absolutos (resultantes da comparação entre o aspecto do responsável pela infracção e a imagem existente na memória, sem considerar os restantes membros da linha de identificação) estaria subjacente ao reconhecimento correcto (Caputo & Dunning, 2007; Wells & Olson, 2003). De notar que, se a regra referida fosse aceite em tribunal, seria necessário assegurar que os agentes policiais ou outros não forçassem a testemunha (e que esta também não se obrigasse) a responder mais rapidamente (Leippe & Eisenstadt, 2007), caso contrário o intervalo temporal mencionado perderia o seu valor diagnóstico.

1. 4. Opinião dos peritos em testemunhos sobre a importância relativa das diferentes variáveis

Prossegue-se esta abordagem dos efeitos relacionados com as variáveis a estimar, do sistema e de retrodição, com a referência a um inquérito de Kassin, Tubb, Hosch e Memon (2001) sobre o que pensam os psicólogos americanos peritos em testemunhos (amostra constituída por 64 participantes) acerca da importância dessas variáveis em tribunal. Neste inquérito, cujos resultados são os mais recentes que se conhecem (Kemp, 2005), foram consideradas as 30 variáveis seguintes: (1) instruções dadas às testemunhas quando são apresentadas as linhas de identificação, (2) formulação das questões colocadas às testemunhas, (3) maleabilidade da confiança da testemunha, (4) enviesamento induzido pela apresentação de retratos, (5) informação pós-acontecimento, (6) sugestionabilidade das crianças, (7) influência de atitudes e expectativas na percepção e memória de acontecimentos, (8) sugestibilidade hipnótica, (9) enviesamento para a própria raça/etnia, (10) intoxicação alcoólica, (11) focalização na arma, (12) relação confiança – exactidão, (13) curva da retenção, (14) tempo de exposição ou de observação de um evento, (15) transferência inconsciente, (16) formato de apresentação da linha de identificação (simultâneo, sequencial), (17) uso de *show-ups*, (18) grau de correspondência entre a descrição do culpado feita pela testemunha e a aparência dos restantes membros da linha de identificação, (19) imparcialidade da linha de identificação, (20) exactidão do testemunho de crianças, (21) memórias falsas da infância, (22) percepção das cores na presença de luzes monocromáticas (e. g., candeeiros de rua com luz cor de laranja), (23) *stress*, (24) exactidão do testemunho de pessoas idosas, (25) exactidão da memória de testemunhas hipnotizadas, (26) rapidez do reconhecimento do responsável pela infracção, (27) exactidão de observadores treinados (agentes policiais), (28) violência do acontecimento presenciado, (29) possibilidade de se distinguirem memórias verídicas de memórias falsas e (30) repressão de memórias traumáticas durante muitos anos. As primeiras dezasseis variáveis enumeradas foram consideradas por, pelo menos, 80% dos respondentes como sendo suficientemente fidedignas para serem apresentadas em tribunal enquanto a relevância das sete últimas foi reconhecida apenas por 50% ou menos (o valor mais baixo foi de 22%) dos respondentes.

Subjacente a esta hierarquia, encontrada nas respostas dos peritos, poderá estar, entre outras, a ideia de que é necessária mais investigação no domínio da memória das testemunhas oculares, para que o efeito das variáveis mencionadas seja esclarecido. Por vezes, os resultados dos vários estudos não são inteiramente concordantes e não existem explicações sólidas para essas diferenças. Os processos mediante os quais tais variáveis influenciam a memória das testemunhas oculares ainda não são completamente conhecidos (Wells & Hasel, 2007). O aprofundamento do estudo dos processos básicos de funcionamento da memória (nas fases de codificação, retenção e recuperação) permitirá compreender melhor como se formam as recordações e como estas se podem tornar efectivas e em que condições.

Conclusões

Foram mencionados múltiplos factores que podem afectar a memória de testemunhas oculares, embora, em muitos casos, não estejam ainda esclarecidos vários dos processos subjacentes à sua actuação. A distinção entre predizer e explicar é aqui necessária. Saber que algo funciona na realidade (neste caso, conhecer que determinados factores afectam a recordação) não é explicar o efeito observado (esclarecer a sua génese), mas tal não deve impedir a utilização dessa informação. Pelo contrário, trata-se de duas ordens diferentes do conhecimento, que coexistem e podem prosseguir independentemente. Assim, Wells e Hasel (2007) defenderam que a ausência de explicação teórica para os processos subjacentes a um resultado da investigação não deverá impedir a aplicação desse resultado a situações reais. Por outras palavras, advogaram que os resultados dos estudos de psicologia com implicações nos depoimentos e identificação de responsáveis por infracções deveriam ser tidos em conta pelo sistema judicial.

Atente-se ainda num outro aspecto. O conhecimento dos efeitos que foram considerados quando se descreveram as variáveis a estimar, do sistema e de retrodição, decorre de resultados de estudos feitos em laboratório e, em menor número, de investigações com testemunhas oculares de crimes reais. Com base nesta situação poderia supor-se que os resultados observados em laboratório não disporiam de validade ecológica e, consequentemente, a sua relevância para o sistema judicial seria questionável. Mas, de acordo com alguns autores (e. g., Chow, 1987), a validade ecológica prende-se com as teorias e não com as experiências propriamente ditas. A este propósito, é de notar que são as teorias que permitem isolar factos significativos de factores insignificantes (Thom, 1988), ou seja, é partindo de 'decisões teoricamente subordinadas' (Warburton, 1998) que se determinam que aspectos de uma situação se vão estudar.

Em termos de áreas de investigação mais premente, dado terem sido encontradas, por vezes, algumas inconsistências nos resultados dos estudos, poder-se-ia actualmente apontar, no que respeita a categoria das variáveis a estimar, a extensão e o tipo de acontecimentos sobrevindos durante intervalo de retenção, as diferenças individuais, emoções e sombreamento verbal. Relativamente às variáveis do sistema judicial, destacar-se-iam, no âmbito dos procedimentos a adoptar para a minimização da ocorrência de erros de memória, o aperfeiçoamento de técnicas de entrevista/interrogatório e formas alternativas de linhas de identificação (e. g., linhas de identificação multimodais). Apesar de, relativamente às variáveis de retrodição, ter sido referido como promissor o estabelecimento de um intervalo para a latência da resposta de identificação do responsável pela infracção, enquanto indicador fiável da exactidão, possivelmente esta variável nunca deverá ser utilizada de forma isolada e daí a necessidade de investigar que outras variáveis poderão ser significativamente associadas a esta.

Bibliografia

Anderson, M. C., Bjork, R. A. & Bjork, E. L. (1994). Remembering can cause forgetting: Retrieval dynamics in long-term memory. *Journal of Experimental Psychology: Learning, Memory and Cognition, 20*, 1063-1087.

Brewer, N., Keast, A. & Rishworth, A. (2002). The confidence-accuracy relationship in eyewitness identification: The effects of reflection and disconfirmation on correlation and calibration. *Journal of Experimental Psychology: Applied, 8*, 46-58.

Brewer, N., Weber, N. & Semmler, C. (2005). Eyewitness identification. In N. Brewer & K. D. Williams (Eds.), *Psychology and law: An empirical perspective* (pp. 177-221). New York: Guilford.

Brigham, J. C., Bennett, L. B., Meissner, C. A. & Mitchell, T. L. (2007). The influence of race on eyewitness memory. In In R. C. L. Lindsay, D. F. Ross, J. D. Read & M. P. Toglia (Eds.), *The handbook of eyewitness psychology* (vol. II: Memory for people, pp. 257-281). Mahwah, NJ: Erlbaum.

Caputo, D. D. & Dunning, D. (2007). Distinguishing accurate eyewitness identifications from erroneous ones: Post-dictive indicators of eyewitness accuracy. In R. C. L. Lindsay, D. F. Ross, J. D. Read & M. P. Toglia (Eds.), *The handbook of eyewitness psychology* (vol. II: Memory for people, pp. 427-449). Mahwah, NJ: Erlbaum.

Clark, S. E., Howell, R. T. & Davey, S. L. (2008). Regularities in eyewitness identification. *Law and Human Behavior, 32*, 187-218.

Christianson, S.-Å. (1992). Emotional stress and eyewitness memory: A critical review. *Psychological Bulletin, 112* (2), 284-309.

Conway, M. A. (2003). Autobiographical memory. In J. H. Byrne (Ed.), *Learning and memory* (2nd edition, pp. 51-54). New York: Macmillan.

Cunha, A. Q., Albuquerque, P. B. & Freire, T. (2007). Sugestionabilidade em crianças: Definição de conceitos e análises de variáveis cognitivas. *Psychologica, 46*, 125-141.

Davis, D. & Friedman, R. D. (2007). Memory for conversation: The orphan child of witness memory researchers. M. P. Toglia, J. D. Read, D. F. Ross & R. C. L. Lindsay (Eds.), *The handbook of eyewitness psychology* (vol. I: Memory for events, pp. 3-52). Mahwah, NJ: Erlbaum.

Davis, D. & Loftus, E. F. (2007). Internal and external sources of misinformation in adult witness memory. In M. P. Toglia, J. D. Read, D. F. Ross & R. C. L. Lindsay (Eds.), *The handbook of eyewitness psychology* (vol. I: Memory for events, pp. 195-237). Mahwah, NJ: Erlbaum.

Deffenbacher, K. A. (1980). Eyewitness accuracy and confidence: Can we infer anything about their relationship? *Law and Human Behavior, 4*, 243-260.

Dunning, D. & Perretta, S. (2002). Automaticity and eyewitness accuracy: A 10-12 second rule for distinguishing accurate from inaccurate positive identifications. *Journal of Applied Psychology, 87*, 951-962.

Dupuis, P. R. & Lindsay, R. C. L. (2007). Radical alternatives to traditional lineups. In R. C. L. Lindsay, D. F. Ross, J. D. Read & M. P. Toglia (Eds.), *The handbook of eyewitness psychology* (vol. II: Memory for people, pp. 179-200). Mahwah, NJ: Erlbaum.

Easterbrook, J. A. (1959). The effect of emotion on cue utilization and the organization of behaviour. *Psychological Review*, *66*, 183-201.

Eich, J. E. (1980). The cue-dependent nature of state-dependent retention. *Memory and Cognition*, *8*, 157-173.

Eich, J. E., Weingartner, H., Stillman, R. C. & Gillin, J. C. (1975). State-dependent accessibility of retrieval cues in the retention of a categorized list. *Journal of Verbal Learning and Verbal Behavior*, *14*, 408-417.

Erdelyi, M. H. & Kleinbard, J. (1978). Has Ebbinghaus decayed with time? The growth of recall (hypermnesia) over days. *Journal of Experimental Psychology: Human Learning and Memory*, *4*, 275-289.

Fisher, R. P. & Geiselman, R. E. (1992). *Memory-enhancing techniques for investigative interviewing*. Springfield, IL: Charles C. Thomas.

Fisher, R. P. & Schreiber, N. (2007). Interview protocols to improve eyewitness memory. In M. P. Toglia, J. D. Read, D. F. Ross & R. C. L. Lindsay (Eds.), *The handbook of eyewitness psychology* (vol. I: Memory for events, pp. 53-80). Mahwah, NJ: Erlbaum.

Ghetti, S., Schaaf, J. M., Qin, J. & Goodman, G. S. (2003). Issues in eyewitness testimony. In W. O'Donohue & E. Levensky (Eds.), *Handbook of forensic psychology* (pp. 513-554). San Diego, CA: Academic Press.

Granhag, P. A., Strömwall, L. A. & Hartwig, M. (2005). Eyewitness testimony: Tracing the beliefs of Swedish legal professionals. *Behavioral Sciences and the Law*, *23*, 709-727.

Hosch, H. M., Leippe, M. R., Marchioni, P. M. & Cooper, D. S. (1984). Victimization, self-monitoring, and eyewitness identification. *Journal of Applied Psychology*, *69*, 280-288.

Hosch, H. M. & Platz, S. J. (1984). Self-monitoring and eyewitness accuracy. *Personality and Social Psychology Bulletin*, *10*, 289-292.

Kassin, S. M., Tubb, V. A., Hosch, H. M. & Memon, A. (2001). On the 'General acceptance' of eyewitness testimony research: A new survey of the experts. *American Psychologist*, *56* (5), 405-416.

Kemp, R. (2005). Face identification. In A. Esgate & D. Groome (2005). *An introduction to applied cognitive psychology* (pp. 61-87). Hove: Psychology Press.

Leippe, M. R. & Eisenstadt, D. (2007). Eyewitness confidence and the confidence-accuracy relationship in memory for people. In R. C. L. Lindsay, D. F. Ross, J. D. Read & M. P. Toglia (Eds.), *The handbook of eyewitness psychology* (vol. II: Memory for people, pp. 377-425). Mahwah, NJ: Erlbaum.

Lindsay, R. C. L., Ross, D. F., Read, J. D. & Toglia, M. P. (2007). Preface. In R. C. L. Lindsay, D. F. Ross, J. D. Read & M. P. Toglia (Eds.), *The handbook of eyewitness psychology* (vol. II: Memory for people, pp. ix-x). Mahwah, NJ: Erlbaum.

Loftus, E. F. (1979). *Eyewitness testimony*. Cambridge, MA: Harvard University Press.

Malpass, R. S., Tredoux, C. G. & McQuiston-Surrett, D. (2007). Lineup construction and lineup fairness. In R. C. L. Lindsay, D. F. Ross, J. D. Read & M. P. Toglia (Eds.), *The handbook of eyewitness psychology* (vol. II: Memory for people, pp. 155-178). Mahwah, NJ: Erlbaum.

Meissner, C. A. & Brigham, J. C. (2001). Thirty years of investigating the other-race effect in memory for faces: A meta-analytic review. *Psychology, Public Policy, and Law*, 7, 3-35.

Meissner, C. A., Sporer, S. L. & Schooler, J. W. (2007). Person descriptions aseyewitness evidence. In R. C. L. Lindsay, D. F. Ross, J. D. Read & M. P. Toglia (Eds.), *The handbook of eyewitness psychology* (vol. II: Memory for people, pp. 3-34). Mahwah, NJ: Erlbaum.

Meissner, C. A., Sporer, S. L. & Susa, K. J. (2008). A theoretical review and meta-analysis of the description-identification relationship in memory for faces. *European Journal of Cognitive Psychology*, 20 (3), 414-455.

Metcalfe, J. & Jacobs, W. J. (2000). 'Hot' emotions in human recollection: Toward a model of traumatic memory. In Tulving, E. (Ed.), *Memory, consciousness, and the brain: The Tallinn Conference* (pp. 228-242). Philadelphia, PA: Psychology Press.

Mueller-Jonhson, K. & Ceci, S. J. (2007). The elderly eyewitness: A review and prospectus. In M. P. Toglia, J. D. Read, D. F. Ross & R. C. L. Lindsay (Eds.), *The handbook of eyewitness psychology* (vol. I: Memory for events, pp. 577-603). Mahwah, NJ: Erlbaum.

Payne, D. J. (1987). Hypermnesia and reminiscence in recall: Historical and empirical review. *Psychological Bulletin*, 101, 5-27.

Pickel, K. L. (2007). Remembering and identifying menacing perpetrators: Exposure to violence and the weapon focus effect. In R. C. L. Lindsay, D. F. Ross, J. D. Read & M. P. Toglia (Eds.), *The handbook of eyewitness psychology* (vol. II: Memory for people, pp. 339-360). Mahwah, NJ: Erlbaum.

Pinho, M. S. (2004). Testemunhas oculares: análise de procedimentos de reconhecimento de suspeitos. *Psychologica*, nº extra série, 127-138.

Pinho, M. S. (2006). A entrevista cognitiva em análise. In A. C. Fonseca, M. R. Simões, M. C. Taborda-Simões & M. S. Pinho (Eds.), *Psicologia forense* (pp. 259-278). Coimbra: Almedina.

Pinto, A. C. (1992). *Temas de memória humana*. Porto: Fundação Eng.º António de Almeida.

Pinto, A. C. (2002). Recordações verídicas e falsas: Avaliação de alguns factores. *Psicologia Educação e Cultura, 6*(2), 397-415.

Read, J. D. & Connolly, D. A. (2007). The effects of delay on long-term memory for witnessed events. In M. P. Toglia, J. D. Read, D. F. Ross & R. C. L. Lindsay (Eds.), *The handbook of eyewitness psychology* (vol. I: Memory for events, pp. 117-155). Mahwah, NJ: Erlbaum.

Read, J. D., Tollestrup, P., Hammersley, R. H., McFadzen, E. & Christensen, A. (1990). The unconscious transference effect: Are innocent bystanders ever misidentified. *Applied Cognitive Psychology, 4*, 3-31.

Reisberg, D. & Heuer, F. (2007). The influence of emotion on memory in forensic settings. In M. P. Toglia, J. D. Read, D. F. Ross & R. C. L. Lindsay (Eds.), *The handbook of eyewitness psychology* (vol. I: Memory for events, pp. 81-116). Mahwah, NJ: Erlbaum.

Roediger, H. L. III & Karpicke, J. D. (2006). Test-enhanced learning: Taking memory tests improves long-term retention. *Psychological Science, 17* (3), 249-255.

Schacter, D. L. (2001). *The seven sins of memory: How the mind forgets and remembers*. New York: Houghton Mifflin.

Schacter, D. L., Dawes, R., Jacoby, L. L., Kahneman, D., Lempert, R., Roediger, H. L. & Rosenthal, R. (2008). Policy forum: Studying eyewitness investigations in the field. *Law and Human Behavior, 32*, 3-5.

Schooler, J. W. & Engstler-Schooler, T. Y. (1990). Verbal overshadowing of visual memories: Some things are better left unsaid. *Cognitive Psychology, 22*, 36-71.

Searcy, J. H., Bartlett, J. C., Memon, A. & Swanson, K. (2001). Aging and lineup performance at long retention intervals: Effects of metamemory and context reinstatement. *Journal of Applied Psychology, 86*, 207-214.

Shapiro, P. & Penrod, S. (1986). A meta-analysis of facial identification studies. *Psychological Bulletin, 100*, 139-156.

Soraci, S. A., Carlin, M. T., Read, J. D., Pogoda, T. K., Wakeford, Y., Cavanagh, S. & Shin, L. (2007). Psychological impairment, eyewitness testimony, and false memories: Individual differences. In M. P. Toglia, J. D. Read, D. F. Ross & R. C. L. Lindsay (Eds.), *The handbook of eyewitness psychology* (vol. I: Memory for events, pp. 261-297). Mahwah, NJ: Erlbaum.

Sporer, S. L., Penrod, S. D., Read, J. D. & Cutler, B. L. (1995). Choosing, confidence and accuracy: A meta-analysis of the confidence-accuracy relation in eyewitness identification studies. *Psychological Bulletin, 118* (3), 315-327.

Spinney, L. (2008). Line-ups on trial. *Nature*, *453* (7194), 442-444.

Steblay, N. M. (1992). A meta-analytic review of the weapon focus effect. *Law and Human Behavior*, *16* (4), 413-424.

Steblay, N. M., Dysart, J., Fulero, S. & Lindsay, R. C. L. (2001). Eyewitness accuracy rates in sequential and simultaneous lineup presentations: A meta-analytic comparison. *Law and Human Behavior*, *25*(5), 459-473.

Steele, C. M. & Josephs, R. A. (1990). Alcohol myopia: Its prized and dangerous effects. *American Psychologist*, *45* (8), 921-933.

Ross, S. J. & Malpass, R. S. (2008). Response to 'Studying eyewitness investigations in the field'. *Law and Human Behavior*, *32*, 16-21.

Talarico, J. M. & Rubin, D. C. (2007). Flashbulb memories are special after all; in phenomenology, not accuracy. *Applied Cognitive Psychology*, *21* (5), 557-578.

Teigen, K. (1994). Yerkes-Dodson: A law for all seasons. *Theory & Psychology*, *4* (4), 525-547.

Thom, R. (1988). O método experimental: um mito dos epistemólogos (e dos sábios?). In J. Hamburger (Ed.), *A filosofia das ciências hoje* (pp. 13-23). Lisboa: Fragmentos.

Tredoux, C. G., Meissner, C. A., Malpass, R. S. & Zimmerman, L. A. (2004). Eyewitness identification. In C. Spielberger (Ed.) *Encyclopedia of Applied Psychology* (vol. I, pp. 875-887). Oxford: Elsevier.

Tulving, E. (1983). *Elements of episodic memory.* Oxford: Oxford University Press.

Valentine, T., Darling, S. & Memon, A. (2006). How can psychological science enhance the effectiveness of identification procedures? An international comparison. *Public Interest Law Reporter*, *11*, 21-39.

Van Zandt, T. (2000). ROC curves and confidence judgments in recognition memory. *Journal of Experimental Psychology: Learning, Memory and Cognition*, *26*, 582-600.

Warburton, N. (1998). *Elementos básicos de filosofia.* Lisboa: Gradiva.

Weber, N., Brewer, N., Wells, G. L., Semmler, C. & Keast, A. (2004). Eyewitness identification accuracy and response latency: The unruly 10-12 second rule. *Journal of Experimental Psychology: Applied*, *10*, 139-147.

Wells, G. L. (1978). Applied eyewitness-testimony research: System variables and estimator variables. *Journal of Personality and Social Psychology*, *36*, 1546-1557.

Wells, G. L. (1984). The psychology of lineup identifications. *Journal of Applied Social Psychology*, *14*, 89-103.

Wells, G. L. (2008). Field experiments on eyewitness identification: Towards a better understanding of pitfalls and prospects. *Law and Human Behavior*, *32*, 6-16.

Wells, G. L. & Bradfield, A. (1998). "Good, you identified the suspect": Feedback to eyewitnesses distorts their reports of the witnessing experience. *Journal of Applied Psychology, 83* (3), 360-376.

Wells, G. L. & Bradfield, A. (1999). Distortions in eyewitnesses' recollections: Can the postidentification-feedback effect be moderated? *Psychological Science, 10*, 138-144.

Wells, G. L., Charman, S. D. & Olson, E. A. (2005). Building face composites can harm lineup identification performance. *Journal of Experimental Psychology: Applied, 11*, 147-157.

Wells, G. L. & Hasel, L. E. (2007). Eyewitness identification: Issues in common knowledge and generalization. In E. Borgida & S. T. Fiske (Eds.), *Psychological science in court: Beyond common knowledge*. Oxford: Blackwell.

Wells, G. L., Memon, A. & Penrod, S. D. (2006). Eyewitness evidence: Improving its probative value. *Psychological Science in the Public Interest, 7* (2), 45-75.p'

Wells, G. L. & Olson, E. A. (2003). Eyewitness testimony. *Annual Review of Psychology, 54*, 277-295.

Wells, G. L., Small, M., Penroad, S., Malpass, R. S., Fulero, S. M. & Brimacombe, C. A. E. (1998). Eyewitness identification procedures: Recommandations for lineups and photospreads. *Law and Human Behavior, 22*(6), 603-647.

Wright, D. B. & Davies, G. M. (2007). Eyewitness testimony. In F. T. Durso, R. S. Nickerson, Dumais, S. T., Lewandowsky, S. & T. J. Perfect (Eds.), *Handbook of applied cognition* (2nd ed., pp. 585-604). Chichester: Wiley.

Wright, D. B. & Skagerberg, E. M. (2007). Post-identification feedback affects real eyewitnesses. *Psychological Science, 18*, 172-178.

Yarmey, A. D. (2006). Depoimentos de testemunhas oculares e auriculares. In A. C. Fonseca, M. R. Simões, M. C. Taborda-Simões e M. S. Pinho (Eds.), *Psicologia forense* (pp. 227-258). Coimbra: Almedina.

Yarmey, A. D. (2007). The psychology of speaker identification and earwitness memory. In R. C. L. Lindsay, D. F. Ross, J. D. Read & M. P. Toglia (Eds.), *The handbook of eyewitness psychology* (vol. II: Memory for people, pp. 101-136). Mahwah, NJ: Erlbaum.

Yerkes, R. M. & Dodson, J. D. (1908). The relation of strength of stimulus to rapidity of habit-formation. *Journal of Comparative Neurology and Psychology, 18*, 459-482. Acedido em 30 Set., 2005, em http://psyclassics.yorku.ca/Yerkes/Law.

11

Crimes da memória: memórias falsas e justiça social *

Elizabeth Loftus

Introdução

A memória encerra em si mesma um paradoxo. Por um lado, ela constitui a base daquilo que nós somos. Sem memória, a vida não teria o sentido de continuidade que experienciamos. Consistiria apenas em experiências momentâneas sem relação entre si. Sem memória também não poderíamos lembrar-nos daquilo que queríamos dizer, nem teríamos o sentido de continuidade para podermos conhecer quem somos. Por outro lado, como as minhas investigações científicas ao longo dos últimos trinta anos têm mostrado, a memória é absolutamente maleável, selectiva e susceptível de mudança. Esta natureza flexível não tem importância quando as alterações são pequenas e insignificantes, como quando eu digo a um amigo que comi galinha ao jantar e na realidade comi carne de vaca. Mas, por vezes, as alterações são tão significativas que podem contribuir para arruinar vidas.

No meu trabalho, umas vezes confronto-me com pessoas acusadas falsamente de crimes cometidos por outrem, outras vezes conheço pes-

---

* Tradução de Maria Salomé Pinho.

soas que são acusadas de crimes que nem sequer aconteceram. Quando passo a conhecer melhor os casos, é comum descobrir como a causa principal destas tragédias a imperfeição da memória humana. Para olhar mais de perto este grupo importante de pessoas, basta apenas visitar o sítio Web do Projecto Inocência *(http://www.innocenceproject.org)*. Este projecto, iniciado pelos advogados Barry Scheck e Peter Neufeld, congrega advogados, jornalistas e instituições que acompanham reivindicações de inocência que podem ser demonstradas (e. g. perícias de ADN). No sítio da Internet do referido projecto, os leitores podem ver os rostos da verdadeira inocência. Um dos mais famosos é o de Ronald Cotton que foi reconhecido por Jennifer Thompson, uma estudante universitária atraente, como o homem que a violou. Cotton cumpriu mais de dez anos de prisão perpétua antes de ser ilibado de culpa, com base em resultados de testes de ADN. Diferentemente de outros casos deste tipo, o verdadeiro culpado foi encontrado. Em seu abono, Jennifer reconheceu o erro e o conhecimento da falibilidade da memória levou-a a abraçar a causa das vítimas das memórias falsas, i. e., dos acusados injustamente. No fim de contas, Jennifer Thompson, uma vítima verdadeira e Ronald Cotton, também ele vítima, puderam encontrar-se de novo, desta vez para um pedido de desculpa.

A ciência das distorções da memória

Foi o meu trabalho científico sobre as distorções da memória que me fez deparar com a situação das pessoas acusadas falsamente. Nos estudos iniciais sobre distorções da memória, feitos nos anos 70, eu mostrei o que pode acontecer quando uma pessoa vê um crime ou um acidente e, mais tarde, é interrogada sobre este de forma enviesada. Num dos estudos, às pessoas que tinham visto um acidente simulado entre dois automóveis foi perguntado: 'a que velocidade se deslocavam os automóveis quando se espatifaram um contra o outro?' Esta pergunta sugestiva levou as testemunhas a uma fazer uma estimativa mais elevada da velocidade do que aquelas a quem foi colocada uma pergunta mais neutra: 'a que velocidade se deslocavam os automóveis quando bateram?' Além disso, a pergunta sugestiva com o verbo espatifar levou mais testemunhas a recordar, posteriormente, que tinham visto vidros partidos na cena, quando não havia qualquer vidro partido.

Num outro estudo, uma pergunta sugestiva que se referia a um sinal de Stop (quando na realidade se tratava de um sinal de perda de prioridade) fez com que muitas pessoas passassem a acreditar que tinham visto um sinal de Stop.

Ainda num outro estudo, nós criámos a memória de algo tão grande e visível como um celeiro, que não existia. Colocámos, a algumas testemunhas de um acidente, uma pergunta sugestiva que fazia referência a um celeiro. Algumas delas afirmaram, mais tarde, que tinham visto um celeiro numa paisagem campestre que, na realidade, não tinha quaisquer edifícios (cf. Loftus, 1979/1996, para uma revisão destes estudos iniciais). Actualmente, existem centenas de estudos que têm mostrado que a exposição a informação enganosa pode acrescentar algo às nossas memórias, contaminá-las ou distorcê-las. Nós recolhemos informação enganosa não apenas de perguntas enviesadas e sugestivas, mas também quando falamos com outras pessoas que, consciente ou inconscientemente, apresentam uma versão incorrecta de um acontecimento passado (Loftus, 2005). As inexactidões da memória, causadas por informação errónea fornecida após um acontecimento, ficaram conhecidas em psicologia sob a designação de 'efeito da desinformação'.

Com base nestes estudos, conhecem-se muitos aspectos das condições em que a desinformação será particularmente prejudicial para a memória. Sabemos, por exemplo, que se a memória original tem possibilidade de se desvanecer tornar-se-á mais propensa a ser alterada por desinformação.

As crianças são particularmente susceptíveis a modificações das suas memórias devido à desinformação. Uma vez aceite este tipo de informação, as pessoas podem estar muito confiantes nas suas memórias, apesar de completamente enganadas.

Reconhecimento de pessoas por testemunhas oculares

Não é apenas a memória dos detalhes de um acontecimento que pode ser alterada, mas o mesmo sucede com a memória das pessoas que vimos anteriormente. Só nos EUA, estimou-se que sejam mais de duzentas as pessoas que diariamente se tornam arguidas em casos de crime após terem sido reconhecidas, numa linha de identificação ou num conjunto de fotografias, por uma testemunha (cf. Wells et al., 2000). Até agora, milhares de estudos têm mostrado que certas condições aumentam a probabilidade de alguém ser incorrectamente reconhecido (Cutler & Penrod, 2005). Com algumas destas condições, simplesmente, temos de viver, uma vez que o sistema de justiça não as pode mudar. Sabe-se, por exemplo, que os reconhecimentos inter-raciais ou inter-étnicos são menos fiáveis. Mas outras podem ser modificadas pelo sistema de justiça, designadamente as instruções que são dadas às testemunhas antes de se proceder ao reconhecimento numa linha de identificação.

A respeito do número crescente de casos provados de condenações injustas decorrentes das imperfeições da memória, o Departamento de Justiça americano lançou um guia nacional para coligir e preservar a prova proveniente de testemunhos oculares (Grupo Técnico de Trabalho sobre a Prova de Testemunhas Oculares, 1999). Os autores deste guia basearam-se na investigação científica sobre memória para formularem as suas recomendações. O Guia, por exemplo, aconselha os investigadores a utilizar perguntas abertas (e. g., o que me pode dizer sobre o automóvel?), complementadas por questões mais específicas (e. g., de que cor era o automóvel?), em vez de perguntas sugestivas (e. g., o automóvel era vermelho?). No mesmo documento encontram-se ainda indicações sobre as instruções a serem dadas às testemunhas antes de verem as linhas de identificação, quantos distractivos ou figurantes (*foils*) devem existir e como é que estes devem ser escolhidos. Apesar de, por vezes, ter sido uma tarefa árdua, o processo que levou a um acordo entre Ministério Público, polícia e cientistas teve um resultado marcante — o Guia — que decerto constitui um grande passo para a diminuição da possibilidade de condenações injustas (Doyle, 2005).

Implantação de memórias totalmente falsas

No início dos anos 90, a América do Norte começou a ver-se confrontada com um tipo mais extremo de fenómenos da memória. Alguns indivíduos iam para terapia com um determinado problema (e. g., depressão ou ansiedade) e saíam dessa terapia com um outro problema: a 'memória' de um abuso horrível, perpetrado por entes queridos, muitas vezes incluindo rituais satânicos com aspectos bizarros e, por vezes, impossíveis. Uma mulher recordou ter sido engravidada pelo seu pai, ainda que, em última instância, lhe tenha sido mostrado que ela era virgem e ele estéril. Centenas de pessoas foram processadas ou levadas a tribunal com base nestas memórias suspeitas. Muitas centenas, por fim, retractaram as suas memórias e algumas delas processaram os antigos terapeutas por conduta negligente, devido ao seu papel na implantação de memórias falsas. As indemnizações acordadas, num caso, chegaram a atingir 10 milhões de dólares americanos.

De onde vêm estas 'memórias' bizarras? Processos terapêuticos altamente sugestivos, tais como imaginação guiada, interpretação de sonhos, hipnose e exposição a informação falsa têm sido considerados os principais suspeitos.

Para averiguar se estas técnicas poderiam, de facto, levar as pessoas a formar memórias falsas fortes, os investigadores desenvolveram procedimentos inspirados nalgumas destas terapias problemáticas. Utilizando a sugestão, os investigadores, inicialmente, conseguiram que pessoas acreditassem que quando eram crianças se tinham perdido, durante um período longo, num centro comercial. O uso da técnica 'perdido num centro comercial' recorreu aos pais dos sujeitos do grupo experimental para que estes ajudassem a criar cenários que descrevessem alguns acontecimentos verdadeiros e também o episódio falso de ter-se perdido. Estes cenários eram então apresentados aos sujeitos como tendo sido contados pelos seus familiares e como sendo todos verdadeiros. Neste trabalho inicial, cerca de um quarto dos sujeitos foi influenciado pela sugestão, acabando por dar por adquirido que se tinham perdido da forma que lhes foi sugerida.

Investigações posteriores com a técnica 'perdido num centro comercial' indicaram que as pessoas poderiam aceitar sugestões de que viveram episódios ainda mais bizarros e perturbadores. Num estudo feito no Tennessee, cerca de um terço dos sujeitos foram convencidos que em crianças quase se tinham afogado tendo sido salvos por um salva-vidas. Num outro estudo, feito no Canadá, os investigadores convenceram os sujeitos de que algo horrível, como ser vítima de um ataque de um animal perigoso, lhes tinha acontecido na infância. Esta sugestão foi bem sucedida em cerca de metade dos participantes (cf. Loftus, 2003, para uma revisão destes estudos).

Dizer aos sujeitos que os seus pais afirmaram que os pretensos acontecimentos ocorreram constitui uma forma convincente de sugestão da qual não duvidam. Estudos subsequentes mostraram também que sugestões ainda mais subtis podem levar as pessoas a desenvolver crenças e memórias falsas. Uma destas técnicas, comum nalguns consultórios de psicoterapia, é a 'imaginação guiada'. É conhecido que alguns terapeutas dizem: "você não se lembra de ter sido abusado(a), mas tem todos os sintomas; porque é que simplesmente não fecha os seus olhos e tenta imaginar quem possa ter feito isso". No entanto, os investigadores têm demonstrado que imaginar um acontecimento que não sucedeu (tal como partir uma janela com a mão) pode levar as pessoas a pensar o contrário. A isto chamaram 'inflação da imaginação'.

Quem é que é susceptível a estas manipulações? Provavelmente, todos nós somos, de algum modo, vulneráveis a alterações da nossa autobiografia devido a sugestão. Mas, há indivíduos que são mais susceptíveis do que outros. Assim, por exemplo, pessoas que tendem a ter lapsos de memória e de atenção são mais vulneráveis. As implicações para a prática clínica são óbvias. Algumas técnicas terapêuticas incluem a imaginação e são utilizadas por profissionais que deveriam ter em conta a sua capacidade para distorcer a memória do paciente.

Uma queixa comum contra a investigação acerca das memórias falsas é a de que a sugestão poderá fazer reviver uma memória verdadeira e não implantar uma memória falsa. Talvez o indivíduo realmente tenha partido a janela, se tenha esquecido disso e o exercício de imaginação venha reavivar esse episódio. Talvez o indivíduo tenha mesmo sido atacado por um animal, tenha esquecido este episódio e uma sugestão forte reavive a memória. Para analisar esta questão, os investigadores voltaram a sua atenção para a tentativa de implantar memórias de acontecimentos implausíveis e, mesmo, impossíveis. Num conjunto de estudos, as pessoas foram levadas a acreditar que tinham presenciado uma pessoa a ser possuída pelo demónio, quando eram crianças. Apesar destas pessoas quando iniciaram a experiência pensarem que isto não era muito plausível, muitas delas no final, após sugestão intensa, acabaram por revelar um aumento da confiança de que isto lhes tinha acontecido, antes dos três anos de idade. Noutra série de estudos, as pessoas foram levadas a crer que tinham conhecido e dado um aperto de mão ao coelho Pernalonga (*Bugs Bunny*), numa viagem a um parque da Disney, ocorrida na infância. Apesar deste episódio ser impossível, uma vez que o coelho Pernalonga é uma personagem da Warner Brothers e não poderia ser visto num parque da Disney, muitas pessoas foram levadas a acreditar que este ocorreu quando eram crianças. Algumas embelezaram mesmo as suas 'memórias' com detalhes sensoriais únicos, tais como recordar que abraçaram o Pernalonga ou tocaram na sua cauda ou ouviram-no dizer 'o que é que há, chefe?'. Os detalhes sensoriais são importantes para os cientistas da memória pela seguinte razão: estes detalhes são usados para ajudar a distinguir as memórias verdadeiras das que são produto da imaginação, de sonhos ou de outros processos. Quando ouvimos as histórias dos outros (o mesmo fazem os terapeutas ou os agentes policiais ou os jurados ou simplesmente os amigos) servimo-nos dos detalhes sensoriais como pistas para nos indicarem que estamos a escutar um relato com fundamento real. De facto, as memórias falsas não podem ser detalhadas, mas podem ser mantidas com confiança e expressas com emoção ou outros sinais que nos fazem pensar que o que se conta é verdade.

As memórias falsas têm consequências

As pessoas, que desenvolvem crenças falsas de que os familiares as trataram brutalmente na infância, frequentemente agem baseadas nestas crenças cortando laços com os membros da sua família. Por vezes, iniciam processos criminais ou civis contra quem elas acusam. Além disso, essas pessoas não conseguem muitas vezes obter a ajuda profissional que poderia restaurar a sua saúde.

Apesar de haver barreiras éticas que impedem os investigadores de experimentalmente provocar estas consequências terríveis nos sujeitos, aqueles têm proposto, não obstante, formas de explorar as consequências de memórias falsas no contexto laboratorial. Num conjunto de estudos recentes foi implantada uma crença falsa segundo a qual os sujeitos ficaram doentes por comerem determinados alimentos quando eram crianças. Por exemplo, comer funcho em vinagre, ovos cozidos ou mesmo alimentos gordos, como gelado de morango (Bernstein et al., 2005). Os investigadores não apenas tiveram êxito em implantar estas crenças numa minoria significativa de sujeitos (por vezes, em cerca de 40%) como, posteriormente, aqueles que não resistiram à sugestão não quiseram voltar a comer esses alimentos. Esta linha específica de investigação tem implicações importantes para a selecção nutricional e, talvez, para o combate ao problema da obesidade com que actualmente nos deparamos. Para os investigadores da memória, este trabalho mostra que as crenças falsas poderão ter repercussões que afectam, subsequentemente, pensamentos, intenções e comportamentos.

Memórias falsas e sociedade

'A ciência das memórias falsas' é o título de um volume de 557 páginas publicado na Imprensa da Universidade de Oxford (Brainerd & Reyna, 2005). Existem conhecimentos científicos sólidos sobre este assunto para os quais têm contribuído milhares de investigadores. Ao mesmo tempo, as memórias falsas de casos reais tornaram-se um problema para a sociedade. Centenas de indivíduos foram injustamente condenados por crime, uma grande parte dos quais ficou em dificuldades por causa da memória defeituosa de alguém. Enquanto estes estão presos, os verdadeiros culpados ficam em liberdade, muitas vezes, continuando a cometer mais crimes. Centenas, senão milhares, de pais, mães, tios, avós e vizinhos foram acusados de crimes, a maior parte dos quais nem sequer aconteceram. Alguns, ainda hoje, continuam na prisão. As memórias falsas estão na origem desta situação. A ciência das memórias falsas ensina-nos muito sobre as inovações que podem atenuar estas tragédias e muitas delas estão já a ser implementadas pela polícia, profissionais de saúde mental e outros especialistas. A comunicação destas ideias, para um público mais alargado, tem um caminho longo a percorrer até poder minimizar os prejuízos que as memórias falsas podem causar. Se existe uma lição a aprender destas investigações, é a seguinte: só porque a memória é expressa com confiança ou emoção e contém detalhes, tal não significa que o seu conteúdo aconteceu realmente. Até agora, ainda não nos foi possível distinguir, de forma fiável, memórias falsas e verdadeiras, sem corroboração independente. Progressos na área da neuroimagem e noutras técnicas podem contribuir para este esforço. Mas, entretanto, nós enquanto sociedade devemos continuar a ter em mente que a memória, tal como a liberdade, é algo de frágil.

Bibliografia

Bernstein, D. M., Laney, C., Morris, E. K. & Loftus, E. F. (2005). False beliefs about fattening foods can have healthy consequences. *Proceedings of the National Academy of Sciences, 102*, 13724-13731.

Brainerd, C. J. & Reyna, V. F. (2005). *The science of false memory*. Oxford: Oxford University Press.

Cutler, B. L. & Penrod, S. D. (1995). *Mistaken identification*. Cambridge: Cambridge University Press.

Doyle, J. M. (2005). *True witness*. New York: Palgrave MacMillan.

Loftus, E. F. (1979/1996). *Eyewitness Testimony*. Cambridge, MA: Harvard University Press.

Loftus, E. F. (2003). Make-believe memories. *American Psychologist, 58*, 864-873,

Loftus, E. F. (2005). A 30-year investigation of the malleability of memory. *Learning and Memory, 12*, 361-366.

Technical Working Group for Eyewitness Evidence (1999). *Eyewitness evidence: A guide for law enforcement* [Livrete]. Washington, DC: United States Department of Justice, Office of Justice Programs.

Wells, G. L., Malpass, R. S., Lindsay, R. C. L., Fisher, R. P., Turtle, J. W. & Fulero, S. M. (2000). From the lab to the police station: A successful application of eyewitness research. *American Psychologist, 55*, 581-598.

12

Avaliação neuropsicológica em contexto forense *

Mário R. Simões e Liliana B. Sousa

Introdução

A neuropsicologia forense é uma área de investigação e prática profissional em psicologia, com desenvolvimentos importantes na última década descritos em várias publicações específicas (cf. p. ex., Denney & Sullivan, 2008; Hall, 2008; Heilbronner, 2008; Larrabee, 2005a; MacNeill & Hartlage, 2003; Sweet, 1999). Apesar de constituir presentemente a área de maior crescimento no domínio da neuropsicologia clínica (Heilbronner, 2004), em Portugal é ainda escassa, e de alcance muito circunscrito, a investigação em neuropsicologia forense, incluindo trabalhos específicos disponíveis sobre avaliação neuropsicológica ou acerca do uso de testes em particular.

Noutros países, os (neuro)psicólogos são frequentemente chamados a participar em contextos legais, nas denominadas "Avaliações Neuro-

---

* Texto elaborado no âmbito do projecto "Validação de provas de memória e inventários de avaliação funcional e da qualidade de vida" (financiado pela Fundação Calouste Gulbenkian, Proc. 74569) e com o apoio do Centro de Psicopedagogia (Unidade de I&D, da Fundação para a Ciência e a Tecnologia).

psicológicas Forenses Independentes" (Bush, 2005), com o propósito de proporcionar uma opinião objectiva relativamente ao funcionamento psicológico actual, a um diagnóstico ou prognóstico. Neste plano, Heilbrun, Marczyk, DeMatteo, Zillmer, Harris, e Jennings (2003) defendem que os (neuro)psicólogos desempenham um importante papel em contextos forenses, com base na aplicação dos princípios, técnicas e práticas da neuropsicologia em casos onde a "disfunção cerebral" constitui uma questão relevante.

Comparativamente à prática de avaliação clínica tradicional, o exame neuropsicológico em contexto forense introduz alguns elementos distintivos: (i) é uma terceira parte (p. ex., uma companhia de seguros ou o tribunal) que requer e paga o exame (Sweet et al., 2008); (ii) a comunicação dos resultados e da informação obtida é realizada entre o (neuro)-psicólogo e a terceira parte envolvida (Bush, 2005); (iii) a avaliação deve ser convincente e responder à questão legal colocada, exigindo especial atenção os aspectos referentes à reconstituição do passado ou ao prognóstico relativo ao funcionamento futuro (Sagement, 2003).

O pedido de avaliação neuropsicológica forense, e o consequente envolvimento do (neuro)psicólogo como perito, podem ser perspectivados com base em contextos civis ou penais. Em contexto civil, os acidentes de trabalho constituem o principal motivo da actividade de avaliação pois, independentemente da sua causa e/ou consequências, comportam, na maioria das vezes, uma componente litigiosa, devido ao dano ou lesão corporal sofridos. Neste âmbito, são vários os problemas clínicos habitualmente alvo de exame neuropsicológico — Traumatismos Crânio-Encefálicos (TCE), Síndrome de Pós-Concussão (SPC), Exposição a substâncias tóxicas, Perturbação de *Stress* Pós-Traumático (PSPT). Ainda em contexto civil, o exame neuropsicológico pode ser também útil no âmbito de processos de determinação de competência. No plano penal encontramos outros problemas como p. ex., o exame da responsabilidade criminal ou da competência para ir a julgamento.

Em contexto forense, a avaliação neuropsicológica e, em particular, os resultados nos testes, desempenham um papel relevante na medida em que podem proporcionar ao sistema judicial (tribunais, juízes, advogados, médicos) evidência clínica objectiva e cientificamente fundamentada acerca de questões referentes às relações cérebro-comportamento. Com base na associação dos resultados (desempenhos, comportamentos) nos testes aos processos cerebrais que controlam esses comportamentos, o exame neuropsicológico procura compreender como é que o cérebro (estrutura e redes neuronais) produz e controla o comportamento e os processos mentais ou funções cognitivas, incluindo aprendizagem e memória, atenção, linguagem, personalidade, emoções e consciência. Apesar da diversidade e crescente poder de resolução das novas técnicas de visualização do cérebro, continua a ser imprescindível o recurso a um processo de avaliação baseado nos resultados em testes (neuro)psicológicos, uma vez que as aptidões funcionais e défices cognitivos resultantes de lesões cerebrais ou outras condições neuropatológicas não são directamente apreendidas pelas técnicas de neuroimagem.

O presente capítulo apresenta um conjunto de elementos de aproximação ao programa da avaliação neuropsicológica em contexto forense. Assim, em primeiro lugar, são expostos os seus objectivos, que incluem uma referência ao papel dos testes neuropsicológicos nos protocolos de exame de domínios cognitivos específicos essenciais (memória, atenção, funções executivas). De seguida, são assinalados exemplos de instrumentos de avaliação exclusivos utilizados no exame de problemas clínicos representativos (Traumatismos Crânio-Encefálicos, Síndrome de Pós-Concussão, Exposição a substâncias tóxicas, Perturbação de *Stress* Pós-Traumático) ou a questões particulares do exame da competência (incluindo a competência em adultos idosos para consentir tratamento, lidar com questões de natureza financeira, elaborar testamentos e, ainda, a competência para ir a julgamento ou a responsabilidade criminal). Finalmente, são introduzidas anotações em torno do uso de testes em questões salientes como o exame do funcionamento pré-mórbido ou da simulação/esforço insuficiente, bem como da redacção dos relatórios psicológicos.

1. Objectivos e problemas clínicos relevantes

Com base no recurso (não exclusivo) a testes, a avaliação neuropsicológica em contexto forense contém vários objectivos. Um primeiro objectivo diz respeito à determinação, através do exame formal das funções cognitivas, da integridade estrutural e funcional dos sistemas cerebrais que se encontram preservados ou alterados (p. ex., integridade dos mecanismos de codificação e recuperação que intervêm no tratamento da informação memorizada. Um outro propósito passa por identificar a natureza precisa de uma lesão cerebral incluindo o seu impacto específico, bem como o grau de intensidade ou gravidade dos sintomas. Por exemplo, a presença de lesões ou outro tipo de patologias das regiões frontais e pré-frontais do cérebro está correlacionada com várias formas de violência e impulsividade que originam comportamentos classificados como "criminosos" e, neste plano, o seu reconhecimento pode contribuir para a definição do risco de perigosidade. Mais especificamente, postula-se a necessidade de compreender as sequelas específicas de uma lesão (p. ex., num acidente de trabalho) sobre o funcionamento cognitivo, nomeadamente, no que diz respeito a alterações/défices nas competências/aptidões funcionais (memória, atenção, planificação, resolução de problemas, linguagem, etc.), bem como nas diversas actividades da vida quotidiana (profissionais, familiares e sociais). Neste contexto, é importante identificar, p. ex., aquilo que o trabalhador pode ou não fazer presentemente, e de que forma o nível de funcionamento actual difere da sua condição prévia.

Ainda a título ilustrativo, é possível mencionar os casos de Traumatismo Crânio-Encefálico, muitos deles devidos a acidentes de viação, de que resultam, para além de sintomatologia física, sintomas de natureza cognitiva e comportamental. Aquando do delineamento do protocolo de avaliação, o (neuro)psicólogo deverá atender à severidade do TCE em questão, sendo para tal importante a disponibilização de informação pelas entidades competentes. Desta forma, nos casos de TCEs moderados ou severos, em que os registos médicos documentam a presença e extensão da lesão, o (neuro)psicólogo deverá determinar a severidade do declínio cognitivo, a sua natureza geral ou específica, as implicações em termos funcionais e da qualidade de vida. Nos TCEs ligeiros, nos quais é possível a presença de uma breve alteração da consciência, sem sinais claros de lesão nos exames de neuroimagem, o (neuro)psicólogo deve esclarecer a existência do traumatismo e os efeitos específicos da lesão. Ao contrário do que sucede, por exemplo, nos TCEs associados a défices focais e relativamente bem documentados nos exames de neuroimagem, os efeitos no Sistema Nervoso Central (SNC) da exposição ou contacto com substâncias tóxicas são mais subtis e generalizados (Sweet et al., 2008). No processo de avaliação é importante determinar se os défices cognitivos são consequência da exposição a produtos tóxicos ou se foram causados por outra perturbação do SNC (Bolla, 2005). Posteriormente, e uma vez comprovada a exposição a substâncias tóxicas, o (neuro)psicólogo deve elucidar se a gravidade e tipo de sintomas neuropsicológicos manifestados são consistentes com os auto-relatos de exposição aos tóxicos e com a informação conhecida relativa às substâncias tóxicas mais comuns e aos seus efeitos ao nível do SNC, especificamente na cognição (Hartman, 1995).

A Perturbação de *Stress* Pós-Traumático é uma perturbação de ansiedade caracterizada por uma sequela psicológica e/ou fisiológica desenvolvida após exposição a um evento traumático (DSM-IV-TR; *American Psychiatric Association,* 2002) comummente investigada em avaliação neuropsicológica forense. São vários os estudos realizados em pacientes com PSPT que assinalam a presença de défices cognitivos: em primeiro lugar nos processos atencionais, devido ao impacto da situação traumática e, posteriormente, nas funções mnésicas, em consequência do desenvolvimento da síndrome (Gilbertson, Gurvits, Lasko, Orr & Pitman, 2001). A origem deste declínio cognitivo é incerta, podendo resultar da exposição traumática em si, da PSPT desenvolvida posteriormente ou da existência de défices cognitivos pré-mórbidos, questão que deverá ser elucidada no exame.

Um outro problema clínico crescentemente associado à necessidade de exame neuropsicológico em contexto civil diz respeito aos quadros demenciais em adultos idosos e à competência legal destes para a tomada de determinado tipo de decisões. Neste domínio, são três as principais áreas de avaliação da competência: (i) competência para consentir tratamento médico, na qual é essencial que o idoso compreenda a necessidade do tratamento e seus resultados, bem como as consequências de não o realizar (Huthwaite, Martin, Griffith, Anderson, Harrel & Marson, 2006); (ii) competência financeira, que envolve a compreensão das consequências associadas à tomada de decisões de natureza económica e um conjunto complexo de aptidões, tais como o conhecimento das moedas e notas, capacidade para fazer transacções monetárias, para usar um livro de cheques ou entender um extracto bancário (Franzen, 2003); e (iii) competência testamentária, que subentende o direito do indivíduo a decidir de que forma os seus bens serão distribuídos após a sua morte, devendo ser determinado se a pessoa compreende a natureza e efeitos do seu acto (fazer um testamento), se tem noção dos seus bens e das pessoas que pretende incluir e excluir do testamento (Posener & Jacoby, 2002). O exame neuropsicológico para a determinação destas competências considera como relevantes os seguintes domínios do funcionamento cognitivo: orientação, atenção e funções executivas (estas últimas constituem um importante componente dos processos da tomada de decisão, cf. Kim, Karlawish & Caine, 2002), aprendizagem e memória, percepção e linguagem (Franzen, 2003).

Num outro contexto, o (neuro)psicólogo pode ser chamado a intervir na determinação da responsabilidade criminal. No processo de tomada de decisão do juíz, o arguido pode ser considerado ou não inimputável. Neste sentido, a avaliação deverá investigar a capacidade do sujeito para distinguir um comportamento correcto de um errado, aceitável ou inaceitável, legal ou ilegal no momento do alegado crime (Otto & DeMier, 2008). A resposta às questões de avaliação relativas a este tópico exige o exame das faculdades mentais do arguido, em função da suspeita de perturbação psicopatológica ou de compromisso intelectual. O sujeito pode ser incapaz de compreender e reconhecer a natureza errada do acto devido à presença de défices cognitivos acentuados ou de perturbações mentais, como é o caso das psicoses. Por isso, o exame neuropsicológico procura identificar alterações nas funções cerebrais associadas, quer a dificuldades intelectuais ou problemas cognitivos mais específicos (memória, percepção), quer a perturbações emocionais (depressão, ira, impulsividade) ou da personalidade, que podem contribuir para comportamentos categorizados como "criminosos", não adequadamente controlados e socialmente inaceitáveis (Baade, Heinrichs & Soetaert, 2008). Um obstáculo inerente a este pedido de caracterização do funcionamento cognitivo (ou do estado emocional) no momento do alegado crime reside no facto de não ser correcto assumir que o estado mental e o desempenho em provas neuropsicológicas aquando do exame traduzem o funcionamento psicológico nas referidas circunstâncias (cf. Yates & Denney, 2008).

Em contexto penal, coloca-se também o problema da avaliação da competência, isto é, da capacidade do sujeito para decidir ou desempenhar determinadas funções (p. ex., a capacidade para participar no próprio julgamento). O exame da competência para ir a julgamento pressupõe que o indivíduo compreende os procedimentos legais e consegue comunicar com o seu advogado, participando na sua própria defesa. Neste âmbito, o processo de avaliação neuropsicológica inclui o exame da inteligência (Denney, 2005a), de funções cognitivas como a orientação, atenção, compreensão, memória, linguagem receptiva e expressiva e funções executivas (Sweet et al., 2008), bem como a identificação de eventuais doenças psiquiátricas (Sbordone et al., 2008).

2. Testes neuropsicológicos e dimensões avaliadas

Uma justificação para o recurso a testes e outros instrumentos reside na possibilidade de perturbações ou dificuldades cognitivas mais específicas (v.g., atenção e memória) poderem passar desapercebidas nas entrevistas clínicas. Os testes neuropsicológicos constituem uma técnica indispensável para a concretização destes objectivos e para a fundamentação científica das formulações dos psicólogos incluídas nos relatórios ou noutras formas de testemunho. Os testes neuropsicológicos são instrumentos estandardizados que abrangem um conjunto diversificado de funções e processos mentais, desde o desempenho motor mais simples ao raciocínio e resolução de problemas mais complexos. Na maior parte dos testes, os resultados quantitativos são interpretados com base em critérios de natureza normativa (dados provenientes de grupos representativos de pessoas sem lesão cerebral, considerando a idade e a escolaridade, e/ou de grupos de pessoas com diagnóstico de lesão cerebral). O padrão de resultados obtido pelo sujeito permite assim quantificar os défices, identificar a amplitude das sequelas cognitivas e comportamentais, bem como as áreas de competência preservadas e comprometidas.

O processo de escolha dos instrumentos a usar depende da natureza do pedido de avaliação (os problemas que constituem o objecto do exame), de critérios de natureza teórica (p. ex., provas ou tarefas fundadas nos conhecimentos da neuropsicologia cognitiva), da existência de estudos sólidos de natureza psicométrica (precisão e validade, incluindo informação específica proveniente da sua utilização em contextos clínicos e de investigação com grupos especiais) e normativa (a existência de normas representativas é essencial para objectivar e quantificar os défices). Estes tópicos são decisivos na "recomendação", "aceitação" ou "recusa/rejeição" quanto ao emprego de um determinado instrumento de avaliação. Numa revisão das práticas de avaliação em contexto forense, Lally (2003) chama a atenção para a questão do uso recomendável de instrumentos tradicionais, por exemplo, a Escala de Inteligência de Wechsler para Adultos (WAIS-III) e o Inventário Multifásico de Personalidade de Minnesota (MMPI-2), que são genericamente mais consensuais para praticamente todos os objectivos de avaliação neuropsicológica forense. Ainda neste âmbito, Archer, Buffington-Vollum, Stredny e Handel (2006) advertem que alguns dos instrumentos mais utilizados não são necessariamente os mais aceitáveis ou recomendáveis (cf. neste plano, usos "equívocos" ou "inaceitáveis" de provas como o Rorschach, TAT ou outras técnicas projectivas). Por outro lado, existe um número crescente de instrumentos usados (e investigados) no contexto do exame neuropsicológico forense, quer sejam de "espectro amplo" (cf. Archer, 2006) ou "mais específicos" (cf. Grisso, 2003).

2. 1. Testes e instrumentos de avaliação de "espectro amplo" no exame das funções cognitivas

A maior parte dos protocolos de avaliação incluem testes e outros instrumentos que cobrem funções cognitivas e um conjunto autónomo de domínios funcionais controlados por sistemas cerebrais: (i) aptidões cognitivas gerais, como a inteligência (capacidade mental geral, indicador compreensivo de natureza funcional que inclui domínios sensíveis ao declínio resultante de lesão ou sugestivos da inteligência pré-mórbida); (ii) atenção, concentração e velocidade de processamento (capacidade para focar e manter a atenção durante uma actividade mental); (iii) memória de trabalho (associada à atenção, uma vez que implica manter uma quantidade limitada de informação activa, actualizada e acessível); (iv) aprendizagem e memória (capacidade para codificar, armazenar e recuperar informação nos sistemas de memória, que é medida nas modalidades auditivas/verbais e espaciais/visuais; taxas de aprendizagem e retenção); (v) linguagem e comunicação (aptidão receptiva de compreensão da linguagem falada e aptidão expressiva relativa à escrita ou formulação de linguagem oral); (vi) funções executivas, como a iniciativa, organização, planificação, monitorização, regulação (activação e inibição) do pensamento e comportamento, *insight*, flexibilidade do pensamento e tomada de decisão; (vii) juízo, raciocínio, resolução de problemas, pensamento abstracto (capacidade para generalizar informações e aplicar a situações específicas que envolvem o pensamento conceptual ou abstracto); (viii) cálculo (aptidão para manipular símbolos e realizar operações e outros aspectos associados ao rendimento escolar); (ix) aptidões espaciais e perceptivas (competências construtivas e tarefas viso-perceptivas); (x) acuidade sensorial (visual, auditiva e táctil; essencial para o processamento da informação em níveis superiores); (xi) lateralidade e desempenho motor (tarefas de motricidade fina e grosseira, coordenação, planificação e rapidez); (xii) funcionamento emocional e personalidade; (xiii) simulação e exagero de sintomas (cf. Lezak, Howieson & Loring, 2004; Strauss, Sherman & Spreen, 2006, para uma descrição sistemática e analítica dos testes neuropsicológicos disponíveis). Assim entendido, este processo de avaliação é obrigatoriamente compreensivo e demorado, podendo exigir várias horas ou mesmo dois dias completos (Honor & Sullivan, 2008).

Um dos principais objectivos deste processo, que constitui também o alvo das solicitações de exame neuropsicológico forense, envolve a identificação das funções cognitivas lesadas (um resumo das funções reconhecidas como deficitárias nos problemas clínicos recenseados pode ser consultado Tabela 1). Neste enquadramento, e com o objectivo de delimitar mais especificamente o âmbito do exame neuropsicológico forense é necessário comentar agora alguns aspectos relativos ao exame das principais funções cognitivas (memória, atenção, funções executivas) e aos respectivos instrumentos de avaliação (cf. Meulemans & Séron, 2004).

Tabela 1. Problemas clínicos relevantes em Neuropsicologia forense e domínios cognitivos comprometidos.

Problemas clínicos		Domínio cognitivo				Referências
		Memória	Atenção	Funções executivas	Velocidade processamento	
TCE	Ligeiros	+			+	(Salmond et al., 2006)
	Moderados/ /severos	+	+	+	+	(Landre et al., 2006)
Síndrome de Pós-Concussão		+	+			DSM-IV-TR (APA, 2002)
Neuro-toxicidade	Solventes orgânicos	+	+	+	+	(Wood & Liossi, 2005)
	Fungos tóxicos	+	+	+		(Gordon et al., 2004)
	Chumbo	+	+	+	+	(Schwartz et al., 2000)
	Manganésio	+				(Bowler et al., 2006)
	Bolor	+			+	(Baldo et al., 2002)
Perturbação de Stress Pós-Traumático		+	+	+		(Gilbertson et al., 2001)
Demência		+	+	+	+	(Delgado-Losada et al., 2001)

Memória

A memória é uma função cognitiva que se encontra sistematicamente prejudicada nos vários problemas clínicos referidos anteriormente devendo, por isso, constituir alvo de objectivação pelo exame neuropsicológico. A avaliação das funções mnésicas deve incluir provas de memória de trabalho (sistema de memória temporária, de capacidade limitada, que tem como função o armazenamento e tratamento da informação numa actividade similar da realizada pelas funções executivas) e de memória a longo prazo (conceito genérico que remete para a capacidade de aprendizagem e memorização de informações durante períodos de tempo potencialmente infinitos, que inclui diferentes sistemas como a memória episódica, memória semântica e memória procedimental). Em contexto forense, a avaliação do funcionamento mnésico restringe-se, frequentemente, à memória de trabalho e à memória episódica. Esta última, também denominada memória declarativa, permite a recordação/recuperação consciente de acontecimentos, situações e "episódios" passados e supõe a capacidade de os localizar no seu contexto de aprendizagem, estando dependente da intervenção do hipocampo e lobos frontais.

A memória de trabalho pode ser examinada através de testes como a Memória de Dígitos (tarefa clássica de repetição de séries de números em sentido directo e inverso) ou a Memória Espacial (reprodução de séries de batimentos nos cubos de um tabuleiro) que fazem parte da Escala de Memória de Wechsler (WMS-III; Wechsler, 2008) ou das tarefas de memória de trabalho da Bateria *Test of Everyday Attention* (TEA; Robertson, Ward, Ridgeway & Nimmo-Smith, 1994). Baterias como a WMS-III permitem, através do recurso a um número elevado de subtestes, o cálculo de vários índices, nomeadamente os Índices de Memória Imediata, Memória de Trabalho e Memória Geral.

Atenção

As perturbações da atenção são comuns após lesões traumáticas do Sistema Nervoso Central (SNC), incluindo TCE e Síndrome de Pós--Concussão, mas surgem também em quadros demenciais, PSPT e após exposição a determinadas substâncias tóxicas. As queixas relativas à atenção são comuns e diversificadas, compreendendo: (i) dificuldades de concentração após actividade intelectual mais intensa, sob a forma de défice de controlo que facilita a intrusão de pensamentos distractores, ou de um défice de mobilização dos recursos atencionais e das capacidades de tratamento que conduz a uma inércia mental; (ii) fadiga, em crescendo ao longo do dia, associada à fuga de ideias (não saber onde está na sua comunicação) ou a dificuldades lexicais nas conversações (não encontrar a palavra certa); (iii) presença de um grande número de distracções, dificuldade em realizar várias tarefas ao mesmo tempo, lentificação do funcionamento mental e decréscimo na rapidez do tempo de reacção, esquecimentos na memória prospectiva. Uma perspectiva analítica dos processos atencionais consiste em dividir a atenção em diferentes componentes, cada um dos quais pode ser examinado por instrumentos de avaliação específicos e tem subjacente diferentes redes neuronais que podem encontrar-se selectivamente alteradas em consequência de uma lesão cerebral. Assim, a atenção selectiva ou focalizada é um mecanismo que consiste em dar prioridade ao tratamento de uma categoria de estímulos em relação a outra, constituindo uma condição de base do funcionamento cognitivo. Pode ser examinada através de provas de papel e lápis (modalidade visual: barragem ou cancelamento de sinais, de Toulouse e Piéron), cancelamento de letras e números (Diller, 1982), D2 (Brickenkamp, 1966) ou testes informatizados, incluindo tarefas de cronometria mental (medidas de tempos de reacção, cf. tarefas da bateria TEA (Robertson, Ward, Ridgeway & Nimmo-Smith, 1994)). Outros componentes incluem a atenção sustentada (a pessoa é confrontada com um ritmo contínuo de estímulos a tratar que exigem uma actividade densa e ininterrupta) e a vigilância (tarefas que remetem para situações monótonas onde são raros os estímulos a tratar). As perturbações da atenção sustentada podem manifestar-se pela presença de lapsos de atenção (oscilações inesperadas nos desempenhos, de curta duração, e que se traduzem quer por uma diminuição sensível dos ritmos de trabalho da pessoa, quer por alongamentos súbitos dos tempos de reacção) ou por um enfraquecimento do desempenho na última parte da prova resultante de fadiga excessiva. Os testes de atenção sustentada, que podem ser informatizados, como o *Paced Auditory Serial Addition Task* (PASAT; Gronwall & Sampson, 1974) ou a Bateria TEA, ou de papel e lápis, valorizam em contínuo, de maneira repetitiva e a níveis de dificuldade variáveis, a rapidez e a qualidade dos desempenhos, contribuindo para saber se, p. ex., no regresso ao trabalho, a pessoa deve usufruir de um horário reduzido ou, pelo contrário, apresenta capacidade para retomar a actividade profissional normal. Por este motivo, os testes de atenção sustentada devem ser empregues no final da sessão de avaliação, após 2 a 3 horas de trabalho mental, uma vez que são sensíveis à fadiga mental e a dificuldades que ocorrem à medida que se prolonga a duração das actividades profissionais.

Funções executivas

As Funções Executivas (FE) abarcam um conjunto numeroso de processos cognitivos distintos e são necessárias para: (i) realizar novas tarefas (para as quais o sujeito não dispõe de planos ou rotinas de acções em memória); (ii) pesquisar de forma activa e planificada as informações específicas na memória a longo prazo; (iii) iniciar novas sequências de comportamentos, interrompendo sequências em curso e inibir (ou suprimir) respostas habituais; (iv) impedir a produção de respostas não apropriadas num contexto particular; (v) coordenar a realização simultânea de duas tarefas e controlar as exigências específicas a cada uma delas; (vi) monitorizar a acção com o objectivo de detectar e corrigir os erros, modificar um plano que não produz o resultado esperado, identificar as oportunidades para alcançar um objectivo mais favorável e, em caso de insucesso, implementar um novo plano de acção; (vii) manter a atenção de forma sustentada por longos períodos de tempo, o que permite controlar o desenrolar de longas sequências de comportamentos; (viii) assegurar que os comportamentos estão acessíveis à consciência.

A maior parte das actividades profissionais requer autonomia, acção ou iniciativa, comportamentos eficazes, adaptação à mudança e avaliação dos efeitos das acções tomadas. Por isso, os défices nas FE constituem uma limitação séria para a vida quotidiana. Mais especificamente, as FE encontram-se comprometidas após a ocorrência de lesões frontais (e são sensíveis à presença de lesões difusas do SNC, duas situações frequentes após a ocorrência de TCE). Contudo, admitir as relações estreitas entre FE e lobos frontais não significa que sejam apenas os pacientes com lesões nos lobos frontais que manifestam défices nas FE. As provas de avaliação das FE examinam: (i) processos de inibição (teste de Cores de Stroop; provas do tipo "*go/no-go*", que avaliam a capacidade para responder a certos estímulos alvo inibindo respostas a estímulos distractores); (ii) flexibilidade mental (compreendem a deslocação do foco da atenção de uma para outra classe de estímulos, p. ex. números e letras, no caso do *Trail Making Test*; fluência verbal semântica e fonémica); (iii) atenção dividida (gestão simultânea e distribuição adequada de recursos de tratamento a diferentes tarefas; teste de Brown-Peterson; teste de atenção dividida da Bateria TEA); (iv) capacidades de planificação, através do teste da Torre de Londres (Culbertson & Zillmer, 2005); (v) comportamento, que pode ser examinado por um questionário como é o caso da prova *Behavioural Assessment of the Dysexecutive Syndrome* (BADS; Wilson, Alderman, Burgess, Emslie & Evans, 1996), completada pelo sujeito e pessoa próxima e cujos itens avaliam dificuldades mais comummente associadas à síndrome disexecutiva (alterações ou modificações emocionais, da personalidade, motivacionais, comportamentais e cognitivas).

2. 2. Testes e instrumentos de avaliação "mais específicos"

Encontram-se disponíveis outros instrumentos de avaliação, de âmbito e usos mais circunscritos, complementares aos testes neuropsicológicos mais clássicos atrás referidos, e cujo objectivo é proporcionar respostas a questões colocadas pelo exame de problemas clínicos particulares. Neste plano, é de assinalar que existem questionários orientados para uma análise precisa das queixas dos indivíduos vítimas de TCE (cf. Meulemans & Seron, 2004): o *Rivermead Post-Concussion Symptoms Questionnaire* (King, 1996), que identifica dificuldades susceptíveis de surgir após TCE (como sensação de vertigens, náuseas ou vómitos, sensibilidade ao ruído, fadiga, irritabilidade, entre outros) e o *Rivermead Head Injury Follow-up Questionnaire* (Crawford, Wenden & Wade, 1996), que valoriza aspectos funcionais e sociais comprometidos após TCE.

No âmbito da Síndrome de Pós-Concussão têm vindo a ser desenvolvidas e validadas várias escalas de avaliação que examinam a frequência, intensidade, severidade e duração de sintomas pós-concussão, bem como o respectivo impacto na vida quotidiana. A título exemplificativo, refira-se: (i) a *Postconcussion Syndrome Symptom Scale* (PCSSS; Gunstad e Suhr, 2001, cit. por Gunstad & Suhr, 2004) e elaborada de acordo com os critérios do DSM-IV-TR, que inclui preocupações relativas às competências cognitivas, distúrbios emocionais ou dificuldades somáticas e, ainda, itens relativos a estratégias mnésicas de natureza compensatória; (ii) o *British Columbia Postconcussion Symptom Inventory* (BC-PSI; elaborado com base nos critérios da ICD-10, cit. por Iverson, 2006).

Relativamente ao exame dos efeitos da exposição a substâncias tóxicas, deve ser mencionado o *Neurotoxicity Screening Survey* (Singer, 1990, citado por Singer, 2003) que identifica a frequência com que os sintomas ocorrem antes, imediatamente e 6 meses após o contacto com os produtos tóxicos.

De entre o grande número de instrumentos específicos (entrevistas, escalas) para o exame da PSPT, pode assinalar-se, a título exemplificativo: (i) a *Clinician-Administered PTSD Scale* (CAPS; Blake, Weathers, Nagy, Kaloupek, Charney & Keane, 1995, cit. por Weathers, Keane & Davidson, 2001); (ii) a *Short Post-Traumatic Stress Disorder*

Rating Interview (SPRINT; Conner & Davidson, 2001); e (iii) a *Impact of Event Scale* (IES; Horowitz, Wilner & Alvarez, 1979; versão revista de Weiss & Marmar, 1997).

No domínio da avaliação da competência para consentir tratamento, são vários os instrumentos disponíveis para esta finalidade, por exemplo: (i) o *Capacity to Consent to Treatment Instrument* (CCTI; Marson, Ingram, Cody & Harrell, 1995, cit. por Dymek, Atchison, Harrell & Marson, 2001), desenvolvido para avaliar esta capacidade em doentes com Alzheimer; (ii) o *MacArthur Competence Assessment Tool for Treatment* (MacCAT-T; Grisso & Appelbaum, 1998, cit. por Sturman, 2005), entrevista semi-estruturada utilizada em diversas populações clínicas, como adultos idosos com psicose, demência, depressão, esquizofrenia e anorexia nervosa; (iii) a *Hopemont Capacity Assessment Interview* (HCAT; Edelstein, 1999, cit. por Dunn, Nowrangi, Palmer, Jeste & Saks, 2006), orientada para a identificação da capacidade quer para consentir tratamento, quer para a tomada de decisão de natureza financeira, diferenciando idosos com e sem demência; (iv) o *Hopkins Competency Assessment Test* (HCAT; Janofsky, McCarthy & Folstein, 1992, cit. por Dunn et al., 2006), inventário de auto-resposta utilizado em contextos geriátricos e psiquiátricos (esquizofrenia). Relativamente aos instrumentos específicos de avaliação da competência financeira, na literatura é apenas referido o *Financial Capacity Instrument* (FCI; Marson et al., 2000), que inclui ainda a *Clinical Assessment Interview for Financial Capacity* (CAIFC) e a *Prior/Premorbid Financial Capacity Form* (PFCF; cf. Marson, 2001). A única medida conhecida para avaliação da competência testamentária é o *Testamentary Capacity Instrument* (TCI; cf. Marson & Hebert, 2005), construído para avaliar e distinguir a capacidade testamentária de adultos idosos cognitivamente deteriorados comparativamente aos que não apresentam défices cognitivos.

No domínio da competência criminal, existem também instrumentos específicos de avaliação, como por exemplo: (i) o *Competency Assessment Instrument* (CAI; McGarry, Lelos & Lipsitt, 1973), entrevista semi-estruturada que abrange aptidões relacionadas com a competência, embora sem regras de administração estandardizadas; (ii) a *Fitness Interview Test-Revised* (FIT-R; Roesch et al., 1998), entrevista estruturada com três dimensões: Compreensão da natureza e objectivos dos procedimentos, Compreensão das possíveis consequências dos procedimentos e Comunicação com o advogado; (iii) a *Competence Assessment for Standing Trial for Defendants with Mental Retardation* (CAST-MR; Everington & Luckasson, 1992), instrumento constituído por questões de escolha múltipla acerca de conhecimentos e conceitos legais básicos; (iv) o *MacArthur Competency Assessment Tool-Criminal Adjudication* (MacCAT-CA; Poythress et al., 1999), entrevista estruturada que avalia os domínios Compreensão, Raciocínio e Apreciação; (v) a *Evaluation of Competency to Stand Trial-Revised* (ECST-R; Rogers, Tillbrook & Sewell, 2004), entrevista estruturada com questões relativas à comunicação com o advogado, compreensão factual e raciocínio. Finalmente, as *Rogers Criminal Responsability Assessment Scales* (R-CRAS; Rogers, 1984), que foram construídas para rever e avaliar os factores que se supõem ser relevantes na determinação do estado mental do indivíduo no momento do alegado crime.

Estes instrumentos "mais específicos" podem ser incorporados nos protocolos de exame neuropsicológico forense, considerando o motivo da avaliação. Todavia, e apesar da potencial utilidade clínica e forense da avaliação da competência ou capacidade, o valor psicométrico destes instrumentos é ainda desconhecida. Por outro lado, em Portugal nenhum destes instrumentos dispõe ainda de estudos sistemáticos que viabilizem o seu uso.

3. Os testes na avaliação do funcionamento pré-mórbido

Os testes desempenham igualmente um papel determinante para compreender e reconstituir o funcionamento pré-mórbido. Uma estimativa do funcionamento pré-mórbido abrangendo variáveis psicológicas distintas (cognitivas/intelectuais, emocionais, personalidade) é essencial para a elaboração de um "retrato rigoroso" do declínio funcional ou de problemas resultantes de lesão, trauma ou doença, bem como para estimar *áreas fortes* e formular objectivos realistas de natureza comportamental para os respectivos períodos de recuperação (Putnam, Ricker, Ross & Kurtz, 1999). A estimativa do funcionamento pré-mórbido constitui, por isso, uma tarefa essencial em avaliação neuropsicológica forense, nomeadamente nos casos que envolvem pedidos de compensação e abrange, habitualmente, domínios como a inteligência ou a personalidade (tópicos considerados nesta rubrica) e, mais raramente, funções cognitivas específicas.

Alguns dos problemas deste tipo de avaliação (funcionamento pré-mórbido) são ilustrados na Síndrome de Pós-Concussão, que diz respeito a um conjunto de sintomas (físicos, cognitivos e emocionais) habitualmente alvo de queixas por parte da pessoa. Relativamente aos critérios diagnósticos apontados na ICD-10 (*World Health Organization*, 1992). O DSM-IV-TR acrescenta que nesta síndroma é forçoso os sintomas terem surgido ou agravado após a lesão cerebral, comportando uma deterioração significativa no funcionamento social e ocupacional do indivíduo e um declínio relativamente a um nível de funcionamento pré-mórbido, concluindo que é essencial uma objectivação de défices atencionais ou mnésicos.

3. 1. Inteligência pré-mórbida

Determinar a importância da perda cognitiva resultante de um acidente ou lesão requer a identificação do nível de funcionamento cognitivo pré-mórbido. Contudo, na maior parte dos casos, não existe informação prévia ao acidente que seja suficientemente objectiva (p. ex., resultados anteriores em testes cognitivos) e que permita ter uma ideia rigorosa do nível de funcionamento pré-mórbido.

É muito questionável inferir o nível de funcionamento pré-mórbido do sujeito, apenas com base nos dados da anamnese ou no auto-relato respeitante ao nível de rendimento escolar, desempenho profissional ou impacto das lesões sofridas. Por isso, os métodos habitualmente usados para proceder a esta estimação incluem o uso de testes de inteligência, testes de leitura de palavras irregulares e/ou o recurso a algoritmos (modelos matemáticos baseados em equações de regressão). Relativamente aos testes de inteligência, é comum a utilização (clássica) de um teste de Vocabulário (WISC-III, WAIS-III), com base na ideia de que os pacientes com lesões cerebrais "mantêm" as suas anteriores competências verbais, ao contrário do que acontece com outras funções cognitivas (raciocínio, memória de trabalho), que declinam ou deterioram mais rapidamente. Para além do Vocabulário, existem outros testes das Escalas de Inteligência de Wechsler que se prestam a este mesmo tipo de análise, nomeadamente, Informação (que, com excepção dos casos de lesão hemisférica esquerda ou perturbações da linguagem, resiste bem aos efeitos das lesões cerebrais e cujos resultados estão também fortemente correlacionados com o nível de escolaridade), Completamento de Gravuras e Matrizes (cf. Langeluddecke & Lucas, 2004).

Por outro lado, o recurso aos Testes de Leitura de palavras irregulares para estimar o nível de inteligência pré-mórbida tem subjacente três pressupostos: (i) os resultados nestes testes de aptidão de leitura e nos testes de inteligência geral estão fortemente correlacionados em sujeitos "normais"; (ii) a aptidão para pronunciar as palavras, independentemente da capacidade para as definir, está preservada em estádios iniciais de demência; (iii) a familiaridade com as palavras de baixa frequência constitui um indicador sugestivo da escolaridade anterior ou de níveis elevados de inteligência cristalizada. Ou seja, o desempenho nestes testes está mais dependente de conhecimentos prévios do que, especialmente, da capacidade cognitiva actual (Matsuoka, Uno, Kasai, Koyama & Kim, 2006). Neste contexto, os testes mais usados internacionalmente são os seguintes: o *National Adult Reading Test-Revised* (NART; Blair & Spreen, 1982, 1989) e o *Wechsler Test of Adult Reading* (WTAR; The Psychological Corporation, 2001).

Finalmente, para a estimação do nível de inteligência pré-mórbida têm ainda sido propostos modelos matemáticos baseados em equações de regressão (algoritmos), que combinam: indicadores demográficos como a idade, género, grupo étnico, escolaridade, profissão e área de residência (urbana-rural) com resultados quantitativos (provas de leitura ou testes da WAIS-III). A construção do *Oklahoma Premorbid Intelligence Estimate-3* (OPIE-3; Schoenberg, Scott, Duff & Adams, 2002) seguiu este referencial. O algoritmo aqui utilizado combina dados demográficos com os resultados nos testes de Vocabulário, Matrizes, Completamento de Gravuras e Informação da WAIS-III (testes cujos resultados estão fortemente correlacionados com o Quociente Intelectual Escala Completa e que são resistentes à lesão neurológica) (cf. Langeluddecke & Lucas, 2004). Esta última possibilidade de estimação do nível de funcionamento pré-mórbido tem-se revelado particularmente importante em casos de

TCE, nos quais os indivíduos demonstram desempenhos reduzidos, quer na WAIS-III (particularmente no índice Velocidade de Processamento, bastante sensível aos efeitos da lesão), quer em provas de leitura como o NART, pelo que os dados obtidos nestas provas devem ser considerados juntamente com informação de natureza demográfica (Morris, Wilson, Dunn & Teasdale, 2005). Nos casos de TCE, a comparação do funcionamento cognitivo actual com o nível pré-mórbido é fundamental para detectar e quantificar a deterioração cognitiva após a lesão. Nos casos de demência, a estimação do nível de funcionamento cognitivo prévio com o qual comparar o desempenho neuropsicológico actual é igualmente importante para o reconhecimento de um processo de deterioração (Matsuoka et al., 2006). Neste contexto, o resultado no NART tem-se revelado como um dos melhores preditores de alterações cognitivas na Doença de Alzheimer, comparativamente à informação proveniente da escolaridade (Pavlik, Doody, Massman & Chan, 2006) sendo sensível ao estádio de gravidade desta doença degenerativa (Cockburn, Keene, Hope & Smith, 2000).

Todavia, é necessário reconhecer alguns problemas relativos à avaliação do funcionamento pré-mórbido e ao uso de testes em particular: (i) permanece por esclarecer se estes indicadores de funcionamento pré-mórbido são suficientemente objectivos para poderem ser generalizados a funções cognitivas específicas, como a memória e as funções executivas (cf. Schretlen, Buffington, Meyer & Pearlson, 2005). A pesquisa de Isella, Villa, Forapani, Piamarta, Russo e Appollonio (2005) sugere uma resposta negativa a esta questão, concluindo que os resultados no NART são insuficientes para a estimação de aptidões mnésicas pré-mórbidas em idosos ditos "normais"; (ii) as pessoas com nível académico elevado ou profissional muito exigente têm habitualmente um nível superior de aptidão cognitiva pré-mórbida. Estas pessoas, após um TCE, podem manifestar níveis de desempenho "médios" em testes cognitivos que, quando comparados com a "norma", e sem considerar o seu nível de funcionamento anterior podem sugerir, erradamente, um funcionamento não comprometido (ausência de declínio cognitivo). Por isso, a escolaridade, a profissão e o nível sócio-económico anteriores são, forçosamente, variáveis a considerar no processo de interpretação dos resultados nos testes; (iii) os dados da estimação do nível de funcionamento pré-mórbido do sujeito devem ser comparados com resultados relativos ao seu nível de funcionamento actual, obrigando ao uso de testes de referência com normas representativas (que considerem não apenas a idade mas também, desejavelmente, a escolaridade) e que sejam regularmente objecto de actualização. Contudo, convém advertir que o recurso a normas por níveis de escolaridade não está muitas vezes garantido, uma vez que estas raramente são disponibilizadas nos manuais dos testes.

3. 2. Personalidade pré-mórbida

Uma vez que os traços de personalidade pré-mórbida estão correlacionados com características do comportamento e da adaptação emocional pós-mórbidas e que as alterações ao nível do comportamento interpessoal podem ter um impacto considerável no funcionamento adaptativo (familiar, profissional, social), a avaliação neuropsicológica forense deve considerar não apenas a inteligência e outras funções cognitivas, mas também as características da personalidade e funcionamento emocional pré-mórbidos. Uma investigação recente indica que queixas cognitivas (problemas de concentração, esquecimento) comunicadas por pessoas com TCE ligeiro estão fortemente relacionadas com variáveis como nível escolar baixo, mal-estar emocional, traços de personalidade e problemas físicos (v. g., fadiga), e não com características da lesão (Stulemeijer, Vos, Bleijenberg & van der Werf, 2007). Esta mesma investigação permitiu concluir que a gravidade das queixas cognitivas obtidas a partir de auto-avaliações (*Rivermead Post-Concussion Symptoms Questionnaire*, atrás referido) pode não estar associada aos resultados nos testes neuropsicológicos ou ser corroborada por dados de observação, mas estar dependente de traços de personalidade e estados emocionais pré-mórbidos, bem como de sintomas físicos (v. g., fadiga).

Neste plano, é indispensável um enquadramento teórico que integre o recurso a novos instrumentos de avaliação, necessários para compreender o impacto da lesão cerebral na personalidade e estados emocionais, uma vez que os instrumentos tradicionais de avaliação da psicopatologia apresentam limitações importantes. Além disso, há que reconhecer o desfasamento entre o número (consideravelmente mais reduzido) e qualidade psicométrica (ainda pouco estudada) dos instrumentos de avaliação das perturbações da personalidade e dos estados emocionais relativamente aos instrumentos disponíveis para o exame das funções cognitivas.

4. Os testes no exame da "simulação" ou "esforço reduzido"

O processo de avaliação neuropsicológica tem subjacente uma ideia de envolvimento activo, cooperação e esforço por parte do sujeito examinado, ou seja, parte do pressuposto de que este faz o seu melhor quando responde às tarefas dos testes. Millis (2008) lembra que os resultados nos testes apenas podem ser considerados válidos se existir empenho do sujeito em todas as tarefas e que, se o esforço for "incompleto" ou "insuficiente" (em consequência da psicopatologia, simulação ou outro motivo) a informação obtida na avaliação não deve ser considerada válida.

São vários os contextos que podem propiciar uma tendência para a manifestação de um padrão de simulação no qual o sujeito "exagera intencionalmente a presença de défices cognitivos, com o objectivo de obter benefícios materiais substanciais ou evitar responsabilidades formais" (Slick, Sherman & Iverson, 1999) ou, mais comummente, amplificar as suas dificuldades (cognitivas ou emocionais) retirando, em qualquer dos casos, "benefícios secundários". Os casos de TCE, SPC, sintomas não medicamente explicados, exposição a substâncias tóxicas e PSPT, anteriormente considerados e frequentes em contexto de exame neuropsicológico forense, introduzem questões específicas de avaliação relativas à validade dos sintomas. Por isso, é necessário não apenas ponderar de que forma estes problemas clínicos influenciam a motivação e esforço do sujeito para responder a provas neuropsicológicas mas, também, reconhecer que eles podem coexistir com pedidos de compensação, sendo forçoso considerar a possibilidade de ganhos secundários (financeiros, atenção da própria família) (Binder & Campbell, 2004). Os acidentes pessoais, de trabalho ou viação podem constituir incentivos para pedidos de compensações monetárias (reformas por invalidez, ...) às companhias de seguros e, consequentemente, para o exagero ou distorção consciente dos sintomas. No caso dos acidentes, a avaliação neuropsicológica procura precisar a natureza, impacto ou consequências do dano físico ou perda cognitiva sofridos (as queixas de natureza cognitiva mais frequentes são as relativas à memória e atenção). O valor da indemnização, a título de compensação ou reparação, geralmente de natureza financeira, acordado pelo tribunal depende, pelo menos em parte, do grau de gravidade dos défices objectivados pelo (neuro)psicólogo no seu relatório.

Sabe-se que a presença de simulação pura ou exagero de sintomas pode ocorrer especialmente nos casos associados a um processo litigioso. Contudo, isto não significa que todas as pessoas envolvidas num contexto litigioso, que procuram ser ressarcidas pelas suas incapacidades, evidenciem comportamentos de simulação ou esforço suspeito. No mesmo sentido, importa reconhecer que nem todos os casos de "esforço insuficiente" remetem para comportamentos de simulação.

O exagero de sintomas e a simulação constituem uma fonte de preocupação também em contextos de natureza penal. Denney (2007) refere os seguintes motivos para estes comportamentos: (i) antes do julgamento/sentença os réus estão numa situação de risco mais elevado para manifestar comportamentos de simulação; (ii) alguns reclusos condenados exageram a presença de sintomatologia psiquiátrica/psicopatológica e de deterioração ou défices neurocognitivos, com o objectivo de serem transferidos para um hospital, unidade de internamento, ter acesso a outros serviços de saúde; (iii) outros reclusos simulam ou exageram os seus sintomas pensando que o diagnóstico de perturbação mental ou neurocognitiva pode ajudar uma redução de pena e, nessa base, apresentam recursos.

É provável que os comportamentos de simulação sejam mais frequentes em contextos forenses e, mais especificamente, em âmbito penal do que em contexto civil (Denney, 2008). Este investigador indica a presença de comportamentos de simulação em mais de 50% de casos na população criminal. Por tudo isto, não surpreende que as estratégias de exame dos comportamentos de simulação ("*malingering*") ou "esforço insuficiente" constituam não apenas um dos tópicos mais investigados em neuropsicologia nos últimos anos mas, também, uma área incontornável no exame neuropsicológico em geral e forense em particular (v. g., Boone, 2007a; Larrabee, 2007; Simões, 2006).

Neste âmbito, Slick e colaboradores (1999) propõem linhas orientadoras para definir a Simulação de Perturbação Neurocognitiva, entre as quais se inclui evidência proveniente da avaliação neuropsicológica, especificamente, e a título de exemplo, condições de discrepância entre dados da avaliação e padrões de funcionamento cerebral conhecidos (ou comportamento observado, informação de outros relatórios ou registos, informação de natureza contextual, etc.). Estas linhas orientadoras foram recentemente reexaminadas por Boone (2007b) e Larrabee e cols. (2007) considerando várias condições necessárias para a formulação diagnóstica da Simulação de Perturbação Neurocognitiva que incluem critérios como a inconsistência entre domínios de funcionamento neurocognitivos e comportamentais comprometidos e a gravidade da doença; a incompatibilidade entre défices comunicados e a doença; a discrepância entre sintomas comunicados e comportamentos observados ou a violação das curvas características de desempenho nos testes.

O processo de diagnóstico da "simulação" ou "esforço suspeito" deve considerar o exame sistemático de vários tópicos: (i) a presença de incentivos externos ou contingências ambientais que possam explicar os comportamentos e as queixas cognitivas ou emocionais do sujeito; (ii) a severidade da lesão ou doença; (iii) o impacto de factores psicossociais, que não constituem sintomas especificamente diagnosticáveis, no comportamento do sujeito (p. ex., a presença de problemas mnésicos e de concentração, psicopatologia, ansiedade, tonturas, irritabilidade, depressão e/ou factores de *stress* ambientais como sensibilidade ao ruído podem ocorrer após TCE ligeiro mas não constituem sintomas objectivos do diagnóstico de TCE ligeiro). Neste sentido, e na ausência de outras evidências, as queixas subjectivas não devem ser utilizadas no diagnóstico de lesão cerebral.

O exame do "esforço insuficiente" ou "simulação" deve alicerçar-se no uso de vários testes, abrangendo a análise dos padrões de resposta a instrumentos de avaliação neuropsicológica clássicos (v. g., WAIS-III, WMS-III, *Trail Making Test*) e de testes especificamente construídos para este efeito, os denominados Testes de Validade de Sintomas (TVS), também conhecidos como testes de escolha forçada. A utilização de mais do que um TVS constitui uma prática comum (Slick et al., 1999). O *Test of Memory Malingering* (TOMM; Tombaugh, 1996) é um dos TVS mais utilizado e investigado em contexto forense (p. ex., Delain, Stafford & Ben-Porath, 2003; Tombaugh, 2002; Weinborn, Orr, Woods, Conover &

Feix, 2003; Mota et al., 2008). O TOMM apresenta taxas reduzidas de "insucesso" em casos de TCE, afasia, depressão e demência e os resultados conhecidos relativamente à especificidade e sensibilidade justificam a opção por este instrumento em contexto forense (Vallabhajosula & Van Gorp, 2001). O *Word Memory Test* (WMT; Green, 2005) é um outro TVS que avalia não apenas o "esforço na situação de teste" mas, também, a memória verbal. Estudos com casos de TCE em situação de litígio mostram que os resultados no WMT são relativamente insensíveis à presença de lesão cerebral, mas identificam a situação de esforço reduzido em contexto de aplicação de testes e, nessa medida, permitem reconhecer "simuladores mais sofisticados" (Green, Lees-Haley & Allen, 2002). Do ponto de vista do exame da simulação, os resultados no WMT apresentam boa sensibilidade, mas uma especificidade questionável (número expressivo de falsos positivos).

Num registo complementar, a *Structured Interview of Reported Symptoms* (SIRS; Rogers, Babgy & Dickens, 1992) e o *Structured Inventory of Malingered Symptomatology* (SIMS; Widows & Smith, 2005) são instrumentos específicos para o exame da simulação de psicopatologia que proporcionam informação potencialmente relevante a acrescentar à proveniente das escalas L, F, K, VRIN, F-K, F_B, e FBS do MMPI-2. A utilidade do MMPI-2 tem sido evidenciada quer no exame do estado mental, das alterações da personalidade e da competência para permanecer em julgamento, da responsabilidade criminal ou da avaliação do risco (Pope, Butcher & Seelen, 2006; Sellbom & Ben-Porath, 2006), quer na avaliação de casos de acidente de viação, laboral, negligência médica ou qualquer outro evento traumático, sintomatologia medicamente não explicada, ou seja, nas doenças de expressão somática, sem origem patofisiológica, associadas a queixas neuropsicológicas, incluindo casos litigiosos que envolvem pedidos de compensação financeira (v. g., Rogers, Sewell, Martin & Vitacco, 2003).

5. Relatórios, testes neuropsicológicos e questões éticas

O exame neuropsicológico compreende a elaboração de um relatório (habitualmente um documento escrito, fundamentado em saberes técnicos e conceptuais), que pode ser encaminhado para outros peritos (neurologista, psiquiatra, advogado, juiz) ou mesmo outro (neuro)psicólogo, ao qual pode ser requerida uma segunda perícia (contra-peritagem) ou solicitado, anos mais tarde, a realização de um novo exame. O relatório e, mais especificamente, os resultados nos testes, constituem elementos decisivos do processo de colaboração dos psicólogos com outros profissionais. Através da comunicação de observações, formulações e conclusões do processo de avaliação, o relatório tem como objectivo responder ao pedido de avaliação formulado, que pode ser genérico (p. ex., "proceder a uma avaliação neuropsicológica") ou, pelo contrário, mais específico e orientado para uma questão muito concreta (p. ex., "o arguido pode, com intenção, planear e cometer um crime?", "… tem capacidade para colaborar com o tribunal?", "esta pessoa idosa pode fazer um testamento?"; "qual o impacto cognitivo e emocional do acidente e das lesões cerebrais?").

Não existe um modelo único de relatório que possa servir de referência para todos os casos. Contudo, o relatório de perícia em contexto forense inclui vários tópicos (cf. p. ex., Derby, 2001; Fisher, 2008), alguns dos quais implicam a informação específica proveniente do uso de testes, e que se encontram presentes nas rubricas relativas aos dados da observação do comportamento (obtidos durante a entrevista ou a administração dos testes, p. ex.), à apresentação dos testes utilizados e dos principais resultados ou à formulação do caso ou conclusão. A identificação dos instrumentos administrados deve incluir o nome completo de cada teste, o tipo de suporte (papel e lápis *vs* informático), versão utilizada (considerando o facto de alguns instrumentos serem regularmente objecto de novas aferições e/ou normalizações), normas e respectiva fonte de referência (com o objectivo de perceber a respectiva fiabilidade e cotejar o valor, alcance e comparabilidade das interpretações que é possível formular), variáveis co-mórbidas que possam ter um impacto adverso no desempenho actual nos testes (abuso de drogas ou álcool e privação do sono, que interferem com novas aprendizagens, etc.). Meulemans e Seron (2004) defendem que a apresentação dos principais resultados deve incluir, por teste, a pontuação bruta e a norma correspondente (resultado padronizado, média e desvio-padrão). Convém reconhecer que as pontuações nos testes correspondem ao início (e não ao fim) do processo de diagnóstico, ou seja, são dados que necessitam de ser interpretados com recurso a outros elementos (v. g., entrevista, registos). Como previne Greiffenstein (2008), os resultados em provas cognitivas proporcionam apenas uma representação ou retrato "indirecto" do funcionamento cerebral. Devem ser considerados na interpretação dos resultados nos testes alguns aspectos, nomeadamente a necessidade de: (i) ponderar os resultados obtidos em diferentes provas que examinam processos similares, de forma a evitar concluir pela presença de um défice com base no resultado obtido apenas num único teste; (ii) reconhecer que nenhum teste avalia um único processo de forma pura. Por exemplo, a resposta aos testes de FE implica frequentemente a pesquisa deliberada de informações na memória a longo prazo. Um desempenho deficitário num teste de atenção pode ser consequência não de uma perturbação nesta função ou de uma mobilização inadequada dos processos atencionais, mas da existência de défices noutras funções cognitivas (percepção, memória, linguagem, raciocínio, orientação no espaço e no tempo), uma vez que os testes construídos para examinar os diferentes componentes da atenção são igualmente sensíveis a outras funções; (iii) admitir o impacto das estratégias de resposta nos resultados aos testes. Por exemplo, os testes de atenção contêm nas suas instruções uma dupla tarefa: responder o mais rapidamente possível e, ao mesmo tempo, não cometer erros. Esta exigência pode não ser compreendida ou, no caso de ultrapassar as capacidades atencionais da pessoa, não ser adoptada na sua integridade (a pessoa opta pela rapidez ou pela exactidão); (iv) identificar o impacto de outras variáveis nos resultados. P. ex., desempenhos deficitários em tarefas cognitivas (testes de atenção ou memória) podem estar associados à presença de estados emocionais com significado clínico (ansiedade, quadros depressivos severos) e/ou ao recurso a medicamentos (antiepilépticos, ansiolíticos ou anti-depressivos, etc.); (v) compreender as dificuldades que decorrem da necessidade de reavaliações (ou até de segundas perícias) com a consequente repetição de exames e testes, devido ao número muito limitado de testes com normas disponíveis e à manifesta falta de testes com versões paralelas equivalentes que permitam controlar melhor os efeitos de aprendizagem. Por outro lado, há ainda o problema da estabilidade temporal dos resultados, quando a resposta à mesma tarefa é, em dois momentos distintos, objecto de recurso a estratégias diferentes (opção pela velocidade de execução em detrimento da exactidão das respostas ou o contrário); (vi) considerar a possibilidade de variabilidade interindividual acentuada, mesmo entre sujeitos normais, nos desempenhos em diferentes tarefas na avaliação de uma mesma função cognitiva (p. ex., memória, FE, etc.); (vii) admitir problemas de validade ecológica dos testes, reconhecendo que os melhores testes não permitem apreender a diversidade e complexidade das situações nas quais as pessoas encontram dificuldades na sua vida quotidiana. A situação de *testing* é muito estruturada e algo artificial pelo que é indispensável acrescentar informações relativas a dificuldades, competências e comportamentos particulares em situações da vida quotidiana.

A rubrica formulação do caso ou conclusão inclui a resposta à questão psico-legal e nela se define a presença (ou ausência) de défices específicos, com indicação da respectiva amplitude ou gravidade identificada através dos resultados nos testes (e da informação obtida nas entrevistas). Desta forma, os processos da actividade cognitiva (ou as áreas do funcionamento emocional) que parecem alterados devem ser reconhecidos e assinalados no relatório. É igualmente importante indicar se os défices identificados são sequela de uma lesão cerebral ou, pelo contrário, são pré-existentes à lesão, ou ainda, consequência de um outro acontecimento patológico. Deve ainda ser assinalado o impacto dos défices neurocognitivos (incluindo os défices mais subtis) na vida quotidiana do sujeito (nomeadamente no trabalho, relações familiares e sociais). Neste plano, o contributo da avaliação neuropsicológica (e do respectivo relatório) compreende também a análise do impacto na capacidade funcional (actividades que a pessoa pode realizar na sua vida diária e qual o conhecimento que é necessário para realizar tais actividades) (Grisso, 2003) e, mais especificamente, a resposta a questões como, p. ex., "saber se o sujeito está em condições de trabalhar ou regressar ao trabalho para fazer bem as tarefas anteriormente desempenhadas". Importa aqui admitir que não há uma relação linear entre diagnóstico neuropsicológico e incapacidade funcional (p. ex., o TCE ligeiro não acarreta necessariamente uma incapacidade funcional). Inversamente, a presença de dificuldades de aprendizagem graves ou deficiência mental não exclui a responsabilidade criminal. Neste âmbito, é reconhecida a necessidade de mais investigação orientada para a análise do poder preditivo dos resultados nos testes neuropsicológicos e outros instrumentos de avaliação (cf. Franklin, 2003) relativamente a questões como a capacidade de regresso ao trabalho ou a relação entre doença mental e responsabilidade criminal ou perigosidade.

O relatório neuropsicológico deve ser individualizado, responder especificamente às questões colocadas ajudando o tribunal a compreender a evidência disponível e a determinar os factos. Além disso, o relatório de avaliação pressupõe um registo de veracidade e objectividade. Neste plano, Larrabee (2005b) lembra que é necessário separar os factos objectivamente identificados das alegações não comprovadas (aceites sem qualquer crítica e eventualmente falsas). A objectividade constitui uma preocupação dominante e os processos de perícia e avaliação neuropsicológica forense exigem uma posição de estrita neutralidade/imparcialidade. Por outro lado, e como advertem Greiffenstein e Cohen (2005), as conclusões formuladas no relatório requerem um "grau razoável de certeza". Neste sentido, o relatório deve: (i) explicitar os limites (e dúvidas) da informação comunicada relativa ao "envolvimento cerebral" na relação cérebro--comportamento (funcional, criminal); (ii) apoiar-se nos métodos e instrumentos de avaliação mais sólidos e relevantes para o caso, que sejam objecto de trabalhos regulares de normalização e, desejavelmente, com validade e precisão bem estabelecidas para grupos específicos forenses nos quais são usados; (iii) aplicar o conhecimento científico disponível, incluindo os dados mais actuais da investigação empírica publicada (cf. Simões, 2005).

Finalmente, e ainda focalizados na questão dos testes, convém sinalizar princípios éticos, deontológicos e legais que remetem para a necessidade de: (i) evitar o mau uso das técnicas de avaliação, dos resultados ou das interpretações; (ii) prevenir que os dados dos testes não sejam cedidos ou divulgados junto de pessoas sem interesse legítimo e profissional ou que apenas possam ser objecto de interpretação por profissionais qualificados, com formação específica; e, (iii) garantir a protecção ou segurança dos "materiais dos testes" (manuais, instrumentos, protocolos, itens/perguntas ou outro tipo de estímulos), com o objectivo de viabilizar as suas potencialidades discriminativas e diagnósticas e, também, em nome de leis que salvaguardam os direitos de autor ou proíbem a reprodução dos materiais de *testing* (Bush & Lees-Haley, 2006).

Conclusões

A avaliação neuropsicológica forense surge como uma actividade profissional cada vez mais escrutinada e, nesta medida, pode assumir uma dimensão contenciosa, de divergência e/ou conflito (cf. Sweet et al., 2002; Thyson & Sullivan, 2008). O papel do (neuro)psicólogo é o de um perito e a sua tarefa consiste em responder de maneira tão objectiva quanto possível às questões colocadas pelo tribunal e de manter a sua independência face a pressões de qualquer natureza ou proveniência (advogado, perito médico, sujeito examinado), visando modificar a sua opinião ou o sentido das suas conclusões e não a de tomar posição contra ou a favor do sujeito, uma vez que ele não é o seu advogado de defesa ou de acusação.

O presente trabalho deve ser entendido como uma introdução a questões de natureza teórica, clínica, prática e técnica do programa da avaliação neuropsicológica em contexto forense. Neste âmbito, é indispensável acentuar a exigência de investigação mais sistemática em Portugal com testes (neuro)psicológicos que respondam a necessidades específicas de avaliação em contexto forense como é o caso dos instrumentos de exame dos vários tipos de competência, testes de atenção/funções executivas, testes de validade de sintomas orientados para o exame da simulação ou exagero de défices cognitivos (e de psicopatologia) e, num registo complementar, as entrevistas estruturadas. Também alguns dos instrumentos de avaliação mais tradicionais, apenas muito recentemente aferidos para a população portuguesa (WAIS-III; WISC-III; WMS-III), ou ainda em fase de adaptação (MMPI-2; Teste de Leitura de Palavras Irregulares, uma medida da inteligência pré-mórbida), carecem de estudos de validação particulares com grupos específicos habitualmente examinados em contexto forense, incluindo grupos especiais, muito representados nos exames neuropsicológicos, constituídos por pessoas pouco escolarizadas, pertencentes a meios sócio-económicos desfavorecidos, toxicodependentes ou imigrantes.

Finalmente, os instrumentos existentes ou a desenvolver precisam de aperfeiçoamentos do ponto de vista da sua validade ecológica, ou seja, devem melhorar a relação (imperfeita) entre os desempenhos nos testes e funcionamento na vida real. Estes elementos relativos aos testes, o reconhecimento dos seus limites, incerteza e subjectividade inerentes à formulação de inferências ou juízos clínicos em contexto de tomada de decisão de natureza diagnóstica obrigam a uma precaução acrescida na interpretação dos resultados nas avaliações neuropsicológicas forenses.

Referências bibliográficas

Amaro, C. A. (2005). Avaliação neuropsicológica em contexto médico-legal. *Psiquiatria Clínica, 26*(2), 137-144.

American Psychiatric Association (2002). *DSM-IV-TR: Manual de diagnóstico e estatística das perturbações mentais* (4.ª ed., texto revisto). Lisboa: Climepsi.

Archer, R. P. (Ed.) (2006). *Forensic uses of clinical assessment instruments*. London: Erlbaum.

Archer, R. P., Buffington-Vollum, J. K., Stredny, R.V. & Handel, R. W. (2006). A survey of psychological test use patterns among forensic psychologists. *Journal of Personality Assessment, 87*(1), 84-94.

Baade, L. E., Heinrichs, R. J. & Soetaert, D. K. (2008). Evaluation of effort in independent neuropsychological evaluation for workers' compensation cases. In H. V. Hall (Ed.), *Forensic psychology and neuropsychology for criminal and civil cases* (pp. 459-486). London: CRC Press.

Baldo, J. V., Ahmad, L. & Ruff, R. (2002). Neuropsychological performance of patients following mold exposure. *Applied Neuropsychology, 9*(4), 193-202.

Binder, L. M. & Campbell, K. A. (2004). Medically unexplained symptoms and neuropsychological assessment. *Journal of Clinical and Experimental Neuropsychology, 26*(3), 369-392.

Bolla, K. I. (2005). Neurotoxic injury. In G. J. Larrabee (Ed.), *Forensic neuropsychology: A scientific approach* (pp. 271-297). Oxford: Oxford University Press.

Boone, K. B. (2007b). A reconsideration of the Slick et al (1999) Criteria for Malingered Neurocognitive Disfunction. In K. B. Boone (Ed.), *Assessment of feigned cognitive impairment: A neuropsychological perspective* (pp. 29-49). New York: Guilford.

Boone, K. B. (Ed.). (2007a). *Assessment of feigned cognitive impairment: A neuropsychological perspective* (pp. 29-49). New York: Guilford.

Bowler, R. M., Gysëus, S., Diamond, E., Nakagawa, S., Drezgic, M. & Roels, H. A. (2006). Manganese exposure: Neuropsychological and neurological symptoms and effects in welders. *NeuroToxicology, 27,* 315-326.

Bush, S. S. & Lees-Haley, P. R. (2006). Threats to the validity of forensic neuropsychological data: Ethical considerations. *Journal of Forensic Neuropsychology, 4*(3), 45-66.

Bush, S. S. (2005). Independent and court-ordered forensic neuropsychological examinations: Official statement of the National Academy of Neuropsychology. *Archives of Clinical Neuropsychology, 20,* 997-1007.

Cockburn, J., Keene, J., Hope, T. & Smith, P. (2000). Progressive decline in NART score with increasing dementia severity. *Journal of Clinical and Experimental Neuropsychology, 22*(4), 508-517.

Delain, S. L., Stafford, K. P. & Ben-Porath, Y. S. (2003). Use of the TOMM in a criminal court forensic assessment setting. *Assessment, 10*(4), 370-381.

Delgado-Losada, M. L., Rodriguez-Aizcorbe, Fernández-Guinca, S. (2001). Aspectos de la neuropsicología forense en el envejecimiento y en las demencias. *Revista de Neurología, 32*(8), 778-782.

Denney, R. L. (2008). Negative response bias and malingering during neuropsychological assessment in criminal forensic settings. In R. L. Denney & J. P. Sullivan (Eds.), *Clinical neuropsychology in the criminal forensic setting* (pp. 91-133). New York: Guilford.

Denney, R. L. (2005a). Criminal forensic neuropsychology and assessment of competency. In G. J. Larrabee (Ed.), *Forensic neuropsychology: A scientific approach* (pp. 378-424). Oxford: Oxford University Press.

Denney, R. L. (2005b). Criminal responsibility and other criminal forensic issues. In G. J. Larrabee (Ed.), *Forensic neuropsychology: A scientific approach* (pp. 425-465). Oxford: Oxford University Press.

Denney, R. L. (2007). Assessment of malingering in criminal forensic neuropsychological settings. In K. B. Boone (Ed.), *Assessment of feigned cognitive impairment: A neuropsychological perspective* (pp. 428-452). New York: Guilford.

Denney, R. L. & Sullivan, J.P. (Eds.). (2008). *Clinical neuropsychology in the forensic setting.* New York: Guilford.

Derby, W. N. (2001). Writing the forensic neuropsychological report. In C. G. Armengol, E. Kaplan, E. J. Moes (Eds.), *The consumer-oriented neuropsychological report* (pp. 208-224). Odessa, FL: PAR.

Dunn, L. B., Nowrangi, M. A., Palmer, B. W., Jeste, D. V. & Saks, E. R. (2006). Assessing decisional capacity for clinical research or treatment: A review of instruments. *American Journal of Psychiatry, 163,* 1323-1334.

Dymek, M. P., Atchison, P., Harrell, L. & Marson, D. C. (2001). Competency to consent to medical treatment in cognitively impaired patients with Parkinson's Disease. *Neurology, 56,* 17-24.

Fisher, J. M. (2008). Presenting neuropsychological findings, opinions, and testimony to the criminal court. In R. L. Denney & J. P. Sullivan (Eds.), *Clinical neuropsychology in the forensic setting* (pp. 349-390). New York: Guilford.

Franklin, R. D. (Ed). (2003). *Prediction in forensic and neuropsychology: Sound statistical practices*. Mahwah, NJ: Erlbaum.

Franzen, M. D. (2003). Neuropsychological evaluations in the context of competency decisions. In A. MacNeill & L. C. Hartlage (Eds.), *Handbook of forensic neuropsychology* (pp. 505-518). New York: Springer.

Gilbertson, M. W., Gurvits, T. V., Lasko, N. B., Orr, S. P. & Pitman, R. K. (2001). Multivariate assessment of explicit memory function in combat veterans with Posttraumatic Stress Disorder. *Journal of Traumatic Stress, 14*(2), 413-432.

Gordon, W. A., Cantor, J. B., Johanning, E., Charatz, H. J., Ashman, T. A., Breeze, J. L., et al. (2004). Cognitive impairment associated with toxigenic fungal exposure: A replication and extension of previous studies. *Applied Neuropsychology, 11*(2), 65-74.

Green, P. (2005). *Green's Word Memory Test for Microsoft Windows: User's manual*. Seattle: Green's Publishing.

Green, P., Lees-Haley, P. R. & Allen, L. (2002). The Word Memory Test and the validity of neuropsychological test scores. *Journal of Forensic Neuropsychology, 2*, 97-124.

Greiffenstein, M. F. (2008). Basics of forensic neuropsychology. In J. E. Morgan & J. H. Ricker (Eds.), *Textbook of clinical neuropsychology* (pp. 905-941). London: Taylor & Francis.

Greiffenstein, M. F. & Cohen, L. (2005). Neuropsychology and the law: Principles of productive attorney-neuropsychologist relations. In G. J. Larrabee (Ed.), *Forensic neuropsychology: A scientific approach* (pp. 29-91). Oxford: Oxford University Press.

Griffith, H. R., Belue, K., Sicola, A., Krzywanski, S., Zamrini, E., Harrell, L. & Marson, D. C. (2003). Impaired financial abilities in mild cognitive impairment: A direct assessment approach. *Neurology, 60*, 449-457.

Grisso, T. (2003). *Evaluating competencies: Forensic assessments and instruments* (2nd ed.). New York: Springer-Verlag.

Gunstad, J. & Suhr, J. A. (2004). Cognitive factors in Postconcussion Syndrome symptom report. *Archives of Clinical Neuropsychology, 19*, 391-405.

Hall, H. V. (Ed.). (2008). *Forensic psychology and neuropsychology for criminal and civil cases*. London: CRC Press.

Hartman, D. E. (1995). *Neuropsychological toxicology: Identification and assessment of human neurotoxic syndromes* (2nd ed.). New York: Plenum.

Heilbronner, R. L. (2004). A status report on the practice of forensic neuropsychology. *The Clinical Neuropsychologist, 18*(2), 312-326.
Heilbronner, R. L. (Ed.). (2005). *Forensic neuropsychology casebook*. New York: Guilford.
Heilbronner, R. L. (Ed.). (2008). *Neuropsychology in the courtroom: Expert analysis of reports and testimony*. New York: Guilford.
Heilbrun, K., Marczyk, G. R., DeMatteo, D., Zillmer, E. A., Harris, J. & Jennings, T. (2003). Principles of forensic mental health assessment: Implications for neuropsychological assessment in forensic contexts. *Assessment, 10*(4), 329-343.
Honor, S. & Sullivan, J. P. (2008). Conducting criminal forensic neuropsychological assessments. In R. L. Denney & J. P. Sullivan (Eds.), *Clinical neuropsychology in the criminal forensic setting* (pp. 326-348). New York: Guilford.
Isella, V., Villa, M. L., Forapani, E., Piamarta, F., Russo, A. & Appollonio, I. M. (2005). Ineffectiveness of an Italian NART-equivalent for the estimation of verbal learning ability in normal elderly. *Journal of Clinical and Experimental Neuropsychology, 27*, 618-623.
Iverson, G. L. (2006). Misdiagnosis of the persistent Postconcussion Syndrome in patients with Depression. *Archives of Clinical Neuropsychology, 21*, 303-310.
Kim, S. Y. H., Karlawish, J. H. T. & Caine, E. D. (2002). Current state of research on decision-making competence of cognitively impaired elderly persons. *The American Journal of Geriatric Psychiatry, 10*(2), 151-165.
Lally, S. J. (2003). What tests are acceptable for use in forensic evaluations? A survey of experts. *Professional Psychology: Research and Practice, 34*(5), 491-498.
Landre, N., Poppe, C. J., Davis, N., Schmaus, B. & Hobbs, S. E. (2006). Cognitive functioning and postconcussive symptoms in trauma patients with and without mild TBI. *Archives of Clinical Neuropsychology, 21*, 255-273.
Langeluddecke, P. M. & Lucas, S. K. (2004). Evaluation of two methods for estimating premorbid intelligence on the WAIS-III in a clinical sample. *The Clinical Neuropsychologist, 18*, 423-432.
Larrabee, G. J. (2005b). Mild Traumatic Brain Injury. In G. J. Larrabee (Ed.), *Forensic neuropsychology: A scientific approach* (pp. 209-236). Oxford: Oxford University Press.
Larrabee, G. J. (Ed.) (2005a). *Forensic neuropsychology: A scientific approach*. Oxford: Oxford University Press.

Larrabee, G. J. (Ed.). (2007). *Assessment of malingered neuropsychological deficits*. Oxford: Oxford University Press.

Larrabee, G. J., Greiffenstein, M. F., Greve, K. W. & Bianchini, K. J. (2007). Refining diagnostic criteria for malingering In G. J. Larrabee (Ed.), *Assessment of malingered neuropsychological deficits* (pp. 334-371). Oxford: Oxford University Press.

Lezak, M. D., Howieson, D. B. & Hannay, H. J. (2004). *Neuropsychological assessment* (4th ed.). Oxford: Oxford University Press.

MacNeill, A. & Hartlage, L. C. (Eds.). (2003). *Handbook of forensic neuropsychology*. New York: Springer.

Marson, D. C, Sawrie, S. M., Snyder, S., McInturff, B., Stalvey, T., Boothe, A., et al. (2000). Assessing financial capacity in patients with Alzheimer Disease: A conceptual model and prototype instrument. *Archives of Neurology, 57,* 877-884.

Marson, D. C. (2001). Loss of financial competency in Dementia: Conceptual and empirical approaches. *Aging, Neuropsychology, and Cognition, 8*(3), 164-181.

Marson, D. C. & Hebert, K. (2005). Assessing civil competencies in older adults with dementia: Consent capacity, financial capacity, and testamentary capacity. In G. J. Larrabee (Ed.), *Forensic neuropsychology: A scientific approach* (pp. 334-377). Oxford: Oxford University Press.

Matsuoka, K., Uno, M., Kasai, K., Koyama, K. & Kim, Y. (2006). Estimation of premorbid IQ in individuals with Alzheimer's disease using Japanese ideographic script (*Kanji*) compound words: Japanese version of National Adult Reading Test. *Psychiatry and Clinical Neurosciences, 60,* 332-339.

McCaffrey, R. J., Willliams, A. D., Fisher, J. M., Laing, L. C. (Eds.) (1997). *The practice of forensic neuropsychology: Meeting the challenges in the courtroom*. New York: Plenum.

Meulemans, T. & Seron, X. (2004). *L'examen neuropsychologique dans le cadre de l'expertise médico-légale*. Sprimont, Belgique: Pierre Mardaga.

Millis, S. R. (2008). Assesment of incomplete effort and malingering in the neuropsychological examination. In J. E. Morgan & J. H. Ricker (Eds.), *Textbook of clinical neuropsychology* (pp. 891-904). London: Taylor & Francis.

Morris, P. G., Wilson, J. T. L., Dunn, L. T. & Teasdale, G. M. (2005). Premorbid intelligence and brain injury. *British Journal of Clinical Psychology, 44,* 209-214.

Mota, M., Simões, M. R., Amaral, L., Dias, I., Luís, D., Pedrosa, C., Maior, F. S. & Silva, I. (2008). *Test of Memory Malingering* (TOMM): Estudos de validação numa amostra de reclusos. *Psiquiatria, Psicologia & Justiça, 2*, 23-41.

Otto, R. K. (2008). Challenges and advances in assessment of response style in forensic examination contexts. In R. Rogers (Ed.), *Clinical assessment of malingering and deception* (3rd ed.; pp. 365-375). New York: Guilford.

Otto, R. K. & DeMier, R. L. (2008). Assessment of competence to proceed in the criminal process. In H. V. Hall (Ed.), *Forensic psychology and neurpsychology for criminal and civil cases* (pp. 329-344). London: CRC Press.

Pavlik, V. N., Doody, R. S., Massman, P. J. & Chan, W. (2006). Influence of premorbid IQ and education on progression to Alzheimer's Disease. *Dementia and Geriatrics Cognitive Disorders, 22*, 367-377.

Pope, K. S., Butcher, J. N. & Seelen, J. (2006). *The MMPI, MMPI-2, and MMPI-A in court: A practical guide for expert witnesses and attorneys* (3rd ed.). Washington, DC: American Psychological Association.

Posener, H. D. & Jacoby, R. (2002). Testamentary capacity. In R. Jacoby & C. Oppenheimer (Eds.), *Psychiatry in the elderly* (pp. 932-940). Oxford: Oxford University Press.

Putnam, S. H., Ricker, J. H., Ross, S. R. & Kurtz, J. E. (1999). Considering premorbid functioning: Beyond cognition to a conceptualization of personality in postinjury functioning. In J. J. Sweet (Ed.), *Forensic neuropsychology: Fundamentals and practice* (pp. 39-81). Lisse: Swets & Zeitlinger.

Rogers, R., Bagby, R. M. & Dickens, S. E. (1992). *Structured Interview of Reported Symptoms: Professional manual.* Odessa, FL: Psychological Assessment Resources.

Rogers, R., Sewell, K. W., Martin, M. A. & Vitacco, M. J. (2003). Detection of feigned mental disorders: A meta-analysis of the MMPI-2 and malingering. *Assessment, 10*, 160-177.

Salmond, C. H., Menon, D. K., Chatfield, D. A., Pickard, J. D. & Sahakian, B. J. (2006). Changes over time in cognitive and structural profiles of head injury survivors. *Neuropsychologia, 44*, 1995-1998.

Sbordone, R. J., Rogers, M. L., Thomas, V. A. & Armas, A. (2003). Forensic neuropsychological assessment in criminal law cases. In A. MacNeill & L. C. Hartlage (Eds.), *Handbook of forensic neuropsychology* (pp. 471-503). New York: Springer.

Schoenberg, M. R., Scott, J. G., Duff, K. & Adams, R. L. (2002). Estimation of WAIS-III intelligence from combined performance and demographic variables: Development of the OPIE-3. *The Clinical Neuropsychologist, 16*, 426-438.

Schretlen, D. J., Buffington, A. L. H., Meyer, S. M. & Pearlson, G. D. (2005). The use of word-reading to estimate "premorbid" ability in cognitive domains other than intelligence. *Journal of the International Neuropsychological Society, 11,* 784-787.

Schwartz, B. S., Stewart, W. F., Bolla, K. I., Simon, D., Bandeen-Roche, K., Gordon, B., et al. (2000). Past adult lead exposure is associated with longitudinal decline in cognitive function. *Neurology, 55,* 1144-1150.

Sellbom, M. & Ben-Porath, Y. S. (2006). The Minnesota Multiphasic Personality Inventory-2. In R. P. Archer (Ed.), *Forensic uses of clinical assessment instruments* (pp. 19-55). London: Erlbaum.

Simões, M. R. (2005). Relatórios psicológicos: Exercícios de aproximação ao contexto forense. In R. A. Gonçalves & C. Machado (Eds.), *Psicologia forense* (pp. 55-102). Coimbra: Quarteto Editora.

Simões, M. R. (2006). Testes de validade de sintomas na avaliação dos comportamentos de simulação. In A. C. Fonseca, M. R. Simões, M. C. Taborda-Simões & M. Salomé Pinho (Eds.), *Psicologia forense* (pp. 279-309). Coimbra: Almedina.

Singer, R. (2003). Forensic neurotoxicology. In A. MacNeill & L. C. Hartlage (Eds.), *Handbook of forensic neuropsychology* (pp. 457-470). New York: Springer.

Slick, D. J., Sherman, E. M. & Iverson, G. L. (1999). Diagnostic criteria for malingered neurocognitive dysfunction: Proposed standards for clinical practice and research. *The Clinical Neuropsychologist, 13,* 545-561.

Strauss, E., Sherman, E. & Spreen, O. (2006). *A compendium of neuropsychological tests: Administration, norms and commentary* (3rd ed). New York: Oxford University Press.

Stulemeijer, M., Vos, P. E., Bleijenberg, G. & van der Werf, S. P. (2007). Cognitive complaints after mild traumatic brain injury: Things are not always what they seem. *Journal of Psychosomatic Research, 63,* 637-645.

Sturman, E. D. (2005). The capacity to consent to treatment and research: A review of standardized assessment tools. *Clinical Psychology Review, 25,* 954-974.

Sweet, J., Grote, C. & van Gorp, W. (2002). Ethical issues in forensic neuropsychology. In S. Bush & M. Drexler (Eds.), *Ethical issues in clinical neuropsychology* (pp. 103-134). Lisse: Swets & Zeitlinger.

Sweet, J. J. (Ed.). (1999). *Forensic neuropsychology: Fundamentals and practice.* Lisse: Sweet & Zeitlinger.

Sweet, J. J., Ecklund-Johnson, E. & Malina, A. (2008). Forensic neuropsychology: An overview of issues and directions. In J.E. Morgan &

J. H. Ricker (Eds.), *Textbook of clinical neuropsychology* (pp. 870-890). London: Taylor & Francis.

Thyson, J. A. & Sullivan, J. P. (2008). Ethical issues in criminal forensic neuropsychology. In R. L. Denney & J. P. Sullivan (Eds.), *Clinical neuropsychology in the forensic setting* (pp. 30-54). New York: Guilford.

Tombaugh, T. N. (1996). *Test of Memory Malingering*. Canada: Multi-Health Systems.

Tombaugh, T. N. (2002). The Test of Memory Malingering in forensic psychology. In J. Hom & R. L. Denney (Eds.), *Detection of response bias in forensic neuropsychology* (pp. 69-96). New York: The Haworth Medical Press.

Vallabhajosula, B. & van Gorp, W. G. (2001). Post-Daubert admissibility of scientific evidence on malingering of cognitive deficits. *Journal of American Academy of Psychiatry and the Law, 29*, 207-215.

Weathers, F. W., Keane, T. M. & Davidson, J. R. T. (2001). Clinician-Administered PTSD Scale: A review of the first ten years of research. *Depression and Anxiety, 13,* 132-156.

Weinborn, M., Orr, T., Woods, S. P., Conover, E. & Feix, J. (2003). A validation of the Test of Memory Malingering in a forensic psychiatric setting. *Journal of Clinical and Experimental Neuropsychology, 25,* 979-990.

Widows, M. R. & Smith, G. P. (2005). *Structured Inventory of Malingered Symptomatology: Professional manual*. Odessa, FL: Psychological Assessment Resources.

Wood, R. L. & Liossi, C. (2005). Long-term neuropsychological impact of brief occupational exposure to organic solvents. *Archives of Clinical Neuropsychology, 20,* 655-665.

World Health Organization (1992). *The ICD-10 classification of mental and behavioural disorders: Clinical descriptions and diagnostic guidelines*. Geneva: WHO.

Yates, K. F. & Denney, R. L. (2008). Neuropsychology in the assessment of mental state at the time of the offense. In R. L. Denney & J. P. Sullivan (Eds.), *Clinical neuropsychology in the criminal forensic setting* (pp. 204-237). New York: Guilford.

Secção III

PRINCÍPIOS E ESTRATÉGIAS DE INTERVENÇÃO

13

Reflexões sobre os fins das penas

Pedro Maria Godinho Vaz Patto

Pode dizer-se que a discussão em torno dos fins das penas nunca se esgota, é recorrente e há-de acompanhar sempre a reflexão a respeito da estrutura e da evolução do sistema jurídico-penal. No fundo, quase todas as opções que, no âmbito desse sistema, possam ser tomadas se relacionam, mais ou menos directamente, com essa questão. É uma questão filosófica e que atinge os princípios que fundamentam e alicerçam tal sistema. No entanto — costumo dizê-lo aos meus formandos candidatos a magistrados —, é uma questão que "nos leva bastante alto, mas não até às nuvens". Não se trata de pura especulação abstracta sem reflexo na actividade quotidiana. Pelo contrário, o sentido de toda a actividade quotidiana, no âmbito judicial ou de execução de penas, tem de ser encontrado à luz dessa reflexão: porque é que deve ser punida determinada acção, qual a pena adequada a essa acção, qual a medida adequada dessa pena, qual a forma adequada de execução dessa pena. Nenhuma destas questões pode ser respondida abstraindo da questão fundamental dos fins das penas. A reflexão sobre essa questão é imprescindível para quem toma tal decisões e, naturalmente, há-de pensar sobre o sentido profundo (o *porquê?* e o *para quê?*) do que faz. E também será bom que os que colaboram (designadamente na qualidade de peritos) na actividade judiciária e de execução de penas compreendam o sentido dessa acção e dessas opções à luz de tais fins e de tais princípios. No fundo, também estes hão-de reflectir sobre o sentido profundo (o *porquê?* e o *para quê?*) daquela actividade com que colaboram, encontrando, assim, alguma luz para o seu próprio trabalho. Foi este o motivo (para além — confesso — do gosto pessoal que a abordagem do tema me dá) que me levou à opção pela análise desta temática.

Reforçando a ideia de que estamos perante questões filosóficas fundamentais que, nem por serem filosóficas, deixam de estar ligadas ao quotidiano (se calhar, é também assim com todas as questões filosóficas, mas nem sempre disso nos apercebemos), gostaria de começar por evocar alguns exemplos que mostram como tais questões estão presentes nas reacções espontâneas de pessoas comuns, e não apenas no pensamento elaborado de quem exerce a actividade judicial no âmbito da jurisdição penal, ou nela colabora.

Diante dos atentados terroristas de 11 de Setembro de 2001, ou de outros atentados terroristas, quantas vezes não ouvimos dizer a pessoas comuns: "Tem de ser feita justiça!". E também a outras pessoas: "Mas justiça não é vingança!". Quando, há pouco tempo, faleceu um antigo ditador responsável por graves violações dos direitos humanos, também a muitos ouvimos este comentário: "Morreu sem ter prestado contas à justiça". A estas reacções e comentários, que aqui trago apenas como ilustração introdutória, estão subjacentes, mais ou menos conscientemente, ou mais ou menos elaboradamente, opções a respeito dos fins das penas. Encarar esse tipo de reacções e comentários de forma mais consciente e elaborada pode fazer-se à luz da análise que se segue, sobre as várias teorias e respostas que têm sido dadas às questões dos fins das penas.

Começarei por analisar cada uma das principais teorias e respostas (ou dos principais grupos de teorias e respostas), indicando os pressupostos de que partem, as suas virtualidades e os seus limites. Não deixarei de avançar as minhas próprias posições pessoais a esse respeito. Estas não são, obviamente, o fruto de um trabalho de reflexão erudito, aprofundado e acabado, mas o fruto normal e espontâneo de quem vem lidando habitualmente com a prática judiciária e a formação de magistrados no âmbito da jurisdição penal. De qualquer modo, não deixarei de distinguir o que são essas minhas despretensiosas reflexões pessoais e aquilo que são as opções do ordenamento jurídico-penal vigente, assim como as orientações predominantemente acolhidas na doutrina mais autorizada e influente e na jurisprudência que por esta doutrina se guia. Como é evidente, é o conteúdo destas últimas opções e orientações que mais interessará aos destinatários deste texto.

As teorias absolutas ou da retribuição

Justifica-se que inicie esta breve descrição panorâmica a respeito dos fins das penas com a análise das chamadas teorias *absolutas* ou da *retribuição*.

Falamos em teorias *absolutas* porque nestas a pena é concebida como uma exigência *absoluta*, metafísica e ética, de justiça, independentemente de considerações utilitaristas, da maior ou menor conveniência que tal pena possa acarretar na perspectiva do interesse social aferido num determinado contexto histórico concreto. Esta utilidade e conveniência serão sempre secundárias em relação à exigência pura de justiça. É célebre o exemplo dado por Kant, expoente desta teoria, ao aludir à comunidade de habitantes de uma ilha que, antes de se desintegrar como comunidade com a dispersão desses habitantes por outros locais (e sem que se verifique, por isso, alguma necessidade de protecção dos interesses futuros de coesão ou pacificação dessa sociedade), não pode deixar de punir quem seja responsável por crimes que no seu seio tenham sido cometidos. É assim porque, afirma Kant numa frase também célebre, "quando a justiça desaparece, a vida na terra deixa de ter valor". A pena é, pois, nesta visão, um *imperativo categórico*. Pune-se *porque* se tem de punir, como uma exigência ética natural de justiça, anterior a qualquer ordenamento jurídico positivo e a qualquer opção política concreta, e não *para* prosseguir algum interesse ou utilidade social.

Falamos em teorias da *retribuição* porque tal exigência de punição de acordo com a justiça se traduz na concepção da pena como *castigo*. Ao *mal* do crime responde-se com o *mal* da pena. A pena é uma forma de reparação do mal cometido, uma forma de "saldar a dívida" contraída com a prática do crime. Afirma o juiz francês Michel Anquestil: "O mecanismo da pena decorre do princípio da reacção: no domínio da natureza, tal como no domínio da cultura, todos os seres reagem uns aos outros, e cada ordem da realidade defende-se em particular contra toda a agressão, contra todo o acto que tende a destruí-la"[1].

Ao castigo que representa a pena, está associada a noção do valor moral da *expiação*. A este respeito, é comum referir[2] o exemplo retratado no protagonista do célebre romance de Dostoievsky *Crime e Castigo*, que reflecte a exigência, sentida pelo criminoso e provocada pelo remorso devido à prática do crime cometido, de expiação através do sofrimento e da pena.

Pressuposto antropológico desta teoria é a visão da pessoa humana como ser livre e, por isso, responsável. Reconhecer a dignidade da pessoa humana é, na conhecida visão kantiana, rejeitar a sua degradação a objecto, a meio ou instrumento. E o Estado estará a instrumentalizar a pessoa se utilizar a sua condenação para prosseguir um interesse da sociedade, para tal condenação servir de exemplo aos potenciais criminosos, intimidando-os. Só não se verificará essa instrumentalização, a degradação da pessoa de meio a fim, se a pena tiver uma base ética e não puramente utilitária, se corresponder à culpa concreta do agente, se esta culpa for pressuposto e medida dessa pena. Numa lógica utilitarista, poderia prescindir-se da culpa como pressuposto e como limite da pena se o interesse social assim o reclamasse. As necessidades de prevenção da criminalidade poderiam levar à punição de alguém que não fosse culpado, ou à punição para além da medida da pena, numa lógica puramente utilitarista, se tal fosse necessário para prevenir a prática de outros crimes pelo próprio agente (devido à sua perigosidade) ou por quaisquer potenciais criminosos (que deveriam ser intimidados através do exemplo que representa uma qualquer condenação). Numa lógica retributiva, que parte do princípio da culpa, tal não seria nunca possível.

---

[1] "Contribution d'une Recherche Morale à une Politique Pénale: Justice et Droit de Punir", *in* AAVV, *La Peine, Quel Avenir?*, Actes du Coloque du Centre Thomas More, Paris, 1983, pg. 138.

[2] Assim, René Marle, *La Penitence et La Peine – Théologie, Droit Canonique. Droit Penal*, Paris, 1985, pgs. 96 e 97, Mario Cattaneo, *Pena, Diritto e Dignità Umana – Saggio sulla Filosofia del Diritto Penale*, Turim, 1990, pg. 65, e Ítalo Mancini, "La Questione Penale in Dostoievskj", in *Rivista Internazionale di Filosofia del Diritto*, LIX, 1982, pgs. 210 e segs.

Para Hegel, outro expoente clássico desta teoria, sendo o crime a *negação do direito*, a pena é a necessária *negação* dessa *negação*[3]. E a pena honra o ser humano como ser livre, a ponto de se poder afirmar um *direito* deste *à pena*. Atribuir à pena uma finalidade intimidatória, numa perspectiva utilitarista que ignora a visão da pessoa humana como ser livre, responsável e eticamente motivado, seria degradante para com essa pessoa, tratando-a como "um cão a quem se levanta um pau".

Como veremos, ainda que a orientação hoje predominante no nosso e em vários ordenamentos jurídicos da nossa área cultural, seja no sentido da rejeição desta teoria, o princípio da culpa, que a ela está ligado, mantém-se como um dado adquirido do património jurídico-cultural. A culpa é pressuposto da pena e limite da medida da pena. Não há pena sem culpa e a medida da pena não pode ultrapassar a medida da culpa (ver artigo 40.º, n.º 2, do Código Penal). O princípio da culpa é uma necessária decorrência do princípio da dignidade da pessoa humana em que assente a República Portuguesa, como solenemente proclama o artigo 1.º da Constituição.

A lógica retributiva poderá conduzir à lógica da *lei de talião* ("olho por olho, dente por dente"), com o barbarismo que lhe está associado e que a história do direito penal anterior ao iluminismo ilustra[4]. Se o mal da pena responde ao mal do crime, a gravidade da pena deverá ser equivalente à gravidade do crime. De acordo com esta lógica, pode advogar--se a pena de morte, como fazia Kant em relação ao homicídio. O que será, então, que distingue a *justiça* da *vingança*?

Contra esta crítica, afirmam os partidários do retribucionismo que a gravidade da pena há-de ser, na lógica retributiva, *proporcional* à gravidade do crime, não necessariamente *igual* ou *equivalente* a essa gravidade. E que a pena é, como o crime, um *mal* em sentido fáctico, mas não é, ao contrário do crime, um *mal* em sentido ético. Afirma, a este respeito, Giuseppe Bettiol, que "o direito penal começa precisamente lá

---

[3] *Principes de la Philosophie du Droit* (trad. francesa), Gallimard, Paris, 1940, pgs. 95 e segs.

[4] A ponto de fazer afirmar a Giorgio del Vecchio, numa frase que se tornou célebre, que "a história das penas não é menos desonrosa do que a história dos crimes".

onde acaba a vingança. Não deve identificar-se a ideia de *vingança* com a ideia de *reacção*. A pena retributiva é a expressão de uma justiça que se liga à ideia de proporção e equilíbrio entre dois termos, momento racional que contrasta com qualquer movimento passional, o qual tende à exclusividade, de que decorre sempre a vingança (...). Importa distinguir entre o "mal" em sentido *naturalístico*, como sinónimo ou equivalente de sofrimento físico ou psíquico, e o mal de natureza *moral*, ou seja, algo de intrinsecamente mau enquanto antitético em relação à natureza racional do homem (...). A pena retributiva é uma noção cujo conteúdo não pode esgotar-se no mundo naturalístico, devendo antes elevar-se ao mundo dos valores (...), ao das supremas "exigências" fora das quais a vida se transforma num puro processo biológico" [5].

Numa primeira aproximação, podemos notar como a teoria retributiva encontra eco em reacções espontâneas de pessoas comuns diante da prática de crimes. Vimo-lo quando apresentámos alguns exemplos de reacções diante de crimes graves, motivadas pelo anseio de que "se faça justiça" e de que quem pratica crimes "preste contas", "receba o que merece" e "pague pelo que fez". Porém, aquilo que pode parecer um compreensível anseio de justiça também frequentemente degenera na lógica da *lei de talião* ("olho por olho, dente por dente"), quando se pretende fazer equivaler o mal associado à pena ao mal associado ao crime, com a justificação da pena de morte, ou da severidade das penas *à outrance*.

Como já acima afirmei, a tendência que prevalece hoje na doutrina penalista, entre nós e na generalidade dos países da nossa área jurídico--cultural, aponta no sentido da rejeição da teoria da retribuição. Para Jorge de Figueiredo Dias, esta teoria deve ser "recusada *in limine*"[6].

---

[5] "Punti Fermi in Tema di Pena Retributiva", in *Scritti Giuridici*, 1966-1980, Pádua, 1980, tomo II, pgs. 939 e 942.

[6] Ver *Temas Básicos de Doutrina Penal*, Coimbra, 2001, pgs. 67 e segs, e *Direito Penal Português – As Consequências Jurídicas do Crime*, 1993, pgs. 72 e 73. Em sentido idêntico, pronuncia-se, também, Anabela Miranda Rodrigues, *A Determinação da Medida da Pena Privativa da Liberdade*, Coimbra, 1993, pgs. 152 e segs., "Sistema Punitivo Português – Principais Alterações no Código Penal Revisto", in *Sub Judice*, vol. 11, Janeiro – Junho 1996, pgs. 27 e segs., e "O Modelo de Prevenção na Determinação da Medida Concreta da Pena", in *Revista Portuguesa de Ciência Criminal*, ano 12, n.º 2, pgs. 147 e segs.

Três ordens de argumentos têm servido para a rejeição desta teoria. Por um lado, alega-se que o princípio do livre-arbítrio, pressuposto básico de que ela parte, não pode ser objecto de demonstração científica. Por outro lado, afirma-se que a realização de uma "justiça divina", ou de um "ideal metafísico de justiça" não é compatível com um Estado laico, democrático e pluralista. Por último, diz-se que não é racionalmente compreensível que se possa eliminar um mal (o que resulta da prática de um crime) acrescentando-lhe um mal equivalente, ou, pelo menos, um outro mal (como é, sempre, a pena).

A respeito destas críticas e argumentos, tenho a dizer o seguinte.

Releva de uma concepção estreitamente positivista a rejeição de quaisquer dados ou princípios apenas porque estes não podem ser demonstrados cientificamente. Essa rejeição levar-nos-ia muito longe e haveria de conduzir a resultados desastrosos. Também se poderia dizer que não têm demonstração científica princípios que alicerçam um Estado de Direito democrático, como o da dignidade da pessoa humana, na base de todos os direitos fundamentais [7]. Para além da evidência científica, há a evidência filosófica. Para lá dos dados externamente observáveis, há os dados da consciência, e é no plano dos dados da consciência (são estes que me revelam que estou a escrever este texto quando, apesar de muitos condicionalismos, poderia não o estar, porque sou livre) que se situa a evidência do livre arbítrio [8] [9].

No sentido da aceitação da teoria da retribuição, pode ver-se, porém, na doutrina portuguesa recente, José de Faria Costa, *Linhas de Direito Penal e Filosofia: Alguns Cruzamentos Reflexivos*, Coimbra, 2005, pgs. 205 e segs.

[7] Afirma Maurice Cusson, (in *Porquoi Punir?*, Paris, 1987, pg. 115) a propósito da relação entre os fundamentos de um regime democrático protector das liberdades e o livre-arbítrio: "... não se pode valorizar a liberdade se se nega o livre-arbítrio. Que sentido poderiam ter as liberdades individuais se os seres humanos fossem marionetas incapazes de auto-determinação? Por outro lado, as leis que visam assegurar a liberdade seriam inoperantes se as pessoas não tivessem discernimento ou vontade. Estas não poderiam captar o sentido dessas leis e conformar-se a elas. Por outras palavras, as leis que protegem a liberdade não teriam efeito se os seres humanos fossem incapazes de compreender uma mensagem como a que lhes diz: Respeitai as liberdades dos outros."

[8] Sem entrar na análise desta complexa questão, não quero, porém, deixar de reproduzir o que afirma Ana Paiva *(in* "António Damásio e a 'Nova Sociolo-

Mas, como também já disse, os críticos do retribucionismo não levam, normalmente, tal crítica às últimas consequências e, concretamente, neste aspecto, não chegam a pôr em causa o pressuposto do livre arbítrio e o princípio da culpa, que dele é corolário [10]. Já chegou a ser proposto, em coerência com as críticas à teoria da retribuição e ao princípio da culpa que lhe subjaz, que este princípio fosse substituído por um princípio de proporcionalidade objectiva entre o crime e a pena, prescindindo de considerações relativas à culpa e ao sujeito (assim, por exemplo, o espanhol Gimbernat Ordeig). Mas tais propostas não tiveram, até agora, qualquer acolhimento no plano legislativo, sendo que os ordenamentos jurídico-penais vigentes continuam a assentar no princípio da culpa. A conduta criminosa supõe uma acção livre, uma acção consciente e voluntária, que o agente poderia não ter praticado se quisesse. É porque tal acção é livre que é merecedora de censura ética e de pena. A culpa é, pois, pressuposto da pena. E o grau de culpa, a maior ou menor gravidade do crime no plano subjectivo e da censura ética, há-de reflectir-se na própria medida da pena, pelo menos enquanto limite inultrapassável mesmo perante as maiores exigências preventivas (é este o sentido do já atrás referido artigo 40.º, n.º 2, do Código Penal). Quando nos situamos no domínio de acções objectivamente correspondentes à descrição legal de um tipo de crime, mas não livres e não passíveis de censura ética, poderão ser aplicadas medidas de segurança (artigos 91.º a 99.º do

---

gia' ", *Brotéria*, vol. 164, 2, Fevereiro de 2007, pg. 138), a respeito do livre arbítrio e dos dados científicos decorrentes dos trabalhos de António Damásio e expostos no seu livro *Ao Encontro de Espinosa – As Emoções Sociais e a Neurologia do Sentir* (Lisboa, 2003): "Parece lícito concluir que o livre arbítrio é praticamente o único determinismo biológico do ser humano. A sua existência é a garantia de que o Homem não está deterministicamente preso a qualquer acção homeostática particular, mas, ao contrário, que pode e deve escolher entre um leque possível de opções de acção."

[9] Numa perspectiva da filosofia da ciência, é de assinalar a tese indeterminista de Karl Popper, que salienta o absurdo da crença na previsibilidade de algo como uma sinfonia de Mozart (ver Karl Popper e Konrad Lorenz, *O Futuro Está Aberto*, trad. portuguesa, Lisboa, 1990, e Karl Popper, *Em Busca de Um Mundo Melhor*, trad. portuguesa, Lisboa, 1992, pgs. 209-219)

[10] Assim, claramente, os dois autores portugueses (Jorge de Figueiredo Dias e Anabela Miranda Rodrigues) acima citados.

Código Penal), que têm finalidades distintas das penas, de simples protecção social contra a perigosidade do agente.

Não me parece que os princípios de um Estado laico, democrático e pluralista sejam incompatíveis com a fundamentação metafísica e absoluta (já seriam incompatíveis com uma fundamentação puramente teológica, mas esta não se confunde com a fundamentação metafísica e absoluta) do direito de punir. A laicidade e a democracia não implicam o relativismo axiológico, mas assentam em princípios absolutos, como o da dignidade da pessoa humana, que não resultam de uma opção contingente ou arbitrária do Estado (é essa como poderia ser outra), mas têm uma validade anterior ao próprio Estado e vinculam o próprio Estado [11]. As conveniências sociais, ou mesmo o facto de os valores acolhidos pelo sistema penal beneficiarem da adesão maioritária numa determinada sociedade, não são fundamento ético suficiente para que daí possa derivar uma restrição tão acentuada dos direitos individuais como é a sanção penal. Esse fundamento há-de encontrar-se para além das opções políticas ou do direito positivo, não na teologia (a secularização do direito penal é um dado adquirido), mas no direito natural (a secularização do direito penal não implica o positivismo, a fundamentação metafísica não é irracional). Afirma, a este respeito, Giuseppe Bettiol: "o crime não é um simples desvio de uma regra de comportamento social", mas supõe a "distinção fundamental de natureza ontológica entre o bem e o mal", é "uma escolha consciente e voluntária do mal" [12]. E Maurice Cusson: "O furto não é injusto por ser proibido, é proibido por ser universalmente considerado como acto injusto" [13].

Atribuir à punição um suporte metafísico traduz-se num baluarte que protege o princípio da culpa (princípio que não é, pois, contingente) e

---

[11] Afirma, a este respeito, João Paulo II na encíclica *Centesimus Annus* (edição portuguesa, C.E.P.- Rei dos Livros, Lisboa, 1991, pgs. 100 e 101): "Se não existe nenhuma verdade última que guie e oriente a acção política, então as ideias e as convicções podem ser facilmente instrumentalizadas para fins de poder. Uma democracia sem valores converte-se facilmente num totalitarismo dissimulado, como a história demonstra."

[12] "La Concezione della Pena in Aldo Moro", in *Rivista Italiana di Diritto e Procedura Penale*, 1981, pgs. 1263 e segs.

[13] *Op. cit.*, pg. 9.

impede que alguma vez se caia na tentação de prescindir do nexo entre culpa e punição, e de proporção entre culpa e medida da pena, em nome de exigências de prevenção geral e especial [14].

E não me parece que tal seja incompatível com dois princípios hoje também adquiridos nos Estados laicos, democráticos e pluralistas: a distinção entre o direito e a moral (porque esta não se confunde com a neutralidade axiológica do direito) e o da subsidiariedade do direito penal ou da intervenção mínima do direito penal (porque o direito penal não tem de intervir sempre que uma conduta é eticamente censurável, mas, para intervir, deve estar eticamente legitimado para tal) [15].

A associação entre a teoria da retribuição e a *lei de talião* ("olho por olho, dente por dente") e a ideia de que a resposta a um mal com outro mal não tem base racional já serão, em minha opinião, mais difíceis de afastar. É certo que, como já atrás se referiu, a pena representa um mal em sentido fáctico, não em sentido ético, e que entre a gravidade da pena e a gravidade do crime deve verificar-se uma relação de proporcionalidade, não uma relação de equivalência. Também é certo que a pena tem uma dimensão aflitiva incontornável: se não provocasse sofrimento (fosse qual fosse a sua finalidade), não seria uma pena, seria um prémio ou uma medida assistencial. Mas é difícil encontrar numa pena paradigmática como a de prisão uma dimensão social positiva que contrarie a imagem da resposta a um mal com outro mal. Embora reconheça que a retribuição parece corresponder a uma exigência co-natural dos seres humanos, Mário Cattaneo considera "dificilmente superável a ideia de que na sua base esteja a ideia de vingança" [16] [17].

---

[14] É contra essa "deriva" que se insurge Andrew von Hirsh e a teoria do "justo merecimento", a que aludirei de seguida.

[15] Numa linha de conciliação entre o retribucionismo e estes princípios, pode ver-se José de Faria Costa, *op. cit.*

[16] *Op. cit.*, pg. 131.

[17] Para Maurice Causson (*op. cit.*, pgs. 40, 41, 60 e 177), entre pena e *vendetta* não há uma oposição radical, antes uma equivalência funcional, e a justiça penal não é a antítese da vingança, antes a sua "domesticação". A história e a antropologia demonstram como ambas se substituem mutuamente. A abstenção da justiça penal conduz espontaneamente ao renascer da vingança.

Para superar esta suspeita, ou a lógica da resposta a um mal com outro mal, haverá, então, que — em meu entender — conceber e aplicar penas com uma dimensão social positiva marcante, como sucede, de forma paradigmática, com a pena de prestação de trabalho a favor da comunidade. Nesta, será nítido que ao mal do crime se responde com um bem, com uma actividade socialmente meritória [18]. Mas a dimensão retributiva não está ausente dessas penas. A prestação de trabalho a favor da comunidade não deixa de ter um alcance sancionatório efectivo (não se confunde com uma medida educativa ou de apoio social).

Também não me parece incompatível associar o alcance retributivo da pena ao alcance ressocializador desta. A pena deve favorecer a reinserção social do agente do crime e deverá ser concebida como apelo e convite à "reconciliação" entre esse agente e a comunidade ofendida com a prática do crime. O primeiro passo para essa "reconciliação" é a aceitação, pelo agente, da necessidade de "saldar" a "dívida" que contraiu com a prática do crime. Quando há arrependimento sincero, essa aceitação, ou até essa exigência, é espontânea e natural [19] [20].

Parece-me que o progresso civilizacional que representa a justiça penal impõe uma muito mais clara superação do espírito vindicativo, como procuro demonstrar ao longo deste trabalho.

[18] É este princípio de que ao mal do crime se deve responder com o bem que, para Giorgio del Vecchio, deveria servir de base ao direito penal. À *malum actionis* deveria uma *bonum actionis*, uma actividade e sentido contrário do autor do crime, que anula ou reduza os seus efeitos na medida do possível. A pena de prisão impediria, na prática, o ressarcimento do dano provocado à vítima e à sociedade ("Justiça Divina e Justiça Humana", in *Direito e Paz – Ensaios*, trad. port., Braga, 1968, pgs. 40 e segs.)

[19] Afirma o juiz francês Michel Anquestil (*op. cit.*, pg. 135): "Quando a culpa é reconhecida, raramente o princípio da pena é contestado. São as condições do julgamento, e depois de execução da pena, que suscitam um formidável sentimento de revolta e matam à nascença a possibilidade de reconciliação."

[20] Também poderá ser oportuno evocar as palavras de João Paulo II na mensagem para o Dia Mundial da Paz de 1 de Janeiro de 2002 (*Mensagens para a Paz*, Comissão Nacional Justiça e Paz – Principia, Cascais, pg. 300), a propósito da relação entre justiça e perdão (sendo este último um ideal que se pode aproximar do ideal de "reconciliação" entre o agente do crime e a comunidade):

Mas a pena encarada como apelo e convite à ressocialização, ou à "reconciliação" entre o agente do crime e a comunidade, não pode ser vista como um mal que responde a outro mal.

Procurando conciliar a natureza repressiva da pena, e a sua justiça, com a reintegração social do agente do crime, afirma Cavaleiro de Ferreira: "E assim, a pena não constitui intrinsecamente um mal. Enquanto restringe a esfera jurídica dos condenados, é castigo e como tal deve ser sentida. O castigo, porém, na sua essência, está na reprovação do crime pela condenação.

A pena, na sua aplicação e execução, deve ao invés apontar para a redenção da culpa (repressão), através da readaptação social. A pena não será, portanto, um mal ou sofrimento equivalente ao mal cometido ou sofrimento causado; mas o meio adequado a suscitar a restituição à sociedade pelo delinquente do bem equivalente ao mal cometido, presuntivamente correspondente à extinção da culpa, a qual reage à pena" [21].

Também neste aspecto, uma pena como a de prestação de trabalho a favor da comunidade pode ser paradigmática e exemplar: porque, sem deixar de ter um alcance retributivo, é reveladora de um esforço (recíproco) de aproximação e "reconciliação" entre o agente do crime e a comunidade.

Mas estamos a entrar, por esta via, no âmbito de outra das finalidades da pena, a prevenção especial positiva, que adiante analisarei. Já nos situamos fora do âmbito da teoria da retribuição na sua pureza. Mas também verificamos, desde já, como é possível conciliar, ou combinar, contributos de várias das teorias sobre os fins das penas.

"O perdão não se opõe de modo algum à justiça, porque não consiste em diferir as legítimas exigências de reparação da ordem violada, mas visa sobretudo aquela plenitude de justiça que gera a tranquilidade da ordem, a qual é bem mais do que uma frágil e provisória cessação de hostilidades, porque consiste na cura em profundidade das feridas que sangram nos corações. Para tal, justiça e perdão são essenciais."

[21] *Direito Penal Português*, II, Lisboa, 1982, pgs. 309 e 310.

As teorias relativas

Para as teorias relativas, a legitimidade da pena depende da sua necessidade e eficácia para evitar a prática de crimes. A pena não se justifica por si mesma ("porque tem de ser", porque é um puro imperativo de justiça), mas tem uma finalidade relativa e circunstancial, uma utilidade. E essa utilidade traduz-se na circunstância de funcionar como obstáculo à prática de novos crimes. Não se trata de realizar a justiça, mas de proteger a sociedade. Não se castiga *porque* o agente praticou um mal, um crime, mas *para que* ele próprio, ou outros, não pratiquem crimes no futuro. Se se pretende evitar que seja o próprio agente a praticar novos crimes no futuro, estamos no domínio da prevenção especial, que adiante analisarei. Se se pretende evitar que sejam os agentes sociais em geral a praticar novos crimes no futuro, estamos no domínio da prevenção geral, que será agora analisada na sua vertente de prevenção geral negativa ou de intimidação.

A teoria da prevenção geral negativa ou intimidação

Para a teoria da prevenção geral negativa ou intimidação, a pena funciona como exemplo que pretende dissuadir (intimidando) os potenciais criminosos.

Expoentes clássicos do jusnaturalismo racionalista, como Hobbes, Locke, Puffendorf, Tomazius e Wolf acentuaram, nesta perspectiva, as finalidades circunstanciais e preventivas das penas, contra as doutrinas absolutas e retributivas. E assim também a obra clássica de Cesare Beccaria, *Dei Delitti e delle Pene* [22], expoente do iluminismo.

Tal como as doutrinas retributivas assentam em pressupostos antropológicos (a concepção da pessoa humana como agente livre, responsável, eticamente motivado e fim em si mesmo, como vimos), também a doutrina da prevenção geral negativa ou intimidação assenta numa concepção do Homem: o ser humano é motivado pelo prazer que

---

[22] Ver, por exemplo, a edição da Einaudi (Turim, 1994), ao cuidado de Franco Venturini, com introdução e recolha de documentos relativos à sua génese e acolhimento na Europa setecentista.

possa retirar de determinada acção e contra-motivado pelo "desprazer" (ou sofrimento) que a essa acção possa estar associado. Antes de decidir pela prática de determinada acção, ponderará, pois, como dois pratos de uma balança, as vantagens e desvantagens (o prazer ou o "desprazer") que dela possam derivar. O autor setecentista Paul von Feuerbach analisa este mecanismo psicológico e dele faz derivar a finalidade intimidatória da pena.

A oportunidade de aplicação de cada uma das penas e a medida destas hão-de, pois, ser vistas à luz da sua capacidade de dissuadir o potencial criminoso, que pondera as vantagens e inconvenientes decorrentes da sua acção. Alguns autores clássicos acentuaram a importância dessa dissuasão no âmbito da própria cominação legal das penas correspondentes a cada tipo de crime, com a exigência de igualdade que daqui decorre (assim, Hobbes, Locke, Puffendorf; Beccaria ou Bentham). Outros acentuaram o momento da aplicação judicial das penas em concreto (assim, Feuerbach, Romagnosi e Carrara).

Também encontramos facilmente reflexos, mais ou menos conscientes, desta teoria em reacções espontâneas do cidadão comum diante da prática de crimes e da aplicação de penas. Sempre que — como é frequente — se proclama a necessidade de aplicação de penas severas para dissuadir da prática futuras de crimes por parte de potenciais criminosos, ou se advogam alterações legislativas nesse sentido para combater a criminalidade, é a ideia de intimidação como finalidade da pena que subjaz a tais posições.

Numa apreciação crítica desta teoria, impõe-se que comecemos por reconhecer que tem algum fundamento e que a visão algo pessimista da natureza humana que lhe subjaz (claramente redutora, como veremos — é certo) não deixa de ser dotada de algum realismo. Assim, se pensarmos, por exemplo, no aumento generalizado da criminalidade que se verifica em momentos de crise da autoridade do Estado (de revolução ou de guerra civil, por exemplo [23]). Também não podemos ignorar como é, tão só, o medo das sanções (não certamente um súbito acesso de consciência cívica) que leva muitos automobilistas a reduzir a velocidade

---

[23] Vejam-se as pilhagens ocorridas no Iraque imediatamente após o derrube do regime de Saddam Hussein.

quando, alertados por "solidários" sinais de luzes, avistam agentes policiais em missão de fiscalização, para voltarem a acelerar logo que tais agentes deixam de os avistar [24]...

Mas, de qualquer modo, são várias e relevantes as críticas que podem ser endereçadas a esta teoria.

De um ponto de vista pragmático e de eficácia, contrariando a ideia de que a criminalidade aumenta ou diminui em função da maior, ou menor, severidade das penas, tem sido demonstrado que os destinatários das normas penais não se guiam, normalmente, pelo conhecimento que possam ter dessas normas (até as desconhecerão, na maior parte dos casos), mas, antes, pela maior, ou menor, probabilidade de os seus actos virem a ser efectivamente detectados e perseguidos criminalmente. É intuitivo que o factor que pode demover, nesta perspectiva, um potencial homicida, não será tanto a probabilidade de a sua condenação ser de oito ou dezasseis anos (porventura, qualquer delas poderia demovê-lo, ou não) mas de ser, ou não, efectivamente condenado. Nesta perspectiva, o maior ou menor incremento da criminalidade não dependerá, tanto, da severidade das penas, como, sobretudo, dos mecanismos fiscalizadores que reforçam a probabilidade de efectiva aplicação da pena.

Também é errado pensar que à decisão de prática do crime está sempre subjacente uma ponderação racional. Muitas vezes, trata-se de uma decisão fruto de um impulso momentâneo, alheio a qualquer ponderação racional de vantagens e inconvenientes futuros. E isso sucede, frequentemente, em crimes graves, como o de homicídio.

Para não falar nos casos de terroristas dispostos a tudo perder (até a própria vida) em nome da causa que os move. Não será certamente o medo da pena (por mais severa que seja) a demovê-los...

Por outro lado, mesmo sem discutirmos, ainda, os redutores pressupostos antropológicos de que parte esta teoria, sem nos afastarmos, ainda, de uma perspectiva pragmática, impõe-se reconhecer que não será nunca viável um qualquer sistema jurídico alicerçado, fundamentalmente, na intimidação. Para isso, seria necessário ter um agente policial sempre ao lado de cada cidadão (também outro agente policial ao lado desse agente

---

[24] É por isso que, no Japão, se colocam, ao longo de estradas, manequins que simulam a presença desses agentes...

policial para "guardar o guardião", e assim sucessivamente). A generalidade dos cidadãos respeita as leis, não por medo das sanções a que possa vir a estar sujeita, mas por razões éticas e educacionais. E tem de ser assim, independentemente de quaisquer pressupostos filosóficos, por razões de "sobrevivência" do sistema. Talvez o exemplo que evoquei anteriormente (relativo ao controlo dos limites de velocidade na estrada) pareça contrariar esta ideia. No entanto, a "ressonância ética" é muito mais marcante no domínio penal, onde situamos esta nossa reflexão sobre os fins das penas (em crimes contra bens jurídicos como a vida, a integridade física, a liberdade, a honra, a propriedade, etc., onde mais claramente se pode dizer que a generalidade das pessoas se abstém da sua prática por razões éticas e não pelo medo das sanções), do que no domínio das infracções contra-ordenacionais (como são a generalidade das infracções rodoviárias), a que não são aplicáveis penas, mas outro tipo de sanções. Afirma-se geralmente que reside aí, na presença ou ausência dessa "ressonância ética", ou no grau dessa "ressonância", a distinção entre crimes e contra-ordenações. Mas, mesmo no domínio das infracções contra-ordenacionais, deve dizer-se que é na modificação das mentalidades e hábitos cívicos que deve apostar-se para diminuir a frequência dessas infracções, mais do que na severidade das sanções ou na intensidade da fiscalização policial (precisamente porque não pode estar um agente em cada curva de uma qualquer estrada).

Entrando já na análise dos pressupostos filosóficos desta teoria, dir-se-á que atribuir à pena uma função utilitária e intimidatória que é independente de considerações éticas e de justiça, se levado às últimas consequências (as quais são decorrência directa dos pressupostos de que se parte), põe em causa a dignidade da pessoa humana em que assenta o Estado de Direito. Já atrás evocámos a objecção kantiana à instrumentalização da pessoa em função de interesses sociais de combate à criminalidade. Numa perspectiva puramente utilitária, a intimidação até poderia fazer-se à custa da condenação de inocentes (a experiência dos totalitarismos do século XX demonstra-o [25]), ou poderia justificar a aplicação de penas para "servir de exemplo", numa medida desproporcional em

---

[25] Veja-se, a este respeito, por exemplo, Hannah Arendt, *O Sistema Totalitário*, trad. portuguesa, Lisboa, pgs. 571 e segs.)

relação à culpa do agente em concreto. Fala-se, a este propósito, em *terrorismo penal* (que pode traduzir-se em *terrorismo legislativo* quando, para tal, se privilegia a função legislativa, ou em *terrorismo judiciário*, quando, para tal, se privilegia a função judicial). Não deixa de ser significativo que a reacção a esta teoria se tenha evidenciado de modo particular na doutrina e jurisprudência alemãs no período imediatamente posterior à II Guerra Mundial e à queda do regime nacional-socialista.

Nos Estados Unidos, diante do pretenso insucesso dos programas de ressocialização, tem-se acentuado a severidade das penas em nome de exigências utilitaristas de prevenção geral, em termos que poderão ser considerados desproporcionais (a população prisional foi multiplicada por cinco nos últimos trinta anos). Contra esta tendência, em nome do primado de critérios éticos de justiça, que impõem a proporcionalidade objectiva entre a pena e a gravidade do crime, sobre critérios utilitaristas, reage Andrew von Hirsh [26], expoente da doutrina do "justo merecimento". Tal proposta seria mais justa e igualitária e conduziria a penas menos severas, desde logo porque qualquer pretensão de redução da criminalidade não caberia no âmbito das funções da pena, mas de medidas políticas situadas noutros âmbitos.

O Direito não pode afirmar-se fundamentalmente através da intimidação e da superioridade própria do monopólio estadual do uso da força. A afirmação, a força e a superioridade do Direito hão-de assentar na ética e na justiça. Por isso, nunca os seus instrumentos poderão contrariar, por razões pragmáticas e utilitárias (como se os "fins" justificassem os "meios"), as bases éticas do sistema, sob pena de este se desmoronar a partir da erosão dos seus próprios alicerces. Tal não ocorrerá, porventura, de imediato, mas certamente ocorrerá numa perspectiva de, mais ou menos, longo prazo. Este é um princípio que importa não esquecer hoje, quando, em nome da luta contra o "inimigo" (que poderá ser o terrorismo internacional) se sugere o sacrifício de princípios adquiridos (autênticas conquistas civilizacionais) de direito processual penal que decorrem do primado da dignidade da pessoa humana (a começar pela proibição da tortura, por exemplo). Quando se fazem estas cedências, é a autoridade e a superioridade ética do Direito que é posta em causa, são o Estado e o

---

[26] Ver *Censurar y Castigar*, tradução castelhana, Valladolid, 1998.

Direito que começam a descer ao nível do "inimigo", começam a deixar de se distinguir desse "inimigo" no plano ético e começam (para além de qualquer eficácia imediata) a dar-se por vencidos [27].

A teoria da prevenção geral positiva ou da integração

Como vimos, a função da pena enquanto instrumento de prevenção geral negativa tem como destinatários os potenciais criminosos. Ora, estes são sempre (como também vimos) uma minoria. A generalidade dos cidadãos adere espontaneamente à pauta de valores tutelada pelo direito penal. É a estes cidadãos, que confiam na validade da ordem jurídica, que se dirige a função da pena como instrumento de prevenção geral positiva. Essa função traduzir-se-á, assim, no reforço dessa confiança, no reforço da consciência comunitária quanto à validade da ordem jurídica. Diante da violação da ordem jurídica, a consciência jurídica comunitária poderá ficar abalada e, se o sistema jurídico-penal não reagir e fechar os olhos a tal violação, tal confiança será posta em causa. A pena serve, pois, de interpelação social que chama a atenção (como sinal dirigido a todos) para a relevância do bem jurídico atingido pela prática do crime (a vida, a

---

[27] Há outros domínios onde se jogam conflitos entre exigências pragmáticas de combate à criminalidade e considerações de justiça. Penso, por exemplo, no tratamento dos chamados "arrependidos", agentes da prática de crimes que, pelo facto de colaborarem com a justiça, beneficiam de um tratamento penal mais benévolo, ou podem ser, mesmo, isentos de pena (ver o artigo 299.º, n.º 4, do Código Penal). É indubitável a utilidade prática deste procedimento (que permitiu, em Itália, por exemplo, desmantelar organizações criminosas como a Máfia). Mas não será justo que quem, às vezes durante largos anos, participou na actividade criminosa e dela beneficiou, às vezes tanto ou mais do que outros agentes condenados, veja "apagado" todo esse seu passado por ter colaborado com a justiça e por razões pragmáticas de combate à criminalidade. É certo que também será justo compensar os graves riscos que para o "arrependido" decorrem do facto de colaborar com a justiça, como será justo considerar o próprio arrependimento (quando é autêntico e não fruto de um juízo de conveniência, como muitas vezes sucede). E também pode optar-se por soluções de conciliação entre as exigências pragmáticas e as considerações de justiça em jogo, afastando a pura e simples isenção de pena. Mas este "entorse" ético, esta cedência às razões pragmáticas com sacrifício de princípios de justiça e igualdade, não deixa de afectar a credibilidade e autoridade do próprio sistema.

integridade física, a liberdade, o património, a autoridade pública, etc.). Sem essa reacção, e sem essa interpelação, poderiam surgir na consciência jurídica comunitária dúvidas quanto a essa relevância. A pena exerce, pois, uma função pedagógica, dirigida à interiorização dos bens jurídico--penais pela consciência jurídica comunitária e, por isso, de integração e de tutela desses bens. Como instrumento de reforço da confiança da consciência comunitária na validade da ordem jurídica, consciência que havia sido abalada pela prática do crime, a pena exerce, também, uma função de pacificação social.

A reacção que a consciência comunitária espera do sistema jurídico--penal diante da prática do crime traduz-se na aplicação de uma pena justa e adequada à culpa, pois é esta pena que vai de encontro ao sentimento jurídico colectivo e é esta pena que corresponde, em coerência, à referida função pedagógica. Deste modo, a esta teoria não poderá ser dirigida a crítica dirigida à teoria da prevenção geral negativa ou da intimidação, segundo a qual esta permitiria a instrumentalização da pessoa em nome de interesses sociais e punir segundo critérios utilitários sacrificando considerações de justiça e de adequação à culpa concreta do agente [28].

Como veremos, esta teoria encontra significativo eco na doutrina portuguesa contemporânea [29].

Há quem veja nesta doutrina uma versão disfarçada da doutrina retributiva e a critique por isso. É certo que a reacção que satisfaz a consciência jurídica comunitária, que impede o "abalo" dessa consciência e que reforça a confiança dessa consciência na validade da ordem jurídica é, inegavelmente, uma reacção de tipo retributivo (embora também haja situações em que tal função pedagógica se cumpre com reacções apenas simbólicas). Quem adira às doutrinas retributivas, ou não as rejeite liminarmente, encontrará neste facto um significativo apoio em favor das suas posições.

---

[28] Ver, neste sentido, Figueiredo Dias, *Temas Básicos...*, cit., pgs. 77 e 78.

[29] Ver as obras de Figueiredo Dias e Anabela Miranda Rodrigues acima citadas e também Américo Taipa de Carvalho, "Prevenção, Culpa e Pena – Uma Concepção Preventivo – Ética do Direito Penal", in *Liber Discipulorum Jorge de Figueiredo Dias*, Coimbra, 2003, pgs. 317 a 329.

No entanto, há que assinalar duas importantes diferenças entre a doutrina retributiva e a doutrina da prevenção geral positiva.

Uma primeira é a de que a doutrina da prevenção geral positiva se situa claramente, ao contrário da doutrina da retribuição, no âmbito das teorias relativas, e não das teorias absolutas. As exigências de reforço da consciência comunitária na validade da ordem jurídica são situadas no tempo e no espaço, variarão de acordo com os diferentes contextos sociais, culturais e históricos. Serão maiores ou menores de acordo com esse contexto. A frequência de crimes de tráfico de estupefacientes, incêndio ou abuso sexual de crianças, por exemplo, numa determinada sociedade e num determinado momento, e o despertar da opinião pública para a particular gravidade das consequências desses crimes, tornarão mais fortes as exigências da prevenção geral positiva. As exigências de punição de acordo com a justiça são, nesta perspectiva, relativizadas e despidas de qualquer conotação metafísica.

Por outro lado, que a pena deva ser adequada à culpa não significa que a culpa seja (como é na perspectiva retribucionista) *fundamento* da pena, mas, antes, que a culpa é *pressuposto* (não há pena sem culpa) e *limite* (a medida da pena não pode ser, em gravidade, superior à medida da culpa) da pena. A culpa é condição necessária da aplicação da pena, mas não sua condição suficiente. Fala-se, assim, em princípio unilateral da culpa, por contraposição ao princípio bilateral da culpa. Há situações em que a comunidade tolera um certo grau de renúncia à pena que seria adequada à culpa do agente, porque a consciência jurídica colectiva não se sente, com isso, abalada (dada a pequena gravidade do crime, ou porque essa consciência é sensível à necessidade de evitar os efeitos nocivos e dessocializadores da pena de prisão). E é assim porque a pena só poderá justificar-se por necessidades de prevenção, não por uma exigência absoluta de adequação à culpa do agente (uma vez que não é esta o fundamento da pena).

Reflectem estes princípios alguns aspectos do regime jurídico-penal vigente entre nós. A pena de prisão, que poderia ser adequada e proporcional à culpa do agente (atendendo à gravidade do crime), observados determinados requisitos e dentro de determinados limites, será substituída por multa se a execução da pena de prisão não for exigida pela necessidade de evitar a prática de futuros crimes (artigo 44.º, n.º 1, do Código

Penal), ou por prestação de trabalho a favor da comunidade, se desta forma se realizarem de forma adequada e suficiente as finalidades da punição (artigo 58.º, n.º 1, do Código Penal), sendo estas finalidades encaradas na perspectiva preventiva indicada. A pena de prisão, que também poderia ser adequada e proporcional à culpa do agente, será, se observados determinados requisitos e dentro de determinados limites, suspensa na sua execução, também se desta forma se realizarem de forma adequada e suficiente as finalidades da punição (artigo 50.º, n.º 1, do Código Penal). Também reflecte esta ideia o critério geral de escolha da pena decorrente do artigo 70.º do Código Penal: se ao crime forem aplicáveis, em alternativa, pena privativa e pena não privativa de liberdade, o tribunal dá preferência à segunda sempre que esta realizar de forma adequada e suficiente as finalidades da punição. E será, até, possível, observados determinados requisitos e dentro de determinados limites, dispensar a própria pena se a esta não se opuserem razões de prevenção (artigo 74.º, n.º 1, c), do Código Penal).

Numa apreciação crítica desta teoria, poderá dizer-se o seguinte.

É de louvar que à pena sejam atribuídas funções positivas de cariz pedagógico, dirigidas à generalidade dos cidadãos, que, como vimos, adere espontaneamente, por razões éticas e educacionais, ao quadro de valores tutelados pelo direito penal. E que se acentue como o direito penal não pode afirmar-se pela força, mas pela coerência com tais valores, na linha do que acima salientei. A este respeito, virá a propósito salientar como contraria abertamente tal função pedagógica a pena de morte: como poderá afirmar o valor da vida humana, e reforçar a consciência comunitária relativa a esse valor, a aplicação de uma pena que, numa lógica taliónica de vingança, nega, em si mesma, esse valor? Não é supérfluo repetir: o Direito não se afirma pela força, mas pela coerência ética.

Há que reconhecer que as versões desta teoria que têm tido acolhimento na doutrina portuguesa salvaguardam, como vimos, o respeito pelo princípio da culpa, corolário do princípio da dignidade da pessoa humana. Mas não está excluído que dos pressupostos utilitaristas e relativistas de que parte esta teoria se não possam retirar conclusões contrárias a tais princípios, que levem até às últimas consequências tais pressupostos. Para Jakobs, numa perspectiva sistémico-funcional que tende a afastar limites liberais e materiais à intervenção penal, o papel da culpa na determinação da pena estaria reduzido à maior ou menor necessidade social de "estabilização contrafáctica das expectativas comunitárias na validade da norma violada", o que, segundo Américo Taipa de Carvalho, seria uma forma de a desvirtuar totalmente [30].

É certo que as expectativas comunitárias e o sentimento jurídico colectivo apontam, normalmente, no sentido da aplicação de uma pena justa e adequada à culpa. Mas também verificamos como a opinião pública tantas vezes reage de forma emotiva e nem sempre racional, ou está sujeita a flutuações constantes (tão depressa é sensível à gravidade de determinados crimes e exige condenações desproporcionalmente severas, como passa a ser sensível aos excessos repressivos da actuação policial e judicial). A maior ou menor sensibilidade perante a gravidade de cada um dos crimes também nem sempre reflecte padrões objectivos. No âmbito da criminalidade fiscal, por exemplo, haverá uma frequente tendência desculpabilizadora pouco conforme a padrões objectivos de danosidade social [31].

Deverá o juiz guiar-se por esta tão volátil e incerta concepção do sentimento jurídico colectivo? Neste desvio relativista não haverá sempre perigos de sacrifício de princípios racionais e objectivos de igualdade e proporcionalidade? [32]

---

[30] Ver *op. cit.*, pg. 320.

[31] Saliente-se, porém, que também há quem acentue que, pelo contrário, em obediência à função pedagógica das penas, as exigências de prevenção geral positiva serão tanto maiores quanto mais acentuada for a ausência de sensibilidade da consciência jurídica comunitária (mal formada) perante a lesão de determinados bens jurídicos, como poderão ser os que são atingidos pela criminalidade económica, fiscal ou ambiental (assim, Américo Taipa de Carvalho, *op. cit.*, pg. 327). Mas os perigos de sacrifício de princípios objectivos de igualdade e proporcionalidade manter-se-ão.

[32] Será oportuno evocar, a propósito das reacções emotivas populares diante da prática de crimes, os perigos associados ao mecanismo do *bode expiatório*, a necessidade de encontrar uma qualquer vítima, como instrumento de catarse colectiva e pacificação social. Podem ver-se, sobre esta questão, com referência ao sistema penal, os aprofundados estudos de René Girard, *La Violence et le Sacré*, Paris, 1972, e *Des Choses Cachés Depuis la Fondation du Monde*, Paris, 1878.

A frequência e visibilidade (hoje cada vez mais intensamente mediatizada) dos vários tipos de crime podem acentuar as exigências de prevenção geral positiva, assim entendidas, sem correspondência a esses critérios racionais e objectivos de igualdade e proporcionalidade.

Por outro lado, como aferir as expectativas da consciência jurídica comunitária, sem cair no subjectivismo, na ausência de dados empíricos objectivos? Como interpretar essa consciência? Quem a representa, quando as valorações socialmente vigentes são heterogéneas e contraditórias? Será que a comunicação social a espelha de forma fiel? Terá o juiz (para além do legislador, que opera no âmbito da generalidade e tem legitimidade democrática) legitimidade para se fazer intérprete dessas exigências (que serão, normalmente, genéricas e não específicas do caso concreto sujeito à sua apreciação, campo em que a sua legitimidade já não seria questionável)?[33]

Até onde é que poderá dizer-se, com critérios seguros e objectivos, que a consciência jurídica comunitária é, ou não, abalada pela renúncia à pena ajustada à culpa? Não haverá sempre alguma forma de "abalo", ou, pelo menos, de frustrante incompreensão face à injustiça da impunidade, por exemplo, em muitas situações de suspensão, pura e simples, da execução da pena (situações que reclamariam, segundo critérios de justiça, talvez não a execução da pena de prisão, mas a imposição de deveres (ao abrigo do artigo 51.º do Código Penal) de alcance efectivamente sancionatório, como condição dessa suspensão?

Também já se tem dito, em crítica a esta teoria, que ao crimes mais graves (como os do regime nacional-socialista, por exemplo), por serem objecto de uma condenação unânime e indiscutível, não chegam a causar a necessidade de reforçar a confiança da consciência jurídica comunitária na validade da ordem jurídica. Se esses crimes mais graves não forem punidos, não será por isso que surgirão dúvidas ou hesitações na consciência jurídica comunitária quanto à relevância dos bens jurídicos em

---

[33] Maria Fernanda Palma (*in* "As Alterações Reformadoras da Parte Geral do Código Penal na Revisão de 1995: Desmantelamento, Reforço e Paralisia da Sociedade Punitiva", *Jornadas sobre a Revisão do Código Penal*, Lisboa, 1998, pgs. 40 e 41) alerta para os perigos desta concepção do juiz como "arauto" da consciência jurídica colectiva.

jogo. E a punição não deixa, nestes casos, de se justificar por simples exigências de justiça.

Mas estas são simples reflexões pessoais, que não podem fazer esquecer o acolhimento que esta teoria tem tido (em termos que analisarei melhor de seguida, e que, como veremos, a fazem escapar a algumas destas críticas) na doutrina portuguesa mais autorizada e na própria legislação vigente.

A teoria da prevenção especial negativa

A prevenção especial, enquanto fim da pena, traduz-se na tentativa de evitar a prática de futuros crimes por parte do próprio agente. Na sua vertente negativa, visa-se a protecção da sociedade perante um agente considerado perigoso. Fala-se, então, em *separação* ou *segregação*, *neutralização* ou *inocuização* desse agente.

Para um autor clássico, Franz von Liszt, a pena teria sempre uma função de prevenção especial, seria sempre destinada a evitar a prática de futuros crimes por parte do agente. Essa função, porém, assumiria diferentes facetas, de acordo com as características próprias de vários tipos de delinquentes. Em relação ao delinquente ocasional, a função da pena seria a de o intimidar, advertindo-o para as consequências que poderão decorrer da prática de novos crimes. Em relação ao delinquente habitual, a pena visaria a sua ressocialização. Em relação ao delinquente "irrecuperável", a pena teria uma função de protecção da sociedade. Seria, pois, em relação a esta categoria (os "irrecuperáveis") que a pena assumiria uma função de simples prevenção especial negativa.

Numa versão radical, esta teoria parte de um pressuposto determinista, que nega o livre arbítrio. Para a escola clássica do positivismo (Lombroso, Ferri, Garofolo), o criminoso (o *homo criminalis*) é levado à prática do crime por factores (para uns, antropológicos, para outros, psíquicos ou sociais) que escapam à sua vontade. Situamo-nos, assim, nos antípodas das teorias que assentam numa concepção de pessoa humana como ser livre e responsável.

A apreciação crítica desta doutrina há-de centrar-se na própria concepção determinista que lhe subjaz (pelo menos, na sua versão radical). O princípio da dignidade da pessoa humana em que assenta um

Estado de Direito (artigo 1.º da Constituição portuguesa) não pode deixar de supor uma concepção da pessoa humana como ser livre e responsável. A pena, por definição, distingue-se das medidas de segurança. Estas são aplicáveis a inimputáveis (a pessoas em relação às quais não podem ser formulados, pelo menos no que a determinado acto diz respeito, juízos de culpa ou censura ética). E, por isso, visam a pura e simples protecção da sociedade diante da perigosidade que possa caracterizar esses agentes. Porque as penas se distinguem das medidas de segurança, hão-de partir de outro pressuposto (o livre arbítrio do agente) e hão-de prosseguir outra finalidade (que não a simples protecção da sociedade diante da perigosidade do agente)

Do princípio da dignidade da pessoa humana decorre, também, como seu corolário, e como venho salientando, o princípio da culpa. Este funciona, pelo menos, como pressuposto e limite da aplicação das penas (se assim não for, a pessoa é reduzida a instrumento e objecto, contra o que impõe o respeito pela sua dignidade). Atribuir à pena uma função de simples prevenção especial negativa, se deste princípio se retirarem todas as suas consequências, levará a sacrificar o princípio da culpa. A pena seria, assim, medida em função da perigosidade do agente, e não em função da sua culpa. Se (para usar um exemplo muito próximo da experiência quotidiana dos tribunais) um toxicodependente pratica sucessivos furtos de pequena gravidade para satisfazer as suas exigências de consumo de estupefacientes, enquanto ele não se libertar da toxicodependência, manter-se-á a sua perigosidade e o perigo de prática de futuros crimes. Mas a pena deixará de ser justa se for desproporcional em relação à objectivamente reduzida gravidade desses crimes [34]. E também a pena aplicada a um agente que nunca logrou (seja qual for o motivo) ser socialmente reinserido no decurso da sua execução, e, por isso, nunca chegou a afastar o perigo de prática de futuros crimes, não pode deixar de estar limitada por uma relação de proporcionalidade com a culpa e gravidade objectiva do crime efectivamente cometido.

---

[34] É interessante, a este respeito, o acórdão da Relação de Coimbra, de 17 de Janeiro de 1996 (in *Colectânea de Jurisprudência*, 1996, I, pgs. 38 e segs.), relativo à medida da pena adequada a um agente com graves antecedentes criminais e condenado por crimes de pequena gravidade.

E há que considerar, também, que um juízo sobre a probabilidade de o agente vir a cometer crimes no futuro é sempre incerto. A pena não pode basear a sua legitimidade num juízo desse tipo. Como princípio, pode dizer-se que é legítimo punir por causa do crime cometido, não por aqueles que *possam* vir a ser cometidos. É certo que um juízo de perigosidade decorre, muitas vezes, dos antecedentes criminais e estes conduzem, naturalmente, a uma maior severidade da pena. Mas esta maior severidade não se justifica tanto por essa perigosidade, como, sobretudo, pelo facto de tais antecedentes agravarem o próprio crime cometido (na medida em que este se traduz num desrespeito pela advertência que deveriam representar as condenações anteriores).

Também se me afigura desconforme com o princípio da dignidade da pessoa humana conceber alguma forma de "irrecuperabilidade" do criminoso. Trata-se de um axioma indiscutível para quem parta desse princípio: mesmo diante dos crimes mais graves, ou da personalidade mais mal formada, porque a pessoa é livre, a capacidade de mudança (de *metanóia*) por parte do agente nunca poderá ser posta em causa. A sua dignidade como pessoa nunca se perde, por mais indignos que sejam os actos que possa ter praticado. Será, porventura, utópico e irrealista raciocinar nestes termos. Mas é o que impõe o princípio da dignidade da pessoa humana. Também esta visão concorre no sentido da rejeição da legitimidade da pena de morte. Tal como concorre no sentido da rejeição da legitimidade da prisão perpétua. Nunca podem ser totalmente fechadas as portas da regeneração ou reinserção social do agente do crime, deve permanecer sempre "uma luz ao fundo do túnel"[35].

---

[35] A propósito de um apelo, dirigido ao Presidente da República de Itália, de condenados a prisão perpétua (onde se afirma, de forma provocatória: "estamos cansados de morrer um pouco todos os dias. Decidimos morrer uma vez só, pedimos que a nossa pena de prisão perpétua seja transformada em pena de morte"), afirma Luigino Bruni: "É justo não dar uma possibilidade de futuro a um ser humano porque existe o risco de que este, talvez, no futuro, possa cometer um crime grave? Pessoalmente, estou convencido de que não é justo: não pode o receio legítimo de um possível e incerto crime futuro transformar-se na certeza de uma vida sem esperança" ("Vogliono Morire una Volta Sola", in *Città Nuova*, n.º 12, 25/6/2007, pg. 12).

A teoria da prevenção especial positiva

As doutrinas da prevenção especial positiva assumem, a este respeito, uma postura radicalmente diferente da das doutrinas da prevenção especial negativa. A pena não visa, fundamentalmente, a protecção da sociedade diante da perigosidade do agente do crime, mas a sua *regeneração, reeducação, ressocialização* ou *reinserção social* (cada um destes termos corresponderá a matizes diferentes, correspondentes às diferentes versões destas doutrinas). Dela está afastada qualquer ideia de "irrecuperabilidade" do agente do crime. Pelo contrário, o que com a pena se pretende é a sua "recuperação" (concebida de formas diferentes, de acordo com as várias doutrinas).

Doutrinas clássicas com particular expressão nos finais do século XIX, como a doutrina correccionalista (que exerceu influência na Península Ibérica) e a *teoria da emenda* acentuaram o papel da pena como instrumento dirigido à reforma interior do condenado, procurando influenciar os seus critérios e opções no plano ético. Nesta vertente, as doutrinas da prevenção especial positiva atribuem à pena objectivos ligados à *regeneração moral* ou *reeducação* (esta última expressão utilizada no artigo da Constituição italiana que enuncia explicitamente os fins das penas) dos agentes do crime.

Outra é a postura das doutrinas mais influentes nos tempos mais recentes, como a da *Nouvelle Defense Sociale* [36], que, nalguma medida, inspirou o Código Penal português vigente. Acentua-se, como função da pena, um objectivo de *reinserção social* ou *ressocialização* [37]. Trata-se, tão só, de prevenir a reincidência. Haverá que respeitar, também em nome da neutralidade axiológica do Estado, as concepções de vida e

---

[36] Ver a obra de referência de Marc Ancel, *La Defense Sociale Nouvelle, Un Mouvement de Politique Criminelle Humaniste*, Paris, 1981, e, sobre esta e outras doutrinas, Jean-Hervé Syr, *Punir et Réhabiliter*, Paris, 1990.

[37] Muitas vezes, trata-se, antes, de inserção social ou socialização, porque o agente, verdadeiramente, nunca chegou a estar socialmente inserido ou socializado. De outras vezes, trata-se, antes, de evitar a "desinserção" social, porque o agente nem chega a estar, à partida, socialmente desinserido. O que poderá suceder é que uma pena de prisão seja, nesta perspectiva, contraproducente. Haverá que buscar, então, a aplicação de penas alternativas à pena de prisão.

juízos de valor próprios do condenado, sem pretender qualquer forma de doutrinamento ou "lavagem ao cérebro". Estatui, nesta linha, o artigo 43.º, n.º 1, do Código Penal: "A execução da pena de prisão (...) deve orientar-se no sentido da reintegração social do recluso, preparando-o para conduzir a sua vida de modo socialmente responsável, sem cometer crimes".

Estas doutrinas tenderão a dar outro relevo, que não é dado pelas doutrinas anteriores, aos factores sociais que estão na génese do crime. Afirma Marc Ancel que "não se trata de defender a sociedade contra os delinquentes porque são perigosos, mas de defender estes, porque estão em perigo, socializando-os".

O objectivo da reinserção social decorre de um dever de solidariedade próprio de um Estado de Direito social. Porque a desestruturação social contribui, nalguma medida, para a prática do crime e a facilita, é dever da sociedade criar condições que contribuam para a reinserção social e a facilitem.

Porque a pena de prisão se tem demonstrado nociva e contraproducente na perspectiva da reinserção social (ao contrário do que vaticinavam as doutrinas oitocentistas que lhe atribuíam benéficos efeitos pedagógicos), propugnam-se penas alternativas à pena de prisão, que, pelo contrário, facilitem e estimulem a reinserção social (ou, pelo menos, evitem a "desinserção" social associada à pena de prisão). Este princípio está presente no já citado artigo 70.º do Código Penal, que estabelece, como critério de escolha da pena, a preferência por pena não privativa da liberdade sempre que esta "realizar de forma adequada e suficiente as finalidades da punição".

Cabe-me, agora, como tenho feito em relação às outras teorias, tecer alguns comentários a respeito das teorias da prevenção especial positiva.

Em primeiro lugar, importará realçar como esta dimensão positiva se coaduna com o (sempre presente nos meus comentários, por compreensíveis e constitucionalmente fundamentadas razões) princípio da dignidade da pessoa humana. Esta dignidade mantém-se para além da prática do crime, por muito grave que este seja. O agente do crime (o "criminoso") não deixa, por ser agente do crime, de ser pessoa, com as virtualidades (eventualmente escondidas devido múltiplos factores) que daí decorrem. E não deixa de ser membro da comunidade. É, pois, também uma visão solidarista [38] que, de certa maneira, subjaz a estas doutrinas. O agente do crime não se torna um excluído que deva ser ostracizado, mas é chamado a reatar os laços que o unem à comunidade e que a prática do crime, de algum modo, quebrou. Uma cultura marcada por raízes cristãs (para além dos limites estritamente confessionais) descobrirá nas imagens evangélicas do regresso do filho pródigo e da ovelha perdida que se reencontra algum eco desta dimensão positiva de reconciliação entre o agente do crime e a sociedade, ou mesmo, mais modestamente, de ressocialização e reinserção social. E também esse eco torna espontaneamente aceitável nas nossas sociedades, apesar de algumas aparências em contrário, esta vertente do sistema jurídico-penal.

A prevenção especial positiva permite, por outro lado, encarar de forma mais radical a própria protecção da sociedade e das vítimas. É a reeducação, ou a ressocialização, que permitem atingir, na sua raiz, os factores que estão na génese do crime, mais do que a sanção em si mesma. E evitar, mais do que a severidade das penas, a reincidência, como o demonstra a aplicação de penas de prisão. Voltando a evocar um exemplo do quotidiano dos tribunais, quando é a toxicodependência a contribuir para a prática do crime, mais do que qualquer pena (que também se justificará por outros motivos), só o tratamento da toxicodependência permitirá afastar o perigo de continuação da actividade criminosa. Olhar a todos os factores que contribuem para a prática do crime ou a facilitam, sem que essa prática deixe de ser encarada como um acto livre e sem que se desresponsabilize o agente (como "vítima da sociedade"), é, além do mais, uma forma realista de combater a criminalidade.

Há que reconhecer que o entusiasmo com que estas doutrinas foram acolhidas a partir dos anos sessenta do século XX foi, progressivamente, esmorecendo. E nos Estados Unidos vem-se acentuando, até, um movimento constante de recurso cada vez mais frequente à pena de prisão (multiplicado por cinco nos últimos trinta anos). O balanço das

---

[38] Ou que, mais ambiciosamente, dê relevo ao valor da fraternidade, o terceiro do mote da Revolução Francesa, até agora mais esquecido. Ver, sobre esta questão, António Maria Baggio (ed.), *Il Pincipio Dimenticato – La Fraternità nella Riflessione Politologica Contemporanea*, Roma, 2007, e Giovanni Caso (ed.), *Relazionalità nel Diritto: quale Spazio per la Fraternità?*, Roma, 2006.

experiências de aplicação de penas alternativas à pena de prisão, que não contribuíram para a diminuição da reincidência, desiludiu, falou--se em "efeito-zero" desses programas e tornou-se célebre, a este respeito, o adágio: *What works? Nothing works* [39]. No entanto, o balanço de aplicação de penas alternativas à pena de prisão não é assim tão unívoco. Há dados que revelam algum sucesso na perspectiva da diminuição da reincidência [40]. E não pode dizer-se que o regresso à aplicação sistemática da pena de prisão se tenha traduzido numa consequente diminuição minimamente relevante dos índices de reincidência ou da criminalidade em geral. Entre nós, nunca a aplicação de penas alternativas à pena de prisão, como a suspensão de execução da pena com regime de prova ou de prestação de trabalho a favor da comunidade, encontrou uma expressão minimamente significativa que permita fazer qualquer tipo de balanço [41]. Antes de cruzar os braços e desistir, importa saber se foi feito (pelo sistema judicial e pela sociedade) tudo o que está ao nosso alcance.

Importa, porém, assinalar, também, alguns limites destas doutrinas.

Uma primeira questão tem a ver com o sentido da ressocialização.

Como vimos, há quem afirme que o sistema jurídico-penal não pode pretender do agente do crime a adesão a qualquer pauta de valores, bastando-se com a conformação externa à lei vigente e a abstenção da

---

[39] Ver, neste sentido, entre nós, José António Veloso, "Pena Criminal", in *Polis, Enciclopédia Verbo do Direito e do Estado,* IV, Lisboa, 1986, pgs. 1091 e segs.

[40] Anabela Miranda Rodrigues, in *A Posição Jurídica do Recluso na Execução da Pena Privativa da Liberdade, Seu Fundamento e Âmbito*, Coimbra, 1982, pgs. 142 a 144, contesta a validade de tais conclusões. Jean-Hervé Syr, (*op. cit.*, pags. 122 e segs.) faz referência e estudos donde se retira que o sucesso ou insucesso dependerá da atitude de maior ou menor acolhimento e colaboração por parte do agente. O estudo de Carolina Estarte, Núria Rosell e Maria Eulália Reina, "Penas Alternativas a la Prisón y Reincidência: um Estúdio Empírico", monografia da *Revista Arazandi de Derecho y Proceso Penal*, n.º 16, demonstra o sucesso da aplicação dessas penas, em relação à pena de prisão, na perspectiva da diminuição da reincidência.

[41] Ver o estudo de João Luís Moraes Rocha, "Crimes, Penas e Reclusão em Portugal: uma Síntese", in *Sub Judice*, n.º 8, Julho-Dezembro 2000, pgs. 104 e segs.

prática de crimes [42]. Ao Estado democrático e pluralista faleceria, até, legitimidade para optar por uma qualquer pauta de valores e impô-la [43]. Mas será possível conduzir um agente à observância dos ditames do sistema jurídico-penal sem apostar na sua motivação interior? E essa motivação não terá de ser mais sólida do que a que decorre do temor das sanções e das desvantagens que, no plano puramente utilitarista, lhe possam estar associadas? [44]

---

[42] Ver, neste sentido, de forma aprofundada, Anabela Miranda Rodrigues, *A Posição* ..., *cit.*, pgs. 97 e segs. Aí se afirma (pag. 121): "Ao pretender alcançar o objectivo de reinserção social não se quer portanto que o indivíduo assuma como próprio o modelo social e os valores. O que se tem em vista é apenas torná-lo *capaz* — criando-lhe disposição interior nesse sentido —, em qualquer caso, de não cometer crimes. Trata-se, assim, em último termo, da afirmação de que basta alcançar o respeito externo pela legalidade, enquanto a reinserção social que pretende fazer o indivíduo assumir ou interiorizar os valores sociais ou morais se aproxima perigosamente dos métodos próprios de um qualquer sistema totalitário."

Mas, também, de seguida (pg. 122): "Se o indivíduo deve, por um lado, pura *obediência* à lei jurídico-penal — é a adaptação externa ou o momento imperativo *tout court* —, deve, por outro lado, *aderir* aos valores que lhe estão subjacentes, esperando-se que se corrija, que se adeque *no sentido de se tornar capaz de os respeitar*. Desta forma se salvaguarda a necessária interiorização — agora não apenas no sentido mecânico — que, não se nega, sempre será pressuposto real de uma verdadeira socialização". Essa interiorização não pode, porém, ser pretendida ou imposta. Deve ser salvaguardada a liberdade do homem "a quem compete, em último termo, decidir sobre a adesão, ou não aos valores que a ordem jurídico-penal defende" (pg. 123).

[43] Para a criminologia crítica ou radical, o próprio ideal ressocializador seria ilegítimo por representar o conformismo diante do modelo social que, com as suas disfunções e injustiças, gera o próprio crime. Situamo-nos, aqui, já no domínio da abolição do direito penal e de uma qualquer função da pena.

[44] Afirma, a este respeito, Manuel Cavaleiro de Ferreira (in *apontamentos policopiados*, Universidade Católica Portuguesa, Lisboa, 1982-3, pgs. 70 e 71): "O homem como delinquente não seria o homem, mas tão só o cidadão. Uma caricatura deformada, exangue, do homem.

Se a eminente dignidade da pessoa humana é alicerce dos seus direitos, não o será o seu dever de se perfazer ou refazer como homem?

E sem esta perspectiva total, toda a influência regeneradora é destinada ao insucesso (...).

Um Estado democrático não é — já o disse — um Estado "agnóstico" no plano dos valores, ou assente no relativismo ético, porque a própria democracia não se reduz a um conjunto de regras processuais e terá de assentar num forte suporte ético (que parte do princípio da dignidade da pessoa humana). E o sistema jurídico-penal há-de espelhar a pauta de valores própria da democracia. Estes valores não podem, por coerência interna, ser *impostos* (numa qualquer espécie de "lavagem ao cérebro") [45], mas podem, e devem ser *propostos*. A adesão a esses valores não pode ser imposta aos agentes de crimes, mas tal não significa que não seja pretendida ou almejada pelo próprio sistema jurídico-penal [46].

Qualquer forma de assimilação dos esforços de reeducação ou ressocialização a uma terapia segundo um modelo médico não pode ignorar que a prática do crime é fruto de uma decisão livre.

As expectativas a respeito de uma qualquer forma de reeducação ou reinserção social também nunca podem ignorar que estão em causa propostas que podem ser livremente rejeitadas. O insucesso dessa reeduca-

---

A finalidade recuperadora do homem deve ter por fim o próprio homem. Desde que se considere ilegítima toda a finalidade moral no conceito de ressocialização, destrói-se necessariamente a verdadeira possibilidade de reforma de cada um."

[45] Sufragamos inteiramente a afirmação de Anabela Miranda Rodrigues já acima citada, segundo a qual deve ser salvaguardada a liberdade do homem, "a quem compete, em último termo, decidir sobre a adesão, ou não, aos valores que a ordem jurídico-penal defende."

[46] Deve assinalar-se que — di-lo a minha modesta experiência como juiz — a generalidade dos agentes da prática de crimes não contesta ou rejeita a pauta de valores tutelada pelo direito penal vigente. Tal como, por exemplo, a generalidade dos toxicodependentes que pratica crimes ligados a essa toxicodependência não rejeita deliberadamente, por uma qualquer postura "contestatária", a vontade de dela se libertar. Mas é nítido que qualquer deles precisa de alguma ajuda para assumir com perseverança qualquer propósito de mudança.

Afirma K. Roxin (*apud* Anabela Miranda Rodrigues, *A Posição...*, *cit.*, pag. 125): "O criminoso não é, como muitas vezes julga o leigo, um homem forte cuja vontade tem de ser quebrada, antes, em grande número de casos, um ser diminuído, inconstante e pouco dotado, por vezes com traços psicopáticos e que procura compensar através de crimes o seu complexo de inferioridade provocado por uma deficiente preparação para a vida. Para o ajudar é necessário a cooperação de juristas, médicos, psicólogos e pedagogos contribuindo para o aperfeiçoamento de um programa de ressocialização".

ção ou ressocialização não retira sentido ao esforço que é realizado, pois estamos perante simples propostas [47] (haverá, sim, que apurar se tudo foi feito no sentido da mais correcta formulação dessa proposta, se o Estado e a sociedade fizeram "toda a sua parte"). Mas, se essas propostas forem rejeitadas, também a pena não deixa de ter sentido, seja na sua dimensão puramente retributiva, seja numa dimensão de prevenção geral, positiva ou negativa, seja no plano da prevenção especial negativa. Aqui reside, pois, um limite das doutrinas da prevenção especial positiva: qualquer proposta de reeducação ou ressocalização pode ser rejeitada, sem que, com isso, a pena perca sentido.

E, por outro lado, a pena também não perde sentido em várias situações em que não se colocam particulares exigências de reeducação ou ressocialização: os crimes ocasionais (como são quase todos os crimes de homicídio) ou os crimes negligentes. Não se colocarão exigências de ressocialização (pelo menos, na forma como esta é tradicionalmente encarada) nos chamados "crimes de colarinho branco", praticados por pessoas sem problemas de inserção social. E a pena não deixa de ter sentido em relação a qualquer deste tipo de crimes.

Também os chamados "crimes por convicção" (como os de terrorismo) tornam, à partida, ilusório um qualquer esforço de reeducação [48], precisamente porque qualquer adesão aos valores tutelados pelo direito penal não pode ser imposta e, nestes casos de forma particular, o respeito externo da legalidade sem essa adesão é muito pouco provável. E a pena também não deixa de ter sentido em relação a este tipo de crimes.

Também foram alvo de justificadas críticas tentativas de suplantar o critério tradicional de determinação certa da pena, com a introdução de penas relativamente indeterminadas [49], cuja duração seria variável não

---

[47] Como já tem sido salientado, a reinserção social não depende apenas do sistema jurídico-penal, depende do próprio agente e da sociedade. Ver, neste sentido, Jean-Pierre Dintilhac no prefácio a Jean-Hervé Syr, *op. cit.*, pags. 8 a 10.

[48] É certo que a história política italiana recente regista casos de verdadeiras "conversões" de pessoas condenadas por terrorismo no âmbito da acção das Brigadas Vermelhas. Mais difícil será transpor tal tipo de situações para o de militantes fundamentalistas islâmicos...

[49] Entre nós, a pena relativamente indeterminada, prevista nos artigos 83.º a 85.º do Código Penal, tem uma expressão circunscrita e limitada.

em função da gravidade do crime ou da culpa, mas em função da evolução ou sucesso da própria socialização. Se levado às últimas consequências (a duração da pena passaria a depender de factores discricionários e alheios ao crime cometido), este sistema entra em claro conflito com princípios jurídico-penais básicos, como o princípio da culpa, da legalidade e da igualdade. Poderá, mesmo, ser socialmente injusto, precisamente porque a duração da pena seria maior ou menor segundo o grau de inserção social dos agentes, o que normalmente prejudicaria os mais pobres. Estes desvios serviram de fundamento, na Escandinávia e nos Estados Unidos, ao abandono desse tipo de penas e ao regresso a sistemas baseados na proporcionalidade objectiva entre a gravidade da pena e a gravidade do crime. Andrew von Hirsh, expoente da doutrina do "justo merecimento" faz-se eco desta exigência, afirmando, como já vimos, que tal critério, se abstrair também de considerações de prevenção geral (o que não tem, normalmente, sucedido nos Estados Unidos), além de ser mais justo e igualitário, reduziria a severidade das penas [50].

A estrutura e função da pena pode não se adequar inteiramente a um programa de socialização. Trata-se, porém, de uma desadequação com que se terá de lidar necessariamente, se não for desvirtuado o sentido da pena, substituindo-o pelo próprio programa de socialização. Esta há-de ser instrumental em relação à pena, e não pode substituir-se a ela.

Numa outra perspectiva, também há quem acentue a desadequação entre um programa de "tratamento" segundo modelos terapêuticos e a estrutura necessariamente coerciva da própria pena [51]. Tal como a anterior, trata-se de uma desadequação com que se terá de lidar necessariamente, se não for desvirtuado o próprio sentido da pena. O "tratamento" há-de ser instrumental em relação à pena e não pode substituir-se a ela.

O Código Penal português e os fins das penas

É chegado o momento de pôr de lado as minhas reflexões pessoais e nos determos na análise do regime legal vigente em Portugal a respeito

---

[50] Ver *op. cit.*, pag. 147 e segs.
[51] Ver, p. ex., as referências de Jean-Hervé Syr in *op. cit.*, pags. 90 e segs.

dos fins das penas e da doutrina que, a partir desse regime, mais tem influenciado a jurisprudência.

Para tal, há que partir da análise do artigo 40.º do Código Penal, resultante da revisão deste diploma operada em 1995 e que tem por epígrafe, precisamente, "Finalidades das penas e das medidas de segurança". É este o teor dos dois primeiros números deste artigo:

"1 - A aplicação de penas e de medidas de segurança visa a protecção de bens jurídicos e a reintegração do agente na sociedade.

2 - Em caso algum a pena pode ultrapassar a medida da culpa."

Na referência deste n.º 1 à protecção de bens jurídicos, podemos descortinar uma alusão à finalidade de prevenção geral positiva: é através do reforço da consciência comunitária a respeito da validade desses bens jurídicos que se concretiza tal protecção. Na referência à reintegração do agente na sociedade, identificamos a finalidade da prevenção especial positiva. O n.º 2 consagra o princípio da culpa na sua dimensão unilateral de limite: não há pena sem culpa, a medida da pena não pode ultrapassar a medida da culpa.

Pode discutir-se, e tem sido discutida, a questão de saber se deste artigo decorre a consagração de uma opção clara e acabada por uma teoria a respeito dos fins das penas.

Afirma-se na exposição de motivos do diploma que procedeu à revisão do Código Penal em 1995 (Decreto-Lei n.º 48/95, de 15 de Março) e formulou a redacção actual do citado artigo 40.º, a respeito deste: "Sem pretender invadir um domínio que à doutrina pertence — a questão dogmática dos fins das penas —, não prescinde o legislador de oferecer aos tribunais critérios seguros e objectivos de individualização da pena, quer na escolha, quer na dosimetria, sempre no pressuposto irrenunciável, de matriz constitucional, de que em caso algum a pena pode ultrapassar a culpa."

O legislador não pretende encerrar o assunto, como se à doutrina nada restasse para discutir, no âmbito do quadro legal em vigor, a respeito desta tão profunda e recorrente questão dos fins das penas. Mas, mesmo assim, algumas opções a esse respeito são tomadas, para orientar, e também vincular, o aplicador da lei penal.

Sobre a extensão e alcance dessas opções e dessa vinculação, algumas divergências subsistem, porém.

Poderá considerar-se que a questão não está encerrada por via legislativa, nem o artigo 40.º representa a "dogmatização" de uma qualquer teoria sobre os fins das penas. Mas, de qualquer modo, este artigo fornece ao aplicador do direito critérios seguros para proceder a essa determinação. Assim, do n.º 2 desse artigo decorre a consagração inequívoca do princípio da culpa, na sua vertente unilateral de limite. A pena supõe a culpa e não pode ultrapassar a medida da culpa. Mas, por outro lado, porque deliberadamente se rejeita a consagração do princípio bilateral da culpa (segundo o qual, não há culpa sem pena), não é possível, à luz desse artigo, invocar considerações de culpa para recusar a aplicação de uma pena de substituição, de uma pena não privativa de liberdade em substituição da pena de prisão. Não é a gravidade do crime, na perspectiva da culpa, por si só, que impõe a aplicação de uma pena de prisão efectiva, independentemente das exigências de prevenção, geral ou especial, positiva ou negativa. Dentro destes parâmetros, permaneceria em aberto a possibilidade de se considerar, no quadro de regime legal vigente, que a pena é não apenas o limite da pena, mas também o seu fundamento [52].

Jorge de Figueiredo Dias [53] vai um pouco mais longe e entende que do teor do citado artigo 40.º decorrem quatro postulados básicos que devem orientar de forma vinculativa o aplicador da lei jurídico-penal.

O primeiro desses postulados é o de que a pena tem finalidades exclusivamente preventivas (de prevenção geral ou especial, positiva ou

---

[52] É o que defendem José de Sousa Brito, in *Estudos em Homenagem a Eduardo Correia*, vol. III, número especial do Boletim da Faculdade de Direito de Coimbra, Coimbra, pgs. 555 e segs., e José de Faria Costa, *O Perigo em Direito Penal*, Coimbra, 1992, pgs. 373 e segs., e *Linhas de Direito Penal e Filosofia...*, cit. Para este autor, a culpa é não apenas limite, mas fundamento da pena, pois só com base num juízo de culpa pode encontrar legitimidade a pena enquanto intervenção estadual na esfera pessoalíssima do delinquente. E daqui não decorre necessariamente que a pena deva ser aplicada sempre que se formula um juízo de culpa (o princípio bilateral da culpa). O facto de a pena não ser necessariamente aplicada quando se impõe um juízo de culpa (como se verifica em caso de dispensa de pena, prevista no artigo 74.º do Código Penal para situações de comprovada prática de crimes) não invalida que a culpa seja o fundamento da pena sempre que esta é aplicada.

[53] Ver *Direito Penal Português...*, cit., e *Temas Básicos...*, cit.

negativa) e nunca puramente retributivas. É o que impõem os princípios, de base constitucional, da necessidade, da intervenção mínima e da subsidiariedade do direito penal. O direito penal é a *ultima ratio*, um último recurso quando outras formas de intervenção social e legislativa não são suficientes para atingir objectivos de protecção da comunidade. Estatui o artigo 18.º, n.º 2, da Constituição portuguesa que a lei só pode restringir os direitos, liberdades e garantias nos casos expressamente previstos nesse mesmo diploma, devendo as restrições limitar-se ao necessário para salvaguardar outros direitos ou interesses constitucionalmente previstos. A pena representa sempre uma restrição de direitos (à liberdade, à honra ou de propriedade). Esses direitos só podem ser restringidos na estrita medida do que é exigido pelas necessidades de funcionamento da sociedade e de livre desenvolvimento dos seus membros. São as finalidades preventivas (não um simples imperativo ético categórico, a simples exigência ético-retributiva de resposta e um mal) que representam, no que à repressão penal se refere, esse tipo de necessidades de funcionamento da sociedade e de livre desenvolvimento dos seus membros [54].

Partindo deste postulado, um segundo postulado a ter em conta é o de que o ponto de partida para a determinação da medida da pena são as exigências de prevenção geral positiva ou de integração. Estas exigências representam as necessidades de tutela dos bens jurídico-penais no caso concreto, de tutela da confiança e das expectativas da comunidade na manutenção da vigência da norma violada. As exigências de prevenção geral positiva estabelecem uma moldura situada entre um limiar máximo, que coincide com o ponto óptimo de tutela dos bens jurídicos, e um ponto mínimo, que coincide com as exigências mínimas de defesa do ordenamento jurídico.

---

[54] Poderá, porém, considerar-se, como considera, por exemplo, José de Faria Costa, que a necessidade, intervenção mínima e subsidiariedade do direito penal não invalidam que, para intervir na esfera jurídica pessoal dos agentes, o direito penal careça de uma base ética que vai para além do simples interesse social ou da sobreposição deste aos direitos individuais. Esse fundamento há-de assentar no princípio da culpa. Distinguir o direito penal da ética, e conceber o direito penal como *ultima ratio*, não significa prescindir de um sólido fundamento ético, não puramente utilitário, de qualquer intervenção penal.

Este tipo de moldura não se confunde com uma moldura de culpa, como a que era proposta, como ponto de partida de determinação da medida da pena, pela doutrina portuguesa mais antiga (Manuel Cavaleiro de Ferreira e Eduardo Correia) [55]. Mas tal não significa que, na prática, os resultados a que se possa chegar, por uma ou outra via, sejam muito diferentes. É que, no entendimento de Jorge de Figueiredo Dias (tal como o de Anabela Miranda Rodrigues), a pena adequada à tutela da confiança e às expectativas da comunidade na manutenção da ordem violada é, em regra, a pena adequada à gravidade objectiva e subjectiva de um crime em concreto. É a aplicação dessa pena justa que a comunidade espera e reclama e é essa aplicação que reforça a confiança da comunidade na vigência da ordem jurídica e na validade dos bens jurídicos em questão. Não será assim em situações em que essa mesma consciência comunitária tolera a não aplicação da pena adequada à culpa, em nome de outras exigências e valores (como podem ser a necessidade de evitar a desinserção social do agente, que aconselha a não aplicação de uma pena de prisão efectiva, mesmo que esta fosse a mais adequada ao grau de culpa), sem que essa não aplicação coloque em causa a defesa do ordenamento jurídico, abalando os seus alicerces ao criar perplexidades nessa consciência comunitária a respeito da validade dos bens jurídicos em questão e da vigência desse ordenamento [56].

A partir deste ponto de partida, funcionam como ponto de chegada (é este o terceiro dos postulados apontados por Jorge de Figueiredo Dias) as exigências de prevenção especial, nomeadamente as de prevenção especial positiva ou de socialização.

Assim, em regra, a medida da pena há-de corresponder às necessidades de socialização do condenado. Em situações em que não se verifiquem necessidades de socialização (designadamente, porque a conduta criminosa é ocasional), a pena terá uma função de simples advertência e

---

[55] E é, hoje, proposta por José Sousa Brito (ver *op. cit.*)

[56] Como exemplo de uma situação em que está em causa o traçar da fronteira entre o que é, ou não, tolerável na perspectiva da defesa do ordenamento jurídico assim concebida, e se, em consequência, será, ou não, aceitável uma suspensão de execução da pena de prisão, pode ver-se o acórdão do S.T.J. de 17 de Maio de 2000 (in *B.M.J.* n.º 467, pg. 150), relativo à prática de ofensas à integridade física graves numa escola.

deverá aproximar-se do limite mínimo da moldura dada pela prevenção geral positiva, coincidente, como vimos, com o limiar mínimo de defesa do ordenamento jurídico.

Excepcionalmente, no caso de delinquentes "incorrigíveis", em que é improvável o sucesso de qualquer tentativa de socialização, ficam em aberto as possibilidades de a pena ter por finalidade primordial a de prevenção especial negativa, de "inocuização" ou de protecção social contra a perigosidade do agente.

Como quarto postulado, está assente o princípio, claramente consagrado no n.º 2 do artigo 40.º do Código Penal, de que a culpa é o limite inultrapassável da pena. Não há pena sem culpa e a medida da pena não pode, em caso algum, ultrapassar a medida da culpa. A culpa é condição necessária, embora não suficiente, da aplicação da pena (princípio unilateral, e não bilateral, da culpa) [57].

Não muito distante desta tese de Jorge de Figueiredo Dias, situa-se a de Américo Taipa de Carvalho [58], para quem a medida da pena deve ser dada pelas exigências concretas de prevenção especial positiva dentro de um quadro delimitado, no seu limite máximo, pela medida da culpa (a medida da pena não pode ultrapassar a medida da culpa) e, no seu limite mínimo, pelas exigências da prevenção geral positiva, de defesa do ordenamento jurídico encarada na perspectiva da prevenção geral positiva.

É dentro destes parâmetros, em particular os que são indicados por Jorge de Figueiredo Dias, que se tem movido a jurisprudência (nem sempre com a recomendável profundidade no plano da fundamentação — há que reconhecê-lo).

Para além das divergências, num ponto há unanimidade doutrinal e perfeita clarificação constitucional e legislativa: a culpa é um limite inultrapassável da pena. Estamos, como venho repetindo, perante um corolário do princípio constitucional da dignidade da pessoa humana. Este princípio tem notórias implicações no tratamento de casos frequentes que preenchem o quotidiano dos tribunais e em que particulares exigências de

---

[57] Em sentido próximo, no que se refere a estes critérios de determinação da medida da pena, pronuncia-se Anabela Miranda Rodrigues *in* "O Modelo...", *cit.*, pgs. 177 e segs.

[58] Ver *op. cit.* pgs. 317 e segs.

prevenção geral (originadas pela dimensão que atinge a prática desses crimes e pela necessidade de combater essa prática) se fazem sentir com especial acuidade e encontram eco na opinião pública, sem que, de qualquer modo, tais exigências se possam sobrepor ao princípio da culpa. Alguns exemplos podem ajudar a compreender o alcance deste princípio: podemos pensar em crime de incêndio praticados (o que não é raro) por agentes de imputabilidade diminuída; crimes de tráfico de estupefacientes praticados por agentes consumidores para satisfazer as suas necessidades de consumo ou por agentes que ocupam na "cadeia" da actividade um lugar de pequena relevância mas mais facilmente detectável; crimes de furto praticados por toxicodependentes para satisfazer as suas exigências de consumo, considerando que as suas faculdades volitivas estão, devido a essa dependência, limitadas (não excluídas, porém); crimes praticados em estado de embriaguez, também num estado de limitação das faculdades intelectuais e volitivas do agente; ou crimes rodoviários de consequências graves quando o grau de negligência (de culpa, portanto) não tem uma gravidade proporcional a essas consequências (pode haver colisão de culpas, ou concorrência de culpa da própria vítima, por exemplo). Em todos estes exemplos, de uma ou de outra forma, entram em conflito, por um lado, exigências de prevenção geral ou especial (naturalmente a considerar) que apontariam para uma maior severidade da pena e, por outro lado, um juízo de culpa atenuado que apontaria para uma menor severidade da pena. Neste conflito, a prevalência há-de ser dada a esse juízo de culpa, porque, como vimos, em caso algum a medida da pena pode ultrapassar a medida da culpa. O princípio da dignidade da pessoa humana, e o princípio da culpa impedem que o agente sirva de instrumento, numa lógica de *bode expiatório*, para intimidar e combater a criminalidade através de penas exemplares e desproporcionais em relação à sua culpa em concreto, como se ele tivesse de "pagar" não só pelo que fez, mas também pelo que muitos outros impunemente fizeram e fazem.

    Chegamos ao fim do meu breve percurso reflexivo a respeito dos fins das penas. Muito fica por aprofundar. Mas sinto que não podia deixar de aflorar esta questão, que me parece crucial a todos os títulos, sem a compreensão da qual nenhum operador que colabore com a justiça penal, jurista ou não jurista, conseguirá situar correctamente as implicações que pode ter esse seu papel de colaboração.

14

Jurisprudência terapêutica: como podem os tribunais contribuir para a reabilitação dos transgressores [*]

David B. Wexler

Introdução

A jurisprudência terapêutica representa uma perspectiva interdisciplinar que analisa como o direito, de acordo com os conceitos de justiça e de processo judicial próprios de um Estado de Direito, pode produzir melhores resultados terapêuticos. Este novo domínio começou a desenvolver-se, desde há alguns anos, no contexto do direito da saúde mental e estendeu-se muito rapidamente a várias outras áreas do direito (v. g., criminal, juvenil, da família, danos pessoais). Actualmente a jurisprudência terapêutica é uma área inteiramente interdisciplinar — envolve Direito, Psicologia, Criminologia, Serviço Social e outras disciplinas — tem um alcance internacional bem como uma dimensão comparativa e interessa tanto aos técnicos mais orientados para a prática profissional como aos académicos ou aos investigadores.

---

[*] Tradução de A. Castro Fonseca.

O objectivo deste capítulo visa mostrar antes de mais como é que, através do uso dos princípios da jurisprudência terapêutica, os tribunais podem contribuir para a reabilitação dos delinquentes. Para tal servir-nos--emos prioritariamente da principal fonte de informação neste domínio: o sítio da rede internacional sobre jurisprudência terapêutica (INTJ), no endereço, *www.therapeuticjurisprudence.org*, que fornece uma breve síntese da Jurisprudência Terapêutica, uma bibliografia exaustiva e cada vez mais multilingue (com um número crescente de referências disponíveis *online*). Neste texto, as referências bibliográficas serão limitadas ao mínimo e esforçar-nos-emos por assinalar, sempre que possível, as fontes que estão disponíveis *online*.

Importa lembrar, a esse propósito, que está disponível *online*, em francês e em inglês, um manual publicado pelo Instituto Nacional de Justiça do Canadá, intitulado *"Julgar no século XXI: Uma abordagem baseada na resolução dos problemas"* (disponível sob a designação de *education* e *publications* no sítio do Instituto em *www.nji.ca*) [1].

Apresentaremos, ao longo deste capítulo, um breve esboço desse livro, com o intuito de mostrar como a abordagem terapêutica pode esclarecer esta área. O manual de NJI e as outras referências aí contidas fornecem uma imagem mais completa desse novo domínio, que é, de resto, uma área dinâmica e em rápida expansão, onde estão constantemente a registar-se novos desenvolvimentos. Por isso convidam-se os leitores interessados a aderir ao servidor da lista do INIJ para se manterem actualizados.

Contexto do Direito Criminal

Alguns dos trabalhos mais estimulantes de jurisprudência terapêutica envolvem a elaboração de propostas engenhosas de importação dos avanços mais promissores da ciência do comportamento (v. g., investigações importantes no domínio da reabilitação) para o sistema legal e para o trabalho do dia a dia dos advogados e dos juízes. Este tipo de

---

[1] Existe também agora *online*, em Português, um serviço da Associação Nacional de Justiça Terapêutica do Brasil, no sítio *http://www.anjt.org.br*

trabalho também proporciona excelentes oportunidades de uma parceria entre a Universidade e o sistema de Justiça.

Noutro trabalho, que aqui irei resumir apenas brevemente, explorei a forma como os juízes podem usar alguns princípios elementares para aumentar o cumprimento das condições de liberdade ou de saída precária dos transgressores e como os tribunais podem incentivar os acusados a participar em programas de prevenção da recaída [2].

Adesão ao Programa

O "projecto de cumprimento" foi inspirado num livro denominado *Facilitating Treatment Adherence: A Practitioner's Guidebook*. Em si mesmo este livro não tem nada a ver com a lei nem com o direito; destina-se a profissionais do sistema de saúde e aborda uma questão importante, a saber: como melhorar a adesão do paciente ao aconselhamento médico. Contudo, muitos dos princípios presentes neste livro parecem fáceis de transferir para o contexto legal.

Alguns desses princípios são puro senso comum (v. g., falar utilizando palavras simples). Muitas vezes os pacientes podem não seguir os conselhos médicos porque, na verdade, não chegaram a perceber o que eles querem dizer.

Outros princípios, porém, não são tão óbvios. Por exemplo, quando os pacientes assinam contratos comportamentais [3] — aceitando, por exemplo, seguir determinados protocolos ou tratamentos médicos — é aparentemente mais provável que cumpram os conselhos médicos do que se tal contrato nunca tivesse sido assinado. Além disso, quando os pacientes se comprometem publicamente a obedecer às directrizes de pessoas que estão acima e para além daqueles que administram os cuidados de saúde, é provável que o seu nível de cumprimento ou adesão aumente. Da mesma forma, se os membros da família tiverem conheci-

---

[2] Winick, B. J. & Wexler, D. B. (Eds.) (2003). *Judging in a Therapeutic Key: Therapeutic Jurisprudence and the Courts*. USA: Carolina Academic Press.
[3] Meichenbaum, D. & Turk, D. C. (1987). *Facilitating Treatment Adherence: A Practitioner's Guidebook*. New York: Plenum.

mento das promessas do paciente, as probabilidades de que este cumpra as condições que foram acordadas aumentam.

Consideremos agora como estes princípios para cumprimento dos conselhos médicos poderiam funcionar num contexto legal. Se, na audiência de julgamento, o juiz se inclina para conceder a liberdade condicional, o tribunal poderia entender esta libertação, não simplesmente como uma ordem judicial, mas como um contrato comportamental.

Além disso, a audiência de julgamento pode servir como um fórum no qual o arguido se compromete, em público, a cumprir o que ficou estipulado. A adesão a este compromisso poderá ser facilitada pela presença, na audiência, de familiares.

Voltemo-nos agora para o material relacionado com os princípios da planificação da prevenção da reincidência *(relapse prevention)*.

Prevenção da reincidência

Tal como aconteceu no projecto de cumprimento do programa, o meu interesse em importar a maneira de planear a prevenção da recaída para a arena legal nasceu da leitura de um livro editado por James McGuire, com o título *What Works: Reducing Reoffending* [4]. A ideia central desse livro é que certas técnicas de reabilitação, especialmente as de orientação cognitivo-comportamental, parecem particularmente promissoras.

Tais programas assentam no pressuposto de que os criminosos muitas vezes agem de forma bastante impulsiva. Em consequência, os programas são orientados para os ajudar a adquirir determinadas competências de resolução de problemas: compreender o ciclo que frequentemente os leva à criminalidade, antecipar situações de risco elevado e parar para pensar de forma a evitar situações de grande risco ou a lidar correctamente com tais situações sempre que elas ocorram.

Quando os transgressores tiverem atingido esse nível de compreensão podem começar a preparar os seus planos de prevenção da reinci-

---

[4] McGuire, J. (Ed.) (1995). *What Works: Reducing Reoffending: Guidelines from Research and Practice*. London: Wiley Blackwell.

dência. Por exemplo, "eu compreendo que os riscos de conduta criminosa são maiores quando vou a bares na sexta-feira à noite, com o Joe. Por isso, vou ficar em casa a ver um filme às sextas-feiras à noite".

Um tema interessante de investigação no domínio da jurisprudência terapêutica seria explicar como é que os tribunais podem encorajar este esforço de reabilitação cognitivo-comportamental como parte do próprio processo legal. A minha sugestão é que o tribunal atribua alguma responsabilidade real ao acusado (com a assistência dos advogados e de outras pessoas), no sentido de ele ter de pensar na sua situação e nas suas vulnerabilidades.

Assim, um juiz que esteja na iminência de decidir a liberdade condicional de um arguido poderá dizer: "estou a considerar o seu caso, mas quero que me apresente um plano preliminar que vamos utilizar como base de discussão. Quero que perceba por que lhe devo conceder a liberdade condicional e por que é que eu estou seguro de que vai ser bem sucedido. Para me sentir à vontade e seguro preciso de saber quais são, para si, as situações de risco elevado e como é que as vai evitar ou lidar com elas, sem violar a lei. E, por falar em violação da lei, quero que me diga o que aconteceu para ter voltado a ser apanhado nas malhas da lei e por que é que acha que desta vez a situação será diferente".

Com esta abordagem, o tribunal está a promover uma "auto--mudança cognitiva" no réu como parte integrante do próprio julgamento. O processo pode fazer-se da seguinte forma: "verifico que me meto em problemas às sextas-feiras à noite e a partir de agora vou ficar em casa nesse dia".

É importante notar que este novo estado do indivíduo não é produto do sistema judicial. Pelo contrário, o arguido examinou seriamente a sua situação de risco elevado e descobriu, ele mesmo, a sua condição de liberdade condicional. Assim, o transgressor irá mais facilmente considerar a sua condição como justa e vai provavelmente aceitá-la melhor do que se ela tivesse sido apenas uma imposição externa do tribunal.

Embora, de acordo com o livro *"What Works"* atrás referido, os programas de auto-mudança cognitiva pareçam promissores, é óbvio que eles não são eficazes com todas as pessoas. Por exemplo, se um transgressor estiver decidido a continuar a transgredir a lei, não haverá nenhuma aplicação de um programa de competências de resolução de problemas, por mais intensa que seja, que irá fazer com que ele não volte a reincidir.

Em contrapartida, se o transgressor tiver um auto-conceito, de acordo com o qual ele é fundamentalmente uma boa pessoa que, muitas vezes, se encontra em situações problemáticas ou no sítio errado à hora errada ou que anda com as pessoas erradas, esse indivíduo pode decidir que se quer endireitar e tomar o controlo da sua própria vida. No caso desta pessoa, o programa de desenvolvimento de competências cognitivas pode, de facto, ajudá-la a mudar de rumo.

Desistência

"*Quem* decide mudar de rumo?", "*como?*" e "*porquê?*", parecem ser questões fechadas ou escondidas lá longe no que Shadd Maruna designa por "caixa preta" da literatura do "O Que Funciona?". O livro de Maruna, *Making Good: How Ex-Convicts Reform and Rebuild Their Lives* [5], publicado em 2001 pela *American Psychological Association*, é um livro merecedor de prémios e cheio de implicações para a jurisprudência terapêutica. No resto deste capítulo, vou analisar a maneira como as descobertas de Maruna poderiam ser relevantes para os juízes — e como, com estas novas perspectivas, os juízes podem ajudar os transgressores a "fazer o bem".

Resumidamente, no seu "*Estudo da desistência de Liverpool*", Maruna entrevistou um grupo de delinquentes persistentes e um grupo de indivíduos que, após uma carreira bem recheada de crimes, acabaram por desistir desse tipo de vida. O seu objectivo era utilizar uma abordagem narrativa — consistente com a noção de terapia narrativa — para ver como os dois tipos de transgressores descreviam e tentavam compreender as suas vidas.

O principal contributo de Maruna tem a ver, obviamente, com o grupo que acabou por renunciar ao crime — *os desistentes*. Estes antigos reclusos precisavam de desenvolver uma identidade pró-social e coerente

---

[5] Maruna, S. (2001). *Making Good: How Ex-Inmates Reform and Rebuild Their Lives*. Washington: American Psychological Association.

e, além disso, precisavam de uma explicação de "como o seu passado marcado por períodos de boa e de má sorte os conduziu às suas novas e regeneradas identidades". Muito provavelmente essas narrativas explicativas não são apenas o *resultado* do comportamento que levou à desistência, mas devem ser também consideradas como "factores que ajudam a *manter* a desistência".

Maruna nota que há muita deriva, muito ziguezague e muito "entrar e sair" na actividade criminosa. Consequentemente, é mais correcto interpretar a desistência como um "processo de manutenção" do que como acontecimento específico e isolado.

Normalmente, a narrativa de um desistente determina que a "área real" do narrador é essencialmente boa; que o narrador foi uma vítima da sociedade; que se refugiou no crime e nas drogas como forma de lidar com um meio social sombrio; que o narrador acabou por ficar preso num círculo vicioso de actividade criminosa e de encarceramento; que algumas pessoas da sociedade convencional acreditam e reconhecem o bom potencial do narrador, permitindo-lhe, desta forma, fazer o bem.

Contudo, "a mudança não é algo visível ou objectivo que pode ser demonstrado". É um construto de natureza interaccional: os desistentes devem, de certa forma, aceitar a sociedade convencional e esta deve, por sua vez, aceitar os desistentes. Assim, a sua mudança "pode parecer algo de suspeito para as pessoas próximas e, mais importante ainda, para o próprio indivíduo".

Consequentemente, os entrevistados do grupo de desistentes, na investigação de Maruna, "pareciam obcecados em tentar mostrar a autenticidade da sua mudança". Durante as entrevistas, muitos apresentaram documentos comprovativos — cartas de professores da escola ou do liceu e dos técnicos encarregados da supervisão da sua liberdade condicional, bem como cópias de registos criminais com a data da última condenação. Outros insistiam com o investigador para que falasse com membros da sua família, com os namorados(as) ou com os responsáveis ou empregados da clínica de tratamento para tóxico-dependentes (que frequentaram).

Como facilmente se compreende, "apesar da importância do testemunho de qualquer outra pessoa convencional, a melhor garantia de mudança é aquela que tem o apoio público ou oficial das agências de comunicação social, dos líderes da comunidade e dos membros dos órgãos de controlo social". No último capítulo do seu livro, Maruna leva a cabo um exercício essencialmente de jurisprudência terapêutica: designadamente quando fala da instituição e da institucionalização de rituais de redenção. Estes rituais incluem cerimónias de graduação que têm lugar após o completar de programas correccionais, tribunais de retorno à comunidade "com poder não só para reenviar o arguido para a prisão, mas também para reconhecer oficialmente os seus esforços no sentido da mudança" e o "reescrever a biografia" dos ex-condenados através de procedimentos oficiais de limpeza de registos criminais.

Como podem os tribunais ajudar

Existem, actualmente, duas técnicas judiciais de grande interesse académico para o estudo e a prática da jurisprudência terapêutica: as cerimónias de graduação e audiências de revisão periódicas dos casos. Por exemplo, nos tribunais de tratamento de abuso de drogas, são comuns os aplausos [6]. Nesses tribunais, quando um indivíduo completa, com sucesso, o tratamento, convida a família e os amigos para uma cerimónia de graduação que decorre no tribunal. Alguns desses "graduados" fazem discursos e todos recebem um "diploma" do tribunal. Por vezes, os participantes até pedem ao polícia que os prendeu para estar presente no momento da entrega dos diplomas.

Estes ensinamentos fornecidos pelos tribunais de tratamento de drogas podem ser, obviamente, alargados a outros tribunais especializados de tratamento e mesmo aos casos de criminalidade juvenil. Por exemplo, o louvor dado pelo tribunal e a presença da família e dos amigos bem como as cerimónias de graduação podem acontecer quando

---

[6] Ver o artigo: Hora, H. P. et al. (1999), Therapeutic Jurisprudence and the Drug Treatment Court Movement. *Notre Dame Law Review,* 74, 439. (Disponível *online* sob o tema "publicações", em *www.judgehora.com*). Ver também o artigo de Ana Maria López Beltrán, "Las Cortes de Drogas bajo el enfoque de Justicia Terapéutica: Evaluación de Programas en Puerto Rico. (Disponível em *www.therapeuticjurisprudence.org*, procurar com a palavra López).

se terminar, com sucesso, um período de liberdade condicional que foi imposto numa situação criminal "de rotina".

Esta cerimónia servirá para reconhecer os progressos feitos pelos ex-condenados e, ao mesmo tempo, *contribuirá* para a manutenção do comportamento de desistência. Existem dados que sugerem claramente que estes actos são terapêuticos e não meramente "cerimoniais", o que pode explicar facilmente a sua grande expansão. Se realmente parecem contribuir para a redução da reincidência, então o benefício que a sociedade pode retirar dessas cerimónias justifica que os tribunais possam gastar mais tempo com elas.

Além das cerimónias de graduação, Maruna defende a ideia de que os tribunais deveriam reconhecer oficialmente o esforço dos transgressores para a sua mudança. Esta função que Maruna gostaria que os tribunais desempenhassem seria possível se os tribunais agendassem audiências periódicas de reavaliação. Isso seria permitido nos casos em que a medida decretada pelo tribunal consistisse na libertação sob condição.

Neste contexto, a principal lição que da jurisprudência terapêutica se pode retirar é que as audiências de reavaliação não devem ter significado apenas quando uma dessas condições foi "violada" ou quando existe uma ameaça real de revogação dessas medidas. Essas audiências podem e devem também ser significativas para o condenado — e não apenas uma rotina e um pró-forma — quando tudo está a correr conforme o planeado. Em muitos contextos legais, os tribunais têm autoridade para marcar audiências de supervisão com intervalos de tempo mais curtos do que os previstos na lei. Os juízes devem considerar tal opção mesmo quando não estão particularmente preocupados com a adesão ao (e cumprimento do) regime de penas por parte do acusado, uma vez que esse tipo de audiência pode servir para reconhecer e aplaudir os esforços do transgressor e contribuir para a manutenção da desistência. A este propósito, importa não esquecer que a desistência é mais fácil de ser compreendida como um "processo de manutenção". Do mesmo modo convém lembrar que os desistentes — especialmente quando se encontram nas primeiras etapas do processo — precisam desesperadamente de uma validação exterior para se convencerem a *eles próprios* da sua mudança.

O juiz é a pessoa, de prestígio, adequada para conferir essa validação pública e oficial dos esforços de mudança do transgressor [7]. O ideal seria que, durante uma audiência de reavaliação, quando tudo está a correr de acordo com o esperado, o juiz pudesse comentar de forma favorável os diversos pontos que Maruna considerou importantes para os transgressores que desistem da sua carreira de crime: assiduidade aos encontros e a existência de cartas (ou testemunhos directos e ao vivo) de membros da sociedade convencional (professores, responsáveis pela liberdade condicional, mãe, namorada ou outros).

Obviamente, quando tudo corre bem, é relativamente fácil para o juiz encontrar o número de membros respeitáveis da sociedade convencional dispostos a "acreditar" no réu e a ver o seu verdadeiro "eu" — o diamante em bruto. Contudo, nem sempre tudo corre bem. As audiências de reavaliação serão, na maioria das vezes, muito mitigadas e por vezes implicarão mesmo a revogação da liberdade condicional. Além disso, as audiências de julgamento não levam sempre a decisões de aplicação de medidas não privativas da liberdade. Na verdade, o poder discricionário do juiz em relação às medidas alternativas é, frequentemente, muito limitado, acabando por ter de se aplicar uma pena de prisão. Todavia, mesmo nestas situações menos favoráveis, o tribunal pode ter um papel muito importante — embora só a longo prazo — no potencial de mudança do acusado. A esse propósito, vale a pena reflectir sobre a declaração visionária (*vision statement*) do Tribunal do Distrito de Clark County, em Washington, reproduzida no meu livro "*Judging in a Therapeutic Key: Therapeutic Jurisprudence and The Courts*" [8]. Essa visão encoraja, especificamente, a utilização dos princípios da jurisprudência terapêutica para "produzir uma mudança na vida das pessoas que compareçam perante o tribunal".

---

[7] Outra área em que se pode utilizar os princípios da Jurisprudência Terapêutica os "tribunais de reentrada". Ver Wexler, D. & Calderon, J. (2005). El Juez de vigilância penitenciaria: Un Modelo para lá creación de juzgados de Reinserción en las jurisdiciones Angloamericanas en aplicación de los princípios del "derecho terapêutico". *Revista Española de Investigación Criminologica*, 2. (Disponível em *www.criminologia.net*.)

[8] Ver nota anterior.

Alguns dos "valores orientadores" da declaração estão claramente relacionados com as descobertas de Maruna sobre as narrativas dos desistentes. Um desses valores orientadores é, por exemplo, que os "indivíduos não estão condenados a uma vida de crime ou desespero devido à condição mental ou devido ao abuso de drogas, mas que todos podem conseguir uma vida responsável e bem sucedida". Outro, é a crença de que "todas as pessoas, sejam elas quem forem, têm algo positivo dentro de si que pode ser desenvolvido".

Um juiz comprometido com esta visão não vai certamente considerar estes valores orientadores como meras palavras sem significado. Por exemplo, um tal juiz dificilmente diria a uma mulher — como um juiz disse — que ela simplesmente "não é uma boa mãe". E, mesmo quando condenar alguém a uma pena severa, tal juiz não irá dizer, como outro juiz disse: "Você é uma ameaça e um perigo para a sociedade. A sociedade deveria proteger-se contra gente da sua laia".

Em vez disso, especialmente se tivermos em conta as conclusões de Maruna, um juiz comprometido com a "declaração visionária" deveria, no essencial, adoptar uma filosofia de reabilitação "assente em bases bem sólidas"[9]; e, além disso deveria procurar e comentar quaisquer características que podem ser trabalhadas e interligadas pelo transgressor de modo a constituir o seu "eu real" ou o "diamante em bruto". Por vezes, essas características positivas poderão atenuar a sentença. Se o juiz se preocupar em enfatizar essas qualidades do acusado — e não simplesmente como um factor mecânico de atenuação — isso pode eventualmente constituir um componente significativo da identidade própria do acusado:

> "Você e os seus amigos estiveram envolvidos em sarilhos bem graves, e eu vou proferir uma sentença que reflicta bem a gravidade desses actos. Contudo, quero acrescentar uma coisa. Algumas das testemunhas revelaram que você manifestou alguma preocupação com a vítima. Vou tomar

---

[9] Um excelente novo livro que constrói uma abordagem "baseada na força" e que tenta alargar a concepção tradicional do Modelo de Riscos-Necessidades--Responsabilidades, que procura uma reabilitação de redução de riscos com o "Modelo das Boas Vidas". Ver Ward, T. & Maruna, S. (2007). *Rehabilitation: Key Ideas,* in Criminology Series. Routledge.

esse facto em consideração no seu caso. Sabe, de acordo com algumas das cartas que me foram entregues, parece que essa sensibilidade natural era algo que você apresentava no seu passado, durante o seu tempo de escola. Actualmente, parece que essa característica aparece apenas de vez em quando. Contudo, se conseguisse pôr de lado alguns dos seus aspectos menos positivos, acredito que iria ver em si uma pessoa bastante mais preocupada com os outros. Em todo o caso, de acordo com a lei deste Estado, posso reduzir-lhe a pena em um ano pelo que fez quando essa característica se vislumbrou no passado mês de Março".

Por vezes, a procura (e a descoberta) de uma característica positiva pode não ter nenhuma influência na sentença, mas, ainda assim, pode lançar uma semente de esperança:

"Eu realmente não sei o que correu mal aqui. Sei que fez um roubo com violência e que alguém ficou ferido. Sei também que está inteiramente certo que eu lhe imponha uma pena que seja de tal e tal. O que não consigo compreender é por que é que tudo isto aconteceu. Você é, obviamente, muito inteligente e sempre foi um bom aluno. A sua primeira esposa afirma que, até há uns anos, era um pai muito bom, carinhoso e responsável. Você também tem um talento natural para trabalhar madeira, contudo já há muitos anos que não se tem envolvido a sério num projecto de trabalho com madeira. Por trás de isso tudo, vejo uma boa pessoa que tomou o caminho errado. Espero que pense sobre estas coisas e que mude de caminho. Com a sua inteligência, a sua personalidade e o seu talento, acredito que pode fazer isso, se decidir que é isso que realmente quer."

Conclusão

Mesmo que isso não afecte a sentença decretada, é provável que valha a pena seguir este processo terapêutico e fazer esse esforço judicial. Maruna refere que tanto as narrativas do desenvolvimento como as da desistência, constituem um processo contínuo. Ao reescreverem as narrativas das suas vidas, os criminosos desistentes muitas vezes olham para momentos do seu passado em que o seu "eu" real brilhava e em que os membros respeitados da sociedade convencional reconheciam os seus talentos e as suas qualidades.

Assim, mesmo nos casos em que parece não ter ocorrido a desistência, os juízes podem usar os princípios da jurisprudência terapêutica na esperança de que o seu comportamento judicial constitua os alicerces de uma eventual mudança e de uma reabilitação. Utilizando a linguagem moderna, podemos dizer que este tipo de comportamento do juiz contribui para a "responsividade" à reabilitação [10]. Este modo de julgar em tribunal pode, por isso, produzir benefícios a curto e a longo prazo. Os benefícios serão não só para os transgressores, mas também para a sociedade em geral.[11]

Bibliografia

Hora, H. P., Schma, H. & Rosenthal, J. T. (1999). Therapeutic Jurisprudence and the Drug Treatment Court Movement. *Notre Dame Law Review*, 74(2), 439-537.

Maruna, S. (2001). *Making Good: How Ex-Inmates Reform and Rebuild Their Lives*. Washington: American Psychological Association.

McGuire, J. (Ed.) (1995). *What Works: Reducing Reoffending: Guidelines from Research and Practice*. London: Wiley Blackwell.

Meichenbaum, D. & Turk, D. C. (1987). *Facilitating Treatment: A Practitioner's Guidebook*. New York: Plenum.

---

[10] Wexler, D. (2006). Therapeutic Jurisprudence and Readiness for Rehabilitation. *Florida Coastal Law Review*, 111 (3). (Disponível online em *http://ssrn.com/abstract=929014*)

[11] A Jurisprudência Terapêutica também se inspirou nos novos papéis reservados para os advogados de defesa criminal. Ver Wexler, D. (2005). Therapeutic Jurisprudence and the Rehabilitative Role of the Criminal Defense Lawyer. *St. Thomas Law Review*, 743(17). (Disponível *online* em *http://ssr.com/abstract=79004*). Uma descrição analítica é fornecida por Wexler, D. (2005). A Tripartie Framework for Incorporating Therapeutic Jurisprudence in Criminal Law Education. Research and Practice. *Florida Coastal Review*, 95(7). (Disponível *online* em *www.therapeuticjurisprudence.org*.).

Ver ainda David B. Wexler (Ed.) (2008). *Rehabilitating Lawyers: Principles of Therapeutics Jurisprudence for Criminal Law Pratice*. North Carolina: Carolina Academic Press.

Ward, T. & Maruna, S. (2007). *Rehabilitation: Key Ideas*, in Criminology Series. New York: Routledge.

Wexler, D. (2005). Therapeutic Jurisprudence and the Rehabilitative Role of the Criminal Defense Lawyer. *St. Thomas Law Review,* 17, 743.

Wexler, D. (2005). A Tripartie Framework for Incorporating Therapeutic Jurisprudence in Criminal Law Education. Research and Practice. *Florida Coastal Review,* 95(7), 1-16.

Wexler, D. & Calderon, J. (2005). El Juez de vigilância penitenciaria: Un Modelo para lá creación de juzgados de Reinserción en las jurisdiciones Angloamericanas en aplicación de los princípios del "derecho terapêutico". *Revista Española de Investigación Criminologica,* 2.

Wexler, D. (2006). Therapeutic Jurisprudence and Readiness for Rehabilitation. *Florida Coastal Law Review,* 3, 111-131.

Wexler, D. B. (Ed.) (2008). *Rehabilitating Lawyers: Principles of Therapeutics Jurisprudence for Criminal Law Pratice.* USA: Carolina Academic Press.

Winick, B. J. & Wexler, D. B. (Eds.) (2003). *Judging in a Therapeutic Key: Therapeutic Jurisprudence and the courts.* USA: Carolina Academic Press.

15

Reabilitação dos delinquentes sexuais: o programa das *"Vidas Boas"**

**Rachael M. Collie, Tony Ward
e Theresa A. Gannon**

Os crimes de natureza sexual são um problema complexo e socialmente relevante que, ao longo dos últimos trinta anos, tem sido objecto de redobrados esforços de investigação. A ansiedade e a preocupação originadas pela iminência da saída em liberdade dos autores de crimes sexuais são fáceis de compreender se tivermos em conta que a agressão sexual afecta alguns dos membros mais vulneráveis da nossa comunidade. O que fará com que um adulto se interesse sexualmente por uma criança ou force outro adulto a ter relações sexuais contra a sua vontade? A ideia de que quem comete crimes sexuais é "doente" ou "mau" e "intratável" é geralmente reforçada pelos retratos sensacionalistas apresentados na imprensa de alguns, raros, casos de homicídio sexual. Independentemente da forma como as explicações para tais casos são dadas, o medo e a repugnância por eles causados aumentam a pressão pública para se adiar a libertação dos autores de tais crimes, ou então para

* Tradução de A. C. Fonseca, M. J. Ferro e D. Rijo.

libertá-los apenas sob a condição de uma "cura" da patologia que lhes está subjacente.

Em muitos países ocidentais (v. g., Canadá, Reino Unido, Austrália, Nova Zelândia), estas preocupações têm feito com que, nos esforços correctivos, os profissionais deixem de ter em conta o bem-estar dos agressores sexuais e, em vez disso, se deixem guiar pelas preocupações de segurança pública. Assim, o objectivo do tratamento seria simplesmente reduzir os riscos associados a esses indivíduos sexuais e minimizar os danos por eles causados. Esta perspectiva do tratamento da criminalidade sexual é denominada *Abordagem Baseada na Gestão de Riscos e Necessidades* ou *Risk-Need-Model* (RNM). De acordo com este modelo, o tratamento requererá, antes de mais, a identificação de défices ou de outros problemas do funcionamento físico e psicológico do delinquente, geralmente associados a ofensas sexuais (v. g., crenças de valorização da ofensa ou excitação sexual desviante), de forma a eliminar, diminuir ou conter a expansão dos problemas apresentados e, ao mesmo tempo, controlar e reduzir as possibilidades de reincidência. Em suma, o objectivo prioritário deste tratamento é tornar a sociedade um lugar mais seguro, através de uma redução da ocorrência de novos crimes sexuais por parte dos transgressores que regressam à comunidade.

Os esforços levados a cabo nas últimas duas ou três décadas mostram que é possível implementar, com sucesso, programas para delinquentes sexuais nas prisões e na comunidade. Do mesmo modo, tem-se verificado que as abordagens terapêuticas ao tratamento centradas na gestão de riscos reduzem efectivamente futuras ofensas (Hollin, 1999; Marshall & McGuire, 2003). Por exemplo, uma revisão recente dos efeitos desse tipo de tratamentos (comportamental-cognitivo e programas de prevenção de recaída) mostra uma redução de 17.4% para 9.9% na reincidência dos transgressores que nele participaram (Hanson, Gordon, Harris, Marques, Murphy et al., 2002). Este estudo demonstrou igualmente que o tratamento reduz de 51% para 32% a reincidência dos crimes não-sexuais (Hanson et al., 2002). Tais reduções na reincidência indicam três coisas: primeiro, este tratamento é tão bom ou melhor que os programas para autores de crimes não-sexuais; segundo, os seus efeitos são basicamente semelhantes aos efeitos globais da psicoterapia (quando todas as formas são combinadas); terceiro, esses efeitos podem considerar-se mais acentuados do que a maioria dos efeitos obtidos com programas de tratamento médico, designadamente no caso de enxertos nas coronárias (*bypass*) ou nos casos de uso da aspirina como meio de reduzir o enfarte do miocárdio (Marshall & McGuire, 2003). Neste sentido, pode-se considerar que o tratamento actual dos delinquentes sexuais é um sucesso, pois têm produzido resultados significativos.

Apesar disso, cremos que a abordagem baseada na gestão de riscos no tratamento dessas pessoas apresenta diversas falhas que sugerem que talvez não seja, ainda, o meio mais eficaz para as tratar na comunidade. A principal crítica é a de que a gestão dos riscos incide exclusivamente no risco e na agressão, prestando muito pouca atenção aos factores que andam associados com uma vida saudável e em conformidade com a lei. Resumindo, acreditamos que se pode aumentar a eficácia do tratamento de delinquentes sexuais, se nele se incluir um enfoque claro no seu bem-estar. Assim, neste capítulo, defende-se um duplo enfoque, designadamente na gestão de riscos e no bem-estar dos transgressores, de tal modo que estes aprendam a gerir o seu próprio risco de reincidência, dentro do objectivo mais amplo de uma aprendizagem, que os deverá conduzir a uma melhor forma de vida. Esta caracterizar-se-ia, antes de mais, pela possibilidade do indivíduo satisfazer as suas necessidades de forma socialmente aceite e pessoalmente satisfatória. A nossa posição é de que, ao incorporar a tarefa de alcançar e manter uma mudança comportamental num modelo de identidade, estilo de vida e bem-estar pessoais, se fará com que o tratamento tenha mais sentido para os transgressores. Isso deveria maximizar a sua motivação para se empenhar no programa e, em consequência, beneficiar das oportunidades que este lhe oferece. Assim, em última instância, um tratamento mais eficaz conduzirá a uma redução do número de crimes sexuais e a uma maior segurança pública.

Na primeira parte deste capítulo descreveremos os princípios básicos do tratamento de autores de crimes sexuais, baseado na gestão de riscos, mostraremos como ele funciona e analisaremos alguns aspectos que, nessa abordagem, consideramos problemáticos para a gestão eficaz dos crimes sexuais. Em segundo lugar, apresentaremos o Modelo de Vidas Boas (*Good Lives Model* ou GLM), uma nova perspectiva no tratamento dos delinquentes sexuais que combina os princípios da gestão de riscos com uma abordagem mais holística. Por fim, traçam-se as linhas gerais para a implementação do GLM [1] e faz-se uma síntese das principais conclusões que se podem retirar da sua utilização, salientando as suas vantagens. Chama-se a atenção para o facto de, ao longo do capítulo, nos referirmos aos transgressores sempre no masculino. É que, apesar das mulheres também se envolverem neste tipo de ofensas, a grande maioria dos crimes sexuais são cometidos por homens e, além disso, quase todas as investigações têm sido realizadas com indivíduos do sexo masculino.

O Modelo da Gestão de Riscos e dos Riscos-Necessidades

Durante muitos anos a abordagem de gestão de riscos no tratamento de delinquentes sexuais foi a perspectiva dominante, a qual representava um avanço importante em relação às abordagens anteriores (cf. Andrews & Bonta, 2003; Gendreau, 1996; McGuire, 2002). Esta abordagem assenta na ideia de que o comportamento criminal está associado a um conjunto de factores de risco. Por factor de risco entende-se toda e qualquer variável que, quando medida num primeiro momento (v. g., durante o período em que está preso), prediz a ocorrência de uma transgressão num momento subsequente (v. g., cinco anos após a saída da prisão). Neste sentido, reduzir ou eliminar factores de risco que estejam relacionados com uma possível transgressão levará a uma redução das ofensas futuras.

Obviamente, muitos dos factores de risco que são considerados como preditores de futuros crimes aparecem relacionados com transgressões passadas. Por exemplo, a idade em que ocorreram as primeiras transgressões, o número de delitos passados e a idade aquando da primeira

---

[1] A expressão *Good Lives* utilizada no texto original é susceptível de várias traduções (v. g., Boas Vidas, Vidas Saudáveis, Vidas Felizes, Vidas de Bem). Optou-se pela expressão Vidas Boas porque nos pareceu a que reflecte melhor a ideia original.

detenção, são factores que predizem, com algum rigor, o envolvimento em futuros crimes, incluindo crimes de natureza sexual (v. g., Gendreau, Little & Goggin, 1996; Hanson & Bussière, 1998). Estes riscos históricos, também conhecidos como *riscos estáticos,* são praticamente inalteráveis e, por isso, o seu valor preditivo se manterá ao longo da vida do indivíduo. Em contrapartida, outros factores conhecidos como preditores de crimes sexuais estão relacionados com variáveis situacionais e psicológicas. Por exemplo, a crença segundo a qual o crime é justificado e causa poucos danos é um *factor psicológico de risco* que aparece correlacionado com futuras transgressões. Por sua vez, a existência de oportunidades de crime (v. g., a proximidade das vítimas sem qualquer supervisão) é um *factor situacional de risco* (Andrews & Bonta, 2003; Hanson & Harris, 2000). Contrariamente aos factores de risco estáticos, que são imutáveis, os factores de risco situacionais e psicológicos podem modificar-se com o tempo. Por isso, foram designados de *factores dinâmicos de risco*. Numa abordagem baseada na gestão de riscos, a redução ou eliminação dos factores dinâmicos de risco traduzir-se-á numa diminuição de futuras transgressões. A relevância dos factores dinâmicos de risco reside, portanto, no facto de estes se transformarem nos problemas clínicos que constituem os alvos designados para o tratamento.

Até há pouco tempo, a maior parte das investigações incidia sobre os factores estáticos de risco que geralmente eram considerados mais importantes do que os factores dinâmicos na predição da reincidência das ofensas sexuais. Apresenta-se no Quadro 1 uma síntese desses dois tipos de factores identificados nas duas meta-análises mais recentes (e complementares) sobre a reincidência de ofensas de natureza sexual (cf. Hanson & Bussière, 1998; Hanson & Morton-Bourgon, 2004). Importa realçar, a esse propósito, que os factores de risco apresentados são os que apareceram associados de forma mais sistemática, em vários estudos de análise da reincidência, com a delinquência de natureza sexual (cada factor de risco aparece em 3-31 estudos). Refira-se também que os preditores de risco variam quanto à sua força preditiva. Por exemplo, verificou-se que os comportamentos sexuais desviantes e a personalidade psicopática são preditores mais fortes do que os défices a nível de intimidade ou do que um meio adverso na infância.

Tabela 1. Factores de risco de reincidência da transgressão sexual *

Factores de Risco Estáticos
Factores Demográficos
• Idade (serem mais novos)
• Estado marital (solteiro)
Criminalidade Geral
• Número total de transgressões anteriores (sexuais e outras)
História Criminal Sexual
• Número de transgressões sexuais anteriores
• Vítimas desconhecidas (vs. conhecidas)
• Vítimas fora da família (vs. vítimas familiares)
• Inicio precoce das transgressões de teor sexual
• Vítimas infantis do sexo masculino
• Diversidade de crimes sexuais
Ambiente adverso na infância
• Separação dos pais biológicos
Factores de Risco Dinâmicos / Psicológicos
Comportamento sexual desviante
• Qualquer interesse sexual desviante
• Interesse sexual em crianças
• Interesses de tipo parafílico (e. g., exibicionismo, voyeurismo, vestir-se como se fosse do sexo oposto)
• Preocupações sexuais (muitos interesses e actividades sexuais, parafílicas ou não)
• Pontuações elevadas (feminilidade) no MMPI–Escala de Orientação Anti-social Masculinidade-Feminilidade
Orientação anti-social
• Perturbação Anti-social de Personalidade / Psicopatia
• Traços anti-sociais, tais como problemas gerais de auto-regulação, impulsividade, fraca capacidade de resolução de problemas, qualquer tipo de abuso de substâncias, agressões sob efeito de álcool, atitudes pró-criminais, hostilidade
• Historial de transgressões, incluindo o não cumprimento da supervisão e violação da liberdade condicional
Défices de Intimidade
• Identificação emocional com crianças
• Falta de relacionamentos íntimos
• Conflitos em relacionamentos íntimos
Atitudes Sexuais
• Atitudes de tolerância para com crimes sexuais

* Retirado e resumido de Hanson e Bussière (1998) e de Hanson e Morton-Bourgon (2004).

A investigação só recentemente se começou a interessar pelo estudo dos factores situacionais da reincidência de crimes sexuais. Os resultados do estudo mais exaustivo desses factores podem ser consultados na Tabela 2 (cfr Hanson & Harris, 2000). Tais factores de risco não são normalmente preditores da reincidência sexual longo prazo, embora possam indicar quando um determinado indivíduo tem maior probabilidade de recaída. Por exemplo, as variáveis situacionais ou concretas de humor negativo não apresentam qualquer associação (ou então têm uma correlação muito fraca) com a reincidência sexual em estudos com grandes grupos de delinquentes sexuais (Hanson & Bussière, 1998; Hanson & Morton-Bourgon, 2004). Contudo, no caso daqueles transgressores que são efectivamente reincidentes, o humor negativo é, muitas vezes, referido no processo de recaída. Uma possível explicação para este facto é que o humor negativo, por si só, não prediz a reincidência sexual em todos os transgressores; será antes a maneira como os transgressores lidam com o seu humor negativo (e. g., regulação do humor através da fantasia sexual desviante e/ou masturbação) que aparece relacionada com a reincidência do crime sexual, principalmente nos indivíduos com maior risco de recaída (Hanson & Morton-Bourgon, 2004).

A gestão de riscos (*risk management*) tornou-se sinónimo da abordagem baseada nos riscos e necessidades. Efectivamente, para o Modelo de Riscos e Necessidades (i. e., *Risk-Need-Model* ou RNM), a eficácia do tratamento depende da classificação dos delinquentes segundo três princípios fundamentais: risco, necessidade e capacidade de resposta ao tratamento ou responsividade (Andrews & Bonta, 2003). Em primeiro lugar, o *princípio do risco* estabelece que as probabilidades dos transgressores terem uma recaída devem ser avaliadas e que a intensidade do tratamento deve corresponder adequadamente aos resultados dessa avaliação. De acordo com este princípio, os transgressores com maiores riscos, deverão receber um tratamento mais intensivo (i. e., maior "dose"), enquanto que os transgressores com os níveis mais baixos de risco deverão receber o tratamento mínimo ou mesmo nenhum. Na prática, os instrumentos de avaliação de risco consistem numa combinação de factores de risco feita de modo a produzir uma estimativa de risco. Assim, quantos mais factores de risco apresentar um transgressor, maior será o nível de risco avaliado e, por sua vez, maior a intensidade de tratamento recomendado.

Tabela 2. Graves factores de risco (situacionais) de reincidência do crime sexual *

Gestão de si próprio (auto-organização) • Acesso a vítimas • Acreditar que não corre risco de recaída Atitudes • Poucos remorsos /culpar a vítima Sintomas Psicológicos • Raiva • Humor negativo • Sintomas psiquiátricos • Problemas gerais de higiene Consumo de Drogas • Abuso de substâncias • Ter começado com anti-andrógenos (medicação para a redução do apetite sexual) no mês anterior à reincidência Ajustamento social • Problemas sociais de ordem geral Cooperação com a Supervisão • Cooperação geral com a supervisão (baixa) • Sem empenhamento na supervisão • Manipulador • Faltas/atrasos para as consultas

* Retirado e resumido de Hanson e Harris (2000).

Em segundo lugar, o *princípio da necessidade* especifica que o tratamento deve incidir prioritariamente sobre os factores dinâmicos de risco (i. e., aqueles factores mais susceptíveis de mudança) que estão associados à probabilidade de futuras transgressões. No RNM os factores de risco dinâmicos (psicológicos e situacionais) são re-designados como necessidades criminogénicas [2]. Exemplos de *necessidades criminogénicas* são a excitação sexual desviante, os défices de intimidade, a solidão e os

---

[2] Em rigor alguns factores dinâmicos de risco podem não ser necessidades criminogénicas. Por exemplo, alguns instrumentos de avaliação de risco têm em consideração os comportamentos criminosos recentes (v. g., o número de crimes que ocorreram nos últimos 12 meses). Embora tais factores de risco dinâmicos possam mudar ao longo do tempo (v. g., pode ter havido mais ou menos agressões nos últimos 12 meses), eles ainda não representam os problemas psicológicos ou situacionais que são o alvo do tratamento.

problemas com a regulação emocional (Hanson & Harris, 2000). Em contrapartida, outros problemas clínicos que apresentam fraca ou nenhuma relação estatística com a reincidência são denominados como *necessidades não-criminogénicas*. Exemplos deste tipo de necessidades são a baixa auto-estima, a ansiedade e o mal-estar pessoal (Andrews & Bonta, 2003). As necessidades não-criminogénicas são consideradas pouco relevantes como alvos primários de tratamento, pois a sua alteração não implica a redução de novas transgressões (Ward & Stewart, 2003).

Na prática, o RNM é frequentemente acompanhado por uma componente (ou tratamento) de prevenção da recaída. Esta componente pretende ensinar os delinquentes a reconhecer factores dinâmicos, situacionais e psicológicos (v. g., estarem sozinhos com crianças ou sentirem-se muito deprimidos) que estiveram associados às transgressões anteriores. Assim, para se minimizar as possibilidades de reincidência, esses indivíduos são ensinados a evitar (ou a não responder) situações ou estados psicológicos de risco (Ward & Hudson, 2000).

Em terceiro lugar, o *princípio da responsividade* diz respeito à capacidade do programa fazer sentido para o delinquente para quem foi elaborado. Por outras palavras, a implementação do programa deve estar de acordo com as características dos transgressores, a fim de que estes possam optimizar a assimilação do material do programa e assim se consigam efectuar as mudanças que permitirão acabar com as transgressões. Mas a responsividade ao tratamento pode ser dificultada por características dos transgressores ou por características do próprio programa, isoladamente ou em conjunto. Por exemplo, um delinquente pode considerar que a sua ofensa não seja algo de mal ou pode achar que vai beneficiar pouco da participação no programa (i. e., o transgressor tem uma fraca motivação para o tratamento). Por outro lado, um transgressor pode estar interessado no tratamento mas ter grandes dificuldades em compreender e aplicar o material do programa, porque este apresenta objectivos demasiado ambiciosos para a sua capacidade individual (i. e., o transgressor tem um Q. I. baixo e/ou o programa coloca demasiada ênfase nas competências verbais e cognitivas), ou o programa é ministrado por terapeutas que não compreendem suficientemente o contexto cultural do transgressor (i. e., o programa não está adequado ao contexto étnico ou cultural do transgressor).

Na prática, o *princípio da responsividade* é implementado através de programas de tratamento que favoreçam um estilo de intervenção cognitivo-comportamental centrado na aquisição de competências (Andrews & Bonta, 2003). Tais programas são muito estruturados ou directivos e combinam a abordagem psico-educacional com a abordagem do desenvolvimento de competências. Além disso, alguns programas procuram resolver problemas muito específicos de responsividade do transgressor (v. g. a ansiedade social, depressão, entre outros) graças ao recurso prévio ou simultâneo à terapia individual ou através de adaptações do programa--padrão de forma a ter em conta esses problemas. Alguns dos obstáculos à responsividade são também necessidades não-criminogénicas (i. e., problemas clínicos experienciados pelo transgressor) que tem uma relação estatística fraca ou nula com a reincidência. Assim, se as necessidades não-criminogénicas tiverem um efeito moderador na eficácia do tratamento, elas podem ser trabalhadas na medida em que contribuírem para que o transgressor se empenhe no tratamento e dele possa beneficiar.

Para além dos princípios básicos do Risco-Necessidade-Responsividade (Risk-Need-Responsivity), descritos anteriormente, Andrews e Bonta (2003) destacam, ainda, o papel da *integridade da avaliação* e da *discrição profissional*. A *integridade da avaliação* requer que tanto as abordagens às avaliações que estão subjacentes às decisões de classificação, como os princípios orientadores das decisões de classificação, sejam seguidos exactamente como foram prescritos. Em contrapartida, a *discrição profissional* requer que os responsáveis pelo tratamento sejam flexíveis e usem o seu juízo clínico para ultrapassarem os três princípios (i. e., Riscos, Necessidades e Responsividade), se em certas circunstâncias isso se justificar. Obviamente, os serviços e os clínicos responsáveis pela execução do programa necessitam de chegar a um equilíbrio entre a implementação rigorosa do RNM e o exercício da flexibilidade, de acordo com as circunstâncias e diferenças individuais.

Em resumo, o RNM enuncia vários princípios básicos para se maximizar a eficácia do tratamento. Em primeiro lugar, a avaliação dos riscos deveria determinar a dosagem do tratamento (*treatment dosage*). Quanto maior for o número de factores de risco de cada transgressor, maior será a probabilidade de reincidência e, consequentemente, maior a intensidade do tratamento recomendado. Em segundo lugar, os resultados serão melhores (i. e. menor reincidência) se houver correspondência entre riscos e dosagem do tratamento. As implicações que daí se pode retirar é que se conseguirão melhores resultados quando se concentrarem os tratamentos nos sujeitos com maior risco de reincidência (i. e., os sujeitos com mais factores de risco). Contrariamente, seria um desperdício canalizar grandes dosagens de tratamento para sujeitos com poucos factores de risco; isso poderia até aumentar a possibilidade de reincidência (Andrew & Bonta, 2003). Em terceiro lugar, os tratamentos que têm como alvos específicos as necessidades criminogénicas ou os factores de risco dinâmicos (e não os factores não-clínicos) conseguem melhores resultados. Em quarto lugar, os outros problemas clínicos dos transgressores (ou outras características que afectam a sua responsividade ao tratamento) devem ser também tidos em conta, na medida em que isso for necessário para que o delinquente se comprometa e aprenda com o programa.

O tratamento RNM dos crimes sexuais

Como já anteriormente se referiu, o RNM para tratamento dos delinquentes sexuais baseia-se nos princípios do programa de prevenção da recaída, inicialmente elaborado por Alan Marlatt (Marlatt & Gordon, 1985) para descrever o processo de reincidência dos indivíduos com graves problemas de alcoolismo. A abordagem baseada na Prevenção da Recaída ajudava os abusadores de álcool em fase de recuperação a reconhecerem os factores que desencadeiam o insucesso na abstinência e propunha métodos cognitivo-comportamentais como meio de responder, de modo adequado, a esses factores desencadeadores. Cinco anos depois, o modelo da prevenção da recaída era adaptado para descrever o processo de reincidência nas transgressões sexuais (Pithers, 1990), tendo-se mantido, desde então, como a abordagem dominante ao tratamento desse tipo de transgressões (Laws, 2000; Ward & Hudson, 2000).

A prevenção da reincidência com transgressores sexuais tem dois objectivos principais. O primeiro consiste em ensiná-los a reconhecer os factores de risco situacionais e psicológicos associados às suas transgressões (Ward & Hudson, 2000). Concretamente, os transgressores aprendem normalmente a identificarem o seu *processo ou ciclo de transgressão*; ou seja, aprendem a conhecer a sequência de factores de risco situacionais e psicológicos ou dos pontos de decisão que os predispõem para as suas transgressões ou que imediatamente as desencadeiam. O ciclo da transgressão é dividido em várias fases, de modo a facilitar-se a identificação dos factores de risco. As fases típicas desse processo incluem problemas relacionados com a origem social, problemas de estilo de vida (i. e., precursores da transgressão), planeamento da transgressão, entrada em situações de grande risco, transgressões e avaliações na fase posterior à transgressão. Deste modo, ensina-se ao delinquente que certos problemas ou decisões que ocorreram contribuem para a ocorrência de transgressões posteriores. Para ilustrar estes processos, o transgressor pode analisar como a sua solidão e o seu isolamento social constituem o seu quadro de fundo (i. e., *precursor de transgressão*) que o incentivou a procurar a companhia de crianças (i. e., *planeamento da transgressão*). A convivência social com crianças pode ser designada como uma situação de risco elevado, porque o sentido de auto-controlo dos pensamentos sexuais desviantes pode ficar comprometido na companhia de crianças. Todos os aspectos do comportamento sexualmente abusivo de um delinquente, quer este já tenha sido levado a julgamento ou não, deverão ser incluídos na *fase da transgressão* (v. g., toques inapropriados ou acariciar sexualmente uma criança totalmente vestida). Finalmente, mostra-se como o ciclo de transgressões pode ser perpetuado graças às avaliações feitas pelo indivíduo na fase posterior à ofensa, as quais agravam os problemas do meio social de origem (v. g., sentir-se culpado e isolar-se ainda mais) ou diminuem a responsabilidade pela transgressão (v. g., recorrendo a racionalização, considerando-a acidental).

O segundo objectivo da prevenção de reincidência passa por ensinar aos transgressores competências de *coping*, de forma a responderem mais adequadamente aos factores de risco e, assim, se diminuírem as possibilidades de transgressão. Normalmente, as técnicas de tratamento incluem a educação psicológica e métodos cognitivo-comportamentais organizados em diferentes módulos. Cada módulo de tratamento está geralmente relacionado com aspectos diferentes do ciclo de transgressões que, por sua vez, funciona como uma meada contínua, ao longo da qual as componentes do tratamento são planeadas e integradas.

Um exemplo útil do estado actual do modelo RNM é o programa de tratamento de ofensas sexuais contra crianças de Kia Marama, correntemente utilizado na Nova Zelândia (Ward, 2003). Embora aí esteja a ser ministrado apenas a autores de crimes sexuais contra crianças, este tipo de programa de tratamento é também frequentemente utilizado noutros países no âmbito de crimes sexuais contra adultos. Resumidamente, o programa Kia Marama tem a duração de 33 semanas e é ministrado a grupos de 8-10 homens, 3 vezes por semana, podendo ir até 3 horas por dia. Nos casos de terapia individual, o objectivo principal é permitir que cada participante se empenhe no programa de grupo, o qual inclui módulos separados que obedecem a uma certa sequência: construção de normas; compreensão da transgressão (i. e., do ciclo de transgressão); recondicionamento da excitação; impacto nas vítimas e empatia; gestão do humor; competências de relacionamento e prevenção da recaída. Apresenta-se a seguir uma descrição sumária de cada uma destas componentes.

Construção de normas

Os principais objectivos desta unidade do programa são estabelecer regras sociais para o grupo, encorajar a participação no programa, e encorajar a aceitação de responsabilidade pessoal pelas transgressões e pelos factores de risco relacionados com as transgressões. Além disso, explica-se a filosofia do tratamento, dizendo-se aos sujeitos que o programa não pretende curá-los mas antes ensiná-los a controlar o seu comportamento através da compreensão das suas transgressões e da aprendizagem de estratégias que lhes permitam quebrar o padrão de transgressão. Cada grupo cria as suas próprias regras, que o ajudarão a funcionar eficientemente de modo a alcançar os objectivos do programa. Normalmente, as regras abrangem a confidencialidade (proibição de discutir os assuntos abordados dentro do grupo com pessoas fora do grupo), modos de comunicação (e. g., utilização de afirmações na primeira pessoa, esperar pela sua vez), importância da aceitação das responsabilidades de cada um pelos seus problemas, e enfrentar os outros membros do grupo de forma construtiva e assertiva (e não de uma forma agressiva ou de conluio).

Compreensão da transgressão

O objectivo desta unidade é fazer com que cada sujeito compreenda totalmente o seu ciclo de transgressão, bem como o papel dos vários factores de risco e tome, além disso, completa consciência de como o pensamento desviante facilita este ciclo. Os participantes são encorajados a procurar compreender como os factores da sua história (e. g., humor depressivo, desequilíbrios no estilo de vida [3], dificuldades sexuais, problemas de intimidade) preparam o terreno para as suas transgressões. Depois, procura-se motivar os indivíduos a serem honestos relativamente aos passos que deram para criar oportunidades de transgressão (tanto nos casos de planeamento explícito como nos casos de escolhas não-intencionais) bem como a serem honestos sobre a natureza das suas transgressões. Além disso, procura-se ajudá-los a ver como as suas reacções posteriores ao crime se vão somar às dificuldades passadas, perpetuando assim o risco de novas transgressões.

O recondicionamento da excitação

Este módulo incide sobre o papel da excitação ou activação emocional desviante na transgressão, e ensina técnicas destinadas a reduzir o interesse sexual desviante. A hipótese subjacente é a de que a excitação sexual desviante ou inapropriada perante as crianças é um factor importante no aparecimento e continuidade da delinquência sexual (Marshall & Barbaree, 1990). Basicamente, crê-se que associar (*pairing*) o orgasmo com contactos sexuais imaginados ou reais com crianças condicionará a resposta sexual dos delinquentes, quando se encontrarem perante crianças. Assim, o módulo do recondicionamento da excitação destina-se a

---

[3] Os desequilíbrios no estilo de vida são criados quando a vida é dominada por actividades percepcionadas pelo indivíduo como aborrecidas ou como impostas (deveres), em vez de serem consideradas como actividades agradáveis ou como fonte de satisfação pessoal. Os desequilíbrios no estilo de vida são, muitas vezes, associados à percepção da auto-privação que pode accionar um desejo de indulgência ou desculpa para o não empenhamento num determinado comportamento (Marlatt, 1985).

ensinar a cada indivíduo técnicas para dissociar (*unpair*) ou recondicionar os padrões de excitação sexual desviante.

Ensina-se aos participantes a sensibilização imaginada (*imaginal sensitization*) uma técnica que consiste no emparelhamento da excitação sexual desviante (e outros aspectos do ciclo da transgressão) com as consequências negativas da detenção, recorrendo-se para tal à imaginação do delinquente e fornecendo-lhes guiões de evitamento alternativos. A masturbação dirigida é uma outra técnica utilizada nestes casos, que procura fortalecer a excitação sexual perante imagens e pensamentos apropriados, enquanto os procedimentos de saciação tentam reduzir a excitação perante fantasias sexuais desviantes.

O impacto da vítima e a empatia

A ausência de preocupação empática para com a vítima e a incapacidade (ou recusa) de considerar seriamente os efeitos traumáticos do abuso sexual são uma característica comum a muitos delinquentes sexuais. Pensa-se que este défice de empatia reflecte padrões de pensamento disfuncionais ou distorcidos do transgressor mais do que um défice geral na capacidade de empatia, embora para alguns transgressores este último défice possa ocorrer (Ward, Keenan & Hudson, 2000). Este módulo destina-se a fortalecer a compreensão que esses indivíduos têm do impacto negativo das suas transgressões e a promover o normal desenvolvimento da empatia e, assim, diminuir a sua disposição para infligir novamente sofrimento à vítima. Há diversas tarefas psicoeducativas que são, habitualmente, utilizadas para lhes ensinar as consequências do abuso sexual. Por exemplo, exige-se que cada participante reconheça e tome consciência dos efeitos que a sua transgressão tem sobre as suas próprias vítimas, recorrendo-se para tal a tarefas escritas e à encenação (*role-plays*).

Gestão do humor

O módulo da gestão do humor destina-se a ensinar competências que permitam fortalecer a regulação da emoção. Para tal, os indivíduos aprendem a identificar e a distinguir um leque de sentimentos frequentemente associados com a transgressão (v. g., a tristeza, o medo, a raiva) e a centrar-se sobre os sentimentos habitualmente associados com os riscos de reincidência. Mais concretamente, ensinam-se nesse módulo várias técnicas cognitivo-comportamentais que são correntemente utilizadas na gestão do humor e das emoções. O principal objectivo é ajudar os participantes a não tomar decisões precipitadas sob o efeito da emoção.

Relacionamentos

Neste módulo os participantes reflectem sobre a importância das relações íntimas e sobre os modos como podem fortalecer relações íntimas apropriadas, recolhendo-se para tal a uma grande variedade de tarefas psicoeducativas. Por exemplo, ensinam-se-lhes técnicas de comunicação e de resolução de problemas. Além disso, inclui-se neste módulo a educação sobre sexualidade saudável e sobre disfunções sexuais.

Prevenção da reincidência

O último módulo constitui um prolongamento do enfoque na prevenção da recaída subjacente a todo o programa. Nesta fase os homens deveriam aprender a monitorizar os seus factores de risco e a usar um vasto leque de técnicas cognitivas e comportamentais para responder, de forma mais eficaz, quando esses factores de risco emergirem. A ênfase é colocada de modo especial em "quebrar o ciclo" o mais cedo possível, a fim de se assegurar que o risco de reincidência fique sempre reduzido ao mínimo. Os homens devem apresentar nessa altura uma compreensão "revista" do seu ciclo de transgressões, sob a forma de uma declaração pessoal. Além disso, são encorajados a compreender que a gestão do risco abrange uma componente interna (i. e. auto-monitorização e competências de *coping*) e uma componente externa que envolve o controlo externo e o apoio das famílias e dos amigos que se encontrarem preparados para ajudar os transgressores a evitar a reincidência. Assim, exige--se a cada participante que, na sua declaração, associe cada um dos seus factores de risco às estratégias de gestão de riscos internos e externos que foram planeadas para reduzir o risco de reincidência.

Componente de reintegração

A componente da reintegração é executada paralelamente ao programa de terapia de grupo, que incide na planificação da saída em liberdade de cada indivíduo e procura fortalecer a rede de apoios para ele proposta na comunidade. As pessoas pró-sociais do seu grupo de apoio (v. g., profissionais, família e amigos) são identificadas pelos técnicos do programa, em colaboração com o transgressor, e recebem informações sobre a participação e os progressos deste no tratamento. Nos estádios mais avançados do programa de reintegração, as reuniões incluem normalmente o indivíduo e o seu grupo de apoio. Aí o transgressor apresenta e analisa o seu padrão de transgressões, o seu programa de prevenção da reincidência e o seu plano de saída em liberdade (incluindo o seu grupo de apoio) que, por sua vez, avalia e encoraja a sua compreensão do problema bem como o seu plano de reincidência e de saída em liberdade.

Um objectivo central destas reuniões de reintegração é preparar a rede de apoio para fornecer a monitorização externa dos progressos do transgressor na comunidade e para actuar de maneira a reduzir ou mostrar as situações de alto risco quando surgirem. Embora os diversos programas para delinquentes sexuais sejam diferentes na sua estrutura, há um certo número de características comuns a todos eles. Primeiro, o tratamento coloca a ênfase na identificação ou diagnóstico dos factores de risco relacionados com a transgressão. Segundo, o tratamento é centrado nos problemas. Terceiro, o programa ensina, antes de mais, competências para se evitar ou reduzir os factores de risco. Mais concretamente, o tratamento ensina estratégias destinadas a suprimir o problema e algumas competências e estratégias pró-sociais, ou seja, técnicas destinadas a construir novas formas de comportamento (McGuire, 2002). Porém, as competências pró-sociais estão, muitas vezes, ligadas só de maneira muito geral ou vaga a resultados pró-sociais ou saudáveis, em vez de assentarem na análise dos objectivos pró-sociais (de natureza pessoal, interpessoal) ou dos estilos de vida de cada indivíduo. Quarto, cada participante completa todos os módulos e recebe a mesma dose de cada módulo, independentemente dos factores de risco individuais relacionados com a ofensa. Por exemplo, todos os indivíduos em Kia Marama completam o módulo do recondicionamento da excitação sexual, embora nem todos os abusadores sexuais de crianças manifestem um interesse sexual desviante por crianças (Marshall, 1997). Quinto, o tratamento é predominantemente (se não mesmo exclusivamente) baseado no grupo.

Problemas com o RNM

O Modelo de Risco-Necessidade (RNM) é eficaz, reduzindo designadamente a taxa de reincidência de crimes sexuais (Andrews & Bonta, 2003; Hanson et al., 2002). Contudo, cremos que o RNM e a estratégia de prevenção de recaída sofrem de algumas fragilidades que limitam a possibilidade de garantir um tratamento que "faça sentido" para o cliente e, assim, reduzir a eventual eficácia desse mesmo tratamento. Uma metáfora, capaz de ilustrar a nossa principal preocupação com o RNM, será a de ele se assemelhar a uma almofada-de-alfinetes. O RNM encara os delinquentes sexuais como um aglomerado de factores de risco ou de necessidades criminais desconexas (ou seja, "alfinetes"), todos eles integrados na personalidade, nos estilos de vida e no ambiente social e cultural dos delinquentes (i. e., a "almofada"). O objectivo principal do tratamento será remover, tanto quanto possível, estes factores de risco ou "alfinetes" de modo a reduzir-se o nível geral de risco. Infelizmente, isso comporta uma dificuldade, a saber: ao fazer-se incidir o tratamento nos "alfinetes" e não na "almofada" (i. e. na totalidade da pessoa), os indivíduos são vistos como portadores de risco isolados, e não como agentes ou indivíduos integrados num todo.

Considerar os factores de risco como independentes e isolados da totalidade do seu funcionamento psicológico e social não permite esclarecer como os diversos factores de risco se relacionam uns com os outros na produção do crime (i. e., qual o mecanismo causal dos factores de risco), nem mostrar quais as necessidades psicológicas ou sociais que são satisfeitas com a transgressão. As teorias actuais dos crimes sexuais sugerem claramente que há diversas interrelações entre factores de risco individuais que actuam de forma a produzir a delinquência (Beech & Ward, 2004). Considerar os factores de risco como entidades independentes não deixa ver a existência de mecanismos causais mais complexos. Tal como quando se retiram os alfinetes de uma almofada ficam buracos que eles abriram, também quando se neutralizam os factores de risco das vidas dos delinquentes se corre o risco de deixar falhas ou "buracos" na maneira como as necessidades psicológicas ou sociais desses indivíduos eram anteriormente satisfeitas. Quando os delinquentes são tratados estritamente de acordo com o Modelo de Risco-Necessidade (RNM), os indicadores intermédios do sucesso da intervenção são a redução significativa dos factores dinâmicos de risco. Por exemplo, os delinquentes sexuais mostram menor interesse sexual por crianças, têm menos crenças distorcidas sobre relações sexuais com crianças e reconhecem as situações que devem evitar (i. e., prevenção da recaída). O que pode não ter sido devidamente considerado é se o delinquente tem outras formas, socialmente aceitáveis e pessoalmente gratificantes, de responder às suas necessidades psicológicas e sociais, que anteriormente eram satisfeitas através das ofensas sexuais.

Tal como qualquer ser humano, os delinquentes sexuais têm necessidades básicas que exigem satisfação (Deci & Ryan, 2000). A nossa posição é a de que, contrariamente ao que defende o modelo da "almofada de alfinetes", o objectivo prioritário do tratamento deve ser ajudar os delinquentes a aprenderem novas formas de vida que sejam socialmente aceitáveis e pessoalmente gratificantes. Basicamente, cremos que as "Vidas Boas" e a gestão do risco são dois lados da mesma moeda. Ao centrarmo--nos numa "Vida Boa" e no bem-estar do delinquente estamos a ajudá-lo a aprender o que fazer, de modo a levar uma vida satisfatória, na qual as ofensas se tornem desnecessárias. Por sua vez, esta abordagem no sentido de uma vida saudável levará a uma redução automática dos factores de risco que antes assinalavam problemas para as Vidas Boas.

Para além destas, há várias outras dificuldades relacionadas com a estrutura básica do RNM que contribuíram para o desenvolvimento do (PVB) Programa das "Vidas Boas" que, mais adiante, se apresenta. Primeiro, muitas das técnicas essenciais de tratamento que se apoiam no RNM e na prevenção da recaída são formuladas em termos negativos. Por exemplo, o tratamento incide na extinção da excitação sexual desviante, na eliminação de atitudes problemáticas, na redução de distorções cognitivas (i. e., pensamento enviesado) e no evitamento de situações de alto risco (v. g., evitar o consumo de drogas ou tomar conta dos filhos dos amigos). Em contraste com isso, pensamos que um importante ponto de enfoque para o tratamento será esclarecer que tipo de vida se deseja levar e não, simplesmente, que problemas ou situações evitar ou reduzir. Eliminar a delinquência sexual implica substituir os antigos padrões de comportamento associados à delinquência por novas formas de viver a vida. Para tal, não basta discutir ou especular sobre opções alternativas pró--sociais. A melhor maneira de aprender algo novo é desenvolver objectivos específicos e concentrar a atenção na realização dos mesmos. Em nosso entender, o tratamento deve centrar-se na criação de forças ou capacidades que permitam aos delinquentes dar resposta às suas necessidades de modo aceitável, em vez de, simplesmente, procurar promover competências específicas para a gestão dos factores de risco.

Segundo, as pessoas têm uma série de necessidades básicas que lhes são humanamente inerentes e que as levam a procurar certas experiências e realizações (Deci & Ryan, 2000). A classificação das necessidades como criminogénicas e não-criminogénicas não reflecte esta concepção de necessidades humanas (Ward & Stewart, 2003). No RNM, as "necessidades" são definidas exclusivamente pela sua relação estatística com as transgressões subsequentes. Não se faz qualquer tentativa de explicar as necessidades criminogénicas através de modelos psicológicos das necessidades e do funcionamento humano. Se é certo que o conhecimento dos factores associados ou de preditores do crime constitui uma informação importante, o que é ainda mais relevante para o tratamento é saber por que é que um criminoso cometeu um crime sexual (i. e., saber quais as causas e não apenas quais os sintomas).

No Programa das Vidas Boas (PVB), as necessidades criminogénicas ou os factores de risco dinâmicos são reformulados como obstáculos internos ou externos que interferem com a possibilidade de os delinquentes obterem a satisfação das suas necessidades básicas de modo pessoalmente satisfatório e socialmente aceitável. Por exemplo, as atitudes anti--sociais dos criminosos são consideradas como obstáculos internos à satisfação da necessidade básica de intimidade nas relações humanas. Um outro tema comum nesse modo de pensar anti-social é o facto de se julgar que os outros são pessoas hostis e maldosas, que nos irão magoar ou aproveitar-se de nós sempre que tenham oportunidade. Portanto, o modo de pensar anti-social cria suspeição, hostilidade e desconfiança que distorcem a percepção de encontros interpessoais e interferem com a possibilidade de estabelecer relações fiáveis e seguras que permitam a vivência de intimidade.

Quarto, o RNM não presta atenção ao papel da identidade pessoal e da capacidade de auto-organização no processo de mudança. Embora estes dois tipos de competências sejam ambos intuitivamente relevantes, há pouca pesquisa sobre o papel de cada um deles no processo que conduz à desistência das transgressões. Uma excepção notável é o estudo de Maruna (2001) sobre as narrativas pessoais dos criminosos que desistiram do crime ou dos que continuaram nesse tipo de conduta. Os resultados mostram que os primeiros e os segundos diferem pouco em termos da sua identidade pessoal. Os delinquentes persistentes tendem a viver de acordo com um "guião de condenação" que reforça a fraca possibilidade de mudança e de acordo com um sentido empobrecido de auto-organização ou de auto-eficácia. Em contrapartida, os desistentes tendem a adoptar um "guião de redenção" de acordo com o qual se vêem a si mesmos como fundamentalmente boas pessoas, cujo padrão de criminalidade teria resultado de acontecimentos externos negativos e de tentativas, mal sucedidas, de obter alguma forma de poder ou de controle sobre as suas vidas. Para os desistentes a mudança implica encontrar novas significações para os acontecimentos passados e ganhar um novo sentido de poder e controle sobre o próprio destino.

Quinto, o princípio e a questão da "responsividade" ao tratamento não estão ainda suficientemente desenvolvidos ou elaborados, facto que é também reconhecido pelos proponentes do RNM (Andrews & Bonta, 2003; Ogloff & Davis, 2004). Os obstáculos à eficácia do tratamento são tanto as necessidades criminogénicas (v. g., pensamento impulsivo e anti-social) como as necessidades não criminogénicas (v. g., baixa auto-estima, ansiedade e stress). Embora o princípio da responsividade ao tratamento garanta uma razão válida para se encarar o problema das necessidades não-criminogénicas, a ênfase e a prioridade do tratamento vão sempre para as necessidades criminogénicas. No que nos diz respeito, cremos que a adesão ao tratamento e a sua eficácia podem ser maximizadas se temas tais como a segurança emocional, a auto-estima e o bem-estar emocional forem explicitamente tomados em consideração e integrados no processo de tratamento.

Sexto, o RNM nada diz quanto ao papel crucial das variáveis de contexto ou das variáveis ecológicas do processo de reabilitação. Os delinquentes não cometem crimes no vazio e, do mesmo modo, não se pode esperar que aconteçam mudanças no vazio. Pelo contrário, cada criminoso está imbuído de um contexto local, social, cultural, pessoal e ambiental próprio. E esse contexto tem de ser tomado em consideração de modo a que o tratamento seja orientado para as competências específicas e para os recursos necessários ao funcionamento adequado do indivíduo nesses contextos particulares. Por exemplo, um criminoso que regresse ao seu meio rural enfrentará barreiras à sua integração social diferentes das de outro que tente a reintegração numa zona urbana. Do mesmo modo, as competências e os recursos relevantes para indivíduos de diferentes etnias e de vários níveis sócio-económicos serão distintos sob diversos aspectos importantes. Pode-se aumentar a relevância e a eficácia do tratamento, se se adequar o desenvolvimento dos recursos internos (e. g., competências, atitudes) e dos recursos externos (e. g., suporte social, oportunidades de trabalho) às características do contexto social de cada delinquente.

Em suma, reconhecemos que o RNM e a estratégia concomitante de prevenção de recaída dos delinquentes sexuais têm muitos méritos. O mais importante é a sua forte base empírica e a sua simplicidade; de facto, os programas baseados no RNM têm-se revelado capazes de reduzir as taxas de reincidência de crimes sexuais. Contudo, o RNM peca por não conceber o crime à luz de modelos psicológicos mais amplos das necessidades, motivações e funcionamento humanos. Pouca atenção tem sido prestada, nesse modelo, à questão de como viver uma vida melhor, na qual a satisfação de necessidades humanas seja pessoalmente gratificantes e socialmente aceitável. As necessidades de tratamento, nesse modelo, são separadas e classificadas no grupo das que levam à redução do crime (i. e., as necessidades criminogénicas) e no grupo daquelas que não levam a essa redução (i. e., obstáculos à responsividade ao tratamento), embora, na prática, haja sempre outras questões presentes, (v. g., motivações, competências pessoais e auto-organização) que influenciam o processo de mudança. Reconhecer explicitamente o papel destas influências e utilizá-las no tratamento, permite fazer com que o tratamento tenha mais sentido para o próprio transgressor e, assim, aumentar a sua eficácia.

Uma abordagem positiva na reabilitação dos delinquentes sexuais: O Programa das "Vidas Boas"

O Modelo das Vidas Boas (PVB) é um tipo de tratamento baseado nas capacidades e forças dos sujeitos (Rapp, 1998). Ao afirmar que é baseado nos pontos fortes do indivíduo, queremos dizer que o enfoque do tratamento consiste em equipar as pessoas com as condições psicológicas e sociais necessárias para alcançarem o bem-estar de modo socialmente aceitável e pessoalmente satisfatório. O propósito destas abordagens é aumentar as suas capacidades pessoais para viver vidas significativas, construtivas e, em última análise, felizes, de tal forma que possam desistir de futuras transgressões (Ward, Polaschek & Beech, 2005).

O PVB assenta em três ideias centrais. Primeiro, os seres humanos são vistos como sujeitos activos, que visam alcançar determinados objectivos e que, constantemente, procuram construir um significado e um propósito para a própria vida. Segundo, todas as acções humanas reflectem tentativas para satisfazer necessidades especificamente humanas ou alcançar bens humanos básicos (Emmons, 1999; Ward, 2002). Por bens humanos básicos entendem-se acções, condições ou experiências que são intrinsecamente benéficas para o ser humano e que são naturalmente desejados e procurados pelas suas próprias características intrínsecas, mais do que por serem meios para um qualquer fim (Arnhart, 1998; Deci & Ryan, 2000; Emmons, 1999; Schmuck & Sheldon, 2001). Exemplos de bens humanos básicos são a autonomia, a competência e a capacidade de relacionamento (Deci & Ryan, 2000). Terceiro, bens secundários ou instrumentais são aqueles que garantem meios concretos ou estratégias para se alcançar os bens primários. Por exemplo, o estar envolvido numa relação fornece a oportunidade de atingir o bem humano de intimidade (uma subclasse da capacidade de relacionamento), entendendo-se por intimidade a experiência da familiaridade, da proximidade e compreensão, necessária para se atingir um nível óptimo de funcionamento psicológico e de bem-estar.

A busca e o alcance dos bens humanos básicos é parte integrante da experiência do sentido e propósito que o indivíduo tem na vida e, portanto, do seu bem-estar. Por outras palavras, quando os sujeitos são capazes de assegurar o leque completo dos bens humanos básicos (i. e., satisfazer as necessidades inerentes à sua natureza) o seu bem-estar aumenta. Pode então dizer-se, em relação a essas pessoas, que o seu projecto de boas vidas está a funcionar bem. Contudo, quando os indivíduos são incapazes de assegurar um certo número de bens humanos básicos, a construção de vidas com sentido e com finalidades é frustrada e o seu bem-estar fica comprometido; nesses casos, o projecto das Vidas Boas é disfuncional. De acordo com o PVB, a presença de factores de risco dinâmicos apenas alerta os clínicos para problemas no modo como os delinquentes procuram alcançar os bens humanos básicos e construir vidas com sentido e com objectivos. Diferentes categorias de factores de risco apontam para problemas na busca de diferentes tipos de bens humanos básicos. Por exemplo, o isolamento social indica dificuldades no modo como os bens de intimidade e comunidade são demandados e pode ser indicador de défices de competências sociais ou de falta de oportunidades e recursos sociais.

Os resultados de investigações efectuadas em diversas disciplinas (i. e., antropologia, teoria da evolução, filosofia, ética profissional, psicologia, políticas sociais e ciências sociais) parecem apontar de maneira consistente para a existência de nove tipos de bens humanos básicos (cfr. Arnhart, 1998; Aspinwall & Staudinger, 2003; Cummins, 1996; Emmons, 1999; Linley & Joseph, 2004; Murphy, 2001; Nussbaum, 2000; Rescher, 1990). Não se pode dizer que nenhum destes valores tenha primazia sobre os outros; pelo contrário, todos eles, de um modo ou de outro, são necessários para as pessoas se sentirem realizadas. As principais categorias de bens humanos básicos demandados são: a própria *vida* (i. e., vida saudável, funcionamento físico óptimo, satisfação sexual), *conhecimento* (i. e., sabedoria e informação), excelência no *trabalho* e *lazer* (i. e., experiências de mestria), *excelência de auto-organização* (i. e., autonomia, auto-direcção); *paz interior* (i. e., libertação de tensão emocional e do stress), *relação* (i. e., intimidade, família, relação romântica e interacção social), *espiritualidade* (i. e., encontrar significado e propósito para a vida), *felicidade* e *criatividade*. Estes nove bens humanos de base são, evidentemente, multi-facetados e podem subdividir-se em subgrupos de bens relacionados entre si. Por exemplo, o bem primário da relação pode subdividir-se nos valores de intimidade, amizade, apoio, cuidado, fidelidade, honestidade e por aí fora. O quadro 3 apresenta uma síntese destes bens humanos primários e descreve brevemente eventuais bens humanos secundários (instrumentais) que os sujeitos podem utilizar como modo de assegurar os bens humanos primários.

Tabela 3. Bens Humanos Primários e Potenciais Bens Secundários

Bens Primários	Bens Secundários (exemplos)
Vida • Vida saudável • Excelente funcionamento físico • Satisfação sexual	• Lazer e envolvimento em desportos • Atenção à dieta • Manter relações intimas
Conhecimento • Sabedoria • Informação	• Trabalho, Carreira • Educação • Leitura
Excelência no Trabalho e no Lazer / Desporto • Experiências de mestria	• Envolvimento no trabalho, carreira, desporto, passatempos, interesses • Envolvimento em programas de treino e de mentorado (*mentoring*)
Excelência na iniciativa • Autonomia • Auto-direcção	• Alcançar independência financeira • Procurar trabalho que corresponda ao desejo de autonomia/direcção
Paz interior • Livre de stress e tumulto emocional	• Alcançar o equilíbrio no estilo de vida • Manter relações positivas • Aprender competências de regulação emocional • Exercício físico
Relações • Intimidade • Família • Relacionamento romântico • Comunidade	• Trabalhar para a construção de intimidade nas relações • Investir na criação e continuidade de relacionamentos amorosos • Ter filhos, ser um pai activo • Envolvimento em grupos e actividades da comunidade
Espiritualidade • Sentido e propósito na vida	• Pôr em prática as suas crenças religiosas • Viver de acordo com os seus valores • Envolver-se nos projectos de vida que mais aprecia
Felicidade	• Envolvimento em relacionamentos e actividades que são fonte de felicidade e prazer
Criatividade	• Trabalho, criar filhos, música, arte, jardinagem

Cada indivíduo tem uma maneira única de atribuir diferentes pesos aos diversos tipos de valores fundamentais, conforme o contexto cultural, as preferências, as forças e as oportunidades pessoais. Por exemplo, uma pessoa proveniente de uma cultura que atribui maior valor social à relação (*relatedness*) do que à excelência na auto-organização (*agency*), pode internalizar este valor e procurar, acima de tudo, a mestria do grupo antes mesmo de procurar a sua mestria individual (i. e., atinge-se maior bem--estar quando o grupo funciona bem do que quando o indivíduo está bem). Quer isto dizer que todos os indivíduos têm o seu próprio projecto de vidas boas, que reflecte as prioridades que atribuem a cada um dos diferentes bens humanos primários e os valores secundários escolhidos para alcançar os bens primários. Basicamente, um projecto individual de vidas boas reflecte uma identidade própria; é como que um meta-guião que orienta o tipo de vida que a pessoa procura atingir e o tipo de pessoa que cada um tenta ser.

Uma Vida Boa é alcançada quando o sujeito possui tanto as competências e capacidades pessoais internas como as oportunidades e os apoios externos necessários para alcançar os bens humanos primários de um modo socialmente aceitável. Para uma vida plena e equilibrada é importante que se tenha alcançado o leque completo dos bens primários dentro do estilo de vida desse indivíduo. No caso dos indivíduos que cometem crimes sexuais, há quatro grandes tipos de dificuldades: (1) problemas nos meios utilizados para assegurar determinados bens (v. g., procurar intimidade através do abuso sexual de menores); (2) ausência de extensão ou de variedade de bens desejados (v. g., desvalorização das relações ou da intimidade que resultam na ausência de formas socialmente aceitáveis de alcançar a satisfação sexual); (3) existência de conflitos entre os bens procurados (v. g., desejar ao mesmo tempo a liberdade sexual e a verdadeira intimidade no âmbito da mesma relação); e (4) falta de competências ou capacidades para adaptar os bens desejados (ou os meios para os alcançar) às mudanças nas circunstâncias (v. g., impulsividade nas tomadas de decisão). Refira-se, a título de exemplo, que um delinquente pode alcançar algum sentido de intimidade, de controlo ou mestria numa relação sexual com uma criança. Obviamente, o abuso sexual é uma forma inapropriada de procurar intimidade ou controlo e dificilmente resultará em elevados níveis de bem-estar. Contudo, embora esta actividade seja prejudicial, a motivação para um sentido de intimidade e de controlo ou mestria são uma demanda perfeitamente humana.

Em suma, o PVB defende que qualquer pessoa espera alcançar os bens humanos primários porque estes são intrinsecamente construtivos e estão relacionados com o próprio sentido da vida, os objectivos e o bem-estar. Cada sujeito tem o seu próprio projecto de vida, um plano de Vidas Boas, que reflecte a sua própria identidade e que é influenciado pelas suas preferências ou escolhas, forças, contexto cultural e oportunidades. Nenhum projecto de vidas boas é absoluto (De Uyl, 1991; Rasmussen, 1999); daí que os bens humanos fundamentais que sustentam os projectos pessoais não possam combinar-se de igual modo para todas as pessoas a cuja vida se reportam, embora devam estar sempre presentes. Quando uma pessoa se envolve em crimes de natureza sexual, assume--se, de acordo com o PVB, que existe algum problema no seu projecto de Vidas Boas. Ou seja, existirão dificuldades no modo como aquele "eu" tenta alcançar os bens humanos fundamentais e como tenta satisfazer as necessidades básicas inerentes à sua condição humana (v. g., o seu projecto poderá carecer de objectivos, incluir estratégias inadequadas, ter pouca coerência, ou o sujeito pode ter défices de planificação da própria vida). De acordo com o PVB, os factores de risco dinâmicos servem apenas para informar o terapeuta de que há problemas e para o orientar no sentido de uma melhor compreensão da natureza desses problemas.

Implementação do Programa das "Vidas Boas"

A nossa proposta é que se combinem os modelos PVB e RNM de modo a obter-se um tratamento mais eficaz para os delinquentes sexuais com um duplo enfoque, a saber: o funcionamento humano óptimo e os factores de risco individuais. Neste sentido, os factores de risco são utilizados como indicadores de problemas específicos no plano das vidas boas de cada transgressor, capazes de fornecer um quadro de referência para a reabilitação que tenha em atenção, de modo sistemático, aspectos motivacionais, formas regulares de funcionamento e responsividade ao tratamento. De acordo com o PVB, o tratamento deve processar-se partindo do princípio de que a verdadeira reabilitação implica a aquisição de competências pessoais e apoios externos necessários à concretização de um projecto mais adequado de vidas boas. Portanto, o objectivo do tratamento deverá ser a promoção do bem-estar pessoal (i. e., Vidas Boas), pois isso irá reduzir o risco.

O plano terapêutico deve ser definido explicitamente de acordo com os princípios das "Vidas Boas", os quais devem ter em conta as escolhas dos delinquentes, os seus pontos fortes, os bens primários e os ambientes ou contextos do indivíduo, quando se especificam as condições internas deste para a reabilitação (v. g., competências, crenças) e as condições externas (v. g., oportunidades, ambiente social) necessárias para a obtenção desses bens fundamentais. Eventuais adaptações improvisadas dos planos de tratamento estandardizados serão insuficientes: o plano de acordo com os princípios das "Vidas Boas" deve ser explícito, específico, individualizado e centrado na identidade pessoal do transgressor em causa, nos seus bens básicos e no seu estilo de vida (cfr. Ward, Mann & Gannon, 2005 para uma discussão detalhada desta concepção).

A conceptualização de necessidades criminogénicas (i. e., factores dinâmicos de risco) como obstáculos internos ou externos que frustram ou impedem o acesso aos bens fundamentais é parte integrante, tanto do Modelo de Vidas Boas como do Modelo de Risco-Necessidade. Por outras palavras, as necessidades criminogénicas são indicadoras de algum défice no projecto de boas vidas ou porque nunca houve um projecto saudável de boas vidas ou porque, se existiu, nunca foi possível realizá-lo. É provável que existam relações entre os diferentes tipos de factores de risco e os diferentes bens humanos fundamentais. Por exemplo, os interesses sexuais desviantes indicam que algumas das condições (internas ou externas) indispensáveis à vivência de uma sexualidade saudável estão distorcidas ou simplesmente não existem. Assim, nos obstáculos internos podem incluir-se guiões sexuais desviantes, conhecimento inadequado da sexualidade ou medos relativos à intimidade. Por sua vez, os obstáculos externos podem incluir isolamento social ou características físicas ou inadaptações que comprometem ou reduzem as oportunidades de relações interpessoais.

Os factores de risco e a capacidade de auto-regulação dos delinquentes são também tidos em conta e integrados no projecto individual de vidas boas. Por exemplo, a maior parte dos indivíduos que molestaram crianças terão de evitar trabalhar com crianças ou sujeitar-se a restrições muito grandes se tiverem de realizar tais trabalhos. Este controle de riscos não é, todavia, suficiente para levar à desistência do crime sexual, a longo prazo. Uma tal desistência parece antes resultar da construção e concretização de um plano individual de boas vidas saudáveis, que se reflectirá na sua própria identidade e no seu estilo de vida. Nas páginas que se seguem apresentamos as linhas fundamentais do PVB para a avaliação e tratamento de delinquentes sexuais [4].

Avaliação na perspectiva do PVB

A avaliação, na perspectiva do PVB, comporta dimensões típicas de conteúdo e de estilo. Como já anteriormente se referiu, o modelo tradicional RNM focaliza a avaliação 1) na elicitação da história pessoal dos delinquentes que é relevante para as situações de transgressão, 2) na compreensão que os delinquentes têm das suas ofensas e 3) na medição de um conjunto de eventuais factores de risco, através de testes psicológicos. Para além destes pontos de enfoque tradicionais, a avaliação preconizada pelo PVB atribui igualmente importância à descoberta, por parte dos delinquentes, dos seus objectivos pessoais, prioridades de vida, forças, realizações e objectivos da intervenção que lhes é destinada. O objectivo é compreender como os clientes entendem as suas próprias vidas, hierarquizam e operacionalizam o leque dos seus bens humanos primários. O resultado é uma certa forma de equilíbrio entre a avaliação do risco e de vulnerabilidade por um lado, e a avaliação das potencialidades do indivíduo e da sua identidade por outro lado.

---

[4] O leitor interessado encontrará, contudo, informação mais detalhada sobre o tratamento baseado no PVB em Ward, Mann e Gannon (2005) ou em Ward e Mann (2004).

O PVB exige um estilo de colaboração muito particular. Se o objectivo principal da avaliação é determinar o risco de reincidência do cliente a fim de melhor se proteger a sociedade, então facilmente se compreenderá que o delinquente não adira espontaneamente. Pelo contrário, as circunstâncias levarão o cliente a tentar causar uma boa impressão no avaliador e a procurar convencê-lo de que o risco de reincidência é baixo ou nulo. Mas, se os interesses do cliente forem explicitamente reconhecidos e valorizados, é bem mais provável que ele anteveja ganhos pessoais na sua implicação mais determinada no processo de avaliação. Esta última forma de perspectivar a avaliação é a que melhor reflecte os objectivos do PBV; e a sua implementação pode ser facilitada, se se mostrarem ao cliente provas de que se trata de uma investigação que exige a sua colaboração. Nesse sentido, pode-se dar *feedback* aos clientes sobre os resultados de diversos procedimentos de avaliação, designadamente os testes falométricos (i. e., testes fisiológicos de padrões de resposta sexual) e testes psicológicos. E, ao mesmo tempo, pode pedir-se-lhes que ajudem a tirar conclusões desse processo de avaliação.

Talvez ainda mais importante, neste tipo de avaliações baseadas na colaboração, seja o facto de se dar tanto relevo aos pontos fortes e às realizações do indivíduo como às necessidades relacionadas com a ofensa, na definição dos planos de tratamento e no prognóstico. Mann e Shingler (2001) elaboraram um conjunto de orientações que deveriam conciliar os objectivos do cliente e do avaliador no processo de avaliação dos riscos baseado na sua colaboração. Os primeiros resultados sugerem que a utilização deste tipo de avaliação de risco facilita grandemente a relação entre a equipa de terapeutas e os clientes. Mais importante ainda foi a constatação de que existe um efeito positivo sobre a motivação e a permanência no programa de tratamento.

A explicação para estes resultados está no seguinte: submeter-se a um tratamento prolongado com vista a realizar os próprios objectivos, a promover o seu bem-estar e levar uma vida gratificante, livre do perigo da reincidência, é uma opção mais atractiva e mais de acordo com os objectivos do indivíduo. O próprio processo de avaliação torna-se, assim, numa intervenção reforçadora da motivação. Isso levará a que os clientes comecem o tratamento claramente convencidos da sua relevância e do seu valor em termos pessoais.

Tratamento na perspectiva do PVB

O tratamento dos delinquentes sexuais, de acordo com o modelo do PVB, assenta numa conceptualização muito específica da ofensa sexual e da tarefa terapêutica. Em primeiro lugar, o PVB reconhece que uma grande percentagem dos autores de crimes sexuais teve uma história de desenvolvimento marcado pela ocorrência de diversas experiências negativas (v. g., abuso físico ou sexual e instabilidade familiar) ou pela privação de várias experiências ou oportunidades importantes (v. g., ter sofrido negligência afectiva, relacionamentos inseguros com os adultos, fracos modelos pessoais ou relacionais). Tais indivíduos não teriam tido nem as oportunidades nem os recursos necessários para construir um plano adequado de vidas boas. Segundo, a infracção de natureza sexual representa uma tentativa de alcançar esses bens humanos fundamentais, por parte de um indivíduo que não possui as competências nem as capacidades necessárias para esse efeito. Terceiro, o risco de transgressão sexual parece ser maior quando há insucesso ou dificuldades no acesso a certos bens humanos fundamentais. Estes bens são os de auto-organização (i. e., autonomia e auto-realização), paz interior (i. e., liberdade e controle de distúrbios emocionais e do stress) e relacionamento com os outros (i. e., tipos de intimidade, romantismo, família e comunidade) (Ward & Mann, 2004). Quarto, é possível reduzir o risco de novas ofensas sexuais quando se ajuda os delinquentes a desenvolver as competências e capacidades que são necessárias para se conseguir o leque completo dos bens humanos fundamentais, designadamente os que atrás se mencionaram. Quinto, o tratamento é perspectivado como algo que melhora as capacidades do funcionamento pessoal e não apenas como uma actividade que elimina ou permite controlar problemas. Nesta perspectiva, a restrição de actividades que estejam fortemente relacionadas com as ofensas sexuais pode ser algo necessário, mas não deve ser o alvo prioritário do tratamento. Pelo contrário, o objectivo essencial da intervenção deve ser ajudar o cliente a levar uma vida tão normal quanto possível, sendo as restrições utilizadas apenas quando for necessário.

Os objectivos do tratamento à luz do PVB são sempre especificados como objectivos de aproximação (Emmons, 1996; Mann, 2000; Mann, Webster, Schofield & Marshall, 2004). Isto implica definir o que os indivíduos irão realizar e ganhar, por contraste com objectivos de evitamento que especificam o que deve ser evitado ou abandonado. Especificar as metas do tratamento em termos de objectivos de aproximação (*aproach goals*) tem diversas vantagens. Por exemplo, os objectivos orientados para a promoção da própria vida, serão bem mais capazes de criar motivação intrínseca para a mudança. Em contrapartida, no campo de objectivos orientados para o evitamento de problemas, a motivação para a mudança terá mais facilmente uma origem externa (i. e., mudar para evitar problemas com a justiça). Por outras palavras, os objectivos que incidem sobre o que os transgressores desejam alcançar estão em maior sintonia com o que os agressores esperam realizar na vida. A verdade é que a maior parte dos delinquentes estão mais centrados nos seus próprios problemas e na sua qualidade de vida do que no mal que causou às suas vítimas. Portanto, incorporar os objectivos dos delinquentes, bem como os objectivos da sociedade em geral, no programa de tratamento, aumentará a probabilidade de influenciar a sua motivação intrínseca para a mudança.

Algumas dessas vantagens estão documentadas em trabalhos recentes de investigação. Por exemplo, Cox, Klinger e Blount (1991) verificaram que sujeitos que abusavam de álcool e que participavam em programas para alcoólicos baseados no processo de aproximação, tinham menor risco de recaídas do que aqueles que participavam em programas orientados para o evitamento. Por sua vez, Mann et al. (2004) descobriram que ensinar estratégias tradicionais de prevenção de recaída e novas competências aos delinquentes sexuais, através de um programa baseado na aproximação, produzia um maior envolvimento dos sujeitos no tratamento (i. e., aceitação de trabalhos para casa e revelação dos próprios problemas) do que quando se recorria a programas tradicionais de evitamento e de redução de riscos. Por outras palavras, em vez de se ensinar aos transgressores quais os factores de risco que deviam reconhecer e evitar, ensinava-se-lhes competências pessoais e interpessoais para o desenvolvimento de uma identidade mais ajustada. No fim do programa, os indivíduos que tinham participado no grupo de objectivos de aproximação revelaram-se mais genuinamente motivados para viver de forma não delinquente do que os participantes no grupo com objectivos de evitamento.

O tratamento, de acordo com o PVB, envolve dois grandes passos. No primeiro, o delinquente tem de aprender a pensar-se como alguém capaz de assegurar os bens humanos primários de forma socialmente aceitável e pessoalmente satisfatória. Por outras palavras, tem de aprender que a mudança é possível e vale a pena. No segundo, o programa de tratamento deveria ter como objectivo conseguir auxiliar os delinquentes a desenvolver objectivos, estratégias e capacidades indispensáveis para viverem vidas boas e saudáveis. Para tal seria necessário analisar as ofensas do indivíduo no contexto problemático ou pouco saudável em que elas ocorreram. Além disso, os objectivos do tratamento deveriam ser entendidos como passos necessários para se ajudar o indivíduo a construir e concretizar os planos pessoais de vidas boas e saudáveis.

Muitas das actividades propostas pelo modelo tradicional RNM podem ser utilizadas no programa PVB. Contudo, os objectivos de cada intervenção terão de ser explicitamente articulados com esta teoria e apresentados numa forma consistente com os princípios desse modelo. Ward e colaboradores (Ward & Mann, 2004; Ward, Mann & Gannon, 2005) levaram recentemente a cabo uma revisão dos objectivos dos tratamentos tradicionais dos delinquentes e reinterpretaram-nos à luz do PVB. Por exemplo, um alvo comum desses tratamentos é a preferência que esses delinquentes têm por crianças. De acordo com o PVB, a preferência sexual por crianças aponta eventualmente para os seguintes problemas e para as seguintes modalidades de tratamento: (1) o transgressor utiliza meios inapropriados para obter satisfação e intimidade sexual (através dos quais conseguirá alcançar os bens fundamentais da vida e do relacionamento de que antes falámos), o que significa que o tratamento deverá ser orientado para ajudar o delinquente a desenvolver um leque mais vasto de estratégias para conseguir satisfação sexual e intimidade sexual; (2) o delinquente não tem objectivos amplos sobre o seu projecto de vida e atribui demasiada importância à satisfação sexual ou à intimidade, a todo o custo. Neste caso, deverá ser ajudado a investir numa maior variedade de bens humanos essenciais (i. e., alargar os objectivos do seu plano de vidas boas); e (3) o delinquente utiliza meios inadequados para alcançar a auto-organização e a mestria, tentando alcançá-las através da subjugação sexual de um menor. Aqui, o tratamento deverá ser orientado para auxiliar o delinquente a desenvolver um leque mais vasto de estratégias que conduzam à auto-organização e à mestria no relacionamento sexual e noutros tipos de relações interpessoais. De qualquer modo, o PVB não é um programa rígido de intervenção. O importante é que a área problemática seja compreendida em termos do plano das Vidas Boas do indivíduo e que o tratamento tenha por objectivo concretizar esse projecto (com o qual as ofensas não são compatíveis).

A adopção de um plano de intervenção que combine o PVB e o RNM exigirá que se repense a maneira como os programas de tratamento de delinquentes sexuais são organizados e operacionalizados. Como já antes se referiu, os programas de tratamento baseados no modelo RNM costumam ser programas psicoeducativos estruturados, nos quais uma série de competências são ensinadas em módulos sequenciais. Embora um programa com esse formato único tenha vantagens (v.g. permitindo simplificar a distribuição de sujeitos por grupos de tratamento), a sua rigidez não se coaduna com a ênfase colocada na necessidade de tornar o tratamento adequado e relevante para as características específicas de cada indivíduo. Uma alternativa será o desenvolvimento de programas individualizados de tratamento, baseados no PVB e que liguem módulos formativos aos planos de Vidas Boas de cada indivíduo. Convém, todavia, realçar que um tratamento baseado num diagnóstico personalizado não é o mesmo que uma intervenção não estruturada. É sabido, por exemplo, que este último tipo de intervenção não têm qualquer efeito nas taxas de reincidência e, portanto, sozinho não é suficiente. Em contrapartida, os tratamentos baseados num diagnóstico individualizado de cada caso, derivam a sua estrutura da avaliação, do método e dos processos do tratamento utilizados — e, em consequência, são capazes de garantir uma estrutura de intervenção clara que pode ser replicada e avaliada

Actualmente existem poucos programas de tratamento com base numa avaliação individualizada, nos quais seja possível inserir uma abordagem do tipo PVB. Uma excepção é o programa implementado, no Canadá, por William Marshall e colegas (Marshall, Anderson & Fernandez, 1999), no qual os membros de um grupo de delinquentes trabalham numa série de tarefas, ao seu próprio ritmo. Essas tarefas incluem temas relativos à transgressão e temas relativos à realização de bens humanos básicos, tais como intimidade, ligação afectiva e bem-estar emocional. Um modo de aplicar o programa é fazer com que cada participante realize cada tarefa ao seu próprio ritmo; outro modo é os participantes realizarem apenas os módulos que para eles foram previamente definidos de acordo com a sua avaliação. Na prática, alguns módulos poderiam considerar-se como centrais ou relevantes para qualquer participante, de maneira que todos pudessem continuar a encontrar-se em grupo e a beneficiar do processo de grupo. Outros módulos seriam definidos de acordo com as suas necessidades individuais. Por exemplo, um módulo de base, que tivesse por objectivo construir e manter o progresso em direcção a um plano de vidas boas, poderia incluir educação psicológica sobre planos de vidas boas, competências de gestão de si próprio, resolução de problemas e competências de fortalecimento da motivação. Outros módulos poderiam incidir sobre a saúde sexual, competências interpessoais, auto-estima, controle da ansiedade e vários outros aspectos; estes módulos poderiam ser completados noutros grupos ou individualmente, de acordo com os recursos ou os constrangimentos da entidade responsável pelo tratamento. Um bom exemplo de um programa altamente individualizado que usa componentes do tratamento apresentadas sob a forma de um manual (como se tratasse de escolher um determinado instrumento numa caixa de ferramentas) é a Terapia Multissitémica (MST; Henggeler, Melton, Smith, Schoenwald & Hanley, 1993; Henngeler, Schoenwald, Borduin, Rowland & Cunningham, 1998). Criada para jovens com perturbações mentais e problemas de delinquência, a MST revelou-se um programa inovador e eficaz que se baseia em processos rigorosos de integridade do tratamento e estudos de avaliação desses programas.

Quaisquer que sejam as escolhas feitas para a organização e implementação de um programa, será sempre importante ter um sistema cuidadosamente controlado que permita gravar o tratamento utilizado de modo a tornar possível, depois, a avaliação da sua eficácia. Exigem-se, igualmente, indicações claras das componentes que foram ou não incluídas no plano de tratamento de modo a garantir-se a coerência nas tomadas de decisão. A nossa posição é que na utilização do PVB se adopte também uma perspectiva empírica rigorosa que permita a avaliação do programa e o seu contínuo desenvolvimento.

Conclusões

Neste capítulo apresentámos uma nova teoria da reabilitação dos delinquentes sexuais. O Programa das "Vidas Boas" constitui uma abordagem ao trabalho com delinquentes baseada nos seus pontos fortes, que tem como objectivo principal dar a esses indivíduos os recursos externos e internos necessários para melhorar as suas vidas. No Programa das "Vidas Boas" (PVB), as necessidades ou factores dinâmicos de risco são entendidos como distorções dos recursos internos e externos necessários para uma vida saudável. Embora as necessidades criminogénicas sejam importantes para se compreender a ocorrência de crimes sexuais, não devem ser o único alvo de tratamento. Em vez disso, consideramos que se deve integrar o RNM no Programa das Vidas Boas (PBV), criando-se assim um duplo enfoque para a intervenção: realçar as vidas boas e evitar as transgressões. Uma tal abordagem permite situar as transgressões dos indivíduos no quadro mais abrangente do seu funcionamento, da sua identidade pessoal, do seu estilo de vida e do seu contexto social; e, além disso, proporciona-se um guião mais rico e amplo aos clínicos que têm a seu cargo a difícil tarefa de tratar os autores de crimes sexuais.

Ao fazer com que o tratamento tenha mais sentido para esses transgressores e ao optimizar os seus processos de motivação intrínseca e de mudança, estamos a tornar o tratamento mais eficaz e, em consequência, aumenta-se a segurança pública. Mais especificamente, o Programa das Vidas Boas permite-nos explorar as melhores formas de chegar aos indivíduos mais desmotivados e resistentes ao tratamento, fortalecendo-se, assim, a manutenção das mudanças positivas resultantes do tratamento levado a cabo na comunidade. A combinação dessas duas abordagens possibilitará também um maior sucesso no trabalho com aqueles delinquentes que já estão motivados e se encontram no caminho da mudança.

Acreditamos que o Programa das Vidas Boas e os princípios em que ele se apoia continuarão a desenvolver-se e a influenciar na prática clínica com delinquentes sexuais. É obvio que a integração de tais princípios depende dos resultados dos tratamentos já em curso para testar o modelo. Temos esperança de que o interesse de investigadores e clínicos pelo Programa das Vidas Boas vai crescer e produzir dados suficientes que permitam uma avaliação mais completa do PVB. Contudo, a adopção do Programa das Vidas Boas exigirá que os investigadores, os clínicos e o público em geral se mostrem receptivos à inovação na reabilitação dos delinquentes sexuais e, ao mesmo tempo, estejam dispostos a aceitar tratamentos que se preocupam explicitamente com o bem-estar dos delinquentes.

Bibliografia

Andrews, D. A. & Bonta, J. (2003). *The psychology of criminal conduct* (3rd ed.). Cincinnati, OH: Anderson Publishing Co.

Arnhart, L. (1998). *Darwinian natural right: The biological ethics of human nature*. Albany, NY: State University of New York Press.

Aspinwall, L. G. & Staudinger, U. M. (Eds.) (2003). *A psychology of human strengths: Fundamental questions and future directions for a positive psychology*. Washington, DC: American Psychological Association.

Beech, A. R. & Ward, T. (2004). The integration of etiology and risk in sexual offenders: A theoretical framework. *Aggression & Violent Behavior, 10,* 31-63.

Cox, M., Klinger, E. & Blount, J. P. (1991). Alcohol use and goal hierarchies: Systematic motivational counseling for alcoholics. In W. R. Miller & S. Rollnick (Eds.), *Motivational interviewing: Preparing people to change addictive behavior* (pp. 260-271). NY: Guilford.

Cummins, R. A. (1996). The domains of life satisfaction: An attempt to order chaos. *Social Indicators Research*, 38, 303-328.

Deci, E. L. & Ryan, R. M. (2000). The "what" and "why" of goal pursuits: Human needs and the self-determination of behavior. *Psychological Inquiry,* 11, 227-268.

Den Uyl, D. (1991). *The virtue of prudence.* NY: Peter Lang.

Emmons, R. A. (1999). *The psychology of ultimate concerns.* NY: Guilford Press.

Gendreau, P. (1996). Offender rehabilitation: What we know and what needs to be done. *Criminal Justice and Behavior, 23,* 144-161.

Gendreau, P., Little, T. & Goggin, C. (1996). A meta-analysis of the predictors of adult offender recidivism: What works! *Criminology, 34,* 575-607.

Hanson, R. K. & Bussière, M. T. (1998). Predicting relapse: A meta-analysis of sexual offender recidivism studies. *Journal of Consulting and Clinical Psychology, 66,* 348-362.

Hanson, R. K., Gordon, A., Harris, A. J. R., Marques, J. K., Murphy, W., Quinsey, V. L. & Seto, M. C. (2002). First report of the collaborative outcome data project on the effectiveness of psychological treatment for sex offenders. *Sexual Abuse: A Journal of Research and Treatment, 14,* 169-194.

Hanson, R. K. & Harris, A. J. R. (2000). Where should we intervene? Dynamic predictors of sex offense recidivism. *Criminal Justice and Behavior, 27,* 6-35.

Hanson, R. K. & Morton-Bourgon, K. (2004). Predictors of sexual recidivism: An updated meta-analysis 2004-02. Public Works & Government Services Canada. Retrieved 1 July, 2005, from http://www.psepc-sppcc.gc.ca/publications/corrections/pdf/200402_e.pdf

Henggeler, S. W., Melton, G. B., Smith, L. A., Schoenwald, S. K. & Hanley, J. (1993). Family preservation using multisystemic therapy: Long-term follow-up to a clinical trial with serious juvenile offenders. *Journal of Child and Family Studies, 2,* 283-293.

Henggeler, S. W., Schoenwald, S. K., Borduin, C. M., Rowland, M. D. & Cunningham, P. B. (1998). *Multisystemic treatment for antisocial behavior in children and adolescents.* NY: Guilford Press.

Hollin, C. R. (1999). Treatment programs for offenders: Meta-analysis, "what works" and beyond. *International Journal of Law and Psychiatry, 22,* 361-372.

Laws, D. R. (2000). Relapse prevention: Reconceptualization and revision. In C. R. Hollin (Ed.), *Handbook of offender assessment and treatment* (pp. 297-307). NY: Wiley.

Linley, P. A. & Joseph, S. (Eds.) (2004). *Positive psychology in practice.* NY: Wiley.

Mann, R. E. (2000). Managing resistance and rebellion in relapse prevention. In D. R. Laws, S. M. Hudson & T. Ward (Eds.), *Remaking relapse prevention with sex offenders* (pp. 187-200). Thousand Oaks, CA: Sage.

Mann, R. E. & Shingler, J. (2001, September). *Collaborative risk assessment with sexual offenders.* Paper presented at the National Organization for the Treatment of Abusers, Cardiff, Wales.

Mann, R. E., Webster, S. D., Schofield, C. & Marshall, W. L. (2004). Approach versus avoidance goals in relapse prevention with sexual offenders. *Sexual Abuse: A Journal of Research and Treatment, 16,* 65-75.

Marlatt, G. A. (1985). Relapse prevention: Theoretical rationale and overview of the model. In G. A. Marlatt & J. R. Gordon (Eds.), *Relapse prevention: Maintenance strategies in the treatment of addictive behaviors* (pp. 3-70). NY: Guilford.
Marlatt, G. A. & Gordon, J. R. (Eds.) (1985). *Relapse prevention: Maintenance strategies in the treatment of addictive behaviors*. NY: Guilford.
Marshall, P. (1997). *The prevalence of convictions for sexual offending*. No. 55. London: Home Office Research Statistics Directorate.
Marshall, W. L., Anderson, D. & Fernandez, Y. (1999). *Cognitive-behavioural treatments of sex offenders*. Chichester, UK: Wiley.
Marshall, W. L. & Barbaree, H. E. (1990). An integrated theory of the etiology of sexual offending. In W. L. Marshall, D. R. Laws & Barbaree, H. E. (Eds.), *Handbook of sexual assault: Issues, theories, and treatment of the offender* (pp. 257-275). NY: Plenum.
Marshall, W. L. & McGuire, J. (2003). Effect sizes in the treatment of sexual offenders. *International Journal of Offender Therapy and Comparative Criminology, 47,* 653-663.
Maruna, S. (2001). *Making good: How ex-convicts reform and rebuild their lives*. Washington, DC: American Psychological Association.
McGuire, J. (2002). Integrating findings from research reviews. In J. McGuire (Ed.), *Offender rehabilitation and treatment: Effective programmes and policies for reducing reoffending* (pp. 3-38). Chichester, UK: Wiley.
Murphy, M. C. (2001). *Natural law and practical rationality*. NY: Cambridge University Press.
Nussbaum, M. C. (2000). *Women and human development: The capabilities approach*. NY: Cambridge University Press.
Ogloff, J. & Davis, M. R. (2004). Advances in offender assessment and rehabilitation: Contributions of the Risk-Needs-Responsivity approach. *Psychology, Crime & Law, 10,* 229-242.
Pithers, W. D. (1990). Relapse prevention with sexual aggression: A method for maintaining therapeutic gain and enhancing external supervision. In W. L. Marshall, D. R. Laws & H. E. Barbaree (Eds.), *Handbook of sexual assault: Issues, theories, and treatment of the offender* (pp. 343-361). NY: Plenum.
Rapp, C. A. (1998). *The strengths model: Case management with people suffering from severe and persistent mental illness*. NY: Oxford University Press.
Rasmussen, D. B. (1999). Human flourishing and the appeal to human nature. In E. F. Paul, F. D. Miller & J. Paul, (Eds.), *Human flourishing* (pp. 1-43). NY: Cambridge University Press.

Rescher, N. (1990). *Human interests: Reflections on philosophical anthropology*. Stanford, CA: Stanford University Press.

Schmuck, P. & Sheldon, K. M. (2001) (Eds.). *Life goals and well-being*. Toronto, Ontario: Hogrefe & Huber Publishers.

Ward, T. (2002). Good lives and the rehabilitation of offenders: Promises and problems. *Aggression and Violent Behavior, 7,* 513-528.

Ward, T. (2003). The explanation, assessment, and treatment of child sexual abuse. *International Journal of Forensic Psychology, 1,* 10-25.

Ward, T. & Hudson, S. M. (2000). A self-regulation model of relapse prevention. In D. R. Laws, S. M. Hudson & T. Ward (Eds.), *Remaking relapse prevention with sex offenders: A sourcebook* (pp. 79-101). Thousand Oaks, CA: Sage.

Ward, T., Keenan, T. & Hudson, S. M. (2000). Understanding cognitive, affective, and intimacy deficits in sexual offenders: A developmental perspective. *Aggression & Violent Behavior, 5,* 41-62.

Ward, T. & Mann, R. (2004). Good lives and the rehabilitation of offenders: A positive approach to sex offender treatment. In P. A. Linley & S. Joseph (Eds.), *Positive psychology in practice* (pp. 598-616). NY: Wiley.

Ward, T., Mann, R. & Gannon, T. (2005). *The comprehensive model of good lives treatment for sex offenders: clinical implications*. Manuscript submitted for publication.

Ward, T., Polaschek, D. L. & Beech, A. R. (2005). *Theories of Sexual Offending*. Chichester, UK: Wiley.

Ward, T. & Stewart, C. A. (2003). Criminogenic needs or human needs: A theoretical critique. *Psychological, Crime & Law, 9,* 125-143.

16

Questões éticas em psicologia forense *

Sarah Mordell, Kaitlyn McLachlan,
Nathalie Gagnon e Ronald Roesch

Os psicólogos que trabalham no sistema judicial enfrentam desafios únicos que resultam das diferenças fundamentais com que as duas disciplinas — Psicologia e Direito — abordam os respectivos campos de actividade. Haney (1980) analisa diversos dos conflitos que surgem entre o direito e a psicologia forense. Nas suas tentativas de chegar à "verdade", os psicólogos baseiam-se num modelo experimental onde a investigação empírica é usada para testar hipóteses. Nesse contexto, as metodologias de investigação são elaboradas de forma a minimizar erros ou enviesamentos. Para além disso, cada nova investigação pode fornecer dados que confirmam ou infirmam a investigação prévia. Em contrapartida, as decisões judiciais baseiam-se em precedentes judiciários, ou seja, naquilo que anteriores tribunais decidiram para casos similares. O direito usa o sistema do contraditório para chegar à "verdade". Cada parte apresenta a sua versão e o objectivo último é ganhar o caso [1]. Haney resume assim

---

* Tradução de Teresa S. Machado e Mafalda S. Machado.
[1] N.T. Os autores referem-se, naturalmente, ao sistema anglo-saxónico — no qual as decisões judiciais se baseiam em sentenças proferidas anterior-

esta abordagem: "Enviesamentos e interesses pessoais não só são permitidos, como são tidos como ponto de partida, constituindo a força motriz do próprio procedimento" (1980, p. 162).

As referidas diferenças entre as duas áreas profissionais causam eventuais conflitos éticos aos psicólogos cuja esfera de acção se cruza com o direito. Por exemplo, enquanto que o direito exige certezas e decisões que envolvem distinções claras, tais como "culpado" ou "não culpado", a psicologia lida usual e preferencialmente com hipóteses e probabilidades. Deste modo, os psicólogos poderão sentir-se pressionados para proferirem afirmações mais definitivas do que lhes permitiriam os dados, ou do que se justificaria pela natureza da sua própria competência em contexto forense (Melton, Petrila, Poythress & Slobogin, 2007; Shuman & Greenberg, 2003).

Para além do referido, o contraditório, inerente ao ordenamento jurídico criminal e civil pode, por vezes, colidir com os princípios orientadores da psicologia que trabalha, globalmente, com o intuito de reduzir o conflito social e não de o realçar (Melton et al., 2007). Enquanto que, em termos gerais, infligir dano ao cliente constitui uma transgressão ética para a psicologia, em contexto forense os pareceres do psicólogo podem, de facto, ser instrumentalizados para, por exemplo, negar uma custódia parental, ou para julgar o réu responsável, na medida em que este possui capacidades para compreender o seu crime — justificando uma pena de prisão mais longa. Se noutros contextos os profissionais de saúde mental são contratados pelo indivíduo e servem os seus interesses, em contexto forense, os profissionais são frequentemente contratados pelo próprio sistema jurídico criminal ou civil e servem os interesses desse mesmo sistema (Ogloff, 1999). De qualquer modo, os princípios éticos gerais, incluindo a atitude global relativa à bondade e maldade, devem permanecer soberanos, minimizando-se tanto quanto possível os danos infligidos seja a quem for (Monahan, 1980).

Antes de prosseguirmos nesta análise convirá definir as fronteiras da designação *psicologia forense*. Esta aplica-se, por vezes, apenas aos indivíduos que têm formação específica em psicologia forense, ou um

---

mente, nos tribunais superiores, para casos semelhantes. Em Portugal — que segue o sistema europeu continental — as decisões baseiam-se na lei.

certificado equivalente. Porém, com o intuito de estabelecer as fronteiras dos conhecimentos éticos e práticos da especialidade, usá-la-emos em sentido mais alargado. A psicologia forense diz respeito à prática psicológica (tanto em termos de investigação como enquanto serviço directo ou indirecto de consultas ou prestação de serviços) ocorrida nas duas vertentes do sistema judicial — criminal e civil — ou na interpenetração destas.

Este capítulo visa destacar algumas questões éticas importantes que se colocam ao profissional forense, ao mesmo tempo que se sintetizam linhas orientadoras relevantes para a sua prática, com base na literatura da especialidade. Importa precisar algumas ideias prévias. As questões éticas específicas ao psicólogo forense, que ilustraremos ao longo do texto, devem ser entendidas como complemento às questões éticas gerais inerentes à prática de qualquer psicólogo. Além disso, o ponto central do capítulo refere-se maioritariamente à avaliação em contexto forense e aos testemunhos de peritos — actividades que implicam trabalhar mais de perto com os tribunais e apresentam maior probabilidade de remeter para questões éticas menos familiares. Assim, salientamos desde já que o presente capítulo não deve ser tomado como uma exposição global acerca de todas as considerações éticas relativas à psicologia forense.

O papel do psicólogo que trabalha no sistema legal difere, em diversos modos, do papel do psicólogo que trabalha unicamente em termos terapêuticos. Os psicólogos forenses assumem uma posição muito objectiva que não é equivalente ao tradicional papel de ajuda. O objectivo que subjaz à sua contratação implica, usualmente, ajudar à decisão legal e não propriamente à pessoa que dá azo à avaliação psicológica ou tratamento (Heilbrun, 2001). Nas avaliações forenses o avaliado tem menos autonomia e a avaliação é, com frequência, independente da sua própria vontade (Melton et al., 2007). A avaliação forense exige mais fontes de dados do que a avaliação com fins terapêuticos, já que a veracidade da informação reportada pelos avaliadores não pode ser assumida *a priori* (Greenberg & Shuman, 2007). Até os relatórios (psicológicos) forenses diferem dos habitualmente usados em contexto terapêutico. Os primeiros tendem a ser mais extensos uma vez que os clínicos têm de expor com maior clareza os limites do seu conhecimento; têm ainda de documentar objectivamente os dados, explicar detalhadamente as interpretações e fundamentar com precisão todas as conclusões (Heilbrun, 2001). As inúmeras diferenças entre a prática da psicologia em contexto forense e noutros contextos obriga a que os psicólogos forenses estejam particularmente cientes das questões éticas inerentes.

Tradicionalmente, as orientações éticas para a psicologia forense surgem dos códigos gerais relativos ao comportamento ético na psicologia (e. g., American Psychological Association, 2002; European Federation of Professional Psychologists Association, 1996). Estes códigos globais permanecem o ponto fulcral da prática forense. Porém, os profissionais em contexto forense precisam de mais orientações, dado o carácter único de algumas questões inerentes ao trabalho no contexto do sistema judicial. Por exemplo, como orientar as relações com os advogados (Committee on Ethical Guidelines for Forensic Psychologists, 1991).

Têm surgido recentemente algumas orientações específicas para a prática da psicologia forense, tais como as recomendações para o trabalho forense publicadas pela *Federação Europeia da Associação de Psicólogos* (European Federation of Psychologists Association — EFPA guidelines, 1996) e as *Orientações Específicas para a Prática Forense* (Specialty Guidelines for Forensic Psychologists – SGFP, Committee on Ethical Guidelines for Forensic Psychologists [2], 1991), preparadas pela *Sociedade Americana de Psicologia e Direito* (American Psychology-Law Society). Note-se que as directrizes focadas nos diferentes documentos devem ser encaradas enquanto atitude ideal (e desejável) e nunca assumirem um estatuto de obrigação compulsiva. Assim sendo, atribui-se aos profissionais a responsabilidade pessoal de não violarem os princípios éticos mínimos inerentes ao código geral de conduta. Qualquer psicólogo tem a responsabilidade ética de se manter a par das "boas práticas", independentemente do seu domínio de actividade. Existem, porém, várias razões que justificam a necessidade dos psicólogos forenses aderirem às orientações da EFPA (1996) ou SGFP (1991), enquanto códigos de conduta que devem ser seguidos.

---

[2] A Associação Americana de Psicologia e Direito está a preparar uma versão actualizada da SGFP. O texto mais recente pode ser consultado em http://www.ap-ls.org/links/22808sgfp.pdf.

O primeiro motivo, e mais fundamental, para tratar as directrizes (éticas) forenses como princípios a seguir prende-se com o facto de o psicólogo poder assumir uma grande influência sobre as pessoas que vê no decurso da sua prática, o que não deve ser encarado de ânimo leve (Butcher & Pope, 1993). Com efeito, algumas medidas legais, como por exemplo a prisão, mexem com os direitos humanos fundamentais; e os psicólogos forenses podem, de facto, trabalhar com populações particularmente vulneráveis (orientações EFPA 2.2.2, 1996). Efectivamente, as violações éticas podem implicar consequências graves, e os sujeitos que dependem das decisões inerentes nem sempre se encontrarão em posição de se defender. Para além disso, os psicólogos forenses correm muito mais riscos de ser alvo de uma acção legal (contra si mesmos) do que os restantes psicólogos. Não é suposto os psicólogos forenses criarem relações terapêuticas, ou de ajuda, com os sujeitos com que lidam. E estes últimos, por seu turno, encontram-se já, com frequência, envolvidos em situações bastante conflituosas. Face a tais condições, resultados (de avaliações) que se revelam desfavoráveis para o indivíduo podem gerar má-vontade para com o psicólogo (Knapp & Vandecreek, 2006). Com efeito, as mais frequentes queixas de cariz ético que chegam à Ordem dos Psicólogos ou aos organismos responsáveis pela carteira profissional, em algumas regiões, são precisamente as proferidas contra psicólogos que trabalham na área forense (Ogloff, 1999).

Os tópicos que irão em seguida ser abordados são precedidos pela apresentação de questões éticas respeitantes a todas as áreas da psicologia, mas que assumem *nuances* particulares na prática forense. Por sua vez, as últimas secções do capítulo, abordarão sinteticamente tópicos específicos às áreas criminal e civil. Cada uma das questões éticas será esboçada em linhas gerais e serão apresentados estudos técnicos e empíricos, incluindo as orientações da EFPA (1996), SGFP (1991) e da mais recente versão das *Orientações Específicas para a Prática Forense* (Specialty Guidelines for Forensic Practice), que está a ser revista para ser adoptada pela *Sociedade Americana de Psicologia e Direito* (SGFP-UR). Estas novas orientações estão sujeitas a mudanças e não devem ser consideradas como directrizes consensuais para o domínio; mas podem servir para divulgar questões éticas, na forma de recomendações de peritos.

Questões éticas na psicologia forense

Competência

Possuir competências específicas para uma dada área profissional torna-se fundamental para o bom desempenho do ponto de vista ético. Não basta então a formação geral e a prática clínica dos profissionais em saúde mental para que possam lidar adequadamente com transgressores sob custódia. Do mesmo modo, não se pressupõe que um clínico especializado em avaliações de crianças se encontre necessariamente apto para fazer avaliações de reclusos. Devido à diversidade de situações possíveis no domínio forense, os clínicos necessitam, com frequência, de procurar formações especializadas para trabalhar com populações particulares. Por exemplo, com delinquentes sexuais, ou noutras áreas específicas, como a neuropsicologia forense.

Os psicólogos forenses devem prestar serviços apenas nas áreas em que têm conhecimentos, formação e experiência especializadas (SGFP III.A, 1991). Para se determinar se os psicólogos têm ou não competências suficientes, terão de considerar-se aspectos como a complexidade relativa e especialização requerida para o serviço a prestar (SGFP-UR 4.01). Os psicólogos devem ainda estar familiarizados com as leis que dizem respeito ao trabalho que fazem, consoante a área de actuação e a jurisdição na qual se enquadrem (Greenberg & Shuman, 2007). Os psicólogos que testemunham como peritos devem ainda, para além de satisfazer os requisitos já referidos, estar familiarizados com as regras de "etiqueta" do tribunal e saber comportar-se durante o julgamento (Canter, Bennett, Jones & Nagy, 1994). Recomenda-se a conjugação de vertentes diversas de formação — académica, prática e experiencial — de modo a melhorar as competências do psicólogo que vai trabalhar na área forense (Melton et al., 2007). Embora esta área seja relativamente recente, numerosos programas e seminários de formação tornam, esta recomendação actualmente mais viável do que há alguns anos atrás (Bersoff et al., 1997).

Quando os psicólogos se defrontam, no decorrer da sua prática, com os seus próprios limites, devem especificá-los claramente e definir com precisão o alcance das suas competências (orientações EFPA 3.1, 1996). Com efeito, devem ser claros acerca dos limites das suas competências, para com todas as partes envolvidas, incluindo advogados, indivíduos a avaliar ou tratar e juízes (SGFP-UR 4.03). Quando, porventura, se virem confrontados com uma situação para a qual não tenham competência para actuar em tribunal, devem estar preparados para a recusar (orientações EFPA 3.1, 1996).

Consentimento informado

Aos indivíduos que serão alvo de avaliação ou tratamento deve ser dada uma explicação detalhada acerca do procedimento e riscos e/ou benefícios potenciais inerentes, para que possam escolher — de modo informado — se querem tal serviço. Porém, em várias instâncias da prática forense, o consentimento informado pode, por outro lado, envolver uma notificação do propósito. Quer dizer, quando a avaliação ou o tratamento são ditados pelo tribunal, a parte que recebe tal serviço não é considerada o cliente e não é obrigatoriamente a ela que cabe dar o consentimento (Schuller & Ogloff, 2001).

Quer as partes estejam, ou não, habilitadas para dar o seu consentimento, a informação relativa ao serviço a ser prestado deve ser sempre veiculada da mesma forma. Ou seja, as partes envolvidas devem ser informadas dos seus direitos, do fim a que se destinam os resultados e da identidade do cliente — i. e., de quem contrata o serviço (SGFP IV.E.2, 1991). Os psicólogos devem ainda informar as partes acerca de possíveis consequências resultantes da sua não cooperação (orientações EFPA 3.6, 1996). O consentimento apenas é válido se a parte em questão dispuser de capacidade mental suficiente para tomar uma decisão informada. O sujeito deve poder compreender a informação e estar apto a ponderar riscos e benefícios de forma a tomar uma decisão racional (Stafford, 2002). Se a parte em questão não dispõe dessas capacidades, o consentimento deve ser dado por um substituto que o possa assumir (SGFP IV.E.2, 1991). Em situações nas quais não é requerido o consentimento à parte a quem se dirige o serviço psicológico, ou quando esta é considerada incapaz de o dar, deve, ainda assim, procurar-se obtê-lo e envidar esforços para explicar com clareza todos os procedimentos.

Os psicólogos devem ainda garantir que comunicam os aspectos relevantes do consentimento informado aos clientes que os contratam, como, por exemplo, os advogados. As questões a ser acordadas incluem aspectos tão diversos, como: assegurar que a parte que paga os honorários tem conhecimento destes, está a par dos limites de competência do perito, das fundamentações e limitações inerentes aos métodos utilizados, potenciais conflitos de interesse, e tem conhecimento dos possíveis intervenientes a quem os resultados podem vir a ser comunicados (incluindo terceiros que tenham acesso ao relatório do processo) (SGFP IV.A, 1991). É ainda particularmente importante que o profissional, ao reportar a informação, recorra a uma linguagem clara e compreensível pelos leigos em geral (orientações EFPA 3.7, 1996).

Confidencialidade

Falando em termos gerais, as regras estritas da confidencialidade garantem a protecção da informação relativa ao cliente, incluindo observações terapêuticas e dados das avaliações. Porém, exclui-se um reduzido número de situações nas quais tal não se aplicará — incluindo nestas os casos em que exista o risco potencial do cliente infligir danos a si próprio, ou a outros, ou em casos de abuso de crianças. Em contexto forense, com frequência, o sujeito avaliado, ou submetido a tratamento, não é o cliente; e assim, o tribunal, por força da natureza da solicitação de informação, prescinde do seu direito à confidencialidade. Os dados da avaliação serão incluídos num relatório ou testemunho usado no tribunal, situação que pode ser pública ou aberta aos media (Heilbrun, Marczyk & DeMatteo, 2002a).

Antes de se iniciar qualquer prestação de serviços, os psicólogos forenses devem advertir avaliadores e clientes dos limites à confidencialidade (SGFP V.B, 1991) e explicar quem será autorizado a ter acesso aos registos e relatórios (SGFP-UR 10.03). É crucial ser claro e enfatizar sempre os limites da confidencialidade. As partes a ser avaliadas podem não compreender que o psicólogo não está a trabalhar para o mesmo fim que os advogados — no sentido em que estes últimos têm por fito construir o caso da maneira mais favorável para o sujeito. A clareza sobre os limites da confidencialidade justifica-se ainda pelo facto de os sujeitos poderem ter tido experiências prévias com psicólogos e não compreenderem as diferenças entre o contexto forense e o terapêutico (Schuller &

Ogloff, 2001). Os psicólogos devem ser sensíveis a eventuais confusões e corrigi-las imediatamente, salientando os limites da confidencialidade.

Relações duais

Para além dos potenciais conflitos inerentes à relação, que qualquer psicólogo deve evitar — como aproveitamento da relação ou envolvimento sexual — os psicólogos forenses devem ainda estar cientes de outras situações problemáticas. As diferenças fundamentais, já abordadas, entre o papel terapêutico e o forense, tornam difícil ou mesmo impossível que um terapeuta avalie objectivamente um seu cliente prévio num contexto de acção forense (Schuman & Greenberg, 2003). Um terapeuta que avalie um cliente e questione a veracidade dos seus relatos pode danificar a própria aliança terapêutica (Greenberg & Schuman, 2007).

Sempre que possível, deve evitar-se a relação dual (orientações EFPA 3.11, 1996; SGFP IV.D1, 1991). Clark (2002) faz uma série de recomendações com intuito de evitar este tipo de conflitos. A autora sugere que os psicólogos se certifiquem que não existe qualquer relação prévia ou conflito de interesses com as partes e que, caso venham a encontrar alguma, notifiquem imediatamente as partes envolvidas. Nestes casos pode ser necessário recusar o caso. Para além disso, é importante que o profissional deixe claro desde o início — e assim continue — que o seu papel é de avaliador e não de terapeuta. Por exemplo, num caso de custódia parental no qual o progenitor pede uma opinião, o avaliador deve abster-se de agir enquanto terapeuta.

O psicólogo forense pode, no entanto, aceitar uma eventual relação dual na qual actua como perito e como terapeuta simultaneamente. É admissível, em determinadas circunstâncias, concebermos a possibilidade de ser contratado como perito e depois tornar-se terapeuta; mas não o inverso devido à dificuldade em ser imparcial após ter trabalhado, de modo muito próximo, com um dos lados (Heilbrun, 2001). Para evitar uma situação inaceitável do tipo terapeuta-perito, Heilbrun e colaboradores (2002b) sugerem que se faça previamente um acordo estipulando serviços que o psicólogo forense prestará (ou não), e se especifique em que medida tal acordo pode ser alterado de modo a incluir novos papéis. É particularmente importante que os clínicos contratados como terapeutas não incentivem pedidos para alargar o seu papel ao de avaliador e que esclareçam os advogados e/ou Ministério Público sobre os problemas éticos inerentes a tal posição (Heilbrun et al., 2002b). Os psicólogos devem conhecer outros colegas a quem recorrer, de forma a evitarem cair num dilema, caso se deparem com um sujeito com necessidades prementes de serviços que, por questões éticas, eles próprios não possam prestar (Knapp & Vandecreek, 2006).

Uso de testes

Os clínicos forenses são frequentemente chamados a avaliar capacidades que diferem das que usualmente se avaliam noutros contextos clínicos. Entre as primeiras encontramos, por exemplo, as relativas ao modo como as capacidades cognitivas de um sujeito influenciam as suas competências jurídicas, ou o grau em que o funcionamento do queixoso difere do seu funcionamento usual anterior ao incidente. Os testes fornecem informações valiosas que tendem a ser mais objectivas do que as recolhidas em entrevistas ou no recurso a terceiros (Melton et al., 2007).

Têm sido construídos testes destinados a ser utilizados em contexto forense — designados *instrumentos de avaliação forense* (FAIS — *Forensic Assessment Instruments*). Estes instrumentos são elaborados para serem relevantes relativamente a um dado padrão legal e para avaliarem as capacidades envolvidas nesse mesmo padrão (Heilbrun, Rogers & Otto, 2002). Porém, são ainda poucos os instrumentos específicos de avaliação forense, não podendo cobrir a multiplicidade de questões legais colocadas nos tribunais, nem são também relevantes para os diferentes contextos forenses (Melton et al., 2007). Além disso, alguns dos já criados para responder a questões colocadas no contexto forense (ou outro) foram-no recorrendo a metodologias questionáveis (Otto & Heilbrun, 2002). Por outro lado, mesmo quando o instrumento é válido, um só teste pode não fornecer a informação suficiente (sobre o comportamento da pessoa) para facultar ao inquiridor legal as respostas necessárias (Heilbrun, 2001). Um outro problema reside no facto de alguns profissionais que recorrem aos instrumentos de avaliação forense (FAIS) não serem suficientemente competentes; existe, de facto, o risco de mau uso dos testes neste contexto específico. Outra preocupação refere-se ao facto de a motivação dos sujeitos avaliados para distorcer os resultados ser usualmente mais elevada em meio forense, nem sempre se podendo assim presumi-los como válidos (Heilbrun, 2001). Por fim, os profissionais têm de decidir se os testes serão apropriados e/ou relevantes para avaliar o funcionamento *anterior* (i. e., antes do delito ou ofensa) do sujeito, por exemplo em casos que envolvam responsabilidade criminal.

Para ser válido em contexto forense, um teste tem de apresentar fidelidade e validade para a população a que pertence o avaliado (SGFP-UR 12.02). Se o teste não foi adequadamente validado, os seus limites devem ser apresentados ao tribunal. Torna-se igualmente importante ter em consideração a medida em que características pessoais do sujeito em situação de avaliação — como o estilo de resposta ou distorções — podem influenciar os resultados dos testes (SGFP-UR 12.03, 12.04). Por fim, face às diferenças na legislação, um dado teste pode ser válido numa jurisdição e não o ser noutra [3]. Os psicólogos forenses têm assim de se assegurar que o teste é adequado para o sistema legal da sua jurisdição.

São várias as recomendações que têm sido feitas relativamente às questões éticas no uso de testes. Os clínicos devem usar o teste adequado à tarefa e não recorrer a uma bateria fixada previamente (Butcher & Pope, 1993). Se é importante que a avaliação seja suficientemente completa para garantir uma compreensão abrangente e adequada do sujeito, dever-se-á ainda ter cuidado para que cada novo teste utilizado acrescente realmente informação válida, assegurando assim que o sujeito não é submetido a uma série de avaliações inúteis (Butcher & Pope, 1993). Mesmo que o teste possua um grau de fidelidade e validade razoável, deve-se recorrer a múltiplas fontes de informação — por exemplo, relatórios de outros profissionais (Heilbrun et al., 2002c). Num trabalho recente, Melton e colaboradores (2007) defendem que se desenvolvam novas investigações que explorem as possíveis conjugações entre os resultados dos testes disponíveis e os objectivos legais relevantes. Se não existem dados de investigação, os profissionais devem procurar outras

---

[3] N.T. Esta ressalva não se aplica à situação portuguesa, mas aos sistemas de *common law,* adoptados por Inglaterra e países por ela colonizados, com algumas excepções (e. g., Escócia, Estado da Lousiana, nos E.U.A.).

formas para estabelecer relações significativas entre o teste e o resultado legal relevante (e. g., dados arquivados). Por fim, no que diz respeito ao funcionamento prévio do sujeito, nenhum teste permite obter tal informação de forma válida. Por exemplo, não dispomos de nenhum teste que permita aferir se um dado sujeito esteve já deprimido anteriormente a um incidente — e. g., de assédio sexual — para o qual reclama indemnização. Métodos que recorram a informações arquivadas são, assim, preferíveis em avaliações reconstrutivas (Melton et al., 2007).

Imparcialidade

Quando se trabalha num contexto legal podem surgir inúmeras pressões internas ou externas, que tornam particularmente difícil aos profissionais permanecerem imparciais. Os psicólogos devem relatar todos os dados relevantes encontrados, mesmo que estes possam ajudar a parte contrária (Wrightsman & Porter, 2006). Porém, os peritos são, com frequência, contratados pelo advogado de uma das partes, tendo este obrigação legal de lutar por um objectivo específico (o melhor resultado possível para o cliente, sociedade, etc.). Além disso, a relação de trabalho que se estabelece entre o perito forense e a parte contratante pode ser influenciada por questões como a remuneração, considerações relativas a futuras relações profissionais e até à quantidade de tempo gasta a trabalhar juntos num caso. Questões como estas podem efectivamente afectar a capacidade do perito forense para se manter imparcial e devem ser cuidadosamente avaliadas ao longo da relação. Outros conflitos que podem também surgir dizem respeito a enviesamentos políticos ou pessoais que o psicólogo possa ter relativamente a algumas questões ou populações.

Os clínicos que são chamados a apresentar a sua opinião em tribunal devem dar garantias de justeza e objectividade, ponderar de maneira equitativa todos os dados — a favor e contra — relativos ao desenlace do processo (orientações EFPA 3.11, 1996; SGFP VI.C, 1991). Idealmente, os clínicos deveriam ser contratados pelo tribunal e evitar ser contratados pelo advogado de uma das partes; porém, tal nem sempre é possível (orientações EFPA 3.11).

Para garantir a sua imparcialidade, minimizando eventuais influências de crenças pessoais, o psicólogo deve estar ciente do impacto de tais atitudes e valores na sua competência profissional e reflectir cuidadosamente sobre potenciais enviesamentos decorrentes de cada situação (orientações EFPA 3.4).

Embora as orientações — na prática da psicologia forense — sejam claras acerca da necessidade de imparcialidade, recomendações adicionais podem ajudar os profissionais a superar as pressões referidas anteriormente. É fundamental que o clínico forense estabeleça uma relação que permaneça imparcial com a parte que o contrata e respeite orientações pré-definidas sobre o melhor modo de prosseguir o trabalho (Saks & Lanyon, 2007). É também importante que os profissionais forenses tenham o cuidado de garantir que as suas conclusões não se alteram no decorrer das discussões com os advogados ou com o Ministério Público.

Âmbito da interpretação

Sabendo que vários dos problemas que surgem são susceptíveis de interpretações subjectivas, os psicólogos devem, por imperativo ético, restringir-se aos dados no seu campo de interpretação. A necessidade de fundamentar a sua posição com dados objectivos torna-se particularmente importante em contexto forense, onde há grande probabilidade de as conclusões virem a ser postas em causa em tribunal (Heilbrun, 2001). Contudo, como referido anteriormente, os avaliadores forenses devem resistir às pressões do sistema judicial para proferir certezas — ou opiniões absolutas — que possam ir além do que seria aceitável na prática psicológica corrente e que ultrapassariam o que os seus dados permitiriam (Haas, 1993).

Ao comunicar a informação ao tribunal, os avaliadores forenses devem fazer a distinção entre observações, inferências e conclusões (SGFP VI.F.1, 1991). Para garantir transparência e credibilidade, os clínicos forenses devem revelar todas as fontes a que recorreram no decurso da investigação, particularmente as que se mostraram mais relevantes para a elaboração das conclusões (SGFP VII.E, 1991). Não é demais frisar que os psicólogos forenses têm a responsabilidade de fundamentar as suas conclusões num número suficiente de fontes. Por exemplo, não é aconselhável tecer conclusões sobre sujeitos que não tenham observado pessoalmente, baseando-se apenas nos relatórios de outros psicólogos

(SGFP VI.H, 1991). Embora as peritagens dos clínicos lhes possa permitir ir além das mais básicas interpretações, directamente deduzidas dos dados, tais interpretações devem ser avançadas apenas como hipóteses.

Respondendo à questão legal

Os psicólogos podem ser inquiridos acerca de questões legais, tais como saber se o réu tem competência para ir julgamento [4] ou se um infractor deve ser libertado. Embora os psicólogos forneçam a informação relevante para ajudar o tribunal a responder a tais questões, é, em última análise, ao tribunal que cabe a decisão. No entanto, os psicólogos são frequentemente chamados a dar a sua opinião, em diferentes situações, como, por exemplo, sobre a probabilidade do transgressor ser perigoso (Melton et al., 2007).

Se os psicólogos devem, ou não, dar a sua opinião sobre a questão legal final [5], permanece um tópico controverso. Vários autores recomendam que os psicólogos resistam à pressão para o fazer (Heilbrun, 2001). Argumentam, neste caso, que não há dados suficientes para fundamentar opiniões científicas sobre questões legais — ainda que alguns psicólogos tenham ultrapassado a sua competência no passado (Grisso, 2005; Melton et al., 2007). Outros consideram aceitável que a testemunha-perito, nomeada pelo tribunal, profira opiniões sobre a questão legal e que elas são úteis ao tribunal (Bala, 2005).

---

[4] N.T. A avaliação da "competência para ir a julgamento" *(competence to stand trial)* compreende vários aspectos que, em termos amplos, dizem respeito ao conceito legal de "responsabilidade criminal" do arguido. Entre vários podemos referir (para que se entenda o que lhe subjaz): a identificação do estado mental do arguido no momento do acto ilícito; consciência do seu acto; capacidade para compreender e avaliar alegações, acusações e a sentença; capacidade para comunicar factos, acontecimentos e estados mentais pertinentes; compreender a amplitude e natureza das sanções penais e papéis dos juízes e advogados; colaborar com o tribunal; conseguir apreciar a escolha de opções e as consequências legais de confessar-se culpado.

[5] N.T. Questão legal final *(ultimate legal question)* ou questão jurídica de fundo — remete para a questão legal a que o tribunal tem de responder (e. g., se o indivíduo é ou não culpado).

Os dados empíricos sugerem, no entanto, que esta questão está longe de se encontrar resolvida. Cerca de 25% dos diplomados em Ciências Forenses pelo American Board of Professional Psychology, inquiridos por Borum e Grisso (1996), consideraram que as opiniões sobre a questão legal deviam ser evitadas, enquanto que os restantes 75% se dividem entre os que permanecem neutros e os que acreditam que é importante proferi-las como alegações finais. Robbins e colaboradores (1997) verificaram que em mais de 90% dos relatórios de avaliação de competência que analisaram eram dadas opiniões finais; e Skeem, Golding, Cohn e Berge (1998) encontraram-nas em cerca de 75% dos relatórios que consultaram. Em algumas jurisdições, os pareceres sobre a questão legal são, não só esperados, mas também requeridos, enquanto que noutras podem ser proibidos ou desaconselhados. A *Specialty Guidelines for Forensic Psychologists* (1991) recomenda que os psicólogos façam a distinção entre o seu testemunho e as questões legais (VII.F), mas a SGFP-UR mantém-se neutra em relação ao assunto.

Os profissionais que trabalham em jurisdições (e/ou países) que autorizam os peritos a dar opiniões finais devem apenas proferi-las em assuntos nos quais possuam formação e prática adequadas (Bala, 2005). Tal opinião deve ser expressa em termos prudentes e ressalvar limitações que lhe estejam subjacentes (Connel, 2008).

Questões culturais

Os psicólogos que trabalham com clientes de diferentes meios devem estar cientes dos seus próprios preconceitos culturais e do modo como a sua própria cultura pode ser percepcionada pelo cliente. Tais diferenças podem induzir a que o sujeito seja incorrectamente considerado defensivo ou não colaborante, avaliações que ficam expressas na secção de observação do comportamento do relatório. Os psicólogos devem ainda ter em conta que alguns testes psicológicos foram aferidos predominantemente em amostras de raça Branca; isso pode levar o clínico a conclusões erróneas sobre sujeitos de outros meios culturais (Butcher & Pope, 1993).

Os psicólogos forenses devem pois ter em conta a cultura dos indivíduos em avaliação ou tratamento, bem como os seus próprios preconceitos e os preconceitos da comunidade dominante em relação a esse grupo (orientações EFPA 2.2.2, 1996; SGFP-UR 4.09). Sempre que os clínicos se apercebam de diferenças culturais que influenciem o seu trabalho devem procurar supervisão, formação ou experiência para corrigir o problema (SGFP-UR 4.09). Os avaliadores têm ainda de acautelar que não discriminam determinados grupos, ou que não se deixam influenciar por preconceitos que possam ter em relação a um grupo particular.

Questões relativas aos honorários

As questões de pagamento em psicologia forense podem ser complicadas pelo facto de o cliente — frequentemente o advogado que representa o avaliado — poder estar especialmente interessado em obter resultados favoráveis. A parte que paga os honorários do psicólogo pode estar empenhada em procurar e contratar um perito forense de quem espera uma posição favorável ao seu cliente. Honorários que dependam de um dado resutado suscitam questões éticas óbvias. No entanto, questões mais subtis, tais como o pagamento de uma quantia pelo tempo e esforço inerentes ao acto de ir testemunhar podem ser também problemáticas. Embora, à partida, possa parecer razoável a atribuição de honorários mais elevados para a prestação de um testemunho, o facto é que tal pode constituir um incentivo para a elaboração de relatórios propositadamente vagos, que levem os clínicos a ser chamados a depor (Heilbrun, 2001). Uma solução para o problema consistiria em cobrar uma taxa fixa. No entanto, se os clínicos tiverem subavaliado a complexidade de um caso podem ser levados a um menor empenho quando forem necessárias horas adicionais (Connell, 2008), criando deste modo outros problemas éticos. Por isso, recomenda-se que se fixe um montante por hora, podendo estipular-se uma caução, de forma a que a parte que paga ao psicólogo saiba de antemão o tempo que o clínico espera cobrar. É também importante que os clínicos sejam claros para com as partes em tratamento, ou avaliação, sobre quem vai pagar os serviços (Packer, 2002).

Os clínicos forenses devem decidir o valor de honorários a ser cobrado, mas este não deve depender dos resultados da avaliação (orientações EFPA 3.11, 1996; SGFP IV.B, 1991). Embora não haja orientações sobre o limite máximo de honorários que os clínicos podem cobrar, recomenda-se que aceitem alguns casos gratuitamente ou a preço reduzido para permitir que clientes com baixos recursos possam ter acesso ao testemunho de peritos (SGFP IV.C, 1991).

Questões na psicologia forense criminal

Esta secção aborda questões éticas particularmente pertinentes para os psicólogos que trabalham na área forense criminal. O sistema criminal aplica-se às pessoas que infringiram a lei e colidem com os interesses públicos. Os psicólogos que trabalham no sistema criminal têm de ter em consideração as diferentes dimensões éticas gerais inerentes ao tratamento e avaliação forense realizados no domínio criminal e ainda outros princípios éticos adicionais.

Tratamento forense criminal

As situações de tratamento por ordem do tribunal, ou tratamento correctivo, requerem que se dê especial ênfase às questões éticas gerais já mencionadas, tais como confidencialidade, exigências específicas dos relatórios e más práticas. Os transgressores em contextos correccionais que esperam tratamento devem ser considerados uma população vulnerável, e situações de coacção podem ter impacto no consentimento informado e voluntário. É importante que os clínicos forenses reconheçam o modo como os seus serviços terapêuticos podem influenciar os procedimentos legais, presentes ou futuros, dos transgressores. Tal como na clínica geral, os clínicos forenses são encorajados a ter em conta essas variáveis e a minimizar qualquer efeito negativo ou involuntário nesses procedimentos ou no tratamento, quando prestam serviços terapêuticos em contextos forenses (SGFP-UR 6.02).

Torna-se difícil prestar serviços (psicológicos) competentes aos transgressores, já que pouca atenção tem sido dada a questões de tratamento no contexto da psicologia forense — tanto em termos de investigação como de prática (Otto & Heilbrun, 2002). Heilbrun e Griffin (1999) enumeram um certo número de factores que devem ser tidos em conta em programas de tratamento forense. Em primeiro lugar, sustentam que as funções específicas de avaliação, tratamento e tomada de decisão devem ser consideradas como conceptualmente distintas. Por exemplo, no contexto forense, uma avaliação pode ter uma de duas funções, designadamente objectivos de planeamento de tratamento e objectivos de tomada de decisão legal.

Segundo, tal como no domínio da clínica geral, é importante que os planos de tratamento sejam ajustados às necessidades individuais. No entanto, no contexto forense, os planos de tratamento devem também ser adaptados ao estatuto legal do indivíduo. Enquanto prestadores de tratamento, os profissionais forenses podem oferecer serviços terapêuticos elaborados em função das questões e procedimentos legais, ou baseados numa ordem do tribunal que explicitamente define os objectivos do tratamento (SGFP-UR 1.04). Por exemplo, modalidades de tratamentos de curto prazo, destinados a melhorar e desenvolver competências, combinados com medicação, devem ser aplicados a indivíduos detidos preventivamente por incapacidade de ir a tribunal. É importante conseguir "um equilíbrio claro entre os direitos do sujeito, a necessidade de tratamento e a segurança pública" (Heilbrun & Griffin, 1999, p. 266).

Por fim, Heilbrun e Griffin (1999) notam que enquanto as orientações éticas gerais alertam os profissionais de saúde mental para a necessidade de escolherem intervenções que receberam confirmação empírica, em contexto forense poucos foram os estudos realizados sobre efeitos dos tratamentos e, em termos globais, a investigação epidemiológica das populações forenses é fraca. Os profissionais que trabalham em contexto forense são, por isso, aconselhados a manterem-se informados dessa literatura, de maneira a garantir a escolha dos mais apropriados planos de tratamento, tendo sempre em mente estas importantes questões éticas.

A confidencialidade é outra questão com especial relevância em contextos de tratamento forense, tanto mais que o transgressor pode estar sujeito a confidencialidade limitada. Como referido anteriormente, a confidencialidade devida ao cliente pode ser quebrada nos casos em que haja riscos de ele infligir danos a outros. Para além disso, é importante considerarmos o que se passa em situações de detenção, onde podem existir regras específicas que colidam com o direito do cliente a serviços confidenciais. Por exemplo, num contexto prisional pode-se exigir aos psicólogos serviços terapêuticos para os autores de transgressões, com o intuito de revelar informação relevante para a segurança e bem-estar do pessoal e dos outros reclusos. Pode ser difícil, para os clínicos, avaliarem as condições que justificam a quebra de confidencialidade do cliente, pelo que se aconselha, nesses casos, a consulta de colegas especializados. Os clínicos que tratam delinquentes têm, naturalmente, mais probabilidade, que os colegas na actividade psicológica em geral, de se depararem com situações que envolvem perigo para outros. Quando informados sobre uma ameaça grave e real, os clínicos têm o dever ético de proteger terceiros — por exemplo, com base no caso de o cliente revelar ao psicólogo a intenção de atacar uma jovem e, posteriormente, a matar (*Tarasoff* v. *Regents of University of California,* 1976).

Existem orientações claras sobre a necessidade dos clínicos informarem quando há o dever de protecção; porém, podem surgir dúvidas quanto ao dever de participar crimes passados, pelos quais os transgressores não foram apanhados. De modo geral, admite-se que o terapeuta possa manter a confidencialidade em relação a crimes passados, excepto nos casos em que a informação se torna relevante para identificar que o transgressor constitui perigo, mais uma vez (Clingempeel, Mulvey & Reppucci, 1980).

Avaliação forense criminal

Ao realizarem avaliações forenses em contexto criminal, os psicólogos devem ter em consideração uma série de questões que podem ir muito para além das referidas anteriormente. É particularmente importante que os clínicos forenses, na área criminal, se concentrem nos factores legais relevantes ao conduzirem as suas avaliações (SGFP VI.F.2., 1991). Tendo em conta as consequências legais que podem advir das avaliações forenses adjudicadas em fase de pré-julgamento, julgamento e sentença, os avaliadores devem ser particularmente claros no que concerne a questões específicas colocadas pela parte que envia o sujeito para avaliação (e. g., o tribunal, advogados). Na sua revisão da literatura, Nicholson e Norwood (2000) concluíram que embora os profissionais possam estar cientes dos critérios legais e das questões pertinentes para uma dada avaliação, nem sempre conseguem escolher os métodos de avaliação mais relevantes para a tarefa que enfrentam.

Os avaliadores, ao conduzirem uma avaliação forense, devem também garantir a avaliação das capacidades funcionais do sujeito (SGFP-

-UR 12.01.01). Uma vez que os examinadores forenses têm a tarefa de ajudar o juiz a compreender os dados, ou determinar o facto em causa, devem fornecer informações complementares acerca das capacidades funcionais do sujeito, aptidões, conhecimentos e crenças. Por exemplo, quando o examinador forense tem de determinar a *competência* do sujeito *para ir a julgamento* [6], terá de avaliar a presença e domínio de capacidades relevantes para tal (e. g., capacidade para comunicar eficazmente com o advogado, reconhecer as partes envolvidas, compreender a natureza das acusações). As capacidades psico-legais específicas exigidas devem assentar na lei seguida na jurisdição (ou país), em convenções mais gerais estabelecidas nesse campo, ou na combinação de ambos os factores. A investigação nesta área demonstrou que, apesar dos avaliadores conseguirem, frequentemente, ter em consideração as questões realmente pertinentes, falham todavia no estabelecimento de ligação entre as evidências e as opiniões, recomendações e conclusões que se poderiam tirar das questões relativamente aos problemas psicológicos identificados (Nicholson & Norwood, 2000). Não será demais frisar que se deve sempre empregar procedimentos adequados em qualquer avaliação forense, devotando-se especial atenção ao uso de instrumentos de avaliação forense destinados a medir capacidades psico-legais específicas. Dever-se-á ainda avaliar até que ponto o próprio contexto forense poderá ter influenciado os resutados da avaliação (e. g., participação voluntária, situações de stresse, simulação de doença [7], e gestão da impressão geral).

Os psicólogos poderão sentir-se tentados a incluir o máximo de informação possível nos seus relatórios, para garantirem que abordam

---

[6] N.T. Cf. nota de rodapé 4.

[7] N.T. É de recordar que a avaliação (psicológica) pressupõe a cooperação e motivação do sujeito; porém, particularmente em contexto forense, o sujeito pode ter particular interesse em simular défices, incapacidades ou perturbações, quando tal possa influir em potenciais ganhos (e. g., indemnizações, atenuantes ao comportamento/acção julgado). A avaliação dos *comportamentos de simulação* é uma área em franca expansão, assistindo-se ao desenvolvimento de uma série de *instrumentos de validade de sintomas*. Estas questões são geralmente tratadas detalhadamente em manuais de psicologia forense.

todas as questões relevantes. Porém, é muito importante que não se inclua informação legal ou funcional irrelevante nos relatórios de avaliação. Para além disso, no caso de haver grande probabilidade de outros acederem aos relatórios, deverão abster-se de incluir qualquer informação — proveniente de avaliações ou notas de terapia — que não seja essencial (orientações EFPA 3.8, 1996; SGFP V.C, 1991). A inclusão deste tipo de pormenores nos relatórios pode fornecer informações a que os decisores legais não devam ter acesso, e que podem induzir distorções nas decisões que estão a ser tomadas (e. g., mais tempo de prisão, condições de fiança mais severas).

No que se refere à avaliação do risco de violência, valeria a pena considerar várias questões, mas uma discussão aprofundada da complexidade desta matéria não pode ser feita no presente capítulo. É frequentemente pedido aos avaliadores forenses — em termos implícitos ou explícitos — que avaliem o potencial risco de violência futura por parte do transgressor. Os textos e investigações científicas sobre avaliação do risco de violência prosperam dramaticamente na última década. Aconselha-se os clínicos a actualizarem-se relativamente às questões empíricas e éticas específicas desse domínio.

Melton e colaboradores (2007) referem vários factores que dificultam a tarefa do clínico ao fazer juízos sobre o perigo que o sujeito representa, e quando apresentam as suas opiniões de perito em tribunal. Entre aqueles factores, inclui-se a multiplicidade de definições legais de perigosidade e o facto de estas mudarem de contexto para contexto, jurisdição para jurisdição ou país para país, assim como a ausência de orientações claras e consistentes sobre aquilo que constitui risco em termos legais relevantes. Dada a falta de consenso sobre os indicadores, salienta-se que os examinadores estão particularmente vulneráveis a cometer erros de julgamento e a introduzir enviesamentos pessoais nas suas opiniões e tomadas de posição.

A exactidão ou rigor das previsões clínicas sobre perigosidade é um assunto que tem merecido muita atenção e originado muita controvérsia na literatura forense. Recomenda-se que os avaliadores recorram a práticas fundamentadas em dados empíricos e a abordagens multi-método, de forma a garantir o suporte empírico das suas conclusões (Douglas, Cox & Webster, 1999).

Questões na psicologia forense cível

A psicologia forense cível diz respeito a disputas entre indivíduos (privados). Os psicólogos que trabalham nesta área enfrentam muitos dos desafios éticos já mencionados, designadamente quando são chamados ao tribunal como peritos em casos de avaliação de custódia de crianças. Mas, para além disso, o domínio cível pressupõe também algumas preocupações específicas, como é evidente em situações que implicam comprometimentos cíveis e tratamentos compulsivos de pacientes. Esta secção explorará brevemente algumas das questões éticas mais relevantes para os psicólogos que trabalham em contextos cíveis.

Avaliações de custódia de menores

Muitos profissionais de saúde mental argumentam que as avaliações da custódia de crianças estão entre as tarefas mais exigentes, mais desafiadoras e profissionalmente mais arriscadas que se podem desempenhar, tanto nas áreas clínica como forense (Kirkland, 2001; Pickar, 2007). Efectivamente, o trabalho feito nas avaliações de custódia de crianças tem suscitado um número desproporsitado de queixas tanto relativas à regulação da custódia, como do ponta de vista ético e deontológico [8] (APA, 2002; Kirkland & Kirkland, 2002; Kirkland, 2001). Embora seja desencadeada acção disciplinar apenas numa minoria de casos, Kirkland e Kirkland (2002) advertem: "os profissionais que trabalham na avaliação da custódia de menores devem esperar defrontar-se com uma queixa formal" (p. 173).

As questões éticas, neste domínio, são numerosas e complexas. Para ajudar os clínicos a moverem-se com mais segurança neste cenário difícil, surgiram na literatura vários modelos e orientações, incluindo os *Parâmetros de Práticas Psiquiátricas da Academia Americana da Criança e Adolescente para a Avaliação da Custódia da Criança* (American Academy of Child and Adolescent Psychiatry's Practice Parameters for Child Custody Evaluation, 1997) e as *Orientações da APA para Avalia-*

---

[8] N.T. Tenha-se em atenção que os autores se referem, fundamentalmente, ao contexto norte-americano.

ções de Custódia de Crianças (APA's Guidelines for Child Custody Evaluations, 1994). Apesar das obrigações e da linguagem específica destes guiões diferirem de organismo para organismo, há um certo número de temas comuns (Rohrbaugh, 2008). Estes incluem aspectos tais como evitar relações duais, recolher informações de várias fontes, apenas tecer conclusões sobre indivíduos entrevistados e ter em conta a multiplicidade de factores específicos de cada caso (Rohrbaugh, 2008). Além disso, os psicólogos que trabalham no campo da custódia de menores devem procurar familiarizar-se com as orientações vigentes na sua jurisdição (ou país).

Presentemente, um dos debates éticos mais controversos na literatura sobre a avaliação da custódia de crianças é se deve, ou não, ser colocada a *questão legal fundamental* [9] (cf., e. g., o debate no volume 43(2) de 2005 da *Family Court Review*). Esta questão fundamental diz respeito às recomendações acerca do que é (em cada caso) o "melhor interesse" [10] da criança (ou do menor). Embora a *questão legal fundamental* tenha já sido discutida neste capítulo, chama-se aqui a atenção para o facto de os clínicos deverem ser particularmente cuidadosos quando se trata de recomendações relativas à custódia de crianças. A dificuldade, neste contexto, prende-se com a determinação do que se considera o alcance (admissível) do relatório e/ou testemunho, ou seja, até onde o psicólogo deve chegar no seu relatório. Os peritos devem sempre garantir que as suas recomendações se baseiam em investigações empíricas. Porém, a investigação que subjaz ao tipo de recomendações usualmente proferidas neste contexto (e. g., o número de horas que a criança deve passar com cada progenitor),

---

[9] N.T. Cf. nota de rodapé 5.

[10] N.T. Se é nos princípios do século XX que se começa a reconhecer no "melhor interesse da criança" o mote para as recomendações da guarda e custódia, é também verdade que a concepção inerente a esse "melhor interesse" tem variado ao longo do tempo — e não é hoje isenta de controvérsias. Em Portugal, assiste-se, em 1997, a uma Reforma do Direito da Família que passa a colocar no cerne da regulação do exercício do poder paternal o "melhor interesse" da criança, devendo este prevalecer sobre os direitos dos pais. Este enquadramento exige, naturalmente, reajustes na avaliação forense que passa agora a contemplar quer a apreciação da *funcionalidade* dos progenitores, como as competências para exercer as responsabilidades e deveres parentais e a *qualidade da relação* com os filhos.

é ainda insuficiente (Tippins & Wittmann, 2005). O leitor interessado poderá consultar o modelo de quatro níveis de Tippins e Wittmann (2005) e as recomendações que o acompanham, embora outros sugiram uma abordagem mais moderada (e. g., Grisso, 2005).

Internamento compulsivo

O internamento compulsivo [11] é o processo pelo qual os indivíduos que padecem de uma doença mental são colocados em unidades de tratamento e/ou tratados contra a sua vontade. Embora os procedimentos relevantes e o conjunto de regras ou leis específicas que ditam as condições que regem o internamento compulsivo possam variar de país para país, os dilemas éticos que os clínicos enfrentam são, em grande parte, os mesmos.

A possibilidade do estado internar compulsivamente um indivíduo fundamenta-se em duas teorias legais: *parens patriae* [12] e o poder policial do Estado (Weinger & Wettseing, 2002). *Parens patriae,* expressão que significa o pai da pátria, requer que o estado cuide daqueles que são

---

[11] N. T. *Internamento Compulsivo* (Civil Commitment) — entre nós, cf. Lei de Saúde Mental. Lei n.º 36/98 de 24 de Julho, que revoga a anterior, de 1963, e estabelece os princípios gerais de política de saúde mental e regula o internamento compulsivo [*http://www.estig.ipbeja.pt/~ac_direito/LSMental.pdf*].

[12] N.T. *Parens patriae* — expressão latina para "o Pai do Povo" ou "Pai da Pátria"; em Direito remete para o poder/dever das forças policiais zelarem pelo bem-estar dos que necessitam de protecção.

O conceito anglo-americano *parens patriae* tem as suas origens na "lei comum" *(common law)* — sistema legal oriundo da Inglaterra, aí utilizado, bem como em países por ela colonizados, cuja característica principal é a valorização da jurisprudência em detrimento dos actos legislativos. A *common law* é a lei "feita pelo juiz" (na tradição da ideia medieval de lei ditada pelos tribunais do Rei). Nos sistemas de *common law*, o direito é criado ou aperfeiçoado pelos juízes: uma decisão a ser tomada depende das decisões adoptadas para casos anteriores e afecta o direito a ser aplicado a casos futuros. As decisões de um tribunal são vinculativas apenas numa jurisdição em particular.

Nos E.U.A a doutrina *parens patriae* assume o seu maior relevo nos cuidados às crianças, doentes mentais e outros legalmente incompetentes para tratar de si. Salientam-se, nesse amplo contexto, as situações em que o Estado se assume como supremo guardião de todas as crianças da sua jurisdição, tendo os tribunais poder de intervir para proteger o seu "melhor interesse".

incapazes de cuidar de si mesmos. De acordo com esta teoria, uma vez que se determine que um indivíduo é incapaz de cuidar de si próprio, o Estado é obrigado a tomar decisões que se reportam ao seu "melhor interesse". Por outro lado, o poder policial do Estado permite às forças policiais agirem em nome do bem-estar e segurança pública geral [13]. Assim sendo, a maioria dos sistemas legais permite o internamento compulsivo de indivíduos mentalmente doentes, que constituam um perigo para si próprios ou para os outros.

As circunstâncias que exigem maior atenção no que respeita às questões éticas no internamento são aquelas em que os indivíduos são involuntariamente internados ou tratados, não tanto em seu próprio benefício, mas em benefício dos outros (Hull, 1983; Rosenman, 1998). Enquanto que alguns casos de internamento ou tratamento compulsivo envolvem a protecção de outros, como quando o Estado exerce o seu poder policial para a protecção pública, outros casos podem implicar motivos menos defensáveis. Por exemplo, há que distinguir quando a medicação é usada para prevenir a deterioração do estado do sujeito, dos casos em que a medicação é usada para melhorar comportamentos meramente incómodos ou socialmente inaceitáveis, como no caso da falta de higiene pessoal. Similar preocupação ética existe quando a medicação é usada como forma de restrição e controlo do comportamento. Os psicólogos devem ter consciência das motivações subjacentes a tais medidas, e evitar usá--las quando estas não implicam a protecção do doente ou de terceiros.

O aspecto mais problemático do internamento compulsivo tem a ver com a noção de autonomia do doente. A autonomia é um dos pilares da medicina e um dos cânones da ética clínica (Rosenman, 1998). Enquanto que uns vêem no internamento (e consequente tratamento) compulsivo uma perda de autonomia, outros encaram tal medida como algo que ajudará a ultrapassar condições que levam à restrição dessa mesma autono-

---

[13] N.T. Nos E.U.A., por exemplo, existem diversos modelos de ligação à saúde mental que envolvem a polícia; todos eles implicam algum tipo de treino — sobre a natureza, tipo e etiologia da doença mental — que capacita os polícias a lidarem melhor com situações de crise que envolvam pessoas com tais perturbações. Em grandes cidades (e. g., Nova Iorque) existem mesmo equipas de agentes especializados e de profissionais em saúde mental, chamados a agir conjuntamente em situações de crise que envolvem indivíduos com doença mental.

mia (Roe, Weishut, Jaglom & Robinowitz, 2002; Saks, 2002). Mas, os clínicos e pacientes podem diferir entre si relativamente aos direitos que cabem ao paciente em situações de internamento não voluntário (Roe et al., 2002). Do mesmo modo, as atitudes do advogado do sujeito em relação ao seu tratamento involuntário podem também diferir da posição do sujeito (Luchins, Cooper, Hanrahhan & Heyrman, 2006).

Nos anos 1980, foram introduzidas as *Directrizes Psiquiátricas Antecipatórias* (PADs — *Psychiatric Advance Directives*) de forma a garantir aos doentes psiquiátricos o respeito da sua escolha (prévia) e a possibilidade de controlo do tratamento mental, nos períodos em que eles se encontrem incapazes de tomar decisões (Swartz, Swanson, Van Dorn, Elbogen & Shumway, 2006). As PADs permitem que os pacientes, através de instruções dadas aos prestadores de cuidados de saúde mental, expressem previamente as suas vontades e forneçam aos decisores uma procuração nesse sentido. Porém, muitos dos estatutos que possibilitam as PADs permitem igualmente aos procuradores (no contexto dos cuidados de saúde mental), sobreporem-se a essas mesmas vontades. A decisão de cumprir, ou ultrapassar, as PADs coloca um desafio ético particularmente difícil para os clínicos. A ponderação dos clínicos relativamente à decisão de cumprirem, ou não, a vontade prévia do paciente (PADs), deve ter em conta o grau inicial de saúde mental do sujeito, os conhecimentos e experiência prévias do clínico em relação aos tratamentos mentais e os padrões de cuidados clínicos vigentes. Para além disso, é importante que nesse processo, se tenham em conta os potenciais riscos e benefícios das várias formas de intervenção (Swanson, McCrary, Swartz, Elbogen & Van Dorn, 2006).

Muitas das questões éticas discutidas anteriormente, neste capítulo, são particularmente relevantes quando aplicadas ao internamento compulsivo. Os psicólogos que trabalham nesta área devem conhecer o alcance preciso da legislação em vigor na sua jurisdição/país. Por exemplo, enquanto que em alguns países o perigo para si próprio ou para outros, constitui um pré-requisito para o internamento compulsivo, noutros, a necessidade de tratamento é suficiente (Dressing & Salize, 2004). Mais ainda, para além da necessidade de estar a par dos avanços a nível dos tratamentos da doença mental, os psicólogos envolvidos em tratamentos compulsivos devem manter-se actualizados relativamente à literatura empírica e aos debates académicos relevantes quer para a definição de doença mental como para os meios utilizados nos esforços de previsão da perigosidade.

Conclusão

Os psicólogos têm muitas oportunidades de participarem em situações que envolvem aspectos diversos do direito civil ou criminal. Estas oportunidades constituem um conjunto de desafios e preocupações éticas que resultam das exigências inerentes ao facto de trabalharem num sistema legal que implica o *contraditório*. Baseando-nos simultaneamente nas orientações éticas europeias e norte-americanas, apresentámos, neste capítulo, um esboço de sugestões e alertas que pretendem facilitar o contributo competente e ético dos psicólogos no seu trabalho de interface com o Direito. Na prática da psicologia forense, é essencial que os profissionais possuam conhecimentos aprofundados sobre o sistema legal e questões legais específicas envolvidas no serviço que prestam. Salientámos algumas questões-chave que colocam desafios particulares aos psicólogos envolvidos no sistema legal, tais como questões inerentes ao consentimento informado, confidencialidade, relações duais, uso de testes psicológicos apropriados e tratamento. A actividade do psicólogo forense é muito complexa e implica, como vimos, lidar com inúmeros problemas éticos suscitados pelas particularidades das situações que avalia. Tendo em conta os contributos que estes profissionais trazem ao sistema legal, as considerações e orientações que facilitem e/ou regulamentem o cumprimento dos princípios éticos fundamentais, inerentes à prática da psicologia forense, são essenciais e constituem o propósito deste capítulo.

Bibliografia

American Academy of Child and Adolescent Psychiatry (1997). Practice parameters for child custody evaluation. *Journal of American Academy of Child and Adolescent Psychiatry*, 36 (suppl).

American Psychological Association (APA), Committee on Professional Practice and Standards (1994). Guidelines for child custody evaluations in divorce proceedings. *American Psychologist, 49,* 677-680.

American Psychological Association (2002). Ethical principles of psychologists and code of conduct. *American Psychologist, 57,* 1060-1073.

Bala, N. (2005). Tippins and Wittman asked the wrong questions: Evaluators may not be "experts," but they can express best interests opinions. *Family Court Review, 43,* 554-562.

Bersoff, D., Goodman-Delahunty, J., Grisso, J. T., Hans, V. P., Poythress, N. G. & Roesch, R. (1997). Training in law and psychology: Models from the Villanova conference. *American Psychologist, 52,* 1301-1310.

Borum, R. & Grisso, T. (1996). Establishing standards for criminal forensic reports: An empirical analysis. *Bulletin of the American Academy of Psychiatry and the Law, 24,* 297-317.

Butcher, J. N. & Pope, K. S. (1993). Seven issues in conducting forensic assessments: Ethical responsibilities in light of new standards and new tests. *Ethics & Behavior, 3,* 267-288.

Canter, M. B., Bennett, B. E., Jones, S. E. & Nagy, T. F. (1994). *Ethics for psychologists: A commentary on the APA Ethics Code.* Washington, DC: American Psychological Association.

Clark, B. K. (2002). What strategies do you use in trying to remain impartial in the course of forensic assessment? In K. Heilbrun, G. R. Marczyk & D. DeMatteo (Eds.), *Forensic mental health assessment: A casebook* (pp. 318-319). New York, NY: Oxford University Press.

Clingempeel, W. G., Mulvey, E. & Reppucci, N. D. (1980). A national survey of ethical dilemmas in the criminal justice system. In J. Monahan (Ed.), *Who is the client? The ethics of psychological intervention in the criminal justice system* (pp. 126-153). Washington, DC: American Psychological Association.

Committee on Ethical Guidelines for Forensic Psychologists (1991). Specialty guidelines for forensic psychologists. *Law and Human Behavior, 15,* 655-665.

Connell, M. A. (2008). Ethical issues in forensic psychology. In R. Jackson (Ed.), *Learning forensic assessment* (pp. 55-72). New York: Routledge.

Douglas, K. S., Cox, D. N. & Webster, C. D. (1999). Violence risk assessment: Science and practice. *Legal and Criminological Psychology, 4,* 149-184.

Dressing, H. & Salize, H. J. (2004). Compulsory admission of mentally ill patients in European Union member states. *Social Psychiatry and Psychiatric Epidemiology, 39,* 797-803.

European Federation of Professional Psychologists' Associations. (1996). Meta-code of ethics. *European Psychologist, 1*, 151-154.

Greenberg. S. A. & Shuman, D. W. (2007). When worlds collide: Therapeutic and forensic roles. *Professional Psychology: Research and Practice, 38*, 129-132.

Grisso, T. (2005). Commentary on 'Empirical and ethical problems with custody recommendations': What now? *Family Court Review, 43*, 223-228.

Haas, L. J. (1993). Competence and quality in the performance of forensic psychology. *Ethics & Behavior, 3*, 251-266.

Haney, C. (1980). Psychology and legal change: On the limits of a factual jurisprudence. *Law and Human Behavior, 4*, 147-199.

Heilbrun, K. (2001). *Principles of forensic mental health assessment*. New York: Kluwer Academic/Plenum.

Heilbrun, K. & Griffin, P. (1999). Forensic treatment: A review of programs and research. In R. Roesch, S. D. Hart & J. R. P. Ogloff (Eds.), *Psychology and law: The state of the discipline* (pp. 242-274). New York, NY: Kluwer Academic.

Heilbrun, K., Marczyk, G. R. & DeMatteo, D. (2002a). Introduction and overview. In K. Heilbrun, G. R. Marczyk & D. DeMatteo (Eds.), *Forensic mental health assessment: A casebook* (pp. 3-16). New York: Oxford University Press.

Heilbrun, K., Marczyk, G. R. & DeMatteo, D. (2002b). What are strategies for resisting pressure to play multiples roles in FMHA? In K. Heilbrun, G. R. Marczyk & D. DeMatteo (Eds.), *Forensic mental health assessment: A casebook* (pp. 398-399). New York: Oxford University Press.

Heilbrun, K., Marczyk, G. R. & DeMatteo, D. (2002c). How do structured instruments such as the MacCAT-T increase the relevance and reliability of FMHA? In K. Heilbrun, G. R. Marczyk & D. DeMatteo (Eds.), *Forensic mental health assessment: A casebook* (p. 416). New York: Oxford University Press.

Heilbrun, K., Rogers, R. & Otto, R. K. (2002). Forensic assessment: Current status and future directions. In J. R. P. Ogloff (Ed.), *Taking psychology and law into the twenty-first century* (pp. 120-147). New York: Kluwer Academic.

Hull, R. T. (1983). Involuntary commitment and treatment of persons diagnosed as mentally ill. In J. M. Humber & R. Almeder (Eds.), *Biomedical ethical reviews 198* (pp. 131-148). New York: Humana.

Kirkland, K. (2002). The epistemology of child custody evaluations: The value of Austin's convergent multimodal approach. *Family Court Review, 40*, 185-189.

Kirkland, K. & Kirkland, K. L. (2001). Frequency of child custody evaluation complaints and related disciplinary action: A survey of the Association of State and Provincial Psychology Boards. *Professional Psychology: Research and Practice, 32*, 171-174.

Knapp, S. J. & Vandecreek, L. D. (2006). *Practical ethics for psychologists: A positive approach.* Washington, DC: American Psychological Association.

Luchins, D. J., Cooper, A. E., Hanrahan, P. & Heyrman, M. J. (2006). Lawyers' attitudes toward involuntary treatment. *Journal of the American Academy of Psychiatry and the Law, 34*, 492-500.

Melton, G. B., Petrila, J., Poythress, N. G. & Slobogin, C. (2007). *Psychological evaluations for the courts: A handbook for mental health professionals and lawyers* (3rd ed.). New York: Guilford.

Monahan, J. (Ed.). (1980). *Who is the client? The ethics of psychological intervention in the criminal justice system.* Washington, DC: American Psychological Association.

Nicholson, R. A. & Norwood, S. (2000). The quality of forensic psychological assessments, reports, and testimony: Acknowledging the gap between promise and practice. *Law and Human Behavior, 24*, 9-44.

Ogloff, J. R. P. (1999). Ethical and legal contours of forensic psychology. In R. Roesch, S. D. Hart & J. R. P. Ogloff (Eds.), *Psychology and law: The state of the discipline* (pp. 405-420). New York: Kluwer Academic/Plenum.

Otto, R. K. & Heilbrun, K. (2002). The practice of forensic psychology: A look toward the future in light of the past. *American Psychologist, 57*, 5-18.

Packer, I. K. (2002). Clarify financial arrangements. In K. Heilbrun, G. R. Marczyk & D. DeMatteo (Eds.), *Forensic mental health assessment: A casebook* (pp. 37-39). New York: Oxford University Press.

Pickar, D. B. (2007). On being a child custody evaluator: Professional and personal challenges, risks, and rewards. *Family Court Review, 45,*103-115.

Robbins, E., Waters, J. & Herbert, P. (1997). Competency to stand trial evaluations: A study of actual practice in two states. *Journal of the American Academy of Psychiatry and Law, 25*, 469-483.

Roe, D., Weishut, D. J. N., Jaglom, M. & Rabinowitz, J. (2002). Patients' and staff members' attitudes about the rights of hospitalized psychiatric patients. *Psychiatric Services, 53*, 87-91.

Rohrbaugh, J. B. (2008). *A comprehensive guide to child custody evaluations: Mental health and legal perspectives.* New York: Springer.

Rosenman, S. (1998). Psychiatrists and compulsion: A map of ethics. *Australian and New Zealand Journal of Psychiatry, 32*, 785-793.

Saks, E. R. (2002). *Refusing care: Forced treatment and the rights of the mentally ill*. Chicago, IL: University of Chicago Press.

Saks, M. J. & Lanyon, R. I. (2007). Pitfalls and ethics of expert testimony. In M. Costanzo, D. Krauss & K. Pezdek (Eds.), *Expert psychological testimony for the courts* (pp. 277-296). Toronto, Ontario: Nelson

Schuller, R. A. & Ogloff, J. R. P. (Eds.), (2001). *Introduction to psychology and law: Canadian perspectives*. Toronto, Ontario: University of Toronto Press.

Shuman, D. W. & Greenberg, S. A. (2003). The expert witness, the adversary system, and the voice of reason: Reconciling impartiality and advocacy. *Professional Psychology: Research and Practice, 34*, 219-224.

Skeem, J., Golding, S. L., Cohn, N. & Berge, G. (1998). Logic and reliability of evaluations of competence to stand trial. *Law and Human Behavior, 22*, 519-547.

Stafford, K. P. (2002). Civil commitment. In B. Van Dorsten (Ed.), *Forensic psychology: From classroom to courtroom* (pp. 143-170). New York: Kluwer Academic/Plenum.

Swanson, J. W., McCrary, S., Swartz, M. S., Elbogen, E. B. & van Dorn, R. A. (2006). Superseding psychiatric advance directives: Ethical and legal considerations. *Journal of the American Academy of Psychiatry and the Law, 34*, 385-394.

Tippins, T. M. & Wittmann, J. P. (2005). Empirical and ethical problems with custody recommendations: A call for clinical humility and judicial vigilance. *Family Court Review, 43*, 193-222.

Weiner, B. A. & Wettstein, R. (2002). *Legal issues in mental health care*. Springer: California.